AWS 공인 솔루션스 아키텍트
스터디 가이드 - 어소시에이트 4/e

AWS 공인 솔루션스 아키텍트
스터디 가이드 – 어소시에이트 4/e

동준상 옮김
벤 파이퍼·데이비드 클린턴 지음

i!i
에이콘

에이콘출판의 기틀을 마련하신 故 정완재 선생님 (1935-2004)

옮긴이 소개

동준상(naebon1@gmail.com)

클라우드, 인공지능 부문 강연자, 저술가이다. KPC 한국생산성본부, 삼성SDS 멀티캠퍼스 등 주요 고객 외, 과학기술정보통신부, 산업통상자원부, 국방부 등 정부 부처 및 산하기관, 삼성SDS, 삼성전자, 신한은행, 기아자동차 등 기업, 서울대학교, 고려대학교, 포항공대 등 대학에서 관련 주제로 강연을 했다.

소프트웨어 엔지니어링과 오픈소스에 관심이 많으며, 『AWS 공인 솔루션스 아키텍트 스터디 가이드 - 어소시에이트 3/e』(에이콘, 2022), 『Great Code Vol.3』(에이콘, 2021), 『자바 머신 러닝 마스터』(에이콘, 2019) 외 이십여 권을 번역했다.

옮긴이의 말

2020년을 기점으로 클라우드 도입에 미온적이던 국내외의 많은 기업이 앞다퉈 클라우드를 도입하고 있다. 10여 년 이상의 클라우드 활용 경험이 쌓인 삼성전자 등 대기업은 다양하면서도 모범적인 도입 및 활용 사례를 확보하고, 매년 수백억 원에 이르는 클라우드 관련 비용을 지출하고 있다. 또한 신한금융그룹, KB금융그룹 등 금융기업도 하이브리드 클라우드를 바탕으로 한 클라우드 퍼스트, 클라우드 네이티브 전략을 표방하고 산업 특화 거버넌스 및 보안 정책을 완성해 나가고 있다는 점에서 앞으로도 클라우드 전문가, 특히 AWS 전문가 및 준전문가에 대한 수요는 더욱 높아질 것으로 보인다.

4판의 출간을 앞둔 지금은 스타트업부터 대기업까지 멀티 클라우드가 확산되는 시기이자, 프라이빗과 퍼블릭 클라우드를 결합한 하이브리드 클라우드 전략을 구체화하는 시기라는 점에서 감회가 새롭다. 클라우드 산업은 성장기를 지나 성숙기로 향해 가고 있다.

국내 클라우드 시장에서도 프라이빗과 퍼블릭 클라우드 도입에 대한 논의가 여전히 뜨겁고, 다수의 퍼블릭 클라우드 사업자가 치열한 경쟁을 벌이고 있다. 그러나 AWS가 시장 선도자이자 벤치마킹 대상이며 클라우드 솔루션 설계 및 이용의 표준이라는 점은 변함이 없다. 그에 따라 AWS 솔루션스 아키텍트는 클라우드의 여러 인증 자격, 학습 주제 중 단연 주목의 대상이다.

이번 4판은 2006년 출범 이후 발전을 거듭해온 글로벌 넘버원 CSP(클라우드 서비스 제공사업자)인 AWS의 최신 기술과 서비스를 반영한 책이자 최신 출제 경향인 SAA-C03를 적용한 글로벌 대표 수험서이다. 컨설턴트이자 네트워크 전문가인 벤 파이퍼, 솔루션스 아키텍트와 리눅스 서버 전문가인 데이비드 클린턴 등 공저자의 지식과 경험을 공유할 수 있을 것이다.

이 책은 1부 AWS 핵심 서비스에서 AWS의 주요 서비스를 개론 형식으로 소개한 뒤, 2부 웰-아키텍티드 프레임워크에서 안정성, 성능, 비용 등 주요 운영 목표에 따라 AWS의 주요 리소스를 어떻게 조합하고 활용해야 하는지 상세히 설명한다. 개론 정리 후 실무 활용 방법을 이해하는 순서로 학습하려는 수험자에게 더 적합하다. SAA-C02와 SAA-C03의 출제영역은 보안성, 복원성, 고성능, 비용최적화 등으로 동일하지만, 출제 비중과 순위 변화가 있고, 출제 가이드에 명시된 요구 지식과 경험은 기존 가이드에 비해 훨씬 구체화, 세분화됐다. 그러므로 SAA-C03 버전의 수험을 준비하는 독자들에게 변화된 방향과 내용을 좀 더 세심하게 살펴볼 것을 권한다.

또한 다른 수험서에 비해 CLI 기반 예제 코드가 풍부하므로 산업계에서 시스템 엔지니어, 서버 프로그래머로 경력을 쌓은 독자에게 좀 더 높은 학습 효과를 가져다줄 것으로 기대한다. 이 책을 통해 바야흐로 클라우드의 전성기를 살고 있는 독자 여러분 모두가 AWS 솔루션스 아키텍트로 경력을 확장할 수 있기를 바란다.

지은이 소개

벤 파이퍼^{Ben Piper}

네트워크 및 클라우드 부문 컨설턴트로서 『AWS Certified Cloud Practitioner Study Guide: CLF-C01 Exam』(Sybex, 2019)을 출간한 지 한 달만에 『Learn Cisco Network Administration in a Month of Lunches』(Manning, 2017)를 출간하는 등 다수의 책을 집필했다.

데이비드 클린턴^{David Clinton}

교육 기관 및 기업에서 Linux 서버 어드민 및 AWS 솔루션 아키텍트로 일했으며, 벤과 함께 『AWS Certified Cloud Practitioner Study Guide: Foundational CLF-C01 Exam』(Sybex, 2019)을 공동 집필했고, 『The Ubuntu Linux Bible』(Wiley, 2020) 그리고 『Teach Yourself Data Analytics in 30 Days』(Bootstrap IT, 2021)를 집필했다. 20여 년간 고등학교 교사로 재직했으며 현재는 캐나다 토론토에 살고 있다. 근황은 웹사이트에서 확인할 수 있다.

- 웹사이트: https://benpiper.com.

감사의 글

이 책이 출간될 수 있도록 도와준 모든 분께 감사드립니다. 책이 좀 더 빨리 출간될 수 있도록 노력해준 Wiley의 선임 편집자, 캐년 브라운Kenyon Brown에게 감사의 인사를 전합니다. 그의 풍부한 경험에서 우러나온 다양한 조언은 집필에 매우 큰 도움이 됐습니다. 프로젝트 편집자인 킴 윔셋Kim Wimpsett은 책이 일정에 맞춰 작성되고 출간될 수 있도록 많은 기여를 했습니다. 그녀의 다양한 기술적 조언 덕분에 이 책이 좀 더 읽기 쉬워졌습니다.

더그 홀랜드Doug Holland는 각 장의 내용과 연습문제가 기술적으로 좀 더 정확해질 수 있도록 도움을 줬습니다. 본문에 대한 수정 및 개선 의견을 통해 정확성을 높이는 데 기여했고, 각 장에 실린 연습문제가 본문 내용과 좀 더 연관성을 지니면서도 좀 더 현실적인 난이도를 지닐 수 있도록 다양한 의견을 제시했습니다. 마지막으로 공저자와 이번 출간에 도움을 주신 모든 분께 다시 한 번 감사의 인사를 드립니다.

기술 편집자

더그 홀랜드^{Doug Holland}

IT 산업 경력 20년인 엔지니어로, 옥스포드 대학교에서 소프트웨어 엔지니어링 석사 학위를 취득했으며, Microsoft MVP, Intel Black Belt Developer로 기술적 역량을 인정받은 클라우드 솔루션스 아키텍트이다. 현재는 북캘리포니아에 거주하고 있다.

차례

| 1부 | 핵심 AWS 서비스 | 41 |

| 1장 | 클라우드 컴퓨팅과 AWS 개요 | 43 |

8장   DNS와 CDN: Route 53과 CloudFront   321

들어가며

전문 분야의 자격증 또는 인증서를 획득하려면 실무 예제를 통한 학습 시간의 양과 개론 및 세부 사항을 포함한 각종 정보와 지식을 익히기 위한 시간이 필요하다. 우리도 전문성을 인정받기 위해 IT 관련 십여 개 이상의 자격 및 인증 시험을 치르면서 수험 활동에서 시간의 안배가 정말 중요한 요소임을 잘 알고 있다.

4판을 집필하면서 여러분이 AWS 솔루션 아키텍트로서 플랫폼을 활용할 때 자신의 강점과 약점을 파악하고, 이를 통해 여러분의 소중한 시간을 적절하게 안배할 수 있도록 구성했다. 독자 중에는 AWS를 이미 능숙하게 사용하는 경우도 있을 것이고, 이 책을 통해 AWS를 사실상 처음 접하는 경우도 있겠지만, 부디 이 책의 각 장을 꼼꼼히 읽어본 뒤 시험에 응시하기를 권한다.

AWS 공인 솔루션스 아키텍트 - 어소시에이트 시험에 합격하려면, AWS의 핵심 서비스 구성 요소와 작업 방식은 물론 다양한 서비스 간의 상호작용 방식도 이해하고 있어야 한다. 이를 위해 수험생은 HTML, PDF, Kindle 형식으로 제공되는 다양한 AWS 서비스 공식 개발자 문서를 읽어보길 권한다. 이 책은 수험 활동에서 여러분의 장점과 단점을 파악할 수 있는 안내서와 같은 역할을 하게 될 것이며, 시간을 적절하게 활용해 시험에 합격하는 데 도움을 줄 것이다.

AWS 공인 솔루션스 아키텍트 - 어소시에이트 시험에 응시하려면 최소 1년간의 AWS 활용 경험을 갖추고 있어야 한다. 만일 비교적 최근에 AWS를 접하게 됐고, 입문자를 위한 적절한 자격증이 필요하다면 『AWS Certified Cloud Practitioner Study Guide: CLF-C01 Exam』을 추천한다. 이 책은 AWS 공인 솔루션스 아키텍트 - 어소시에이트 수험생을 위해 작성됐지만, SysOps Administrator 또는 DevOps Engineer 시험에도 유용하다.

시험 합격을 위해 실무 활용 경험은 필수적이며, 4판의 각 장에는 핵심 서비스 요소의 이해와 활용을 돕는 다양한 실무 예제가 포함돼 있다. 하지만 이번 실무 예제는 AWS 서비스에 대한 사용 시나리오를 모두 포함하고 있지 않으며, 여러분은 이들 예제를 실무에 대한 이해를 돕는 기초 자료로 삼기를 권한다.

이 책에서 제공하는 예제를 AWS 활용의 시작점으로 삼고, 여러분만의 수험 생활 또는 업무 활동을 지속하길 바란다. 예제에서 제공되는 다양한 변수와 시나리오는 여러분 팀 또는 조직의 필요에 맞춰 자유롭게 수정해서 사용하면 좋을 것이다. 실무 예제 중 일부는 AWS 웹 콘솔에서 사용되는 코드 및 출력 결과 캡처 이미지, 단계별 설명을 포함하고 있는데, 이는 여러분의 실행 환경에 따라 다르게 나타날 수 있다는 점을 기억하기 바란다. 책과 여러분 화면에 나타난 결과물에 차이가 있을 때는 AWS 개발자 문서를 열어보고 추가 설명을 확인하는 것 또한 좋은 방식이다.

수험생 상당수는 프리 티어 자격으로 AWS에 접속해서 각종 예제를 실행하고 결과를 확인하겠지만, 필요에 따라서는 약간의 비용을 지출하며 좀 더 적극적으로 AWS 리소스를 활용하고 수험 기간을 단축하길 바란다. 실무 연습을 위해 지출한 비용은 성공적인 수험 생활 및 경력 관리를 위한 투자로 생각할 수 있을 것이다.

이 책의 각 장에는 주요 서비스 및 개념, 활용 방법에 대한 이해 수준을 확인하기 위한 평가 지문이 포함됐다. 장별 평가 문제에는 이전 장에서 학습한 내용과 최근 장에서 학습한 내용을 통합적으로 이해하고 있는지 확인하는 지문이 포함돼 있다. 문제의 난이도는 다양하지만, 정답을 맞추려면 클라우드 리소스에 대한 상당한 지식과 실무 활용에 대한 이해가 필요하다.

이번 평가 지문은 시험에 대한 여러분의 이해 수준을 측정하고 준비 상황을 확인할 수 있도록 구성했으므로 문제를 진지하게 고민한 후 정답지를 확인하길 바란다. 각 장의 평가 문제를 풀어본 뒤 정답지를 확인하면, 정답은 물론 특정 지문이 왜 정답인지 혹은 정답이 아닌지 알 수 있다는 점에서 의미가 있다. 실제 시험에서 지문의 변경 등에 대비해 이 항목이 왜 정답이 될 수밖에 없는지 분석하는 연습이 중요하다.

1부, 핵심 AWS 서비스

1부에서는 핵심 AWS 서비스의 개요부터 세부 사항까지 알아본다. 그 중 대표적인 서비스는 Elastic Compute Cloud(EC2), Virtual Private Cloud(VPC), Identity and Access Management(IAM), Route 53, Simple Storage Service(S3) 등이다.

이들 서비스 중 일부는 서로 유사한 기능을 제공하거나 사실상 동일한 목적으로 만들어진 것처럼 보이는 서비스도 있다. 1부에서는 비슷해 보이는 서비스 간의 미묘하면서도 중요한 차이를 파악하고, 이들 서비스를 시기적절하게 사용하는 방법을 살펴볼 것이다.

2부, 요구사항에 맞는 아키텍처 구성

2부에서는 클라우드 기반의 시스템을 성공적으로 설계, 구현, 운영하기 위한 최선의 활용 전략 및 원칙을 알아본다. 다음과 같은 네 가지 요소에 초점을 맞춘다.

- 내구성 아키텍처
- 고성능 아키텍처
- 보안성 아키텍처
- 비용최적화 아키텍처

2부에서는 AWS의 핵심 서비스를 네 가지 개념의 구현 측면에서 살펴본다. 1부 각 장에서 충분히 다루지 않았던 출제 가능성이 높은 연관 서비스와 최신 서비스도 알아볼 것이다. 솔루션 아키텍트의 중요한 태도 중 하나는 이들 클라우드 요소 간의 균형점을 찾기 위해 노력하는 것이다.

2부, 'Well-Architected 프레임워크'를 읽기 전에 AWS의 공식 문서인 Well-Architected 프레임워크 백서를 읽어보길 권한다.

https://docs.aws.amazon.com/wellarchitected/latest/framework/welcome.html

장별 개요

이 책은 AWS 공인 솔루션스 아키텍트 – 어소시에이트 시험 준비를 돕기 위해 다음과 같은 내용으로 구성된다.

1장, 클라우드 컴퓨팅과 AWS 개요에서는 AWS 클라우드 컴퓨팅 플랫폼의 개요 및 핵심 서비스, 구현 개념을 살펴본다.

2장, Amazon EC2와 Amazon EBS에서는 AWS에서 Linux 및 Windows 워크로드를 실행하기 위한 가상 머신인 EC2 인스턴스와 EC2 인스턴스를 위한 지속형 데이터 스토리지 서비스인 EBS를 알아본다.

3장, AWS 스토리지에서는 대표적인 스토리지 서비스인 S3, 무제한 데이터 스토리지인 Glacier, AWS 서비스, 애플리케이션, 인터넷으로부터 데이터를 가져오는 방법에 대해 알아본다.

4장, Amazon VPC에서는 AWS 서비스 구현과 관련된 네트워크 리소스를 정의할 수 있는 가상 프라이빗 방법을 알아본다.

5장, 데이터베이스 서비스에서는 RDS, DynamoDB Redshift 등 AWS가 제공하는 관리형 데이터베이스 서비스를 알아본다.

6장, 인증과 권한 부여: AWS IAM에서는 사용자 계정에서 AWS 리소스에 접근하기 위한 인증 및 권한 부여 서비스인 IAM을 알아본다.

7장, 모니터링: CloudTrail, CloudWatch, AWS Config에서는 AWS 리소스의 로그 관리, 모니터링 도구, 감사 도구 등을 알아본다.

8장, DNS와 네트워크 라우팅: Route 53, CloudFront에서는 AWS 리소스에 대한 내부 접근 및 외부(인터넷) 접근을 위한 프라이빗 및 퍼블릭 DNS 서비스 및 아마존의 CDN^content delivery network 서비스인 CloudFront를 알아본다.

9장, 데이터 유입, 변환, 그리고 분석에서는 데이터는 다양한 형태와 크기를 지닌 채 유입되며, 수집되는 데이터가 많아질수록 복잡성은 더욱 커진다. 9장에서는 다양한 AWS 서비스를 이용해 다양한 규모의 데이터에 대한 유입 전송, 변환, 그리고 분석 방법에 대해 알아본다.

10장, 복원성 아키텍처에서는 애플리케이션의 신뢰성 수준을 향상시키기 위해서 AWS 서비스를 설계하고 통합하는 방법을 알아본다. 또한 시스템이 항상 원활하게 작동하기 위한 시스템 복구, 시스템 리소스 확보 방안도 살펴본다.

11장, 고성능 아키텍처에서는 고성능 시스템 구현 방법 및 AWS의 탄력적 인프라를 이용해 급증하는 트래픽 및 성능 요구 수준에 맞춰 신속히 리소스를 확장하는 방법을 알아본다.

12장, 보안성 아키텍처에서는 AWS 기반 데이터 및 시스템의 기밀성, 통합성, 가용성을 유지하기 위한 암호화 및 보안 제어 방법을 알아보고, 이를 위한 도구인 GuardDuty, Inspector, Shield, Web Application Firewall 등의 서비스 활용 방법을 살펴본다.

13장, 비용최적화 아키텍처에서는 클라우드 리소스 활용에 따른 비용 예측 및 비용 관리 방법을 알아본다.

시험 준비

AWS 공인 솔루션스 아키텍트 – 어소시에이트 시험은 AWS 플랫폼에서 분산 애플리케이션 및 시스템을 설계해본 경험이 있는 사람을 위한 시험이며, 다음과 같은 조건과 수험 준비가 필요하다.

- 1년 이상의 AWS 기반 시스템 설계 실무 경험
- AWS의 컴퓨트, 네트워킹, 스토리지, 데이터베이스 서비스 활용 경험
- 고객 요구에 클라우드 아키텍처 원칙에 따른 해법을 정의할 수 있는 능력
- 클라우드 기반 서비스를 구현하기 위한 지침을 제시할 수 있는 능력
- 기술 요구사항에 부합하는 AWS 서비스를 특정할 수 있는 능력
- Well-Architected 프레임워크의 6대 요소 이해
- AWS 글로벌 인프라 개요 및 인프라를 상호 연결하는 네트워크 기술 이해
- AWS 보안 서비스의 개요 및 전통적인 온프레미스 인프라와의 통합 방식 이해

시험에는 내구성 아키텍처 설계를 포함한 4개의 출제 영역이 있으며, 영역별 출제비중은 다음과 같다.

영역별 출제비중

영역 및 영역별 비중을 정리한 것이며, 이 책의 각 장에서 다루는 출제 영역의 내용을 보여준다.

출제 영역(Domain)	출제 비율	관련 장
영역 1: 보안성 아키텍처 설계	30%	
AWS 리소스에 대한 안전한 접근 방식 설계		1, 4, 6
보안성을 고려한 워크로드 및 애플리케이션 설계		1, 4, 6, 12
적절한 데이터 보안 제어 방식의 결정		1, 3, 6, 7, 8, 10, 11, 12
출제 영역 2: 복원성 아키텍처 설계	26%	
느슨하게 연결된 확장성 아키텍처 설계		2, 3, 5, 7, 8, 9, 11
고가용성 및 내오류성 아키텍처 설계		1, 4, 5, 10, 11
출제 영역 3: 고성능 아키텍처 설계	24%	
고성능 및 확장성을 지닌 스토리지 솔루션 결정		2, 3, 10
고성능 및 탄력성을 지닌 컴퓨트 솔루션 설계		2, 4, 10, 11
고성능 데이터베이스 솔루션 결정		5, 11
고성능 및 확장성을 지닌 네트워크 아키텍처 결정		4, 11
고성능 데이터 입력 및 변환 솔루션 결정		3, 9, 11, 12, 13
출제 영역 4: 비용최적화 아키텍처 설계	20%	
비용최적화 스토리지 솔루션 설계		2, 3, 9, 10, 13
비용최적화 컴퓨트 솔루션 설계		13
비용최적화 데이터베이스 솔루션 설계		1, 2, 4, 5, 10, 13
비용최적화 네트워크 솔루션 설계		4, 8, 10, 11, 12

사전 평가

1. 참/거짓: 개발자 지원 플랜은 API 접근을 지원한다.
   - A. 참
   - B. 거짓

2. 참/거짓: AWS는 사용자의 EC2 인스턴스에 대한 네트워크 환경설정 관리 책임이 있다.
   - A. 참
   - B. 거짓

3. 다음 중 일체화된 애플리케이션 컴포넌트의 연결 해제를 위해 가장 유용한 서비스는 무엇인가?
   - A. SNS
   - B. KMS
   - C. SQS
   - D. Glacier

4. EC2에서 실행하려는 애플리케이션이 하드웨어의 물리적 CPU 소켓 및 코어 수를 기준으로 한 라이센스를 요구하는 경우, 사용자에게 가장 적합한 테넌시 모델은 무엇인가?
   - A. 전용 호스트^{Dedicated host}
   - B. 전용 인스턴스^{Dedicated instance}
   - C. 공유 테넌시^{Shared tenancy}
   - D. 사용자 보유 라이센스 사용

5. 참/거짓: EC2 인스턴스 타입을 변경하면 일래스틱 IP 주소도 바뀐다.
   - A. 참
   - B. 거짓

6. 참/거짓: Amazon Machine Image(AMI)를 이용해 어떤 유형의 인스턴스 타입도 만들 수 있다.

   A. 참

   B. 거짓

7. 다음 S3 암호화 옵션 중 데이터 복호화 과정에서 영구적으로 저장된 암호화 키를 요구하지 않는 것은?

   A. 클라이언트측 암호화

   B. SSE-KMS

   C. SSE-S3

   D. SSE-C

8. 참/거짓: 내구성은 해당 객체가 시간 흐름에 따라 우발적으로 데이터를 잃어버리지 않을 확률을 퍼센트 단위로 나타낸 것이다.

   A. 참

   B. 거짓

9. 참/거짓: S3에 새 객체를 업로드한 후, 해당 객체를 사용하려면 약간의 (1~2초 가량의) 지연이 발생한다.

   A. 참

   B. 거짓

10. Classless Inter-Domain Routing(CIDR) 블록 10.0.0.0/24를 이용해 Virtual Private Cloud(VPC)를 생성했다. 사용자가 내부 네트워크에서 이 VPC에 접속하려 하지만, 내부 네트워크에서 사용중인 IP 주소와 CIDR 주소가 겹치게 됐다. 이 같은 주소 문제를 해결하기 위한 방법은 무엇인가?

    A. CIDR 주소를 삭제하고 IPv6 주소를 대신 사용한다.

    B. VPC의 CIDR 주소를 변경한다.

    C. 다른 CIDR 주소로 새 VPC를 생성한다.

    D. VPC를 위해 보조 CIDR 주소를 생성한다.

11. 참/거짓: EC2 인스턴스는 인터넷 접속을 위해 반드시 퍼블릭 서브넷에 있어야 한다.

A. 참

B. 거짓

12. 참/거짓: 퍼블릭 서브넷의 라우트 테이블은 기본 설정 라우트 주소로 인터넷 게이트웨이를 가리키도록 해야 한다.

A. 참

B. 거짓

13. 다음 중 DynamoDB에 적합한 활용 방식은 무엇인가?

A. AWS에서 MongoDB 데이터베이스 실행

B. 1GB 용량을 초과하는 이진 파일 저장

C. 일관된 구조를 지닌 JSON 문서의 저장

D. 웹사이트를 위한 이미지 자원 저장

14. 참/거짓: 사용자는 기존 테이블을 위해 언제든 DynamoDB 전역 보조 인덱스를 생성할 수 있다.

A. 참

B. 거짓

15. 참/거짓: 특정 시점별 RDS 스냅샷 기능을 활성화하면 10분 미만의 복구 시점 객체(RPO)를 생성할 수 있다.

A. 참

B. 거짓

16. 다음 중 사용자의 AWS 계정을 보호하기 위한 가장 효과적인 조치는 무엇인가?

A. 미사용 IAM 정책 삭제

B. IAM 유저와 관련된 불필요한 접근 권한 제거

C. 루트 액세스 키 순환 사용

D. S3 버킷 접근 제한

E. SSH 키 페어 순환 사용

17. 다음 중 EC2 인스턴스의 운영체제 암호화를 위해 사용될 수 있는 것은 무엇인가?

    A. AWS Secrets Manager

    B. CloudHSM

    C. AWS Key Management Service(KMS)

    D. AWS Security Token Service(STS)

18. AWS Security Token Service(STS)로 생성한 토큰과 IAM 액세스 키의 차이점은 무엇인가?

    A. STS로 생성된 토큰은 IAM principal로 사용할 수 없다.

    B. IAM 액세스 키는 유일무이하다.

    C. STS로 생성된 토큰은 한 번만 사용할 수 있다.

    D. STS로 생성된 토큰은 만료기간이 있다.

19. 참/거짓: EC2는 5분마다 CloudWatch에 인스턴스의 메모리 사용량 지표를 전송한다.

    A. 참

    B. 거짓

20. 사용자가 EC2 인스턴스의 CPU 사용량 모니터링을 위해 CloudWatch 알람을 설정했다. 알람이 INSUFFICIENT_DATA 상태로 시작한 뒤 ALARM 상태로 바뀌었다면, 사용자가 이를 통해 유추할 수 있는 것은 무엇인가?

    A. 인스턴스가 최근에 리부트됐다.

    B. CPU 사용량이 과도하다.

    C. CPU 사용량 지표가 알람 기준치를 교차하였다.

    D. 인스턴스가 정지됐다.

21. AWS Config 및 CloudTrail이 로그를 저장하는 장소는 어디인가?

    A. S3 buckets

    B. CloudWatch Logs

    C. CloudTrail Events

    D. DynamoDB

    E. Amazon Athena

22. 참/거짓: 프라이빗 서브넷 내의 EC2 인스턴스는 Route 53에서 호스팅하는 퍼블릭 호스트 영역의 "A" 리소스 기록을 처리할 수 있다.

    A. 참

    B. 거짓

23. Route 53를 이용해 가장 가까운 애플리케이션 로드 밸런서에 전송하려 한다. 다음 중 이를 위한 가장 간단한 라우팅 정책은 무엇인가?

    A. Latency 라우팅

    B. Geolocation 라우팅

    C. Geoproximity 라우팅

    D. Edge 라우팅

24. 참/거짓: 기존 도메인 네임을 AWS에 등록하지 않고, Route 53를 이용해 바로 사용할 수 있다.

    A. 참

    B. 거짓

25. 여러 장의 이미지 파일을 연결해서 영상 파일로 변환한 뒤 사용자가 다운로드 할 수 있는 애플리케이션을 개발하기 위한 가장 신속하면서도 고가용성 및 비용효율성을 겸비한 방식은 무엇인가?

    A. EC2 spot fleet

    B. Lambda

    C. Relational Database Service(RDS)

    D. Auto Scaling

26. EC2 Auto Scaling을 이용해 평균적인 CPU 사용량이 90%를 초과할 때만 새 인스턴스를 추가하는 스케일링 정책을 작성하되, 5분당 한 개 이상의 인스턴스가 추가되지 않도록 하려한다. 이에 적합한 스케일링 정책은 무엇인가?

   A. Simple

   B. Step

   C. Target tracking

   D. PercentChangeInCapacity

27. 참/거짓: EC2 Auto Scaling은 루트 유저가 직접 삭제한 그룹 인스턴스를 자동으로 교체한다.

   A. 참

   B. 거짓

28. 다음 중 지속적으로 데이터를 저장하는 ElastiCache 엔진은 무엇인가?

   A. MySQL

   B. Memcached

   C. MongoDB

   D. Redis

29. 다음 중 AWS 서비스가 아닌 것은?

   A. CloudFormation

   B. Puppet

   C. OpsWorks

   D. Snowball

30. 참/거짓: S3 크로스 리전 복제는 전송 가속기능을 사용한다.

   A. 참

   B. 거짓

31. 사용자의 계정에서 비활성화시킬 수 있는 서비스는 무엇인가?

   A. Security Token Service(STS)

   B. CloudWatch

   C. Virtual Private Cloud(VPC)

   D. Lambda

32. 다음 중 EC2 인스턴스에 대한 멀웨어 경고 서비스는 무엇인가?

   A. AWS GuardDuty

   B. AWS Inspector

   C. AWS Shield

   D. AWS Web Application Firewall

33. 참/거짓: S3 버킷에 버저닝 기능이 활성화된 경우, 버킷 내 비암호화 객체에 암호화를 적용하면 해당 객체의 암호화된 새로운 객체가 생성된다.

   A. 참

   B. 거짓

34. 다음 인스턴스 타입 중 실행을 방치했을 때 지속적으로 비용이 발생할 수 있는 것은?

   A. Spot

   B. Standard reserved

   C. On-demand

   D. Convertible reserved

35. 참/거짓: EBS Lifecycle Manager는 삭제된 인스턴스에 부착됐던 볼륨의 스냅샷을 기록한다.

   A. 참

   B. 거짓

36. 새 웹 서버를 가장 신속하게 배포하는 방법은 무엇인가?

    A. Lambda

    B. Auto Scaling

    C. Elastic Container Service

    D. CloudFront

37. 참/거짓: CloudFormation의 스택 이름은 대소문자 구분이 있다.

    A. 참

    B. 거짓

사전 평가 정답 및 해설

1. B. 엔터프라이즈 플랜에서는 지원 API가 제공되지만, 개발자 플랜에서는 제공되지 않는다. 1장 참조.

2. B. EC2 인스턴스의 네트워크 구성은 사용자가 관리해야 한다. AWS는 물리적 네트워크 인프라를 담당한다. 1장 참조.

3. C. SQS를 사용하면 분산 시스템 내에서 이벤트 중심 메시징을 이용해 결합을 해제할 수 있으며 큰 프로세스의 개별 단계를 조정할 수 있다. 1장 참조.

4. A. 전용 호스트를 선택하면 호스트의 물리적 CPU 소켓 및 코어 수를 확인할 수 있다. 2장 참조.

5. B. 탄력적 IP의 주소는 변경되지 않는다. 인스턴스 유형을 변경할 때처럼 인스턴스가 중지되면 인스턴스에 연결된 퍼블릭 IP 주소가 변경된다. 2장 참조.

6. A. Quick Start AMI는 인스턴스 유형과 무관하다. 2장 참조.

7. D. SSE-C는 데이터를 암호화하고 복호화할 때 사용자 키를 AWS에 제공하지만 AWS는 키를 영구 저장하지 않는다. 3장 참조.

8. A. 내구성은 S3에 저장된 객체의 평균 연간 예상 손실이며, 여기에는 사용자가 삭제한 객체는 포함되지 않는다. 가용성은 3S에서 해당 객체를 사용할 수 있는 시간이다. 3장 참조.

9. B. S3는 쓰기 후 읽기 일관성 모델을 사용하므로 S3에 객체를 업로드한 즉시 사용할 수 있다. 3장 참조.

10. C. VPC의 기본 CIDR은 변경할 수 없으므로 내부 네트워크와 연결하려면 새 CIDR을 생성해야 한다. 4장 참조.

11. B. NAT 게이트웨이나 NAT 인스턴스를 사용하면 EC2 인스턴스는 프라이빗 서브넷에서 인터넷에 액세스할 수 있다. 4장 참조.

12. A. 퍼블릭 서브넷은 인터넷 게이트웨이를 대상으로 하는 기본 라우팅이 있는 서브넷이고, 그렇지 않은 것이 프라이빗 서브넷이다. 4장 참조.

13. C. DynamoDB는 최대 400KB 항목을 저장할 수 있는 키-밸류 데이터베이스이다. 5장 참조.

14. A. 언제든지 기존 테이블의 글로벌 보조 인덱스를 만들 수 있다. 로컬 보조 인덱스는 테이블을 생성할 때만 생성할 수 있다. 5장 참조.

15. A. 특정 시점 복구를 사용할 때 RPO는 약 5분이다. 복구 시간 객체^{Recovery Time Objective}는 복원할 데이터의 용량에 따라 다르다. 5장 참조.

16. B. 가장 효과적인 AWS 계정 보호 조치는 IAM 사용자가 불필요하게 액세스하지 못하게 하는 것이다. 6장 참조.

17. C. 인스턴스 운영 체제를 저장하는 EBS볼륨은 KMS를 사용해 암호화할 수 있다. 6장 참조.

18. D. STS 토큰은 만료되지만 IAM 액세스 키는 만료되지 않는다. STS 토큰은 여러 번 사용할 수 있다. IAM 액세스 키와 STS 토큰은 모두 고유하고, IAM 보안 주체도 STS 토큰을 사용할 수 있다. 6장 참조.

19. B. EC2는 인스턴스 메모리 사용량을 추적하지 않는다. 7장 참조.

20. C. ALARM 상태로 전환은 단순히 지표가 기준치를 초과했다는 것을 알려 줄 뿐이며, 기준치의 내용도 알려주지 않는다. 경보가 새로 생성되면 INSUFFICIENT_DATA 상태부터 시작한다. 7장 참조.

21. A. 둘 다 로그를 S3 버킷에 저장한다. 7장 참조.

22. A. EC2 인스턴스는 프라이빗 서브넷에 있더라도 Amazon의 프라이빗 DNS 서버에 액세스할 수 있으므로 퍼블릭 호스팅 영역에 저장된 레코드를 확인할 수 있다. 8장 참조.

23. C. Geoproximity 라우팅은 사용자를 가장 가까운 위치로 라우팅한다. Geolocation 라우팅을 사용하려면 특정 위치 레코드를 만들거나 기본 레코드를 만들어야 한다. 8장 참조.

24. A. Route 53은 모든 도메인 이름의 영역을 호스팅할 수 있다는 점에서 진정한 DNS 서비스이며, 도메인 이름을 등록하거나 Route 53으로 전환할 수 있다. 8장 참조.

25. B. Lambda는 필요에 따라 함수를 실행하고, 수요에 따라 탄력적으로 확장할 수 있는 가용성이 높고 안정적인 서버리스 컴퓨팅 플랫폼이다. EC2 스팟 인스턴스는 짧은 시간 내에 종료될 수 있다. 9장 참조.

26. A. Simple 스케일링 정책에서는 그룹 크기를 변경한 다음 다시 변경을 시작하기 전에 휴지 기간이 있다. Step 스케일링 정책에는 휴지 기간이 없다. Target tracking 정책은 지표를 설정된 값으로 유지하려고 한다. PercentChangeInCapacity는 스케일링 정책이 아니며 Simple 정책의 한 유형이다. 9장 참조.

27. A. Auto Scaling은 항상 최소 그룹 크기나 목표 용량을 유지하려고 한다. 9장 참조.

28. D. ElastiCache는 Memcached나 Redis를 지원하지만 지속해서 데이터를 저장할 수 있는 것은 Redis뿐이다. 10장 참조.

29. B. Puppet은 AWS가 OpsWorks에서 제공하는 구성 관리 플랫폼이지만 AWS 자체 서비스는 아니다. 10장 참조.

30. B. S3 리전 간 복제는 서로 다른 버킷 간의 객체를 전송한다. Transfer Acceleration은 CloudFront 엣지 로케이션을 사용해 S3와 인터넷 간 전송 속도를 높인다. 10장 참조.

31. A. 미국 동부를 제외한 모든 리전에서 STS를 비활성화할 수 있다. 11장 참조.

32. A. GuardDuty는 잠재적인 침해 활동을 찾는다. Inspector는 침해 가능성이 있는 취약점을 찾는다. Shield와 Web Application Firewall은 애플리케이션에 대한 공격을 막는다. 11장 참조.

33. A. 암호화되지 않은 객체에 암호화를 적용하면 해당 객체의 암호화된 새 버전이 생성된다. 이전 버전은 암호화되지 않은 상태로 유지된다. 11장 참조.

34. C. On-demand 인스턴스는 계속 실행하면 비용이 발생한다. Reserved 인스턴스는 실행 또는 중지 여부와 무관하게 비용이 발생한다. Spot 인스턴스는 입찰 요금이 스팟 요금을 초과할 때 종료된다. 12장 참조.

35. A. EBS Lifecycle Manager는 연결 상태와 관계없이 모든 EBS 볼륨의 스냅샷을 예약할 수 있다. 12장 참조.

36. C. Elastic Container Service를 사용하면 몇 초 안에 컨테이너를 시작해서 실행할 수 있다. EC2 인스턴스는 더 오래 걸린다. Lambda는 서버리스이므로 웹 서버 용도로 사용할 수 없다. CloudFront는 웹 캐싱을 제공할 수는 있지만, 웹 서버는 아니다. 12장 참조.

37. A. CloudFormation의 거의 모든 항목은 대소 문자를 구분한다. 13장 참조.

핵심
AWS 서비스

1부

1

클라우드 컴퓨팅과
AWS 개요

오늘날, 클라우드 컴퓨팅 산업은 기술 혁신과 성장의 산업에서 AWS Amazon Web Services는 글로벌 기업 성장의 상징이 됐으며, AWS는 글로벌 기업과 기관의 컴퓨팅 워크로드를 처리하는 대표적인 클라우드 플랫폼으로 인정받고 있다. 여러분이 AWS의 솔루션 아키텍트가 되려면 클라우드 컴퓨팅이 과연 무엇인지, 아마존은 어떤 방식으로 클라우드 서비스를 제공하는지 명확하게 이해해야 한다.

이번 장에서 살펴볼 주요 내용

✓ 클라우드 컴퓨팅과 다른 애플리케이션 및 클라이언트–서버 모델의 차이점

✓ AWS 플랫폼이 안전하고 유연하게 가상의 네트워크 환경을 제공하는 방식

✓ AWS가 고신뢰성 서비스를 제공하는 방식

✓ AWS 기반 리소스에 접근 및 관리하는 방식

✓ 온프레미스 리소스를 AWS로 마이그레이션하는 방법

✓ AWS 리소스 관리와 배포를 돕는 개발자 문서 및 도움말 활용 방법

클라우드 컴퓨팅과 가상화

모든 클라우드 컴퓨팅 서비스의 핵심 기술은 가상화에 기반한다. 그림 1.1에서, 가상화란 하나의 물리적 서버 형태로 존재하는 하드웨어 리소스를 여러 개의 작은 유닛으로 나누는 것임을 알 수 있다. 가상의 작은 유닛으로 분할된 물리적 서버는 자체 운영 체제와 함께, 유닛별 메모리, 스토리지, 네트워크를 할당 받은 가상 머신이 돼 완벽하게 작동할 수 있게 된다.

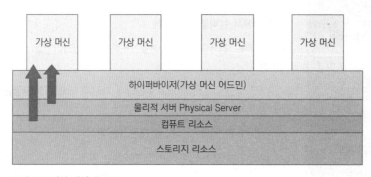

그림 1.1 가상 머신 호스트

가상화 기술은 사용자가 가상 서버를 불과 수 초만에 배포하고, 프로젝트 요구 사항에 맞춰 실행한 뒤, 즉시 삭제할 수 있을 정도로 높은 유연성을 제공한다. 이렇게 생성된 리소스는 다른 워크로드 처리를 위해 즉각적으로 활용할 수 있다. 가상화된 리소스의 사용 밀도를 높여서 하드웨어의 성능 및 가치를 최대치로 이끌어 낼 수 있으며, 상용화 테스트 환경 및 실험 환경을 쉽게 만들 수 있다.

클라우드 컴퓨팅 아키텍처

AWS와 같은 주요 클라우드 서비스 제공사는 수십만 대의 서버, 디스크 드라이버를 네트워크 케이블로 연결한 방대한 규모의 서버 팜을 운영한다. 잘 정비된 가상 환경은 스토리지, 메모리, 컴퓨트 사이클을 이용한 가상 서버를 제공하고, 활용 가능 리소스의 최적 이용이 가능하도록 네트워크 서비스를 제공한다.

클라우드 컴퓨팅 플랫폼에서, 사용자는 워크로드 처리를 위해 온디맨드 및 셀프서비스 기반의 컴퓨트 리소스 풀에 접속하며, 이에 따른 사용 내역은 정확하게 측정돼 사용량에 따라 과금된다. 클라우드 컴퓨팅 시스템은 시간에 따른 사용량을 매우 세분화된 수준에서 정확하게 측정하는 과금 모델을 제공한다.

클라우드 컴퓨팅 최적화

클라우드는 확장성 및 탄력성을 지니고 있으며, 전통적인 시스템에 비해 훨씬 낮은 비용이 소요되므로 변동성 높은 워크로드 처리를 위한 탁월한 선택이 될 수 있다. 사용자는 효과적인 클라우드 리소스 배포를 위해 이들 세 가지 속성에 대한 나름의 감각 또는 인사이트를 지니고 있어야 한다.

확장성

인프라의 확장성Scalability이 높다는 의미는 사용자의 애플리케이션에 예측하지 못한 트래픽이 몰렸을 때 이를 해소하기 위한 리소스를 자동으로 추가할 수 있다는 것이다. 그림 1.2에서 요구되는 처리 용량의 증가에 맞춰 가상 머신 또는 인스턴스의 수를 동적으로 증가시키는 방법을 보여준다(AWS에서 가상 머신은 인스턴스라는 이름으로 즐겨 부른다).

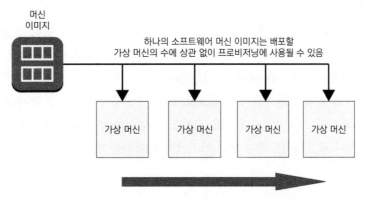

그림 1.2 새 가상 머신을 론칭하면서 복제된 머신 이미지를 추가하는 모습

AWS는 사전 정의된 요구 수준에 맞춰서 필요한 즉시 자동으로 머신 이미지를 복제해서 론칭할 수 있는 오토스케일링 서비스를 제공한다.

탄력성

탄력성Elasticity 원칙 또한 확장성과 같이 요구 수준 변화에 대해 시스템이 어떻게 반응하도록 할 것인가 하는 문제를 다룬다. 탄력성이 확장성과 다른 부분은 확장성은 수요 증가에 따라 리소스를 증대시키는 개념이라면 탄력성은 수요 감소에 따라 리소스를 감소시키는 개념을 포함하고 있다는 것이다. 이를 통해 사용자는 꼭 필요할 때만 리소스를 실행하면 되므로 클라우드 비용을 효과적으로 통제할 수 있다.

비용 관리Cost Management

여러분이 사용하는 리소스의 양과 관련된 비용을 통제하는 것과 별개로 클라우드 컴퓨팅은 IT 인프라 도입 및 운영을 기존의 자본 비용capex 관점에서 운영 비용opex 관점으로 변화시킨다.

전산 업무 개념에서 설명하자면 클라우드 컴퓨팅 환경에서는 새 서버 한 대를 도입하기 위해 자본적 지출에 해당하는 고정비 $10,000와 그에 수반되는 전기료, 냉각장치비, 보안 유지비, 서버 공간 비용 등을 지불할 필요가 없다는 것이다. 대신 사용자는 자신이 실행하는 애플리케이션 실행과 관련된 훨씬 적은 수준의 운영 비용만 지불하면 된다. 사용자는 변화하는 수요에 대응하기 위해 클라우드를 통해 좀 더 간단하게 배포하는 리소스 용량을 늘이거나 줄일 수 있게 됐다. 예를 들어 커머스 비즈니스의 경우, 수요 급증 기간 동안에는 리소스를 추가로 배포하고 수요가 감소하면 자동으로 리소스를 줄일 수 있다.

물론 이 말은 클라우드 기반의 총 운영 비용이 전통적인 데이터 센터 구축 및 운영 비용보다 반드시 낮다는 것은 아니지만, 사용자가 장기적인 수요의 관점에서 불필요한 자본적 지출의 리스크를 줄일 수 있는 것은 분명하다. 즉, 신규 사업을 위해 IT 인프라에 대규모 투자를 했지만 수요 감소로 해당 사업에서 철수해야 할 수도 있고, 도입 당시엔 최신의 기술이었지만 기술 트렌드의 급격한 변화로 불과 수년 내에 서버를 교체하거나 업그레이드해야 하는 리스크가 존재하는 것이다.

좀 더 자세한 클라우드 컴퓨팅 비용 계산을 위해 AWS는 Pricing Calculator를 제공한다.

AWS Pricing Calculator는 현행 데이터 센터의 비용과 AWS 기반 클라우드 리소스 활용 비용을 일대일 방식으로 비교하며 계산할 수 있도록 해준다.

https://calculator.aws/

AWS 클라우드

AWS는 늘 혁신을 거듭하고 새로운 서비스를 추가하고 있으므로 누군가 최신의 AWS 서비스를 지속적으로 파악하고 활용하는 일은 결코 쉬운 일이 아니다. 하지만 여러분은 솔루션 아키텍트로서, 핵심적인 AWS 서비스를 잘 파악하고 있어야 한다.

이번 절에서는 핵심적인 AWS 서비스를 카테고리별로 구분하고, 카테고리별 주요 서비스를 간략하게 정리한다. 여러분은 아래 표를 통해 이 책 전체에서 다루는 핵심적인 AWS 서비스의 개요를 파악할 수 있고, 이후 좀 더 상세한 설명으로 넘어갈 때 해당 서비스와 다른 서비스의 관계 그리고 AWS 생태계에서 해당 요소의 상대적인 위치를 좀 더 쉽게 떠올릴 수 있을 것이다.

표 1.1 AWS 서비스 카테고리

카테고리	기능
컴퓨트	전통적인 물리적 서버를 클라우드에 복제한 개념의 서비스로서 오토스케일링, 로드밸런싱은 물론 서버리스 아키텍처(매우 작은 리소스만 소모하는 서버 기능 활용 방식)와 같은 고급 환경설정 기능을 제공한다.
네트워킹	애플리케이션 연결성, 액세스 컨트롤, 강화된 원격 연결성을 제공한다.
스토리지	다양한 객체 저장 목적에 활용될 수 있으며, 즉각적인 접근성 및 장기적인 백업 기능을 제공하는 스토리지 플랫폼이다.
데이터베이스	관계형, NoSQL, 캐싱 등 다양한 데이터 포맷을 지원하는 관리형 데이터 솔루션이다.
애플리케이션 관리	AWS 리소스에 대한 모니터링, 감사, 환경설정 기능을 제공한다.
보안 및 권한 증명	권한 인증, 권한 부여, 데이터 및 연결 암호화, 서드 파티 인증 관리 시스템과의 통합 기능을 제공한다.

표 1.2는 핵심 AWS 서비스 및 주요 기능을 카테고리별로 보여준다.

표 1.2 핵심 AWS 서비스(카테고리별 분류)

카테고리	서비스	기능
컴퓨트	Elastic Compute Cloud(EC2)	EC2 서버 인스턴스는 전통적인 데이터 센터에서 실행되던 서버의 가상화 버전이라 할 수 있다. EC2 인스턴스는 CPU, 메모리, 스토리지, 네트워크 인터페이스 프로필 등과 함께 프로비저닝되며, 간단한 웹 서버부터 통합 멀티 티어 아키텍처 기반의 클러스터용 인스턴스까지 구현할 수 있다. EC2 인스턴스는 가상화된 리소스이므로, 효율성은 높고 배포는 즉각적으로 이뤄질 수 있다.
	Lambda	별도의 서버를 운영 및 관리할 필요 없이 1년 내내 다수의 고객의 요구 수준에 대응하는 애플리케이션 서비스를 제공하기 위한 서버리스 아키텍처 요소이며, 버튼 클릭과 같은 이벤트에 반응해 미리 지정된 코드를 실행하는 서비스이다. 최장 15분간의 코드 실행 작업이 완료되면, Lambda 이벤트도 종료되고 코드 실행을 위해 할당됐던 모든 리소스는 자동으로 해제된다.
	Auto Scaling	조직에서 널리 사용하는 EC2 인스턴스를 이미지 템플릿으로 저장한 뒤 트래픽 또는 워크로드가 증가 또는 감소하면 이에 대응해 자동으로 인스턴스 이미지를 추가 또는 삭제하는 서비스이다. 즉 자동화된 컴퓨팅 리소스의 스케일아웃 및 스케일인 도구이다.
	Elastic Load Balancer	클라우드 인프라 및 리소스로 유입되는 네트워크 트래픽을 병목 현상이 발생하지 않도록 다수의 서버에 분산시키는 역할을 담당하며, 헬스 체크를 통과하지 못한 인스턴스에게는 요청을 전송하지 않는다.
	Elastic Container Service	Docker 또는 Kubernetes 등과 같은 컨테이너 기술을 이용해 다른 AWS 계정 소유 리소스와 완벽하게 통합할 수 있는 컴퓨트 워크로드를 프로비전, 자동화, 배포, 관리 업무를 수행할 수 있다. Kubernetes의 경우, 전용의 컴퓨트 워크로드인 Amazon Elastic Kubernetes Service (EKS)를 사용한다.
	Elastic Beanstalk	Beanstalk는 AWS 컴퓨트와 네트워크 인프라의 프로비저닝을 추상화한 관리형 서비스이며, 개발자가 애플리케이션 코드 작성에만 집중할 수 있도록 해준다. Beanstalk는 애플리케이션 서비스 구현에 필요한 제반 요소를 자동으로 시작 및 관리한다.

카테고리	서비스	기능
네트워킹	Virtual Private Cloud(VPC)	EC2 (및 RDS) 인스턴스 호스팅을 위해 만들어진, 고도의 환경설정이 가능한 네트워크 환경이다. 사용자는 VPC 기반 도구를 이용해 인스턴스의 네트워크 보안을 유지하거나, 외부 환경과 격리해서 인바운드 및 아웃바운드 네트워크 트래픽을 긴밀하게 제어할 수 있다.
	Direct Connect	속도 및 보안 수준이 높은 전용의 네트워크 연결 서비스를 통해 서드파티 공급자와 AWS를 연결해 로컬 데이터 센터 또는 AWS VPC 전용 네트워크를 구현할 수 있다.
	Route 53	도메인 등록, 레코드 어드민, 라우팅 프로토콜 관리, 헬스 체크 등의 기능을 제공하는 AWS DNS 서비스로서, 다른 AWS 리소스와 완벽한 통합성을 제공한다.
네트워킹	CloudFront	아마존의 글로벌 분산화 CDN(Content Delivery Network) 서비스다. 이를 통해 사용자는 글로벌 차원의 엣지 로케이션에 사이트 콘텐츠의 캐시 버전을 저장할 수 있으며, 고객의 요청시 매우 신속하며 효율적으로 콘텐츠를 제공할 수 있다.
스토리지	Simple Storage Service(S3)	다목적성, 신뢰성을 갖춘 저렴한 객체 저장 서비스로서 데이터 스토리지 및 백업 용도로 널리 활용되고 있다. S3는 AWS 기반 상용화 서비스 구현시 보편적으로 사용되며, 상용화 버전과 관련된 스크립트, 템플릿, 로그 파일 스토리지로 활용된다.
	S3 Glacier	장기간, 저렴하게 대량의 데이터 아카이브를 저장할 수 있도록 해주는 서비스로서 일정 시간의 인출 지연 시간이 존재한다. Glacier 생애 주기는 S3와 긴밀하게 통합돼 관리된다.
	Elastic Block Store(EBS)	EC2 인스턴스의 운영 체제 및 각종 실행 데이터를 호스팅하기 위한 지속형 가상 스토리지 드라이브다. 물리적 서버에 부착하는 스토리지 드라이브의 기능 및 파티션 속성을 가상 환경에서도 사용할 수 있게 해준다.
	Storage Gateway	AWS 클라우드 스토리지를 로컬, 온프레미스 환경과 연결해서 사용할 수 있도록 해주는 하이브리드 스토리지 시스템이다. 데이터 마이그레이션 및 데이터 백업, 재난 복구 작업의 일부로 활용되기도 한다.
데이터베이스	Relational Database Service(RDS)	안정성, 보안성, 신뢰성을 갖춘 관리형 SQL 데이터베이스 서비스다. 사용자는 MySQL, Microsoft SQL Server, Oracle, Amazon이 만든 Aurora 등 다양한 SQL 엔진을 사용할 수 있다.
	DynamoDB	신속성, 유연성, 고확장성을 지닌 관리형 NoSQL 데이터베이스 서비스다.

카테고리	서비스	기능
애플리케이션 관리	CloudWatch	프로세스 성능 및 리소스 사용량 모니터링 서비스로서, 사용자가 미리 정한 기준치에 도달하면, 메시지를 전송하거나 자동화된 응답을 실행한다.
	CloudFormation	AWS 리소스 배포를 위한 완벽하면서도 복합적인 요구 사항 정의 템플릿을 제공한다. 사용자는 AWS 인프라에 대한 스크립트를 작성해 자동화된 리소스 관리가 가능하며, 애플리케이션 론칭 프로세스를 표준화, 간소화할 수 있다.
	CloudTrail	API 이벤트와 관련된 모든 사용자 계정의 기록을 수집해서 감사 업무 및 시스템 문제 해결에 활용한다.
	Config	AWS 계정과 관련된 변경 사항 관리 및 규정 준수 업무를 지원한다. 사용자가 바람직한 형태의 환경설정 상태를 정의하면, Config는 정의된 내용과 다른 변경 사항을 감지 및 평가하게 된다. 변경 사항과 미리 정의된 내용과의 격차가 일정 수준 이상인 경우, 알림 메시지를 발송한다.
보안 및 권한 관리	Identity and Access Management(IAM)	AWS 계정에 대한 특정 사용자 또는 프로그래밍 차원의 접근을 관리하기 위한 서비스다. 유저, 그룹, 역할, 정책 등 개념을 통해 AWS 리소스에 누가, 어떤 작업을 위해 접근하게 할지 매우 상세하게 지정할 수 있다.
	Key Management Service(KMS)	AWS 리소스와 관련된 보안 데이터의 암호화 키 생성 및 관리를 위한 어드민 서비스다.
	Directory Service	AWS 리소스의 활용을 위해, Amazon Cognito 및 Microsoft AD 도메인 등 내외부의 신원 인증 제공 서비스와 통합 관리할 수 있도록 한다.
애플리케이션 통합	Simple Notification Service(SNS)	SQS, Lambda 등 다른 서비스나 모바일 기기에게 자동으로 알림 또는 경고 메시지를 보내거나 다른 수신자에게 이메일 또는 SMS를 전송하는 서비스다.
	Simple Workflow(SWF)	일련의 AWS 서비스 또는 디지털화할 수 없는 (사람의 특정 동작이 관련된) 이벤트를 포함하는 연속적인 작업 관리 서비스다.
	Simple Queue Service(SQS)	분산 시스템 등 대규모 프로세스에 포함된 다수의 업무 단계를 느슨하게 연결해 유연한 처리를 돕는, 이벤트 기반 메시징 서비스다. SQS 메시지에 담긴 데이터는 신뢰할 수 있는 방식으로 전달돼, 애플리케이션의 내오류성을 높일 수 있다.
	API Gateway	AWS 기반 애플리케이션을 위한 안전하며, 신뢰할 수 있는 API를 생성하고 관리하기 위한 서비스다.

AWS 플랫폼 아키텍처

AWS는 전세계에 산재한 자사의 물리적 서버를 관리하기 위해 자체 데이터 센터를 운영중이다. 이들 데이터 센터는 고도로 분산화돼 운영되므로, 사용자는 자신과 좀 더 가까운 데이터 센터에서 워크로드를 처리함으로써 네트워크 전송 지연을 줄일 수 있다. 또한 사용자 데이터와 같이 국가별 법령에 의해 이동이 불가능한 데이터도 있으므로, 법령에 저촉되지 않도록 데이터 센터 위치를 선정하는 것 또한 중요하다.

집필 시점 현재, (미국 정부 전용 AWS GovCloud 리전을 제외한) 글로벌 AWS 리전의 수는 21개이며, 앞으로도 그 수는 더욱 많아질 것으로 보인다. 사용자는 새로운 AWS 리소스를 론칭할 때 어떤 리전에서 할 것인지 신중하게 결정해야 하며, 이는 리전마다 부과되는 요금 및 서비스 내용이 달라질 수 있기 때문이다.

표 1.3은 21개의 리전 이름, 리전 코드, 엔드포인트 목록이며, 중국 리전의 경우 프로토콜이 다른 리전과 약간 다르다는 사실을 알 수 있다.

표 1.3 공식적으로 접근 가능한 AWS 리전

리전 이름	리전 코드	엔드포인트 주소
US East(N. Virginia)	us-east-1	us-east-1.amazonaws.com
US East(Ohio)	us-east-2	us-east-2.amazonaws.com
US West(N. California)	us-west-1	us-west-1.amazonaws.com
US West(Oregon)	us-west-2	us-west-2.amazonaws.com
Africa(Cape Town)	af-south-1	af-south-1.amazon.aws.com
Asia Pacific(Hong Kong)	ap-east-1	ap-east-1.amazonaws.com
Asia Pacific(Mumbai)	ap-south-1	ap-south-1.amazonaws.com
Asia Pacific(Seoul)	ap-northeast-2	ap-northeast-2.amazonaws.com
Asia Pacific(Osaka-Local)	ap-northeast-3	ap-northeast-3.amazonaws.com
Asia Pacific(Singapore)	ap-southeast-1	ap-southeast-1.amazonaws.com
Asia Pacific(Sydney)	ap-southeast-2	ap-southeast-2.amazonaws.com
Asia Pacific(Tokyo)	ap-northeast-1	ap-northeast-1.amazonaws.com

리전 이름	리전 코드	엔드포인트 주소
Asia Pacific(Jakarta)	ap-southeast-3	ap-southeast-3.amazon.aws.com
Canada(Central)	ca-central-1	ca-central-1.amazonaws.com
China(Beijing)	cn-north-1	cn-north-1.amazonaws.com.cn
China(Ningxia)	cn-northwest-1	cn-northwest-1.amazonaws.com.cn
EU(Frankfurt)	eu-central-1	eu-central-1.amazonaws.com
EU(Ireland)	eu-west-1	eu-west-1.amazonaws.com
EU(London)	eu-west-2	eu-west-2.amazonaws.com
EU(Paris)	eu-west-3	eu-west-3.amazonaws.com
EU(Stockholm)	eu-north-1	eu-north-1.amazonaws.com
Europe (Milan)	eu-south-1	eu-south-1.amazon.aws.com
Middle East(Bahrain)	me-south-1	me-south-1.amazon.aws.com
South America(São Paulo)	sa-east-1	sa-east-1.amazon.aws.com

엔드포인트 주소는 애플리케이션 코드 또는 스크립트를 이용해 원격으로 AWS 리소스에 접근할 때 사용한다. 엔드포인트에 ec2, apigateway 또는 cloudformation과 같은 전치사를 추가해 해당 AWS 서비스를 가리키도록 할 수 있다. 클라우드포메이션을 가리키는 엔드포인트는 다음과 같다.

cloudformation.us-east-2.amazonaws.com

엔드포인트 주소 및 전치사 목록은 아래 링크에서 확인할 수 있다.

docs.aws.amazon.com/general/latest/gr/rande.html

전송 속도가 중요한 일부 AWS 서비스의 경우, 전용 엣지 네트워크 로케이션을 이용하기도 하며, Amazon CloudFront, Amazon Route 53, AWS Firewall Manager, AWS Shield, AWS WAF 등이 해당된다. 최신의, 사용 가능한 로케이션 목록은 아래 링크에서 확인할 수 있다.

aws.amazon.com/about-aws/global-infrastructure/regional-product-services

AWS 계정으로 접속 가능한 물리적인 AWS 데이터 센터를 가용성 지역 또는 AZ Availability Zone라 부른다. 하나의 리전 내에 5~6개의 AZ가 존재하며, us-east-1a 및 us-east-1b는 각각 하나 혹은 그 이상의 데이터 센터를 구성한다.

리전 내 리소스는 하나 또는 그 이상의 가상 프라이빗 클라우드 또는 VPC Virtual Private Cloud에 포함시켜 사용할 수 있다. VPC는 사용자별 보안이 유지되는 네트워크 주소 공간이며, 사용자는 여기에 네트워크 서브넷을 만들거나 AZ를 연결해서 사용할 수 있다. VPC에 대한 적절한 환경설정을 통해, 사용자는 효과적으로 자신의 리소스를 다른 네트워크와 격리해서 안정성, 지속성이 확보된 복제 공간을 활용할 수 있다.

AWS의 신뢰성 및 서비스 규약

AWS는 여러분이 계정을 생성한 직후부터 새 인스턴스를 생성하기까지 정말로 많은 기본 규약과 지침, 보안 규정을 제시한다.

AWS는 글로벌 클라우드 서비스를 제공하기 위해, 인프라 어드민과 관련된 리소스 개발 및 전문성 확보에 엄청난 양의 인적, 물적 투자를 해왔으며, 데이터 센터 보안, 반복 구현 레이어, 위법한 복제를 방지하기 위한 검증된 프로토콜 구현 등 다양한 어드민 지원 체계를 확보하고 개선해 왔다.

AWS 플랫폼 상에 존재하는 리소스는 ISO 9001, FedRAMP, NIST, GDPR 등 수십여 가지의 글로벌 표준 및 국가별 표준, 공통 규약, 인증 조건을 준수하며, 상세한 내역은 아래 링크에서 확인할 수 있다.

aws.amazon.com/compliance/programs

AWS 공유 책임 모델

앞서 설명한 모든 안전장치 및 편의성 요소는 모두 AWS 플랫폼에서 제공한다. 하지만 AWS에 업로드한 데이터, AWS에서 구현한 애플리케이션은 사용자 또는 여러분의 비즈니스 자산이며, 결과적으로 여러분이 책임을 져야할 자원이다. 따라서 사용자라면 누구라도 AWS 공유 책임 모델 AWS Shared Responsibility Model을 명확하게 이해할 필요가 있다.

먼저 AWS는 클라우드 자체의 보안 유지 및 원활한 운영을 책임진다. 즉, AWS는 물리적 서버, 스토리지, 네트워킹 인프라, 각종 관리형 서비스에 대해 책임이 있다.

반면 고객 또는 사용자는 그림 1.3과 같이 클라우드 안에 있는 것에 대해 책임을 진다. 즉, 사용자가 설치한 운영 체제에 대한 보안 및 운영, 클라이언트 측 데이터, 네트워크에서 유입 및 유출되는 데이터, 사용자 인증 및 접근 권한 부여, 고객 데이터 관리에 대한 책임이 있다.

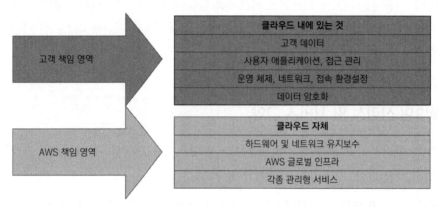

그림 1.3 AWS 공유 책임 모델

AWS 서비스 수준 합의서

AWS 서비스 수준 합의서에서 볼 수 있는 "보증"이라는 단어는 클라우드 사용자가 일시적 서비스 중단 또는 보안 위험 노출 문제를 절대 겪지 않는다는 의미는 아니다. 클라우드 인프라를 구성하는 하드 드라이브가 멈출 수도 있고, 정전이 발생할 수도 있으며, 자연 재해 또한 일어날 수 있기 때문이다.

이런 일이 실제로 발생했을 때, AWS는 합의서를 통해 미리 약정한 시간 내에 관련 문제를 해소하고 정상적으로 서비스를 제공할 것임을 약속한다. 물론 AWS의 이런 약속이 모든 고객에게 만족스럽지 않을 수 있고, 장애 등으로 인한 손실이 보상되지 않을 수도 있다.

AWS는 서비스 수준 합의서, 즉 SLA^{Service Level Agreement}를 통해 보증 비율을 명시하고 있으며, 보증 비율은 서비스마다 다르다. 예를 들어 EC2의 경우 99%의 사용성을 보장하는데, 이는 EC2 인스턴스, ECS 컨테이너, EBS 스토리지 사용자가 30일 중 대략 4분을 제외하고는 언제나 정상적으로 서비스를 이용할 수 있는 수준이다.

이 때 중요한 요소는 '실패 가능성이 낮다'는 점보다는 '언제 실패할 수 있는가'의 문제일 것이다. 따라서 애플리케이션 서비스 제공자는 내오류성 및 글로벌 리전에 대한 반복 구현 전략을 통해 실패 가능성을 최소화하는 것이 중요하다.

AWS 환경에서 작업하기

여러분에게 필요한 AWS 서비스를 선택했다면, 각 서비스에 맞는 관리 방식을 채택해야 한다. 브라우저 기반의 관리 콘솔management console은 서비스가 제공하는 각종 기능을 활용할 수 있는 방법을 제공하며 기능 제어를 통해 실제 리소스가 어떻게 변경되는지 확인할 수 있다. 또한, AWS는 여러분의 계정과 각종 서비스를 간단하면서도 체계적으로 관리할 수 있는 다양한 관리 도구를 제공한다.

관리 콘솔을 이용하면 거의 대부분의 AWS 관리 업무를 처리할 수 있으며, 업무 수행에 도움을 주는 각종 시각화 도구 및 지원 문서를 이용할 수 있다. 시간이 지날수록, 관리 콘솔을 이용한 AWS 리소스 관리가 좀 더 편해지는 부분도 있겠지만, 여러분이 처리해야 하는 일의 복잡성은 더욱 커질 수 있으며, 일부 관리 업무의 경우 콘솔만 이용해서 처리하기 어려운 상황도 생길 수 있다.

관리 콘솔 외 AWS 리소스 관리 업무에 도움을 주는 다양한 도구에 대해 알아보자.

AWS Organizations

AWS Organizations를 이용하면 다수의 AWS 계정을 통합적으로 관리할 수 있다. 대규모 조직에서 AWS 기반으로 실행되는 다수의 프로젝트와 리소스를 관리할 경우, 관리의 용이성을 위한 통합도 중요하지만 안전성 등을 고려한 리소스 격리resource isolation도 중요한 요소가 된다. 이와 같은 다수의, 대규모 프로젝트를 운영하는 조직이라면 모든 프로젝트를 높은 시점에서 두루 살펴보고 관리할 수 있는 체계가 필요하며, 비용 관리 또한 하나의 계정으로 처리할 수 있다면 편리할 것이다.

AWS Organizations는 하나의 조직 체계로서 계정을 생성하고 기존의 다른 계정을 초대해서 함께 관리할 수 있도록 한다. 다수의 계정이 연결되면 조직 관리자organization administration는 매우 간단한 방식으로 전역 접근 정책global access policies을 생성하고 다수의 계정과 프로젝트를 통합적으로 관리할 수 있다.

조직 계정을 안전하게 관리하는 일은 무척 중요하며, 서로 분리된 단일 계정으로 관리할 때보다 보안 침해에 따른 파급 효과가 더욱 커질 수 있다. 따라서 조직 계정은 다중 인증MFA, 강력한 암호, 그리고 루트 계정 보안 등 기존의 모든 보안 모범 사례를 반영해서 안전하게 관리해야 한다.

AWS Organizations가 제공하는 주요 기능은 다음과 같다.

- AWS Single Sign-on 구성을 통해 조직 전체의 리소스에 대한 전역 접근 권한을 제공하고 관련 리소스를 공유할 수 있다.
- 서비스 제어 정책SCP을 통해 IAM 규칙을 조직 내 모든 리소스 및 서비스에 적용할 수 있다.
- 프로그래밍 방식으로 계정, 사용자, 그룹을 생성 및 관리할 수 있다.
- 조직 내 모든 리소스가 규정에 맞게 사용되는지 여부를 모니터링하고 적절한 보호 방식을 적용하며, 추후 감사 업무에 활용할 수 있다. 단일 계정에 연결된 CloudTrail 서비스를 통해 전체 조직의 모든 이벤트를 추적하도록 설정할 수 있다.

또한 AWS Organizations는 기존에 사용되던 통합 과금 도구인 Consolidated Billing의 기능을 대신 제공한다.

AWS Control Tower

AWS Organizations의 기능은 Control Tower에서 생성한 랜딩 존landing zones을 통해 더욱 넓은 범위로 확장될 수 있다. 랜딩 존은 새로 생성된 계정에 자동으로 조직의 거버넌스 정책을 적용하거나 클라우드 인프라에 통합해서 관리할 수 있도록 돕는다.

랜딩 존은 하나 또는 여러 개의 AWS 리전에서 사용할 수 있으며, 매우 세부적으로 정의된 관리자 또는 로그 아카이브 계정을 통해 제어할 수 있다. 랜딩 존 생성 후에는 리소스 관리와 관련된 보안 규칙, 사내 업무 규칙 또는 모범 사례를 선택 및 적용해 관리할 수 있다.

이와 같은 거버넌스 관련 정책 생성 기능 외에도 Control Tower의 랜딩 존은 리소스 모니터링 및 정책 관리 업무를 단순화하고, 클라우드 인프라를 좀 더 밀접하게 관리할 수 있도록 해준다.

AWS Service Catalog

Organizations를 사용하다 보면 비즈니스 분석, 마케팅 지원, 리서치 프로젝트 등 조직 단위로 계정과 프로젝트를 관리하기 위해 좀 더 효과적이고 일관된 도구가 필요해지며, AWS 서비스 전용 도구는 물론, AWS Marketplace에서 제공 중인 머신 이미지 형태의 각종 도구를 선택해서 활용할 수 있다. 사용자는 CloudFormation 템플릿 등을 이용해 이와 같은 응용 서비스를 직접 구현하고 수정해서 사용할 수 있다.

AWS Service Catalog는 이를 위한 각종 템플릿과 이러한 도구 구현에 필요한 각종 리소스를 간편하면서도 정확하게 선택하고 구성할 수 있도록 돕는다. 사용자가 자신이 필요로 하는 가용성 수준, 리소스 소모량을 설정하면, Service Catalog가 보안성 및 범용 모범 사례를 바탕으로 나머지 구현 작업을 처리한다.

AWS License Manager

AWS License Manager는 소프트웨어 라이선스 관리 전문 도구이며, License Manager 대시보드를 통해 사용량 추적, 모니터링 규칙, 기타 사용 규칙을 근거로 라이선스 약정을 위배하는 일이 없도록 관리한다. License Manager는 클라우드 기반 소프트웨어는 물론, 온프레미스 소프트웨어의 라이선스 관리에도 사용할 수 있으며, 이를 위한 별도의 비용은 부담하지 않아도 된다.

AWS Artifact

AWS Artifact는 고객이 AWS 계정 및 서비스에 대한 이용 규칙compliance 정보를 다운로드할 수 있는 저장소repository 서비스이며, 고객은 필요에 따라 이용 현황과 관련된 AWS Service Organization Control 보고서, Payment Card Industry Data Security Standard(PCI DSS) 보고서 그리고 ISO 27001 인증서 등 이용 규칙 및 감

사와 관련된 정보를 확인할 수 있다. AWS Artifact는 감사인 또는 기타 의사결정권자가 이용 규칙 정보를 좀 더 쉽게 확인할 수 있도록 돕는다.

AWS CLI

AWS CLI^{Command Line Interface}는 복잡한 작업을 사용자의 로컬 커맨드 라인으로 처리할 수 있도록 지원하는 도구다. 일단 여러분이 AWS CLI에 익숙해지고 나면 본격적인 AWS 관리 작업을 좀 더 간편하고 효율적으로 처리할 수 있도록 해주는 유용한 도구라는 점을 깨닫게 될 것이다.

예를 들어, 기업의 마이크로서비스 환경 구성을 위해 대여섯 개의 EC2 인스턴스를 론칭해야 하는 경우를 생각해 보자. 이 때 각 인스턴스는 나름의 역할을 지니고 있어서 환경설정 및 프로비저닝 프로세스에서도 약간씩 차이가 존재한다고 가정하자.

이 작업을 브라우저 콘솔에서 수행하면, 작업 내역 대부분은 동일하지만, 아주 약간만 다른 작업을 반복해야 한다는 사실을 깨닫게 될 것이다. 더욱이 이런 작업을 일상적으로 해야 한다면 시간 낭비라는 생각마저 들 것이다. 하지만 이와 같은 반복 작업은 AWS CLI을 이용해서 로컬 터미널 쉘 또는 PowerShell의 간단한 스크립트 실행을 통해 간단하게 수행할 수 있다.

Linux, Windows, macOS 등 환경에 AWS CLI를 설치하고 환경설정하는 일은 그리 어렵지 않지만, 기기에 따라 세부 과정이 약간씩 다를 수 있다. AWS CLI 설치에 대한 최신 자료는 아래 링크에서 확인하자. 그리고 실습 예제 1.1에서 AWS CLI의 활용 방법을 알아보자.

docs.aws.amazon.com/cli/latest/userguide/installing.html

실습 예제 **1.1**

AWS CLI 사용하기

여러분의 컴퓨터에 AWS CLI를 설치하고 기본적인 환경을 설정한 뒤, 여러분의 계정으로 접속해서 현재 존재하는 버킷 목록을 확인해 보자.

연습을 위해, 브라우저 콘솔로 S3에 접속해 버킷을 생성한 뒤 컴퓨터에 있는 간단한 파일 또는 문서를 복사해서 버킷에 저장한다.

그리고 AWS CLI로 접속해 아래 커맨드를 입력하고 실행 결과를 확인한다.

```
aws s3 ls
aws s3 mb <bucketname>
aws s3 cp /path/to/file.txt s3://bucketname
```

AWS SDK

여러분의 애플리케이션 코드에 AWS 리소스를 포함시켜야 할 경우, 여러분이 선호하는 언어별로 작성된 AWS SDK^Software Development Kit를 이용하면 된다. 집필 시점 현재, AWS가 지원하는 언어는 Java, .NET, Python을 포함해 9가지이며, Android 및 iOS 등 모바일 SDK도 제공한다. 또한 개발자 커뮤니티에서 널리 사용되는 IntelliJ, Visual Studio, Visual Studio Team Services(VSTS) 등의 도구도 지원한다.

AWS 개발자 도구 목록은 아래 링크에서 확인할 수 있다.

aws.amazon.com/tools

기술 지원 및 온라인 자료

인생에서 모든 일이 잘만 풀리지 않듯, AWS에서도 크고 작은 문제를 경험할 수 있으며, 여러분도 AWS 기반의 서비스를 사용하다보면 언젠가는 기술적 지원이 필요할 날이 올 것이다. AWS는 다양한 유형의 지원을 제공하며, 아키텍트인 여러분은 고객이 어떤 지원 서비스를 이용할 수 있는지 알고 있어야 한다.

아마도 여러 지원 서비스 중 가장 먼저 이용하게 될 것은 새 AWS 계정을 생성한 뒤 여러분에게 어떤 지원 서비스가 가능한지 알아보는 것일 것이다. 지원 서비스는 기업의 요구사항 및 예산 규모에 따라 달라질 수 있다.

서포트 플랜

Basic 플랜은 AWS의 모든 계정 회원이 사용할 수 있으며, 개발자 문서, 화이트 페이퍼, 서포트 포럼 등 각종 고객 서비스를 제공한다. 고객 서비스에는 과금 및 계정 문제 해결 서비스가 포함된다.

Developer 플랜은 월 29달러부터 이용할 수 있으며, 하나 이상의 계정을 Cloud Support에 연결해 서비스 이용에 대한 범용 가이드 및 시스템 이상 응답 서비스를 제공받을 수 있다.

Business 플랜은 월 100달러부터 이용할 수 있으며, 계정 수에 상관 없이 시스템 이상, 개별 사용자 가이드, 트러블슈팅, API 지원 등의 문제에 대해 일정 시간 내에 응답할 것을 보장한다.

Enterprise On-Ramp 플랜은 월간 5,500달러 또는 월간 AWS 요금의 10%를 부담하는 조건으로 이용할 수 있으며, 이를 통해 Business 플랜 지원 서비스 외에 비즈니스에 매우 중요한 시스템의 다운 이벤트 발생시 신속한 대응 서비스를 제공하고 애플리케이션에 대한 선제적 대응 가이드 및 컨설팅 리뷰 등의 서비스를 제공받을 수 있다.

Enterprise 플랜은 월 15,000달러부터 이용할 수 있으며, 위 플랜의 모든 지원 서비스는 물론, 운영 및 설계와 관련된 문제 해결을 위한 AWS 솔루션 아키텍트와의 직접 연결 서비스, 기업 전용 기술 지원 매니저 등을 포함한 이른바 종합 지원 서비스 support concierge를 제공한다. 중요성이 매우 큰 애플리케이션 또는 기업 서비스 배포의 경우에 적합한 플랜이라 할 수 있다.

AWS 서포트 플랜은 아래 링크에서 확인할 수 있다.

aws.amazon.com/premiumsupport/compare-plans

기타 지원 자료

공식 서포트 플랜 외에도 다양한 자가 지원 서비스를 이용할 수 있다.

- AWS 계정 보유자라면 누구나 이용 가능한 커뮤니티 포럼
  http://repost.aws
- 최신의 내용으로 잘 정리돼 있는 AWS 개발자 문서
  aws.amazon.com/documentation
- 클라우드 배포 설계와 관련된 베스트 프랙티스를 담은 각종 화이트 페이퍼 및 개발자 문서 링크를 제공하는 AWS Well-Architected 페이지
  aws.amazon.com/architecture/well-architected
- 이외 AWS 배포를 지원하는 다양한 서드 파티 기업의 지원 자료

기존의 리소스를 AWS로 이전하기 위한 서비스

AWS는 기존의 애플리케이션 및 인프라 구성 리소스를 클라우드로 이전하기 위한 다양한 도구를 제공하며, AWS Migration Hub, AWS Application Migration Service 그리고 AWS Database Migration Service 등이 대표적이다. 이들 도구는 각각의 특성과 장점을 지니며, 기존 리소스를 AWS로 좀 더 신속하고 좀 더 안전하게 이전하는 방법을 제공한다.

AWS Migration Hub

AWS Migration Hub는 기존의 워크로드를 AWS 클라우드로 이전하는 과정을 추적하기 위한 서비스이며, Migration Hub 대시보드는 기존 리소스 인벤토리 정보 및 이전 프로젝트의 진행 상태, 이전과 관련된 각종 문제 상황을 파악할 수 있도록 돕는다.

Migration Hub는 이전과 관련된 모든 연관 도구의 작업을 조정하는 데 도움을 주며, 기존 워크로드를 AWS로 이전하기 위한 각종 작업의 발생 가능성을 평가하는 데 활용된다. 아울러, 기존 워크로드를 클라우드 네이티브 애플리케이션으로 변환 및 분할하기 위한 각종 도움을 제공한다.

AWS Application Migration Service

Application Migration Service(AMS)는 과거 제공되던 AWS Server Migration Service의 대체 서비스이며, 비-클라우드 기반 애플리케이션 서버를 AWS 기반 서버로 이전하기 위한 검증 및 전환 자동화 도구이다. 온프레미스 인프라의 클라우드 전환은 기본적으로 자동화 기법으로 처리되는 것이 이상적이다.

AMS는 이전 대상인 양측 서버에 AWS Replication Agent를 설치하는 것으로 시작하며, 에이전트는 서버 실행에 영향을 주지 않도록 백그라운드에서 이전에 필요한 복제 작업을 진행한다. 기존 서버의 애플리케이션 소프트웨어가 클라우드에 모두 복제되면, 클라우드에서 기존의 모든 기능이 정상적으로 작동하는지 확인하고, 정상 작동 여부까지 확인되면, 마지막 과정으로 AWS에서 애플리케이션을 실행하게 된다.

단, CloudEndure는 AWS GovCloud 또는 중국 리전으로의 마이그레이션에만 활용되는 용도 또는 지역 특화 이전 도구이다.

AWS Database Migration Service

AWS Database Migration Service(AWS DMS)는 데이터베이스를 위한 마이그레이션 서비스이며, 기존 온프레미스 환경에서만 사용되던 데이터를 좀 더 높은 성능 및 가용성을 제공하는 클라우드 환경에서 사용하기 위한 도구이다. 이전 절차는 앞서 소개한 Application Migration Service보다 좀 더 간단한 편이며, Replication Agents 설치 없이 기존 데이터베이스로의 엔드포인트만 연결하면 된다.

하지만 데이터는 다양한 속성을 지니고, 데이터베이스 엔진 또한 Oracle, Microsoft SQL Server 등 다양한데, 기존의 데이터를 어떻게 한 번에 클라우드로 이전할 수 있는 걸까?

Database Migration Service는 사용자에게 다양한 선택안을 제공한다. Oracle에서 Oracle로, 혹은 MariaDB에서 MariaDB로 이전하는 것과 같은 동종 이전homogeneous migration 옵션을 선택하거나, 기존 관계형 데이터베이스를 Amazon S3 기반 데이터레이크로 이전하거나, Oracle 데이터베이스를 Amazon Aurora로 이전할 수 있다.

AWS Application Discovery Service

AWS Application Discovery Service는 어떤 애플리케이션이 온프레미스 데이터센터에서 실행되고 있는지 확인하고, 이들 애플리케이션이 어떻게 서로 연결돼 있으며, 어떤 리소스를 사용하는지 파악하는 데 도움을 준다. 이전 담당자는 이러한 정보를 바탕으로 이전 작업에 좀 더 적합한 기법 및 도구를 선택할 수 있다.

Application Discovery Service는 기존 데이터센터의 정보 구조를 체계화하고, 애플리케이션에 대한 정보를 수집한 뒤 이전 대상인 애플리케이션 및 의존성 요소의 환경설정 모델configuration model을 생성한다.

Application Discovery Service를 사용하기 위해서는, 먼저 온프레미스 서버에 Discovery Agents를 설치해야 하며, 이렇게 설치된 에이전트는 애플리케이션에 필요한 리소스 및 각종 의존성 요소에 대한 정보를 수집한다. 그리고 이렇게 수집된 정보는 미리 지정된 데이터 스토어에 저장되며, 수집된 데이터는 이전 기획 또는 보고서 작성 업무를 위해 CSV 파일로 저장할 수 있다.

정리

클라우드 컴퓨팅 기술은 물리적 서버 등의 리소스를 유연한 가상의 리소스로 분할해 사용하는 가상화 기술을 기반으로 한다. 사용자는 클라우드 사업자로부터 가상의 서버 유닛을 종량제 과금 모델로 '임대'한 뒤, 사용 용이성, 확장성, 탄력성 등의 요구 사항을 충족하는 애플리케이션 또는 워크플로우를 구현할 수 있다.

Amazon Web Services는 전세계 각지에 산재한 리전 및 AZ를 통해 신뢰성 및 보안성을 갖춘 클라우드 서비스를 제공한다. AWS는 오랜 시간 동안 수많은 기업 및 기관에 의해 검증된 베스트 프랙티스 및 글로벌 표준 규정에 부합하는 클라우드 인프라를 제공하며, 사용자는 공유 책임 모델 기반의 AWS 클라우드 인프라를 활용해 기업 애플리케이션 및 서비스를 제공할 수 있다.

AWS가 제공하는 서비스 영역은 지속적으로 확장하고 있으며, 그 중에서도 AWS의 핵심 서비스는 컴퓨트, 네트워킹, 데이터베이스, 스토리지, 보안 애플리케이션 관리 및 통합 운영이라 할 수 있다. 사용자는 AWS 리소스를 브라우저 기반 콘솔과 AWS CLI를 이용해서 관리할 수 있고, AWS SDK를 이용해 클라우드 리소스가 포함된 네이티브 코드를 생성할 수 있다.

기술 지원 및 계정 이용 지원은 기업 요구사항 및 예산에 따라 다양한 서포트 플랜으로 이용할 수 있으며, 모든 AWS 회원은 개발자 문서 및 커뮤니티 포럼을 무료로 활용할 수 있다. AWS는 화이트 페이퍼, 개발자 가이드 등 다양한 문서를 웹은 물론, Kindle 버전으로도 제공한다. 링크는 아래와 같다.

www.amazon.com/Amazon-Web-Services/e/B007R6MVQ6

전체 애플리케이션 또는 개별 데이터베이스와 각종 리소스를 AWS로 마이그레이션하는 작업은 AWS Migration Hub에 집약돼 있으며, 앱 서버 이전은 AWS Application Migration Service, 데이터베이스 이전은 AWS Database Migration Service, 그리고 로컬 상에 존재하는 애플리케이션 리소스 정보 수집은 AWS Application Discovery Service를 이용하면 된다.

시험 대비 전략

AWS 플랫폼 아키텍처를 이해한다. AWS는 자체 서버 및 스토리지 기기를 리전 및 리전 내 가용성 지역에 분산 운영한다. 이러한 분산 운영 방식은 서버 복제에 의한 가용성 증대는 물론, 보안성 및 국가별 규정 준수를 위한 리소스 격리 기능 구현에도 도움이 된다. 솔루션 아키텍트인 여러분은 이러한 기능 및 개념을 최대한 활용해 시스템을 설계하고 배포할 수 있어야 한다.

AWS 어드민 도구 활용 방법을 이해한다. AWS 어드민 환경에 접속하기 위해 브라우저 콘솔을 이용하는 경우도 있겠지만, 솔루션 아키텍트인 여러분은 보다 전문적인 클라우드 리소스 관리 업무를 처리하기 위해 AWS CLI의 활용 방식에 익숙해질 필요가 있으며, 클라우드 리소스가 포함된 애플리케이션 코드를 생성할 경우, AWS SDK의 활용 방식을 이해할 필요가 있다.

서포트 플랜 선택 방법을 이해한다. 솔루션 아키텍트인 여러분은 고객의 요구 수준에 적합한 서포트 플랜을 추천해 줄 수 있도록 다양한 서포트 플랜의 장단점 및 차이점을 잘 알고 있어야 한다.

기존 애플리케이션과 리소스를 AWS로 이전하는 방법에 대해 이해한다. 데이터베이스, 아카이브, 풀스택 애플리케이션 이전 작업은 상당히 복잡한 작업이 될 수 있으며, AWS는 이런 상황에 맞는 다양한 이전 도구를 제공한다.

평가 문제

1. 개발자는 인프라를 직접 론칭하거나 환경을 설정하지 않고서, 이미 잘 프로비저닝된 EC2 인스턴스를 가지고 애플리케이션을 배포하려 한다. 이 때 적합한 서비스는 무엇인가?

   A. AWS Lambda

   B. AWS Elastic Beanstalk

   C. Amazon EC2 Auto Scaling

   D. Amazon Route 53

2. 여러분의 애플리케이션 사용자 중 일부가 특정 지역에서 이용하려 할 때, 접속 지연 문제로 불만을 제기했다. 이 경우 어떤 서비스로 이와 같은 지연 문제를 해소할 수 있는가?

   A. Amazon CloudFront

   B. Amazon Route 53

   C. Elastic Load Balancing

   D. Amazon Glacier

3. 다음 중 Elastic Block Store에 가장 적합한 사용 시나리오는 무엇인가?

   A. 애플리케이션이 필요로 하는 저렴하면서도 신뢰할 수 있는 저장 공간 필요

   B. 로컬 서버를 위한 백업 아카이브 저장 공간 필요

   C. 애플리케이션에 대한 트래픽 변동성 반영 및 온디맨드 컴퓨트 사이클에 적합한 저장 공간 필요

   D. EC2 인스턴스의 파일 시스템을 위한 지속형 스토리지 필요

4. 회사 직원의 사용자 접근 제어 기능과 AWS 리소스를 통합해서 관리하려 한다. 로컬 유저 액세스와 AWS 서비스 및 어드민 콘솔을 통합하는 데 적합한 서비스는 무엇인가? (2개 선택)

   A. AWS Identity and Access Management(IAM)

   B. Key Management Service(KMS)

   C. AWS Directory Service

   D. Simple WorkFlow(SWF)

   E. Amazon Cognito

5. 현재 설계 중인 애플리케이션이 기존의 관계형 데이터베이스 구조보다 훨씬 빠르고 유연하게 데이터를 처리하길 원한다. 이 경우 여러분이 선택할 수 있는 AWS 데이터베이스 서비스는 무엇인가?

   A. Relational Database Service(RDS)

   B. Amazon Aurora

   C. Amazon DynamoDB

   D. Key Management Service(KMS)

6. AWS 아일랜드 리전에 EC2 서버 인스턴스를 론칭했으며, 웹으로 접속하려 한다. 이 때 올바른 엔드포인트 주소는 다음 중 무엇인가?

A. compute.eu-central-1.amazonaws.com

B. ec2.eu-central-1.amazonaws.com

C. elasticcomputecloud.eu-west-2.amazonaws.com

D. ec2.eu-west-1.amazonaws.com

7. 첫 AWS 배포 작업 도중, 화면에 가용성 지역이라는 단어가 나타났다. 가용성 지역이란 정확하게 무엇인가?

A. AWS 리전 내의 물리적으로 격리된 데이터 센터

B. 다수의 데이터 센터를 포함한 리전

C. 단일 리전 내에서 리소스로 사용되는 단일 네트워크 서브넷

D. 데이터 센터 내에서 격리된 단일 서버 공간

8. 멀티 티어, 멀티 인스턴스 AWS 애플리케이션을 설계하는 도중, 네트워크 연결성 및 접근 제어를 효과적으로 처리할 수 있는 인스턴스 관리 및 환경설정 도구를 찾게 됐다. 이 도구는 무엇일까?

A. 로드 밸런싱

B. Amazon VPC

C. Amazon CloudFront

D. AWS 엔드포인트

9. EC2 및 S3 리소스를 이용한 애플리케이션을 개발하는 도중, 여러분이 속한 산업의 표준 요구 조건을 충족하는 수준의 신뢰성을 확보해야 함을 알게 됐다. 이 때 확인해야 할 것은 무엇인가?

A. 가동 로그 레코드

B. AWS 프로그램 규정 준수 도구

C. AWS 서비스 수준 계약(SLA)

D. AWS 규정 준수 프로그램

E. AWS 서비스 수준 계약(SLA)

10. 회사 운영팀이 여러분의 AWS 인프라에 여러분의 로컬 커맨드 라인 또는 쉘 스크립트로 접근해 어드민 기능을 수행하고자 한다. 이를 가능하게 하는 도구는 무엇인가?

   A. AWS Config

   B. AWS CLI

   C. AWS SDK

   D. The AWS Console

11. 대규모의 AWS 기반 애플리케이션을 만들던 도중, 회사 내부에서 자체적으로 해결할 수 없는 환경설정 문제에 직면했다. 회사는 AWS가 개발팀 및 IT 팀 책임자와 직접 연결돼 문제를 해소할 수 있기를 바란다. 이에 적합한 서포트 플랜은 무엇인가?

   A. Business

   B. Developer

   C. Basic

   D. Enterprise

12. 로컬 서버에서 실행되는 복잡한 멀티 티어 애플리케이션을 클라우드로 이전하려 한다. 다음 중 이와 같은 애플리케이션 이전에 따른 위험과 변동성을 최소화할 수 있는 도구는 무엇인가?

   A. AWS Application Migration Service

   B. AWS Migration Hub

   C. AWS Application Discovery Service

   D. AWS Lift and Shift

2

컴퓨트 서비스

AWS 공인 솔루션스 아키텍트 어소시에이트 시험 범위 중 2장에서 살펴볼 영역별 세부 항목은 다음과 같다.

출제영역 1: 보안성 아키텍처 설계

✓ 안전한 워크로드 및 애플리케이션 설계

출제영역 2: 복원성 아키텍처 설계

✓ 느슨하게 연결된, 확장성 아키텍처 설계

출제영역 3: 고성능 아키텍처 설계

✓ 탄력성을 갖춘 고성능의 컴퓨트 솔루션 설계

출제영역 4: 비용최적화 아키텍처 설계

✓ 비용최적화 컴퓨트 솔루션 설계

개요

전통적인 데이터 센터 및 서버 룸은 소중한 서버를 지키기 위해 존재한다고 해도 과언이 아니다. 하지만 서버를 제대로 활용하기 위해서는 랙, 전원공급장치, 케이블, 각종 스위치, 방화벽, 냉각시스템 등 다양하면서도 복잡한 추가 환경 요소가 필요하다.

AWS의 Elastic Compute Cloud(이하 EC2)는 데이터 센터 및 서버 룸의 사용 경험을 그대로 복원하는 데 초점을 맞춰 설계됐으며, 그 중심에는 인스턴스로 잘 알려진 EC2 가상 서버가 있다. EC2는 전통적인 로컬 서버 룸의 기능을 제공하는 동시에, 인스턴스 운영에 필요한 각종 지원 서비스 및 기능 강화 요소를 통합적으로 제공하며, 리소스 모니터링, 리소스 할당 및 관리, 컨테이너 오케스트레이션 등의 기능이 포함된다.

2장에서는 EC2 에코시스템의 기능과 성능을 더욱 높일 수 있는 다양한 도구와 활용 전략을 알아본다. 주요 내용은 다음과 같다.

- 프로젝트에 적합한 하드웨어 리소스 기반의 EC2 인스턴스 프로비저닝 방법
- 애플리케이션에 적합한 운영 체제의 환경설정 방법
- 인스턴스에 적합한, 안전하며 효과적인 네트워크 환경 구성 방법
- 애플리케이션 시작 및 운영을 위한 인스턴스 부팅 스크립트 실행 방법
- 기업 및 부서별 워크로드를 고려한 EC2 가격 모델 선택 방법
- EC2 인스턴스 생애주기 관리 및 활용 방법의 이해
- 사용자 니즈에 적합한 스토리지 드라이브 선택 방법

- 키 페어, 시큐리티 그룹, 네트워크 액세스 리스트, IAM 롤 등을 활용한 EC2 리소스 보안 유지 방법
- Auto Scaling을 활용해서 변화하는 요구 수준에 따라 인스턴스를 스케일아웃 및 스케일인하는 방법
- 어드민 또는 엔드유저로서 인스턴스에 접속하는 방법
- Elastic Container Service(ECS) 및 Elastic Kubernetes Service(EKS)를 이용한 컨테이너 워크로드 시작 방법

EC2 인스턴스의 개요

EC2 인스턴스는 물리적 서버를 가상화 또는 추상화한 것으로 볼 수 있지만, 기능적으로는 실제 서버와 차이가 없다. 사용자는 인스턴스를 통해 스토리지, 메모리, 네트워크 인터페이스 등에 접근할 수 있으며, 인스턴스에 장착된 스토리지 드라이브에는 최신의 운영체제가 탑재돼 있다. 사용자는 어떤 하드웨어 스펙의 리소스와 운영체제, 소프트웨어로 인스턴스를 구성할지 결정할 수 있으며, 자신이 사용한 리소스의 양에 따라 비용을 부담하면 된다. 이번 절에서는 EC2 인스턴스의 개요에 대해 알아본다.

인스턴스 프로비저닝

사용자는 인스턴스의 운영 체제 및 소프트웨어 스택, (CPU 성능, 메모리, 스토리지, 네트워크 등) 하드웨어 스펙, 실행 환경을 설정할 수 있다. OS는 여러분이 선택한 Amazon Machine Image(이하 AMI)에 정의돼 있으며, 하드웨어 사양은 인스턴스 타입에 따라 달라진다.

EC2 아마존 머신 이미지

AMI는 론칭할 인스턴스의 루트 데이터 볼륨에 어떤 OS와 어떤 애플리케이션 소프트웨어가 포함돼야 하는지 설명하는 정보가 담긴 템플릿 문서이며, 다음 4가지 AMI가 제공되고 있다.

Amazon 퀵 스타트 AMI 새 인스턴스 론칭 작업 진행 시, 콘솔에서 첫 번째로 등장하며, Linux 또는 Windows Server OS의 다양한 배포판을 기반으로 (딥러닝부터 데이터베이스 업무에 이르기까지) 다양한 용도로 활용할 수 있는 인기 높은 이미지이다. 최신의 기능은 물론, 공식적인 지원을 제공한다.

AWS 마켓플레이스 AMI SAP 및 Cisco를 포함해 수많은 기업용 소프트웨어 벤더가 지원 및 제공하는 AWS 공식, 상용 이미지이다.

커뮤니티 AMI AWS 커뮤니티에는 100,000개 이상의 이미지가 있으며, 이들 중 상당수는 독립적인 벤더에 의해 특수한 목적에 적합하도록 개발 및 배포된다. 소프트웨어 리소스의 커스텀 조합으로 애플리케이션을 빌드할 계획이라면 커뮤니티 AMI 카탈로그에서 먼저 찾아보기 바란다.

프라이빗 AMI 여러분이 직접 프라이빗 AMI를 만들어서 사용하는 것도 가능하다. 예를 들어, 급증하는 사용자의 요구 수준에 맞춰 여러분이 직접 일정한 수의 인스턴스로 확장할 수 있는 AMI를 만들어서 사용할 수 있다. 검증 과정을 거친, 신뢰할 수 있는 인스턴스 이미지를 AMI로 사용해 오토스케일링 작업을 좀 더 쉽게 처리하는 것도 가능하다. 이렇게 만든 이미지는 AMI로 공유하거나, AWS VM Import/Export 도구를 이용해 (AWS S3와 같은) 로컬 인프라에서 VM으로 임포트해서 사용할 수 있다.

기본적으로 이미지는 어떤 리전에서나 동일한 기능을 제공하는 것이 일반적이지만, 특정 AMI는 하나의 리전에서만 사용할 수 있는 경우도 있다. 이 경우 인스턴스 배포 계획 시 하나의 리전에서 AMI의 ID를 호출하면 다른 리전에서는 호출 작업이 실패할 수도 있다는 점에 주의한다.

과금 관련 주의사항

EC2 인스턴스 실행에 따른 비용 외에 여러분이 선택한 AMI 소프트웨어에 대한 시간당 비용 또는 라이센스 비용이 청구될 수 있다. AMI 제공 기업은 청구 비용에 대해 최대한 투명하게 설명해야 하지만, 결국 여러분이 관련 비용을 부담하게 되므로 신중하게 확인하기 바란다.

인스턴스 타입

AWS는 인스턴스 타입에 따라서, 혹은 여러분이 선택한 하드웨어 프로필에 따라서 하드웨어 리소스를 할당하므로 여러분이 선택한 타입에 따라 인스턴스의 워크로드 처리 능력이 달라지게 된다. 인스턴스 타입 선택 시, 컴퓨트 파워, 메모리, 스토리지 용량 등이 균형을 이루고 있는 것이 좋을 수도 있으나, 여러분의 애플리케이션에 적합하면서 요구 비용 수준에 맞는 인스턴스를 선택하는 것이 무엇보다 중요하다.

인스턴스에 대한 사용자의 니즈는 시간 흐름에 따라 바뀔 수 있으며, 여러분은 기존 인스턴스를 중지시키고 새로운 인스턴스 타입으로 변경하거나, 기존 인스턴스 사양의 수정 또는 인스턴스 복사본을 이용해서 다시 시작할 수 있다. 표 2.1과 같이 AWS는 현재 5개 인스턴스 패밀리에 대해 75가지의 타입을 제공하고 있으며, 이들 타입은 지속적으로 추가 및 변경되고 있다.

최신 인스턴스 타입은 아래 링크에서 확인할 수 있다.

aws.amazon.com/ec2/instance-types

표 2.1 EC2 인스턴스 타입 패밀리 및 주요 용도

인스턴스 타입	패밀리 타입
범용 인스턴스	Mac, T4g, T3, T2, M6g, M6i, M6a, M5, M5a, M5n, M5zn, M4, A1
컴퓨트 최적화	C7g, C6g, C6i, C6a, Hpc6a, C5, C5a, C5n, C4
메모리 최적화	R6g, R6i, R5, R5a, R5b, R5n, R4, X2gd, X2idn, X2iedn, X2iezn, X1e, X1, High Memory, z1d
가속화 컴퓨팅	P4, P3, P2, DL1, Trn1, Inf1, G5, G5g, G4dn, G4ad, G3, F1, VT1
스토리지 최적화	Im4gn, Is4gen, I4i, I3, I3en, D2, D3, D3en, H1

다음은 다섯 가지 인스턴스 타입에 대한 개요 설명이다.

범용 타입 General Purpose 범용 인스턴스 패밀리에는 T3, T2, M5, M4 타입이 포함되며, 컴퓨트, 메모리, 네트워크 리소스의 균형에 초점을 맞춰 일반적이며 다양한 목적에서 사용하도록 설계됐다.

그중 T2 타입에는 1개의 가상 CPU(vCPU0) 및 0.5GB의 메모리를 지닌 t2.nano부터, 8개의 vCPU 및 32GB의 메모리를 지닌 t2.2xlarge까지 다양한 인스턴스가 포함된다. t2.micro의 경우 프리 티어로 제공되므로 입문자에 의해 실험적으로 자주 활용되며, 가벼운 웹사이트 구현부터 다양한 목적의 개발 프로젝트에서도 사용할 수 있다.

T4g 및 M6g 인스턴스 타입은 AWS가 디자인한 Arm 기반 Graviton2 프로세서를 사용한다. T4g는 tf6.nano(0.5 GiB 메모리, 2 vCPU)부터 t4g.2xlarge(32 GiB 메모리, 8 vCPU)에 이르는 스펙을 제공한다. Mac 인스턴스는 macOS 플랫폼 기반의 애플리케이션 개발자를 위한 인스턴스 타입이다.

 T2 타입은 여러분이 평소 절약해뒀던 CPU 크레딧을 고성능의 연산 능력이 요구되는 워크로드 처리에 적용할 수 있는 버스트(burst) 옵션을 제공한다.

컴퓨트 최적화 Compute Optimized 좀 더 고사양의 웹 서버 구현 및 고성능이 요구되는 머신 러닝 워크로드 처리에는 컴퓨트 최적화 타입인 C6i 타입이 적합하다. C6i 타입은 c6i.large부터 c6i.metal(128 vCPUs, 256 GIB 메모리, 50 Gbps 네트워크 대역폭)에 이르는 다양한 스펙을 제공한다.

메모리 최적화 Memory Optimized Arm, Intel, AMD 기반의 메모리 최적화 타입 인스턴스는 고성능 데이터베이스, 데이터 분석, 캐싱 작업에 적합하다. 3세대 Intel Xeon Scalable 프로세서 기반의 R6i 타입은 좀 더 높은 수준의 메모리 용량 및 네트워크 성능을 제공한다. 이에 속한 X1e, X1, R4 타입은 3.9테라바이트의 DRAM 메모리 및 저지연성의 SSD 스토리지 볼륨이 제공된다.

가속 컴퓨팅 Accelerated Computing 가속 컴퓨팅 인스턴스에는 고성능의 범용 그래픽 프로세싱 유닛GPGPU이 탑재된 P4, P3, G5, F1 타입이 있으며, 최신의 NVIDIA GPU를 사용할 수 있다. 가속 컴퓨팅 인스턴스는 주로 고성능 컴퓨팅HPC, 금융 분석, 엔지니어링, 인공지능 워크로드, 의학 연구에 사용된다.

스토리지 최적화 Storage Optimized H1, I3, D2 타입은 대용량 스토리지 볼륨을 탑재한 스토리지 최적화 인스턴스이며, I3의 경우 60TB의 HDD 스토리지를 선택할 수 있고, 분산 파일 시스템 또는 고용량 데이터 처리 애플리케이션 구현에 활용할 수 있다.

AWS의 인스턴스 타입 및 패밀리는 신기술 발전 및 고객의 요구 수준에 따라 새롭게 추가되고 세부 사양이 변경될 수 있지만, 여러분은 AWS의 인스턴스 명칭 부여 규칙과 주요 패밀리 간의 차이점을 명확하게 이해해야 한다.

여러분은 프로젝트를 프로비저닝하기 전에 인스턴스 타입 페이지(http://aws.amazon.com/ec2/instance-types)를 자세히 살펴봐야 하며, AWS의 문서를 통해 여러분의 워크로드에 좀 더 적합한 리소스를 선택할 수 있다.

인스턴스 환경설정
EC2 인스턴스의 생성 위치는 성능의 환경설정 측면에서 중요하며, 이번 절에서는 인스턴스의 지리적 위치, VPC, 테넌시 모델을 기준으로 설명한다.

AWS 리전
앞서 살펴봤듯이 AWS 서버는 전세계에 흩어져 있는 AWS 데이터 센터에 위치한다. 보통 고객과 가장 가까운 지역의 리전에 EC2 인스턴스를 론칭하겠지만, 법규에 의해 사용자 데이터의 위치에 제한이 있는 경우 해당 규정에 부합하는 지역의 서버를 사용해야 한다. EC2 리소스는 해당 리전 내에서만 관리될 수 있다. 여러분은 관리 콘솔 화면 상단의 드롭다운 메뉴에서 리전을 선택하거나 AWS CLI 또는 SDK를 통해 기본 설정값을 설정할 수 있으며, CLI의 aws configure 명령을 통해 환경설정값을 업데이트할 수 있다. 리전 선택시 리전별로 비용과 기능, 특징 등이 다를 수 있다는 점에 주의하고, 최신 공식 문서를 참고해서 결정하기 바란다.

VPC
Virtual Private Cloud(이하 VPC)는 사용이 간편한 AWS 네트워크 생성 및 관리도구이자 클라우드 인프라 관리 도구다. VPC를 통해 인스턴스를 다른 환경 요소와 쉽게 격리시킬 수 있으며, 여러분도 개별 프로젝트마다 새로운 VPC 환경을 생성해서 사용하게 될 것이다. 예를 들어, 초기 앱 개발 단계에서 하나의 VPC를 생성하고, 이후 베타 버전용, 최종 상용화 버전용으로 VPC를 생성해서 프로젝트를 관리할 수 있다 (그림 2.1 참조).

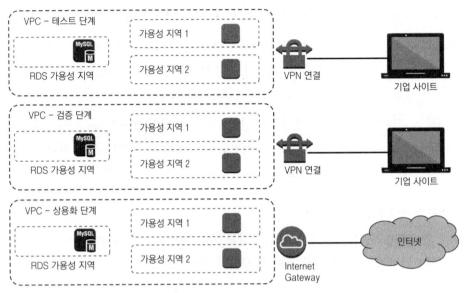

그림 2.1 개발 프로젝트 환경을 위한 멀티 VPC

이와 같이 VPC를 추가하더라도 NAT 게이트웨이 또는 VPN에 연결하지 않으면 별도의 비용이 발생하지 않는다. VPC에 대한 상세한 내용은 4장, 'Amazon VPC'에서 알아본다.

NAT 게이트웨이: ttps://docs.aws.amazon.com/ko_kr/vpc/latest/userguide/VPC_Scenario2.html

VPN 연결: https://docs.aws.amazon.com/ko_kr/vpn/latest/s2svpn/VPC_VPN.html

테넌시

EC2 인스턴스를 론칭할 때 테넌시 모델tenancy model을 선택할 수 있다. 기본 설정은 공유 테넌시shared tenancy이며, 이는 여러분의 인스턴스가 하나의 물리적 서버에서 다른 인스턴스와 동시에 실행되고 있음을 의미한다. 다른 인스턴스는 AWS의 다른 사용자가 운영하는 가상 서버를 의미하며, 가상의 공간에 원격으로 존재하는 서버 간에 보안 규정에 맞지 않는 상호작용이 발생할 가능성이 존재한다.

보안 요구 수준이 높은 기업 및 기관의 경우 외부 환경과 완전히 격리된 상태에서 인스턴스를 운영해야 하며, 이 때는 물리적으로 격리된 전용의 서버를 제공하는 전용 인스턴스Dedicated Instance 옵션을 선택한다. 전용 인스턴스는 다른 고객 계정과 서버 인프라 및 리소스를 공유 환경에서 사용하지 않는다. 전용 호스트Dedicated Host 옵션은 좀 더 엄격한 보안 규정 및 라이센스 요구 사항을 준수해야 하는 경우에 적합하며, 전용의 물리적 서버를 할당받아 사용한다.

전용 인스턴스 및 전용 호스트는 공유 테넌시 인스턴스에 비해 높은 비용이 발생한다.

실습 예제 2.1은 간단한 EC2 Linux 인스턴스 론칭 방법을 보여준다.

실습 예제 2.1

EC2 Linux 인스턴스 시작과 SSH를 사용한 로그인

1. EC2 대시보드에서 인스턴스 시작 버튼을 클릭하고, Linux AMI를 선택한 뒤, 인스턴스 유형을 선택한다. AWS 계정 생성 1년 이내에는 t2.micro를 선택해야 프리 티어 혜택을 받을 수 있다.

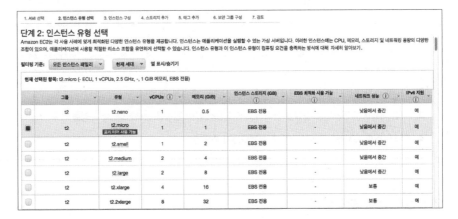

2. 다음으로 인스턴스 구성, 스토리지 추가, 태그 추가 단계로 넘어가면서 관련 내용을 확인한다. 기본 설정 값만 확인하고 넘어가도 무방하다.

3. 보안 그룹 구성 단계에서 SSH(포트 22)에 대한 규칙이 있는지 확인한다. 역시 기본 설정값을 유지한다.

4. 인스턴스 시작 전, AWS가 여러분에게 키 페어 선택 또는 생성을 요청할 것이다. 앞서 키 페어가 없다면 지시사항에 따라 새 키 페어를 생성한다.

5. 인스턴스가 시작될 때 대시보드로 돌아와서 잠시 기다리면 인스턴스가 실행되는 것을 확인할 수 있다.

6. 작업 메뉴를 클릭하고 연결 옵션을 선택해서 로컬 머신과 인스턴스를 연결하는 방법을 확인한다. 그다음 연결시킨 뒤 여러분의 가상 클라우드 서버를 둘러본다.

실습 예제 2.2에서는 인스턴스 타입 변경 방법에 대해 알아본다.

실행 중인 인스턴스 유휴 자원 접근 및 인스턴스 타입 변경

1. EC2 콘솔에서 인스턴스 대시보드를 연다. 인스턴스를 선택하고 화면 중간 모니터링 탭을 클릭하면 시간 흐름에 따라 컴퓨트 및 네트워크 리소스의 소비율을 파악할 수 있다. 모니터링 결과, 인스턴스 용량이 부족함을 알게 됐다고 가정하고 인스턴스 유형을 변경해 보자.

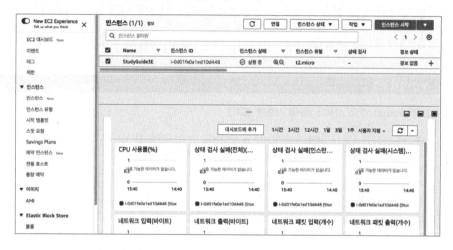

2. 인스턴스를 중단시킨다(재시작 시, 퍼블릭 IP 주소는 변경될 수 있다).

3. 작업 메뉴에서 인스턴스 설정을 클릭하고 인스턴스 유형 변경을 선택한다. 새 유형을 선택한다.

4. 인스턴스를 재시작하고 정상적으로 실행되는지 확인한다.

인스턴스 동작 환경설정

여러분은 인스턴스 환경설정 구성에 포함된 사용자 데이터를 이용해서 부팅 작업 등 EC2의 초기 실행 작업을 변경할 수 있다(이러한 과정을 부트스트랩이라고 부른다). 이 작업은 콘솔 환경설정 또는 AWS CLI의 --user-data로 지정할 수 있으며, 이 때 여러분이 원하는 내용의 스크립트 파일을 적용하면 된다. 부트스트랩bootstrap을 위한 사용자 데이터는 웹 서버 설치 및 웹 루트 구성을 위한 간단한 몇 개의 명령문으로 이뤄진 경우도 있고, Puppet Enterprise 플랫폼 기반의 작업 노드로 사용하기 위한 매우 세심하게 작성된 스크립트인 경우도 있다.

플레이스먼트 그룹

AWS의 인스턴스는 기본적으로 서버 인프라를 다양한 목적에 광범위하게 사용될 수 있도록 설계되지만, 기업 및 부서 상황에 따라 인스턴스에 대한 요구 사항이 다른 경우가 있을 수 있다. EC2 플레이스먼트 그룹^{Placement Groups}은 사용자의 니즈를 반영한 서버 프로필을 정의할 수 있는 도구이며, 현재 다음 세 가지 플레이스먼트 그룹이 제공되고 있다.

- **클러스터^{Cluster} 플레이스먼트 그룹**은 근거리에 위치한 단일 AZ에 연관된 인스턴스를 론칭한다. 전송 지연 수준이 낮은 상호연결형 네트워크를 제공하므로 고성능 컴퓨팅^{HPC} 애플리케이션에 적합하다.

- **스프레드^{Spread} 플레이스먼트 그룹**은 데이터 소실 및 서비스 실패와 같은 위험을 감소시키기 위해 다수의 AZ를 사용하고, 서로 다른 하드웨어 랙에 인스턴스를 분산 배치한다. 이와 같은 환경설정은 동시다발적인 실패 상황에 대처할 수 있다는 점에서 유용성이 높으며, VMware의 DRS^{Distributed Resource Scheduler}와 유사한 기능을 제공한다.

- **파티션^{Partition} 플레이스먼트 그룹**은 연관 인스턴스를 하나의 파티션으로 묶어서 사용할 수 있도록 한다. 파티션에 속한 인스턴스는 다른 파티션의 인스턴스와 물리적으로 분리해서 배치할 수 있다. 스프레드 그룹에 속한 인스턴스는 동일한 물리적 서버를 공유하지 않는다는 점에서 파티션 그룹과 차이가 있다.

인스턴스 가격 모델

EC2 인스턴스는 온디맨드, 예약, 스팟 등 세 가지 가격 모델 가운데 하나를 구매해서 사용할 수 있다. 12개월 이내의 기간 동안 항상 서버를 운영할 계획이라면 온디맨드 모델을 구매해서 인스턴스 실행 시간당 비용을 지불할 수 있다. 온디맨드 모델은 필요에 따라 인스턴스를 시작 및 중단시킬 수 있으므로, EC2 인스턴스를 사용하기 위한 가장 유연한 방법이지만, 시간당 비용은 가장 비싼 모델이기도 하다.

1년 이상의 기간 동안 항상 서버를 운영할 계획이라면 1~3년 단위로 갱신할 수 있는 예약 인스턴스를 구매하면서 큰 폭의 할인 혜택을 받을 수 있다. 예약 인스턴스에 대한 전체 비용을 일시에 지불하거나, 기간 내 점증형으로 비용을 부담하거나 혹은 일부는 일시불로, 나머지는 월별 비용으로 낼 수 있고, 전체 비용을 월별로 나눠서 부담할 수도 있다. 표 2.2는 가격 모델간의 비용 차이를 보여준다. Linux 기반 인스턴스를 기본 테넌시 모델로 사용하며 연간 비용을 한 번에 지불할 때의 비용은 다음과 같다.

표 2.2 온디맨드 인스턴스와 예약 인스턴스의 예상 비용 비교

인스턴스 타입	가격 모델	시간당 비용	연간 비용
t2.micro	온디맨드	$0.0116	$102.00
t2.micro	예약(3년)		$43.80
g3.4xlarge	온디맨드	$1.14	$9,986.40
g3.4xlarge	예약(3년)		$5,089.56

평소 업무와는 다른 (유전자 연구 애플리케이션 등) 고성능의 인스턴스가 필요한 경우, Amazon의 스팟 인스턴스가 비용을 절감하는 데 도움을 준다. 스팟 인스턴스를 구매하려면, 특정 리전의 인스턴스에 최고가로 입찰한 뒤, 여러분이 입찰한 가격 또는 그 이하의 가격으로 시간 단위로 사용할 수 있으며, AMI 또는 여러분이 직접 설정한 론치 템플릿 기반의 인스턴스를 운영하면 된다. 스팟 인스턴스는 여러분이 작업을 끝낼 때까지, 혹은 해당 인스턴스에 대한 여러분의 시간당 최고 입찰가를 넘어서는 또 다른 입찰자가 나타나기 전까지 사용할 수 있다. 스팟 인스턴스는 13장, '비용 최적화 원칙'에서 다시 살펴본다.

여러분은 하나의 애플리케이션 인프라 구현에 다수의 가격 모델을 결합해서 사용할수 있다. 예를 들어, 온라인 쇼핑몰 구현 시, 일상적인 고객 요구 사항은 예약 인스턴스로 처리하고 할인 이벤트 등으로 트래픽이 급증할 때는 온디맨드 인스턴스 기반의 오토스케일링 기능을 사용할 수 있다.

실습 예제 2.3에서 EC2 가격 모델을 좀 더 상세히 알아보자.

여러분의 애플리케이션 배포에 가장 적합한 가격 모델 찾기

여러분의 애플리케이션 운영을 위해 f1.2xlarge 인스턴스(인스턴스 스토리지 제공, EBS 볼륨 추가 불필요 옵션 적용)를 항상 실행해야 한다고 생각해 보자. 또한 변화하는 고객의 수요에 맞추기 위해 이와 같은 인스턴스를 네 개 이상 유지하며 연중 일일 100시간 이상 가동해야 한다면, 과연 연간 총 비용은 얼마나 들까?

팁: 월간 비용으로 연간 비용을 예상할 수 있다.

인스턴스 생애주기

EC2 인스턴스 실행 상태는 다양한 방식으로 관리할 수 있다. 인스턴스를 종료하면 서버 기능이 중지되고 관련 리소스는 AWS 리소스 풀 속에 재할당된다.

인스턴스를 종료하면 대부분의 경우 1차 스토리지에 저장된 모든 데이터가 삭제된다. 하지만 EBS 볼륨을 스토리지로 사용하는 경우 인스턴스가 종료돼도 볼륨 내 데이터는 유지된다.

인스턴스가 당장 필요하진 않지만 인스턴스 종료를 원치 않는 경우 중지시켰다가 필요할 때만 다시 시작해서 비용을 아낄 수 있다.

인스턴스 중지 시 EBS 볼륨의 데이터는 유지되지만 인스턴스 스토어 볼륨의 데이터는 유실된다는 차이점이 있다. 2장 후반에서는 EBS 볼륨과 인스턴스 스토어 볼륨에 대해 알아보고, 이들 스토리지를 EC2 인스턴스와 연결해서 사용하는 방법을 알아본다.

또한 인스턴스 중지후 재시작 시 비지속성 퍼블릭 IP 주소는 다른 새로운 주소로 대체되므로 영구적이며 지속성이 있는 IP 주소가 필요한 경우, 일래스틱 IP 주소를 할당받아서 인스턴스에 연결한다.

인스턴스의 시큐리티 그룹 정책은 언제든 업데이트할 수 있으며, 심지어 인스턴스 실행 중에도 가능하다(시큐리티 그룹은 잠시 후 알아본다).

또한 워크로드의 성능 요구 수준에 따라 기존의 인스턴스 타입을 변경해서 (물리적 서버처럼) 컴퓨트, 메모리, 스토리지 용량을 업그레이드할 수 있다. 인스턴스 타입을 변경할 때는 먼저 인스턴스를 중지시키고 변경 사항을 적용한 뒤 다시 시작한다.

리소스 태그

AWS 계정에 다수의 리소스를 배포하면, 각종 서비스와 리소스에 대한 관리가 점점 어려워진다. EC2 인스턴스와 그에 속한 스토리지, 시큐리티 그룹, 일래스틱 IP 주소 등이 많아질수록 VPC의 수와 연결 방식 또한 세분화되고 복잡해진다.

이처럼 리소스 관리가 복잡해진다면, 리소스의 목적 및 다른 리소스와의 관련성 등을 기준으로 나름의 식별 체계를 갖추는 것이 중요해지며, 이를 위한 가장 좋은 방법 중 하나는 일관된 명명 규칙을 지닌 태그를 부여하는 것이다.

여러분은 EC2뿐 아니라 AWS 계정으로 접근할 수 있는 거의 모든 요소에 AWS 리소스 태그를 붙일 수 있으며, 하나의 태그는 키와 연관 값으로 작성한다.

예를 들어, 상용 서버 배포 후 각 서버에 production-server라는 키를 부여할 수 있고, 키에 대응하는 값으로 server1, server2 순으로 태그를 추가해 나갈 수 있다. 상용 서버에 연결된 시큐리티 그룹의 경우 production-server라는 키는 동일하게 유지하고 값만 security-group1으로 작성한다.

표 2.3 간단한 키/값 명명 규칙 예시

키(Key)	값(Value)
production-server	server1
production-server	server2
production-server	security-group1
staging-server	server1
staging-server	server2
staging-server	security-group1
test-server	server1
test-server	security-group1

태그를 적절히 사용하면, 리소스의 가시성을 높일 수 있고, 좀 더 쉽게 효과적으로 리소스를 관리할 수 있다. 또한 감사 업무 및 비용 관리 업무에 도움이 되며, 무엇보다 복잡한 상황에서 발생할 수 있는 오류를 줄일 수 있다.

서비스 제한 사항

각 AWS 계정은 서비스 별로 론칭할 수 있는 인스턴스의 수에 제한이 있다. 이러한 제한은 개별 리전마다 존재하기도 하고, 글로벌 리전에 공통적으로 존재하기도 한다.

예를 들어, 사용자는 리전 당 5개의 VPC만 생성할 수 있으며, 하나의 계정으로 5,000개의 SSH 키를 사용할 수 있다. 이러한 제한을 넘어서는 리소스가 필요하다면, AWS 측에 제한 상향을 요청해야 한다.

AWS의 모든 서비스에 대한 리소스 제한과 관련된 최신 목록은 아래 링크에서 확인할 수 있다.

docs.aws.amazon.com/general/latest/gr/aws_service_limits.html

EC2 스토리지 볼륨

AWS 공식 문서에서는 스토리지 볼륨으로 지칭하는 스토리지 드라이브는 물리적인 저장 장치를 가상화한 가장 대표적인 사례 중 하나다. AWS 스토리지 볼륨은 인스턴스에서 실행되는 OS를 저장한다는 측면에서 기존의 물리적인 스토리지와 별 차이가 없어 보인다. 하지만 AWS는 사용 목적에 따라 다양한 볼륨을 제공하며, 인스턴스를 잘 활용하기 위해서는 이들 볼륨의 특징과 각각의 장단점을 이해할 필요가 있다.

EBS 볼륨

하나의 인스턴스에는 다수의 Elastic Block Store(이하 EBS)를 부착할 수 있으며, 이들 스토리지 볼륨은 기존의 물리적인 서버에 있는 하드 드라이브, 플래시 드라이브, 또는 USB 드라이브처럼 사용할 수 있다. 또한 다른 물리적인 드라이브와 같이 EBS 볼륨은 유형별로 성능과 비용 측면에서 차이가 난다.

AWS SLA에서 EBS 볼륨에 저장된 데이터의 신뢰성은 최소 99.99%에 이르므로 작동 실패를 걱정할 필요는 없다. 하지만 만에 하나 EBS 볼륨이 작동에 실패하더라도 데이터는 이미 중복 구현된 다른 스토리지에 저장돼 있다가 여러분이 눈치도 채기 전에 복구돼 있을 것이다. 따라서 여러분은 스토리지 실패에 대한 걱정 없이 여러분의 데이터에 좀 더 신속하고 효율적으로 접속할 방법만 고민하면 된다.

스토리지 활용과 관련해서 한 가지 더 기억할 사항은 스토리지 생애주기에 대한 전반적인 관리에 대한 내용이다. 볼륨에는 시간에 따라 변경되는 중요한 데이터가 포함될 수 있으며, Amazon의 EBS Data Lifecycle Manager를 이용해서 EBS 기반 스냅샷 및 AMI의 생성, 유보, 삭제 등을 자동화할 수 있는 정책을 작성할 수 있다.

현재 집필 시점을 기준으로 총 여덟 가지의 EBS 볼륨 타입이 제공되고 있고, 이 중 다섯 가지는 SSD 기반, 나머지 세 가지는 HDD 기반의 드라이브 기술을 사용하며, 각 볼륨 타입의 성능은 볼륨당 최대 IOPS^{Input/Output operations Per Second} 수치로 측정한다.

EBS 프로비전 IOPS SSD

여러분의 애플리케이션 실행에 고도의 I/O 작업이 필요한 경우, 프로비전 IOPS ^{Provisioned IOPS} SSD 타입을 사용하는 것이 좋다.

현재는 io1, io2, 그리고 io2 Block Express 등 세 가지 타입이 제공되고 있으며, io1은 50 IOPS/GB, 최대 64,000 IOPS의 성능을 제공한다. AWS Nitro 호환 EC2 인스턴스에 부착되는 경우, 최대 처리용량은 볼륨당 1,000MB/s에 이른다. io2는 500 IOPS/GB의 성능을 제공하며, io2 Block Express는 4,000MB/s의 처리용량과 최대 256,000 IOPS의 성능을 제공한다.

EBS 범용 SSD

일반적인 서버 워크로드를 고려한다면, 저지연성 및 범용성을 지닌 범용^{General-Purpose} SSD 타입이 적합하다.

범용 SSD 타입은 최대 3,000 IOPS의 성능을 제공한다. 범용 SSD 타입으로 볼륨당 3,000 IOPS로 읽기 및 쓰기 작업을 처리하고, 매일 하나의 스냅샷을 생성하며, Linux 인스턴스를 위해 8GB의 부트 드라이브를 사용하는 경우, 월간 $3.29의 비용이 발생한다.

HDD 볼륨

대량으로 데이터를 처리할 필요가 없거나 신속한 데이터 입출력이 필요 없는 경우, 하드 드라이브 기반 볼륨 타입을 선택해서 비용을 절감할 수 있다. EBS 중 가장 저렴한 sc1 타입의 경우 월간 $0.015/GB의 비용이 발생한다.

st1 타입은 처리량 최적화^{throughput optimized} 하드 드라이브 볼륨으로도 부르며, TB당 250MB/s의 속도로 데이터를 처리하고, sc1 타입에 비해 저장 용량은 좀 더 크고, 접속 빈도가 높지 않은 경우 적합하다. EBS Create Volume 화면에서는 Magnetic (Standard) 볼륨 타입도 제공되고 있음을 알 수 있다.

EBS Volume의 특징

모든 EBS 볼륨은 스냅샷 생성 방식으로 복제할 수 있으며, 기존의 스냅샷으로 다른 인스턴스에 부착할 수 있는 볼륨을 만들거나, AMI 생성을 위한 이미지로 변환할 수 있다. 또한 EBS 볼륨이 부착된 채 실행 중인 인스턴스를 이용해서 직접 AMI 이미지를 생성할 수 있다. 이 때 데이터 손실 문제를 겪지 않으려면 해당 인스턴스를 먼저 중지시킨다.

또한 EBS 볼륨은 저장 중이거나 EC2 호스트 인스턴스에서 이동중인 데이터 보호를 위해 암호화할 수 있다. 암호화 키는 EBS가 자동으로 관리하거나 AWS Key Management Service(이하 KMS)를 통해 사용 및 관리할 수 있다.

실습 예제 2.4는 기존 스냅샷 이미지를 기반으로 새로운 인스턴스를 생성하는 방법을 보여준다.

실습 예제 2.4

기존 인스턴스 스토리지 볼륨을 이용해서 AMI 생성 및 시작하기

1. 인스턴스를 시작하고, 루트 볼륨을 변경할 수 있는 토큰을 생성한다. Linux 인스턴스에서 빈 파일을 하나 만들기 위해 touch test.txt를 입력한다.

2. 인스턴스 볼륨에서 이미지를 생성한다. (인스턴스 대시보드 작업 메뉴)

3. EC2 대시보드 좌측 메뉴에서 이미지 섹션 아래 AMI를 클릭한다.

4. 인스턴스에 접속해서 변경 사항이 유지되고 있는지 확인한다.

인스턴스 스토어 볼륨

EBS 볼륨과 달리, 인스턴스 스토어 볼륨은 비지속형^{ephemeral} 스토리지이며, 인스턴스를 종료시키면 인스턴스 스토어에 저장된 데이터가 소실된다. 지속형 스토리지인 EBS를 놔두고 인스턴스 스토어를 사용하는 이유는 다음과 같다.

- 인스턴스 스토어 볼륨은 인스턴스 서버 호스팅 시 물리적으로 부착되는 SSD 저장 장치이며, NVMe^{Non-Volatile Memory express} 인터페이스로 연결된다.

- 인스턴스를 생성하면 자동적으로 인스턴스 스토어 볼륨이 생성되며 별도의 비용을 부담하지 않는다.

- 인스턴스 스토어 볼륨은 단기적인 목적으로 인스턴스를 시작하는 배포 모델에 적합하며, 외부에서 데이터를 임포트해서 사용하므로 내부에 저장된 데이터는 작업 후 삭제돼도 무방하다.

하나의 인스턴스에 다수의 인스턴스 스토어 볼륨을 추가하려면 그에 적합한 인스턴스 타입부터 선정해야 하며, 이는 배포 모델 설계 시 매우 중요한 고려사항이다.

EC2와 관련된 데이터가 방대한 경우 EC2 외부에 해당 데이터를 저장할 수 있으며, 이 경우 EBS와 인스턴스 스토리지의 필요성은 낮아진다. 상당수의 기업 고객은 EC2

생성 데이터를 Amazon S3에 저장해 비용을 획기적으로 낮추거나 컴퓨팅 작업에 상관 없이 언제든 사용할 수 있는 데이터베이스에 관련 내용을 저장하기도 한다. 이에 대한 상세한 내용은 3장, 'AWS 스토리지'에서 알아본다.

인스턴스 재부팅에도 데이터가 소실되지 않게 하거나 AMI에서 생성된 그대로 인스턴스를 사용하는 경우, EBS 볼륨이 좀 더 나은 선택이 될 듯하다. 반면 시스템 실패나 재부팅으로 인한 데이터 소실 가능성보다 고속의 데이터 입출력 및 처리가 중요한 경우, 인스턴스 스토어도 좋은 대안이 될 수 있다. 또한 탁월한 수준으로 읽기/쓰기 작업을 할 필요가 없다면, EC2 전용 스토리지를 고수할 필요는 없으며, S3로 비용도 절약하고 좀 더 융통성 있게 데이터를 관리할 수 있다.

EC2 인스턴스 접속하기

다른 네트워크 디바이스처럼 EC2 인스턴스도 유일한 IP 주소로 네트워크 상의 위치를 표시한다. 모든 인스턴스는 최소 하나 이상의 프라이빗 IPv4 주소를 지니며, 주소 범위는 표 2.5와 같다.

표 2.5 프라이빗 네트워크로 사용되는 세 개의 IP 주소 범위

첫 번째 주소	마지막 주소
10.0.0.0	10.255.255.255
172.16.0.0	172.31.255.255
192.168.0.0	192.168.255.255

처음 인스턴스를 생성하면 서브넷 내에서만 인스턴스를 연결할 수 있으며, 인터넷과 인스턴스를 바로 연결할 수는 없다. 인스턴스를 외부 리소스와 연결하기 위한 다중 네트워크 인터페이스multiple network interfaces 환경설정에서 인스턴스에 하나 이상의 가상 네트워크 인터페이스를 부착할 수 있다. 이들 인터페이스는 기존의 서브넷 또는 시큐리티 그룹과 반드시 연결돼야 하고, 필요에 따라 서브넷 범위 내에 정적 IP 주소를 할당해서 사용할 수 있다.

인터넷과 연결하기 위해 인스턴스에 퍼블릭 IP를 할당해서 사용할 수 있다. 앞서 인스턴스 생애주기 부분에서 언급했지만, 여러분의 인스턴스에 할당된 기본 퍼블릭 IP는 비지속형 주소로서 재부팅을 하면 변경될 수 있다. 따라서 인스턴스 배포 후 장기적, 안정적으로 사용할 수 있는 일래스틱 IP를 할당받아 사용하는 경우가 많으며, 실행중인 인스턴스에 부착하면 별도의 비용 부담 없이 일래스틱 IP를 사용할 수 있다.

보안을 고려한 상태에서 어드민 자격으로 인스턴스에 접속할 수 있는 방법은 잠시 후 설명한다. 일단은 메타데이터 시스템을 통해 IP 주소를 연결하는 일 등, EC2 인스턴스 실행 방법에 대해 알아야 할 것이 많다.

인스턴스에 로그인한 상태에서 아래 curl 명령을 실행한다.

```
$ curl http://169.254.169.254/latest/meta-data/
ami-id
ami-launch-index
ami-manifest-path
block-device-mapping/
hostname
instance-action
instance-id
instance-type
local-hostname
local-ipv4
mac
metrics/
network/
placement/
profile
public-hostname
public-ipv4
public-keys/
reservation-id
security-groups
```

 여러분의 인스턴스가 퍼블릭 또는 프라이빗 IP를 사용하는 것과 무관하게 169.254.169.254 IP를 사용할 수 있다.

curl 명령 실행 시, 슬래시 기호로 끝나는 요소 뒤에 추가 정보를 입력해 좀 더 상세한 하위 정보를 얻을 수 있다. curl 명령에 데이터 타입을 추가하면, 여러분이 찾으려는 정보를 얻을 수 있으며, 위 예제 코드 실행시 시큐리티 그룹과 관련해 다음과 비슷한 결과가 나타난다.

```
$ curl http://169.254.169.254/latest/meta-data/security-groups launch-wizard-1
```

EC2 인스턴스의 보안 유지

여러분은 EC2에 대한 비인가 접근을 막기 위해 적절하며 효과적인 보안 환경설정을 해야 한다. AWS는 EC2 보안을 위해 시큐리티 그룹, IAM 롤, NAT 인스턴스, 키 페어 등 네 가지 도구를 제공한다.

시큐리티 그룹

EC2 시큐리티 그룹은 방화벽과 같은 역할을 하며, 인스턴스로 향하는 모든 유입 트래픽은 거부하고, 인스턴스에서 나가는 모든 유출 트래픽은 허용한다. 그룹 동작은 특정 트래픽의 거부 또는 허용과 관련된 정책 규칙으로 정의하며, 그룹 동작 정의 후 유입 및 유출되는 트래픽에 대한 처리는 모두 이들 정책 규칙을 따르게 된다.

인스턴스와 관련된 트래픽은 소스 및 목적지를 통해 검증되며, 타겟이 되는 네트워크 포트와 미리 설정된 프로토콜을 사용한다. 예를 들어, TCP 패킷이 SSH 포트 22로 전송되면, 소스 IP 주소가 여러분 사무실의 컴퓨터와 연결된 로컬 퍼블릭 IP와 일치할 때만 해당 인스턴스에 접속할 수 있다. 일단 검증이 완료되면, 사무실의 컴퓨터로 해당 인스턴스에 아무런 제약 없이 SSH 접근이 허용되는데, 이는 보안 문제를 일으킬 수 있다.

시큐리티 그룹을 이용하면 간단한 방법으로 여러분의 서비스에 대한 세심한 접속 규칙을 추가할 수 있다. 예를 들어, 시큐리티 그룹을 이용해서 여러분의 웹사이트를 전 세계에서 접속할 수 있게 하되 어드민 멤버 외에는 백엔드 서버에는 접속하지 못하도록 할 수 있다. 필요에 따라 시큐리티 그룹 규칙을 갱신하거나 다수의 인스턴스에 동시에 적용할 수 있다.

IAM 롤

여러분은 IAM 롤을 이용해서 EC2 인스턴스는 물론 다른 AWS 리소스에 대한 접속을 제어할 수 있으며, AWS 계정으로 연결된 특정 서비스와 리소스에 대한 동작을 허용하는 방식으로 IAM 롤을 정의할 수 있다. 특정 롤을 유저 또는 리소스에 할당하면, 롤 정책에 포함된 리소스에 접근할 권한을 얻게 된다.

롤을 이용해서 EC2 인스턴스 등에 대한 배타적인 접근 권한을 유저 또는 리소스 등, 일정 수의 개체에만 부여할 수 있다. 또는 EC2 인스턴스에 IAM 롤을 할당해서 RDS 등 외부에서 해당 인스턴스에 접근해 데이터베이스 업무 등을 처리하도록 할 수 있다.

IAM에 대한 자세한 내용은 6장, '인증과 권한 부여: AWS IAM'에서 알아본다.

NAT 디바이스

매우 중요한 업무를 처리하는 EC2 인스턴스의 경우, 네트워크 보안 유지를 위해 퍼블릭 IP 주소, 즉 인터넷으로 접근할 수 없도록 설정하기도 한다. 하지만 이 경우 해당 서버에 대한 보안 패치, 소프트웨어 업데이트 등 업무를 위한 인터넷 접속도 차단하게 되므로 운영상의 문제가 될 수 있다.

이런 경우 NAT^{Network Address Translation} 디바이스를 이용해 인터넷 연결 허용 없이 프라이빗 IP 주소를 통해 인터넷에 접속할 수 있다. AWS가 제공하는 NAT 디바이스는 그림 2.2와 같은 NAT 인스턴스와 NAT 게이트웨이 두 가지이다. 두 가지 모두 월단위로 과금되며, 위 문제를 해소할 수 있는 적절한 기능을 제공하지만 NAT 게이트웨이가 관리형 서비스로서 좀 더 많은 편의를 제공하므로 사용이 권장된다.

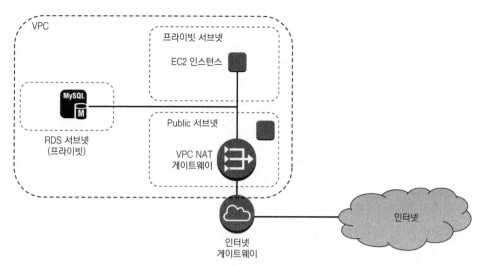

그림 2.2 프라이빗 서브넷에서 리소스에 대한 접근 방식을 제공하는 NAT 게이트웨이

NAT는 4장에서 자세히 알아볼 것이다.

키 페어

경험 많은 어드민이라면 인스턴스에 대한 원격 로그인 세션은 반드시 암호화 방식으로 연결해야 한다는 것을 알고 있을 것이다. 이와 같은 보안 세션 실행의 방법으로, 사용자는 EC2 인스턴스 생성 시 키 페어를 생성하게 되며, 퍼블릭 키는 EC2 서버에, 프라이빗 키는 여러분의 로컬 머신에 저장한 뒤 사용한다. Windows AMI를 사용하는 경우, 프라이빗 키 파일을 이용해 인스턴스 접근 권한 인증시 필요한 암호를 인출할 수 있고, Linux AMI를 사용하는 경우 프라이빗 키를 이용해서 SSH 세션을 실행할 수 있다.

사용자를 위해 AWS가 생성한 키 페어는 인스턴스 시작 리전에 유지되며, 삭제 전까지 다른 새로운 인스턴스에도 적용 가능하다. 여러분의 퍼블릭 키를 분실했거나, 키가 외부에 노출된 경우 AWS에서 해당 키 페어를 삭제하고 다시 생성한다. 키 페어는 인스턴스 관리에 매우 중요한 부분이므로 각별히 주의해야 한다.

EC2 Auto Scaling

EC2 Auto Scaling은 애플리케이션 실패 및 복구 상황을 방지하기 위한 서비스로서 실패 상황 발생시 사용자가 미리 지정한 수만큼의 EC2 인스턴스를 프로비저닝하고 시작하며, 요구 수준에 맞춰 인스턴스의 수를 동적으로 추가할 수 있다. 인스턴스 실패 또는 예기치 못한 종료 발생 시 Auto Scaling이 자동으로 해당 인스턴스를 대체한다.

EC2 Auto Scaling은 론치 환경설정 또는 론치 템플릿을 이용해 시작할 인스턴스의 환경을 자동으로 설정하며, 인스턴스의 기본 환경설정 파라미터 정의 및 론치 시점에 필요한 스크립트를 준비한다. 여러분이 일정 시간동안 AWS를 써봤다면 론치 환경설정이 좀 더 익숙하게 느껴질 것이며, 기존 AWS의 환경설정과의 유사점도 발견하게 될 것이다.

론치 템플릿은 론치 환경설정에 비해 좀 더 최신의 기술이 반영됐으며, AWS는 론치 템플릿 사용을 권장한다. 물론 론치 환경설정 또는 론치 템플릿 중 어느 것을 선택할지 여부는 여러분에게 달려 있다. AWS는 공식적으로 론치 템플릿 사용을 권장하고, 론치 환경설정은 사용하지 않을 것을 제안한다.

론치 환경설정

인스턴스를 직접 생성하는 경우 AMI, 인스턴스 타입, SSH 키 페어, 시큐리티 그룹, 인스턴스 프로파일, 블록 디바이스 맵핑, EBS 최적화 여부, 플레이스먼트 테넌시, 앱 설치 및 환경설정을 위한 커스텀 스크립트 등 유저 데이터를 포함한 다양한 환경설정 파라미터를 지정해야 한다.

론치 환경설정은 여러분이 인스턴스를 직접 프로비저닝할 때 지정하는 것과 동일한 정보를 담은 문서라 할 수 있다. Auto Scaling은 인스턴스 설정 내용을 복사해서 사용하며, 여러분은 필요에 따라 관련 내용을 수정할 수 있다. 론치 환경설정은 기존 EC2 인스턴스의 설정 내용을 복사해서 생성하거나 처음부터 새롭게 작성할 수 있다.

론치 환경설정은 EC2 Auto Scaling에서만 사용할 수 있으며, 론치 환경설정만 가지고 여러분이 직접 인스턴스를 론칭할 수는 없다. 또한 한 번 론치 환경설정을 생성하면 수정할 수 없으며, 설정 내용 중 수정이 필요한 경우엔 새 론치 환경설정을 생성해야 한다.

론치 템플릿

론치 템플릿은 설정 방식 측면에서 론치 환경설정과 유사하지만 론치 템플릿의 사용 방식이 좀 더 직관적이고 이해하기 쉽다. 론치 템플릿은 Auto Scaling 작업시에도 사용할 수 있지만 EC2 인스턴스 사본 생성 또는 스팟 플릿 생성의 목적으로도 사용할 수 있다.

론치 템플릿은 버전 기능을 제공하므로 템플릿 생성 후에도 내용 변경이 가능하며, 수정한 론치 템플릿은 새 버전으로 템플릿 목록에 추가된다. AWS는 모든 론치 템플릿 버전 목록을 관리하므로 여러분은 필요에 따라 원하는 버전을 사용하면 되며, 론치 템플릿 변경 이력을 추적할 수 있어서 편리하다. 실습 예제 2.5에서 론치 템플릿 생성 방법에 대해 알아보자.

미리 만들어둔 론치 환경설정이 있다면 AWS 웹 콘솔에서 론치 템플릿으로 변환할 수 있으며, 처음부터 다시 만들 필요가 없다.

실습 예제 2.5

론치 템플릿 생성하기

이번 실습에서는 간단한 웹 서버 설치 및 환경설정을 위한 론치 템플릿을 생성한 뒤, 이번 론치 템플릿을 이용해서 인스턴스를 직접 시작한다.

1. EC2 대시보드에서 Launch Templates을 클릭한다.

2. Create Launch Template 버튼을 클릭한다.

3. 론치 템플릿 이름은 MyTemplate으로 한다.

4. Search For AMI 링크를 클릭해서 Ubuntu Server LTS AMIs를 선택한다. (64-bit x86 아키텍처 선택)

5. Instance Type은 t2.micro를 선택한다.

6. Security Groups에서 인바운드 HTTP 접근 허용 시큐리티 그룹을 선택하고, 필요시 새 시큐리티 그룹을 생성한다.

7. Advanced Details 섹션의 User Data 필드에 아래 내용을 입력한다.

```
#!/bin/bash
apt-get update
apt-get install -y apache2
```

```
echo "Welcome to my website" > index.html
cp index.html /var/www/html
```

8. Create Launch Template 버튼을 클릭한다.

9. Launch Instance From This Template 링크를 클릭한다.

10. Source Template Version에서 1(Default)을 선택한다.

11. Launch Instance From Template 버튼을 클릭한다.

12. 인스턴스가 부팅되면, 퍼블릭 IP 주소에 "Welcome to my website" 텍스트가 출력되는지 확인한다.

13. 작업이 끝난 후 인스턴스를 종료한다.

Auto Scaling 그룹

Auto Scaling 그룹은 Auto Scaling이 관리하는 EC2 인스턴스 그룹이며, Auto Scaling 그룹 생성에 앞서 론치 템플릿을 생성해야 한다.

Load Balancer 설정

Auto Scaling 그룹에서 인스턴스에 유입되는 트래픽을 분산시키려는 경우, 로드 밸런서를 설정하면 되며, Auto Scaling 그룹 생성 시 로드 밸런서 타겟 그룹에 연결하면 된다.

애플리케이션 인스턴스에 대한 헬스 체크

Auto Scaling 그룹을 생성하면 미리 정한 최소 또는 희망 용량의 인스턴스가 항상 유지되며, 생성된 인스턴스의 헬스 상태가 좋지 못하면 Auto Scaling이 이를 삭제하고 새 인스턴스로 대체한다.

Auto Scaling의 인스턴스 헬스에 대한 판단 기준은 EC2 헬스 체크를 따르며, 7장, '모니터링: CloudTrail, CloudWatch, AWS Config'에서 EC2의 자동화된 시스템 및 인스턴스 상태 체크 방법에 대해 알아본다. 헬스 체크를 통해, 메모리 고갈, 파일시스템 오류, 네트워크 연결 오류, 시작 환경설정 오류는 물론, AWS가 처리해야 하는 시스템 문제 여부까지 확인할 수 있다. 이 과정에서 인스턴스 및 호스팅과 관련된 방대한 문제점을 찾아낼 수 있지만, 애플리케이션에 특화된 문제점은 발견하지 못할 수 있다.

ALB를 이용해 인스턴스의 트래픽 라우팅하면, 로드 밸런서의 타겟 그룹에 대한 헬스 체크 환경설정을 할 수 있다. 타겟 그룹의 헬스 체크는 HTTP 응답 코드 200~499까지 확인할 수 있으며, Auto Scaling 그룹의 환경설정을 통해 헬스 체크 확인 결과를 인스턴스 상태 모니터링에 반영할지 결정할 수 있다.

인스턴스가 ALB 헬스 체크에 실패하면 로드 밸런서는 해당 인스턴스에 대한 트래픽 전송을 중단하고, 인스턴스를 삭제 및 다른 인스턴스로 대체하고 ALB 타겟 그룹에 새 인스턴스를 추가한 뒤 새 인스턴스에 트래픽을 전송한다.

스케일링 정책 설정

다음, Auto Scaling 그룹 생성 시, 론치 환경설정 또는 론치 템플릿으로 몇 개의 인스턴스를 프로비전하고 실행할 것인지 지정해야 하며, Auto Scaling 그룹의 최소 및 최대 용량도 지정해야 한다. Auto Scaling 그룹 생성 시, 희망하는 인스턴스의 수를 지정하는 것도 가능하다.

최소 용량 Minimum Auto Scaling은 인스턴스의 수가 최소 크기 이하로 내려가지 않도록 하며, 이 값을 0으로 설정하면 Auto Scaling은 새 인스턴스를 추가하지 않고 그룹 내에서 실행되는 모든 인스턴스를 종료시킨다.

최대 용량 Maximum Auto Scaling은 인스턴스의 수가 최대 크기 이상이 되지 않도록 하며, 예산 제한선을 고려해 예기치 못한 수요에 의해 지나치게 많은 인스턴스가 추가되지 않도록 하는 안전장치 역할을 한다.

희망 용량 Desired Capacity 희망 용량은 사용자의 필요에 따라 선택적으로 입력할 수 있으며, 최소 및 최대 크기 범위 이내에 있어야 한다. 희망 용량을 입력하지 않으면 Auto Scaling은 최소 크기에 맞춰 인스턴스를 론칭하고, 희망 용량을 입력하면, 해당 값에 맞춰 인스턴스를 추가 또는 종료시킨다.

예를 들어, 최소 용량 1, 최대 용량 10, 희망 용량 4로 설정한 경우 Auto Scaling은 네 개의 인스턴스를 생성한다. 이후, 누군가의 실수 또는 호스트 오류로 이들 인스턴스 중 하나가 종료되면, Auto Scaling은 희망 용량 4에 맞춰 새 인스턴스를 자동으로 추가한다. 웹 콘솔에서는 희망 용량을 그룹 사이즈로 부른다.

실패 대응 전략의 베스트 프랙티스는 다양한 상황에 적용할 수 있는 소수의 구체적인 복구 방안을 마련해 두는 것이다. 인스턴스는 메모리 고갈, 버그, 삭제된 파일, 격리 네트워크 실패 등 다양한 원인으로 문제에 직면하지만 이들 대부분의 문제는 Auto Scaling을 이용해서 인스턴스 종료 및 대체라는 방법으로 간단하게 해결할 수 있다. 즉, 원인별로 다양한 해결책을 적용하는 것보다는 좀 더 간단하고 확실한 해법을 사용하는 것이 효율적이다.

Auto Scaling 옵션

Auto Scaling 그룹 생성 후, 최소 또는 희망 용량으로 유지되도록 내버려두는 방법도 있지만 인스턴스 수 유지라는 방법은 Auto Scaling의 여러 방법 중 하나일 뿐이다. Auto Scaling은 요구 수준에 맞춰 다양한 인스턴스 스케일링 옵션을 제공한다.

수동 스케일링Manual Scaling

Auto Scaling 그룹 생성 후 최소, 희망, 최대 용량 값을 변경하면, 해당 내용이 즉시 반영된다. 희망 용량을 2에서 4로 변경하면 Auto Scaling은 즉시 2개의 인스턴스를 추가하며, 이미 4개의 인스턴스가 있는 상황에서 희망 용량을 2로 변경하면 Auto Scaling은 즉시 2개의 인스턴스를 종료한다. 수동 옵션에서 희망 용량은 여러분 집에 있는 온도 조절기와 유사하다.

동적 스케일링 정책Dynamic Scaling Policies

S3, 로드 밸런서, 인터넷 게이트웨이, NAT 게이트웨이 등 대부분의 AWS 관리형 리소스는 탄력적이다. 또한 워크로드가 증가하면 자동으로 성능 또는 용량을 스케일업하며, 이들 서비스에 대해서는 트래픽이 아무리 급증해도 AWS가 그에 대응해서 리소스를 추가한다. 하지만 EC2 인스턴스의 경우 요구 수준에 맞는 성능 또는 용량을 설정하는 것은 사용자의 책임이다.

CPU 활성화율, 메모리, 디스크 공간 등 인스턴스 리소스의 고갈은 인스턴스 가동 실패로 이어질 수 있으므로 사용자는 동적 스케일링 정책을 통해 중단 임계치에 도달하기 전에 인스턴스의 부담을 줄여줘야 한다. Auto Scaling은 이를 위해 그룹에 포함된 모든 인스턴스에 대해 다음과 같은 성능 지표를 제공한다.

- 누적 CPU 활성화율
- 타겟 당 누적 요청 회수
- 누적 네트워크 바이트-인
- 누적 네트워크 바이트-아웃

이들 지표 외에도 다양한 성능 지표를 확인할 수 있으며, CloudWatch 로그에서 추가 지표를 필터링할 수 있다. 예를 들어, 애플리케이션이 하나의 프로세스를 처리하는 데 걸린 시간을 측정하는 로그를 생성할 수 있으며, 이를 이용해서 하나의 프로세스 처리 시간이 너무 오래 걸린다면 Auto Scaling을 통해 새 인스턴스를 추가할 수 있다.

동적 스케일링 정책은 CloudWatch의 경고 상황을 모니터링한 결과에 따라 희망 용량을 증가시키는 방식으로 작동하며, 단순 정책, 단계별 정책, 타겟 추적 정책 등 세 가지가 있다.

단순 스케일링 정책

단순 스케일링 정책Simple Scaling Policies에서는 지표가 한계치에 도달하면 Auto Scaling이 희망 용량대로 인스턴스를 증가시키되, 다음과 같은 타입에 따라 증가 수준 또는 속도를 조절한다.

ChangeInCapacity 지정 숫자만큼 희망 용량을 증가시킨다. 예를 들어, 희망 용량을 4로 설정한 뒤 Auto Scaling이 지정 숫자인 2씩 증가시켜 나가는 방식이다.

ExactCapacity 현재 값에 상관 없이 용량을 지정 숫자만큼 증가시킨다. 예를 들어, 희망 용량은 4로 설정했지만 이번 정책을 통해 6으로 증가시킬 수 있다.

PercentChangeInCapacity 현재 용량의 비율을 기준으로 증가시킨다. 희망 용량이 4인데 이번 정책을 50%로 설정하면 Auto Scaling에 적용되는 총 희망 용량은 6이 된다.

예를 들어, 여러분이 이미 4개의 인스턴스를 보유하고 있고, PercentChangeInCapacity 속성 값이 50%인 단순 스케일링 정책을 생성했을 때, Auto Scaling은 희망 용량에 2를 추가하게 되며, Auto Scaling 그룹에는 총 6개의 인스턴스가 존재하게 된다.

Auto Scaling 조정 작업 종료 후에는 관련 정책을 다시 실행하기 전 (알람이 울려도 반응을 하지 않는) 휴식기$^{cooldown\ period}$를 갖게 된다. 기본 휴식기는 300초이지만, 0으로 설정해서 휴식기를 갖지 않도록 할 수도 있다. 인스턴스의 헬스 상태가 좋지 않은 경우, Auto Scaling은 휴식기 없이 해당 인스턴스를 교체한다.

지난 예제에서 스케일링 조정 작업이 끝나고, 휴식기도 종료되고, 성능 한계치 미만에 있는 상황에서의 희망 용량이 6이라고 가정하자. 이 때 다시 알람이 울리면 단순 스케일링 옵션은 3개의 인스턴스를 추가한다. 단, Auto Scaling은 결코 그룹의 최대 용량을 벗어나게 인스턴스를 증가시키지 않는다는 점에 주의한다.

단계별 스케일링 정책

애플리케이션에 대한 요구 수준이 급속히 증가할 경우, 단순 스케일링 정책만으론 수요에 적절히 대응할 수 없으며, 단계별 스케일링 정책$^{Step\ Scaling\ Policies}$을 통해 리소스 사용량의 누적 지표에 따라 인스턴스를 추가할 수 있어야 한다. 예를 들어, 4개 인스턴스로 구성된 그룹이 있다고 했을 때, 평균 CPU 활성화율에 따라 인스턴스를 추가할 수 있다. CPU 활성화율이 50%를 초과하면, 2개를 추가하고, 60%를 초과하면, 4개를 추가하는 방식이다.

CloudWatch Alarm으로 평균 CPU 활성화율이 50%일 때 경고를 보내도록 했다면, 이를 이용해서 단계별로 희망 용량을 증가시킬 수 있다. 단계별 스케일링 정책을 작성할 때는 최소 한 단계에 해당하는 조정 값 또는 범위를 지정해야 한다. 단계별 조정값은 다음과 같다.

- 하위 경계
- 상위 경계
- 조정 타입
- 희망 용량 증가 기준

상위 경계 및 하위 경계는 단계별 조정 업무를 수행할 지표의 범위를 정의한다. 초기 단계를 하위 경계 50, 상위 경계 60으로 설정하고, ChangeInCapacity 조정값을 2로 설정했다면 알람 발령시 Auto Scaling은 평균 CPU 활성화율을 기준으로 조정에 나선다. 이번 예에서 평균 CPU 활성화율이 55%라면 55가 하위 경계 50, 상위 경계 60 범위에 있으므로 Auto Scaling은 희망 용량에 2를 추가한다.

하위 경계 60, 상위 경계 무한으로 설정하고 ChangeInCapacity는 4인 경우, 평균 CPU 활성화율이 62%라면 Auto Scaling의 '60 <= 62 < 무한'의 조건을 만족하므로 희망 용량에 4를 추가한다. CPU 활성화율이 60%라면 어떻게 될까? 단계별 숫자 범위는 겹칠 수 없으며, 60%는 하위 경계와 겹치므로 희망 용량에는 변화가 없게 된다.

단계별 스케일링 정책에서는, Auto Scaling이 새 인스턴스 추가를 위해 대기하는 시간인 준비기warm-up time를 여러분이 지정할 수 있으며, 기본 웜업 타임은 300초이다. 단계별 스케일링 정책에서는 휴식기는 갖지 않는다.

목표 추적 정책

단계별 스케일링 정책이 너무 복잡해 보인다면, 목표 추적 정책Target Tracking Policies을 사용할 수 있다. 여러분이 특정 지표와 타겟 값을 선택하면, Auto Scaling이 CloudWatch Alarm 생성, 인스턴스 개수 조정을 위한 스케일링 정책 생성 등 제반 업무를 처리한다.

여러분이 선택한 지표는 인스턴스에 추가되는 업무 부하와 비례적으로 변경되는 것이어야 하며, 그룹별 평균 CPU 활성화율, 타깃별 요청 회수 등이 해당된다. ALB에 대한 총 요청 수와 같은 누적 지표는 업무 부하와 비례적으로 변경되지 않으므로 목표 추적 정책의 지표로는 적합하지 않다.

목표 추적 정책에서는 용량을 증가시키는 스케일아웃scale out 정책은 물론, 용량을 감소시키는 스케일인scale in 정책도 추가할 수 있다. 스케일인 정책을 원치 않는 경우 스케일인 정책을 비활성화시킨다. 또한 목표 추적 정책에서도 단계별 스케일링 정책처럼 준비기를 설정할 수 있다.

예약된 작업

예약된 작업Scheduled Actions은 여러분의 워크로드 패턴이 예측 가능한 경우나 용량 변화에 선제적으로 대응해 수요 증가 이전에 충분한 인스턴스를 확보하고자 할 때 유용하다.

예약된 작업 생성 시, 다음 사항을 설정한다.

- 최소, 최대, 희망 용량 값
- 시작 날짜 및 시간

반복적인 패턴으로 업무를 처리하는 경우엔 일정 기간마다 반복되는 정책을 추가할 수 있고, 예약된 정책을 삭제하기 위한 종료 시점도 설정할 수 있다.

예를 들어, 여러분이 Auto Scaling 그룹을 이용해 평소에는 일주일에 두 개의 인스턴스를 실행하고, 트래픽이 급증하는 금요일엔 네 개의 인스턴스를 실행하려 한다고 생각해 보자.

이를 예약된 작업으로 처리하려면 먼저, 트래픽 급증 상황에 대응하기 위해 매주 금요일에 희망 용량을 4로 올리는 정책을 생성한다. 다음, 토요일에 희망 용량을 평소 수준인 2로 되돌리는 정책을 추가한다.

이와 같은 예약된 작업 정책은 매주 금요일에 자동으로 인스턴스를 확장했다가 토요일에 원래 수준의 인스턴스로 축소하게 된다.

이와 같이 동적 스케일링 정책은 몇 개의 예약된 작업을 결합해서 사용하는 것도 가능하다. 예를 들어, 온라인 쇼핑몰을 운영한다면, 손님이 몰리는 쇼핑 시즌에는 그룹 크기를 최대로 증가시키는 예약된 작업을 적용한 뒤, 상황에 따라 희망 용량을 증감시키는 정책을 동적으로 적용할 수 있다.

AWS Systems Manager

앞서 EC2 Systems Manager 또는 Simple Systems Manager(SSM) 등으로 알려졌던 AWS Systems Manager는 AWS 리소스 및 온프레미스 서버의 자동 및 수동 작업을 관리한다.

운영 측면에서 Systems Manager는 수작업 및 스크립트 작성 등이 필요한 유지보수 작업을 돕는 도구로서 온프레미스와 EC2 인스턴스의 패키지 업그레이드, 설치 소프트웨어 목록 생성, 새 애플리케이션 설치 등의 업무를 돕고, EBS 스냅샷을 이용한

AMI 이미지 생성, IAM 인스턴스 프로파일 부착은 물론, S3 버킷에 대한 퍼블릭 접근 차단 등의 업무도 수행한다.

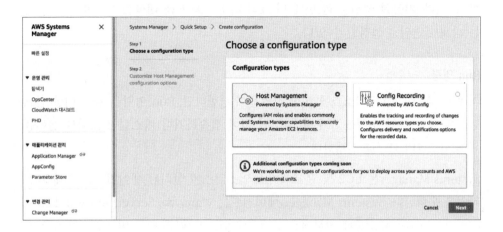

Systems Manager의 주요 기능은 다음 두 가지이다.

- 액션Actions
- 인사이트Insights

액션

액션을 이용해서 자동 또는 수동으로 개별적 또는 일괄적으로 AWS 리소스에 대한 각종 작업을 수행한다. 이들 액션은 문서에 미리 정의돼 있어야 하며, 다음 세 가지 타입으로 나뉜다.

- 자동화Automation 액션: AWS 리소스에 대한 작업을 수행
- 명령Command 액션: Linux 또는 Windows 인스턴스에 대한 작업을 수행
- 정책Policy 액션: 관리중인 인스턴스로부터 목록 데이터를 수집하는 과정을 정의

자동화 액션

자동화 액션은 AWS 리소스에 대해 일괄적으로 작업을 수행할 수 있다. 다수의 EC2 인스턴스 재시작, CloudFormation 스택 업데이트, AMI 패치 등의 작업을 일괄적으로 처리할 수 있다.

자동화 액션을 통해 개별 작업을 세분화된 방식으로 처리할 수 있으며, 일괄적으로 전체 자동화 업무를 처리하거나, 필요한 상황과 시점에 맞춰 단계별로 처리되도록 할 수 있다. 자동화 액션은 한 번에 몇 개의 리소스를 처리 대상으로 삼을지 숫자 또는 퍼센트 단위로 설정할 수 있다.

Run 명령

자동화 액션이 AWS 리소스에 대한 작업을 수행한다면, Run 명령은 관리 대상 인스턴스에 대한 작업 수행을 도우며, 로그인 없이 접속하거나 커스텀 스크립트 실행을 위해 서드파티 도구를 실행한다.

Systems Manager는 EC2 및 온프레미스 인스턴스에 설치된 에이전트를 통해 관련 작업을 수행한다. Systems Manager 에이전트는 Windows Server, Amazon Linux, Ubuntu Server AMI 등에 기본적으로 설치돼 있으며, 다른 EC2 및 온프레미스 인스턴스에는 수동으로 설치할 수 있다. 기본적으로 Systems Manager는 여러분의 인스턴스와 관련된 작업을 할 수 있는 어떤 권한도 지니고 있지 않으므로 여러분이 먼저 AmazonEC2RoleforSSM 정책에서 인스턴스 프로파일 롤을 추가해야 한다.

AWS는 Linux 및 Windows 인스턴스를 위해 사전 설정된 다양한 명령 문서를 제공한다. 예를 들어, AWS-InstallApplication 문서는 Windows에 소프트웨어를 설치하며, AWS-RunShellScript 문서는 Linux 인스턴스에서 임의의 쉘 스크립트를 실행한다. 이외에 Windows 서비스 재시작 또는 CodeDeploy 에이전트 설치 등을 위한 문서도 있다. 작업 대상 인스턴스는 태그로 필터링하거나 개별적으로 선택할 수 있으며, 자동화 옵션 사용시, 한 번에 몇 개의 인스턴스를 처리할지 선택할 수 있다.

세션 매니저

세션 매니저는 시큐리티 그룹, NACL에서 인바운드 포트 개방 없이 혹은 퍼블릭 서브넷에 인스턴스를 두지 않고도 Linux와 Windows 인스턴스에 대한 Bash 및 PowerShell 접속을 지원한다. 배스티온 호스트bastion host[1] 설정이나 SSH 키 문제를 걱정할 필요가 없으며, 모든 Linux 버전 및 Windows Server 2008 R2부터 최신의

---

[1] 외부 공격 위험에 대비해 침입하기 매우 어렵게 만들어 놓은 호스트 – 옮긴이

2016까지 지원한다.

세션은 웹 콘솔 또는 AWS CLI로 시작하며, AWS CLI으로 세션을 시작하기에 앞서 여러분의 로컬 머신에 Session Manager 플러그인을 설치해야 한다. Session Manager SDK는 인스턴스에 연결되는 커스텀 애플리케이션 개발을 돕는 라이브러리를 담고 있으며, 시큐리티 그룹이나 NACL에서 포트를 열지 않고도 기존 환경설정 관리 시스템을 통합해서 사용할 수 있어서 유용하다.

Session Manager를 이용한 연결은 TLS 1.2로 보호되며, 모든 로드는 CloudTrail에 저장하고, 세션에서 실행하는 모든 명령은 S3 버킷에 저장한다.

패치 매니저

패치 매니저는 Linux 및 Windows 인스턴스 패치 업무의 자동화 도구이며, 다음과 같은 OS를 지원한다.

- Windows Server(Windows Server 2012 이상)
- Ubuntu Server(14.04 이상)
- Debian Server(8.x, 9.x, 10.x)
- Red Hat Enterprise Linux(RHEL)
- SUSE Linux Enterprise Server(12.0, 15.0, 15.1)
- CentOS(6.5-7.9, 8.0-8.2)
- Amazon Linux(2012.03 – 2018.03)
- Amazon Linux 2(2-2.0)
- Raspberry Pi OS(Raspbian 9 Stretch 및 10 Buster)
- Red Hat Enterprise Linux(6.5-8.5)
- Oracle Linux(7.5-8.3)
- macOS(10.14x – Mojave 이상)

패치 대상 인스턴스는 태그 등을 기준으로 선택할 수 있으며, 패치 그룹을 생성해서 작업을 진행할 수 있다. 패치 그룹은 Patch Group 태그 키를 지닌 인스턴스 모음이다.

예를 들어, Webservers라는 패치 그룹에 인스턴스 몇 개를 포함시키려는 경우 태그 키는 Patch Group으로 태그 밸류는 Webservers로 입력하면 된다. 이 때 태그 키는 대소문자를 구분한다는 점에 주의한다.

패치 매니저는 패치 베이스라인을 통해 패치 작업을 수행할 대상을 정의하며, 이후 자동으로 패치 소프트웨어를 설치하거나 승인 후 설치 작업을 진행하도록 할 수 있다.

AWS는 기본 베이스라인을 통해 보안 수준, 민감성, 중요성, 필요성 등을 기준으로 패치 소프트웨어를 분류한다. 패치 베이스라인은 Ubuntu를 제외한 다른 모든 OS에서, 7일후 자동으로 승인 및 설치되며, 이를 자동 승인 지연^{auto-approval delay}이라 부른다.

어떤 패치가 설치될지 좀 더 세분화해서 관리하려는 경우, 커스텀 베이스라인을 생성할 수 있다. 커스텀 베이스라인에는 OS를 정의하는 하나 이상의 승인 규칙이 포함되며, 설치할 패치의 분류 및 중요도 수준을 구분한 뒤, 자동 승인 지연 기능을 적용할 수 있다.

커스텀 베이스라인 환경설정에서 승인된 패치를 구체적으로 설정할 수 있다. Windows 베이스라인의 경우 knowledgebase 및 security bulletin ID를 설정할 수 있으며, Linux 베이스라인의 경우 Common Vulnerabilities and Exposures(CVE) ID를 설정하거나 전체 패키지 네임을 추가할 수 있다. 패치가 승인되면, 여러분이 설정한 유지보수 일정에 패치 작업이 진행되도록 하거나, 유지보수 일정이 도래하기 전에 즉각적으로 인스턴스에 대한 패치 작업을 실행할 수 있다. 패치 매니저는 패치 작업 수행을 위해 AWS-RunPatchBaseline 도큐먼트를 실행한다.

스테이트 매니저

패치 매니저가 인스턴스에 대한 동일한 패치 수준을 유지하도록 돕는 도구라면, 스테이트 매니저는 여러분이 정의한 방식대로 소프트웨어를 가져오고 환경을 설정하는 환경설정 도구라고 할 수 있다. 스테이트 매니저는 인스턴스에 대해 일회성으로, 혹은 미리 정해진 일정에 따라, 자동으로 명령 및 정책 도큐먼트를 실행한다. 예를 들어, 스테이트 매니저를 이용해서 인스턴스에 안티바이러스 소프트웨어를 설치한 뒤 관련 인벤토리를 가져올 수 있다.

스테이트 매니저를 사용하려면, 우선 실행할 명령 도큐먼트를 정의한 연계^{association} 객체를 생성한 뒤, 전달할 파라미터, 타겟 인스턴스, 스케줄을 설정한다. 스테이트 매니저는 타겟 인스턴스에 대해 온라인으로 즉시 실행된 뒤, 이후 스케줄에 따라 실행된다.

현재 스테이트 매니저와 함께 사용할 수 있는 정책 도큐먼트로 AWS-Gather SoftwareInventory가 있다. 이 도큐먼트는 인스턴스로부터 소프트웨어 인벤토리 등 특정 메타데이터를 수집하도록 하며, 여기엔 네트워크 환경설정, 파일 정보, CPU 정보 그리고 Windows의 경우 레지스트리 값 등이 포함된다.

인사이트

인사이트는 AWS 리소스에 대한 헬스, 컴플라이언스, 운영 세부 사항 정보를 AWS Systems Manager라는 단일 영역에 집약시킨다. 일부 인사이트는 AWS 리전 내 리소스 모음인 AWS 리소스 그룹에 따라 카테고리화되며, 사용자는 태그 키와 태그 밸류를 이용해서 리소스 그룹을 정의할 수 있다. 예를 들어, EC2 인스턴스, S3 버킷, EBS 볼륨, 시큐리티 그룹 등, 특정 애플리케이션과 관련된 모든 리소스에 동일한 태그 키를 적용할 수 있다. 인사이트 카테고리는 바로 이어서 설명한다.

빌트인 인사이트

빌트인 인사이트는 Systems Manager가 기본적으로 제공하는 모니터링 내역을 담고 있으며, 다음 내용을 포함한다.

AWS Config Compliance AWS Config 룰 및 리소스별 컴플라이언스의 적용을 받거나, 받지 않는 리소스 그룹에 포함된 전체 리소스 수 및 AWS Config가 추적한 환경설정 변경 사항 이력을 보여준다.

CloudTrail Events 그룹에 있는 리소스, 리소스 타입, 해당 리소스에 대해 CloudTrail이 마지막으로 기록한 이벤트 등을 보여준다.

Personal Health Dashboard 리소스에 영향을 미칠 수 있는 각종 이슈에 대한 경고를 제공한다. 예를 들어, 일부 서비스 API의 응답 속도가 가끔씩 느려지는 현상에 대한 이슈를 제기할 수 있다. 아울러, 지난 24시간 동안 AWS에서 파악한 각종 이벤트의 수를 보여준다.

Trusted Advisor Recommendations 트러스티드 어드바이저는 비용최적화, 성능, 보안, 내오류성 등의 측면에서 AWS 환경 요소의 최적화를 돕고 적절한 권장안을 제시한다. 또한 서비스 제한 수준의 80%를 초과한 내역도 보여준다.

모든 Business and Enterprise 지원 고객은 Trusted Advisor 확인 서비스에 접속할 수 있고, 모든 AWS 고객은 다음과 같은 보안 확인 서비스를 무료로 이용할 수 있다.

- S3 버킷에 대한 퍼블릭 액세스. 특히, 업로드 및 삭제용 액세스 내역
- TCP 포트1433(MySQL) 및 3389(Remote Desktop Protocol) 등 당연히 접근 제한을 해야 하지만 제한 없이 접근할 수 있는 포트 내역이 포함된 시큐리티 그룹
- IAM 유저 생성 여부
- 루트 유저를 위한 MFA 활성화 여부
- EBS 또는 RDS 스냅샷에 대한 퍼블릭 액세스

AWS Systems Manager Inventory

인벤토리 매니저는 OS, 애플리케이션 버전 등 인스턴스의 데이터를 수집하며, 수집 내역은 다음과 같다.

- OS 이름 및 버전
- 애플리케이션 및 파일네임, 버전, 사이즈
- IP 및 MAC 주소 등 네트워크 환경설정
- Windows 업데이트, 롤, 서비스, 레지스트리 밸류
- CPU 모델, 코어, 스피드

AWS-GatherSoftwareInventory 정책 도큐먼트를 실행해서 리전별로 생성된 인벤토리에서 데이터를 수집할 인스턴스를 선택할 수 있다. 계정 내 모든 인스턴스를 선택하거나 태그를 기준으로 인스턴스를 선택하는 것도 가능하다. 계정 내 모든 인스턴스를 선택한 경우, 글로벌 인벤토리 어소시에이션global inventory association이라 부르며, 리전에서 생성한 인스턴스는 자동으로 해당 인벤토리에 추가된다. 인벤토리 수집 작업은 최소 30분마다 이뤄진다.

온프레미스 서버에서 Systems Manager 에이전트의 환경설정을 하는 경우, 인벤토리 목적별로 리전을 지정해야 한다. 다른 리전 또는 계정의 인스턴스로부터 메타데이터를 수집하려는 경우, 리전별로 Resource Data Sync의 환경을 설정해서 모든 인벤토리 데이터가 하나의 S3 버킷에 저장되도록 한다.

컴플라이언스

컴플라이언스 인사이트는 여러분이 정한 환경설정 규칙이 인스턴스의 패치 및 상태 관리에 어떻게 적용되고 있는지 보여준다. 패치 컴플라이언스Patch compliance는 패치 베이스라인이 적용된 인스턴스의 수 및 설치된 패치의 세부 정보를 보여준다. 어소시에이션 컴플라이언스Association compliance는 패치 작업이 성공적으로 실행된 인스턴스의 수를 보여준다.

컨테이너 실행하기

이제는 서버 워크로드 혹은 가상화된 서버 워크로드를 언급할 때, 컨테이너를 제외하고 애기할 수 없는 상황이 됐다. 과거, EC2 인스턴스 기반의 전통적인 가상 머신 모델이 경이로운 효율성을 제공한다는 평가를 받는 시기가 있었지만, 지금은 이들 인스턴스가 각각 OS 커널과 각종 소프트웨어 스택을 장착하고 실행돼야 하는 무겁고, 효율성이 떨어지는 컴퓨트 모델로 인식되고 있다. 일단 인스턴스가 생성된 후에는 높은 실행 속도를 제공하지만, 실행 여부와 상관 없이 항상 일정 수준의 리소스를 점유하고 있다는 면에서 유연성 및 경량화의 필요성이 제기돼 왔다.

반면, 컨테이너 기반의 컴퓨트 모델은 자체 커널이 아닌, 호스트의 커널을 공유하므로 기존 인스턴스 방식보다 훨씬 높은 효율성을 제공한다. 즉, VM 모델에서 하나의 큰 바이너리 파일을 관리하는 대신, 컨테이너 이미지 기반의 분산화된 모듈 아키텍처를 이용해 로딩 타임을 기존의 수 분에서 수 초 수준으로 줄일 수 있게 됐다. 또한 OS와 각종 소프트웨어가 필요한 기존 인스턴스와 달리, 컨테이너에서는 바이너리 이미지 생성을 위한 (dockerfile과 같은) 텍스트 파일만 관리하면 된다.

컨테이너의 개념과 구현 기술은 간단하며, 컨테이너란 (자칫 복잡해질 수 있는) 워크로드의 실행 및 연결을 위한 호스팅 소프트웨어라 할 수 있다. AWS는 Amazon Elastic

Container Service(ECS)와 Amazon Elastic Kubernetes Service(Amazon EKS) 등 두 가지의 상용화된 컨테이너 서비스를 제공하며, Elastic Container Registry (Amazon ECR)이라는 컨테이너 이미지 저장소 또는 레지스트리 서비스를 제공한다.

Amazon Elastic Container Service

컨테이너 기술의 가장 큰 장점 중 하나는 컴퓨트 리소스 실행을 스크립트화해 좀 더 효율적으로 처리할 수 있다는 것이다. 사용자는 수백 또는 수천 개의 컨테이너를 클러스터 형태로 구성 및 시작해 대규모의, 복잡한 아키텍처를 성공적으로 구현하고 실행할 수 있다. 점증하는 워크로드 수요에 대해 자동으로 대응해 배포 컨테이너 수를 늘릴 수 있으며, 소프트웨어 업데이트 또한 실시간으로 이뤄지게 된다.

하지만 컨테이너 수가 증가할수록 적절한 자원 할당 및 네트워크 설정 등의 작업이 복잡해지며, 이에 따라 컨테이너의 통합적 관리 및 조율 작업인 오케스트레이션 orchestration의 중요성이 커지게 된다. ECS는 바로 이와 같은 목적으로 만들어진 서비스이며, ECS를 이용해 애플리케이션을 정의하고, 적절한 컨테이너 이미지를 선택하고, 리소스 환경을 구성하고, 애플리케이션 실행에 필요한 제반 요소를 관리할 수 있다. ECS는 대규모 컨테이너 클러스터 실행을 위한 서비스이며, 컨테이너 실행을 위한 인스턴스, 스토리지, 네트워크 리소스의 프로비저닝을 관리하고, 컨테이너 생애주기 동안 컨테이너의 모니터링 및 관리 작업을 지원한다.

Amazon ECS Anywhere는 ECS 플랫폼을 온프레미스 인프라로 확장할 수 있도록 지원하며, 기존 Amazon ECS 환경에서 사용하던 것과 동일한 API와 도구를 이용해 여러분의 온프레미스 환경에서 사용할 수 있도록 돕는다. ECS Anywhere는 특히 하이브리드 클라우드 환경에 적합하며, 일부 워크로드를 반드시 로컬 환경에 유지해야 하는 규제가 있는 경우 ECS Anywhere를 이용해 좀 더 간편하게 하이브리드 환경을 구현할 수 있다. 단, ECS Anywhere를 로컬 환경에서만 실행하는 경우에도 관련 서비스에 대한 요금이 청구된다는 점에 주의하자.

ECS Anywhere는 컨테이너를 호스팅하려는 여러분의 로컬 서버에 활성화 키activation key를 이용해 ECS 및 SSM 에이전트를 설치 및 시작하면 바로 사용할 수 있다.

Amazon Elastic Kubernetes Service

Kubernetes(K8s)는 Google에서 (원래는 회사 내부에서 사용하기 위해 만든) 오픈소스 컨테이너 오케스트레이션 서비스이며, 기능과 사용 목적 등은 ECS와 대체로 비슷하지만 특정 컨테이너 플랫폼에 구애받지 않고 사용할 수 있다. Kubernetes는 글로벌 레벨에서 가장 인기 있는 컨테이너 및 오케스트레이션 도구 중 하나이며, AWS를 포함한 주요 클라우드 서비스 제공 사업자 대부분이 서비스 형태로 제공 중이다.

여러분이 이미 K8s 기반의 컨테이너 환경에 익숙한 경우, EKS는 AWS에서 컨테이너를 실행하는 가장 편리한 방법이 될 것이다. 또, ECS의 온프레미스 확장 버전인 ECS Anywhere가 있듯, EKS에서도 온프레미스 확장 버전인 Amazon EKS Anywhere를 이용해 좀 더 유연하게 EKS 환경을 구현할 수 있다.

또한 Amazon EKS Distro 서비스를 이용해 EKS 호환 환경구성을 무료로 다운로드할 수 있으며, 이를 통해 좀 더 긴밀하게 버전 컨트롤 및 환경구성과 관련된 의존성 요소를 관리할 수 있다. 물론, K8s는 사용자가 원하는 어디에서나 사용할 수 있지만, EKS Distro를 통해 복잡해질 수 있는 K8s 운영 환경을 좀 더 체계적이고, 표준화된 방식으로 업데이트 및 관리할 수 있다.

기타 컨테이너 기반 서비스

컨테이너 배포를 위한 컴퓨트 인프라 관리까지 신경 쓸 여유가 없다면, AWS Fargate를 이용해 업무의 복잡성을 줄일 수 있다. AWS Fargate는 여러분의 ECS 또는 EKS 플랫폼이 안전하게, 격리된 환경에서 실행될 수 있도록 돕는다.

Amazon Elastic Container Registry(ECR)는 관리형 Docker 컨테이너 레지스트리 서비스이며, Docker 컨테이너 이미지의 저장, 관리, 배포 등 각종 업무를 좀 더 간소화시킨다. Amazon ECR은 GitHub 등 플랫폼에서 이미지를 관리해야 하는 부담을 줄여주며, 여러분이 직접 컨테이너 저장소를 생성 및 관리해야 하는 부담도 줄여준다.

컨테이너 서비스와 AWS Identity and Access Management(IAM)를 통합하면, 각 컨테이너 저장소에 대한 리소스 수준 관리가 가능해진다. 또한 ECR은 ECS 및 EKS와 긴밀히 연결되므로, 컨테이너 오케스트레이션 작업을 좀 더 간소화할 수 있다.

AWS CLI 예제

다음 예제 코드는 EC2 인스턴스를 배포하는 AWS CLI 명령이며, 2장에서 살펴본 다양한 내용을 담고 있다. 단, 예제 코드의 image-id, security-group-ids, subnet-id 등에 사용된 값은 여러분의 실제 계정 및 리전별 값으로 대체하기 바란다.

```
aws ec2 run-instances --image-id ami-xxxxxxxx --count 1 \
--instance-type t2.micro --key-name MyKeyPair \
--security-group-ids sg-xxxxxxxx --subnet-id subnet-xxxxxxxx \
--user-data file://my_script.sh \
--tag-specifications \
'ResourceType=instance,Tags=[{Key=webserver,Value=production}]' \
'ResourceType=volume,Tags=[{Key=cost-center,Value=cc123}]'
```

위 코드는 지정된 AMI로부터 단일 인스턴스(--count 1)를 시작한다.

인스턴스 타입, 키 네임, 시큐리티 그룹, 서브넷 등은 여러분의 상황에 맞게 변경한다. (여러분의 로컬 머신에 저장된) 스크립트 파일은 user-data 인수를 이용해서 추가하며, 인스턴스와 관련해서 두 개의 태그를 추가한다. (webserver: production 및 cost-center: cc123)

예제 실행에 앞서 AWS CLI 설치가 필요한 경우 실습 예제 2.6을 수행한다.

실습 예제 2.6

AWS CLI 설치 및 AWS CLI로 EC2 인스턴스 론칭하기

OS별로 AWS CLI를 설치하는 방법은 아래 링크에서 확인한다.

docs.aws.amazon.com/cli/latest/userguide/cli-chap-install.html

인스턴스 시작과 관련된 추가 설명은 지난 AWS CLI 예제를 확인하기 바란다.

(힌트: 리소스 ID 영역에 실제 값을 채워야 한다.)

리소스를 실행한 후엔 반드시 제거해야 한다. 실습 예제 2.7에서 그 방법을 알아보자.

미사용 EC2 리소스 제거하기

AWS 실험용으로 인스턴스를 시작했다면, 예상하지 못한 비용이 발생하지 않도록 해당 인스턴스를 제거해야 한다. 콘솔을 확인하고 미사용 인스턴스를 남김 없이 삭제한다.

인스턴스 삭제 시 고려 사항은 다음과 같다.

- 다른 리전에서 작업을 한 적이 있다면 해당 리전에서도 미사용 리소스가 있는지 다시 한 번 확인한다.
- 프라이빗 AMI의 스냅샷 등 다른 서비스가 사용 중인 리소스는 삭제되지 않는 경우가 있다. 이럴 땐 삭제 순서에 맞춰 먼저 삭제 또는 종료해야 한다.
- AWS 계정에 로그인한 뒤, Billing 대시보드(console.aws.amazon.com/billing)에 접속한다.

Billing 대시보드를 통해 월간 비용으로 청구되는 리소스 사용량을 확인할 수 있다.

정리

EC2 인스턴스에서 실행되는 기본 소프트웨어 스택은 AMI^Amazon Machine Image에 정의돼 있으며, 인스턴스 시작 시 사용자가 추가한 스크립트 또는 유저 데이터 및 하드웨어 프로필은 다양한 인스턴스 타입으로 만들어진다. 테넌시 설정은 하나의 물리적 호스트 머신을 다른 인스턴스와 공유했는지 여부에 따라 달라진다.

다른 AWS 리소스처럼 EC2 인스턴스에 시스템 전반에 걸쳐 나름의 의미를 담은 태그를 부여하는 것은 중요한 일이다. 단일 리전 또는 단일 계정에서 생성할 수 있는 인스턴스의 수는 한정돼 있지만 좀 더 많은 리소스가 필요할 경우, 서포트 티켓을 이용해서 리소스 추가를 요청할 수 있다.

1년 이상의 기간 동안 인스턴스를 실행할 계획이라면 온디맨드 대신 예약 인스턴스를 구매해 상당 수준의 비용을 절약할 수 있다. 또한 여러분의 워크로드 처리 업무가 언제 중단돼도 무방하다면 스팟 인스턴스가 업무 처리의 효율성을 더욱 높여줄 것이다.

Elastic Block Store는 유형별로 성능이 다르며, 어떤 유형은 높은 IOPS 및 저지연성을 제공하는 반면, 다른 유형은 성능은 다소 낮지만 높은 비용 효율성을 제공하므로, 여러분의 워크로드 특성 및 예산 수준에 따라 적합한 유형을 선택하는 것이 좋다. 단명 스토리지 볼륨 기반의 EC2 인스턴스는 데이터 전송 속도는 높지만 인스턴스 중지시 저장된 데이터를 잃게 될 위험이 있다.

인스턴스에 부착되는 EBS^{Elastic Block Store} 볼륨은 네 가지 타입이 있으며, 두 개의 고성능 IOPS 및 고속의 SSD 타입 그리고 두 개의 전통적인 HDD 타입이 제공되므로 여러분의 워크로드 유형 및 예산 수준에 맞춰 선택할 수 있다.

또한 일부 EC2 인스턴스 타입은 비지속형 인스턴스 스토어 볼륨이 제공된다. 인스턴스 스토어는 고속으로 데이터에 접근할 수 있지만, 인스턴스를 종료하면 해당 인스턴스 스토어 또한 종료돼 관련 데이터가 삭제된다.

모든 EC2 인스턴스는 최소 하나 이상의 프라이빗 IP 주소와 인터넷 접근을 위해 비지속형 퍼블릭 IP 주소를 지닌다. 인스턴스와 함께 지속적으로 사용할 수 있는 퍼블릭 IP가 필요하다면, 인스턴스에 EIP^{Elastic IP}를 할당해서 사용한다.

EC2 인스턴스에 대한 소프트웨어 방화벽 기반의 보안 접근은 시큐리티 그룹으로 정의할 수 있으며, IAM 롤, NAT 인스턴스 및 NAT 게이트웨이, 키 페어를 통해 보안의 수준을 한 층 더 높일 수 있다.

EC2 Auto Scaling은 처리량 폭주로 인한 인스턴스의 과부하 및 애플리케이션 실패를 막으며, 동적 스케일링 정책을 통해 증가하는 수요에 대응할 수 있는 적정 수준의 인스턴스를 자동으로 확보할 수 있다. 만에 하나 실패 상황이 발생해도, 잘 설계된 Auto Scaling 그룹을 통해 헬스 상태가 우수한 최소한의 인스턴스를 항상 유지할 수 있다. 인스턴스의 헬스가 좋지 못할 경우 Auto Scaling은 해당 인스턴스를 종료시키고 다른 것으로 대체한다.

컨테이너는 초경량의 효율성 높은 컴퓨트 플랫폼이며, AWS에서는 Amazon ECS 또는 Kubernetes 기반의 Amazon EKS 서비스를 통해 컨테이너 워크로드를 실행할 수 있다. 다수의 컨테이너 이미지 저장 및 관리 업무는 Amazon ECR 서비스를 통해 처리할 수 있다.

시험 대비 전략

EC2 인스턴스 프로비전 및 시작 방법을 이해한다. 여러분의 니즈에 적합한 AMI 및 인스턴스 타입을 선택하고, 시큐리티 그룹의 환경을 설정하며, 필요에 따라 스토리지 볼륨과 유저 데이터 및 스크립트, 맥락을 설명하는 키-밸류 태그를 추가한다.

워크로드에 적합한 하드웨어/소프트웨어 프로파일을 선택한다. AWS가 제공한 공식 AMI 및 마켓플레이스 버전, 커뮤니티 버전 등을 이용해서 간단하게 인스턴스를 생성할 수 있으며, 여러분의 니즈에 맞춘 커스텀 이미지를 이용해서 인스턴스를 생성할 수 있다. 애플리케이션의 요구 처리량을 예상해 인스턴스 타입을 선택하고, 요구 처리량 변화에 맞춰 기존의 인스턴스 타입을 변경한다.

EC2 가격 모델 및 필요에 따른 적절한 가격 모델 선택 방법을 이해한다. 여러분의 워크로드 유형과 수준에 따라 스팟, 온디맨드, 예약 인스턴스 중 어떤 타입이 가장 적합한 가격 모델을 제시하는지 파악한다.

배포 프로파일에 적합한 보안 수준을 유지할 수 있는 시큐리티 그룹 환경설정 방법을 이해한다. 시큐리티 그룹은 정책 규칙을 기반으로 한 방화벽처럼 작동하며, 정책을 통해 어떤 네트워크 트래픽의 전송을 허용할지 결정하며, 패킷 프로토콜, 네트워크 포트, 발신 주소, 송신 주소 등을 기준으로 트래픽을 제어할 수 있다.

실행중인 인스턴스에 접속하는 방법을 이해한다. 프라이빗 및 퍼블릭 IP 주소를 포함한 인스턴스 데이터는 AWS 콘솔, AWS CLI를 이용해서 인출할 수 있으며, 인스턴스 쿼리를 통해 메타데이터를 수집할 수 있다. 이들 정보는 인스턴스에 대한 어드민 로그인 또는 웹 접근성을 지닌 애플리케이션 접속에 사용될 수 있다.

스토리지 볼륨의 타입별 특징 및 동작 방식을 이해한다. SSD 볼륨은 고성능의 IOPS 성능 및 저지연 네트워크 속성을 제공하지만, 전통적인 HDD 드라이브에 비해 좀 더 높은 비용이 부과된다.

스토리지 볼륨으로 스냅샷을 생성하는 방법과 다른 인스턴스에 스냅샷을 부착하는 방법을 이해한다. EBS 드라이브는 복사돼 다른 인스턴스에 부착될 수 있으며, 이미지를 통해 생성될 수 있다. 아울러 EBS 볼륨을 AMI로 만들어서 공유하거나 새로운 인스턴스 생성에 사용할 수 있다.

EC2 Auto Scaling의 환경설정 방식을 이해한다. Auto Scaling은 필요에 따라 새 인스턴스를 자동으로 프로비저닝해서 리소스 고갈에 따른 인스턴스의 성능 저하로 인한 애플리케이션의 실패를 방지하는 역할을 하며, 인스턴스 실패 시 Auto Scaling은 새 인스턴스를 생성해서 기존의 것을 대체한다.

평가 문제

1. OpenVPN이라는 소프트웨어를 이용해서 VPN으로 연결된 다수의 EC2 Linux 인스턴스를 배포하려 한다. 이를 위한 가장 효율적인 방법은 무엇인가? (2개 선택)

   A. 보통의 Linux AMI를 선택하고, 인스턴스에 OpenVPN 패키지를 설치 및 환경설정하는 유저 데이터로 부트스트랩한 뒤, 이를 VPN 인스턴스로 사용한다.

   B. 커뮤니티 AMI에서 OpenVPN 기업이 지원하는 공식 AMI를 검색한다.

   C. AWS Marketplace를 검색해서 OpenVPN 기업이 지원하는 공식 AMI가 있는지 확인한다.

   D. 보통의 Linux AMI를 선택하고, SSH를 이용해서 OpenVPN 패키지를 직접 설치 및 환경설정한다.

   E. AWS VPC 대시보드의 위저드 서비스를 이용해서 Site-to-Site VPN Connection을 생성한다.

2. 기업의 장기적 클라우드 이전 전략에 따라 기업 로컬 인프라에 있는 VMware 가상 머신을 여러분의 AWS 계정에 복사한 뒤 EC2 인스턴스로 실행하려 한다. 다음 중 이를 위해 필요한 단계는 무엇인가? (2개 선택)

   A. 보안이 유지된 SSH 터널을 이용해서 여러분의 AWS 리전에 가상 머신을 임포트한다.

   B. VM Import/Export를 이용해 가상 머신을 임포트한다.

   C. 여러분의 프라이빗 AMI에서 임포트한 VM을 선택한 뒤, 이를 이용해서 인스턴스를 시작한다.

D. AWS Marketplace AMI에서 임포트한 VM을 선택한 뒤, 이를 이용해서 인스턴스를 시작한다.

E. AWS CLI를 이용해서 안전하게 여러분의 가상 머신 이미지를 복사해서 여러분이 사용할 AWS 리전 내의 S3 버킷에 저장한다.

3. AWS CLI 명령으로 AMI를 이용해서 EC2 인스턴스를 시작하려다가 실패하고, InvalidAMIID.NotFound라는 오류 메시지가 나타났다. 다음 중 가장 가능성이 높은 문제의 원인은 무엇인가?

A. ~/.aws/config 파일을 적절하게 환경설정하지 않았음

B. 해당 AMI가 업데이트 중이어서 잠시 사용 불능 상태임

C. 키 페어 파일에 잘못된 퍼미션(과도한 접근 허용)이 부여됐음

D. 해당 AMI는 인스턴스를 시작하려는 리전과 다른 리전에 존재함

4. 여러분의 기업에서 민감한 데이터는 물리적으로 완전히 격리된 환경에서 보안을 유지한 인스턴스에서 실행 및 처리해야 한다. 이 경우 새 인스턴스의 환경설정은 어떻게 해야 하는가?

A. 전용 호스트 테넌시

B. 공유 테넌시

C. 전용 인스턴스 테넌시

D. 격리 테넌시

5. 보통 두 개의 m5.large 인스턴스는 온라인 e-커머스 사이트의 트래픽 처리에 사용되지만, 예기치 못한 수요 급증시 성능 부족 문제를 겪을 것으로 예상된다. 이 경우 여러분은 어떤 기능을 구현해야 하는가? (2개 선택)

A. 오토스케일링 환경설정

B. 로드밸런싱 환경설정

C. 스팟 마켓에서 두 개의 m5.large 인스턴스를 구매하고, 필요한 만큼의 온디맨드 인스턴스를 구매한다.

D. m5.large 인스턴스를 종료하고 이를 대체할 수 있는 좀 더 성능이 높은 인스턴스를 구매한다.

E. 두 개의 m5.large 예약 인스턴스를 구매하고, 필요한 만큼의 온디맨드 인스턴스를 구매한다.

6. 스팟 마켓 인스턴스를 실행하려할 때 가장 비용-효율적인 사용 방식은 무엇인가?

A. 보편적으로 사용 가능한 AMI를 이용해 e-커머스 사이트를 구현한다.

B. 갑작스러운 작업 중단도 문제 없이 처리할 수 있는 내오류성 프로세스를 이용해 고성능 비디오 렌더링 서비스를 제공한다.

C. 매우 중요한 데이터 입출력 작업 과정을 지속적으로 추적해야 하는 백엔드 데이터베이스를 실행한다.

D. S3 기반의 정적 웹사이트 배포에 사용한다.

7. 정기적인 인프라 감사에서 EC2 인스턴스 중 일부가 환경설정이 적절치 못해서 이를 업데이트해야 한다는 사실을 알게 됐다. 다음 중 기존 EC2 인스턴스의 환경설정 내용 중 변경할 수 없는 것은 무엇인가?

A. AMI

B. 인스턴스 타입

C. 시큐리티 그룹

D. 퍼블릭 IP 주소

8. 여러 프로젝트를 실행하는 다수의 리소스가 연결된 계정에서 다음 중 가장 효과적으로 리소스의 역할을 설명할 수 있는 태그의 키/밸류는 무엇인가?

A. servers:server1

B. project1:server1

C. EC2:project1:server1

D. server1:project1

9. 다음 중 워크로드 처리에 20,000IOPS 수준의 성능이 필요한 애플리케이션에 적합한 EBS 옵션은 무엇인가?

A. 콜드 HDD

B. 범용 SSD

C. 처리량 최적화 HDD

D. 프로비전 IOPS SSD

10. 여러분의 기업 인프라에 Auto Scaling 기능을 추가한 뒤, 기존 EBS 볼륨에서 "골든 이미지" AMI를 생성하려 한다. 이 이미지를 여러분의 기업 내 다수의 계정에서 공유하려는 경우, 이를 위한 적절한 단계는 무엇인가? (3개 선택)

  A. 분리된 EBS 볼륨에 이미지를 생성해서 이를 스냅샷으로 사용하고, 여러분의 프라이빗 저장소에서 새 AMI를 선택한 뒤, 이를 시작 환경설정으로 사용한다.

  B. EBS 루트 볼륨 스냅샷을 생성해서 이를 이미지 생성에 사용하고 여러분의 프라이빗 저장소에서 새 AMI를 선택한 뒤, 이를 시작 환경설정으로 사용한다.

  C. 인스턴스에 부착된 EBS 볼륨에서 이미지를 생성하고, 여러분의 프라이빗 저장소에서 새 AMI를 선택한 뒤, 이를 시작 환경설정으로 사용한다.

  D. 적절한 이미지를 AWS Marketplace에서 검색해 찾은 뒤, 이를 시작 환경 설정으로 사용한다.

  E. 다른 AWS 계정에서 EBS 루트 볼륨 스냅샷을 임포트해 이를 이미지 생성에 사용하고, 여러분의 프라이빗 저장소에서 새 AMI를 선택한 뒤, 이를 시작 환경설정으로 사용한다.

11. 다음 중 인스턴스 스토어 볼륨의 장점은 무엇인가? (2개 선택)

  A. 인스턴스 볼륨은 호스팅된 서버에 물리적으로 연결돼 있으므로 더 빠르게 데이터에 접근할 수 있다.

  B. 인스턴스가 종료된 뒤에도 인스턴스 볼륨에 데이터를 저장할 수 있다.

  C. (인스턴스 자체 비용 외에는) 인스턴스 볼륨에는 비용이 들지 않는다.

  D. 인스턴스 볼륨을 임의로 종료할 수 없도록 종료 보호를 설정할 수 있다.

  E. 인스턴스 볼륨은 주로 AMI 생성의 토대로 사용된다.

12. (AWS가 권장하는) 기본 동작을 기준으로 했을 때, EC2 인스턴스에 프라이빗 IP로 할당할 수 있는 것은 무엇인가? (2개 선택)

  A. 54.61.211.98

  B. 23.176.92.3

  C. 172.17.23.43

  D. 10.0.32.176

  E. 192.140.2.118

13. 여러분의 EC2 인스턴스 기반 애플리케이션에 특정 클라이언트 및 특정 타겟만 접근하도록 해야 하는 경우, 유입 데이터 패킷의 허용 여부를 결정하기 위해 시큐리티 그룹에 정의해야 하는 세 가지 속성은 무엇인가? (3개 선택)

A. 네트워크 포트

B. 소스 주소

C. 데이터그램 헤더 크기

D. 네트워크 프로토콜

E. 데스티네이션 주소

14. EC2 인스턴스의 관계성을 고려했을 때, 보안이 유지된 리소스 접속을 위해 IAM 롤의 보편적인 사용 방식은 무엇인가? (2개 선택)

A. 롤이 EC2 인스턴스에서 실행되는 프로세스를 할당해서 다른 AWS 리소스에 접속할 수 있도록 한다.

B. 유저에게 롤의 형식으로 자격 인증을 위한 퍼미션을 부여해 관련된 모든 리소스에 접속할 수 있도록 한다.

C. 개별 인스턴스 (Linux 인스턴스만 가능) 프로세스에 롤을 연결한 뒤, 다른 AWS 리소스에 접속할 수 있는 퍼미션을 부여한다.

D. 롤은 유저 및 리소스에 EC2 인스턴스에 접속할 수 있는 퍼미션을 부여할 수 있다.

15. 프라이빗 서브넷에서 실행되는 인스턴스가 외부 네트워크 접속으로 소프트웨어 업데이트 및 패치를 해야하는 경우, 동일 VPC 내의 퍼블릭 서브넷을 통해 안전하게 접속하도록 할 수 있는 방법은 무엇인가? (2개 선택)

A. 인터넷 게이트웨이

B. NAT 인스턴스

C. 가상 게이트웨이

D. NAT 게이트웨이

E. VPN

16. Windows EC2 세션에서 실행되는 GUI 콘솔의 사용을 안전하게 인증할 수 있는 방법은 무엇인가?

    A. SSH 터널 세션 시작을 위해 키페어의 프라이빗 키를 사용한다.

    B. SSH 터널 세션 시작을 위해 키페어의 퍼블릭 키를 사용한다.

    C. 로그인에 필요한 패스워드 확인을 위해 키페어의 퍼블릭 키를 사용한다.

    D. 로그인에 필요한 패스워드 확인을 위해 키페어의 프라이빗 키를 사용한다.

17. 여러분의 애플리케이션 배포에 고속으로 상호 연결될 수 있는 다수의 EC2 인스턴스가 필요하다. 다음 중 네트워크 전송 지연을 줄이기 위해 EC2 인스턴스의 위치를 좀 더 가깝게 해주는 AWS 도구는 무엇인가?

    A. 로드 밸런서

    B. 플레이스먼트 그룹

    C. AWS Systems Manager

    D. AWS Fargate

18. 시간과 비용 절약을 위해, 네트워크 이벤트가 발생할 때만 애플리케이션을 실행하고, 실행 후에는 즉시 종료하려 한다. 다음 중 이에 적합한 것은 무엇인가?

    A. AWS Lambda

    B. AWS Elastic Beanstalk

    C. Amazon Elastic Container Service(ECS)

    D. Auto Scaling

19. 다음 중 여러분의 로컬 인프라에서 가상 머신 이미지를 신속하게 복사해 AWS VPC에 설치할 수 있는 방법은 무엇인가?

    A. AWS S3

    B. AWS Snowball

    C. VM Import/Export

    D. AWS Direct Connect

20. 여러분은 이미 EC2 Auto Scaling 그룹의 환경설정을 통해 다수의 인스턴스에서 애플리케이션 프로비전 및 설치를 위한 시작 환경설정 작업을 해둔 상태이다. 새 인스턴스에 애플리케이션을 추가하도록 Auto Scaling의 환경을 재설정해야 하는 경우, 다음 중 여러분이 해야 할 일은 무엇인가?

   A. 시작 환경설정을 수정한다.

   B. 시작 템플릿을 생성한 뒤, 이를 이용해서 Auto Scaling 그룹의 환경을 설정한다.

   C. 시작 템플릿을 수정한다.

   D. CloudFormation 템플릿을 수정한다.

21. 최소 그룹 크기 3, 최대 그룹 크기 10, 희망 용량 5로 Auto Scaling 그룹을 생성한 뒤, 그룹에서 두 개의 인스턴스를 직접 종료시켰다. 이 때, Auto Scaling이 하는 일은 다음 중 무엇인가?

   A. 두 개의 새 인스턴스를 생성한다.

   B. 희망 용량을 3으로 감소시킨다.

   C. 아무 일도 하지 않는다.

   D. 최소 그룹 크기를 5로 증가시킨다.

22. 여러분의 애플리케이션은 매월 1일마다 트래픽 급증 현상을 겪고 있다. Auto Scaling을 이용해서 트래픽 급증 시점 이전에 인스턴스를 추가하고 각 인스턴스의 CPU 활성화율을 비례적으로 증가시키려 한다. 다음 중 여러분이 구현해야 하는 것은 무엇인가? (해당 항목 모두 선택)

   A. 타겟 추적 정책

   B. 예약 작업

   C. 단계별 스케일링 정책

   D. 단순 스케일링 정책

   E. 로드 밸런싱

23. 새 데이터 백업 프로토콜에 따라 수백 개의 EBS 볼륨에 대한 스냅샷을 직접 생성해야 한다. 다음 중 이를 위해 필요한 Systems Manager 도큐먼트 타입은 무엇인가?

A. Command

B. Automation

C. Policy

D. Manual

24. AWS에서 복잡한 마이크로서비스 컨테이너 워크로드를 시작 및 관리하려 한다. 컨테이너 환경 구성과 관련된 업무 부담을 줄일 수 있고, 기본적인 컨테이너 관리 기능을 제공하는 서비스라면 어떤 유형이든 무관할 경우, 요구 사항에 가장 적합한 플랫폼은 무엇인가?

A. Amazon Elastic Kubernetes Service

B. AWS Fargate

C. Amazon EKS Distro

D. Amazon Elastic Container Service

3

AWS 스토리지

AWS 공인 솔루션스 아키텍트 어소시에이트 시험 범위 중 3장에서 살펴볼 영역별 세부 항목은 다음과 같다.

출제영역 1: 보안성 아키텍처 설계

✓ 안전한 AWS 리소스 접근 방식 설계

✓ 보안성 워크로드 및 애플리케이션 설계

✓ 적절한 데이터 보안 제어 방식 결정

출제영역 3: 고성능 아키텍처 설계

✓ 고성능 및 확장성을 지닌 스토리지 솔루션 설계

출제영역 4: 비용최적화 아키텍처 설계

✓ 비용최적화 스토리지 솔루션 설계

개요

Amazon Simple Storage Service(이하 S3)는 일반 사용자, 애플리케이션 그리고 셀수 없이 많은 AWS 서비스를 위한 데이터 저장소이며, 다음 용도로 널리 활용된다.

- 아카이브, 로그 파일, 재난 복구 이미지 등을 이용한 백업 관리
- 저장된 빅데이터의 분석 업무에 활용
- 정적 웹사이트 호스팅

S3는 저렴하면서도 신뢰할 수 있는 스토리지 서비스로서 AWS 내외부의 각종 리소스와 긴밀하게 통합해서 사용할 수 있다.

지난 2장에서 살펴본 EC2 인스턴스의 OS 볼륨이 블록 스토리지block storage인 반면 S3는 좀 더 다양한 용도로 활용할 수 있는 무제한 용량의 객체 스토리지object storage라는 점에서 차이가 있다.

객체 스토리지와 블록 스토리지의 차이점부터 살펴보자.

먼저 블록 스토리지란 Windows의 NTFS, Linux의 Btrfs, ext4 등과 같은 파일 시스템을 위해 물리적 저장 장치를 블록 단위로 나눠둔 것을 의미한다. 파일 시스템은 머신에 설치된 OS의 주요 기능 중 하나로서, OS 작동에 필요한 데이터를 읽어들이기 위해 관련 파일과 데이터가 저장될 수 있는 공간을 분할 및 할당하는 역할을 담당한다.

다음으로 S3와 같은 객체 스토리지는 여러분이 가진 어떤 형식의 데이터라도 저장할 수 있는 공간이라 할 수 있다. OS와 관련된 복잡한 규칙이 반영된 블록 스토리지와 달리, 객체 스토리지는 (권한을 부여받은) 누구나 접속해서 어떤 포맷의 데이터, 어

떤 용량의 데이터라도 저장할 수 있다.

S3에 파일을 저장하면, 2KB 용량의 메타데이터도 함께 저장된다. S3의 메타데이터는 데이터 퍼미션, 버킷 내 파일 시스템에서의 위치 등의 정보를 키 형식으로 제공한다.

3장에서 다룰 주요 내용은 다음과 같다.

- S3 객체의 저장, 관리, 접근 방법의 이해
- 내구성, 가용성, 비용 등을 고려해 워크로드에서 적합한 스토리지 클래스 선택하기
- Amazon Glacier 등을 통합해 장기 저장 데이터의 생애주기 관리하기
- 데이터 스토리지 및 데이터 접근 관리를 위한 기타 AWS 서비스의 종류

S3 서비스 아키텍처

S3 파일은 버킷에 저장한다. 기본적으로 여러분의 계정에서는 최대 100개의 버킷을 생성할 수 있으며, 다른 AWS 서비스처럼 AWS 측에 가용 버킷 수를 증가시켜줄 것을 요청할 수 있다.

S3 버킷 및 그 속에 저장된 콘텐츠는 단일 AWS 리전에만 존재할 수 있으며, 버킷의 이름은 전세계 S3 시스템을 기준으로 유일한 것이어야 한다는 특징이 있다. 버킷 이름에는 나름의 명명 규칙이 있다. 사용자 대부분은 운영 효율 및 법규 등의 준수를 위해 특정 지역의 리전을 선호하는 반면, 버킷 이름에 특정 리전에 구체적으로 드러나는 것은 원치 않는 경우가 많다.

예를 들어, HTTP 접근 방식으로 bucketname이라는 버킷 속 filename이라는 파일에 접근하기 위한 URL은 다음과 같다.

```
s3.amazonaws.com/bucketname/filename
```

위 URL을 통해 해당 객체에 접근하기 위한 적절한 접근 권한을 부여해야 하며, AWS CLI를 이용한 파일 접근 코드는 다음과 같다.

```
s3://bucketname/filename
```

접두사 및 구분문자

S3는 버킷 내에 별도의 하위 폴더 계층 구조 없이 객체를 저장하지만, 사용자는 좀 더 체계적으로 저장 객체를 관리하기 위해 버킷에 접두사 또는 구분문자를 추가해서 사용할 수 있다.

접두사는 스토리지 구조 레벨을 표기하기 위한 보통의 텍스트 문자열이다. 예를 들어, 구분문자 '/' 다음에 contracts라는 단어를 추가해 contracts/acme.pdf와 같이 스토리지 구조에 이름을 붙인 뒤, 두 번째 파일에는 contracts/dynamic.pdf라는 이름을 붙여서 두 개 파일을 그룹화할 수 있다.

S3는 버킷 내에서 이와 같은 폴더 또는 디렉토리 구조를 인식해 해당 계층 구조에 따라 파일을 업로드할 수 있으며, 슬래시 기호는 자동으로 폴더를 나타내는 구문문자로 변환한다. 여러분이 콘솔 또는 API를 이용해서 S3 객체를 자유롭게 접근할 수 있는 이유 중 하나는 바로 이와 같은 접두사 및 구분문자 덕분이라 할 수 있다.

대용량 객체 저장하기

이론적으로 버킷에 저장할 수 있는 데이터의 총용량에는 제한이 없지만 객체 하나의 용량은 5TB를 초과할 수 없으며, 한 번의 업로드 작업은 5GB를 초과할 수 없다. 이와 같은 용량 제한 문제를 피하기 위한 방법으로, AWS는 100MB 초과 객체의 경우 멀티파트 업로드^{Multipart Upload} 기능을 사용할 것을 권장한다.

멀티파트 업로드는 말 그대로, S3에 하나의 대용량 파일을 업로드할 때 여러 개의 부분으로 분리해 업로드하는 기능이며, 여러 부분 중 일부가 업로드에 실패하더라도 반복적으로 업로드 작업을 수행한다는 특징이 있다. AWS CLI 또는 고수준 API로 S3에 업로드할 경우 멀티파트 업로드 기능이 자동으로 적용되지만, 저수준 API로 업로드 작업을 수행할 경우 여러분이 직접 객체를 여러 부분으로 분할할 수 있다.

Application Programming Interface(이하 API)는 코드 또는 명령줄 방식으로 각종 작업을 실행할 수 있는 프로그래밍 기법의 인터페이스이며, AWS의 각종 서비스에 대한 어드민 작업 방법으로 널리 활용된다. AWS는 세심한 설정이 필요한 S3 업로드 작업을 위해 저수준 API를 제공하고, 좀 더 자동화 수준이 높은 S3 업로드 작업을 위해 고수준 API를 제공한다.

멀티파트 업로드에 대한 상세한 설명은 아래 링크에서 확인할 수 있다.

docs.aws.amazon.com/AmazonS3/latest/dev/uploadobjusingmpu.html

S3 버킷에 대용량 파일을 전송해야 하는 경우 Amazon S3 Transfer Acceleration 환경설정을 통해 전송 속도를 높일 수 있다. 버킷에서 Transfer Acceleration 기능을 사용하도록 설정한 경우, 업로드 작업은 인근 AWS 엣지 로케이션과 Amazon의 내부 네트워크를 통해 고속으로 처리된다.

Transfer Acceleration이 여러분의 지역과 특정 AWS 리전 사이에서 실제로 얼마나 빠른 속도로 파일을 전송하는지 확인하려면 Amazon S3 Transfer Acceleration Speed Comparison 도구를 이용한다.

s3-accelerate-speedtest.s3-accelerate.amazonaws.com/en/accelerate-speed-comparsion.html

Transfer Acceleration이 여러분의 파일 전송에 확실하게 도움이 된다면, 버킷에서 이 기능을 활성화한 뒤 사용한다. 이 때 bucketname.s3-accelerate.amazonaws.com과 같이 특수한 엔드포인트 도메인 네임으로 전송 경로를 설정한다.

실습 예제 3.1에서 버킷을 생성해보자.

실습 예제 3.1

새 S3 버킷 생성 및 파일 업로드

1. AWS S3 대시보드에서 새 버킷을 생성한 뒤, 대시보드 또는 AWS CLI(aws s3 cp mylocalfile.txt s3://mybucketname/)를 통해 하나 이상의 파일을 업로드하고 해당 객체에 퍼블릭 읽기 접근을 허용한다.

2. S3 대시보드의 (버킷 이름 클릭후 나타나는) 파일 Overview 페이지에서 퍼블릭 링크를 복사한 뒤, 브라우저 URL 영역에 붙여넣는다. 이 때 해당 파일을 AWS 로그인 없이 열어볼 수 있는지 확인한다.

암호화

웹사이트의 경우처럼 외부에 공개하는 정보가 아닌 이상 S3에 저장하는 데이터는 기본적으로 암호화를 할 필요가 있다. S3에 데이터를 저장할 때는 암호화 키를 이용할 수 있고, Amazon의 암호화된 API 엔드포인트를 이용해 S3에서 다른 서비스 또는 리소스로 전송되는 데이터를 암호화할 수 있다.

대기 상태의 데이터는 서버측 암호화 및 클라이언트측 암호화 기법으로 보호할 수 있다.

서버측 암호화

서버측 암호화는 S3 플랫폼 내에서 진행되며, 디스크에 저장될 때 데이터 객체를 암호화하고, 적절한 권한 증빙을 통해 데이터 인출을 요청할 때 복호화해 전송한다.

사용자는 서버측 암호화의 세 가지 옵션 중 하나를 사용할 수 있다.

- AWS는 기업용 표준 키를 이용해 암호화 및 복호화의 각 단계를 관리한다.
- SSE-S3보다 고도화된 암호화 서비스로서, 엔벌로프 키$^{envelope\ key}$ 기법을 이용해서 키 사용과 관련된 모든 작업 흐름을 추적해 감사 업무에 활용할 수 있다. 필요에 따라 AWS KMS 서비스를 통해 여러분의 커스텀 키를 임포트해서 사용할 수 있다.
- 커스텀 키를 이용해 S3 데이터 암호화 및 복호화 작업을 수행한다.

클라이언트측 암호화

AWS KMS-Managed Customer Master Key(CMK)를 이용하면 S3에 전송하기 전에 데이터를 암호화할 수 있으며, 데이터 객체 업로드 직전에 데이터 키를 생성한다. Amazon S3 암호화 클라이언트를 통해 Client-Side Master Key를 사용할 수 있다.

서버측 암호화는 클라이언트측 암호화에 비해 복잡성이 낮으며, 대다수 사용자가 선호하는 방법이지만, 기업 및 기관에 따라 (규정 및 법규 등을 고려해서) 암호화 키를 직접 생성 및 관리하려는 경우가 있으며, 이 때는 클라이언트측 암호화를 사용해야 할 것이다.

로그 관리

S3의 각종 이벤트를 추적해 로그 파일에 기록으로 남기는 것은 기본적으로 불능으로 설정돼 있다. 이는 S3 버킷의 작업이 워낙 많이 이뤄지기 때문에 S3에서 생성되는 로그 데이터를 일일이 기록하는 것이 그리 효율적이지 않기 때문이다.

S3 로그 기능을 활성화하려면 소스 버킷(작업 내용을 추적하는 버킷)과 타겟 버킷(로그 파일을 저장하는 버킷)을 설정해야 한다. 또한 생성일 및 시간을 나타내는 접두사 및 분리기호를 지정해 다수의 소스 버킷에서 생성되는 다양한 로그 기록을 좀 더 찾기 쉽게 만든 뒤 타겟 버킷에 저장할 수 있다.

S3 로그 생성에는 약간의 시간 지연이 발생하며, 다음과 같은 작업 세부 내역 정보가 포함된다.

- 요청자의 계정 및 IP 주소
- 소스 버킷 이름
- 요청 작업 내역(GET , PUT , POST , DELETE 등)
- 요청을 한 시간
- 요청에 대한 응답 상태(오류 코드 포함)

S3 버킷은 CloudWatch 및 CloudTrail 등 다른 AWS 서비스의 로그 및 객체(EBS 스냅샷 등) 저장을 위해 사용된다.

S3의 내구성 및 가용성

S3는 객체 저장을 위해 다양한 스토리지 클래스를 제공하며, 어떤 조건에서도 데이터가 유지돼야 하는지 여부에 따라(내구성), 신속하게 데이터를 인출할 수 있는지 여부에 따라(가용성), 혹은 비용을 얼마나 절약할 수 있는지 여부에 따라(비용효율성) 클래스를 선택적으로 사용할 수 있다.

내구성

S3의 내구성은 99.999999999%에 달하며(11개의 9), 이는 대부분의 S3 클래스 및 Amazon Glacier에 해당된다.

저장된 객체에 대한 연간 평균 손실 가능성은 0.000000001%이며, 이는 여러분이 Amazon S3에 10,000,000개의 객체를 저장했다면, 10,000년마다 단 하나의 객체가 손실될 수 있는 확률을 의미한다.

Source: aws.amazon.com/s3/faqs

다른 말로는 AWS 인프라가 실패하더라도 표준 S3/Glacier 플랫폼에 저장된 데이터의 손실 가능성은 사실상 0에 가깝다는 것이다.

그렇다 하더라도 중요한 데이터의 사본을 S3 버킷에만 저장하는 것은 바람직하지 못하다. 인프라 실패 외에도, 잘못된 환경설정, 계정 정보 분실, 예기치 못한 외부 공격 등 저장된 데이터에 대한 접근이 차단될 수 있는 가능성은 얼마든지 있다.

중요한 데이터는 항상 복수의 장소에 백업해서 보관해야 하며, 이 때도 서로 다른 서비스 및 미디어 타입을 이용하는 것이 좋다. 데이터 백업에 대한 상세한 내용은 10장, '신뢰성 요소'에서 살펴본다.

S3가 제공하는 고도의 내구성은 S3가 최소 세 개의 AZ, 가용성지역에 자동으로 데이터를 복제해 놓기 때문에 가능하다. 이는 특정 지역에 있는 AWS의 전체 시설이 갑자기 지도에서 사라지더라도 여러분 데이터 사본은 다른 AZ에 저장돼 있어서 안전하다는 의미이다.

이와 같은 내구성은 가용성 또는 비용 등의 요소와의 균형을 맞추기 위해 증가 또는 감소할 수 있지만, 가급적 내구성이 99.999999999%에 이르는 표준 클래스를 사용할 것을 권장하고, 최소 3곳 이상의 AZ에 분산 저장되는 클래스를 선택하기 바란다.

이에 대한 예외가 S3 One Zone-IA 클래스이며, 이름에서 알 수 있듯 단일 AZ에만 데이터를 저장한다. 이에 따라 가용성이 약간 낮아지게 되며, 이에 대해서는 다음 절에서 알아본다.

가용성

S3 객체의 가용성^availability은 연간 객체에 대한 지속적인 요청을 처리할 수 있는 능력을 퍼센트로 표시한 것이며, Amazon S3 Standard 클래스는 연간 99.99%의 응답 가능성을 보증한다. 이는 연간 9시간 미만의 다운타임이 발생할 수 있다는 의미이며, 이 시간을 초과해서 발생하는 다운타임에 대해서는 서비스 크레딧을 적용할 수 있다.

반면, S3 객체의 내구성durability은 연간 데이터가 손실되지 않고 보존될 수 있는 능력을 퍼센트로 나타낸 것이며, 모든 클래스에 대해 99.999999999%의 데이터 보호 능력을 보증한다. 이는 사실상 데이터 손실 가능성이 없다는 것이며, 실제 문제가 발생해도 약간의 접속 지연이 나타날 뿐이다.

비교적 최근에 도입된 S3 Intelligent-Tiering은 비용 절약형 가용성 최적화 클래스로서, 클래스 내 데이터에 대한 접근 빈도를 모니터링해 지난 30일간 연속적으로 데이터에 대한 접근이 없는 경우, 보다 낮은 요금 체계를 지닌 티어로 클래스를 자동 변경한다. 사용자는 월간 자동화 요금을 부담한다.

표 3.1은 모든 S3 클래스의 가용성 보증 수준을 나타낸다.

표 3.1 S3 스토리지가 보증하는 가용성 표준

	S3 Standard	S3 Standard-IA	S3 One Zone-IA	S3 Intelligent-Tiering
보증하는 가용성	99.99%	99.9%	99.5%	99.9%

종국적 일관성 데이터

S3는 다수의 지역에 데이터를 복제한다는 사실을 기억해야 한다. 이는 기존 객체를 업데이트하면 시스템 전체에 이러한 사실이 전파될 때까지 약간의 시간 지연이 발생할 수 있기 때문이다. 파일의 새 버전을 업로드한 직후 구 버전의 파일을 삭제하면, 특정 위치에서는 이러한 변경 사항이 미처 전파되지 못하는 상황이 발생할 수 있다.

단일 객체에 대한 이와 같은 버전 충돌은 데이터 관리 및 애플리케이션 운영에 심각한 부작용을 초래할 수 있으므로, 여러분의 데이터는 종국적 일관성 표준eventually consistent standard에 따라 관리해야 한다. 즉, 데이터 상태 변경에 대한 (1~2초의) 시간 지연을 감안한 뒤 관련 작업 수행의 방식을 설계해야 한다.

업데이트 및 삭제 작업은 종국적 일관성 기준이 적용되지만, 새 객체의 생성에 대해서는 이와 같은 문제가 발생할 가능성이 없으며, 새 객체 생성 또는 PUT과 같은 덮어쓰기 작업에는 쓰기 후 읽기 일관성read-after-write consistency 기준이 적용된다.

S3 객체 생애주기

S3 워크로드 중 상당수는 백업 아카이브 작업이 수반된다. 잘 설계된 백업 아카이브 작업의 결과, 점점 더 많은 백업 아카이브가 정기적으로 누적된다.

백업 아카이브 작업에서는 기존 아카이브 버전을 유지하는 일도 중요하지만, 스토리지 비용 및 공간 관리를 위해 구 버전을 삭제하거나 폐쇄하는 작업도 필요하며, S3는 이를 위해 자동화된 백업 관리 기법인 버전 관리 및 생애주기 관리 기법을 제공한다.

버전 관리

다수의 파일 시스템은 하나의 저장 공간에서 동일한 이름이 붙은 파일을 여러 번 업데이트하면서 새로운 파일로 기존의 파일을 덮어쓰는 경우가 많다. 이후 사용자는 최신 버전의 파일을 쓰면 되지만, 때에 따라서 기존 버전의 파일을 가져와야 할 때가 있으며, 실수에 의해 덮어쓰기된 파일을 복구해야 하는 경우도 있다.

기본적으로, S3에 저장된 객체 또한 비슷한 방식으로 관리되지만, 버킷 레벨에서 버전 관리^{versioning} 기능을 활성화해서 객체의 구 버전을 저장해 두고 필요할 때는 언제든 접속하도록 할 수 있다. 이는 실수에 의한 덮어쓰기 문제를 해소할 수 있긴 하지만 저장 공간이 지나치게 커지는 문제를 낳기도 한다. 이에 대한 해법이 바로 생애주기 관리이다.

생애주기 관리

앞서 살펴본 S3 Intelligent-Tiering 클래스가 데이터 접속 빈도에 따라 자동으로 클래스를 변경한다면, 버킷 레벨의 생애주기 규칙^{lifecycle rules}을 작성해서 지정 일수에 따라 자동으로 클래스가 변경되도록 설정할 수 있다.

예를 들어, 처음 30일간 S3 Standard 클래스에 객체를 저장한 후, 다음 30일간은 좀 더 저렴한 One Zone IA 클래스에 객체를 저장하는 생애주기 규칙을 작성할 수 있다. 이후 법규 등에 의해 오래된 데이터를 1년간 추가로 보관해야 하는 경우, 365일간 Glacier 클래스에 저장한 뒤 영구적으로 삭제하는 규칙 또한 추가할 수 있다.

참고 접두사를 이용해서 버킷 내 일부 객체에 대해서만 생애주기 규칙을 적용하는 것도 가능하다.

단, 객체 이동 전, 특정 클래스에서 유지돼야 하는 최소 기간(예: 30일)이 정해져 있으며, S3 Standard에서 Reduced Redundancy로 직접 이동시킬 수는 없다.

실습 예제 3.2에서 S3 버킷의 버전 관리 및 생애주기 관리 방법을 직접 확인해보자.

실습 예제 3.2

S3 버킷의 버전 관리 및 생애주기 관리

1. 버킷을 하나 선택한 뒤 속성에서 버전 관리(versioning)를 활성화시킨다.

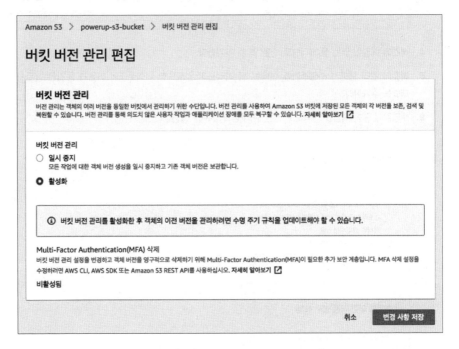

2. 버킷에 파일을 업로드한다. 다음, 로컬 머신에서 해당 파일의 내용을 수정한 뒤 파일명은 그대로 둔 채 한 번 더 업로드한다. 정적 웹사이트에서 가져온 파일이라면 해당 파일에 퍼블릭 액세스 퍼미션을 부여해야 한다.

3. 대시보드에서 버킷을 선택하고, 해당 파일을 클릭한 뒤 버전(Show Versions) 탭을 선택한다. 그러면 해당 파일의 변경 전과 변경 후, 두 개의 버전이 나타날 것이다.

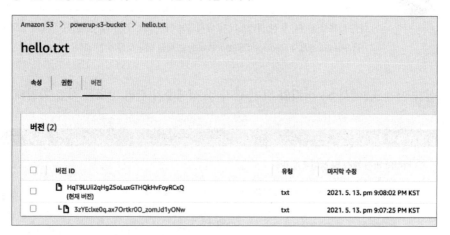

4. 버킷에 파일이 있는 폴더(디렉토리)를 몇 개 추가한다.

5. 버킷의 관리 탭에서 수명주기를 선택한 뒤 여러분이 업로드한 디렉토리의 이름과 동일한 접두사 또는 태그를 추가한다.

6. 수명주기 규칙 작업을 선택하고 전환 규칙(경과일수)을 설정한다.

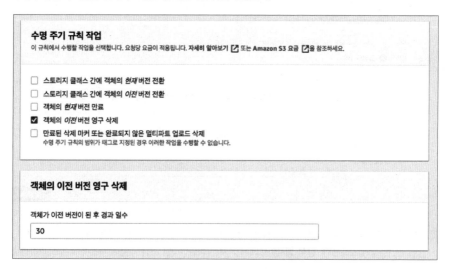

수명주기의 최소 전환기간은 30일이므로 수명주기의 작동 여부를 바로 확인할 수는 없을 듯하다.

S3 객체에 접근하기

데이터를 사용하지 않을 계획이라면 애초에 S3에 파일을 저장하는 수고를 하지 않았을 것이다. 즉, S3에 데이터를 저장하는 일만큼이나 S3에 저장된 데이터를 인출하는 일도 중요하며, 사업적 필요성 또는 보안적 필요성을 충족하는 유저에게만 데이터에 대한 접근을 부여하는 일 또한 무척 중요하다.

접근 제어

여러분은 새로 생성한 S3 버킷과 객체에 마음대로 접속할 수 있지만, 다른 AWS 계정 또는 외부 사용자는 결코 여러분이 생성한 S3 버킷과 데이터에 접속할 수 없다. 따라서 누군가에게 데이터에 대한 접근을 허용할 때는 접근 제어 규칙[ACL]과 S3 버킷 정책, IAM 정책을 통해 세분화된 접근 제어를 할 수 있다.

이들 세 가지 접근 제어 기법 간에는 서로 약간씩 겹치는 영역이 있으며, 그 중 ACL은 AWS가 IAM을 도입하기 전의 접근 정책이기도 하다. 그래서 Amazon은 ACL 대신, S3 버킷 정책과 IAM 정책으로 접근 제어를 할 것을 권장한다.

S3 버킷 정책은 JSON 포맷으로 작성된 뒤 S3 버킷에 부착되며, 다수의 외부 계정 또는 유저가 하나의 S3 버킷에 접근하기 위한 규칙 생성에 주로 활용된다. 반면, IAM 정책은 IAM 기반의 계정 레벨에서 접근을 제어하므로, 개별 유저 또는 롤이 S3를 포함한 다수의 리소스에 접근하기 위한 규칙 생성에 활용된다.

다음 코드는 S3 버킷 정책 예시이며, root 유저와 Steve 유저가 S3 MyBucket이라는 이름의 버킷 및 해당 콘텐츠에 접근할 수 있음을 알 수 있다. root 유저와 Steve 유저는 이 규칙에서 관리자[principals]로 간주된다.

```
{
 "Version": "2021-10-17",
 "Statement": [
  {
   "Effect": "Allow",
   "Principal": {
    "AWS": ["arn:aws:iam::xxxxxxxxxxxx:root",
    "arn:aws:iam::xxxxxxxxxxxx:user/Steve"]
   },
```

```
  "Action": "s3:*",
  "Resource": ["arn:aws:s3:::MyBucket",
  "arn:aws:s3:::MyBucket/*"]
  }
 ]
}
```

 날짜와 시간을 기준으로 버킷 정책을 생성해 접근을 제한할 수 있고, CIDR 블록으로 특정 IP 주소 범위의 접근을 제한할 수 있다.

이러한 정책을 (유저, 그룹, 롤 등) IAM 개체에 부착하려면 다음과 같은 IAM 정책을 작성하면 되며, 이를 통해 위 S3 버킷 정책과 동일한 효과를 거둘 수 있다.

```
{
 "Version": "2021-10-17",
 "Statement":[{
  "Effect": "Allow",
  "Action": "s3:*",
  "Resource": ["arn:aws:s3:::MyBucket",
   "arn:aws:s3:::MyBucket/*"]
  }
 ]
}
```

IAM 롤과 정책에 대해서는 6장, '인증과 권한 부여: AWS IAM'에서 상세하게 알아본다.

버킷 정책 및 IAM 정책 이외에도 Amazon S3 Access Points를 이용해 S3 버킷 내 객체에 대한 유저 또는 서비스의 접근을 제어할 수 있다. 액세스 포인트는 버킷 내 객체를 정의하는 호스트네임이며, 여러분이 설정하는 내용에 따라 클라이언트는 호스트네임을 통해 특정 객체에 대한 읽기 또는 쓰기 권한을 얻게 되며, 접근 허용이 철회되면 더 이상 해당 객체에 접근할 수 없게 된다.

액세스 포인트를 요청하는 간단한 형식의 AWS CLI 명령은 대략 다음과 같다.

```
aws s3control create-access-point --name my-vpc-ap \
 --account-id 123456789012 --bucket my-bucket \
 --vpc-configuration VpcId=vpc-2b9d3c
```

프리사인 URL

프라이빗 객체에 대해 일시적으로 접근을 허용하고자 할 때는 프리사인 URL^{presigned} URL을 생성해서 제공하면 된다. CLI를 이용해서 프로그래밍 기법으로 생성하는 프리사인 URL은 일정 시간 동안만 유효하며, 시간이 경과하면 접속할 수 없게 된다.

아래 AWS CLI 명령을 실행하면 접근 권한에 필요한 문자열을 포함한 URL이 반환된다. 기본 설정 접근 권한 유효 시간은 1시간(3,600초)이지만, 아래 코드를 통해 허용된 접근 권한 유효 시간은 10분(600초)이다.

```
aws s3 presign s3://MyBucketName/PrivateObject --expires-in 600
```

실습 예제 3.3에서 직접 코드를 입력해 보자.

실습 예제 3.3

프리사인 URL 생성 및 활용

1. 아래 명령문 형식을 참고해 여러분의 S3 버킷과 프라이빗 객체 이름을 입력해 프리사인 URL을 생성한다.

   ```
   aws s3 presign s3://MyBucketName/PrivateObject --expires-in 600
   ```

2. 위 명령문의 실행 후 반환된 URL을 복사해 (여러분의 AWS 계정으로 로그인하지 않은) 브라우저에 입력하고 파일을 확인한다.

3. 10분 후 다시 해당 URL로 접속해 보면, 접속이 불가능함을 알 수 있다.

정적 웹사이트 호스팅

S3 버킷은 정적 웹사이트를 위한 HTML 파일 호스팅에도 사용할 수 있다. 정적 웹사이트란 서버 측이 아닌, 클라이언트 측에서 웹페이지 렌더링 및 스크립트 실행을 하는 웹사이트로서, 간단하고 단순하게 구성된 웹 문서를 클라이언트 브라우저에서 이용할 수 있도록 한 것이다.

저렴하면서도 신뢰할 수 있는 플랫폼인 S3는 이와 같은 정적 웹사이트 호스팅에 적합하다. S3 버킷을 정적 웹사이트 호스팅용으로 설정하면, 트래픽은 자동으로 index. html 등, 웹사이트의 루트 문서로 이동하게 되고, 사용자가 HTML 페이지 내 링크를 클릭하면 해당 페이지 또는 미디어로 이동하며, HTML 404 등 오류 발생시 그에 적합한 페이지로 이동하게 된다.

정적 웹사이트를 위해 mysite.com과 같은 DNS 도메인 네임이 필요한 경우, Amazon Route 53로 버킷의 엔드포인트를 추가할 수 있다. 단, 도메인 네임은 S3 버킷의 네임과 같아야 한다. 이에 대한 내용은 8장, 'DNS와 네트워크 라우팅: Route 53, CloudFront'에서 자세히 알아본다.

또한 AWS Certificate Manager(이하 ACM)에서 사이트 암호화를 위한 SSL/TLS 인증을 무료로 받을 수 있으며, 이를 여러분의 S3 버킷을 원본^origin으로 하는 CloudFront 배포에 임포트해서 사용할 수 있다.

실습 예제 3.4에서 정적 웹사이트를 빌드해보자.

실습 예제 3.4

S3 버킷에서 정적 웹사이트 호스팅하기

1. S3 대시보드에서 버킷을 생성하고 정적 웹사이트에 필요한 index.html 파일 등을 업로드하고, 관련 파일은 모두 퍼블릭으로 설정한다.

2. 속성 탭에서, 정적 웹사이트 호스팅을 활성화하고 index.html 파일을 index 문서로 지정한다.

3. 정적 웹사이트의 엔드포인트 URL을 복사해 (여러분의 AWS 계정으로 로그인하지 않은) 브라우저에서 실행한다.

AWS CLI를 이용하는 경우 아래 두 가지 명령을 통해 각각 정적 웹사이트 호스팅을 활성화할 수 있다.

정적 웹사이트 호스팅을 활성화 방법 1

```
aws s3api put-bucket-acl --bucket my-bucket --acl public-read
```

정적 웹사이트 호스팅을 활성화 방법 2

```
aws s3 website s3://my-bucket/ --index-document index.html --error-document error.html
```

저장된 데이터에 접근할 수 있는 또 다른 방법으로 S3 Select 및 Glacier Select가 있다. S3 Select는 SQL 스타일의 쿼리 기능을 통해 효율적, 비용효율적으로 객체 내 관련 데이터에만 접근해 필요한 부분만 가져올 수 있다.

대표적인 사용 시나리오는 다수의 소매 웹사이트에서 추출된 영업 및 재고 데이터를 포함한 대규모 CSV 파일의 검색 및 추출에 이용하는 것이다. 기업 마케팅 팀은 S3 Select를 이용해서 특정 사이트의 영업 및 재고 데이터를 정기적으로 가져와서 분석에 활용할 수 있다.

사용자는 S3 Select를 이용해 전체 데이터 중 일부만 특정해 데이터를 추출함으로써 데이터 접근 및 다운로드와 관련된 네트워크 부담 및 비용 부담을 모두 줄일 수 있다.

Amazon S3 Glacier

Glacier는 다른 S3 스토리지 클래스와 비슷한 부분이 많으며, 다른 S3 클래스처럼 99.999999999%의 내구성을 지니고 S3 수명주기 환경설정에 통합해서 사용할 수 있다.

하지만 Glacier는 다른 S3 스토리지 클래스와 다른 부분도 상당히 많다. 우선 Glacier 아카이브의 저장 용량은 40TB로 제한되며(S3는 용량 제한 없음), 아카이브 생성 시 기본적으로 저장 데이터를 암호화하고(S3에서 데이터 암호화는 옵션임), 아카이브 이름은 기계 생성 ID 형식을 지니는 등(S3 버킷은 사람이 읽기 쉬운 키 이름을 제공), 다수의 차이점이 존재한다.

그 중에서도 가장 큰 차이점은 데이터 인출 시간이라 할 수 있다. Glacier 아카이브에서 객체를 인출하는 데는 수 시간이 소요될 수 있지만, S3 버킷에서는 거의 즉각적으로 객체를 인출할 수 있다. 이는 Glacier의 특징을 가장 잘 설명하는 속성이라 할 수 있으며, Glacier가 저장된 데이터를 거의 인출하지 않는, 저렴하게 사용할 수 있는 장기 보관용 스토리지임을 알 수 있다.

Glacier는 별도의 이용료를 지불한 뒤 (수 시간이 아닌) 불과 수 분만에 데이터를 인출할 수 있는 촉진 인출(Expedited retrievals) 옵션을 제공한다.

Glacier에서 아카이브는 문서, 비디오, TAR, ZIP 파일 등 저장 객체를 가리키는 말이며, Glacier 볼트vaults에 저장된다. Glacier에서 볼트는 S3에서 버킷에 대응되는 개념이지만, 전역에서 유일무이한 이름을 부여할 필요는 없다.

Glacier 스토리지 클래스는 Standard 및 Deep Archive 등 두 가지이며, Glacier Deep Archive가 좀 더 저렴하면서 인출 시간이 좀 더 오래 걸린다. 1TB의 데이터를 Glacier standard에 저장하는 비용은 $4.10인 반면, Glacier Deep Archive에 저장하는 비용은 $1.02에 불과하다. 대신 Glacier Deep Archive의 데이터 인출에는 12~48시간이 소요된다.

표 3.2 Glacier 티어 별 100GB 데이터 인출 비용 (US East 리전)

티어	인출 용량	비용
Glacier Instant	100GB	$3.00
Glacier Flexible	100GB	$1.00
Deep Archive	100GB	$2.00

스토리지 가격 모델

S3와 Glacier 비용에 대한 개념을 정리할 수 있는 시나리오를 구상해 보자. 예를 들어, 여러분은 매주 5GB의 영업 데이터가 생성되며, 이를 정기적으로 백업하려 한다. 이 때 가장 먼저 사용할 스토리지 클래스는 S3 Standard이며, 데이터 생성 후 첫 30일간 보관하고, 다음 S3 One Zone-IA로 옮겨서 90일간 보관한다. 이렇게 해서 총 120일이 경과한 후, Glacier로 옮겨서 730일(2년)간 보관한 뒤, 삭제한다.

이 기간 동안 S3 Standard에 20GB, S3 One Zone-IA에 65GB, Glacier에 520GB의 데이터가 누적 및 저장된다. 아래 표 3.3은 이와 같은 경우 US East 리전에서의 데이터 용량별 스토리지 가격을 보여준다.

표 3.3 US East 리전의 데이터 용량별 스토리지 가격 예시

스토리지 클래스	저장 용령	월간 GB당 비용	월간 총비용
Standard	20GB	$0.023	$0.46
One Zone-IA	65GB	$0.01	$0.65
Glacier Instant	520GB	$0.004	$2.08
Total			$3.19

물론 스토리지에서 저장만 하지 않으며, 데이터 인출 및 활용을 위한 PUT, COPY, POST, LIST 명령 실행 및 수명주기 전환 작업에서도 비용이 발생할 수 있다. 스토리지 비용에 대한 최신 자료는 다음 링크에서 확인한다.

aws.amazon.com/s3/pricing

실습 예제 3.5에서 비용 예측 도구 활용 방법에 대해 알아보자.

실습 예제 3.5

데이터 전 수명주기 비용 계산하기

월간 비용 계산기를 이용해서 위 시나리오의 총 월간 비용을 계산해 볼 수 있다.

calculator.s3.amazonaws.com/index.html

내용을 변경해서 여러분의 저장 용량 및 수명주기 계획은 물론, 데이터에 대한 각종 요청, 검색, 인출 등 작업을 포함해 비용을 계산해 보자. 계산기 좌측 Amazon S3 탭을 선택하면 S3에 대한 비용 정보를 입력할 수 있으며, 화면 상단 월간 청구서 견적(Estimate Of Your Monthly Bill) 탭에서 아이템별 비용을 확인할 수 있다.

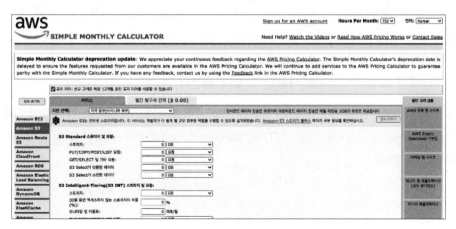

AWS는 월간 리소스 이용 비용 계산을 위해 Simple Monthly Calculator 서비스를 제공했으나, 지금은 AWS Pricing Calculator(https://calculator.aws/#)를 통해 월간 비용의 예상 업무를 돕고 있다. 최신의 AWS Pricing Calculator가 좋은 도구이긴 하지만 기존 고객은 예전부터 제공됐던 Simple Monthly Calculator가 계속 서비스되길 바란다는 의견을 내고 있다. 하지만 결국엔 월간 리소스 이용 비용 계산 서비스는 AWS Pricing Calculator로 단일화 될 것으로 보인다(번역 시점 기준으로, 구 버전인 Simple Monthly Calculator로 검색해도 새 버전인 Pricing Calculator만 접속할 수 있다).

기타 스토리지 관련 서비스

널리 사용되는 AWS 스토리지 클래스 이외에 다양한 스토리지 서비스를 살펴봄으로써 기존 클래스와의 차이점 및 특징을 알 수 있다.

Amazon EFS

Amazon Elastic File System(이하 EFS)은 리눅스 인스턴스를 위한 확장성, 공유성 높은 파일 스토리지로서, EC2 Linux 인스턴스에 마운트된 Network File System(NFS)을 통해 VPC에서 필요한 파일에 접근하거나 AWS Direct Connect로 연결된 온프레미스 서버의 파일에 접근할 수 있다. EFS는 다수의 인스턴스에서 파일에 쉽게 접근할 수 있는 안전하고 전송 지연 문제가 적으며 내구성 높은 네트워크 파일 스토리지 서비스다.

Amazon FSx

Amazon FSx는 Lustre용 또는 Windows File Server용 가운데 선택해서 사용할 수 있다. Lustre는 Linux 클러스터가 고도의 컴퓨팅 작업을 수행할 때 고성능 파일 시스템에 접속할 수 있게 해주는 오픈소스 분산 파일 시스템이며, Amazon FSx는 AWS 인프라에서 Lustre의 기능을 사용할 수 있게 해준다.

Windows File Server용 FSx는 Windows 서버를 위한 EFS라고 할 수 있으며, Server Message Block(SMB), NTFS, Microsoft Active Directory 등과 통합해서 사용할 수 있다.

AWS Storage Gateway

로컬 스토리지와 클라우드 스토리지를 연결하는 백업 및 아카이브 통합 작업은 꽤 복잡해질 수 있다. AWS Storage Gateway는 이런 문제를 해소해 주며, 온프레미스 하드웨어 또는 VMware ESXi, Microsoft Hyper-V, Linux KVM, AWS 기반 VMware Cloud, 또는 EC2 이미지 기반의 가상 머신용 소프트웨어 게이트웨이로서 다수의 가상 연결 인터페이스를 제공한다.

AWS Storage Gateway를 이용해 기업의 로컬 디바이스를 전통적인 테이프 드라이브처럼 연결할 수 있으며, 데이터는 S3 또는 EBS 등 AWS 플랫폼에 저장해서 사용할 수 있고, 로컬 캐시에 저장한 뒤 로컬에서도 접속 지연 없이 사용할 수 있다.

AWS Snow Family

대량의 데이터를 클라우드로 전송할 때 보통의 인터넷 연결 방식을 이용하면 지나치게 많은 시간이 소모되고 전송 업무에도 차질이 빚어질 수 있다. 테라바이트급, 또는 페타바이트급 데이터 백업 또는 AWS 내에서의 데이터 활용이 필요한 경우 Snowball이 해법이 될 수 있다.

사용자 요청에 따라 AWS는 물리적인 256비트 암호화 스토리지 디바이스인 Snowball을 배송한다. 사용자는 Snowball에 대용량 데이터를 저장한 뒤 Amazon으로 재배송하며, 전달된 데이터는 여러분의 S3 버킷에 업로드된다.

물리적인 데이터 전송 장치 외에, 엣지 로케이션과 연결해서 사용할 수 있는 Snow 패밀리 디바이스가 제공되고 있다. 이들 저장 장치는 일반적인 엔터프라이즈 디바이스 이용 환경이 아닌, 사막이나 해양 등 불안정적인 기상 환경에서 문제 없이 사용할 수 있도록 설계됐다.

Snow 패밀리 가운데 가장 작은 디바이스는 9×6×3인치 크기의 Snowcone이며, HDD 타입은 최대 8TB, SSD 타입은 최대 14TB의 저장 용량, 네 개의 vCPU, 4GB의 메모리, 그리고 RJ45 및 Wi-Fi 통신 환경을 지원한다.

좀 더 큰 저장 용량의 디바이스로 Snowball Edge가 있다. Snowball Edge Storage Optimized 타입의 경우, 80TB의 최대 저장 용량, 40개의 vCPU, 80GB의 메모리를 제공하고, Snowball Edge Compute Optimized 타입의 경우, 42TB의 최대 저

장 용량, 52개의 vCPU, 208GB의 메모리를 제공한다. 두 가지 타입 중 Compute Optimized 타입이 엣지 컴퓨팅에 최적화된 버전이라 할 수 있다.

AWS Snowmobile은 방수 및 방진 기능을 갖춘 45피트 길이의 컨테이너 차량으로 페타바이트^{petabyte} 또는 엑사바이트급^{exabyte} 저장 용량을 제공하며, 일정 기간 동안 컨테이너 차량을 주차해놓고 수 년간 쌓인 대용량 데이터를 여러분의 로컬 네트워크를 통해 전송할 수 있다. 전송을 마치면, Snowmobile 컨테이너 차량을 몰고 AWS 리전으로 이동해서 여러분 계정의 스토리지 리소스에 업로드하면 된다.

모든 Snow 패밀리 디바이스는 256 비트로 암호화되고, 엄격한 HIPAA 규정을 충족하도록 만들어진다.

여러분의 AWS 계정에 데이터를 전송하는 방법을 선택하기에 앞서 몇 가지 변수를 고려해야 한다. 여러분의 데이터를 실제로 인터넷을 통해 전송할 때의 속도를 파악할 필요가 있고, 전송이 진행되는 동안 대역폭 문제로 다른 작업이 지연되거나 중단되는 문제도 고려해야 한다.

앞서 우리는 S3 버킷에 대용량 객체를 효율적으로 저장하는 방법으로 멀티파트 업로드$^{Multipart\ Upload}$ 및 전송 가속$^{Transfer\ Acceleration}$ 등의 기능에 대해 살펴보기도 했지만, 일부 객체는 너무나도 커서 기존의 인터넷 연결로는 업로드하기 어려울 수 있다. 예를 들어, 여러분의 회선이 10MB/초의 전송 속도를 제공한다면, (다른 전송 작업을 모두 중단하고) 1테라바이트의 아카이브를 전송하는 데 대략 10일이 걸릴 수 있다.

따라서 기업이 보유한 데이터를 클라우드로 전송할 때는 다소 고가인 AWS Direct Connect를 이용하거나 좀 더 저렴한 AWS Snowball을 이용하는 것이 실용적이라 할 수 있다. 엑사바이트급 데이터라면 스토리지 컨테이너 운송차인 AWS Snowmobile을 통해 전송할 수 있다(aws.amazon.com/snowmobile).

AWS DataSync

DataSync는 온프레미스에 저장된 데이터를 AWS 계정으로 옮기는 작업에 특화된 도구로서, 보통의 인터넷 연결을 이용하므로 Snowball과 같은 대규모 데이터 이전에 적합하지는 않지만, S3는 물론 (AWS Database Migration Service를 이용해서) RDS 등 다양한 저장소에 데이터를 전송할 수 있는 유연성을 제공한다.

DataSync를 이용해서 AWS 계정이 연결된 어떤 서비스에도 데이터를 전송할 수 있으며, 다음과 같은 작업도 가능하다.

- 고가의 온프레미스 데이터 센터에 저장된 데이터를 신속하고 안전하게 S3 또는 Glacier로 이전
- EC2 인스턴스에서 데이터 처리 및 분석할 수 있도록 S3, EFS, 또는 FSx 등으로 데이터를 직접 전송
- 설정이 쉬운 자동화된 시스템으로 어떤 규모의 데이터 클래스라도 손쉽게 AWS 서비스에 적용 가능

DataSync는 (여러분의 온프레미스 인프라에 따라) 최대 10Gbps 수준으로 데이터를 전송할 수 있으며, 암호화 및 데이터 검증 기능을 제공한다.

AWS CLI 예제

이번 예제에서는 AWS CLI를 사용해서 새로운 버킷을 만들고 sales-docs 디렉터리를 재귀적으로 복사한다. 다음, (AWS CLI 패키지를 설치시 함께 설치되는) 로우 레벨의 s3api CLI 커맨드 및 get-bucket-lifecycle-configuration 서브커맨드를 이용해 새 버킷의 수명주기를 설정하고, 버킷 이름도 작성한다. 하지만 이 명령을 실행하면, (아직 수명주기를 구성하지 않았으므로) 오류가 반환된다.

따라서 put-bucket-lifecycle-configuration 서브커맨드를 먼저 실행해서 버킷 이름을 입력하고, --lifecycle-configuration 인수 영역에 아래 예제 코드와 같이 JSON 코드를 추가한다. (파일로도 전달 가능한) 이 코드는 sales-docs 접두사를 이용해 모든 객체를 30일 경과 후 Standard-IA 클래스로, 60일 경과 후 Glacier로 이동시킨 뒤, 365일 후 삭제(또는 만료)된다.

마지막으로 get-bucket-lifecycle-configuration을 다시 실행해서 수명주기 구성이 활성화됐는지 확인한다. 지금까지 설명한 모든 코드 라인은 아래와 같다.

```
$ aws s3 mb s3://bucket-name
$ aws s3 cp --recursive sales-docs/ s3://bucket-name
$ aws s3api get-bucket-lifecycle-configuration \
```

```
 --bucket bucket-name
$ aws s3api put-bucket-lifecycle-configuration \
 --bucket bucket-name \
 --lifecycle-configuration '{
  "Rules": [
   {
    "Filter": {
     "Prefix": "sales-docs/"
    },
    "Status": "Enabled",
    "Transitions": [
     {
      "Days": 30,
      "StorageClass": "STANDARD_IA"
     },
     {
      "Days": 60,
      "StorageClass": "GLACIER"
     }
    ],
    "Expiration": {
     "Days": 365
    },
    "ID": "Lifecycle for bucket objects."
   }
  ]
}'

$ aws s3api get-bucket-lifecycle-configuration \
--bucket bucket-name
```

정리

Amazon S3는 적은 유지 관리 노력으로 대용량 아카이브와 데이터 스토리지를 운영할 수 있도록 안정성과 고가용성을 갖춘 객체 수준 스토리지를 제공한다. 객체는 전형적인 파일 구조 시스템이 없는 버킷에 저장되지만, 접두사를 사용해서 보통의 파일 시스템처럼 사용할 수 있다.

S3 데이터를 암호화하는 경우 AWS가 제공하는 암호화 키 또는 여러분의 자체 암호화 키를 사용해서 S3 데이터를 암호화할 수 있다. 이때 암호화 작업은 서버 측 또는 클라이언트 측에서 모두에서 실행 가능하다.

S3는 사용자의 내구성, 가용성, 비용효율성에 따라 다양한 데이터의 복제 수준의 스토리지 클래스를 제공하며, 수명주기 관리를 통해 데이터의 스토리지 클래스를 자동으로 전환하는 것은 물론, 필요에 따라 삭제할 수 있다.

S3 버킷에 대한 접근은 강력한 S3 버킷 정책과 IAM 정책은 물론, (오래 전부터 사용돼온) ACL을 이용해 세밀하게 관리할 수 있다. 아울러, 프리사인 URL을 이용해서 데이터에 대한 일시적이며 제한된 접근을 허용할 수 있다.

SQL과 유사한 S3 Select와 Glacier Select를 사용하면 데이터 요청의 크기와 비용을 줄일 수 있으며, S3 버킷으로 저렴하면서도 효율적으로 정적 웹사이트를 만들 수도 있다.

Amazon Glacier에서 사용자는 자신의 데이터 아카이브를 볼트에 저장한다. 이후 데이터를 인출하는 데는 수 시간이 걸리기도 하지만, 다른 S3 스토리지 클래스보다 비용이 훨씬 저렴하다는 장점이 있다.

시험 대비 전략

S3 리소스의 구성 방식을 이해한다. S3 객체는 유일무이한 이름을 지닌 버킷에 저장되고, 버킷은 AWS 리전 단위로 관리된다. 객체는 일반적인 파일 시스템과 달리 파일 시스템 구조가 없는 버킷에 저장되지만, 접두사와 구분문자를 사용해서 데이터의 폴더 계층 구조를 구현할 수 있다.

최적의 데이터 전송 방법을 이해한다. S3 버킷에 저장할 수 있는 개별 객체의 최대 크기는 5TB이지만 100MB 이상의 객체는 멀티 파트 업로드를 사용하는 것이 좋다. 특히 5GB보다 큰 객체는 멀티 파트 업로드를 사용해서 업로드할 것을 권장한다.

S3 데이터의 안전한 관리 방법을 이해한다. AWS에서 생성한 키 또는 여러분의 프라이빗 키로 서버 측에서 데이터를 암호화해서 S3 버킷 내의 데이터를 보호할 수 있고, 클라이언트 측에서 S3로 전송되기 전에 데이터를 암호화할 수 있다.

S3 객체의 내구성과 가용성 측정 방법을 이해한다. S3 스탠다드를 포함한 다수의 S3 클래스 및 Glacier는 다양한 수준의 인프라 신뢰성 및 데이터 가용성을 제공한다.

S3 객체의 버전 관리 및 수명주기 관리 방법을 이해한다. 사용자는 버전 관리 기능을 이용해 S3 객체를 덮어쓰기 한 뒤에도 기존 버전의 객체를 확인하거나 가져올 수 있다. 또한 이전 버전의 객체를 관리하는 방법으로, 수명주기 관리를 이용해 데이터의 보관 기간이 길어질수록 좀 더 저렴한 스토리지 클래스로 자동으로 이전되도록 할 수 있고, 기간 경과 후 삭제되도록 할 수 있다.

S3 객체의 보안을 유지하는 방법을 이해한다. 리소스 레벨에서, ACL을 이용해 버킷과 객체에 대한 접근을 제어하거나, S3 버킷 정책을 이용해서 좀 더 유연한 접근 정책을 생성할 수 있다. 계정 레벨에서의 접근 제어 방법으로 IAM 정책을 사용한다. 또한 S3 객체에 대한 일시적인 접근을 허용하는 데 프리사인 URL을 사용할 수 있다.

S3 기반의 정적 웹사이트 생성 방법을 이해한다. S3 버킷에 HTML 및 미디어 파일을 저장한 뒤, Route 53과 CloudFront를 이용해서 DNS 도메인 이름으로 접속할 수 있는 HTTPS 암호화 기반의 웹사이트를 만들 수 있다.

S3와 Glacier의 차이점을 이해한다. Glacier는 접근 빈도가 낮은 데이터 아카이브를 위한 장기 저장소로서 다른 S3 클래스에 비해 데이터 인출 시간이 긴 반면, 매우 저렴하게 이용할 수 있다.

평가 문제

1. 여러분의 부서에서는 Linux 기반 EC2 인스턴스를 실행 중이며, 이를 통해 일련의 파일에 대한 저지연성 읽기 및 쓰기 작업을 하려 한다. 이에 적합한 AWS 서비스는 다음 중 무엇인가? (2개 선택)

   A. AWS Storage Gateway

   B. AWS S3

   C. Amazon Elastic File System

   D. AWS Elastic Block Store

2. 여러분의 부서에서는 대규모 데이터를 점진적으로 저장 및 처리해 나가려 한다. S3의 유용성을 검토하던 중 AWS 계정별 리소스 사용 제한이 문제가 되지 않을지 궁금해졌다. 다음 중 작업의 횟수 제한 또는 용량 제한으로 옳은 것은 무엇인가?

   A. S3 버킷에 대한 월별 PUT 요청 횟수
   B. S3 버킷별 최대 데이터 용량
   C. AWS 계정 전체의 S3 스토리지 용량
   D. 단일 계정으로 생성할 수 있는 S3 버킷의 수

3. bucketname이라는 이름의 S3 버킷에 퍼블릭 접근이 가능한 filename이라는 이름의 파일이 있다. 다음 중 웹브라우저를 통해 접근할 수 있는 파일의 주소는 무엇인가?

   A. s3.amazonaws.com/bucketname/filename
   B. filename/bucketname.s3.amazonaws.com
   C. s3://bucketname/filename
   D. s3://filename/bucketname

4. 일반적인 디렉토리 계층 구조 형식으로 S3 버킷의 파일에 접근하려면, 접두사와 구분문자를 지정해야 한다. 이 때, 접두사와 구분문자란 무엇을 의미하는가?

   A. 접두사는 그룹화하려는 객체에 공통적으로 붙이는 이름이고, 구분문자는 막대기호(|) 이다.
   B. 접두사는 amazonaws.com 도메인 앞의 DNS 이름이고, 구분문자는 파일 디렉토리에 붙일 이름이다.
   C. 접두사는 그룹화하려는 객체에 공통적으로 붙이는 이름이고, 구분문자는 빗금기호(/) 이다.
   D. 접두사는 식별하려는 파일 유형에 공통적으로 붙이는 이름이고, 구분문자는 빗금기호(/) 이다.

5. 여러분의 웹 애플리케이션은 AWS S3 버킷에 저장된 데이터 객체에 의존한다. 여러분이 준수해야 할 산업 규정에 따르면, 이들 객체는 암호화하고, 객체와 관련된 모든 이벤트는 면밀하게 추적해야 한다. 이에 적합한 도구는 무엇인가? (2개 선택)

   A. 서버 측 암호화

   B. Amazon S3-Managed Keys

   C. AWS KMS-Managed Keys

   D. 클라이언트 측 암호화

   E. AWS End-to-End 관리 키

6. 여러분은 AWS 리소스 감사 업무를 맡고 있고, S3 서버 접속 로그의 구조 및 내용에 대해 좀 더 잘 알고 싶다. 다음 중 S3 서버 접속 로그에 포함된 상세 작업 내역은 무엇인가? (3개 선택)

   A. 소스 버킷 이름

   B. 요청받은 작업

   C. 현재 버킷 크기

   D. API 버킷 생성 호출

   E. 응답 상태

7. 새 웹 애플리케이션의 장기적인 운영에 충분한 수준의 내구성을 제공할 수 있는 방안을 찾는 중이다. 다음 위험 요소 중 S3가 데이터 내구성으로 보장하는 것은 무엇인가? (2개)

   A. 사용자의 환경설정 오류

   B. 계정 보안 침해

   C. 인프라 가동 실패

   D. 일시적인 서비스 중단

   E. 데이터 센터 보안 침해

8. S3의 One Zone-IA와 Reduced Redundancy 클래스의 내구성 차이를 옳게 설명한 것은 무엇인가?

 A. One Zone-IA의 데이터는 단일 가용성 영역에 여러 번 복제되지만 Reduced Redundancy의 데이터는 좀 더 단순하게 복제된다.

 B. Reduced Redundancy의 데이터는 단일 가용성 영역에 여러 번 복제되지만 One Zone-IA의 데이터는 좀 더 단순하게 복제된다.

 C. One Zone-IA의 데이터는 AWS 리전에 교차해 복제되지만 Reduced Redundancy의 데이터는 단일 리전에서만 복제된다.

 D. One Zone-IA의 데이터는 자동으로 Amazon Glacier에 백업되지만 Reduced Redundancy의 데이터는 S3에만 남아있게 된다.

9. S3 Standard-IA 클래스의 12개월간 가용성 보장 수준은 얼마인가?

 A. 99.99%

 B. 99.9%

 C. 99.999999999%

 D. 99.5%

10. 여러분의 애플리케이션은 정기적으로 S3 버킷에 데이터를 저장하는데, 동시 다발적인 작업으로 인해 데이터의 기록 오류가 발생할지 우려하고 있다. 다음 중 S3 버킷의 최종적 일관성 속성에 해당하지 않는 데이터 작업은 무엇인가?

 A. 기존 객체를 삭제한 직후 수행하는 작업

 B. 기존 객체 업데이트 후 수행하는 작업

 C. 기존 객체 삭제 후 수행하는 작업

 D. 새로운 객체 생성 후 수행하는 작업

11. 여러분은 S3에 저장된 중요한 데이터를 업데이트할 때 기존 파일이 잘못 덮어쓰기되지 않을까 걱정하고 있다. S3 버킷에 저장된 객체를 실수로 잃어버리지 않으려면 어떻게 해야 하는가?

 A. 아무 일도 할 필요 없다. S3는 기본적으로 기존 파일을 보호한다.

 B. 아무 일도 할 필요 없다. S3는 기본적으로 구 버전의 파일을 저장한다.

 C. 버전 관리 기능을 켠다.

 D. 파일 덮어쓰기 보호 기능을 켠다.

12. S3 버킷에 수천 개의 객체가 저장돼 있으며, 그 중 일부는 저렴한 스토리지 클래스로 옮기고, 나머지는 그대로 두려 한다. S3 버킷에 저장된 일부 객체만 다른 스토리지 클래스로 옮기기에 적합한 방법은 무엇인가?

    A. 수명주기 규칙 정의시 특정 접두사를 지정한다.

    B. 그런 일은 불가능하다. 수명주기 규칙은 버킷 내 모든 객체에 적용된다.

    C. 버킷 생성 시 특정 접두사를 지정한다.

    D. 사전 정의된 수명주기 규칙 템플릿을 임포트한다.

13. 연속적인 수명주기 규칙에서 장기간 사용할 수 있는 스토리지 클래스로 가장 적합한 것은 무엇인가?

    A. Glacier

    B. Reduced Redundancy

    C. S3 One Zone-IA

    D. S3 Standard-IA

14. 버킷에 보안성 및 통제된 접근성을 부여하기 위해 추천할 만한 방법은 무엇인가? (2개)

    A. S3 접근제어목록(ACL)

    B. S3 버킷정책

    C. IAM 정책

    D. 시큐리티 그룹

    E. AWS Key Management Service

15. S3 버킷정책 정의에서 principal이란 무엇인가?

    A. 접근할 수 있도록 정의된 AWS(S3) 서비스 내용

    B. S3 버킷의 변경을 위해 접근 권한이 부여된 원본 리소스

    C. 접근할 수 있도록 정의된 리소스

    D. 접근 권한이 할당된 유저 또는 개체

16. 여러분은 S3 버킷에 저장된 콘텐츠를 인터넷을 통해 다른 어떤 사용자에게도 노출시키지 않으려 하지만 특정 고객과는 공유를 하려 한다. 이 경우 프리사인 URL을 생성해서 고객에게 전달하는 것이 이상적이다. 여러분이 별도의 설정 변경을 하지 않았을 때, 프리사인 URL의 유효 시간은 얼마인가?

A. 24시간

B. 3,600초

C. 5분

D. 360초

17. S3로 호스팅하는 정적 웹사이트의 보안성 및 사용자 경험을 높여줄 수 있는 S3 이외의 AWS 서비스는 무엇인가? (2개)

A. AWS Certificate Manager

B. Elastic Compute Cloud(EC2)

C. Relational Database Service(RDS)

D. Route 53

E. AWS Key Management Service

18. Amazon Glacier에 저장할 수 있는 단일 아카이브의 최대 크기는 얼마인가?

A. 5GB

B. 40TB

C. 5TB

D. 40GB

19. 여러분은 대용량(페타바이트급) 데이터 아카이브를 클라우드로 전송해야 한다. 인터넷 연결이 이런 작업에 적합하지 않다고 생각한다면, 다음 중 신속하면서도 비용효율적인 방법은 무엇인가?

A. Direct Connect

B. Server Migration Service

C. Snowball

D. Storage Gateway

20. 여러분의 부서는 단일 파일 세트에 대한 저지연성 읽기 및 쓰기 접근이 요구되는 Windows 기반 EC2 인스턴스를 실행 중이다. 이를 위한 최선의 선택은 무엇인가?

A. Windows File Server용 Amazon FSx

B. Lustre용 Amazon FSx

C. Amazon Elastic File System

D. Amazon Elastic Block Store

4

Amazon VPC

AWS 공인 솔루션스 아키텍트 어소시에이트 시험 범위 중 4장에서 살펴볼
영역별 세부 항목은 다음과 같다.

출제영역 1: 보안성 아키텍처 설계

출제영역 2: 복원성 아키텍처 설계

출제영역 3: 고성능 아키텍처 설계

출제영역 4: 비용최적화 아키텍처 설계

개요

Amazon VPC 서비스는 EC2의 네트워크 계층이며, EC2 인스턴스를 비롯한 여러 AWS 서비스에 네트워크 리소스를 담을 수 있는 가상 네트워크다. 모든 VPC는 기본적으로 다른 모든 네트워크와 격리돼 있지만, 필요할 때는 인터넷 및 다른 VPC 등 다른 네트워크와 연결할 수 있다.

VPC는 EC2 외에도 많은 AWS 서비스의 기초가 되므로 VPC 작동법을 잘 이해해야만 시험에도 합격하고, AWS 아키텍트로서도 성공할 수 있다. VPC는 AWS에서 제공하는 가장 중요한 서비스 중 하나이므로 여러분이 EC2를 사용하지 않는다고 대충 익혀서는 안 된다.

VPC는 한 AWS 리전 안에서만 존재할 수 있으며, 한 리전에서 만든 VPC는 다른 리전에서는 보이지 않는다. 하나의 계정에 여러 VPC를 둘 수 있고 단일 리전에 여러 VPC를 만들 수 있지만, 우선은 간단하게 한 리전에 VPC 하나만 있다고 가정하고 설명을 시작하며, 4장 후반에서 다중 VPC에 대해 알아본다.

기존 네트워크와 그 구성 요소에 익숙하다면 VPC의 많은 구성 요소도 잘 알 수 있을 것이다. 하지만 VPC는 기존 TCP/IP 네트워크와 같이 작동하는 측면도 있지만, 이와 동시에 물리적 하드웨어를 추가하지 않고서도 네트워크를 확장할 수 있다는 측면에서 기존의 네트워크 구성 방식과 차이점 있다. VPC는 전통적인 네트워크 구성 요소인 라우터, 스위치, VLAN 등을 사용하지 않으며, 네트워크로서의 확장성을 구현하기 위해 구성 요소를 소프트웨어 기능으로 추상화한 뒤 새로운 명칭으로 부른다.

VPC CIDR 블록

VPC는 전통적인 네트워크와 같이 하나 이상의 연속적 IP 주소 범위인 Classless Inter Domain Routing(이하 CIDR) 블록으로 표시한다. CIDR 블록은 VPC 내의 인스턴스 및 리소스에 할당되는 IP 주소를 결정하며, 여러분이 VPC를 만들 때는 기본 CIDR 블록을 할당해야 하고, VPC 생성 후에는 기본 VPC CIDR 블록을 여러분의 AWS에 따라 서브넷으로 나눠서 사용하게 된다.

IP 주소 범위를 나타내는 여러 방법 중 가장 짧게 표현하는 방법은 빗금 문자 표기법 slash notation이라고 부르는 CIDR 표기법이다. 예를 들어, CIDR 172.16.0.0/16이라는 표기법은 172.16.0.0부터 172.16.255.255에 이르는 총 65,536개의 주소를 포함한다.

위 CIDR 블록에서 '/16'는 IP의 길이를 나타내는 프리픽스prefix이며, 이는 서브넷 마스크의 길이를 나타내고, VPC CIDR의 범위는 /16에서 /28까지 가능하다. CIDR 표기법에서 길이 프리픽스와 IP 주소의 수는 역의 관계가 있으며, 길이 프리픽스가 작을수록 CIDR에 존재하는 IP 주소의 수는 많아진다. 예를 들어 '/28'이라는 길이 프리픽스에는 16개의 주소만 존재하며, '/16'이라는 길이 프리픽스에는 65,536개의 주소가 존재한다.[1]

IP는 Internet Protocol 버전 4 또는 IPv4의 축약어이며, 유효한 IPv4 프리픽스 길이는 /0부터 /32까지다. VPC CIDR 지정시, 여러분이 원하는 어떤 IP 범위라도 사용할 수 있지만, 다른 퍼블릭 인터넷 주소와 충돌을 피하기 위해 RFC 1918 범위를 사용할 것을 권장한다(https://tools.ietf.org/rfc/rfc1918.txt).

- 10.0.0.0 – 10.255.255.255(10.0.0.0/8)
- 172.16.0.0 – 172.31.255.255(172.16.0.0/12)
- 192.168.0.0 – 192.168.255.255(192.168.0.0/16)

VPC를 온프레미스 네트워크나 다른 VPC 등 다른 네트워크에 연결하려면 사용하려는 VPC CIDR이 다른 네트워크에서 이미 사용하는 주소와 중복되지 않도록 해야 한다.

---

1 길이 프리픽스와 주소의 수 계산 방식은 간단하다. 길이 프리픽스의 수를 n이라고 하면, $2^{(32-n)}$ 개만큼의 주소가 존재한다. /28의 경우 32-28=4이고 2^4=16개의 주소가 존재한다. /16의 경우 32-16=16이고 2^{16}=65,536개의 주소에 해당한다. – 옮긴이

참고 VPC 생성 후에는 기본 CIDR 블록은 변경할 수 없으므로, VPC를 만들기 전에 주소 요구 사항을 신중히 검토해야 한다.

보조 CIDR 블록

VPC를 만든 후에도 보조 CIDR 블록을 지정할 수 있다. 보조 CIDR 블록은 기본 CIDR 주소 범위나 퍼블릭에서 라우팅이 가능한 범위 내에서 생성돼야 하지만, 기본 블록 또는 다른 보조 블록과 겹쳐도 무방하다. 예를 들어, VPC 기본 CIDR이 172.16.0.0/16인 경우 보조 CIDR을 172.17.0.0/16으로 지정할 수 있는데, 이는 보조 CIDR의 범위가 172.16.0.0/12 범위(172.16.0.0 – 172.31.255.255)에 포함돼 있기 때문이다. 하지만 보조 CIDR 블록을 192.168.0.0/16으로 지정할 수는 없다.

향후 보조 CIDR이 필요할 수 있겠다고 생각한다면, 기본 CIDR을 신중히 선택해야 한다. 기본 CIDR을 192.168.0.0/16로 지정하면, RFC 1918 범위에 부합하는 보조 CIDR을 만들 수 없기 때문이다.

IPv6 CIDR 블록

VPC에 IPv6 CIDR을 할당하는 것도 가능하다. 하지만 IP 프리픽스를 지정할 수 있는 기본 CIDR과는 달리, IPv6에서는 CIDR을 지정할 수 없다. 대신, 여러분이 AWS에 요청하면, AWS가 VPC에 IPv6 CIDR을 할당하며, 이렇게 할당받은 IPv6 CIDR은 글로벌 유니캐스트 IPv6 주소 공간에서 퍼블릭 라우팅이 가능한 IP 프리픽스로 사용될 수 있다. 예를 들어, AWS는 여러분을 위해 CIDR 2600:1f18:2551:8900/56이라는 IPv6 CIDR를 할당할 수 있다. IPv6 VPC CIDR의 프리픽스 길이는 항상 /56이라는 점도 기억하자.

실습 예제 4.1에서 새 VPC를 만들어보자.

실습 예제 4.1

새 VPC 생성하기

기본 CIDR이 172.16.0.0/16인 VPC를 생성한다.

AWS CLI로 실습하는 경우 다음 명령을 입력한다.

```
aws ec2 create-vpc
--cidr-block 172.16.0.0/16
```

위 명령을 실행하면, 다음과 같은 결과값이 출력된다.

```
{
 "Vpc": {
  "CidrBlock": "172.16.0.0/16",
  "DhcpOptionsId": "dopt-21500a47",
  "State": "pending",
  "VpcId": "vpc-0d19e8153b4d142ed",
  "OwnerId": "158826777352",
  "InstanceTenancy": "default",
  "Ipv6CidrBlockAssociationSet": [],
  "CidrBlockAssociationSet": [
   {
    "AssociationId": "vpc-cidr-assoc-0a99f2470e29710b7",
    "CidrBlock": "172.16.0.0/16",
    "CidrBlockState": {
     "State": "associated"
    }
   }
 ],
  "IsDefault": false,
  "Tags": []
 }
}
```

AWS에서 VPC를 생성한 직후에는 대기 상태에 있게 된다. VPC의 상태를 확인하기 위해 아래 명령을 입력한다. (아래 vpc-id에는 여러분의 값을 입력한다.)

```
aws ec2 describe-vpcs --vpc-ids [vpc-id]
```

위 명령을 실행하면, 다음과 같은 결과값이 출력된다.

```
{
 "Vpcs": [
  {
   "CidrBlock": "172.16.0.0/16",
   "DhcpOptionsId": "dopt-21500a47",
   "State": "available",
   "VpcId": "vpc-0d19e8153b4d142ed",
   "OwnerId": "158826777352",
   "InstanceTenancy": "default",
```

```
    "CidrBlockAssociationSet": [
    {
     "AssociationId": "vpc-cidr-assoc-0a99f2470e29710b7",
     "CidrBlock": "172.16.0.0/16",
     "CidrBlockState": {
      "State": "associated"
     }
    }
   ],
    "IsDefault": false
   }
  ]
 }
```

이로써 새 VPC가 생성됐다. 다음 실습 예제에서 이 VPC를 활용해 보자.

아래와 같은 명령으로 사용하지 않는 VPC를 삭제할 수 있다.

```
aws ec2 delete-vpc --vpc-id vpc-a01106c2
```

서브넷

서브넷은 VPC에 있는 네트워크 로직 컨테이너$^{logical\ container}$로서 EC2 인스턴스와 같은 VPC 리소스를 연결한다. 서브넷은 네트워크 상에 존재하는 여러 인스턴스를 서로 격리하는 역할을 하며, 인스턴스 간의 트래픽 유입 및 유출을 제어하고, 기능별로 조직화한다. 예를 들어, 인터넷 접속이 가능한 퍼블릭 웹 서버용 서브넷을 하나 만들고, 웹 인스턴스만 접속할 수 있는 데이터 베이스 전용 서브넷을 하나 더 추가할 수 있다. 서브넷은 전통적인 가상 LAN(VLAN)과 유사한 개념의 네트워크 요소라 할 수 있다.

인스턴스는 서브넷 내에 생성되며, AWS 콘솔에서 작업할 때 '서브넷에서 인스턴스 시작'이라는 문구를 종종 보게 될 것이다. 서브넷에 인스턴스를 생성한 뒤엔 다른 서브넷으로 옮길 수 없으며, 이는 하나의 VPC에서 생성된 인스턴스를 다른 VPC로 옮길 수 없다는 의미이기도 하다. 서브넷을 옮겨야 할 때는 기존 인스턴스를 종료하고 새 서브넷에서 인스턴스를 시작해야 한다. 만일 기존 인스턴스의 EBS 볼륨 내 데이터를 보존한 채로 서브넷을 옮겨야 한다면, 볼륨 스냅샷 생성, AMI 생성 그리고 이

AMI를 이용해서 원하는 서브넷에서 새 인스턴스를 시작하면 된다.

서브넷 CIDR 블록

서브넷의 CIDR은 VPC CIDR 영역 중 일부를 떼서 서브넷의 CIDR로 사용한다. 예를 들어 VPC CIDR이 172.16.0.0/16인 경우, 서브넷의 CIDR은 172.16.100.0/24가 될 수 있고, 이 때 IP 주소 범위는 172.16.100.0-172.16.100.255, 총 256개의 주소를 사용할 수 있다.

AWS는 모든 서브넷에서 처음 4개의 IP 주소와 마지막 한 개의 IP 주소를 예약해서 사용하므로, 여러분은 이들 주소는 인스턴스에 할당할 수 없다. 예를 들어, 서브넷 CIDR이 172.16.100.0/24인 경우 다음 주소는 AWS에 의해 예약돼 사용할 수 없게 된다.

- 172.16.100.0
- 172.16.100.1 – 내재된 라우터용
- 172.16.100.2 – Amazon 제공 DNS 서버용
- 172.16.100.3 – 예비로 예약
- 172.16.100.255

서브넷 CIDR 프리픽스 길이 제한은 VPC CIDR과 같다. 하나의 VPC 내에 있는 서브넷 CIDR 블록은 서로 겹쳐서는 안 되고, 서브넷에 CIDR을 할당한 뒤엔 변경할 수 없다.

서브넷과 VPC가 동일한 CIDR를 공유하는 것은 가능하다. 예를 들어, CIDR 192.168.0.0/16를 VPC에 할당하고, VPC 내 서브넷에도 할당할 수 있다. 이렇게 하면 다른 서브넷을 위한 공간이 전혀 없으므로, 결코 일반적인 경우라 할 수 없지만, 단 하나의 AZ에서만 해당 서브넷을 사용하도록 하기 위해 이런 방식을 사용하는 것도 가능하다. AZ에 대해서는 잠시 후 알아본다.

보통의 경우 VPC의 CIDR 블록보다 서브넷의 프리픽스 길이를 더 길게 하며, 하나의 VPC 내에 여러 개의 서브넷을 둘 수 있도록 한다. 예를 들어, VPC에 CIDR 192.168.0.0/16를 할당한 경우 해당 VPC 내의 서브넷에 CIDR 192.168.3.0/24를

할당해 다른 서브넷을 추가할 여지를 남겨두는 것이 일반적이다.

서브넷은 여러 개의 CIDR를 지닐 수 없다. VPC는 보조 CIDR을 가질 수 있지만, 서브넷은 하나의 CIDR만 지닐 수 있다. 또한 VPC에 기본 CIDR과 보조 CIDR이 있는 경우, 서브넷 CIDR는 두 CIDR 중 하나를 선택해서 생성할 수 있다. 예를 들어, VPC의 기본 CIDR이 172.16.0.0/16이고 보조 CIDR이 172.17.0.0/16일 때, 보조 VPC CIDR의 일부인 172.17.12.0/24를 서브넷의 CIDR로 할 수 있다.

가용 영역

서브넷은 하나의 가용 영역AZ, Availability Zone 내에서만 존재할 수 있다. 가용 영역은 리전에 비해 상대적으로 작은 지리적 위치이며, 개별 데이터 센터와 비슷한 개념이다. AWS 리전의 가용 영역은 서로 연결돼 있으며, 하나의 가용 영역에 장애가 발생하더라도 다른 영역에 그 영향이 미치지 않도록 설계됐다.

서로 다른 가용 영역에 서브넷을 하나씩 만든 뒤 인스턴스를 이들 서브넷에 분산 배치해 애플리케이션의 복원성을 구현할 수 있다. 표 4.1은 서로 다른 가용 영역에 있는 두 개의 서브넷 예를 보여준다.

표 4.1 서로 다른 가용 영역에 있는 두 개의 서브넷

서브넷	가용 영역	인스턴스
web—subnet1	us—east-1a	web1
web—subnet2	us—east-1b	web2

위 표에서 us-east-1a 영역에 장애가 발생하면, web1 인스턴스는 해당 영역에 있으므로 문제가 발생하지만, us-east-1b 영역에 있는 web2는 문제 없이 계속 사용할 수 있다.

서브넷을 반드시 여러 가용 영역에 만들어야 하는 것은 아니지만, 모든 서브넷을 같은 영역에 배치했을 때, 해당 영역에 장애가 발생하면 모든 인스턴스가 작동하지 않을 수 있다는 점을 고려해야 한다. 그림 4.1은 두 개의 가용 영역에 배치된 두 개의 인스턴스 구조를 보여준다.

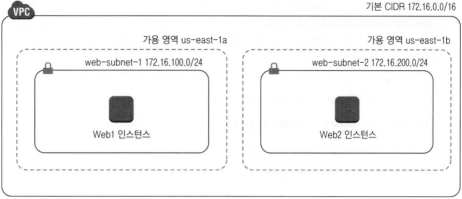

기본 CIDR 172.16.0.0/16

VPC

가용 영역 us-east-1a

web-subnet-1 172.16.100.0/24

Web1 인스턴스

가용 영역 us-east-1b

web-subnet-2 172.16.200.0/24

Web2 인스턴스

그림 4.1 서브넷과 인스턴스가 있는 VPC

실습 예제 4.2에서 서브넷을 생성해 보자.

실습 예제 4.2

새 Subnet 생성하기

앞서 생성한 VPC에 서브넷을 추가해 보자. 가용 영역을 선택한 뒤 CIDR 블록으로 172.16.100.0/24를 할당한다.

아래와 같은 AWS CLI 명령으로 이 작업을 실행하려면, VPC 리소스 ID를 입력해야 한다.

```
aws ec2 create-subnet
--vpc-id [vpc-id]
--cidr-block 172.16.100.0/24
--availability-zone us-east-1a
```

명령 실행 결과는 대략 다음과 같다.

```
{
 "Subnet": {
  "AvailabilityZone": "us-east-1a",
  "AvailabilityZoneId": "use1-az2",
  "AvailableIpAddressCount": 251,
  "CidrBlock": "172.16.100.0/24",
  "DefaultForAz": false,
  "MapPublicIpOnLaunch": false,
  "State": "pending",
  "SubnetId": "subnet-0e398e93c154e8757",
  "VpcId": "vpc-0d19e8153b4d142ed",
  "OwnerId": "158826777352",
```

```
    "AssignIpv6AddressOnCreation": false,
    "Ipv6CidrBlockAssociationSet": [],
    "SubnetArn": "arn:aws:ec2:us-east-1:158826777352:subnet/subnet-
    0e398e93c154e8757"
}
```

잠시 기다린 후, 다음 명령으로 서브넷 상태를 확인한다.

```
aws ec2 describe-subnets --subnet-ids [subnet-id]
```

서브넷 이용 가능 상태에서 출력 내용은 다음과 같다.

```
{
 "Subnets": [
 {
  "AvailabilityZone": "us-east-1a",
  "AvailabilityZoneId": "use1-az2",
  "AvailableIpAddressCount": 251,
  "CidrBlock": "172.16.100.0/24",
  "DefaultForAz": false,
  "MapPublicIpOnLaunch": false,
  "State": "available",
  "SubnetId": "subnet-0e398e93c154e8757",
  "VpcId": "vpc-0d19e8153b4d142ed",
  "OwnerId": "158826777352",
  "AssignIpv6AddressOnCreation": false,
  "Ipv6CidrBlockAssociationSet": [],
  "SubnetAr n": "arn:aws:ec2:us-east-1:158826777352:subnet/subnet-
  0e398e93c154e8757"
  }
 ]
}
```

IPv6 CIDR 블록

VPC에 IPv6 CIDR을 할당하면, 해당 VPC 내 서브넷에 IPv6 CIDR을 할당할 수 있다.
IPv6 서브넷의 접두사 길이는 /64로 고정돼 있으며, 예를 들어 VPC의 IPv6 CIDR이
2600:1f18:2551:8900/56이면, IPv6 서브넷에 CIDR 2600:1f18:2551:8900/64에서
2600:1f18:2551:89FF/64 사이의 값을 할당할 수 있다.

여러분이 IPv6만 사용할 계획이라도 서브넷에는 반드시 IPv4 CIDR 블록을 할당해야 한다.

일래스틱 네트워크 인터페이스

Elastic Network Interface(이하 ENI)는 인스턴스가 AWS 서비스, 다른 인스턴스, 온프레미스 서버, 인터넷 등 다른 네트워크 리소스와 통신할 수 있도록 하며, Secure Shell (SSH) 또는 Remote Desktop Protocol(RDP) 등을 이용해 인스턴스에서 실행되는 OS와도 통신할 수 있다. ENI는 기본적으로 물리적 서버의 네트워크 인터페이스와 같은 기능을 제공하되, 환경설정에 따라 통신 대상과 방법 등을 세심하게 관리할 수 있다.

초기 ENI는 primary ENI 또는 primary network interface로 불렸으며, 단 하나의 서브넷에만 연결할 수 있었다. 모든 인스턴스는 기본 네트워크 인터페이스(기본 ENI)가 있어야 하며, 이 인터페이스는 하나의 서브넷에만 연결된다. 이는 여러분이 인스턴스를 시작할 때 서브넷을 지정하도록 하는 이유이기도 하다. 기본 ENI는 인스턴스에서 제거할 수 없고, 서브넷 또한 변경할 수 없다.

기본 프라이빗 IP 주소 및 보조 프라이빗 IP 주소

각 인스턴스는 서브넷으로 지정한 범위 내의 기본 프라이빗 IP 주소primary private IP address를 지녀야 하며, 기본 프라이빗 IP 주소는 인스턴스의 기본 ENI와 연결된다. 이 주소는 변경 또는 삭제할 수 없지만, 기본 ENI에 보조 프라이빗 IP 주소secondary private IP address를 할당해서 사용할 수 있다. 보조 프라이빗 IP 주소는 ENI가 부착된 서브넷 범위 내에 있어야 한다.

ENI를 인스턴스에 추가해서 연결할 수 있고, 이 ENI를 다른 서브넷에 둘 수도 있지만, 인스턴스와 동일한 가용 영역 내에 있어야 한다. 또한 ENI에 할당된 주소는 서브넷에 부착된 프라이빗 IP 주소 범위 내에 있어야 한다.

ENI 부착하기

ENI는 인스턴스와 독립적으로 존재할 수 있으며, ENI를 생성한 뒤 인스턴스에 부착할 수 있다. 예를 들어, 하나의 서브넷에 ENI를 만든 후 인스턴스를 시작할 때 미리 만들어 놓은 ENI를 기본 ENI로 인스턴스에 부착할 수 있다. ENI의 '종료 시 삭제' 속성을 비활성화하면, 인스턴스를 종료해도 ENI를 삭제되지 않으며, 나중에 해당 ENI를 다른 인스턴스에 연결하는 데 사용할 수 있다.

인스턴스에 부착되지 않은 기존의 ENI를 가져와서 다른 인스턴스의 보조 ENI로 부착할 수 있다. 예를 들어, 장애가 있는 인스턴스에서 ENI를 분리한 뒤, 정상 작동중인 다른 인스턴스에 연결하면 트래픽을 장애 인스턴스에서 정상 인스턴스로 전환할 수 있다.

실습 예제 4.3에서 ENI 생성 및 인스턴스 부착 연습을 해보자.

실습 예제 4.3

기본 ENI 생성 및 부착하기

여러분이 원하는 서브넷에 ENI를 생성한다.

지난 예제의 서브넷 ID를 가져와서 다음 AWS CLI 명령을 실행한다.

```
aws ec2 create-network-interface
--private-ip-address 172.16.100.99
--subnet-id [subnet-id]
```

실행 결과는 대략 다음과 같다.

```
{
 "NetworkInterface": {
  "AvailabilityZone": "us-east-1a",
  "Description": "",
  "Groups": [
   {
     "GroupName": "default",
     "GroupId": "sg-011c3fe63d256f5d9"
   }
  ],
  "InterfaceType": "interface",
  "Ipv6Addresses": [],
```

```
  "MacAddress": "12:6a:74:e1:95:a9",
  "NetworkInterfaceId": "eni-0863f88f670e8ea06",
  "OwnerId": "158826777352",
  "PrivateIpAddress": "172.16.100.99",
  "PrivateIpAddresses": [
   {
    "Primary": true,
    "PrivateIpAddress": "172.16.100.99"
   }
  ],
  "RequesterId": "AIDAJULMQVBYWWAB6IQQS",
  "RequesterManaged": false,
  "SourceDestCheck": true,
  "Status": "pending",
  "SubnetId": "subnet-0e398e93c154e8757",
  "TagSet": [],
  "VpcId": "vpc-0d19e8153b4d142ed"
}
```

잠시 후, 네트워크 인터페이스 상태를 확인한다. 위 코드에서 NetworkInterfaceId 값을 가져와서 입력한다.

```
aws ec2 describe-network-interfaces
--network-interface-ids [network-interface-id]
```

성능강화 네트워크

성능강화 네트워크^{Enhanced Networking}는 ENI에 비해 고속의 네트워크 처리 속도 및 저지연성을 제공하며, 단일 루트 입출력 가상화^{SR-IOV} 기법을 사용한다. SR-IOV 기법은 동일한 물리적 서버에서 호스팅되고 있는 다수의 인스턴스가 하이퍼바이저를 우회할 수 있도록 하므로 좀 더 낮은 CPU 활성화 수준 및 좀 더 높은 네트워크 성능을 제공한다. 성능강화 네트워크 기능은 아래 두 가지 방법으로 활용할 수 있다.

Elastic Network Adapter ENA는 100Gbps에 이르는 처리 속도를 제공하며, 대부분의 인스턴스 타입을 지원한다.

Intel 82599 Virtual Function Interface 이 인터페이스는 10Gbps의 처리 속도를 제공하며, ENA를 지원하지 않는 일부 인스턴스 타입을 지원한다.

성능강화 네트워크를 사용하려면, 여러분의 인스턴스 OS에 성능강화 네트워크를 지원할 수 있는 드라이버가 설치돼 있어야 한다. Amazon Linux 및 Ubuntu HVM AMI에는 ENA 지원 기능이 기본적으로 탑재돼 있다.

인터넷 게이트웨이

인터넷 게이트웨이는 퍼블릭 IP 주소를 지닌 인스턴스를 인터넷과 연결하며, 인터넷에서 들어오는 요청을 수신할 수 있도록 한다. 기본 VPC는 기본설정으로 인터넷 게이트웨이를 제공하지만 여러분이 직접 커스텀 VPC를 생성해서 사용하는 경우, 인터넷 게이트웨이도 직접 생성한 뒤 연결해야 한다. 하나의 VPC에는 단 하나의 인터넷 게이트웨이만 연결할 수 있지만, 여러 개의 인터넷 게이트웨이를 생성한 뒤 여러 개의 VPC를 인터넷으로 연결해서 사용할 수 있다.

인터넷 게이트웨이는 인터넷 서비스 제공 업체가 온프레미스에 설치하는 인터넷 라우터Internet router와 유사하지만, AWS에서 제공하는 인터넷 게이트웨이는 기존의 인터넷 라우터와 차이점이 있다. 전통적인 네트워크에서는, 서버가 인터넷과 연결되도록 하려면, 코어 라우터의 기본 라우트가 인터넷 라우터의 내부 IP 주소를 가리키도록 설정해야 한다. 반면, 인터넷 게이트웨이에는 IP 주소나 네트워크 인터페이스가 없으며, AWS 리소스 ID를 식별용으로 할당한다. 이 때의 리소스 ID는 igw-로 시작하며 그 뒤에 영문 및 숫자 문자열이 온다.

여러분이 인터넷 게이트웨이를 사용하려면, 라우트 테이블에 인터넷 게이트웨이를 타겟으로 하는 기본 라우트를 생성해야 한다.

라우트 테이블

VPC 내에서 트래픽의 유입, 유출, 이동을 제어하려면 라우트 테이블route table에 저장된 라우트route를 이용해야 한다. 사용자에 의한 환경설정이 필요한 기존의 물리적 혹은 가상의 라우터와 달리 VPC 아키텍처는 IP 라우팅을 소프트웨어 함수로 구현한 내재된 라우터implied router의 특징을 지닌다. 이는 VPC에는 인터페이스 IP 주소를 설정할 가상의 라우터도, BGP와 같은 동적 라우팅 프로토콜도 없다는 의미이며, 사용자는 내재된 라우터가 사용할 라우트 테이블만 관리하면 된다는 의미이다.

하나의 라우트 테이블에는 하나 혹은 그 이상의 라우트와 최소 하나의 서브넷 연결을 지닌다.

여러 개의 서브넷에 연결된 라우트 테이블은 전통적인 라우터가 작동하는 방식과 매우 유사하게 작동한다. VPC를 생성할 때, AWS는 메인 라우트 테이블이라 부르는 기본 라우트 테이블을 자동으로 생성한 뒤 이를 VPC의 모든 서브넷에 연결한다. 여러분은 기본 라우트 테이블을 사용하거나, 필요에 따라 커스텀 라우트 테이블을 직접 생성한 뒤 하나 혹은 그 이상의 서브넷에 연결해서 사용하면 된다.

서브넷은 라우트 테이블 연결 없이 존재할 수 없으며, 서브넷을 커스텀 라우트 테이블에 명시적으로 연결하지 않으면, AWS가 암묵적으로 해당 서브넷을 기본 라우트 테이블에 연결한다.

라우트

라우트는 라우트 테이블과 연결된 서브넷 내에서의 트래픽 유입 및 유출을 결정한다. IP 라우팅은 소스 IP 주소가 아닌, 대상 주소 IP 프리픽스에 의해서만 라우트 여부를 결정하는 대상 주소 기반 라우팅 기법이다.

여러분이 라우트를 생성할 때는 다음 요소를 반드시 설정해야 한다.

- 대상 주소 IP 프리픽스
- 타겟 리소스

이 때 대상 주소[destination]는 CIDR 표기법으로 작성된 IPv4 또는 IPv6 프리픽스여야 하고, 타겟[target]은 인터넷 게이트웨이 또는 ENI 등 AWS 네트워크 리소스여야만 하며, IP 프리픽스는 타겟으로 사용할 수 없다.

모든 라우트 테이블에는 로컬 라우트가 포함돼 있어서 인스턴스가 다른 서브넷으로 이동해 서로 소통할 수 있도록 한다. 표 4.2는 CIDR 172.31.0.0/16인 VPC의 라우트 내역을 보여준다.

표 4.2 로컬 라우팅

대상 주소	타겟
172.31.0.0/16	Local

위 표에서 로컬 라우트는 모든 라우트 테이블에 포함돼 있으며, 수정 가능 라우트로서 동일 VPC 내 인스턴스 간의 소통을 허용한다. 이외에 다른 IP 프리픽스를 위한 라우트는 없으므로 외부에서 VPC CIDR 범위로 향하는 모든 트래픽은 차단된다.

보안 시스템과 같은 특수한 인스턴스를 위해 내부 서브넷으로만 트래픽을 전송해야 하는 경우, 대상으로 서브넷 CIDR, 타겟으로 해당 인스턴스의 ENI를 지정한 라우트 규칙을 설정하면 된다.

기본 설정 라우트

인터넷을 통해 인스턴스에 접근하도록 하려면, 기본 라우트^{default route}를 생성한 뒤 인터넷 게이트웨이로 향하도록 해야 한다. 여기서 기본 라우트는 인터넷 트래픽의 서브넷에 대한 유입 또는 유출 여부를 결정한다. 기본 라우트를 추가한 라우트 테이블은 표 4.3과 같다.

표 4.3 기본 설정 라우트가 있는 라우트 테이블

대상 주소	타겟
172.31.0.0/16	Local
0.0.0.0/0	igw-0e538022a0fddc318

0.0.0.0/0 프리픽스는 인터넷 호스트를 포함, 모든 IP 주소를 사용한다는 의미이며, 기본 라우트는 항상 이 값으로 설정된다. 퍼블릭 서브넷이란 인터넷 게이트웨이로 향하는 라우트를 포함한 서브넷이고, 프라이빗 서브넷이란 인터넷 게이트웨이를 대상으로 하는 라우트가 하나도 없는 서브넷을 의미한다.

0.0.0.0/0과 172.31.0.0/16에 중복된 범위가 있다는 사실에 주목하자. 내재된 라우터는 트래픽을 어디로 보낼지 결정할 때 가장 일치도가 높은 범위를 선택하며, 라우트의 순서는 상관하지 않는다. 예를 들어, 특정 인스턴스가 인터넷상의 주소 198.51.100.50에

패킷을 보낸다고 할 때, 198.51.100.50은 172.31.0.0/16 프리픽스 범위에 포함되지 않고, 0.0.0.0/0 프리픽스의 범위에 속하므로 내재된 라우터는 기본 라우트를 이용해서 패킷을 인터넷 게이트웨이로 보낸다.

AWS 개발자 문서에는 VPC당 내재된 라우터는 하나가 있다고 설명한다. 이 때 기억할 점은, 내재된 라우터는 실제로 존재하는 개별 리소스가 아니라, IP 라우팅 기능을 추상화한 것이고, 라우트 테이블은 하나 이상의 서브넷에 연결된 개별적인 가상 라우터라는 것이다.

실습 예제 4.4에서 인터넷 게이트웨이와 기본 라우트를 생성해 보자.

실습 예제 4.4

인터넷 게이트웨이 생성 및 기본 라우트

이번 실습에서는 인터넷 게이트웨이를 생성한 뒤, 지난 실습에서 사용한 VPC에 부착한다.

1. 다음 명령을 이용해서 인터넷 게이트웨이를 생성한다.

   ```
   aws ec2 create-internet-gateway
   ```

   위 명령의 실행 결과는 대략 다음과 같다.

   ```
   {
    "InternetGateway": {
     "Attachments": [],
     "InternetGatewayId": "igw-0312f81aa1ef24715",
     "Tags": []
    }
   }
   ```

2. 다음 명령을 이용해 앞서 사용했던 VPC에 인터넷 게이트웨이를 부착한다.

   ```
   aws ec2 attach-internet-gateway
   --internet-gateway-id [internet-gateway-id]
   --vpc-id [vpc-id]
   ```

3. VPC의 메인 라우트 테이블의 ID를 가져와서 아래 명령을 실행한다.

   ```
   aws ec2 describe-route-tables
   --filters Name=vpc-id,Values=[vpc-id]
   ```

   위 명령의 실행 결과는 대략 다음과 같다.

   ```
   {
   ```

```
    "RouteTables": [
    {
     "Associations": [
     {
      "Main": true,
      "RouteTableAssociationId": "rtbassoc-00f60edb255be0332",
      "RouteTableId": "rtb-097d8be97649e0584",
      "AssociationState": {
       "State": "associated"
      }
     }
    ],
     "PropagatingVgws": [],
     "RouteTableId": "rtb-097d8be97649e0584",
     "Routes": [
     {
      "DestinationCidrBlock": "172.16.0.0/16",
      "GatewayId": "local",
      "Origin": "CreateRouteTable",
      "State": "active"
     }
    ],
     "Tags": [],
     "VpcId": "vpc-0d19e8153b4d142ed",
     "OwnerId": "158826777352"
    }
   ]
  }
```

4. 아래 명령을 실행해 메인 라우트 테이블에 기본 라우트를 생성한다.

```
aws ec2 create-route
--route-table-id rtb-097d8be97649e0584
--destination-cidr-block "0.0.0.0/0"
--gateway-id igw-0312f81aa1ef24715
```

위 명령의 실행 결과는 대략 다음과 같다.

```
{
 "Return": true
}
```

5. 위 3번 명령을 실행해서 라우트가 정상적으로 만들어졌는지 확인한다.

보안 그룹

보안 그룹^{security group}은 방화벽과 같은 기능을 하며, 인스턴스 ENI에 대한 트래픽의 유입 또는 유출 여부를 허용 또는 거부하는 방식으로 인스턴스의 트래픽을 제어한다. 모든 ENI에는 최소 하나 이상의 보안 그룹이 연결돼야 하고, 하나의 ENI에는 여러 개의 보안 그룹을 연결할 수 있으며, 하나의 보안 그룹을 다수의 ENI에 연결할 수도 있다.

> 대부분의 인스턴스에는 하나의 ENI만 연결해서 사용하는 경우가 많으므로, 하나의 인스턴스에는 하나의 보안 그룹만 연결할 수 있다고 잘못 생각하는 경우가 많다. 인스턴스가 여러 개의 ENI를 지닌 경우, 해당 ENI가 어떤 보안 그룹의 적용을 받는지 확인할 필요가 있다.

보안 그룹 생성 시, 보안 그룹 이름, 보안 그룹 설명, 보안 그룹이 포함될 VPC를 지정한다. 보안 그룹 생성 후에는 인바운드 및 아웃바운드 규칙을 지정해서 트래픽의 허용 여부를 결정할 수 있으며, 명시적으로 특정 트래픽에 대한 허용 규칙을 추가하지 않은 경우 해당 트래픽은 차단된다.

인바운드 규칙

인바운드 규칙은 인스턴스에 부착된 ENI에 유입되는 트래픽의 허용 여부를 결정하며, 다음 세 가지 필수 요수를 지닌다.

- 소스^{Source}
- 프로토콜^{Protocol}
- 포트 범위^{Port range}

새로 생성한 보안 그룹에는 인바운드 규칙이 존재하지 않는다. 보안 그룹은 화이트리스트^{whitelisting} 라고도 부르는 기본 거부^{default-deny} 방식을 사용하므로, 규칙에 의해 명시적으로 허용되지 않은 모든 트래픽은 거부된다. 새 보안 그룹을 생성해서 인스턴스에 부착한 경우, 해당 인스턴스로 유입되는 모든 트래픽이 차단되므로, 인바운드 규칙을 추가해 트래픽이 인스턴스로 유입될 수 있도록 한다. 이 때, 보안 그룹 규칙의 순서는 영향을 주지 않는다.

예를 들어, HTTPS 기반 웹 애플리케이션을 실행하는 인스턴스가 있다고 할 때, 모든 사용자가 인터넷으로 이 인스턴스에 접속할 수 있게 하려면 (HTTPS의 기본 포트이자 프로토콜인) 443 포트로 들어오는 모든 TCP 트래픽을 허용하는 인바운드 규칙을 추가하면 된다. SSH를 사용해서 이 인스턴스를 관리하기 위해 TCP 22 포트에 대한 인바운드 규칙을 추가하면, 다른 모든 사람도 SSH로 접속할 수 있으므로 좀 더 세분화된 규칙이 필요하다.

예를 들어, 여러분이 IP 주소 198.51.100.10의 SSH 접근만 허용하고 그 외 다른 주소의 접근은 차단하길 원할 경우, 표 4.4와 같은 인바운드 규칙을 보안 그룹에 추가하면 된다.

표 4.4 모든 IP 주소의 SSH 및 HTTPS 접속을 허용하는 인바운드 규칙

소스	프로토콜	포트 범위
198.51.100.10/32	TCP	22
0.0.0.0/0	TCP	443

위 테이블에서 0.0.0.0/0 프리픽스는 모든 유효한 IP 주소를 의미하므로 인터넷은 물론 VPC 내 모든 인스턴스로부터 유입되는 HTTPS 접근을 허용한다. 198.51.100.10/32 프리픽스는 198.51.100.10에 해당하는 IP 주소만 사용할 수 있으며, 오직 해당 IP로만 SSH 접근을 할 수 있다. 보안 그룹에서는 규칙의 순서는 의미가 없다는 점에 주의한다.

아웃바운드 규칙

아웃바운드 규칙은 인스턴스에 부착된 ENI에서 유출되는 트래픽의 허용 여부를 결정하며, 다음 세 가지 필수 요소를 지닌다.

- 대상 주소Destination
- 프로토콜Protocol
- 포트 범위Port range

보안 그룹에서 아웃바운드 규칙은 인바운드 규칙에 비해 트래픽 제약 수준이 좀 더 낮은 경우가 많다. 보안 그룹을 생성하면, AWS는 자동으로 표 4.5와 같은 아웃바운드 규칙을 생성한다.

표 4.5 인터넷 접속을 허용하는 아웃바운드 규칙

대상 주소	프로토콜	포트 범위
0.0.0.0/0	All	All

위 규칙의 목적은 인스턴스가 인터넷 및 다른 AWS 리소스에 접속할 수 있도록 하는 것이다. 이 규칙을 삭제하게 된다면, 보안 그룹은 인스턴스가 인터넷 또는 다른 어떤 요소에도 접속하지 못하도록 한다.

소스 및 대상 주소

보안 그룹의 규칙에서 소스나 대상 주소는 CIDR 블록 또는 보안 그룹의 리소스 ID가 될 수 있다. 여러분이 보안 그룹을 (인바운드 규칙의) 소스로 지정하면, 해당 보안 그룹이 부착된 모든 인스턴스의 트래픽을 허용한다. 즉, 다수의 인스턴스에 동일한 보안 그룹을 부착해서 인스턴스가 서로 소통할 수 있게 할 수 있다.

소스 보안 그룹은 다른 AWS 계정에 있어도 무방하며, 이 때는 소스 보안 그룹에 해당 계정 소유자 ID를 지정하면 된다.

스테이트풀 방화벽

보안 그룹은 상태 저장 방화벽stateful firewall의 기능을 제공한다. 이 때 상태 저장 또는 스테이트풀이란, 보안 그룹이 트래픽을 한 방향으로 전달하도록 허용한 뒤, 반대 방향의 응답 트래픽을 (상태를 기억해 뒀다가) 지능적으로 허용하는 것을 의미한다. 예를 들어, 인스턴스에 부착된 보안 그룹이 인터넷 소프트웨어 저장소로 유출되는 아웃바운드 트래픽을 허용했다면, 해당 인스턴스로 다시 유입되는 응답 트래픽도 자동으로 허용한다.

보안그룹은 연결 추적^{connection tracking} 기능을 이용해서 응답 트래픽의 허용 여부를 결정한다. TCP 및 UDP 트래픽의 경우, 보안 그룹 규칙으로 허용된 개별 패킷의 흐름 정보^{flow information}를 확인한다. 보안 그룹은 패킷 흐름을 추적해 응답 트래픽이 동일한 플로우에 포함된 것인지 확인해 다른 미분류 트래픽과 구분해 낸다.

플로우 정보에는 다음 내용이 포함된다.

- 프로토콜
- 소스 및 대상 주소 IP 주소
- 소스 및 대상 주소 포트 번호

보안 그룹은 플로우를 추적해 응답 트래픽이 동일 플로우에서 나온 것인지 식별할 수 있다.

기본 보안 그룹

모든 VPC에는 삭제 불가능한 기본 보안 그룹이 포함돼 있다. 기본 보안 그룹을 사용할 때는 여러분의 필요에 맞춰 규칙을 수정한 뒤 사용하면 되며, 기본 보안 그룹 대신, 여러분이 직접 커스텀 보안 그룹을 만들어서 사용해도 된다.

실습 예제 4.5에서 커스텀 보안 그룹을 생성해 보자.

실습 예제 4.5

커스텀 보안 그룹 생성하기

이번 예제에서는 모든 IP 주소의 SSH, HTTP, HTTPS 접근을 허용하는 보안 그룹을 생성한다.

1. 앞서 만든 VPC에 web-ssh라는 이름의 보안 그룹을 생성한다.

```
aws ec2 create-security-group
--group-name "web-ssh"
--description "Web and SSH traffic"
--vpc-id [vpc-id]
```

위 명령 실행 결과는 아래와 같으며, 보안 그룹 ID를 메모해 둔다.

```
{
  "GroupId": "sg-0f076306080ac2c91"
}
```

2. 보안 그룹 ID를 사용해서 모든 IP 주소의 SSH, HTTP, HTTPS 접근을 허용하는 세 개의 규칙을 생성한다.

```
aws ec2 authorize-security-group-ingress
--group-id [group-id]
--protocol "tcp"
--cidr "0.0.0.0/0"
--port "22"

aws ec2 authorize-security-group-ingress
--group-id [group-id]
--protocol "tcp"
--cidr "0.0.0.0/0"
--port "80"

aws ec2 authorize-security-group-ingress
--group-id [group-id]
--protocol "tcp"
--cidr "0.0.0.0/0"
--port "443"
```

3. 아래 명령을 실행해 보안 그룹에 추가된 규칙의 내용을 확인한다.

```
aws ec2 describe-security-groups
--group-id [group-id]
```

네트워크 접속 제어 목록

네트워크 접속 제어 목록^{Network Access Control List}(이하 NACL)은 소스, 대상 주소 CIDR, 프로토콜, 포트 기반의 인바운드 및 아웃바운드 규칙을 제공한다는 측면에서, 보안 그룹과 같은 방화벽 기능을 수행하며, 각 VPC에는 삭제할 수 없는 기본 NACL이 있다는 점도 앞서 살펴본 보안 그룹과 유사하다.

하지만, NACL은 여러 측면에서 보안 그룹과 다르다. NACL은 ENI가 아닌 서브넷에 연결되고, 서브넷과 연결된 NACL은 해당 서브넷으로 유입 및 유출되는 트래픽을 제어한다. 즉, 서브넷 내의 인스턴스 간 트래픽을 제어할 때는 NACL을 사용할 수 없으며, 보안 그룹을 사용해야 한다.

서브넷에는 하나의 NACL만 연결할 수 있으며, VPC에 서브넷을 만들면 기본적으로 VPC의 기본 NACL이 서브넷에 연결된다. 사용자는 기본 NACL을 수정하거나, 새 NACL을 만들어서 서브넷에 연결할 수도 있다. 서브넷과 NACL이 같은 VPC에 있다면, 하나의 NACL을 여러 서브넷에 연결할 수 있다.

보안 그룹이 스테이트풀stateful, 상태 저장 속성을 지니는 반면, NACL은 스테이트리스stateless, 상태 비저장 속성을 지닌다. 즉, NACL을 통과하는 연결 상태를 추적하지 않고, 응답 트래픽을 자동으로 허용하지 않는다는 점에서 전통적인 스위치나 라우터의 접속 제어 목록ACL과 유사하다. NACL의 이와 같은 스테이트리스 속성으로 인해 모든 인바운드와 아웃바 운드 트래픽의 허용 규칙을 별도로 작성해야 한다.

인바운드 규칙

인바운드 규칙은 서브넷으로 유입되는 트래픽의 허용 여부를 결정하며, 각 인바운드 규칙에는 다음 내용이 포함된다.

- 규칙 번호
- 프로토콜
- 포트 범위
- 소스 CIDR
- 동작(허용 또는 거부)

VPC의 기본 NACL은 IPv6 CIDR가 없으며, 표 4.6과 같이 두 개의 인바운드 규칙이 미리 채워진 채 제공된다.

표 4.6 기본 NACL 인바운드 규칙

규칙 번호	프로토콜	포트 범위	소스	동작
100	All	All	0.0.0.0/0	Allow
*	All	All	0.0.0.0/0	Deny

NACL 규칙은 규칙 번호의 오름차순으로 처리된다. 위 표에서 규칙 100은 가장 작은 번호를 가진 규칙이므로 먼저 처리되며, 원본에서 들어오는 모든 트래픽을 한 NACL 규칙은 규칙 번호의 오름차순으로 처리된다. 위 표에서 규칙 100은 가장 낮은 번호를 가진 규칙으로서 가장 먼저 처리되며, 소드에서 유입되는 모든 트래픽을 허용한다. 사용자는 필요에 따라 규칙을 삭제, 수정할 수 있고, 앞뒤에 규칙을 추가할 수 있다. 예를 들어, HTTP(TCP 포트 80)만 차단하려 할 때, 표 4.7과 같은 규칙을 추가할 수 있다.

표 4.7 접속 차단 규칙

규칙 번호	프로토콜	포트 범위	소스	동작
90	TCP	80	0.0.0.0/0	Deny

이 규칙은 대상 주소 포트가 80인 모든 TCP 트래픽을 거부하는데, 목록에서 가장 낮은 번호의 규칙으로서 가장 먼저 처리되기 때문이다. 이 규칙에 해당하지 않는 트래픽은 모든 트래픽을 허용하는 위 규칙 100의 내용을 따른다. 결국 90번 규칙과 100번 규칙이 모두 적용돼, TCP 포트 80 이외의 모든 트래픽의 유입이 허용된다.

> 트래픽이 허용 또는 거부 규칙에 해당되면, (규칙 번호 순서가 아닌) 규칙의 작성 순서대로 동작이 적용된다. 예를 들어, 특정 트래픽에 거부 규칙이 적용된 경우 다음 규칙의 번호가 더 낮고, 허용 동작을 정의했어도 해당 트래픽은 즉시 거부된다.

위 표 4.6의 마지막 행이 기본 규칙이다. 기본 규칙에서는 숫자 대신 별표(*)로 순서를 지정해서 항상 규칙 목록 중 마지막에 적용된다. NACL의 기본 규칙은 삭제하거나 변경할 수 없으며, 선순위 규칙에서 명시적으로 허용하지 않은 모든 트래픽을 거부한다.

실습 예제 4.6에서 커스텀 NACL을 만들어보자.

어떤 IP 주소에서도 원격으로 접속할 수 있는 인바운드 규칙 생성하기

NACL 규칙은 순서가 중요하다. 새 NACL을 생성한 뒤 실습 예제 4.3에서 만든 서브넷에 부착해 보자.

1. 다음 명령으로 새 NACL을 생성한다.

```
aws ec2 create-network-acl
--vpc-id [vpc-id]
```

위 명령의 실행 결과는 다음과 같다. 아래 Network ACL의 ID를 메모해 둔다.

```
{
 "NetworkAcl": {
  "Associations": [],
  "Entries": [
  {
   "CidrBlock": "0.0.0.0/0",
   "Egress": true,
   "IcmpTypeCode": {},
   "PortRange": {},
   "Protocol": "-1",
   "RuleAction": "deny",
   "RuleNumber": 32767
  },
  {
   "CidrBlock": "0.0.0.0/0",
   "Egress": false,
   "IcmpTypeCode": {},
   "PortRange": {},
   "Protocol": "-1",
   "RuleAction": "deny",
   "RuleNumber": 32767
  }
  ],
  "IsDefault": false,
  "NetworkAclId": "acl-052f05f358d96cfb3",
  "Tags": [],
  "VpcId": "vpc-0d19e8153b4d142ed",
  "OwnerId": "158826777352"
 }
}
```

위 NACL에 포함된 기본 유입 및 유출 규칙은 모든 트래픽의 거부이다. AWS 관리 콘솔에서는 별표로 표시되지만, 위 실행 결과에서 실제 규칙 번호는 32767임을 알 수 있다.

2. 모든 IP 주소를 통한 SSH(TCP 포트 22) 접속을 허용하는 인바운드 규칙을 생성한다. 규칙 번호는 70으로 한다.

```
aws ec2 create-network-acl-entry
--ingress
--cidr-block "0.0.0.0/0"
--protocol "tcp"
--port-range "From=22,To=22"
--rule-action "allow"
--network-acl-id [network-acl-id]
--rule-number 70
```

--port-range 플래그 다음의 From= 및 To= 값은 (소스 포트 번호가 아닌) 허용할 포트 범위를 나타낸다. 이 규칙으로 TCP 포트 22로 유입되는 트래픽을 허용한다.

3. 위 2단계 규칙 생성 명령을 수정해서 여러분의 퍼블릭 IP 주소에서 RDP(TCP 포트 3389)로 향하는 트래픽을 허용하는 규칙을 추가하고, 규칙 번호 80번을 부여한다(퍼블릭 IP 주소를 모른다면, https:// ifconfig.co 사이트에 접속해서 확인한다). 프리픽스 길이 속성은 /32로 설정한다.

4. 다음 명령을 실행해 여러분이 생성한 NACL 규칙의 내용을 확인한다.

```
aws ec2 describe-network-acls
--network-acl-id [network-acl-id]
```

아웃바운드 규칙

NACL 아웃바운드 규칙은 앞서 살펴본 인바운드 규칙과 매우 유사하며, 다음 내용을 포함한다.

- 규칙 번호
- 프로토콜
- 포트 범위
- 소스
- 동작

NACL의 기본 아웃바운드 규칙은 표 4.8과 같으며, 대상 주소 열이 추가된 부분 외에는 기본 인바운드 규칙과 동일하다.

표 4.8 기본 NACL 아웃바운드 규칙

규칙 번호	프로토콜	포트 범위	대상 주소	동작
100	All	All	0.0.0.0/0	Allow
*	All	All	0.0.0.0/0	Deny

NACL은 스테이트리스 속성에 따라 응답 트래픽을 자동으로 허용하지 않는다. 즉, 인바운드 규칙에서 HTTPS 트래픽을 허용했다면, 아웃바운드 규칙에서 이에 대한 응답 트래픽을 명시적으로 허용해야 한다. 표 4.8에서 규칙 번호 100은 응답 트래픽을 허용하는 것이다.

서브넷에서 유입되는 (임의의 인터넷 접속 시도 등) 트래픽을 제한해야 하는 경우, 응답 트래픽이 임시 포트ephemeral ports를 통해 전달되도록 하는 아웃바운드 규칙을 생성한다. 여기서 임시 포트란, 클라이언트에서 응답 트래픽을 수신하기 위해 대기하는 TCP 또는 UDP 포트이다. 예를 들어, 클라이언트에서 TCP 포트 80으로 인스턴스에 HTTP 요청을 보낸 뒤, TCP 포트 36034로 응답 트래픽을 수신하려면, NACL 아웃바운드 규칙으로 서브넷 TCP 포트 36034로 향하는 트래픽을 허용해야 한다.

임시 포트의 범위는 클라이언트의 OS에 따라 다르다. 최신 OS에서는 49152 ~65535 범위의 임시 포트를 사용하지만, 때에 따라 이 범위가 충분하지 않을 수 있다. TCP 포트 범위는 UDP 포트 범위와 다를 수 있으며, 구 버전의 OS 또는 사용자 정의가 추가된 OS는 다른 범위도 함께 사용할 수 있다. 호환성을 유지하려면, NACL 아웃바운드 규칙 대신 보안 그룹을 사용하는 것이 좋다.

여러분의 VPC에 IPv6 CIDR이 포함돼 있으면, AWS는 IPv6 트래픽을 허용하기 위해 자동으로 인바운드 및 아웃바운드 규칙을 추가한다.

NACL과 보안 그룹을 함께 사용하기

인스턴스를 시작할 때 보안 그룹을 올바르게 지정해야 하는 부담을 줄이기 위해, 보안 그룹과 NACL을 함께 사용할 수 있다. NACL은 서브넷에 적용되므로, NACL 규칙은 보안 그룹의 설정 내용과 상관 없이 서브넷의 모든 유입 및 유출 트래픽에 적용된다.

NACL 또는 보안 그룹 규칙을 변경하면 해당 변경 사항이 즉시 (몇 초 이내에) 적용되므로, 보안 그룹과 NACL을 동시에 변경하지 않는 것이 좋다. 규칙 변경 후 여러분의 예상대로 작동하지 않으면, 보안 그룹의 문제인지 혹은 NACL의 문제인지 파악하기 어려워질 수 있다. 또한 NACL 규칙의 순서가 올바르지 않거나 보안 그룹에서 규칙이 빠져서 연결이 끊기는 것을 파악하기 위해 인스턴스를 인터넷에 연결한 상태에서 변경을 진행하는 것이 좋다.

 NACL 규칙에서 소스 또는 대상 주소는 CIDR만 입력할 수 있다. 반면 보안 그룹은 소스 또는 대상 주소에 CIDR은 물론, 다른 보안 그룹도 입력할 수 있다.

퍼블릭 IP 주소

퍼블릭 IP 주소는 퍼블릭 인터넷으로 접속 가능한 주소로서, 인터넷을 통한 연결이 불가능하고 프라이빗 네트워크로만 연결될 수 있는 RFC 1918 주소(예: 192.168.1.1)와는 반대되는 속성을 지닌다.

다른 사용자가 인터넷을 통해 여러분의 인스턴스에 직접 접속할 수 있도록 하려면 퍼블릭 IP 주소가 필요하며, 이를 위해서는 해당 인스턴스가 포함된 VPC에 인터넷 게이트웨이를 연결해야 한다. 때론 아웃바운드 인터넷 접속을 위한 용도로 퍼블릭 IP 주소를 사용하는 경우도 있지만, VPC 인프라 내부에서 인스턴스 간의 소통을 할 때는 프라이빗 IP 주소를 사용하므로 퍼블릭 IP 주소를 사용하지 않아도 된다.

서브넷에 인스턴스를 시작할 때 자동으로 퍼블릭 IP가 생성되도록 할 수 있지만, 이 경우, 몇 가지 문제점이 발생한다. 먼저, 인스턴스 시작 시점에 퍼블릭 IP 생성 옵션을 선택하지 못하면, 여러분이 이전 단계로 돌아가서 생성할 수는 없고, AWS가 자동으로 임의의 퍼블릭 IP를 할당한다. 다음, 이렇게 자동으로 할당된 퍼블릭 IP 주소는 지속성이 없다는 문제점이 있다. 인스턴스 중지 또는 종료 시 해당 퍼블릭 IP 주소도 함께 삭제되고, 인스턴스 재시작시 새로운 퍼블릭 IP 주소가 할당된다.

여러분이 인스턴스를 직접 중지시킬 계획이 없더라도 AWS의 자체적인 성능 유지보수 이벤트에 의해 인스턴스가 재시작될 가능성이 있으며, 이 경우에도 퍼블릭 IP 주소는 변경될 수 있다. 이와 같은 퍼블릭 IP 주소의 재설정 동작은 동일한 퍼블릭 IP 주소를 장기간 유지할 필요가 없다면 문제가 되지 않겠지만 애플리케이션 관리의 일관성 등을 위해서 동일한 주소를 유지해야 할 경우 EIP – 일래스틱 IP를 사용하는 것이 좋다.

탄력적 IP

탄력적 IP^{Elastic IP Address}(이하 EIP)는 사용자 요청에 따라 AWS가 사용자의 계정에 할당하는 퍼블릭 IP 주소이다. 계정에 EIP가 할당되면, 사용자가 직접 해제하지 않는 한 해당 주소를 독점적으로 사용할 수 있다. AWS 외부에서 보면, EIP와 AWS가 자동으로 할당한 퍼블릭 IP 간에는 차이가 없다.

EIP를 처음 생성하면, 인스턴스와 연결되지 않은 상태로 만들어지므로 여러분이 직접 EIP를 ENI와 연결해야 한다. 이 때 다른 ENI에 옮겨서 연결할 수 있되 한 번에 하나의 ENI만 연결할 수 있다. 일단 EIP를 ENI와 연결한 뒤에는 여러분이 ENI를 삭제하거나 EIP를 해제하지 않는 한 연결이 계속 유지된다.

이미 퍼블릭 IP 주소가 자동으로 할당된 ENI에 EIP를 연결하면, AWS가 퍼블릭 IP 주소를 EIP로 변경한다.

EIP는 AWS 리전 단위로 제공되므로 리전을 벗어날 수 없지만, EIP를 여러분의 AWS 계정이 보유한 퍼블릭 IP 주소로 전달 가능하다. 이를 '내가 보유한 IP 주소 가져오기'라는 의미의 BYOIP^{bring your own IP address}라 부르며, 리전 당 최대 다섯 개의 주소 블록을 가져올 수 있다.

다음 실습 예제 4.7에서 EIP 할당 및 사용 방법에 대해 알아보자.

탄력적 IP 주소 할당 및 사용하기

EIP를 할당한 뒤, 앞서 생성해둔 인스턴스에 연결해보자.

1. 다음 명령으로 인스턴스에 EIP를 할당한다.

```
aws ec2 allocate-address
```

위 명령 실행 결과, 다음과 같은 퍼블릭 IP 주소 및 할당 ID가 반환된다.

```
{
 "PublicIp": "3.210.93.49",
 "AllocationId": "eipalloc-0e14547dac92e8a75",
 "PublicIpv4Pool": "amazon",
 "NetworkBorderGroup": "us-east-1",
 "Domain": "vpc"
}
```

2. EIP를 앞서 생성한 ENI에 연결한다.

```
aws ec2 associate-address
--allocation-id eipalloc-0e14547dac92e8a75
--network-interface-id eni-0863f88f670e8ea06
```

3. EIP가 ENI와 잘 연결됐는지 확인한다.

```
aws ec2 describe-network-interfaces
--network-interface-ids eni-0863f88f670e8ea06
```

위 명령 실행 결과, 다음과 같은 퍼블릭 IP 주소가 반환된다.

```
{
 "NetworkInterfaces": [
  {
   "Association": {
    "AllocationId": "eipalloc-0e14547dac92e8a75",
    "AssociationId": "eipassoc-045cc2cab27d6338b",
    "IpOwnerId": "158826777352",
    "PublicDnsName": "",
    "PublicIp": "3.210.93.49"
   },
   "AvailabilityZone": "us-east-1a",
   "Description": "",
   "Groups": [
    {
```

```
      "GroupName": "default",
      "GroupId": "sg-011c3fe63d256f5d9"
    }
   ],
   "InterfaceType": "interface",
   "Ipv6Addresses": [],
   "MacAddress": "12:6a:74:e1:95:a9",
   "NetworkInterfaceId": "eni-0863f88f670e8ea06",
   "OwnerId": "158826777352",
   "PrivateIpAddress": "172.16.100.99",
   "PrivateIpAddresses": [
    {
      "Association": {
       "AllocationId": "eipalloc-0e14547dac92e8a75",
       "AssociationId": "eipassoc-045cc2cab27d6338b",
       "IpOwnerId": "158826777352",
       "PublicDnsName": "",
       "PublicIp": "3.210.93.49"
      },
      "Primary": true,
      "PrivateIpAddress": "172.16.100.99"
    }
   ],
   "RequesterId": "AIDAJULMQVBYWWAB6IQQS",
   "RequesterManaged": false,
   "SourceDestCheck": true,
   "Status": "available",
   "SubnetId": "subnet-0e398e93c154e8757",
   "TagSet": [],
   "VpcId": "vpc-0d19e8153b4d142ed"
  }
 ]
}+
```

AWS 글로벌 엑셀러레이터

여러분의 리소스가 AWS의 여러 리전에 배포돼 있다면 리전 별로 여러 개의 EIP를
관리하는 일이 복잡하게 느껴질 수 있다. AWS 글로벌 엑셀러레이터는 어디에든 연

결할 수 있는 두 개의 정적 IPv4 주소를 제공하며 이를 통해 어떤 리전에 있는 리소스라도 서로 연결할 수 있다.

AWS 리전 별 서비스인 EIP와 달리 AWS 글로벌 엑셀러레이터는 30여 개국에 퍼져 있는 AWS 접속 포인트(POP)를 연결한 정적 주소 체계다. 이들 정적 주소는 동시에 다수의 접속 포인트를 연결할 수 있으므로 애니캐스트 주소^{anycast address}로도 부른다.

정적 주소로 연결된 사용자는 자동으로 최인접 POP로 라우팅된다. 글로벌 엑셀러레이터의 리스너는 TCP 또는 UDP로 패킷을 수신한 뒤 미리 지정한 엔드포인트 그룹, 즉 리소스에 전달한다. 엔드포인트 그룹에는 EIP, ELB, EC2 인스턴스를 포함시킬 수 있다.

글로벌 엑셀러레이터는 애니캐스트 주소를 통해 가장 빠른 엔드포인트로 트래픽을 전송한다. 특정 POP가 작동하지 않는 경우 트래픽을 자동으로 다른 POP로 라우팅하므로 전체 서비스에는 영향이 없다.

네트워크 주소 변환

ENI와 퍼블릭 IP 주소를 연결한 뒤에도 ENI는 프라이빗 IP 주소를 유지하게 되며, ENI와 퍼블릭 IP 주소를 연결하더라도 새로운 주소로 ENI의 환경을 재설정하지 않는다. 대신 인터넷 게이트웨이가 퍼블릭 IP 주소를 ENI의 프라이빗 IP 주소로 맵핑하게 되며, 이러한 프로세스를 네트워크 주소 변환, 즉 NAT^{Network Address Translation}라 부른다.

퍼블릭 IP를 지닌 인스턴스를 인터넷 상의 호스트에 연결하면, 호스트는 인스턴스의 퍼블릭 IP에서 나온 트래픽을 수신할 수 있다. 예를 들어, 인스턴스의 프라이빗 IP 주소가 172.31.7.10이고, 이에 연결된 EIP가 35.168.241.48, 인스턴스가 패킷을 전달하려는 인터넷 호스트가 198.51.100.11인 경우 인터넷 게이트웨이에 전달되는 패킷은 다음과 같다.

소스(Source)의 IP 주소: 172.31.7.10

대상 주소(Destination)의 IP 주소: 198.51.100.11

인터넷 게이트웨이는 패킷을 변환해 소스의 IP 주소를 인스턴스의 퍼블릭 IP 주소로 변경한다. 인터넷 게이트웨이가 호스트에 전달하는 변환된 패킷은 다음과 같다.

소스의 IP 주소: 35.168.241.48

대상 주소의 IP 주소: 198.51.100.11

인터넷 호스트가 인스턴스의 EIP에 패킷을 전송하는 경우, 인터넷 게이트웨이는 유입되는 패킷에 대해서도 네트워크 주소 변환 작업을 시행한다. 인터넷 호스트에서 전송해 인터넷 게이트웨이에서 수신되는 패킷은 다음과 같다.

소스의 IP 주소: 198.51.100.11

대상 주소의 IP 주소: 35.168.241.48

인터넷 게이트웨이는 이 패킷을 변환해 인스턴스의 프라이빗 IP 주소를 아래와 같은 대상 주소의 IP로 변경한다.

소스의 IP 주소: 198.51.100.11

대상 주소의 IP 주소: 172.31.7.10

NAT 작업은 인스턴스가 퍼블릭 IP 주소를 지닌 경우, 인터넷 게이트웨이에서 자동으로 이뤄지며, 이러한 동작은 사용자가 바꿀 수 없다.

 위에서 설명한 NAT 작업은 하나의 프라이빗 IP 주소가 하나의 퍼블릭 IP 주소로 매핑되므로 '일대일 NAT'으로도 부른다.

NAT 디바이스

네트워크 주소 변환은 인터넷 게이트웨이에서 이뤄지지만, 다음 두 가지 서비스도 네트워크 주소 변환 작업을 수행한다.

- NAT 게이트웨이
- NAT 인스턴스

AWS가 제공하는 NAT 디바이스는 인스턴스가 인터넷에 접속할 수 있게 하면서, 인터넷 상의 호스트는 인스턴스에 직접 접속하지 못하게 한다는 데 기본 목적이 있다. 이는 인스턴스를 위한 업데이트 패치 또는 데이터 업로드 시, 인터넷에는 연결하되 클라이언트 요청에 응답할 필요는 없을 때 유용하다.

NAT 디바이스를 사용하면 인스턴스가 인터넷에 접속해야 할 때도 퍼블릭 IP 주소를 할당하지 않으므로, 인터넷 상의 호스트가 직접 인스턴스에 접근할 수 없으며, 오직 NAT 디바이스의 퍼블릭 서브넷 내 인터페이스만이 퍼블릭 IP와 연결된다. 예를 들어, 표 4.9와 같은 IP 주소 환경설정의 경우를 살펴보자.

표 4.9 NAT 사용시 IP 주소 환경설정

Name	Subnet	Private IP	Public IP
db1	Private	172.31.7.11	None
db2	Private	172.31.7.12	None
NAT device	Public	172.31.8.10	18.209.220.180

위 표에서 db1이 198.51.100.11 주소로 인터넷 호스트에게 패킷을 전송하면 해당 패킷은 먼저 NAT 디바이스로 전달되며, NAT 디바이스는 다음과 같이 패킷을 변환한다.

원본 패킷의 소스 IP 주소	원본 패킷의 대상주소 IP 주소	변환된 패킷의 소스 IP 주소	변환된 패킷의 대상주소 IP 주소
172.31.7.11 (db1)	198.51.100.11	172.31.8.10 (NAT 디바이스)	198.51.100.11

그러면 NAT 디바이스는 변환된 패킷을 받아서 인터넷 게이트웨이에게 전달하며, 인터넷 게이트웨이는 아래와 같이 패킷에 대한 NAT 변환 작업을 수행한다.

NAT 디바이스 패킷의 소스 IP 주소	NAT 디바이스 패킷의 대상주소 IP 주소	변환된 패킷의 소스 IP 주소	변환된 패킷의 대상주소 IP 주소

| 172.31.8.10 | 198.51.100.11 | 18.209.220.180 | 198.51.100.11 |
| (NAT 디바이스) | | (NAT 디바이스의 EIP) | |

여러 인스턴스가 같은 NAT 디바이스를 사용할 수 있으므로, 동일한 퍼블릭 IP 주소를 공유해서 아웃바운드 연결을 생성할 수 있다. NAT 디바이스의 이와 같은 작업을 포트 주소 변환, PAT^Port Address Translation로도 부른다.

NAT 디바이스를 위한 라우트 테이블 설정 변경

NAT 디바이스를 사용하는 인스턴스는 인터넷으로 연결된 트래픽을 NAT 디바이스로 보내고, NAT 디바이스는 다시 이 트래픽을 인터넷 게이트웨이로 전송해야 한다. 따라서 NAT 디바이스와 이를 사용하는 인스턴스의 기본 라우트는 서로 달라야 하며, 라우트 테이블도 달라야 하고 별도의 서브넷에 존재해야 한다.

표 4.9를 다시 살펴보면 인스턴스는 프라이빗 서브넷에 있고, NAT 디바이스는 퍼블릭 서브넷에 있다는 사실을 알 수 있으며, 이들 서브넷의 기본 라우트는 표 4.10과 같은 형식을 지닌다.

표 4.10 프라이빗 서브넷 및 퍼블릭 서브넷용 기본 라우트

서브넷	대상 주소	대상
프라이빗	0.0.0.0/0	NAT 디바이스
퍼블릭	0.0.0.0/0	igw-0e538022a0fddc318

그림 4.2는 라우트 테이블에서 이들의 관계를 보여준다. 앞서 라우트 타겟 또는 대상은 인스턴스, 인터넷 게이트웨이, ENI 등 VPC 내의 리소스만 가능하다고 설명한 바 있다. NAT 디바이스를 사용할 때는 NAT 게이트웨이 또는 NAT 인스턴스 중 어떤 것을 사용하느냐에 따라 라우트 타겟이 달라진다.

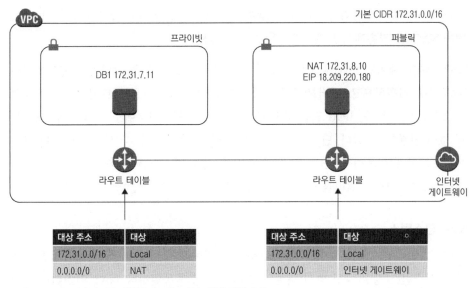

대상 주소	대상
172.31.0.0/16	Local
0.0.0.0/0	NAT

대상 주소	대상
172.31.0.0/16	Local
0.0.0.0/0	인터넷 게이트웨이

그림 4.2 NAT 디바이스를 이용한 네트워크 주소 변환 작업 흐름

NAT 게이트웨이

NAT 게이트웨이는 AWS에서 관리하는 NAT 디바이스로서 인터넷 게이트웨이처럼 하나의 NAT 게이트웨이로 어떠한 형식의 요청도 처리할 수 있다. 단일 유형의 NAT 게이트웨이만 제공되지만, 사용자는 별도의 관리 또는 접속 작업을 할 필요가 없으며, 자동으로 모든 대역폭의 요구에 대응하므로 용량 관리 문제를 신경 쓸 필요가 없다.

사용자는 NAT 게이트웨이를 생성할 때 EIP를 할당해서 연결해야 하며, 인터넷 접속이 가능하도록 퍼블릭 서브넷에 생성한다. 그러면 AWS가 해당 서브넷에 있는 프라이빗 IP 주소를 NAT 게이트웨이에 할당한다. 중복 구현을 위해 다른 AZ에 NAT 게이트웨이를 추가로 생성할 수 있다.

NAT 게이트웨이를 만든 후, 기본 라우트를 만들어서 인스턴스에서 인터넷으로 향하는 트래픽이 NAT 게이트웨이로 전달되도록 한다. 기본 라우트 대상은 nat-0750b9c8de7e75e9f과 같은 형식의 NAT 게이트웨이 ID를 지정한다. 여러 개의 NAT 게이트웨이를 사용하는 경우, 트래픽 타겟 또는 대상으로 각각의 NAT 게이트웨이를 향하도록 여러 개의 기본 라우트를 생성할 수 있다.

NAT 게이트웨이는 ENI를 사용하지 않으므로 보안 그룹을 적용할 수는 없지만, 서브넷에 NACL을 적용해서 트래픽을 제어할 수 있다.

NAT 게이트웨이는 IPv6에서 IPv4로의 네트워크 주소 변환을 지원하는 프로토콜인 NAT64를 지원하므로, 여러분이 온프레미스에서는 IPv4 전용 네트워크로 호스팅하고, EC2 인스턴스는 IPv6 전용 네트워크로 호스팅하는 경우에도 두 네트워크를 문제 없이 연결할 수 있다. 단, NAT64 프로토콜을 사용하려면, 각 서브넷에서 DNS64 프로토콜도 활성화해야 한다. DNS64는 IPv6 전용 리소스를 사용해 IPv4 레코드만 지닌 도메인 네임의 쿼리를 해석할 수 있다.

NAT 인스턴스

NAT 인스턴스는 Linux 기반 AMI로 생성된 일반적인 EC2 인스턴스의 일종이며, NAT 인스턴스 생성 방법 역시 다른 인스턴스 생성과 동일하다. NAT 인스턴스는 기능적인 측면에서 NAT 게이트웨이와 공통점이 있지만 중요한 차이점도 몇 가지 있다.

NAT 인스턴스는 NAT 게이트웨이와 달리 대역폭 요구가 증가하더라도 자동으로 확장되지 않으므로, 처음부터 적절한 성능을 갖춘 인스턴스 유형을 선택하는 것이 중요하다. 요구 성능에 비해 너무 작은 인스턴스 유형을 선택하면, 여러분이 직접 더 큰 인스턴스 유형으로 업그레이드해야 한다.

또한 NAT 인스턴스는 ENI를 지니므로 보안 그룹을 적용해야 하고, 여러분이 직접 퍼블릭 IP 주소도 할당해야 한다. 마지막으로 여러분이 직접 NAT 인스턴스의 ENI에서 소스/대상주소 옵션을 비활성화해야 한다. 이렇게 해야 NAT 인스턴스가 자신의 IP로 향하는 트래픽을 수신하고, 자신이 보유하지 않은 IP로 트래픽을 송신할 수 있다.

NAT 인스턴스의 이점 중 하나는 NAT 인스턴스를 배스티온 호스트^{Bastion Host} 또는 점프 호스트^{jump host}로 사용해서, 퍼블릭 IP가 없는 인스턴스에 연결할 수 있다는 것이다. 이는 NAT 게이트웨이로는 불가능한 작업이다.

사용자는 기본 라우트를 생성한 뒤 인터넷 연결 트래픽을 NAT 인스턴스로 보낼 수 있다. 기본 라우트의 타겟은 i-0a1674fe5671dcb00과 같은 형식의 NAT 인스턴스의 ID다.

NAT 인스턴스에서는 인스턴스나 AZ의 장애 발생 시 다른 NAT 인스턴스로 대체하는 것과 같이 간단하게 문제를 해결할 수 없다는 단점이 있다. 이는 기본 라우트를 하나만 정의해서 사용하므로, 다른 NAT 인스턴스를 가리키도록 하는 것이 불가능하기 때문이며, 네트워크의 복원성이 중요한 속성이라면 NAT 인스턴스 대신, NAT 게이트웨이를 사용하는 것이 좋다.

현 시점에서 NAT 게이트웨이와 달리, NAT 인스턴스는 AWS의 권장 사항이 아니며, 시험 지문에서도 거의 사라진 상태이다. 하지만 실무적으로는 여전히 사용되는 도구이기도 하므로, NAT 인스턴스의 기본 개요 및 활용 방법을 파악해두는 것을 추천한다.

AWS PrivateLink

AWS PrivateLink는 인터넷을 우회해 VPC 리소스, AWS 서비스, 온프레미스 리소스가 서로 소통할 수 있는 방법을 제공한다. PrivateLink는 AWS 리전, 엣지 로케이션 등 자체 네트워크와 고객 데이터 센터를 연결하는 전용의 프라이빗 통신선을 이용한다. 퍼블릭 인터넷망을 우회해 통신하므로 저지연성의 신뢰성 높은 연결성을 제공한다.

VPC 피어링

VPC 피어링을 구성하면 프라이빗 AWS 네트워크를 통해 하나의 VPC에 포함된 인스턴스가 다른 VPC에 포함된 인스턴스와 소통할 수 있다. 이는 서로 다른 리전에 있는 인스턴스 간의 소통이 필요할 때 사용하거나, 여러분의 계정과 다른 AWS 계정의 인스턴스와 연결할 때 사용할 수 있다.

VPC 피어링을 활성화하려면 두 VPC 사이에 VPC 피어링 연결을 설정해야 한다. VPC 피어링 연결은 두 VPC 사이의 점대점point-to-point 연결로서, 두 VPC 간에는 단 하나의 피어링만 설정할 수 있고, 두 VPC의 CIDR 블록은 겹치지 않아야 한다.

VPC 피어링 연결은 인스턴스 간 통신만 허용한다. 즉, 하나의 VPC에 있는 인스턴스에서 피어링된 다른 VPC의 인스턴스에 연결하는 데만 피어링 연결을 사용할 수 있다. VPC 피어링 환경에서 인터넷 게이트웨이나 NAT 디바이스는 공유할 수 없지만, NLB^{Network Load Balancer}는 공유할 수 있다.

2개 이상의 VPC를 연결하려면, 하나의 VPC와 다른 모든 VPC마다 1:1 피어링 연결을 생성해야 하며, 하나를 연결하면 다른 것도 자동으로 연결성을 지니는 데이지 체인^{daisy-chain} 방식으로 연결되지 않는다. 즉, 하나의 VPC 쌍마다 각각 VPC 피어링을 생성해야 한다.

피어링 연결을 사용하려면 트래픽이 양방향으로 소통되도록 두 VPC에 새로운 라우트 규칙을 추가한다. 이 때 각 라우트 대상주소 프리픽스는 대상주소 VPC의 범위 내에 있어야 하며, 각 라우트 타겟은 pcx-로 시작하는 피어링 연결 ID로 한다. 표 4.11는 두 VPC의 피어링 생성을 위한 2개의 라우트 예시다.

표 4.11 VPC 피어링을 위한 라우트

소스 VPC CIDR	대상주소 VPC CIDR	타겟
172.31.0.0/16	10.0.0.0/16	pcx-076781cf11220b9dc
10.0.0.0/16	172.31.0.0/16	pcx-076781cf11220b9dc

위 표에서 각 라우트가 서로의 방향만 바꿔서 그대로 사용되고 있음을 알 수 있으며, 이런 방식으로 양방향 소통이 가능하다. 이 때, 대상주소 CIDR은 대상주소 VPC CIDR과 정확히 일치할 필요는 없다. VPC가 아닌 서브넷 레벨의 피어링을 생성하려면, 서브넷 CIDR을 대신 지정하면 된다.

VPC 피어링과 관련해서, 일부 리전에서는 리전 간 VPC 피어링을 사용할 수 없다는 점과 IPv6를 지원하지 않는다는 점에 주의한다. 리전 간 피어링 연결의 최대 전송 단위(MTU)는 1,500바이트다.

하이브리드 클라우드 네트워킹

지금까지는 VPC 리소스와 인터넷 연결을 중심으로 살펴봤지만, 기업 데이터 센터와 관련된 리소스의 경우, 프라이빗 속성을 지니고 인터넷과도 연결성이 없도록 설계한 다. AWS의 온프레미스와 VPC의 프라이빗 연결 서비스는 다음 세 가지다.

- AWS Site-to-Site Virtual Private Network(VPN)
- AWS Transit Gateway
- AWS Direct Connect

AWS Site-to-Site VPN

VPN을 이용하면 퍼블릭 인터넷을 이용해 VPC와 데이터 센터 또는 사무실 등 온프 레미스 네트워크를 안전하게 연결할 수 있다.

VPN 연결을 생성할 때는 VPG$^{Virtual Private Gateway}$라 부르는 VPC 리소스를 구성한 뒤, 온프레미스 라우터 또는 방화벽 등 고객 게이트웨이를 구성하면 되며, 이를 통해 VPG로 암호화 VPN 터널이 생성된다. VPG는 AES 256 비트 및 AES 128 비트 암호 를 지원한다.

온프레미스 네트워크를 여러 개의 VPC와 연결하려면, 각 VPC마다 별도의 VPG 및 VPN 터널을 생성해야 한다. VPC는 하나의 연결이 다른 요소와의 연결로 확장되는 전이 라우팅$^{transitive routing}$을 지원하지 않으므로 VPC를 단순히 쌍으로 연결하는 것만 으로는 작동하지 않는다. 따라서 여러 VPC 중 하나에 VPN 연결을 생성하고, 이를 통해 다른 VPC로 이동하도록 한다.

하지만, 대량의 VPC를 온프레미스 네트워크에 연결할 때, 또는 다수의 온프레미스 네트워크를 하나의 VPC에 연결할 때, VPN을 이용하면 엄청나게 많은 수작업을 해 야 하고, 실수 또한 발생할 수 있다. 이 때는 AWS Transit Gateway를 사용하는 것이 좋다.

서로 다른 지역을 여러 개의 VPN 고객 게이트웨이로 연결해야 할 경우, Global Accelerator 엔드포인트를 사용하면 설정 작업은 단순해지고, 성능은 높아진다.

AWS Transit Gateway

AWS Transit Gateway는 Direct Connect 링크와 VPN을 사용해서 다수의 VPC 및 다수의 온프레미스 네트워크를 연결할 수 있도록 해주는 고가용성 서비스다. AWS Transit Gateway는 연결 작업은 간소화하고, VPC와 온프레미스에 대한 트래픽은 매우 세밀하게 제어할 수 있도록 돕는다.

AWS Transit Gateway를 사용하려면 먼저 Transit Gateway를 생성하고, VPC, VPN 연결, Direct Connect 게이트웨이, 또는 다른 Transit Gateway에 부착한다. 다음, Transit Gateway 라우트 테이블을 통해 부착된 요소를 서로 연결하면 된다.

Transit Gateway 라우트 테이블

Transit Gateway 라우트 테이블은 부착된 네트워크 리소스의 트래픽 흐름을 제어하며, VPC 서브넷과 연결되는 메인 라우트 테이블 또는 커스텀 라우트 테이블을 사용한다는 면에서 VPC 라우트 테이블과 비슷하지만, 몇 가지 중요한 차이점도 존재한다.

Transit Gateway 라우트 테이블에서 타겟은 VPC, VPN 연결, Direct Connect 게이트웨이, 또는 다른 Transit Gateway에 부착된 것만 가능하며, ENI 또는 인터넷 게이트웨이를 지정할 수 없다.

 Transit Gateway 부착 리소스는 시간 단위로 과금된다.

AWS Transit Gateway의 활용 방법은 다양하지만, 주로 다음 다섯 가지 방법으로 활용된다.

- 중앙화 라우터Centralized router
- 격리 라우터Isolated router
- 공유 서비스Shared services
- 피어링Peering
- 멀티캐스트Multicast

중앙화 라우터

Transit Gateway를 중앙화 라우터로 사용해 여러분의 모든 VPC 및 온프레미스 트래픽을 제어하는 데 활용할 수 있다. 중앙화 라우터 모델로 사용할 때는, 하나의 Transit Gateway 라우트 테이블에 다른 모든 리소스를 연결한다.

Transit Gateway로 VPC와 온프레미스 네트워크를 연결할 때는 VPG를 사용하지 않는다. 대신, Transit Gateway가 온프레미스 라우터 또는 방화벽의 VPN 연결을 종료하고, BGP를 통해 라우트 정보를 넘겨받는다. 이들 라우트 정보는 Transit Gateway 라우트 테이블에 보관되고, VPC와 연결된 라우트 정보 또한 Transit Gateway 라우트 테이블에 저장된다. 이와 같이 동적으로 라우트 테이블에서 라우트를 학습하고 저장하는 과정을 라우트 전파route propagation라고 부른다.

Transit Gateway의 작동 방식을 이해하기 위해, 예를 하나 들어보자. 여러분의 온프레미스 네트워크는 192.168.0.0/16이고, VPC 서브넷은 10.98.76.0/24이라고 해보자.

Transit Gateway를 이용해서 VPC 서브넷과 온프레미스 네트워크가 소통하려면, 먼저, VPC에 Transit Gateway를 부착한다. 이렇게 하면, 표 4.12와 같이 Transit Gateway 라우트 테이블에 서브넷으로 향하는 동적으로 전파되는 라우트가 생성된다. 다음, 서브넷과 연결된 라우트 테이블에 Transit Gateway를 타겟으로 하는 정적 라우트를 생성한다. 다음, Transit Gateway와 온프레미스 네트워크를 잇는 VPN 연결을 구성한다. 여러분의 온프레미스 디바이스가 VPN 연결을 종료시키면 BGP를 통해 라우트가 전달되고, 이들 라우트는 동적으로 Transit Gateway의 라우트 테이블을 구성하게 된다.

표 4.12 VPC 피어링을 위한 라우트

라우트 테이블	대상주소	대상(타겟)	라우트 타입
VPC 서브넷	192.168.0.0/16	Transit gateway	Static
Transit gateway	192.168.0.0/16	VPN connection	Propagated
Transit gateway	10.98.76.0/24	VPC attachment	Propagated

격리 VPC

Transit Gateway는 부착된 리소스와 연결되는 다수의 Transit Gateway 라우트 테이블을 지닐 수 있으므로, 하나의 Transit Gateway에 다수의 격리 VPC를 생성할 수 있다. 격리 VPC는 여러분이 여러 개의 VPC를 보유한 상황에서 온프레미스 네트워크와는 연결성을 유지하면서도 VPC 간에는 서로 격리성을 유지하려 할 때 유용하다.

공유 서비스에서의 격리 VPC 사용

하나의 VPC에서 Active Directory 또는 LLDP^{Link Layer Discovery Protocol} 등의 공유 서비스를 호스팅하는 경우, Transit Gateway를 이용해서 격리 및 보안이 유지된 상태에서 공유 환경을 구성할 수 있다.

실습 예제 4.8에서 두 개의 VPC를 연결하는 Transit Gateway를 생성해 보자.

실습 예제 4.8

Transit Gateway 생성하기

이번 예제에서, 새로운 VPC 및 서브넷을 생성하고, Transit Gateway도 생성한다. 다음, 이들 VPC에 Transit Gateway를 부착한다. 그리고 마지막으로, 이들 VPC 서브넷이 서로 소통할 수 있도록 Transit Gateway의 환경을 구성한다.

1. 새 VPC 및 서브넷을 생성한다.

```
aws ec2 create-vpc --cidr-block 172.17.0.0/16
aws ec2 create-subnet
--vpc-id vpc-08edadb7e52eedd37
--cidr-block 172.17.100.0/24
--availability-zone us-east-1b
```

2. 다음 AWS CLI 명령으로 새 Transit Gateway를 생성한다.

```
aws ec2 create-transit-gateway
```

위 명령을 실행하면 다음과 같은 결과가 나타나며, Transit Gateway ID와 기본 Transit Gateway 라우트 테이블 ID를 메모한다.

```
{
 "TransitGateway": {
  "TransitGatewayId": "tgw-0fe8e470174ca0be8",
  "TransitGatewayArn": "arn:aws:ec2:us-east-1:158826777352:transitgateway/
   tgw-0fe8e470174ca0be8",
```

```
    "State": "pending",
    "OwnerId": "158826777352",
    "CreationTime": "2020-05-11T17:26:35+00:00",
    "Options": {
      "AmazonSideAsn": 64512,
      "AutoAcceptSharedAttachments": "disable",
      "DefaultRouteTableAssociation": "enable",
      "AssociationDefaultRouteTableId": "tgw-rtb-01e158d45848e8522",
      "DefaultRouteTablePropagation": "enable",
      "PropagationDefaultRouteTableId": "tgw-rtb-01e158d45848e8522",
      "VpnEcmpSupport": "enable",
      "DnsSupport": "enable",
      "MulticastSupport": "disable"
    }
  }
}
```

3. VPC 서브넷에 Transit Gateway를 부착한다.

```
aws ec2 create-transit-gateway-vpc-attachment
--transit-gateway-id "tgw-0fe8e470174ca0be8"
--vpc-id "vpc-0d19e8153b4d142ed"
--subnet-ids "subnet-0e398e93c154e8757"

aws ec2 create-transit-gateway-vpc-attachment
--transit-gateway-id "tgw-0fe8e470174ca0be8"
--vpc-id "vpc-08edadb7e52eedd37"
--subnet-ids "subnet-08cce691ef4bfae40"
```

4. VPC 서브넷에 Transit Gateway를 부착하면, 기본 Transit Gateway 라우트 테이블에 서브넷으로 향하
는 라우트가 입력된다. 이렇게 동적으로 입력된 라우트는 다음 명령으로 확인할 수 있다.

```
aws ec2 search-transit-gateway-routes
--transit-gateway-route-table-id tgw-rtb-01e158d45848e8522
--filters "Name=type,Values=static,propagated"
```

다음 실행 결과에서 각각의 서브넷 CIDR을 확인할 수 있다.

```
{
  "Routes": [
    {
      "DestinationCidrBlock": "172.16.0.0/16",
      "TransitGatewayAttachments": [
        {
```

```
      "ResourceId": "vpc-0d19e8153b4d142ed",
      "TransitGatewayAttachmentId": "tgw-attach-0421300408cf0a63b",
      "ResourceType": "vpc"
    }
   ],
   "Type": "propagated",
   "State": "active"
  },
  {
   "DestinationCidrBlock": "172.17.0.0/16",
   "TransitGatewayAttachments": [
    {
      "ResourceId": "vpc-08edadb7e52eedd37",
      "TransitGatewayAttachmentId":"tgw-attach-
      07cfbfa14a60cbce2",
      "ResourceType": "vpc"
    }
   ],
   "Type": "propagated",
   "State": "active"
  }
 ],
 "AdditionalRoutesAvailable": false
}
```

이제, Transit Gateway에 두 서브넷이 소통할 수 있는 경로가 설정됐다.

5. Transit Gateway를 사용하려면, 각 서브넷의 라우트 테이블에 상대방 서브넷의 라우트를 추가해야 한다. 이를 위해 각 서브넷의 라우트 테이블 ID 및 CIDR을 입력한다.

```
aws ec2 create-route
--route-table-id rtb-097d8be97649e0584
--destination-cidr-block "172.17.0.0/16"
--transit-gateway-id tgw-0fe8e470174ca0be8

aws ec2 create-route
--route-table-id rtb-01bbf401d3b503764
--destination-cidr-block "172.16.0.0/16"
--transit-gateway-id tgw-0fe8e470174ca0be8
```

6. 다음 명령으로 라우트를 검증한다.

```
aws ec2 describe-route-tables
--filters Name=route.transit-gateway-id,
```

Values=tgw-0fe8e47+0174ca0be8

위 명령 실행 결과는 다음과 같다.

```
{
 "RouteTables": [
  {
   "Associations": [
    {
     "Main": true,
     "RouteTableAssociationId": "rtbassoc-00f60edb255be0332",
     "RouteTableId": "rtb-097d8be97649e0584",
     "AssociationState": {
      "State": "associated"
     }
    }
   ],
   "PropagatingVgws": [],
   "RouteTableId": "rtb-097d8be97649e0584",
   "Routes": [
    {
     "DestinationCidrBlock": "172.16.0.0/16",
     "GatewayId": "local",
     "Origin": "CreateRouteTable",
     "State": "active"
    },
    {
     "DestinationCidrBlock": "172.17.0.0/16",
     "TransitGatewayId": "tgw-0fe8e470174ca0be8",
     "Origin": "CreateRoute",
     "State": "active"
    },
    {
     "DestinationCidrBlock": "0.0.0.0/0",
     "GatewayId": "igw-0312f81aa1ef24715",
     "Origin": "CreateRoute",
     "State": "active"
    }
   ],
   "Tags": [],
   "VpcId": "vpc-0d19e8153b4d142ed",
   "OwnerId": "158826777352"
```

```
    },
    {
      "Associations": [
       {
        "Main": true,
        "RouteTableAssociationId": "rtbassoc-051c79bc6d208c008",
        "RouteTableId": "rtb-01bbf401d3b503764",
        "AssociationState": {
         "State": "associated"
        }
       }
      ],
      "PropagatingVgws": [],
      "RouteTableId": "rtb-01bbf401d3b503764",
      "Routes": [
       {
        "DestinationCidrBlock": "172.16.0.0/16",
        "TransitGatewayId": "tgw-0fe8e470174ca0be8",
        "Origin": "CreateRoute",
        "State": "active"
       },
       {
        "DestinationCidrBlock": "172.17.0.0/16",
        "GatewayId": "local",
        "Origin": "CreateRouteTable",
        "State": "active"
       }
      ],
      "Tags": [],
      "VpcId": "vpc-08edadb7e52eedd37",
      "OwnerId": "158826777352"
     }
    ]
   }
```

Transit Gateway 피어링

Transit Gateway를 이용하면 서로 다른 리전 간의 피어링도 가능하다. 다른 리전에 리소스가 산재한 경우에도 Transit Gateway를 이용해 VPN 연결 및 VPC 피어링 연결의 수를 줄이면서 리전 간 피어링을 구현할 수 있다.

멀티캐스트

AWS Transit Gateway는 VPC 간의 멀티캐스트^{multicast}도 지원한다. 각 멀티캐스트 도메인에서 인스턴스의 ENI를 지정해 멀티캐스트 소스로 사용할 수 있으며, 이를 멀티캐스트 그룹^{multicast group}이라 부른다. 또한 멀티캐스트 그룹 주소 및 EC2 인스턴스를 지정해 멀티캐스트 트래픽을 수신할 수 있다. 이 때, 어떤 EC2 인스턴스든 멀티캐스트를 수신할 수 있지만 멀티캐스트 송신은 Nitro 인스턴스만 가능하다.

단일 멀티캐스트 도메인에 다수의 멀티캐스트 그룹을 구성할 수 있으며, 단 하나의 멀티캐스트 도메인에만 VPC 서브넷을 연결하는 것도 가능하다. 단, 멀티캐스트 라우트는 다른 라우트 테이블에서 확인할 수 없다는 점에 주의한다.

블랙홀 라우트

특정 라우트를 차단하고 싶다면 Transit Gateway 라우트 테이블에 블랙홀^{blackhole} 엔트리를 추가하면 되며, 이렇게 추가된 블랙홀 라우트는 미리 지정된 라우트의 트래픽을 전부 차단한다. 블랙홀 라우트는 위협 요소로 알려진 IP 주소 등을 영구적으로 차단할 때는 물론 아직 연결 상태가 유지된 VPC의 트래픽을 일시적으로 차단할 때도 유용하다.

실습 예제 4.9에서 블랙홀 라우트를 생성해 보자.

실습 예제 **4.9**

블랙홀 라우트 생성하기

이번 예제에서는 172.16.100.64~172.16.100.71 주소 범위에 대한 블랙홀 라우트를 생성한 뒤, Transit Gateway를 삭제한다.

1. 다음 명령을 이용해 172.16.100.64/29 서브넷에 대한 블랙홀 라우트를 생성한다.

```
aws ec2 create-transit-gateway-route
--destination-cidr-block 172.16.100.64/29
--transit-gateway-route-table-id tgw-rtb-01e158d45848e8522
--blackhole
```

위 명령을 실행한 뒤, 과금을 피하기 위해 Transit Gateway를 삭제하는 것이 좋으며, 이를 위해 지난 실습예제 4.8에서 동일한 명령에 사용했던 Transit Gateway-VPC 부착 객체의 ID가 필요하다.

```
aws ec2 search-transit-gateway-routes
--transit-gateway-route-table-id tgw-rtb-01e158d45848e8522
--filters "Name=type,Values=static,propagated"
```

2. 다음 명령으로 Transit Gateway-VPC 부착 객체를 삭제한다.

```
aws ec2 delete-transit-gateway-vpc-attachment
--transit-gateway-attachment-id tgw-attach-0421300408cf0a63b
aws ec2 delete-transit-gateway-vpc-attachment
--transit-gateway-attachment-id tgw-attach-07cfbfa14a60cbce2
```

부착 객체가 삭제되는 데는 수 분이 소요될 수 있다.

3. 마지막으로, Transit Gateway를 삭제한다.

```
aws ec2 delete-transit-gateway --transit-gateway-id tgw-0fe8e470174ca0be8
```

AWS Direct Connect

AWS Direct Connect 서비스는 여러분의 AWS 리소스에 대한 프라이빗, 저지연성 연결을 제공한다. 주요 장점 중 하나는 AWS 리소스 접속 시, 인터넷을 우회해서 접속할 수 있는 방법을 제공해 문제 발생 가능성은 낮추고 광대역 인터넷을 사용할 수 있도록 해주는 것이다.

이는 여러분이 대량의 데이터를 전송할 때, 또는 실시간 데이터를 전송할 때 특히 유용하며, 법규에 의해 퍼블릭 인터넷으로 데이터를 전송해서는 안 될 때도 유용하다. Direct Connect를 이용해서 특정 리전에 있는 EC2 및 RDS 인스턴스, S3 버킷 등 모든 AWS 리소스에 퍼블릭이 아닌, 프라이빗 인터넷 망으로 접속할 수 있다.

Direct Connect는 전용 및 호스트, 두 가지 타입이 제공된다.

전용 연결 타입

전용^{Dedicated} 연결 타입은 물리적인 단일 연결로서 AWS Direct Connect 지점에서 중단된다. 전용 연결을 이용하려면 Direct Connect 지점에 자체 장비를 추가해야 한다. 각 연결 지점은 AWS 리전과 연결돼 있으며, 연결 지점을 통해 해당 리전에 있는 AWS 리소스에 접속할 수 있다. 예를 들어, Digital Realty ATL1 Direct Connect 시설은 us-east-1 리전에 대한 연결 서비스를 제공한다. 전용 연결 타입 이용 시,

1Gbps 또는 10Gbps 연결 속도를 선택할 수 있다. Direct Connect 지점 목록은 아래 링크에서 확인할 수 있다.

aws.amazon.com/directconnect/features/#AWS_Direct_Connect_Locations

호스트 연결 타입

1Gbps 미만의 연결 속도로도 충분하거나 Direct Connect 지점에 자체 장비를 추가할 여력이 없다면, 50Mbps~10Gbps 연결을 지원하는 호스트[Hosted] 연결 타입을 이용할 수 있다. 호스트 연결 타입은 Direct Connect 연결 지점에서 여러분의 데이터 센터 또는 사무실을 잇는 라스트 마일[last-mile] 연결을 제공한다.

Direct Connect Gateways

Direct Connect Gateway는 리전 내 여러 VPC를 하나의 연결 지점에서 접속할 수 있도록 해주는 글로벌 리소스이다. AWS 측에서는 Transit Gateway 또는 VPG가 Direct Connect Gateway로서 역할을 담당하고, 사용자 측에서는 Direct Connect Gateway가 여러분의 온프레미스 장비로 BGP 세션을 유지하며 IPv4 및 IPv6 라우트 프리픽스를 전파 및 수신한다.

가상 인터페이스

사용자는 Direct Connect 연결 방식에 따라 하나 이상의 가상 인터페이스[Virtual Interfaces]를 생성해서 사용하게 되며, AWS는 다음 세 가지 가상 인터페이스를 제공한다.

프라이빗 가상 인터페이스: 단일 VPC 내, EC2 또는 RDS 인스턴스 등과 같은 리소스의 프라이빗 IP 주소에 연결할 수 있다.

퍼블릭 가상 인터페이스: 퍼블릭 엔드포인트를 지닌 S3 또는 DynamoDB와 같은 AWS 서비스의 퍼블릭 IP 주소에 연결할 수 있으며, 온프레미스 애플리케이션을 퍼블릭 엔드포인트를 이용해서 AWS 서비스에 연결하려는 경우 유용하다.

트랜싯 가상 인터페이스: 하나 이상의 AWS 트랜싯 게이트웨이에 연결한다. 트랜싯 게이트웨이는 다수의 VPC에 흩어져 있는 리소스를 연결할 때 주로 사용하며, 1Gbps 이상의 속도를 제공한다.

1Gbps 이상의 속도를 지닌 Direct Connect 링크는 여러 개의 가상 인터페이스와 연결해서 사용할 수 있으며, 이 보다 낮은 속도의 링크는 하나의 가상 인터페이스 연결만 지원한다.

 VPN 연결과 달리 Direct Connect 링크는 암호화 기능을 제공하지 않지만, AWS 엔드포인트가 이미 TLS로 암호화돼 있으므로 온프레미스 네트워크와 AWS 간의 연결은 안전한 상태를 유지할 수 있다.

Direct Connect SiteLink

Direct Connect SiteLink는 Direct Connect 네트워크를 이용한 두 개의 온프레미스 사이트 연결 서비스이다. 두 온프레미스 사이트를 연결하려면, 동일 Direct Connect Gateway에 각 사이트의 VIF를 연결한 뒤 각 VIF에서 Direct Connect SiteLink를 활성화하면 된다. Direct Connect SiteLink는 BGP 및 IPv6를 지원한다.

고성능 컴퓨팅

고성능 컴퓨팅High-performance computing(이하 HPC)은 집약적인 워크로드를 다수의 인스턴스를 이용해서 동시에 병렬적으로 처리하는 연산 패러다임이다. 이 때 인스턴스는 HPC 클러스터를 이루게 되며, 인스턴스 간의 상호작용 수준에 따라 두 개의 카테고리로 나뉜다.

느슨하게 연결된 클러스터Loosely Coupled 느슨하게 연결된 워크로드는 개별 인스턴스가 독립적으로 처리할 수 있도록 다시 세분화되며, 이미지 프로세싱 등의 업무에 주로 활용된다. 또 다른 활용 사례인 DNA 염기배열 분석DNA sequencing의 경우, 게놈을 개별 요소로 세분화한 뒤, 이들 게놈 요소를 또 다른 노드에 추가해 새로운 분석을 시행할 수 있다. 느슨하게 연결된 클러스터의 경우, 하나의 인스턴스는 다른 인스턴스와 완전히 별개의 요소로 작동하며, 고속의 통신 등을 필요로 하지 않으므로, 별개의 클러스터 플레이스먼트 그룹에 배치할 수 있다.

긴밀하게 연결된 클러스터^{Tightly Coupled} 긴밀하게 연결된 워크로드는 개별적으로 분리하기도 어렵고, 처리를 위해 상당한 수준의 컴퓨팅 파워가 필요하다. 이런 작업을 처리하려면 여러 개의 인스턴스가 단일 슈퍼컴퓨터와 같이 작동할 수 있어야 하므로 인스턴스는 고속의 네트워크로 서로 연결돼 있어야 한다. 결국 이를 위해 여러 개의 인스턴스를 긴밀하게 연결해서 동일 클러스터 플레이스먼트 그룹에 배치하는 작업이 필요하다.

긴밀하게 연결된 워크로드의 대표적인 사례는 하나의 변수가 다른 변수에 영향을 미치는 복합적인 시뮬레이션 작업이며, 머신러닝, 기상 예측 등도 이에 해당한다. 클러스터의 각 인스턴스는 기상 조건 데이터를 기초로 분석을 시작하며, 기상 예측을 위한 지역, 기온, 강수량, 습도, 풍속 등 다양한 변수를 바꿔가며 시뮬레이션을 한다. 이들 변수는 얼마의 값이든 늘 존재하며 기상 예측에 영향을 미치므로, 이들 값의 변화를 지속적으로 공유하며 변화 수준을 예측해야 한다.

개별 인스턴스의 성능 저하 문제가 클러스터 전체로 이어지지 않도록, 긴밀하게 연결된 클러스터의 인스턴스는 거의 동일한 사양으로 구성하는 경우가 많다. 또한 개별 인스턴스의 실패가 다른 인스턴스에 영향을 주지 않도록, 개별 인스턴스의 시뮬레이션 상태 또는 단계를 정기적으로 저장해서 실패 상황에 대비한다.

HPC라는 단어는 보통 긴밀하게 연결된 HPC 클러스터를 의미한다. 그래서 보통의 경우 HPC는 고속, 저지연성, 고신뢰성 네트워크 연결을 기본 속성으로 한다.

일래스틱 패브릭 어댑터

일래스틱 패브릭 어댑터^{Elastic Fabric Adapter}(이하 EFA)는 전통적인 TCP/IP 네트워크 연결성을 지원하는 특수한 형태의 ENA이며, Libfabric API를 이용해 OS의 기본 TCP/IP 스택을 우회해 EFA에 직접 접속할 수 있도록 해주므로 HPC 애플리케이션을 위한 높은 처리량 및 저지연성을 제공한다.

EFA 트래픽은 라우팅으로 제어할 수 없으므로, HPC 애플리케이션에 EFA를 적용할 때는 모든 인스턴스가 동일 서브넷 내에 있도록 해야 한다. 또한 클러스터 내 모든 EFA는 동일한 보안 그룹에 부착돼야 하며, 보안 그룹은 유입 및 유출되는 모든 트래픽을 허용해야 한다. 아울러 (필수 사항은 아니지만) 인스턴스는 동일 클러스터 플레이스먼트 그룹에 넣어서 네트워크 전송 지연을 최소화하는 것이 좋다.

EFA는 상당히 고가인 인스턴스 타입만 지원하고, 하나의 인스턴스에는 하나의 EFA만 부착할 수 있으므로 인스턴스 시작 시 혹은 인스턴스 중지 시에만 EFA 부착 작업을 할 수 있다.

AWS ParallelCluster

AWS ParallelCluster는 Linux 기반 HPC 클러스터를 자동으로 관리하며, 클러스터 인스턴스 프로비저닝 작업을 수행하고, 15GB의 공유 파일 시스템을 자동으로 생성한다.

공유 파일 시스템은 마스터 인스턴스에 부착된 EBS 볼륨에 저장되며, NFS^{Network File System}를 통해 다른 인스턴스에 저장된 파일을 공유할 수 있다. NFS 외에도 Amazon EFS 또는 Amazon FSx를 연결해 공유 파일 시스템으로 활용할 수 있다.

또한 ParallelCluster는 AWS Batch를 이용해 배치 스케줄러를 생성한다. 사용자가 배치 스케줄러에 HPC 컴퓨팅 잡을 제출하면, ParallelCluster가 작업에 맞춰 자동으로 클러스터의 확대 또는 축소한다.

정리

VPC는 EC2 및 다른 AWS 서비스를 활용하기 위한 네트워크 서비스로서, 전통적인 방식보다 훨씬 사용하기 편리하게 환경설정이나 네트워크 요소를 추상화했지만, 사용자 여러분은 아키텍트로서 VPC를 좀 더 효과적으로 활용하기 위해 네트워크에 대한 기초 지식을 탄탄하게 쌓을 필요가 있다.

AWS는 리전 별로 기본 VPC를 생성한 뒤, 기본 서브넷, 기본 라우트 테이블, 기본 보안 그룹, 기본 NACL을 함께 제공한다. 상당수의 사용자는 기본 VPC를 별다른 구성 변경 없이 그대로 사용하는 경우가 많으므로, 아키텍트인 여러분은 처음 VPC를 구성할 때부터 개별 네트워크 요소 및 각종 추상적인 개념을 잘 이해하고, 처음부터 제대로 가상 네트워크 인프라를 구성해야 한다. 개발 과정에서, 기본 VPC를 그대로 사용할 수 없는 경우가 자주 등장하며, 이 때 여러분은 기본 VPC를 복사한 뒤, 이를 수정해 가면서 다양한 문제 상황을 해결하는 연습을 할 수 있을 것이다. 이번 4장에서 익힌 내용을 잘 활용한다면, 아키텍트가 된 후에도 편안한 마음으로 네트워크 및 VPC를 활용할 수 있을 것이다.

전통적인 네트워크에서는 서버 IP 주소를 자유롭게 구성하고, 다른 서브넷으로 이동하고, 다른 물리적 위치로 이동시키는 등, 높은 수준의 유연성을 체감할 수 있지만, 이미 많은 것이 체계화, 추상화된 VPC에서는 그러한 유연성을 체감하기 어렵다. 하지만, 클라우드에서는 네트워크에 대한 유연성보다 애플리케이션 인프라 전체에 대한 가용성, 탄력성을 중시하므로 VPC 및 이에 연결되는 EC2 요소의 융합에 좀 더 많은 관심을 가질 필요가 있다.

VPC 작업은 CIDR라는 연속적 IP 주소 범위를 정하는 일로 시작한다. 기본 CIDR 생성 시, 주소 범위는 모든 인스턴스를 수용할 수 있을 만큼 충분하면서도, 향후 보조 CIDR을 만들 수 있을 정도의 여유 주소를 남겨두는 것이 좋다.

다음, VPC CIDR을 서브넷으로 나눈다. 서브넷은 AZ 별로 존재하는 주소 컨테이너이므로, 서브넷 생성 전 인스턴스를 어떤 AZ에 배치할지 미리 결정해야 하며, 일단 서브넷에 인스턴스를 만들고 나면 변경할 수 없다.

모든 인스턴스의 ENI에는 보안 그룹을 하나 이상 연결해야 하므로, 인스턴스를 시작하기 전에 보안 그룹을 구성한다. NACL은 보안 그룹보다 높은 수준의 유연성을 제공하며, 필요할 땐 언제든 서브넷에 NACL을 연결하거나, 서브넷과 NACL을 함께 생성해서 사용할 수 있다.

퍼블릭 인터넷으로 여러분의 인스턴스를 접속하려면 인터넷 게이트웨이를 추가하고, 기본 라우트 생성 후 퍼블릭 IP 주소를 할당한다. 또한 NAT 게이트웨이, NAT 인스턴스, VPC 피어링을 사용하려면 이와 관련된 다수의 라우트 테이블을 수정해야 한다.

시험 대비 전략

VPC 및 서브넷의 IP 주소 수에 따라 CIDR 프리픽스의 길이가 어떻게 달라지는지 이해한다. 프리픽스는 /16~/28 범위를 사용할 수 있으며, 프리픽스 길이가 커질수록, 사용 가능한 IP 주소의 수는 감소한다.

서브넷의 중요성을 이해한다. 서브넷은 EC2 인스턴스를 담고 있는 로지컬 컨테이너이며, 각 서브넷의 CIDR 블록은 그 서브넷이 포함돼 있는 VPC CIDR 블록의 일부가 된다. 서브넷에 포함된 인스턴스는 서브넷 CIDR 범위 내의 프라이빗 IP 주소를 가져오되, 처음 4개 IP 주소와 마지막 IP 주소는 AWS가 예약한 것이므로 여러분이 임의로 사용할 수 없다.

AZ 장애의 파급효과를 이해한다. 하나의 AZ에서 장애가 발생하면 해당 영역의 모든 서브넷과 그 속에 포함된 모든 인스턴스도 함께 정지된다. AZ 장애에도 불구하고 서비스가 지속되도록 하려면, 인스턴스를 다른 AZ에 중복 구현해야 한다.

ENI 생성 및 활용 규칙을 이해한다. 모든 인스턴스는 기본 프라이빗 IP 주소를 사용하는 기본 네트워크 인터페이스가 있어야 하며, 인스턴스에 ENI를 추가로 부착하는 경우 기본 ENI와 같은 서브넷에 있어야 한다.

라우트 테이블의 생성, 수정, 활용 방법을 이해한다. VPC의 기본 라우트 테이블의 목적과 VPC의 서브넷과의 관계를 이해해야 한다. 또한 인터넷 게이트웨이 및 기본 라우트로 퍼블릭 서브넷을 생성하는 방법도 잘 이해하고 있어야 한다.

보안 그룹과 NACL의 차이점을 이해한다. 스테이트풀 속성의 보안 그룹과 스테이트리스 속성의 NACL을 이용해서 동일한 보안 기능을 확보할 수 있는 방법을 이해한다.

NAT의 작동 방식을 이해한다. 인터넷 게이트웨이에서의 NAT의 작동 방식과 NAT 디바이스에서 NAT의 작동 방식 차이를 알고 있어야 한다. NAT 디바이스에서 이뤄지는 NAT 작업을 PAT^port address translation라고도 부른다. 다수의 인스턴스는 하나의 NAT 디바이스를 이용해 단일 퍼블릭 IP 주소를 공유할 수 있다.

다수의 VPC를 연결하기 위한 VPC 피어링 생성 및 구성 방법을 이해한다. VPC 피어링 연결의 한계점이 무엇인지 이해한다. VPC 피어링은 전이 라우팅 및 IPv6를 지원하지 않는다. 리전 간 피어링은 일부 리전에서 사용 가능하다.

평가 문제

1. VPC CIDR 블록에서 IPv4 프리픽스 길이의 허용 범위는 얼마인가?

   A. /16 에서 /28
   B. /16 에서 /56
   C. /8 에서 /30
   D. /56 만 가능

2. 여러분은 CIDR 192.168.16.0/24인 VPC를 생성했다. 이 VPC에 보조 CIDR을 할당하려고 한다면, 어떤 CIDR을 사용할 수 있는가?

   A. 172.31.0.0/16
   B. 192.168.0.0/16
   C. 192.168.0.0/24
   D. 192.168.16.0/23

3. 여러분은 CIDR이 10.0.0.0/16인 VPC에 2개 서브넷을 만들어야 한다. 여분의 서브넷을 위한 공간을 남겨야 한다면, 다음 중 VPC 서브넷에 할당할 수 있는 CIDR은 무엇인가? (모두 선택)

   A. 10.0.0.0/24
   B. 10.0.0.0/8
   C. 10.0.0.0/16
   D. 10.0.0.0/23

4. 서브넷과 AZ의 관계에 대한 설명으로 맞는 것은 무엇인가?

   A. 하나의 서브넷은 여러 AZ에 존재할 수 있다.
   B. 하나의 AZ에는 여러 개의 서브넷이 존재할 수 있다.
   C. 하나의 AZ에는 단 하나의 서브넷만 존재할 수 있다.
   D. 서브넷의 CIDR은 AZ에서 파생된다.

5. ENI에 대한 설명으로 옳은 것은?

   A. 속해 있는 서브넷에서 프라이빗 IP 주소를 받아야 한다.

   B. 인스턴스와 별개로 존재할 수 없다.

   C. 다수의 서브넷에 연결할 수 있다.

   D. 다른 서브넷에서 다수의 IP 주소를 지닐 수 있다.

6. 보안 그룹에 대한 설명으로 옳은 것은?

   A. 단 하나의 보안 그룹만 ENI에 부착할 수 있다.

   B. 보안 그룹은 항상 ENI에 부착돼 있어야 한다.

   C. 보안 그룹은 서브넷에 부착할 수 있다.

   D. 모든 VPC에는 기본 보안 그룹이 있다.

7. NACL과 보안 그룹의 차이점은 무엇인가?

   A. NACL은 스테이트리스 속성을 지닌다.

   B. NACL은 스테이트풀 속성을 지닌다.

   C. NACL은 ENI에 부착할 수 있다.

   D. NACL은 단 하나의 서브넷에만 연결할 수 있다.

8. 인터넷 게이트웨이란 무엇인가?

   A. 다수의 VPC에 속한 인스턴스가 인터넷에 접속할 수 있게 해주는 리소스

   B. 내재된 라우터

   C. 물리적 라우터

   D. 관리형 IP 주소가 없는 VPC 리소스

9. 기본 IPv4 라우트의 대상 주소는 무엇인가?

   A. 0.0.0.0/0

   B. ::0/0

   C. 인터넷 게이트웨이

   D. 내재된 라우터의 IP 주소

10. 여러분은 VPC에서 새 라우트 테이블을 생성한 뒤, 별도의 환경설정 작업을 하지 않았다. 다음, 해당 VPC에 새 서브넷을 생성했다. 이 때, 새 서브넷에 연결될 라우트 테이블은 무엇인가?

A. 메인 라우트 테이블

B. 여러분이 생성한 라우트 테이블

C. 기본 설정 라우트 테이블

D. 해당 없음

11. 여러분이 Linux 인스턴스를 생성한 뒤, AWS가 자동으로 프라이빗 IP 주소를 할당하도록 했지만, 퍼블릭 IP 주소는 할당받지 않았다. 이 때, 인스턴스 중지 후 재시작하면 어떤 일이 발생하는가?

A. 인터넷에서 해당 인스턴스로 직접 SSH 접속을 할 수 없다.

B. 해당 인스턴스는 인터넷에 접속할 수 없다.

C. 해당 인스턴스는 동일한 프라이빗 IP 주소를 받는다.

D. 해당 인스턴스는 동일한 서브넷의 다른 인스턴스에 연결할 수 없다.

12. 퍼블릭 IP 주소 없이 실행중인 인스턴스에 퍼블릭 IP 주소를 할당하려면 어떻게 해야 하는가?

A. ENI를 할당하고, 이를 인스턴스의 기본 EIP와 연결한다.

B. EIP를 할당하고, 인스턴스의 기본 ENI와 연결한다.

C. 자동 할당 퍼블릭 IP를 사용하도록 인스턴스의 환경설정을 수정한다.

D. EIP를 할당하고, 인스턴스의 ENI와 프라이빗 IP 주소가 같은 내용이 되도록 변경한다.

13. 자동 할당된 퍼블릭 IP를 지닌 인스턴스가 다른 인스턴스의 EIP로 패킷을 전송하면, 대상 인스턴스에게 제공되는 소스 주소는 무엇인가?

A. 퍼블릭 IP

B. EIP

C. 프라이빗 IP

D. 0.0.0.0

14. 인스턴스와 NAT 디바이스가 서로 다른 서브넷에 있어야 하는 이유는 무엇인가?

    A. 각자 다른 기본 게이트웨이를 사용해야 한다.

    B. 각자 다른 NACL을 사용해야 한다.

    C. 각자 다른 보안 그룹을 사용해야 한다.

    D. NAT 디바이스는 퍼블릭 인터페이스와 프라이빗 인터페이스가 필요하다.

15. NAT 인스턴스와 NAT 게이트웨이의 차이점은 무엇인가?

    A. NAT 게이트웨이는 여러 타입이 있다.

    B. NAT 인스턴스는 자동으로 확장 가능하다.

    C. NAT 게이트웨이는 여러 AZ로 확장 가능하다.

    D. NAT 게이트웨이는 자동으로 확장 가능하다.

16. NAT 작업을 수행하는 VPC 리소스는 무엇인가?

    A. 인터넷 게이트웨이

    B. 라우트 테이블

    C. EIP

    D. ENI

17. NAT 인스턴스 생성 후, 여러분이 NAT 인스턴스에 구성해야 하는 것은 무엇인가?

    A. ENI에서 소스/대상주소 확인 비활성화한다.

    B. ENI에서 소스/대상주소 확인 활성화한다.

    C. NAT 게이트웨이를 타겟으로 하는 라우트 테이블에 기본 라우트 생성한다.

    D. 인스턴스에 기본 프라이빗 IP 주소를 할당한다.

18. VPC 피어링과 관련해 다음 중 옳은 것은 무엇인가?

    A. 전이 라우팅은 지원하지 않는다.

    B. VPC 피어링 연결에는 퍼블릭 IP 주소가 필요하다.

    C. 단일 피어링 연결을 통해 최대 3개의 VPC를 피어링할 수 있다.

    D. 피어링 연결을 통해 여러 VPC가 하나의 인터넷 게이트웨이를 공유할 수 있다.

19. 여러분은 두 개의 VPC를 연결하기 위해 하나의 VPC 피어링 연결을 생성했다. 이를 이용해서 인스턴스와 인스턴스 간 양방향 통신을 구현하려면 어떻게 해야 하는가? (모두 선택)

    A. 피어링 연결을 타겟으로 하는 두 개의 라우트를 생성한다.

    B. 피어링 연결을 타겟으로 하나의 기본 라우트를 생성한다.

    C. VPC 간에 또 다른 피어링 연결을 생성한다.

    D. 인스턴스의 보안 그룹을 올바르게 구성한다.

20. 다음 중 리전 간 VPC 피어링의 제약 사항이 아닌 것은 무엇인가?

    A. 일부 리전에서는 지원하지 않는다.

    B. 최대 MTU는 1,500 바이트이다.

    C. IPv4를 사용할 수 없다.

    D. IPv6를 사용할 수 없다.

21. 다음 중 항상 암호화돼 제공되는 연결은 무엇인가?

    A. Direct Connect

    B. VPN

    C. VPC 피어링

    D. Transit gateway

22. 다음 중 서로 다른 리전에 있는 EC2 인스턴스가 프라이빗 IP 주소를 이용해서 소통할 수 있도록 하는 것은 무엇인가? (3개 선택)

    A. VPN

    B. Direct Connect

    C. VPC 피어링

    D. Transit gateway

23. 다음 중 트랜싯 게이트웨이 라우트 테이블의 라우트에 대한 설명으로 옳은 것은?

    A. 멀티캐스트가 가능하다.

    B. 블랙홀 라우트가 가능하다.

    C. 타겟으로 인터넷 게이트웨이를 설정할 수 있다.

    D. 타겟으로 ENI를 설정할 수 있다.

24. 다음 중 긴밀하게 연결된 HPC 워크로드의 예로 적절한 것은 무엇인가?

    A. 이미지 프로세싱

    B. 오디오 프로세싱

    C. DNA 시퀀싱

    D. 허리케인 경로 예측

    E. 비디오 프로세싱

5

데이터베이스 서비스

AWS 공인 솔루션스 아키텍트 어소시에이트 시험 범위 중 5장에서 살펴볼 영역별 세부 항목은 다음과 같다.

출제영역 2: 복원성 아키텍처 설계

출제영역 3: 고성능 아키텍처 설계

출제영역 4: 비용최적화 아키텍처 설계

개요

대부분의 애플리케이션은 하나 이상의 데이터베이스를 사용하며, 데이터베이스는 데이터의 저장, 조직화, 인출을 돕는다. 보통의 파일 시스템으로도 데이터를 저장할 수는 있지만 데이터 활용 작업의 속도가 떨어진다. 개발자는 데이터베이스를 이용함으로써 파일 시스템 구성이나 데이터 입출력 대신 애플리케이션 개발에 더욱 집중할 수 있다.

데이터베이스 기반 애플리케이션의 가용성 및 성능은 결국 데이터베이스와 환경설정 내용에 영향을 받는다. 데이터베이스는 관계형 및 비관계형, 두 가지 유형이 있으며, 여러분이 데이터를 어떤 방식으로 저장, 조직화, 인출할 것인지에 따라 적합한 데이터베이스를 결정할 수 있다.

5장에서는 이들 두 가지 유형의 데이터베이스의 차이점과 애플리케이션별 활용 방법에 대해 알아보고, AWS가 제공하는 데이터베이스를 통해 여러분이 원하는 수준의 가용성 및 성능 수준에 따라 어떤 것을 선택할지 알아본다. 마지막으로 데이터베이스 실패에 대비해 데이터 보호 및 복원 방법을 알아본다.

5장에서 살펴볼 AWS의 세 가지 관리형 데이터베이스 서비스는 다음과 같다.

- Amazon Relational Database Service(RDS)
- Amazon Redshift
- DynamoDB

관계형 데이터베이스

관계형 데이터베이스는 최소 하나 이상의 테이블을 지닌다. 테이블은 마이크로소프트 엑셀 등 스프레드시트의 칼럼^{columns}과 로우^{rows}로 생각해도 되고, 칼럼은 속성 attributes으로 로우는 레코드^{records} 또는 튜플^{tuples}로도 부른다.

칼럼 및 속성

관계형 데이터베이스 테이블에 데이터를 넣기 전, 칼럼 이름과 데이터 타입을 미리 정의해야 한다. 칼럼은 순서에 따라 조직화되므로 테이블 생성 후에는 순서를 바꿀 수 없다. 그리고 속성 간에 존재하는 이와 같은 순서가 관계형 데이터베이스의 특징이자 이름이 붙여진 이유라 할 수 있다.

표 5.1은 직원 레코드를 포함한 관계형 데이터베이스 테이블이다.

표 5.1 Employees 테이블

Employee ID (Number)	Department (String)	Last name(String)	First name(String)	Birthdate(Date)
101	Information technology	Smith	Charlotte	07–16–1987
102	Marketing	Colson	Thomas	07–04–2000

데이터는 각 칼럼 별로 미리 정의된 타입과 일치해야 한다. 예를 들어, Employee ID는 숫자 데이터 타입으로 지정됐으므로 문자가 와서는 안 된다. 이에 따른 관계형 데이터베이스의 장점은 데이터 조회, 즉 쿼리 작업을 유연하게 할 수 있다는 것이며, 데이터 쿼리 작업에 앞서 데이터의 구조나 특성을 미리 알고 있을 필요가 없다.

데이터가 일관된 방식으로 저장되기만 하면, 여러분이 원하는 데이터를 원하는 방법으로 조회해볼 수 있다. 임의의 칼럼에 존재하는 데이터를 조회하거나 표시 방법을 필요에 따라 수정해야 하는 경우, 관계형 데이터베이스의 유용성은 더욱 높아진다.

예를 들어, 관계형 데이터베이스에서는 이름이 Charlotte인 모든 직원의 생일을 매우 쉽게 조회해 볼 수 있고, 7월이 생일인 직원 명단 또한 쉽게 확인할 수 있다. 관계형 데이터베이스는 여러분의 데이터 저장 및 관리 작업을 쉽고 빠르게 처리할 수 있게 돕는다.

또 다른 장점은 테이블 생성후 필요에 따라 칼럼을 추가할 수 있다는 것이다. 칼럼을 삭제하는 것도 가능하지만, 칼럼 삭제시 그에 속한 모든 데이터도 삭제된다. 위 표에서 First Name 칼럼을 삭제하면, 테이블 내 모든 직원의 이름 데이터가 삭제된다.

여러 개의 테이블 활용하기

하나의 테이블에 모든 데이터를 저장하면, 불필요한 복제가 발생하고, 데이터베이스의 크기가 불필요하게 커지며, 쿼리 속도도 느려지므로 보통의 애플리케이션은 여러 개의 연관 테이블을 사용한다. 위 표에서 Information technology 부서에 50명의 직원이 있다면 각 레코드의 테이블마다 Information technology라는 데이터가 50번이나 반복된다.

이런 불필요한 반복을 피하기 위해 표 5.2와 같이 부서 이름을 별도의 테이블에 저장할 수 있다.

표 5.2 Departments 테이블

Department ID(Number)	Department name(String)
10	Information technology
20	Marketing

모든 직원 레코드에 부서 이름을 넣는 대신, Departments 테이블에 한 번만 부서 이름을 기록한다. 그러면 표 5.3과 같이 Employees 테이블은 Department ID를 이용해 부서 이름을 참조하면 된다.

표 5.3 Employees 테이블

Employee ID (Number)	Department (String)	Last name(String)	First name(String)	Birthdate(Date)
101	10	Smith	Charlotte	07-16-1987
102	20	Colson	Thomas	07-04-2000

관계라는 측면에서 Departments 테이블은 부모 테이블이고, Employees 테이블은 자식 테이블이 된다. Employees 테이블의 각 Department 칼럼 값은 Departments 테이블의 Department ID를 참조하게 되며, Department 칼럼의 데이터 타입이 여전히 String 타입이라는 점에 주의한다.

데이터 타입을 숫자형으로 바꿀 수도 있지만 그러지 않아도 된다. Departments 테이블의 Department ID를 기본 키, 프라이머리 키primary key라 부르며, 테이블 내에서 유일한 속성으로서 각 로우에서 유일한 요소여야 한다. Employees 테이블은 Department ID를 외래 키, 포린 키foreign key로 참조한다.

사용자는 기본 키와 외래 키를 이용해 서로 다른 테이블에 존재하는 칼럼의 관계성을 설명할 수 있다. 데이터베이스는 외래 키 제약 조건을 통해 자식 테이블이 외래 키로 데이터를 참조하는 경우 해당 부모 테이블에도 동일한 외래 키가 존재하는지 확인한다.

관계형 데이터베이스라는 말에서 '관계'라는 단어를 테이블 간에 존재하는 관계로 이해하는 경우가 있는데, 실은 데이터베이스 열에 기록된 속성 간에 존재하는 관계를 의미한다. 즉, 열에 기록된 모든 속성은 어떤 방식으로든 서로 관련성이 있다. 단 하나의 테이블만 지닌 관계형 데이터베이스도 있다는 점을 상기하면 이해하기 쉬울 것이다.

구조화 질의어

사용자는 관계형 데이터베이스에서의 저장, 쿼리 작업, 각종 데이터베이스 유지 보수 업무에 구조화 질의어SQL, Structured Query Language을 사용하며, 이 때문에 관계형 데이터베이스를 종종 SQL 데이터베이스로도 부른다.

SQL 명령은 관계형 데이터베이스 관리 시스템RDBMS, Relational Database Management System에 따라 약간씩 차이가 있을 수 있다. 거의 모든 주요 프로그래밍 언어가 SQL 활용에 필요한 라이브러리와 상호작용 방법을 제공하므로 여러분이 데이터베이스를 사용하기 위해 반드시 SQL에 통달해야 하는 것은 아니지만 SQL의 주요 명령을 중심으로 한 핵심 개념에 대한 이해는 필요하다.

데이터 조회

SELECT 명령은 SQL 데이터베이스에서 데이터를 조회할 때 사용하며, 특정 칼럼의 값을 기준으로 조회하거나, 특정 칼럼의 값을 반환하도록 할 수 있다. 이해하기 쉬운 테이블 구조 및 외래 키가 지닌 제약 사항 덕분에 SELECT 명령에 JOIN 구문을 추가해 다른 테이블의 데이터를 결합할 수 있다.

데이터 저장

INSERT 명령을 이용해 테이블에 데이터를 직접 삽입할 수 있다. 예를 들어, CRM 애플리케이션에 새 고객 정보를 입력할 때, 애플리케이션은 SQL INSERT 명령을 이용해 백엔드에서 테이블에 고객 데이터를 추가한다. 데이터베이스에 대량의 레코드를 입력해야 하는 경우, COPY 명령을 이용해 여러분이 지정한 테이블에 적절한 포맷으로 파일을 복사할 수 있다.

OLTP 온라인 입출력 처리 vs. OLAP 온라인 분석 처리

관계형 데이터베이스는 데이터의 빈번하면서도 빠른 입출력에 최적화하거나, 대량의 복잡한 쿼리 작업에 최적화할 수 있으며, 이를 위해 환경 구성 방식에 따라 온라인 입출력 처리^{OLTP, OnLine Transaction Processing} 또는 온라인 분석 처리^{OLAP, OnLine Analytic Processing} 등 두 가지 유형으로 나눠서 사용할 수 있다.

OLTP

OLTP 데이터베이스는 데이터의 빈번한 읽기 및 쓰기 작업이 요구되는 애플리케이션에 적합하며, 신속한 쿼리 작업에 최적화돼 있고, 비교적 정형화된 쿼리를 주로 사용하게 된다.

데이터베이스 크기 및 성능 요구 사항에 따라 다르지만 기본적으로 OLTP 데이터베이스는 데이터에 대한 신속한 접근을 위해 높은 수준의 메모리 용량을 지니며 보통 충분한 수준의 메모리 및 컴퓨트 용량을 지닌 단일 서버를 통해 모든 쓰기 및 읽기 작업을 처리한다.

OLTP 데이터베이스는 분당 수백건의 주문을 처리하는 온라인 주문 시스템 등에 주로 사용된다.

OLAP

OLAP 데이터베이스는 대규모 데이터에 대한 복잡한 쿼리 작업에 적합하며, 높은 수준의 컴퓨트 및 스토리지 성능이 요구된다. 데이터 웨어하우스 애플리케이션의 경우 단일 OLAP 데이터베이스에 다수의 OLTP 데이터베이스를 결합해 사용한다.

예를 들어, 인사 관리 시스템을 위해 OLTP 데이터베이스를 사용하는 경우 임직원의 데이터는 여러 테이블에 흩어져 있는데 데이터 웨어하우스 애플리케이션의 OLAP 데이터베이스는 이렇게 흩어진 테이블을 하나의 테이블에 집약해 빈번하지는 않지만 정기적으로 데이터에 접근하게 된다.

이를 통해 데이터에 대한 체계적인 SQL 쿼리 작업이 가능하며, 고성능의 OLAP에 복잡한 쿼리 작업을 분산함으로써 데이터 처리 및 분석에 소요되는 시간을 단축시킬 수 있다.

대규모 OLAP 데이터베이스의 경우 여러 개의 서버를 두고 복잡한 쿼리 작업의 처리를 나눠서 처리한다. 이러한 파티셔닝partitioning 또는 샤딩sharding 작업을 통해 각 서버가 처리해야 할 부분만 맡아서 처리하도록 할 수 있다.

Amazon RDS

Amazon Relational Database Service(이하 RDS)는 관리형 데이터베이스 서비스로서 클라우드 기반 관계형 데이터베이스다. RDS는 데이터베이스 초기 설정, 백업 작업, 고가용성 유지, 소프트웨어 패치, OS 관리 등 데이터베이스 실행을 위한 모든 작업을 수행하며, 데이터베이스 복원, 데이터 복구, 확장 등의 업무도 자동으로 수행한다.

RDS를 배포하려면 가장 먼저 격리된 데이터베이스 환경에서 데이터베이스 인스턴스를 구성한다. 데이터베이스 인스턴스는 여러분이 지정한 VPC에 생성되며, 약간의 수작업이 필요한 EC2 인스턴스와 달리 AWS가 데이터베이스 인스턴스 생성과 관련된 전과정을 관리한다. 데이터베이스 인스턴스는 SSH 접속이 불가능하며, EC2 인스턴스에서 바로 접근할 수 없다.

데이터베이스 엔진의 종류

데이터베이스 엔진이란, 데이터베이스에 데이터를 저장, 조직화, 인출하는 소프트웨어이며, 각 데이터베이스 인스턴스는 오직 하나의 데이터베이스 엔진만 실행한다.

RDS가 제공하는 여섯 가지의 엔진은 다음과 같다.

MySQL MySQL은 블로그, 커머스 등 OLTP 애플리케이션에 적합하며, RDS는 최신의 MySQL Community Edition 버전을 제공한다. MySQL은 MyISAM과 InnoDB, 두 개의 스토리지 엔진을 지원하지만, RDS의 자동 백업 기능과 호환성이 있는 InnoDB를 사용한다.

MariaDB MariaDB는 MySQL이 Oracle에 인수되면서 개방성 및 사용성에 제약이 생길 것을 우려해서 만든 MySQL의 대체품이라 할 수 있으며, 스토리지 엔진으로 XtraDB 및 InnoDB를 지원하지만 RDS와의 호환성을 위해서 InnoDB를 사용하는 것을 권장한다.

Oracle Oracle은 가장 널리 사용되는 DBMS로서, 일부 애플리케이션은 오직 Oracle 데이터베이스 기반으로만 실행되기도 한다. RDS가 제공하는 Oracle Database 에디션은 다음과 같다.

- Standard Edition One(SE1)
- Standard Edition Two(SE2)
- Standard Edition(SE)
- Enterprise Edition(EE)

PostgreSQL PostgreSQL는 Oracle 호환 오픈소스 데이터베이스이며, Oracle용으로 개발된 내부용 애플리케이션을 좀 더 저렴하게 실행할 수 있는 방법이라 할 수 있다.

Amazon Aurora Aurora는 Amazon이 제공하는 MySQL 및 PostgreSQL의 대체품이라 할 수 있으며, 스토리지의 쓰기 횟수를 감소시키는 가상화 스토리지 레이어를 이용해 좀 더 높은 수준의 쓰기 성능을 제공한다. Aurora는 다음 두 가지 에디션으로 제공된다.

- MySQL 호환형

- PostgreSQL 호환형

이들 에디션을 선택하면, PostgreSQL 또는 MySQL의 임포트/익스포트 도구와 스냅샷과도 호환되는 데이터베이스를 구성할 수 있으며, 마이그레이션 작업 역시 빈 틈 없이 처리할 수 있다.

MySQL 호환형의 경우 Aurora는 InnoDB 스토리지 엔진만 지원한다. 또한 MySQL 용으로 설계된 Aurora Backtrack을 이용하면 불과 수 초 내에 지난 72시간 중 어떤 시점으로도 데이터베이스를 복구할 수 있다.

Microsoft SQL Server RDS는 2012년부터 현재까지의 Microsoft SQL Server 버전을 지원하며, 사용자는 Express, Web, Standard, 또는 Enterprise 에디션 중 선택할 수 있다. 이들 다양한 버전과 에디션을 이용해서 기존 온프레미스 데이터베이스를 별도의 작업 없이 RDS로 이전할 수 있다.

라이선스 계약에 대한 고려사항

RDS는 데이터베이스 엔진 소프트웨어 사용과 관련해 두 가지 라이선스 모델을 제공한다. 라이선스 포함 모델은 RDS 인스턴스 사용료에 라이선스 비를 포함한 것이고, 자체 보유 라이선스^{BYOL, Bring Your Own License} 모델은 사용자가 데이터베이스 엔진 실행에 필요한 라이선스를 직접 확보하도록 한 것이다.

라이선스 포함 모델 MariaDB와 MySQL은 GPL 2.0을, PostgreSQL은 PostgreSQL 라이선스의 적용을 받으며, 무료 사용 라이선스에 해당한다. RDS에서 실행되는 Microsoft SQL Server의 모든 버전과 에디션, Oracle Database Standard Edition One(SE1) 및 Standard Edition Two(SE2)에는 라이선스비가 포함돼 있다.

자체 보유 라이선스 모델 Oracle 데이터베이스 엔진만 해당되며, 아래 에디션은 자체 보유 라이선스를 사용해야 한다.

- Enterprise Edition(EE)

- Standard Edition(SE)

- Standard Edition One(SE1)
- Standard Edition Two(SE2)

데이터베이스 옵션 그룹

각각의 데이터베이스 엔진은 데이터베이스 관리 및 보안을 위해 다양한 기능과 옵션을 제공하며, 사용자는 옵션 그룹을 이용해 하나 이상의 인스턴스에 이들 기능과 옵션을 쉽게 적용할 수 있다. 단, 옵션 적용을 위해서는 상당한 양의 메모리가 필요하므로 여러분의 인스턴스가 옵션 실행에 필요한 충분한 메모리가 있는지 확인한다.

데이터베이스 옵션 그룹에서 사용할 수 있는 옵션은 엔진에 따라 다르며, Oracle은 Amazon S3 통합 기능을 제공하고, Microsoft SQL Server와 Oracle은 스토리지 저장전 데이터를 암호화하는 TDE^{Transparent Data Encryption} 암호화 옵션을 제공하며, MySQL과 MariaDB는 사용자가 데이터베이스 쿼리 작업을 하기 전에 로그인을 요구하는 감사(audit) 플러그인을 제공한다.

데이터베이스 인스턴스 클래스의 종류

데이터베이스 인스턴스를 시작하기에 앞서, 사용자는 인스턴스의 연산력, 메모리, 네트워크, 디스크 처리용량 등을 먼저 결정해야 한다. RDS는 데이터베이스의 성능 요구 수준에 맞춰 다양한 데이터베이스 인스턴스 타입을 제공한다. 일단 데이터베이스 인스턴스를 사용한 뒤에 요구 성능이 변경되면 인스턴스 또는 클래스를 변경해 맞출 수 있다. RDS는 스탠다드, 메모리 최적화, 성능 가속 등 세 가지 타입의 데이터베이스 인스턴스를 제공한다.

스탠다드 데이터베이스 인스턴스

대부분 사용자의 데이터베이스에 대한 요구 수준에 맞춘 클래스로서 최신의 인스턴스 클래스인 db.m5는 다음과 같은 성능을 지닌다.

- 384GB 메모리
- 96vCPU
- 25Gbps 네트워크 대역폭

- 19,000Mbps(2,375MBps) 디스크 처리용량

메모리 최적화 데이터베이스 인스턴스

메모리 최적화 타입은 높은 수준의 성능을 요구하는 데이터베이스에 적합한 인스턴스 타입으로, 메모리에 훨씬 더 많은 데이터를 저장할 수 있도록 충분한 메모리를 제공해 쿼리 속도를 높여준다. 최신 메모리 최적화 클래스로는 db.x1e, db.z1d, db.r5 등이 있으며, 최고 사양인 db.x1e 클래스는 다음과 같은 성능을 지닌다.

- 3,904GB of 메모리
- 128vCPU
- 25Gbps 네트워크 대역폭
- 14,000Mbps(1,750MBps) 디스크 처리용량

데이터베이스 인스턴스는 EBS 스토리지를 사용한다. 위 스탠다드 및 메모리 최적화 인스턴스 클래스는 EBS 최적화 타입이며, EBS 스토리지와 고속의 전용 네트워크로 연결된다.

성능 가속 데이터베이스 인스턴스

성능 가속 데이터베이스 인스턴스는 개발, 테스트, 비상용화를 고려한 데이터베이스 인스턴스이며, 최신의 클래스인 db.t3는 다음과 같은 성능을 지닌다.

- 32GB of 메모리
- 8vCPU
- 5Gbps 네트워크 대역폭
- 2,048Mbps(256MBps) 디스크 처리용량

db.t3, db.m5, db.r5 등은 AWS Nitro System 기반의 클래스로서, 구세대 데이터베이스 인스턴스 클래스에 비해 월등히 높아진 성능을 제공한다. 이들 클래스에서는 최대 디스크 처리용량으로 디스크 읽기 및 쓰기 작업을 처리한다.

스토리지

여러분의 데이터베이스 인스턴스에 적합한 스토리지를 선택하는 일은 단순히 충분한 스토리지 용량을 확보하는 것보다 중요하다. 또한 여러분의 데이터베이스 기반 애플리케이션이 원활하게 작동할 수 있는 스토리지의 처리 속도도 중요한 요소다.

초당 입출력 작업량의 이해

AWS는 스토리지의 성능을 초당 입출력 작업량, 즉 IOPS^{Input/Output operations Per Second}로 측정한다. 입출력 작업을 뜻하는 I/O^{Input/Output}는 스토리지에서의 읽기 및 스토리지에 쓰기 작업을 의미하며, IOPS 수치가 높을수록 데이터베이스가 더욱 빨리 데이터를 저장하고 인출할 수 있다. RDS는 사용자가 선택한 스토리지 타입에 따라 IOPS를 할당하며, 사용자는 이 한계치를 넘어서 사용할 수 없다.

결국 여러분의 데이터베이스의 속도는 할당받은 IOPS 수준에 맞춰지며, 단일 I/O 작업에서 전송할 수 있는 데이터의 양은 데이터베이스 엔진이 사용하는 페이지 크기^{page size}에 따라 달라진다. 얼마만큼의 IOPS가 필요한지 알기 위해선, 여러분이 필요로 하는 디스크 처리용량^{disk throughput}이 얼마인지를 알아야 한다.

예제를 통해 살펴보기 전에 여러분이 감안할 것은, 디스크 처리용량이나 IOPS를 결정하는 세부 사항을 다 신경 쓸 필요는 없으며, 실제 IOPS가 어떤 식으로 측정되는지만 이해하면 된다. 예를 들어, MySQL과 MariaDB의 페이지 크기는 16KB인데, 이는 디스크에 16KB의 데이터를 기록하면 하나의 I/O 작업을 한 것으로 간주한다는 의미이다.

반면 Oracle, PostgreSQL, Microsoft SQL Server의 페이지 크기는 8KB인데, 이는 16KB의 반으로 위 두 엔진에 비해 두 배 많은 I/O 작업을 처리한다는 의미이다. 즉, 페이지 크기가 클수록 하나의 I/O 작업에서 전송할 수 있는 데이터의 양이 많다고 할 수 있다.

예를 들어, 여러분이 초당 102,400KB(100MB)의 데이터를 읽어야 하는데 페이지 크기가 16KB라면, 여러분의 데이터베이스는 초당 6,400개의 16KB 페이지를 읽어들일 수 있어야 한다. 각 페이지 읽기 작업이 하나의 I/O 작업으로 간주되므로 여러분의 인스턴스 클래스는 최소 6,400 IOPS의 성능을 필요로 한다고 할 수 있다. 이 때

IOPS와 페이지 크기의 역의 관계를 기억할 필요가 있다. 즉, 페이지 크기가 클수록 동일한 처리용량 수준을 얻기 위해 더욱 적은 수준의 IOPS 성능이 필요하다.

> 페이지 크기가 32KB를 넘어서면 재밌는 일이 발생한다. 여러분의 데이터베이스가 단일 I/O 작업에서 32KB 이상의 데이터를 기록하면, AWS는 이를 하나 이상의 I/O 작업으로 간주한다. 예를 들어, 여러분이 64KB 페이지의 읽기 및 쓰기 작업을 했다면, 이를 두 번의 I/O 작업으로 계산하고, 128KB의 작업의 경우 네 번의 I/O 작업으로 계산한다.

IOPS 수치는 여러분이 선택한 스토리지 타입에 따라 달라지며, RDS는 다음과 같은 네 가지 스토리지를 제공한다.

범용 SSD 스토리지

대부분의 데이터베이스에서 범용 SSD 스토리지는 충분한 성능 및 밀리초 수준의 저지연성을 제공한다. 최대 64TB의 볼륨을 할당할 수 있으며, 볼륨의 기가바이트 당 3IOPS의 기본 성능을 제공하고, 볼륨당 최대 16,000IOPS의 처리 성능을 활용할 수 있다.

20GB 볼륨에는 60IOPS가 할당되고, 100GB 볼륨에는 300 IOPS가 할당되며, 5,334GB 볼륨에는 16,000IOPS가 할당된다. 즉, 볼륨 크기가 클수록 성능이 좋아짐을 알 수 있다. 최소 스토리지 볼륨 크기는 20GB이다.

gp2 스토리지 타입의 최대 처리용량 또는 스루풋은 2,000Mbps(250MBps)이며, 이를 확보하기 위해서는, 먼저, 여러분의 인스턴스의 디스크 스루풋이 해당 수준을 지원해야 한다. 예를 들어, 모든 db.m5 인스턴스 클래스는 4,750Mbps의 스루풋을 지원하며, 이는 어떤 경우에나 충분한 수준이다.

다음으로 스루풋을 처리할 수 있는 충분한 IOPS를 할당해야 한다. 예를 들어, 여러분이 페이지 크기가 16KB(128Kb 또는 0.128Mb)인 MariaDB를 실행한다면, 2,000Mbps의 디스크 스루풋을 지원하는 IOPS를 계산하기 위해 아래와 같이 대역폭을 페이지 크기로 나눠야 한다.

2000Mbps / 0.128Mb = 15,625IOPS

위 식에 따르면 볼륨에 2,000Mbps의 디스크 스루풋을 제공하려면, 16,000IOPS를 할당해야 함을 알 수 있다. 이는 gp2의 최대 IOPS 수치이며 이 정도의 IOPS를 확보하려면 5,334GB 또는 약 5.33TB의 볼륨을 설정해야 한다. 프로비전 IOPS는 1,000 단위로 용량을 증가시킬 수 있다.

가끔 최대 3000IOPS 수준의 성능이 필요할 뿐 평소에는 대량의 스토리지가 필요하지 않다면, IOPS를 위해 지나치게 많은 스토리지를 할당하지 않아도 된다. 대신 1TB 미만 스토리지에 제공되는 최대 3,000IOPS 순간 가속^{burst} 성능을 활용할 수 있다. 가속 성능은 아래 공식으로 계산할 수 있다.

초당 가속 성능 = (크레딧 잔고) / [3,000 - 3 * (스토리지 용량 GB)]

여러분이 데이터베이스 인스턴스를 처음 생성하면, 5,400,000IOPS의 크레딧 잔고 (credit balance)가 채워진다. 여러분의 인스턴스가 지정된 IOPS 수준을 초과하거나 미달될 때 크레딧 잔고가 줄어들거나 늘어나며, 크레딧 잔고를 소진하고 나면 가속 기능은 사용할 수 없다. 예를 들어, 200GB 볼륨의 경우 가속 기능 사용 가능 시간은 2,250초, 또는 37.5분 정도다.

크레딧 잔고는 초당 1IOPS 비율로 다시 충전되며, 200GB 볼륨에 기본 IOPS가 600인 경우 크레딧 잔고는 초당 600IOPS로 늘어나며, 최대 5,400,000까지 증가할 수 있다.

이런 개념을 이해하기 위해 실습 예제 5.1에서 gp2 스토리지를 사용하는 인스턴스를 함께 생성해보자.

실습 예제 5.1

RDS 데이터베이스 인스턴스 생성

이번 예제에서, 데이터베이스 엔진으로 MariaDB를 사용하는 RDS 데이터베이스 인스턴스를 생성한다. 프리 티어 사용자에게는 별도로 과금되는 부분은 없다.

1. RDS Dashboard를 연다.

2. Create Database를 클릭한다.

3. Choose A Database Creation Method 메뉴에서, Standard Create를 선택한다.

4. Engine Options 메뉴에서, MariaDB를 선택한다. 기본 설정 버전 그대로 사용한다.

5. Templates 메뉴에서 Free Tier를 선택한다.

6. master username과 master password를 입력한다.

7. Additional Configuration 섹션으로 이동해서 메뉴를 연다.

8. Initial Database Name 영역에서, 데이터베이스 이름을 입력한다.

9. Create Database를 클릭한다.

프로비전 IOPS SSD(io1) 스토리지

gp2 스토리지의 복잡한 계산식이 싫다면, 좀 더 직관적인 RDS 옵션을 선택할 수 있다. 프로비전 IOPS SSD는 인스턴스 생성 시 여러분이 원하는 수준의 IOPS를 직접 할당할 수 있다. io1 스토리지에는 성능 가속의 개념이 없으며, 여러분이 필요한 만큼의 IOPS를 할당하고 그에 따른 비용을 지불하면 되므로, 일관되게 높은 수준의 성능이 필요한 경우 유용한 옵션이라 할 수 있다.

스탠다드 또는 메모리 최적화 인스턴스 클래스를 사용하는 경우, RDS는 연간 99.9%의 기간 동안 프로비전 IOPS의 10%에 해당하는 성능을 보장한다. 이는 연간 2시간 45분을 제외하고는 여러분이 예약한 IOPS 수준을 사용할 수 있음을 의미한다.

io1 볼륨당 64,000IOPS까지 프로비전할 수 있으며, 최대 IOPS 수준 및 할당 가능한 스토리지의 양은 여러분이 선택한 데이터베이스 엔진에 따라 달라진다.

Oracle, PostgreSQL, MariaDB, MySQL, Microsoft SQL Server, Aurora는 4GB에서 16TB까지의 스토리지를 선택할 수 있고, 64,000 프로비전 IOPS를 할당할 수 있다. 기가바이트당 IOPS 비율은 최소 50:1이며, 이는 여러분이 32,000IOPS의 성능이 필요할 경우 최소 640GB의 스토리지를 프로비전해야 함을 의미한다.

마그네틱 스토리지(스탠다드) 스토리지

RDS는 역호환성 유지를 위해 구형 인스턴스를 위한 마그네틱 스토리지를 제공하며, 1TB의 저장 용량에 100IOPS의 처리 성능을 제공한다. AWS는 이 타입의 스토리지 지원을 줄이고 있으며, 사용을 권장하지 않는다.

읽기 전용 복제본

여러분의 데이터베이스 인스턴스가 요구 성능 수준에 미치지 못할 경우 수직적 확장 scale up 또는 수평적 확장scale out 옵션으로 성능 수준을 높일 수 있다.

수직적 확장

데이터베이스 운영에 있어 메모리 양, 컴퓨트 성능, 네트워크 속도, 디스크 처리용량 등이 문제가 되면, 애플리케이션 또는 데이터베이스는 그대로 둔 채 인스턴스와 관련된 리소스만 추가하는 방법으로 문제를 해결할 수 있다. 인스턴스의 클래스를 업그레이드하는 이와 같은 방식을 수직적 확장 또는 스케일 업이라 부른다.

수평적 확장

수평적 확장, 다른 말로 스케일 아웃은 읽기 전용 복제본read replicas이라 부르는 데이터베이스 인스턴스를 추가하는 방법으로 구현 가능하다. Microsoft SQL Server를 제외한 모든 데이터베이스 엔진이 읽기 전용 복제본을 지원하며, Aurora의 경우 독자적인 읽기 전용 복제본인 Aurora replica를 제공한다.

읽기 전용 복제본은 데이터베이스에 대한 쿼리 작업만 가능한 또 다른 형태의 데이터베이스 인스턴스이며, 마스터 데이터베이스 인스턴스의 쿼리 작업 부담을 줄여 주어 쓰기 작업에 집중할 수 있도록 한다. 읽기 전용 복제본은 읽기 작업이 많은 애플리케이션에 유용하다.

RDS는 5개의 읽기 전용 복제본을 지원하고 Aurora의 경우 15개를 생성할 수 있다. 마스터의 데이터는 비동기적으로asynchronously 읽기 전용 복제본에 저장되므로 마스터에 데이터가 기록된 시점과 읽기 전용 복제본에서 해당 데이터를 읽을 수 있는 시점에는 약간의 차이가 발생한다. 데이터 유실의 문제가 중요한 이슈인 경우, 읽기 전용 복제본은 재난 복구용으로 적합하지 않다. 마스터가 사본으로 데이터를 전달하기 전 중단된다면 복제 작업을 완료할 수 없고, 비동기화된 데이터는 유실될 것이기 때문이다.

읽기 전용 복제본 생성 시, RDS는 리드온리 엔드포인트하는 도메인 네임을 제공해 접속할 수 있도록 하며, 데이터 읽기만 필요한 리포트 도구 및 분석 도구 이용 시 리

드온리 엔드포인트를 제공하면 된다. 여러 개의 읽기 전용 복제본이 있는 경우 RDS
는 로드 밸런서를 통해 연결 상태를 관리한다.

실습 예제 5.2에서 앞서 생성한 데이터베이스 인스턴스의 읽기 전용 복제본을 생성
해 보자.

실습 예제 5.2

읽기 전용 복제본 생성하기

1. RDS Dashboard에서 Databases를 클릭한다.

2. 앞서 생성한 인스턴스를 선택하고, Actions을 선택한 뒤 Create Read Replica를 선택한다.

3. Settings 섹션 내, DB Instance Identifier 영역에서 읽기 전용 복제본의 이름을 입력한다.

4. Create Read Replicas 버튼을 클릭한다.

읽기 전용 복제본과 마스터는 서로 다른 AZ, 서로 다른 리전에 있어도 무방하며, 마
스터 실패 시 읽기 전용 복제본이 마스터로 승격된다. 단, 마스터와 읽기 전용 복제
본은 비동기적으로 작동하므로 데이터의 유실 가능성은 염두에 둬야 한다.

실습 예제 5.3에서 읽기 전용 복제본을 마스터 데이터베이스 인스턴스로 승격시켜
보자.

실습 예제 5.3

읽기 전용 복제본을 마스터로 승격시키기

이번 예제에서는 방금 생성한 읽기 전용 복제본을 마스터로 승격시킨다. 잠시 읽기 전용 복제본이 가용 상태
가 될 때까지 기다린다.

1. RDS 콘솔에서, Databases를 클릭한다.

2. 여러분이 만든 읽기 전용 복제본을 선택한다.

3. Actions 메뉴에서 Promote를 선택한다.

4. Continue를 클릭한다.

5. Promote Read Replica를 선택한다.

고가용성 구현(멀티 AZ)

데이터베이스 인스턴스 중단 상태가 발생하더라도 데이터베이스가 문제 없이 실행되도록 하려면, 다수의 AZ에 다수의 데이터베이스 인스턴스를 배포하는 것이 좋으며, RDS에서는 이를 멀티 AZ 배포라 부른다. 멀티 AZ 배포는 하나의 AZ에 기본 또는 프라이머리primary 데이터베이스 인스턴스를 두어 읽기 및 쓰기 작업을 담당하도록 하고, 또 다른 AZ에 대기 또는 스탠바이standby 데이터베이스 인스턴스를 두는 방식이다. 프라이머리 인스턴스가 중단되면, 2분 내에 스탠바이 인스턴스로 데이터베이스를 복구하게 된다.

데이터베이스 인스턴스가 중단되는 상황은 다음 원인과 관계가 있다.

- AZ 가동 중단
- 데이터베이스 인스턴스 타입 변경
- 데이터베이스 인스턴스의 OS 패치 작업

멀티 AZ 배포는 데이터베이스 인스턴스 생성 시 또는 생성 후에 설정 가능하며, 모든 데이터베이스 엔진이 멀티 AZ 배포를 지원하지만 설정 방식에는 약간의 차이가 있다.

데이터베이스 인스턴스 생성 후 멀티 AZ 배포를 활성화하면 성능 저하가 발생할 수 있으므로 가급적 유지보수 기간에 활성화하는 것이 좋다.

Oracle, PostgreSQL, MariaDB, MySQL, Microsoft SQL Server에서 멀티 AZ 활성화하기

멀티 AZ 배포를 하려면, 먼저 모든 인스턴스가 동일한 리전에 있어야 한다. RDS는 동기적으로synchronously 프라이머리 인스턴스에서 스탠바이 인스턴스로 데이터를 복제하며, 이 때 성능 저하가 발생할 수 있으므로, 가급적 EBS 최적화 인스턴스 및 프로비전 IOPS SSD 스토리지 사용을 권장한다.

여러분의 애플리케이션은 프라이머리 인스턴스의 엔드포인트 도메인 네임에 연결하면 된다. 스탠바이 인스턴스는 앞서 소개한 읽기 전용 복제본과는 다르므로 읽기 트래픽을 처리하지 않으며, 말 그대로 중단 사태에 대비해서 대기 상태를 유지한다. 중단 사태 발생시, RDS는 프라이머리 엔드포인트에 연결된 DNS를 스탠바이 엔드포인트로 변경하며, 애플리케이션을 이 엔드포인트에 다시 연결하기만 하면 된다.

MySQL과 MariaDB의 경우 다른 리전에서 멀티 AZ 배포를 생성할 수 있으며, 이를 통해 리전 중단 사태에 대비할 수 있다. 반면 Microsoft SQL Server, PostgreSQL, Oracle에서는 이 같은 멀티 리전 페일오버failover 기능을 사용할 수 없다.

Oracle을 BYOL 모델로 라이선스해서 사용하는 경우 프라이머리 및 스탠바이 모두 라이선스를 보유하고 있어야 한다.

Amazon Aurora에서 멀티 AZ 환경 구성하기

Amazon Aurora에서 멀티 AZ 환경을 구성하는 방법은 싱글 마스터와 멀티 마스터, 두 가지다.

싱글 마스터

Amazon Aurora의 싱글 마스터 클러스터는 프라이머리 인스턴스를 구성하며, Aurora는 프라이머리 인스턴스를 가리키는 클러스터 엔드포인트를 제공한다. Aurora 클러스터에는 Aurora 레플리카 또는 읽기 복제본이 포함될 수 있다. 프라이머리 인스턴스와 레플리카는 3개의 AZ에서 동기적으로 복제되는 클러스터 볼륨을 공유하고, 이 때의 클러스터 볼륨은 필요에 따라 자동으로 64TB까지 확장할 수 있다.

프라이머리 인스턴스가 실패하면, 두 가지 일이 일어날 수 있다. Aurora 레플리카가 없는 경우 Aurora는 자동으로 새 프라이머리 인스턴스를 생성한다. Aurora 레플리카가 있는 경우 Aurora는 레플리카를 프라이머리로 승격시킨다. 그리고 이 모든 작업이 2분 이내의 시간에 완료된다.

멀티 마스터

멀티 마스터 클러스터에서는 모든 인스턴스가 데이터베이스를 기록할 수 있으며, 하나의 인스턴스가 실패하더라도 별도의 페일 오버 작업이 실행되지 않고, 다른 모든 인스턴스가 공유 클러스터 볼륨에 데이터를 기록한다. Amazon은 이를 고가용성보다는 지속적 가용성으로 부르는데, 최소 하나 이상의 데이터베이스 인스턴스만 실행되더라도 데이터베이스 읽기 및 쓰기 작업을 차질 없이 계속 수행할 수 있기 때문이다.

백업과 복원

RDS를 사용하면 데이터베이스 인스턴스의 EBS 볼륨 스냅샷을 기록할 수 있다. 스냅샷에는 인스턴스에 있는 모든 데이터베이스 와 S3에 저장된 데이터까지 기록되며, 중복구현을 위해 동일 리전, 다수의 AZ에 저장된다.

멀티 AZ 기반의 데이터베이스 엔진을 사용하지 않는 한, 스냅샷을 생성할 때 몇 초간 모든 I/O 작업이 중단되므로, 스냅샷은 피크 타임을 피해서 기록하는 것이 좋다. 앞서 언급했듯 Microsoft SQL Server는 멀티 AZ를 지원하지 않는다.

백업 및 복원 작업과 관련해 RTO 및 RPO, 두 가지 지표를 기억해야 한다.

RTO^{Recovery Time Objective}는 데이터 복원 및 데이터 처리 재개가 가능한 최대 허용 시간이고, RPO^{Recovery Point Objective}는 최대 데이터 손실 허용 기간이다. RDS 백업 옵션 선택시 RTO 또는 RPO 중 어떤 것이 더 적절한지 검토한다.

스냅샷으로 복구하는 경우 RDS는 새 인스턴스를 생성한 뒤 데이터를 복구한다. 스냅샷으로 복구하는 데 소요되는 시간은 스냅샷 크기에 따라 달라지며, 새 인스턴스에 더 많은 프로비전 IOPS를 할당한 경우 복구 시간이 좀 더 단축될 수 있다.

자동 스냅샷

RDS는 자동으로 매일 30분간의 백업 윈도우 기간 동안 인스턴스의 스냅샷을 생성할 수 있다. 백업 윈도우는 여러분이 직접 설정하거나 RDS가 선택하도록 할 수 있지만, 스냅샷 생성 시 성능 저하 현상이 발생할 수 있으므로 피크 타임을 피한다. RDS가 백업 윈도우를 선택하도록 하면, 리전 별로 8시간 블록 내에서 30분 윈도우를 랜덤하게 선택해 스냅샷을 생성한다.

자동 백업을 켜면, 시점별 복구^{point-in-time recovery} 기능이 활성화돼 5분마다 데이터베이스 변경 로그를 기록한다. 이 경우 실패 상황이 발생하더라도 사용자는 최대 5분만큼의 데이터 손실만 경험하게 된다. 시점별 복구 작업에는 트랜잭션 데이터의 양에 따라 수 시간이 소요될 수 있다.

RDS는 일정 기간만 스냅샷을 유지한 후에는 삭제하며, 여러분은 보관 기간으로 1일에서 35일을 설정할 수 있다. 기본 보관 기간은 7일이며 자동 스냅샷 기능을 끄면 보관 기간이 0으로 설정된다. 자동 스냅샷 기능을 끄면 즉시 자동으로 기록된 모든 스냅샷이 삭제되고 시점별 복구 기능 또한 비활성화된다는 점에 주의한다. 또한 보관 기간을 0이 아닌 다른 숫자로 변경하면, 즉시 스냅샷이 생성된다.

여러분이 직접 데이터베이스 인스턴스의 스냅샷을 기록할 수 있으며, 자동 스냅샷과 달리 수동 스냅샷은 여러분이 삭제할 때까지 그대로 유지된다. 여러분이 데이터베이스 인스턴스 삭제를 선택하면 RDS는 여러분에게 최종 스냅샷을 기록할 것을 종용하고, 자동 스냅샷 기능을 활성화하라는 메시지도 보낸다. RDS는 최종 스냅샷과 모든 수동 스냅샷을 저장하며, 자동 백업 보관을 선택하지 않은 경우 즉시 모든 자동 스냅샷을 삭제한다.

유지보수 항목

RDS는 관리형 서비스이므로 패치 및 업그레이드 등 데이터베이스 관리와 관련된 모든 작업을 AWS가 처리한다. AWS는 몇 달에 한 번, 주기적으로 데이터베이스 인스턴스에 대한 유지보수 업무를 수행하며, OS 보안 패치, 신뢰성 요소 추가 등이 포함된다.

데이터베이스 엔진 업그레이드 작업 또한 유지보수 윈도우 기간 동안 이뤄진다. AWS가 데이터베이스 엔진의 새 버전 업그레이드를 시작하면, 사용자는 업그레이드 실행 여부를 선택할 수 있다. 일부 대규모 업그레이드 작업에는 구버전 호환성이 없는 경우도 있으며, 이 때는 여러분이 필요한 내용만 직접 수동으로 업그레이드해야 한다. 일부 소규모 업그레이드의 경우 AWS가 자동으로 실행하는 경우도 있다.

여러분은 주간 30분의 윈도우를 설정해 유지보수 작업이 일어나는 시간대를 지정할 수 있지만 백업 윈도우와 겹치지 않도록 해야 한다. 유지보수 윈도우는 30분으로 명시돼 있지만 실제 작업에는 그 보다 많은 시간이 걸리는 경우도 있다.

Amazon RDS Proxy

Amazon RDS Proxy는 애플리케이션과 데이터베이스 인스턴스를 연결하기 위한 프록시 서비스이다. 보통의 경우, 애플리케이션은 필요에 따라 데이터베이스와 직접 소통하지만, 이런 방식이 성능 또는 보안성 측면에서 문제가 되는 경우가 있다. Amazon RDS Proxy는 이와 같은 문제점을 해소하기 위해 애플리케이션과 데이터베이스 인스턴스 사이에서 서로의 통신을 지원한다.

애플리케이션이 데이터베이스 인스턴스와 대규모로 통신 연결 및 단절 작업을 반복하면, 리소스가 급속히 고갈되면서 성능이 떨어지게 된다. Amazon RDS Proxy는 데이터베이스 인스턴스와 최소한의 연결만을 유지하면서 애플리케이션 측의 연결을 동적으로 확장 및 축소할 수 있으며, 연결 대기를 준비하고, 장시간 실행되는 쿼리에 대한 데이터베이스 타임 아웃 에러 문제가 발생하지 않도록 한다.

데이터베이스 장애 대응 상황 발생시, 기존 데이터베이스와의 실패한 연결을 제거하고 백업 데이터베이스 인스턴스에 새로운 연결을 요청하게 되며, 이와 같은 재연결 작업이 이뤄지는 동안 해당 데이터베이스에 대한 가용성 저하 문제가 발생할 수 있고, 기업에 매우 중요한 애플리케이션의 경우엔 이런 가용성 저하가 또 다른 문제가 될 수 있다. RDS Proxy는 이와 같은 장애 대응 및 재연결 작업을 백엔드에서 조용히 처리하며, 애플리케이션은 장애 대응 기간에도 프록시 엔드포인트를 통해 연결성을 유지할 수 있다.

데이터베이스에 안전하게 접속하기 위해, 애플리케이션은 신뢰할 수 있는 인증 정보를 포함한 암호화된 연결 정보를 제공해야 하며, 이와 같은 신뢰 인증 정보는 LDAP 또는 Active Directory 등 별도의 디렉토리 또는 데이터베이스 서버에 저장된다. Amazon RDS Proxy는 IAM 롤 기반의 신뢰 인증 체계를 사용하므로 애플리케이션은 별도의 암호화된 연결 정보를 제공할 필요가 없으며, 대신 RDS Proxy가 AWS Secrets Manager에 저장된 연결 정보를 제공하게 된다.

Amazon Redshift

앞서 OLAP 데이터베이스가 고성능의 컴퓨팅 파워가 요구되는 복잡한 쿼리를 위해 여러 개의 데이터베이스가 하나의 큰 데이터베이스로 통합된 데이터 웨어하우스 애플리케이션에 최적화된 솔루션이라고 설명한 것이 기억날 것이다. Amazon Redshift는 바로 그런 목적으로 만들어진 관리형 데이터 웨어하우스 서비스이며,

PostgreSQL을 기반으로 하지만 RDS와는 별개로 존재한다. Redshift는 칼럼 단위로 데이터를 저장하는 칼럼형 스토리지^{columnar storage}로서 저장 속도가 빠르고 효율적이며, 개별 칼럼에서 신속하게 쿼리 작업을 수행한다.

Redshift는 ODBC^{Open Database Connectivity} 및 JDBC^{Java DatabBase Connectivity} 데이터베이스 커넥터를 지원한다.

Redshift는 스토리지에서 소요되는 칼럼의 수를 줄이기 위해 압축 인코딩^{compression encodings} 기법을 사용하며, 사용자가 수동으로 칼럼 단위로 압축할 수도 있다. 파일에서 COPY 명령을 이용해 Redshift 데이터베이스에 데이터를 임포트하는 경우 Redshift는 어떤 칼럼을 압축할지 결정한다.

컴퓨트 노드

Redshift 클러스터는 하나 이상의 컴퓨트 노드를 지니며, 컴퓨트 노드는 덴스 및 리더, 두 가지 종류가 있다. 덴스^{Dense} 컴퓨트 노드는 마그네틱 스토리지에 최대 326TB의 데이터를 저장할 수 있으며, SSD에는 최대 8,192TB의 데이터를 저장할 수 있다.

클러스터에 하나 이상의 컴퓨트 노드가 있는 경우 리더^{Leader} 노드를 추가해 컴퓨트 노드 간의 커뮤니케이션을 조정하고 클라이언트와 소통하도록 할 수 있다. 리더 노드에 대한 이용료는 없다.

데이터 분산 유형

Redshift 데이터베이스의 행^{row}은 다수의 컴퓨트 노드에 분산 저장되며, 데이터 분산 방식으로는 EVEN, KEY, ALL 등의 유형이 있다. 기본 분산 유형인 EVEN 분산의 경우 리더 노드가 모든 컴퓨트 노드에 균일하게 분산된다. KEY 분산의 경우 단일 칼럼 내 값에 따라 데이터가 분산되며, 동일한 값의 칼럼은 동일한 노드에 저장된다. ALL 분산의 경우 각각의 테이블이 모든 컴퓨트 노드에 분산 저장된다.

Redshift Spectrum

Redshift Spectrum은 S3에 저장된 파일에서 데이터를 쿼리할 수 있는 서비스로서 클러스터로 데이터를 임포트할 필요가 없다는 장점이 있다. 사용자는 간단하게 데이터의 구조를 정의하고 원하는 내용으로 쿼리 명령을 실행하면 된다. 쿼리를 실행하려는 버킷은 클러스터와 동일한 리전에 있어야 한다.

AWS DMS, 데이터베이스 마이그레이션 서비스

AWS Database Migration Service(이하 DMS)는 기존 데이터베이스와 스키마를 자동으로 복사해서 다른 데이터베이스에 저장할 수 있다. DMS의 가장 큰 장점이자 주요 기능은 서로 다른 데이터베이스 엔진 간의 마이그레이션, 관계형 및 비관계형 데이터베이스 간의 마이그레이션을 지원한다는 점이다.

DMS가 지원하는 데이터베이스 엔진은 다음과 같다.

- Aurora
- DocumentDB
- DynamoDB
- IBM DB2
- MariaDB
- Microsoft Azure SQL
- MongoDB
- MySQL
- Oracle
- PostgreSQL
- Redshift
- S3
- SAP

DMS는 DMS 인스턴스라 부르는 EC2 인스턴스를 프로비전해 소스 데이터베이스와 타겟 데이터베이스 간의 연결을 생성하고, 이들 데이터베이스 간의 변환 작업에 필요한 스키마의 복제 작업을 수행한다.

일반적인 네트워크로 전송하기에 너무 큰 데이터베이스를 마이그레이션해야 할 경우 Snowball Edge 사용을 권장한다. Snowball에 대한 자세한 내용은 3장, 'AWS 스토리지'에서 확인할 수 있다.

비관계형 데이터베이스(NoSQL)

비관계형 데이터베이스는 초당 수만 회 이상의 데이터 트랜잭션을 일관되게 처리할 수 있도록 설계됐으며, 관계형 데이터베이스에 저장할 수 있는 데이터도 저장할 수 있지만, 무엇보다 비구조화 데이터를 저장하는 데 최적화된 데이터베이스 모델이다. 데이터베이스에 저장되는 모든 데이터는 나름의 구조를 갖고 있는데, 비구조화 데이터라는 말을 쓰는 것 자체가 맞지 않는 부분이 있으며, 오히려 다중 구조$^{multi-structured}$ 데이터라고 부르는 것이 좋지 않을까 생각한다.

비관계형 데이터베이스에 저장되는 데이터는 다양한 구조를 지니며, 시간 경과에 따라 이들 구조가 바뀔 수 있다는 특징이 있다. 관계형 및 비관계형 데이터베이스는 몇 가지 공통점이 있다. NoSQL 데이터베이스라고도 부르는 비관계형 데이터베이스는 컬렉션^{collections}이라는 요소로 구성되며, 이는 테이블이라고도 부른다.

사용자는 테이블을 이용해 아이템을 저장하며, 이는 관계형 데이터베이스의 로우 또는 튜플과 비슷하다. 각 아이템은 하나 이상의 속성^{attribute}으로 구성되며, 이는 SQL 데이터베이스의 칼럼과 비슷하다. 속성은 유일한 이름인 키, 데이터 타입, 값으로 구성되므로 속성을 간단히 키/밸류 쌍$^{key/value\ pairs}$으로도 부른다.

데이터 정렬하기

관계형 및 비관계형 데이터베이스의 가장 큰 차이점은 비관계형 데이터베이스의 경우 스키마가 없다는 것이며, 테이블 내 모든 아이템이 동일한 속성을 지닐 필요도 없다는 것이다. 각 아이템은 테이블 내에서 유일한 값을 지닌 기본 키 속성을 지닌다. 기본 키는 아이템을 식별하고 아이템 정렬 시 값을 부여하는 데 사용된다.

비관계형 데이터베이스는 저장할 수 있는 데이터 타입이 다양하다. 기본 키 속성을 제외하고는 테이블 생성 시 별도의 속성을 정의할 필요가 없으며, 아이템 생성 또는 변경 시 속성을 추가하면 된다. 이들 속성은 무순위이며, 서로 별도의 관계성을 지니지 않으므로 비관계형으로 부른다.

비관계형 데이터베이스는 테이블에서 쿼리 작업을 위한 데이터 분할, 병합 기능을 제공하지 않으므로 애플리케이션이 테이블 내에서 데이터의 변경 내용을 지속적으로 추적해야 한다. 이는 데이터의 의도치 않은 복제 문제로 이어지기도 하며, 대규모 데이터베이스에서는 적지 않은 수준의 스토리지 비용이 발생하기도 한다.

데이터 조회하기

비관계형 데이터베이스는 비구조화 데이터를 저장할 수 있는 유연성을 제공하지만 이 부분이 바로 사용자의 쿼리 가능 영역을 제한하는 원인이 되기도 한다. 비관계형 데이터베이스는 기본 키를 기준으로 한 쿼리 작업에 최적화됐으며, 다른 속성으로 쿼리 작업을 수행하면 속도가 느려지게 된다. 이런 이유로 비관계형 데이터베이스는 복잡한 쿼리 작업 또는 임의의 쿼리 작업에는 적합하지 않다. 사용자는 테이블 생성 전, 데이터에서 어떤 속성을 쿼리할 것인지 미리 파악하고 있어야 한다. 예를 들어, 표 5.4의 내용을 살펴보자.

표 5.4 비구조화 데이터베이스의 아이템

Key	Type	Value
Employee ID (primary key)	Number	101
Department	String	Information technology
Last Name	String	Smith
First Name	String	Charlotte

이런 아이템을 수백만 개 저장한 데이터베이스가 있다고 했을 때, Charlotte이란 이름을 지닌 직원의 모든 Department를 조회하려 한다면 비관계형 데이터베이스는 결코 적절한 저장 방법이 아니다.

아이템은 Employee ID를 기준으로 정렬되므로 쿼리 실행 시 시스템은 First Name 속성의 값이 Charlotte인 모든 아이템을 조회하며, 이 때 각 아이템의 데이터는 비구조화 속성을 지니므로 모든 속성을 다 조회하게 된다. 그리고 이들 아이템 중 Department 속성을 지닌 아이템이 있는지 다시 확인하게 된다. 결국 이러한 쿼리 작업은 느릴 뿐더러 컴퓨트 리소스를 매우 많이 소모하게 된다.

비관계형 데이터베이스의 종류

비관계형 데이터베이스는 키/밸류 스토어 타입과 도큐먼트 지향 스토어 타입, 두 가지가 존재한다고 하지만, 엄밀히 말하면 비관계형 데이터베이스는 기본적으로 키/밸류 스토어^{key/value store} 데이터베이스이다.

도큐먼트 지향 스토어^{document-oriented store}는 비관계형 데이터베이스의 특수한 유형으로 값으로 저장된 도큐먼트의 콘텐츠를 분석하고, 그 속에 포함된 메타데이터를 추출한다. Amazon Neptune과 같은 그래프 데이터베이스는 아이템 속성 간의 관계를 분석한다. 이는 레코드 내의 관계만 분석할 수 있는 관계형 데이터베이스와 중요한 차이점 중 하나이며, 그래프 데이터베이스는 비구조화 데이터의 관계성을 발견하기에 적합하다.

DynamoDB

DynamoDB는 각종 관리 업무를 지원하는 비관계형 데이터베이스 서비스로서 다수의 파티션에 분산된 데이터 구조를 이용해서 초당 수천 회의 읽기 및 쓰기 작업을 처리한다. 여기서 파티션^{partition}이란 테이블을 위한 스토리지 할당 영역이며, 다수의 AZ에 존재하는 SSD 장치를 이용한다.

파티션과 해시 키

테이블 생성 시, 기본 키^{primary key}와 데이터 타입^{data type}을 명시해야 하며, 기본 키는 테이블 내 유일한 식별자로서 그에 대응하는 값 또한 테이블 내에서 유일해야 한다. 사용자는 두 가지 타입의 기본 키 중 하나를 사용할 수 있다.

파티션 키^{partition key}는 해시 키^{hash key}로도 부르며, 하나의 값을 지닌 기본 키다. 기본 키로 하나의 파티션 키만 사용하는 경우 단순 기본 키^{simple primary key}로 부른다. 파티션 키는 2,048 바이트를 넘지 않는 선에서 여러분의 이메일 주소, 유일한 유저네임, 또는 임의로 생성한 식별자를 사용하면 된다.

기본 키로 파티션 키와 소트 키^{sort key} 또는 레인지 키^{range key}라는 두 개 키의 조합을 사용할 수 있으며, 이를 복합 기본 키^{composite primary key}라 부른다. 파티션 키는 유일할 필요가 없지만, 파티션 키와 소트 키 조합은 유일해야 한다. 예를 들어, 사람의 성을 파티션 키로, 이름을 소트 키로 사용할 수 있다. 이런 방식으로 테이블에서 표 5.5와 같은 복합 기본 키를 사용할 수 있다.

표 5.5 복합 기본 키

Last name(partition key)	First name(sort key)
Lewis	Clive
Lewis	Warren
Williams	Warren
Williams	Clive

위 표에서, Lewis라는 성과 Warren이라는 이름은 테이블 내에서 유일한 요소가 아니지만, 파티션 키와 소트 키의 조합은 모두 유일한 요소가 됨을 알 수 있다.

DynamoDB는 기본 키를 사용해 파티션에 저장 아이템을 분산해서 관리한다. 예를 들어, Lewis라는 요소를 지닌 모든 아이템을 동일한 파티션에 저장한 뒤, 소트 키를 이용해 아이템을 오름차순으로 정리한다. 단, 소트 키에는 1,024 바이트 미만의 데이터만 저장해야 한다.

동일한 파티션에 저장된 아이템에 대해 무수하게 읽기 및 쓰기 작업이 이뤄지는 경우 이를 핫 파티션^{hot partition}이라 부른다. 핫 파티션은 성능 저하의 원인이 되므로 파티션 키를 가능한한 세분화해서 지정하는 것이 좋다. 예를 들어, 로그 엔트리를 저장하는 경우 파티션 키로 자주 변경되는 타임스탬프를 지정할 수 있다.

속성과 아이템

속성^{attribute}이란 하나의 키/밸류 쌍을 의미하고, 하나 이상의 속성이 모인 것을 아이템^{item}이라 부른다. DynamoDB에서 아이템의 최대 용량은 400KB이며, 약 50,000개의 영어 단어를 저장할 수 있는 수준이다.

모든 아이템은 최소 하나의 기본 키와 그에 상응하는 값을 지니도록 하고, 속성에는 다음 세 가지 데이터 타입 중 하나를 지정한다.

Scalar 데이터 타입 스칼라 데이터 타입은 하나의 값만 지닐 수 있으며, string, number, binary, Boolean, and null 타입이 이에 해당한다.

string 데이터 타입 UTF-8 인코딩 기반의 유니코드 데이터를 400KB까지 저장할 수 있고, 0보다 큰 수여야 한다.

number 데이터 타입 양수 및 음수를 최대 38자리까지 저장할 수 있으며, DynamoDB가 데이터 앞뒤의 0을 제거한다.

binary 데이터 타입 Base-64 인코딩 포맷의 바이너리 데이터를 저장하며, 스트링 타입과 같이 400KB 용량으로 제한된다.

Boolean 데이터 타입 true 또는 false 값을 저장한다.

null 데이터 타입 미식별 값, 미확인 값에 null 타입을 부여한다. 속성 값은 비어 있으면 안 되고 null이라는 값은 존재해야 한다.

Set 데이터 타입 무순위 스칼라 값 목록을 저장한다. 해당 값은 세트 내에서 유일해야 하며, 세트는 최소 하나 이상의 값을 지녀야 한다. 세트의 종류는 숫자 세트, 문자열 세트, 바이너리 세트 등이 있다.

Document 데이터 타입 스칼라 또는 세트 데이터 타입이 아닌 또 다른 유형의 데이터를 정의하기 위한 타입으로 32 단계의 계층으로 문서 요소 간의 중첩 관계를 정의할 수 있다.

리스트 도큐먼트^{list document} 타입 다양한 타입의 순위형 데이터 모음을 저장할 수 있다. 예를 들어 다음과 같은 리스트 도큐먼트의 값을 저장할 수 있다.

```
Chores:
["Make coffee",
Groceries: ["milk", "eggs", "cheese"],
"Pay bills",
Bills: [water: [60], electric: [100]]]
```

위 코드의 Chores 리스트에는 문자열 데이터, 숫자형 데이터, 중첩 리스트가 포함돼
있다.

또 다른 도큐먼트 타입인 맵map 데이터 타입은 JSON과 유사한 무순위형 키/밸류 쌍
데이터 모음을 저장할 수 있으며, 리스트 도큐먼트의 경우처럼 저장 가능 데이터 타
입에 대한 제약이 없다. 다음 맵 데이터 타입에는 중첩 리스트 및 중첩 맵이 포함돼
있다.

```
{
 Day: "Friday",
 Chores: [
  "Make coffee",
  "Groceries", {
   milk: { Quantity: 1 },
   eggs: { Quantity: 12 }
  }
 "Mow the lawn"],
}
```

처리 용량(스루풋) 옵션 선택

테이블 생성 시 DynamoDB를 온디맨드 모드 또는 프로비전 모드로 선택해서 사용
할 수 있다. 온디맨드 모드의 경우 DynamoDB는 자동으로 워크로드에 맞춰 확장하
므로 여러분이 요구되는 워크로드의 수준을 파악할 수 없을 때, 또는 여러분이 사용
한 용량만큼만 지불하고 싶을 때 유용하다.

프로비전 모드의 경우 여러분이 애플리케이션에 필요한 초당 읽기 및 쓰기 횟수를
지정할 수 있다. 이렇게 지정하는 작업량을 프로비전 스루풋provisioned throughput이라 부
른다.

DynamoDB는 테이블 생성 시 읽기 용량 유닛^{RCU} 및 쓰기 용량 유닛^{WCU}의 수를 기준으로 파티션을 제공한다.

테이블에서 아이템을 읽을 때 사용자는 강한 일관성의 읽기 또는 종국적 일관성의 읽기 방식을 선택할 수 있다. 강한 일관성의 읽기^{strongly consistent read}는 항상 최신의 데이터를 유지할 수 있는 방법인 반면, 종국적 일관성의 읽기^{eventually consistent read}는 최근의 쓰기 작업 내역을 미처 반영하지 못하는 경우도 발생한다. 이들 두 방식의 선택 여부는 여러분의 애플리케이션이 최신의 정보를 얼마나 즉각적으로 반영해야 하는지에 따라 결정된다. 사용자는 프로비전할 스루풋 용량 결정시, 이와 같은 강한 일관성 또는 종국적 일관성을 선택해야 한다.

 프로비전 모드 또는 온디맨드 모드는 24시간에 한 번 선택할 수 있다.

아이템의 최대 크기가 4KB인 1RCU를 구매하면 초당 1회의 강한 일관성의 읽기 작업을 확보하게 되므로 초당 8KB의 아이템을 강한 일관성의 읽기 방식으로 읽으려면, 2RCU를 구매하면 된다.

종국적 일관성의 읽기를 사용하는 경우 1RCU를 구매하면 초당 2회의 종국적 일관성의 읽기 작업을 확보하게 되므로 초당 8KB의 아이템을 종국적 일관성의 읽기 방식으로 읽으려면, 1RCU만 구매하면 된다.

데이터 쓰기 작업의 경우 1WCU는 1KB의 아이템을 초당 1회 기록하는 작업이며, 예를 들어 초당 1KB 미만인 100개의 아이템을 작성하는 경우 100WCU를 프로비전하면 되고, 초당 2KB인 10개의 아이템을 작성하려면 20WCU가 필요하다.

처리용량은 DynamoDB의 처리 상한선이며, 여러분이 요청한 작업이 처리용량을 초과하는 경우 DynamoDB는 "HTTP 400" 에러 메시지를 반환한다. AWS SDK에는 처리 요청을 재발송하는 로직이 포함돼 있으므로 애플리케이션을 위한 읽기 및 쓰기 작업을 완전히 차단하지는 않지만 처리 속도는 느려질 수 있다.

실습 예제 5.4에서 DynamoDB 테이블을 생성해 보자.

프로비전 모드에서 DynamoDB 테이블 생성하기

1. 아래 명령을 이용해 테이블 이름은 Author, 파티션 키 이름은 LastName, 소트 키 이름은 FirstName인 테이블을 생성한다. 두 개 키는 모두 string 타입이며, WCU 및 RCU는 각각 1로 프로비전한다.

```
aws dynamodb create-table --table-name Authors --attribute-definitions
AttributeName=LastName,AttributeType=S
AttributeName=FirstName,AttributeType=S
--keyschema AttributeName=LastName,KeyType=HASH
AttributeName=FirstName,KeyType=RANGE
--provisioned-throughput ReadCapacityUnits=1,WriteCapacityUnits=1
```

2. DynamoDB 서비스 콘솔로 이동해서 테이블이 생성됐는지 확인한다.

Auto Scaling

데이터베이스로 처리할 용량에 대해 정확하게 판단을 내릴 수 없는 경우, 혹은 시간에 따라 처리용량이 바뀌는 경우엔 Auto Scaling을 이용해 여러분이 미리 정의해둔 한계점을 넘어설 때 자동으로 처리용량을 추가할 수 있다. 이는 RCU 또는 WCU를 정의할 필요가 없는 온디맨드 모드와는 다르다는 점에 주의한다.

데이터베이스에서 Auto Scaling을 설정할 때는 활성화 비율은 물론, RCU 및 WCU의 최대 및 최소값을 지정해야 한다. DynamoDB의 경우 여러분이 미리 정한 활성화 비율에 맞춰 RCU 및 WCU를 자동으로 조절한다. 예를 들어, 활성화 비율 70%, 최소 RCU 10, 최대 RCU 50으로 설정한 상태에서 여러분의 데이터베이스가 21RCU를 소비한 경우, Auto Scaling은 처리 용량을 30RCU 가까이 추가한다. 이후 14RCU 수준으로 떨어지면 20RCU으로 낮춘다.

이때 적절한 활성화 수준을 설정하는 것이 중요하다. 활성화 수준을 높일수록, 프로비전한 처리 용량에 근접하게 되며, 결과적으로 처리 작업이 중단될 가능성이 커지게 된다. 반대로, 활성화 수준을 너무 낮게 잡으면, 불필요하게 많은 비용을 부담하게 된다.

예약 처리 용량

여러분이 100 유닛 이상의 WCU 또는 RCU를 필요로 하는 경우 예약 처리 용량 reserved throughput capacity을 구매해 비용을 절감할 수 있다. RCU 및 WCU 유닛은 각각 별 도로 구매해야 하며, 최대 100,000 유닛까지 구매할 수 있다. 비용은 일시불로 지불 하고, 1년 또는 3년간 사용할 수 있다.

데이터 읽기

DynamoDB는 스캔과 쿼리, 두 가지의 테이블 읽기 방식을 제공한다. 먼저 스캔scan 은 테이블 내 모든 아이템을 반환한다. 스캔은 읽기 집약적인read-intensive 방식이므로 여러분의 읽기 유닛을 모두 소진할 수 있다. 다음, 쿼리query는 파티션 키 값에 따라 아이템을 반환한다. 쿼리 실행 시 파티션 키와 정확하게 일치하는 아이템만 반환된 다. 테이블에 소트 키가 있는 경우 소트 키를 이용해서 쿼리 작업을 할 수 있다. 소트 키는 좀 더 유연한 작업을 할 수 있도록 해주며, 정확한 값으로 찾기, 키보다 크거나 작은 값 비교해서 찾기, 값의 범위로 찾기, 시작값으로 찾기 등 다양하다.

보조 인덱스

보조 인덱스secondary indexes는 DynamoDB의 두 가지 쿼리 관련 문제를 해결해 준다. 먼저, 여러분이 특정 아이템을 쿼리할 때는 정확한 파티션 키 값을 알아야 한다. 예 를 들어, Author 테이블에서 파티션 키로 LastName, 소트 키로 FirstName을 지정 한 경우 보조 인덱스를 이용해서 테이블의 기본 키 없이 속성으로 데이터를 조회할 수 있다. 보조 인덱스는 테이블에 있는 속성 중 일부라고 할 수 있으며, 보조 인덱스 가 속성 정보를 가져오는 테이블을 베이스 테이블base table이라 한다.

보조 인덱스를 생성할 때 베이스 테이블에서 어떤 속성을 가져올 것인지 선택할 수 있으며, 이를 투영된 속성projected attributes이라 부른다. 보조 인덱스는 항상 베이스 테 이블에서 가져온 파티션 키 및 소트 키 속성을 지니며, 사용자는 파티션 키와 소트 키, 해당 값만 복사할 것인지 혹은 키 이외에 다른 속성 또는 다른 값도 모두 복사할 것인지 선택할 수 있다. 이를 통해 여러분이 필요한 데이터만 선택할 수 있으며, 보 조 인덱스는 다시 두 개의 타입으로 나뉜다.

전역 보조 인덱스

테이블 생성 후에 언제든 전역 보조 인덱스GSI, Global Secondary Index를 생성할 수 있다. 전역 보조 인덱스에서는 파티션 키와 해시 키가 베이스 테이블에서와는 다른 기능을 수행한다. 기본 키를 선택할 수 있는 것은 동일하지만, 인덱스의 기본 키는 가급적 다른 아이템과 구분될 수 있도록 해야 한다. 이는 복합 기본 키를 사용할 때 파티션 키의 값이 같은 아이템의 경우 동일한 파티션에 저장되기 때문이다.

전역 보조 인덱스로 읽기 작업을 수행하는 경우 종국적 일관성의 읽기 작업이 이뤄진다. 따라서 테이블에 아이템을 추가하면, 보조 인덱스에 즉시 반영되지 않을 수 있다.

지역 보조 인덱스

지역 보조 인덱스LSI, Local Secondary Index는 베이스 테이블과 함께 생성해야 하며, 생성한 후에는 지역 보조 인덱스만 삭제할 수 없다. 파티션 키는 베이스 테이블과 항상 같이 존재해야 하지만, 소트 키는 다르다. 예를 들어, 베이스 테이블의 파티션 키를 LastName으로 하고 소트 키를 FirstName으로 한 경우, 파티션 키가 LastName이고, 지역 보조 인덱스로 소트 키가 BirthYear인 지역 보조 인덱스를 생성할 수 있다.

지역 보조 인덱스에서의 읽기는 여러분의 설정에 따라 강한 일관성 또는 종국적 일관성 모두 가능하다.

전역 테이블

가용성을 높이기 위해, 전역 테이블 기법으로 다수의 리전에서 해당 테이블을 복제해서 사용할 수 있다. 전역 테이블을 사용하려면, 온디맨드 모드 또는 프로비전 모드를 설정한 뒤 Auto Scaling을 활성화한다. 전역 테이블은 읽기 전용 테이블의 모음이라 할 수 있으며, 리전당 하나의 읽기 전용 테이블만 지닐 수 있다. 사용자가 읽기 전용 테이블에 아이템을 작성하면, 다른 리전의 읽기 전용 테이블에도 기록된다. 단 전역 테이블은 리전 간의 강한 일관성 읽기는 지원하지 않는다.

백업

백업은 언제든 가능하며, RCU를 소모하지 않고 DynamoDB의 성능에 영향을 주지 않는다. 백업 횟수에는 제한이 없으며, 동일 리전은 물론 다른 리전에 있는 테이블의 백업으로 복구하는 것도 가능하다. 테이블 복구 시 온디맨드 모드 또는 프로비전 모드를 적용할 수 있으며, 인덱스 및 암호화 옵션도 설정 가능하다.

정리

관계형 데이터베이스 또는 비관계형 데이터베이스 중 어떤 것을 사용하느냐는 여러분이 어떤 애플리케이션을 만들 것인지에 달려있다. 관계형 데이터베이스는 오랜 기간 동안 사용돼 왔으며, 상당수의 애플리케이션 개발자는 관계형 데이터베이스를 데이터의 기본 모델로 삼고 있다.

애플리케이션이 데이터베이스에 특화된 SDK를 사용하는 경우 애플리케이션에서 특정 데이터베이스 엔진과 상호작용해야 하는 일이 생긴다. 이는 AWS RDS가 가장 널리 사용되는 여섯 가지의 데이터베이스 엔진을 다양한 버전 호환성과 함께 제공하는 이유이며, RDS 사용자는 기존에 사용하던 데이터베이스 엔진을 클라우드에서 그대로 사용할 수 있으므로 애플리케이션을 수정할 필요가 없어진다.

비관계형 데이터베이스는 조금 더 최근에 개발됐으며, DynamoDB는 Amazon의 대표적인 비관계형 데이터베이스 서비스다. 관계형 데이터베이스에 맞춰 설계된 애플리케이션과 달리, 비관계형 데이터베이스 기반의 애플리케이션은 코드 변경 없이 온프레미스에서 DynamoDB로 간단하게 변경하기 어렵다. 즉, 비관계형 데이터베이스를 이용하려는 경우 처음부터 DynamoDB를 이용해 클라우드 네이티브 애플리케이션을 만드는 것이 중요하다.

DynamoDB에 맞춰 애플리케이션을 개발하고 코드를 분할하는 경우 클라우드 아키텍트인 여러분과 데이터베이스의 설계 방식에 대해 논의하게 될 것이다. 이 때 여러분은 개발자와 파티션 키, 소트 키, 데이터 타입 선택에 대해 이야기하고, 애플리케이션에 필요한 처리용량의 할당 방식에 대해 설명할 수 있어야 할 것이다.

여러분이 다른 AWS 서비스와 함께 어떤 데이터베이스를 사용하든, AWS 아키텍트인 여러분은 요구 성능 및 가용성의 달성 방식을 이해하고, 적절한 방식으로 애플리케이션을 구현할 수 있도록 지원할 수 있어야 한다.

시험 대비 전략

관계형 데이터베이스 및 비관계형 데이터베이스의 차이점을 이해한다. 관계형 데이터베이스는 테이블 생성 시 필요한 모든 속성을 설정해야 하며, 테이블에 입력하는 모든 데이터는 사전 정의된 속성과 일치해야 한다. 전용의 SQL 언어를 이용해 데이터 읽기 및 쓰기 작업을 하므로, SQL 데이터베이스로도 부른다.

비관계형 데이터베이스는 테이블 생성 시 기본 키 속성만 설정하면 된다. 테이블 내 모든 키는 기본 키를 지니기만 하면 되고, 속성은 달라도 무방하다. 비관계형 데이터베이스는 NoSQL 데이터베이스로도 부르며 비구조화 데이터를 저장한다.

RDS가 지원하는 다양한 데이터베이스 엔진을 이해한다. RDS는 MySQL, MariaDB, Oracle, PostgreSQL, Amazon Aurora, Microsoft SQL Server 등 가장 인기 있는 데이터베이스 엔진을 지원한다. 라이선스 포함 모델과 자체 라이선스 모델의 차이점을 이해하고, 어떤 데이터베이스 엔진이 어떤 라이선스 모델을 지원하는 지도 기억할 필요가 있다.

스토리지 요구사항에 따라 적합한 인스턴스 클래스 및 스토리지 타입을 선택할 수 있도록 한다. 관계형 데이터베이스에서 메모리와 스토리지는 제약 요소로 작용하는 경우가 많으므로, 데이터베이스 요구 성능을 고려해 여러분에게 적합한 클래스 및 스토리지 타입을 선택할 수 있어야 한다. 데이터베이스 인스턴스 클래스는 스탠다드, 메모리 최적화, 성능 가속 클래스, 세 가지이며, 범용 SSD(gp2), 프로비전 IOPS SSD(io1), 처리량 최적화(st1), 콜드 HDD(sc1), 마그네틱 등 스토리지 타입과 어떻게 결합해 활용할지 알아야 한다.

멀티 AZ와 읽기 전용 복제본의 기능적, 용도적 차이점을 이해하고 있어야 한다. 멀티 AZ와 읽기 전용 복제본 모두 데이터베이스 인스턴스를 추가한다는 점은 동일하지만, 몇 가지 중요한 차이점이 존재한다. 읽기 전용 복제본은 쿼리 작업에 사용할 수 있지만, 멀티 AZ로 배포된 스탠바이 인스턴스는 쿼리 작업에 사용할 수 없다. 마스터 인스턴스는 비동기적으로 읽기 전용 복제본에 복제되지만 멀티 AZ의 기본 인스턴스는 스탠바이 인스턴스에 동기적으로 복제된다. 아울러 Aurora 레플리카의 작동 방식을 이해하고, Aurora의 멀티 AZ와 다른 데이터베이스 엔진의 멀티 AZ가 어떤 차이점을 지니는지 파악한다.

DynamoDB 테이블에 적합한 기본 키 타입을 결정할 수 있도록 한다. DynamoDB 테이블은 기본 키에 대해 두 가지 옵션을 제공한다. 단순 기본 키는 파티션 키와 단일 값으로 구성되며, DynamoDB는 파티션 키 값을 기준으로 아이템을 파티션에 분산시킨다. 단순 기본 키를 사용할 때, 파티션 키는 테이블 내에서 유일해야 한다. 복합 기본 키는 파티션 키와 소트 키로 구성되며, 파티션 키는 유일하지 않아도 되지만 파티션 키와 소트 키 조합은 테이블 내에서 유일한 요소여야만 한다.

DynamoDB 처리용량의 작동 방식을 이해한다. 테이블 생성 시 쓰기 유닛 및 읽기 유닛 등 처리용량을 설정해야 한다. 읽기 유닛은 강한 일관성의 읽기 또는 종국적 일관성의 읽기 방식에 따라 초당 데이터 읽기 용량이 달라진다. 4KB 아이템의 경우 한 번의 강한 일관성 읽기 작업은 하나의 읽기 용량 유닛을 소모하며, 종국적 일관성 읽기는 그 절반 수준을 소모한다. 쓰기 작업의 경우, 하나의 쓰기 용량 유닛으로 초당 하나의 1KB 아이템을 쓸 수 있다.

평가 문제

1. 관계형 데이터베이스에서 행^{row}을 가리키는 또 다른 말은 무엇인가? (2개)

   A. 레코드

   B. 속성

   C. 튜플

   D. 테이블

2. 모든 관계형 데이터베이스의 테이블에 포함돼 있는 것은 무엇인가?

   A. 외래 키

   B. 기본 키

   C. 속성

   D. 열

3. 관계형 데이터베이스 테이블에서 데이터를 가져올 때 사용하는 SQL 명령은 무엇인가?

   A. QUERY

   B. SCAN

   C. INSERT

   D. SELECT

4. 초당 다수의 트랜잭션 작업을 처리하는 데 최적화된 관계형 데이터베이스 타입은 무엇인가?

   A. Offline transaction processing(OLTP)

   B. Online transaction processing(OLTP)

   C. Online analytic processing(OLAP)

   D. key/value store

5. RDS 데이터베이스에서 실행할 수 있는 데이터베이스 엔진의 수는 몇 개인가?

   A. 여섯 개

   B. 한 개

   C. 두 개

   D. 네 개

6. 기존의 MySQL 데이터베이스와 호환성을 지닌 데이터베이스 엔진은 무엇인가? (모두 선택)

   A. Microsoft SQL Server

   B. MariaDB

   C. Aurora

   D. PostgreSQL

7. RDS와 최대의 호환성을 지녀야할 때 MySQL, Aurora, MariaDB에서 사용해야 하는 스토리지 엔진은 무엇인가?

A. MyISAM

B. XtraDB

C. InnoDB

D. PostgreSQL

8. 다음 중 bring-your-own-license(BYOL) 모델을 지원하는 데이터베이스 엔진은 무엇인가? (모두 선택)

A. Oracle Standard Edition Two

B. Microsoft SQL Server

C. Oracle Standard Edition One

D. PostgreSQL

9. 다음 데이터베이스 인스턴스 클래스 중 스토리지 볼륨에 전용 회선을 지원하는 것은 무엇인가?

A. Standard

B. Memory optimized

C. Storage optimized

D. Burstable performance

10. RDS에서 실행되는 MariaDB 데이터베이스가 초당 200MB의 쓰기 작업을 처리해야 하는 경우, io1 스토리지를 사용해 얼마만큼의 IOPS를 프로비전해야 하는가?

A. 12,800

B. 25,600

C. 200

D. 16

11. 범용 SSD 스토리지에서 600IOPS를 확보하기 위해 필요한 스토리지 양은 얼마인가?

   A. 200GB

   B. 100GB

   C. 200TB

   D. 200MB

12. 여러분이 필요한 스토리지는 100GB 뿐이지만 프로비전 IOPS SSD 스토리지를 이용해 12,000IOPS를 확보하기 위해서 얼마만큼의 스토리지를 할당해야 하는가?

   A. 최소 스토리지 요구량은 없음

   B. 200GB

   C. 240GB

   D. 12TB

13. 다음 데이터베이스 인스턴스 중 쿼리를 받을 수 있는 것은 무엇인가?

   A. Read replica

   B. Standby database instance

   C. Primary database instance

   D. Master database instance

14. Oracle을 이용해 멀티 AZ 배포를 할 때 데이터가 복제되는 방식은 무엇인가?

   A. 기본 인스턴스에서 동기적으로 읽기 전용 복제본에 복제

   B. 클러스터 볼륨을 이용해 동기적으로 복제

   C. 기본 인스턴스에서 비동기적으로 스탠바이 인스턴스에 복제

   D. 기본 인스턴스에서 동기적으로 스탠바이 인스턴스에 복제

15. 스냅샷으로 실패한 데이터베이스 인스턴스를 복구한 경우 어떤 일이 발생하는가?

   A. RDS는 스냅샷으로 새 인스턴스를 생성한다.

   B. RDS는 스냅샷으로 기존 실패한 인스턴스를 복구한다.

   C. RDS는 개별 데이터베이스로 새 인스턴스를 생성한다.

   D. RDS는 스냅샷을 삭제한다.

16. 다음 중 모든 컴퓨트 노드에 있는 모든 테이블을 저장하는 Redshift 배포 스타일은 무엇인가?

   A. EVEN

   B. ALL

   C. KEY

   D. ODD

17. 다음 중 최대 326TB의 데이터를 저장할 수 있는 Redshift 노드 타입은 무엇인가?

   A. Dense memory

   B. Leader

   C. Dense storage

   D. Dense compute

18. 비관계형 데이터베이스의 기본 키에 대해 옳은 설명은 무엇인가?(모두 선택)

   A. 아이템은 서로 명확하게 구분돼야 한다.

   B. 테이블 내에서 유일해야 한다.

   C. 서로 다른 테이블 간에도 서로 관련성을 지닌다.

   D. 데이터 타입은 테이블에 따라 달라질 수 있다.

19. 주문 데이터를 저장한 DynamoDB 테이블에서 주문 날짜에 적합한 키는 무엇인가?

    A. Partition key

    B. Sort key

    C. Hash key

    D. Simple primary key

20. DynamoDB 테이블 생성 시, 초당 11KB를 강한 일관성의 읽기 방식으로 기록하려면, 읽기 용량 유닛은 얼마나 프로비전해야 하는가?

    A. 3

    B. 2

    C. 1

    D. 0

21. 다음 Redshift 노드 타입 중 가장 빠른 읽기 접근성을 제공하는 것은?

    A. Dense compute

    B. Dense storage

    C. Leader

    D. KEY

22. 기본 테이블의 파티션 키와 해시 키를 사용할 수 있는 DynamoDB 인덱스 타입은 무엇인가?

    A. 종국적 일관성 인덱스

    B. 지역 보조 인덱스

    C. 전역 기본 인덱스

    D. 전역 보조 인덱스

23. 다음 중 최고의 성능을 위해 관계형 데이터베이스 대신 NoSQL 데이터베이스를 사용해야 하는 경우는 무엇인가?

    A. 데이터에 대한 다양하면서도 복합적인 쿼리 작업을 수행해야 할 때

    B. 단일 속성으로만 쿼리를 해야 할 때

    C. JSON 도큐먼트를 저장해야 할 때

    D. 서로 다른 애플리케이션에서 사용되는 데이터를 저장할 때

24. 관련성을 지닌 서로 다른 아이템을 파악할 수 있는 데이터베이스 타입은 무엇인가?

    A. SQL

    B. Relational

    C. Document-oriented store

    D. Graph

6

자격 인증과 권한 부여: AWS IAM

AWS 공인 솔루션스 아키텍트 어소시에이트 시험 범위 중 6장에서 살펴볼 영역별 세부 항목은 다음과 같다.

출제영역 1: 보안성 아키텍처 설계

✓ 안전한 AWS 리소스 접근 방식 설계

✓ 보안성 워크로드 및 애플리케이션 설계

✓ 적절한 데이터 보안 제어 방식 결정

개요

여러분의 AWS 리소스는 비즈니스를 위해 매우 소중한 자원이므로 안전하게 보호해야 한다. 하지만 너무 엄격하게 접근을 제한할 경우 어드민 또는 고객이 접근해야 하는 리소스에 접근하지 못하는 문제가 발생할 수 있다.

안전성과 접근성의 균형을 맞추는 일은 결코 쉽지 않다. 접근이 필요한 사용자를 등록하거나 특정인의 접근 권한을 허용 또는 불허하는 시스템을 갖추기 위해서는 많은 노력이 필요하다. 하지만 AWS 사용자는 Identity and Access Management(이하 IAM)을 통해 리소스 관리에 필요한 신분확인 및 권한부여 업무를 처리할 수 있다.

이번 6장에서는 스스로의 신분 증빙principals으로도 부르는 IAM에 대해 함께 살펴본다. AWS에서 리소스에 접근하기 위한 신분은 유저 또는 롤로 나타낼 수 있으며, 그 중 롤은 서비스, 다른 유저, 그룹에 할당할 수 있는 임시 신분이라 할 수 있다.

AWS에서는 Kerberos, Microsoft Active Directory 또는 Lightweight Directory Access ProtocolLDAP 등 다양한 외부 신분 확인 및 권한 부여 서비스와 연계한 연합 신분 체계federated identities를 이용해 유저 또는 애플리케이션의 접근권한을 증명할 수 있다.

또한 AWS에서는 사용자의 ID, 즉 신분에 간단하게 정의한 정책policies을 부착하는 방식으로 특정 리소스와 상호작용을 할 수 있다. 이 때 정책은 신분 단위로 부착(ID 기반 정책)하거나 리소스 단위로 부착(리소스 기반 정책)해서 사용할 수 있다.

6장의 주요 내용은 다음과 같다.

- 계정 내에서 ID를 기반으로 접근성을 긴밀히 제어하는 정책 생성하기
- 다양한 유형의 키와 토큰을 이용해 자신의 신분을 증명하기
- AWS 외부의 연합 신분 서비스를 이용해 IAM과 연계 가능한 통합 로그인single sign-on 솔루션 제공하기
- 리소스의 안전한 관리를 위한 계정 및 롤 환경설정 베스트 프랙티스 파악하기

IAM 기반의 신분 관리

처음 AWS 계정을 생성하면 루트 유저root user라는 신분이 만들어진다. 루트 유저는 여러분의 계정 내에서 모든 서비스와 리소스에 접근할 수 있는 권한을 지니고 있으며, 다른 신분으로는 결코 할 수 없는 작업을 오직 루트 유저 권한으로만 할 수 있다. 그리고 바로 이런 이유로 막강한 권한을 지닌 루트 유저 ID와 패스워드가 해킹 공격의 목표가 되기도 한다. 해커는 루트 유저 ID, 패스워드 또는 액세스 키만 지니면 여러분의 AWS 계정 내에서 무슨 일이든 할 수 있다.

루트 유저와 관련된 다양한 위험 노출 가능성을 피하기 위해 AWS는 루트 유저 계정은 엄격히 보호하고, 대신 다른 계정을 생성해서 일상적인 업무에 사용할 것을 권장한다. 그림 6.1은 IAM 홈페이지에서 제공되는 보안 상태Security Status 섹션이며, 여러분에게 루트 유저 접근 가능성에 대한 경고를 제공한다.

위 권장 사항을 따르기 위한 방법과 그 이유를 이해하는 것이야말로 AWS 계정을 안전하게 보호하는 가장 중요한 첫 걸음이라 할 수 있다.

IAM 정책

IAM의 첫 번째 중요 요소로서 IAM 신분관리에서 정책policies이 어떻게 사용되는지 알아보자. IAM 정책은 하나 이상의 AWS 리소스와 관련된 일련의 허용 동작 및 불허 동작을 정리한 문서라고 할 수 있으며, 정책 문서에 의해 특정 사용자는 해당 리소스에 접근해서 원하는 작업을 수행할 수 있다. 이 때 정책에서는 효과effect라는 속성으로 허용 또는 불허를 나타내며, 이를 위해 각각 Allow 또는 Deny라는 속성 값을 사용한다.

예를 들어, 특정 사용자가 S3라는 리소스^{resource}에서 버킷 생성이라는 액션^{action}을 허용하는 효과^{effect}를 추가할 수 있다. 이 때 해당 리소스를 이용하는 다양한 액션의 방식을 지정할 수 있다.

사용자는 IAM Dashboard를 통해 수백 여 개의 사전 정의된 정책을 확인하고, 키워드를 이용해 자신의 목적에 맞는 정책을 찾아서 활용할 수 있다. 또는 Dashboard의 정책 생성^{Create policy} 페이지에서 정책을 생성하거나 JSON 포맷 텍스트로 직접 정책을 작성할 수 있다.

다음은 IAM Dashboard 인터페이스에서 제공하는 JSON 포맷의 Administrator Access 정책 문서이다. 아래 문서에서 여러분의 계정에서 모든 리소스(*)에 대해 모든 액션(*)을 할 수 있는 정책이 정의돼 있음을 알 수 있다.

```
{
 "Version": "2012-10-17",
 "Statement": [
  {
   "Effect": "Allow",
   "Action": "*",
   "Resource": "*"
  }
 ]
}
```

정책 문서에 의해 명시적으로 정의되지 않은 모든 동작은 불허된다. 기본적으로 모든 동작이 불허된다면 Deny라는 속성을 명시적으로 사용할 필요가 없지 않을까? Deny 속성은 모든 리소스가 아닌 대부분의 리소스에 접근하는 정책을 작성할 때 특히 유용하다. 예를 들어 기본적으로 접근 제약이 없는 리소스에서 하지 말아야 할 단하나의 액션을 정의할 때 Deny를 사용하면 된다.

IAM을 이용해 리소스에 정책을 연계하면, 해당 신분은 정책의 권한 및 제약 조건에 영향을 받게 된다. 하나의 IAM 정책을 다수의 신분에 연계할 수 있으며, 하나의 신분에는 최대 10개의 정책(6,144자 미만의 정책 문서)을 연계할 수 있다.

만일 하나의 신분에 연결된 두 개의 정책이 서로 상반된 내용을 담고 있으면 어떻게 될까? 예를 들어 하나의 정책은 S3 버킷 생성을 허용하고, 다른 정책은 S3 버킷 생성을 불허하는 경우는 어떻게 될까? AWS는 이와 같은 상충이 발생하는 경우, '불허' 기준을 따르도록 한다.

이 외에도, 특정 리소스의 액션에 대해 명시적인 불허가 정의된 경우 다른 곳에서 허용을 했더라도 결과적으론 불허가 적용된다.

유저와 루트 계정

루트 계정 보호를 위한 최선의 방법은 봉인하는 것이며, 다음 절차를 따른다.

- 루트 계정과 연계된 모든 액세스 키를 삭제한다.
- 길고 복잡한 패스워드를 작성해 안전한 패스워드 볼트에 저장한다.
- 루트 계정에 다중 인증^{MFA, Multi-Factor Authentication} 기능을 활성화한다.
- 이후, 일상적인 어드민 작업에서 루트 계정 사용을 자제한다.

루트 계정 봉인에 앞서, 어드민 작업을 위해 새 계정을 생성하고 어드민에 적합한 권한을 부여한다. 보통의 경우 AdministratorAccess 정책을 적용하며, 이를 통해 다른 유저, 그룹, 롤을 생성하고 각 업무 수행에 필요한 권한을 부여한다.

루트 계정을 봉인하면서 그에 준하는 AdministratorAccess 권한의 계정을 생성하는 데는 어떤 실익이 있을까? 즉, 루트 계정이든, 어드민 권한의 계정이든, 리소스에 대한 모든 접근 권한을 가졌다는 사실은 동일하지 않은가 하는 의문이 들 것이다.

사실 루트 계정과 모든 권한을 부여받은 어드민 계정에는 매우 큰 차이점이 존재한다. 특히 전계정에 대한 예산 관리 권한과 특정 S3 버킷에 대한 MFA Delete 권한은 오직 루트 계정만이 지닌다.

이제 전후 사정을 모두 이해했다면, IAM의 첫 번째 실습으로 여러분의 루트 계정을 봉인해 보자.

루트 계정 봉인하기

1. 루트 계정 봉인에 앞서 새 유저를 생성한 뒤 AdministratorAccess 정책을 할당한다.

2. 루트 계정과 연계된 액세스 키가 없는지 다시 한 번 더 확인한다.

3. 루트 계정에 MFA 기능을 활성화한다. MFA 기능이 활성화되면, 루트 계정 로그인 시 단기성을 지닌 코드가 생성돼 여러분의 모바일 기기에 전송되며, 이 코드가 일치해야만 루트 계정으로 로그인이 가능하다.

4. 기존 루트 계정의 패스워드를 알파벳 이외의 숫자와 기호를 조합한 길고 복잡한 패스워드로 업데이트한다.

5. 루트 계정으로 로그인할 수 있는지 한 번 더 확인한 후 패스워드를 안전하게 저장 또는 기록한다.

그럼 다음 실습에서 새 유저를 생성한 뒤 관련 정책을 할당하고, 제 기능을 수행할 수 있는지 확인해 보자.

IAM Policy 할당 및 구현

1. IAM Dashboard에서 새 유저를 생성한다.

2. 새 유저에게 S3 버킷의 생성, 편집, 삭제가 가능한 AmazonS3FullAccess 정책을 부착한다. (정책 목록에서 s3 키워드를 입력하면 좀 더 쉽게 해당 정책을 찾을 수 있다.)

3. 유저 로그인 지시사항이 표시되면 이를 메모장 등에 기록해 둔다.

4. 새 유저 계정으로 로그인한 뒤 새 S3 버킷을 생성해 보자. (잘 될 것이다.)

5. 새 유저 계정으로 다른 작업도 시도해 보자. 이번엔 EC2 인스턴스를 시작해 보자. 요청이 거부됐다면 여러분의 IAM이 정상적으로 작동하는 것이다.

새 IAM 유저를 생성할 때 패스워드 정책 적용 옵션이 제시되며, 사용자는 최소 길이 및 복잡성 제약 조건과 패스워드 재설정 최대 주기를 적용할 수 있다. 이 때 어드민은 가급적 팀원이 좀 더 높은 수준의 패스워드를 사용하도록 해 보안의 수준을 높일 수 있다.

사용자는 콘솔의 사용자 이름 아래 펼침목록 메뉴의 My Security Credentials 페이지에서 보안 설정 내역을 변경할 수 있다.

My Security Credentials 페이지의 여섯 개 아이템은 그림 6.2와 같다.

- 패스워드 업데이트
- MFA 활성화 및 관리
- AWS CLI 또는 프로그래밍 SDK를 통해 AWS 리소스를 관리하기 위한 액세스 키 생성 및 삭제
- Amazon CloudFront 배포를 위한 서명 URL 인증용 키페어 생성
- AWS 서비스에 대한 SOAP^{Simple Object Access Protocol} 요청을 위한 X.509 인증서 생성

 S3와 Amazon Mechanical Turk에 대한 SOAP 요청은 위 규칙의 예외가 된다. 이는 이들 서비스가 X.509 인증서 대신 보통의 액세스 키를 사용하기 때문이다.

- 기존의 S3 ACL을 사용하기 위해 12자리 AWS Account ID와 대표 유저 ID 인출하기

물론 위 아이템 모두가 여러분이 생성하는 모든 유저와 관련되지는 않는다.

IAM 액세스 키 관리

액세스 키는 프로그래밍 기법 또는 CLI 기반 접근 시 권한 인증 기능을 제공한다. 기존의 유저네임 및 패스워드 방식을 사용하지 않고도, 로컬 환경에서 액세스 키 ID와 시크릿 액세스 키를 이용해 특정 리소스에 대한 접근 권한을 부여받을 수 있는 것이다. 애플리케이션 또는 실행 명령은 액세스 키 정보를 이용해 요청에 필요한 데이터를 제공할 수 있다.

미사용 키 비활성화하기

활성화된 키는 언제든 해킹 등에 악용될 수 있으며, 여러분이 생성한 유저가 해당 키를 이용해 어떤 작업을 하는지 확인할 필요가 있다. 이 때 일정 기간 사용되지 않은 키를 발견하면 비활성화시키고, 조만간 사용할 계획이 없다면 삭제하는 것이 좋다.

키 로테이션

오래된 액세스 키는 정기적으로 삭제하는 것이 좋은데 이는 오래 사용한 키일수록 위험에 노출됐을 가능성이 더 크기 때문이다. 따라서 예를 들면 30일과 같이 키 사용 기한을 정해두는 것이 좋으며, 이 기한을 넘은 키는 삭제하거나 다른 키로 교체해야 한다.

EC2 리소스로 다른 AWS 서비스에 접근할 때 IAM 롤을 위해 자동으로 키를 로테이션할 수 있지만, 특정 애플리케이션에만 사용되는 키가 있는 경우 키 자동 로테이션 기능을 사용하는 일이 좀 더 복잡해진다. 하지만 이를 위한 좋은 키 로테이션 방법이 존재한다.

1. 각 유저별로 새 액세스 키를 생성한다. 유저가 스스로 자신의 키를 관리하도록 해도 된다.
2. 애플리케이션의 키 정보를 새 키에 맞춰 업데이트한다.
3. 오래된 키는 비활성화 또는 삭제한다.
4. 키 업데이트 후에도 애플리케이션 실행에 문제가 없는지 며칠간 관찰한다. 아래 CLI 명령으로 애플리케이션 중 구형 키를 사용하는지 여부를 확인할 수 있다.

```
aws iam get-access-key-last-used --access-key-id ABCDEFGHIJKLMNOP
```

5. 모든 일이 순조롭다면 구형 키도 삭제한다.

액세스 키 로테이션과 함께 IAM 계정에서 패스워드 정책 로테이션을 추가해 키와 관련된 보안 수준을 더욱 높일 수 있다.

다음 실습에서 간단하게 액세스 키 생애주기 관리 방법을 알아보자.

실습 예제 6.3

AWS 액세스 키 생성, 사용, 삭제

1. 새 AWS 액세스 키를 생성하고, 안전한 장소에 액세스 키 ID와 시크릿 액세스 키를 저장한다.
2. AWS CLI 환경설정에 키를 추가하기 위해 로컬 커맨드 라인에 aws configure를 입력한다.

시스템에 이미 다른 액세스 키가 있다면, 여러 개의 키를 병렬적으로 생성 및 사용할 수 있다. Aws

configure 명령에 -profile 인수를 추가해 별도의 프로필을 생성할 수 있다. 새 프로필을 추가할 때 다음과 같은 입력 내용을 확인할 수 있다.

```
$ aws configure -profile account2
```

그리고 ls 명령을 이용해 추가된 프로필을 확인할 수 있다.

```
$ aws s3 ls --profile account2
```

3. S3 버킷 출력과 같은 작업을 실행보자. 새 키가 적용된 AWS CLI 명령을 이용해 로컬 파일을 업로드해 본다.

4. IAM Dashboard에서 방금 생성한 키를 비활성화 (Make Inactive 메뉴 선택) 또는 삭제한다.

5. 다시 앞에 했던 것과 동일한 작업을 수행할 수 없다는 것을 알 수 있다. 이는 여러 분의 액세스 키가 잘 작동하고 있다는 의미이다.

IAM 그룹

개별 유저를 생성할 때는 AWS 작업을 안전하고 효율적으로 수행할 수 있는 만큼만 접근권한을 부여해야 한다. 하지만 계정 관리가 복잡해지고 바빠질수록 개별 유저를 일일이 관리하는 것은 불가능해진다.

예를 들어 여러분이 여섯 명에게 어드민 권한을 부여하고, 또 다른 여섯 명에게 개발자 권한을 부여한 경우를 생각해 보자. 이들에게 일일이 적절한 작업 권한을 부여하려면 꽤 많은 시간이 소요된다. 따라서 개별 사용자가 아닌, 팀 단위로 권한을 부여하는 방법에 대해 생각해 보자. 팀 단위로 접근권한을 부여하면 변경 사항이 생겼을 때도 일괄적으로 적용할 수 있어 편리하다.

이러한 필요를 충족시키기 위한 것이 바로 IAM 그룹이며, 이를 통해 개별 유저가 아닌, 업무 영역별, 조직 업무 내용별 권한부여가 가능하다. 위와 같은 경우 여러분은 개발 그룹, 어드민 그룹, 디자인 그룹을 생성해 체계적으로 권한과 작업 내역을 관리할 수 있다.

특정 그룹에 대한 액세스 프로필을 변경해야 하는 경우 개별 유저 단위가 아닌 관련 그룹 단위로 변경 작업을 수행한다. 예를 들어 개발자 그룹에 Elastic Beanstalk 워크로드를 추가해야 하는 경우 한 번의 조작으로 개발팀원 전체에 관련 권한을 부여할 수 있다. 또한 디자인 부서에서 더 이상 Amazon Elastic Transcoder를 이용해 비디오 콘텐츠 변환 작업을 수행하지 않는 경우 디자인 그룹에서 해당 권한을 삭제하면 된다.

다음 예제에서 그룹 활용 방법에 대해 알아보자.

IAM Group 생성 및 환경설정

1. 여러분 계정에 최소 두 개의 IAM 유저를 생성한다.

2. 새 IAM 그룹을 생성하고 IAMUserChangePassword와 같은 정책을 하나 이상 추가한다.

3. 해당 그룹에 두 개의 유저를 추가한다.

4. 해당 유저가 자신의 패스워드를 변경할 수 있는지 확인한다.

5. 그룹을 삭제하거나 정책을 변경하면, 해당 유저는 더 이상 자신의 패스워드를 변경할 수 없게 된다.

IAM 롤

IAM 롤은 유저 또는 서비스가 리소스에 대한 접근 요청을 할 때 이용할 수 있는 임시 신분이라 할 수 있으며, 롤을 이용해 서비스와 관련된 다양한 논리 문제를 해결할 수 있다. 예를 들어, IAM 유저 가운데 주기적으로 EC2 인스턴스를 종료시키고, 업데이트 작업 후에 재시작하는 경우가 있을 수 있다. 이 때 우발적인 인스턴스 종료를 막으려면, 애당초 해당 유저에게 EC2 인스턴스를 종료할 수 있는 권한을 주지 않는 것이 좋다. 이와 같은 기능을 프로그래밍 업계에서 Linux 또는 macOS는 sudo 작업 방식으로, Windows에서는 runas 명령으로 구현해 특정 리소스에 대한 가능 작업 내역을 세분화해서 관리할 수 있다.

또 다른 예로 여러분이 Elastic Container Service(이하 ECS) 서비스를 통해 다른 리소스와 연계된 AWS 서비스를 시작하는 경우 ECS를 사용하려면 먼저 컨테이너 이미지를 가져올 수 있는 Elastic Container Registry(이하 ECR)에 대한 접근 권한을 갖고 있어야 한다. 즉, ECS 사용을 위해 ECR에서 데이터를 가져올 수 있는 롤을 지니고 있어야 한다. 그리고 이러한 작업에 딱 들어맞는 AmazonECSTask ExecutionRolePolicy라는 관리형 롤이 미리 정의돼 있다.

때론, 다른 AWS 계정 또는 연합 자격인증 서비스를 이용해서 로그인한 사용자가 정의한 IAM 롤을 사용해야 할 때도 있으며, (12시간 뒤 자격 인증이 만료되도록 설정된) IAM 롤은 바로 이러한 상황에서 선택할 수 있는 최선의 방법이라 할 수 있다.

롤은 접근이 필요한 리소스의 신뢰 개체^{trusted entity}를 정의하는 방식으로 생성할 수 있으며, 신뢰 개체에는 AWS 서비스, AWS 계정, Amazon, Amazon Cognito, Facebook, 또는 Google 로그인으로 접근권한을 증명한 웹 식별 객체, SAML^{Security Assertion Markup Language} 2.0 연합 자격인증 객체 등 4가지가 있다.

신뢰 개체 정의 후 사용자는 정책 문서 생성 및 부착 또는 사전정의된 IAM 정책을 할당하는 방식으로 퍼미션을 부여할 수 있다. 신뢰 개체에 새 롤이 포함돼 있는 경우 AWS는 AWS Security Token Service(이하 STS)를 이용해 만료 기한이 정해진 보안 토큰을 발행한다.

접근권한 관리 도구

AWS는 사용자 및 리소스 관리에 필요한 다양한 도구를 제공하며, 앞서 살펴본 IAM 은 그 중 작은 일부라고 할 수 있다. 사용자의 접근권한 관리를 위한 주요 도구로는 Amazon Cognito, AWS Managed Microsoft AD, AWS Single Sign-On 등이 있고, 키 암호화 및 보안 자격증명 도구로는 AWS Key Management Service(KMS), AWS Secrets Manager, AWS CloudHSM 등이 있다.

Amazon Cognito

Cognito는 모바일 앱 및 웹 앱 개발자를 위한 회원가입 및 로그인 기능을 제공한다.

- Cognito 유저 풀^{user pool}: 애플리케이션에 회원가입 및 로그인 기능을 추가할 수 있다.
- Cognito 아이덴티티 풀^{identity pool}: 애플리케이션 사용자에게 여러분 계정에 있는 다른 서비스에 대한 임시 접근권한을 부여할 수 있다.

유저 풀 생성 시 유저가 어떤 방식으로 (주소 또는 생년월일 속성 사용) 회원으로 가입하고, 또 어떤 방식으로 (유저네임 또는 이메일 주소 속성 사용) 로그인하도록 할 것인지

정의할 수 있다. 또한 패스워드 복잡성에 대한 최소 요구사항, MFA, 이메일 인증 등에 대한 내용도 설정할 수 있다.

아이덴티티 풀 생성 시(Cognito, AWS 계정, 연합 인증, 기타 미인증 ID 등) 유저의 유입 경로를 정의할 수 있다. 이후 풀에 IAM 롤을 할당하는 방식으로 사용하면 된다. 풀이 활성화된 뒤 여러분이 미리 정의해둔 신분 조건과 일치하는 유저가 나타나면 해당 롤을 이용해 리소스에 접근할 수 있다.

AWS Managed Microsoft AD

Managed Microsoft AD는 AWS Directory Service를 통한 AD 접근, 즉 액티브 디렉토리 접근 서비스이며, Amazon Cloud Directory와 Cognito 등 다른 디렉토리 관리 서비스와 유사한 기능을 제공한다. Cloud Directory는 기업의 사용자 및 하드웨어 자산 목록과 같은 계층적 데이터를 저장, 관리하는 서비스이며, 이와 같은 디렉토리 서비스는 대량의 데이터 처리 능력을 갖추고, AWS의 각종 작업과 통합 실행할 수 있다는 공통점이 있다.

엄밀히 표현하자면 관리형 Microsoft AD는 Microsoft Active Directory를 위한 AWS Directory Service라고 할 수 있다. 이름이야 어떻든 이 서비스의 목적은 AWS VPC에 포함된 리소스를 Active Directory를 통해 Microsoft SharePoint, .NET, SQL 서버 기반 워크로드와 같은 방식으로 관리하는 것이다. 이 때 AD Connector를 이용하면 AWS 서비스와 온프레미스 Microsoft Active Directory를 바로 연결할 수 있다.

Managed Microsoft AD의 도메인 컨트롤러는 두 개의 VPC AZ에서 실행되며, 관리형 서비스인만큼 Microsoft AD를 사용하기 위한 데이터 복제 및 소프트웨어 업데이트 중 인프라 관리 업무를 자동으로 수행한다.

AWS Single Sign-On

AWS Single Sign-On(이하 SSO)은 기존의 AWS Directory Service로 관리되는 Microsoft Active Directory의 신분확인 및 권한부여 작업을 일관되게 수행하며, AWS Organizations에 포함된 다수의 AWS 계정에서도 사용할 수 있다.

SSO는 Salesforce, Box, Office 365 등 인기있는 애플리케이션은 물론 SAML 2.0을 지원하는 커스텀 앱에서도 사용할 수 있다.

AWS Organizations는 다수의 AWS 계정을 정책 기반으로 제어하는 관리 서비스이며, 하나 이상의 AWS 계정을 보유한 기업이라면 AWS Organizations를 이용해 자산의 분산 방식에 상관 없이 기업 자산을 통합적으로 관리할 수 있다.

AWS Key Management Service

AWS KMS는 AWS 서비스를 이용하기 위한 암호화 키 생성 및 관리 서비스다. 2장에선 EBS 볼륨 관리를 위한 암호화 키로 소개했고, 3장에선 S3 버킷의 서버측 및 클라이언트측 암호화 방법으로 소개한 바 있다.

KMS는 시스템 전반에 걸쳐 사용할 수 있는 완전관리형, 중앙제어형 암호화 키라는 특징이 있으며, 여러분의 소중한 데이터를 보호하기 위한 암호화 키의 생성, 추적, 순회, 삭제 기능을 제공한다. 모든 종류의 키와 관련된 이벤트를 추적하는 AWS CloudTrail과 KMS를 통합해 기업의 감사 업무 및 준법 감시 업무에 사용할 수 있다.

콘솔, AWS CLI, 또는 SDK에서 키 생성 및 관리 업무를 수행할 수 있으며, 키 관리 권한은 IAM 유저, 그룹, 또는 롤 단위로 부여할 수 있다.

AWS Secrets Manager

앞서 IAM 롤을 이용한 AWS 서비스에 대한 접근권한 관리 방법을 알아봤지만, 롤을 가지고는 인증자격^{credential} 정보를 안전하게 전달할 수 없다. 여기서 인증자격이란 서드파티 서비스 및 데이터베이스 등에 접근하기 위한 자격 정보를 의미한다.

패스워드와 서드파티 API 키 등 애플리케이션에서 필요로 하는 시크릿 리소스를 전문적으로 다룰 수 있는 도구가 바로 AWS Secrets Manager이다. 실행 코드에 민감한 시크릿 코드를 입력하는 방법 대신, Secrets Manager를 이용해 변경 사항을 정기적으로 업데이트하는 방식으로 인증 자격을 확인받을 수 있으며, 여러분은 애플리케이션이 요구하는 최신 인증자격 정보를 제공할 수 있다. 이 때 인증자격 순회 작업이 자동으로 이뤄지므로 편리하다.

AWS CloudHSM

CloudHSM은 웹 서버 인프라의 암호화 작업을 위해 전용의 가상 연산 기기 클러스터를 시작한다. 여기서 CloudHSM에서 HSM은 hardware security module의 약자로서, 웹 서버의 암호화 키 생성, 정렬, 관리 부담을 덜어주는 것이 주요 목적이다. 이를 통해 웹 서버는 사용자를 위한 애플리케이션 지원에 집중할 수 있다.

CloudHSM은 AWS KMS와 유사한 기능을 제공하지만, AWS는 다음과 같은 특징 및 장점이 있다고 설명한다(aws.amazon.com/cloudhsm/faqs).

- 키는 높은 수준의 보안성이 검증된 전용의 서드파티 HSM에 저장된다.
- 미 연방정보처리표준^{FIPS} 140-2 규정에 부합한다.
- Public Key Cryptography Standards(PKCS)#11, Java JCE^{Java Cryptography Extension}, Microsoft CNG^{Cryptography API: Next Generation} 인터페이스를 이용해 애플리케이션과 통합된 기능을 제공한다.
- VPC 내 고성능 암호화 생성 가속 기능(대량의 암호 생성 시 사용)

애플리케이션의 데몬으로 CloudHSM 클라이언트를 실행해 HSM 클러스터를 활성화할 수 있으며, 이 때 클라이언트는 HSM과 완벽하게 암호화된 방식으로만 소통하도록 설정할 수 있다.

AWS Resource Access Manager(AWS RAM)

AWS RAM은 리소스 접속을 돕는 또 다른 서비스이며, 단일 조직 내 다수의 계정에 속한 유저 또는 조직 외부 AWS 계정의 유저가 안전하게 리소스를 공유할 수 있도록 지원한다.

AWS RAM의 이와 같은 리소스 접근 기능을 사용하면, 여러 개의 리소스 사본을 만들고 관리해야 하는 부담을 덜 수 있으며, 단일 접근 정책 및 단일 롤 프로필을 통해 모든 작업을 통제할 수 있다는 장점이 있다.

특정 리소스가 AWS RAM의 공유 리소스에 포함되면, 모든 인증 유저는 자체 콘솔 또는 AWS CLI를 이용해 해당 리소스에 접근할 수 있게 된다.

AWS CLI 예제

다음 명령은 네임 속성이 steve인 새 유저를 생성하고, 현재 존재하는 유저를 확인한다.

```
$ aws iam create-user --user-name steve
$ aws iam get-user --user-name steve
```

아래 list-policies 명령은 IAM이 제공하는 사전 설정된 정책 문서를 반환한다. 반환된 내용 가운데, AmazonEC2ReadOnlyAccess는 실행 중인 EC2 리소스에 대한 읽기 권한만 허용한 것이다. 여러분은 특정 유저에게 Amazon Resource Name(이하 ARN) 기법으로 정책을 추가할 수 있다.

```
$ aws iam list-policies
$ aws iam attach-user-policy \
--policy-arn arn:aws:iam::aws:policy/AmazonEC2ReadOnlyAccess \
--user-name steve
```

JSON 포맷으로 나타낸 AmazonEC2ReadOnlyAccess 정책 내용은 아래와 같다.

```
{
 "Version": "2012-10-17",
 "Statement": [
  {
   "Effect": "Allow",
   "Action": "ec2:Describe*",
   "Resource": "*"
  },
  {
   "Effect": "Allow",
   "Action": "elasticloadbalancing:Describe*",
   "Resource": "*"
  },
  {
   "Effect": "Allow",
   "Action": [
   "cloudwatch:ListMetrics",
   "cloudwatch:GetMetricStatistics",
   "cloudwatch:Describe*"
   ],
```

```
      "Resource": "*"
    },
  {
    "Effect": "Allow",
    "Action": "autoscaling:Describe*",
    "Resource": "*"
    }
  ]
}
```

다음으로 list-access-keys 명령은 해당 유저네임과 관련된 모든 키 이름을 반환한다. 유저네임을 지정하지 않으면, 루트 계정의 키가 반환된다. 아울러 create-access-key 명령은 새 키를 생성하고, delete-access-key 명령은 특정 키를 삭제한다.

```
$ aws iam list-access-keys --user-name steve
$ aws iam create-access-key --user-name steve
$ aws iam delete-access-key --user-name steve --access-key-id AKIAJAP<. . .>
```

정리

AWS 계정 생성 시 자동으로 활성화되는 IAM 루트 유저는 바로 봉인하고, 일상적인 업무에는 사용하지 않는 것이 좋다. 루트 계정을 안전하게 봉인한 후 여러분의 작업에 필요한 권한만 허용한 새로운 유저 계정을 추가해서 사용하도록 한다.

모든 유저 계정은 강력한 패스워드, MFA를 이용해 보호하고, 각종 보안인증 및 리소스 접근에 필요한 액세스 키를 암호화한다.

접근권한을 부여받은 유저는 IAM 정책으로 정의된 AWS 리소스에 접근할 수 있으며, 접근 권한이 중복되는 경우 IAM 그룹으로 필요한 업무 영역을 좀 더 쉽게 중앙화해 관리할 수 있다. 유저에게 특정 리소스에 대한 단기간의 접근을 허용하려는 경우에는 IAM 롤을 부여한다.

액세스 키는 정기적으로 사용 내역을 감사하고, 미사용 키는 삭제하며, 활성화된 키는 정기적으로 순회해 위험 노출을 최소화한다.

유저, 그룹, 롤 등 신분을 나타내는 객체는 Cognito, Managed Microsoft AD, Single Sign-On 등 다양한 방식으로 AWS 서비스에 대한 접근권한을 부여받을 수 있다. 접근권한 인증서 등 시크릿 문서는 AWS Key Management Service(KMS), AWS Secrets Manager, AWS CloudHSM 등 서비스를 이용해 안전하게 관리할 수 있다.

시험 대비 전략

IAM 정책의 활용 방법을 이해한다. 커스텀 정책을 생성하거나 AWS가 제공하는 사전 정의된 정책을 이용해 AWS 리소스에 대한 접근권한을 관리할 수 있다.

AWS 루트 계정 보호 방법에 대해 이해한다. 루트 계정은 봉인하고 일상적인 업무에는 새로 정의한 어드민 등 유저 계정을 사용한다.

다양한 사용자의 접근을 효과적으로, 안전하게 관리할 수 있는 방법을 이해한다. IAM 그룹과 롤의 효율적인 이용 방법을 이해하고, 커스텀 정책 및 사전정의된 정책을 이들 신분 객체에 적용하는 방법을 이해한다.

계정 접근에 대한 보안성을 최적화할 수 있는 방법을 이해한다. IAM 관리 도구를 이용해 좀 더 강력한 패스워드를 생성하고 MFA를 활성화하며, 적절한 방식으로 액세스 키와 토큰을 관리한다.

AWS의 다양한 접근권한 및 자격인증 통합 도구의 활용 방법을 이해한다. Cognito는 애플리케이션 사용자의 회원가입 및 로그인을 돕는 도구이고, Managed Microsoft AD는 Active Directory 영역을 VPC 내의 애플리케이션에서 실행할 수 있도록 돕는다. 서드파티 인증 기관의 연합 인증 체계는 외부 사용자의 접근권한 관리를 돕는다.

평가 문제

1. 여러분의 AWS 루트 계정을 일상적인 업무에 사용했을 때 발생할 수 있는 가장 큰 위험 상황은 무엇인가?

   A. 프로젝트 또는 클래스에서의 리소스 사용을 쉽게 통제할 방법이 없다.

   B. 액션의 효과를 제한할 수 있는 수단이 없어지며, 이를 통해 의도치 않거나 원치 않는 결과가 발생할 수 있다.

   C. 루트 유저는 계정에 할당된 모든 리소스에 대한 완전한 권한을 지니므로 해커가 루트 계정을 탈취하게 될 경우 재앙에 가까운 상황이 발생할 수 있다.

   D. 특정 액션에 대해 어떤 계정 유저가 관련이 됐는지 확인하기가 어려워진다.

2. 여러분의 애플리케이션 스택에 적합한 커스텀 IAM 정책을 생성하려 한다. 다음 중 IAM 정책의 문법 관련 내용 중 옳은 것은 무엇인가?

   A. Action 속성으로 IAM이 요청에 대한 대응 방식을 설정한다.

   B. * 문자는 전역의 요소에 적용된다.

   C. Resource 속성으로 계정에 접근하려는 서드파티 식별객체를 설정한다.

   D. Effect 속성으로 요청에 대한 승인 후 예상되는 리소스 상태를 설정한다.

3. 3. EC2 인스턴스 시작과 관련된 아무런 정책도 지니지 않은 IAM 유저가 관련 작업을 하지 못하도록 막는 방법은 무엇인가? (3개 선택)

   A. 유저에게 아무 정책도 부여하지 않는다.

   B. 유저에게 EC2 풀 액세스 권한 정책을 부여하면서, EC2 접근을 거절할 수 있도록 IAM 패스워드 변경 권한 정책을 부여한다.

   C. S3 버킷 생성 권한 정책만 부여한다.

   D. AdministratorAccess 정책을 부여한다.

   E. 모든 EC2 접근을 차단하는 IAM 액션 속성을 해당 유저 계정에 연결한다.

4. IAM 유저 계정의 보안을 위한 중요한 단계는 무엇인가? (2개 선택)

   A. 어드민 작업에 해당 계정을 사용하지 않는다.

   B. MFA를 활성화한다.

   C. 길고 복잡한 패스워드를 할당한다.

   D. 모든 액세스 키를 삭제한다.

   E. 여러분 계정의 유저에게 리소스 접근 시, AWS CLI만 이용하도록 강제한다.

5. 해킹 등 리소스에 대한 공격 가능성을 줄이기 위해, 계정과 연결된 활성화된 액세스 키를 감사하려 한다. 다음 AWS CLI 명령 중 사용 가능한 액세스 키를 특정할 수 있는 것은 무엇인가?

   A. aws iam get-access-key-used –access-key-id ⟨key_ID⟩

   B. aws iam --get-access-key-last-used access-key-id ⟨key_ID⟩

   C. aws iam get-access-key-last-used access-last-key-id ⟨key_ID⟩

   D. aws iam get-access-key-last-used --access-key-id ⟨key_ID⟩

6. AWS 계정 관리 업무의 복잡성과 반복적인 업무를 줄이려 한다. 유저를 그룹 단위로 관리하게 됐을 때 얻을 수 있는 가장 큰 이익은 무엇인가?

   A. 일관된 리소스 관리로 보안성을 향상시킬 수 있다.

   B. 유저 퍼미션 관리 업무를 간소화할 수 있다.

   C. 서비스 중단 상태가 발생했을 때 좀 더 신속하게 대응할 수 있다.

   D. 루트 유저 봉인 작업을 간소화할 수 있다.

7. 권한인증 프로세스를 감사할 때 모든 신분 타입을 열거하고, 이들 신분 타입이 각각 어떤 신뢰 가능 신분 체계에 속하는지 파악한 뒤, 좀 더 심층적인 조사를 하려한다. IAM 롤의 측면에서, 신뢰 가능 신분 체계라고 볼 수 없는 것은 무엇인가?

   A. Google이 인증한 웹 ID

   B. SAML 기반 연합 인증 기관이 발행한 ID

   C. X.509 인증서를 사용하는 ID

   D. Amazon Cognito가 인증한 웹 ID

8. 여러분의 기업은 미국 정부 기관과 정부 표준에 부합하는 암호화 모듈을 필요로 하는 시스템 개발 계약에 입찰하려 한다. 다음 중 FIPS 140-2 규정에 부합하는 가상 하드웨어 기기 기반 암호화 인프라는 무엇인가?

A. AWS CloudHSM

B. AWS Key Management Service

C. AWS Security Token Service

D. AWS Secrets Manager

9. VPC 기반의 Microsoft SharePoint 팜에 접속하기 위한 접근권한을 관리할 수 있는 최선의 도구는 무엇인가?

A. Amazon Cognito

B. Microsoft Active Directory를 위한 AWS Directory Service

C. AWS Secrets Manager

D. AWS Key Management Service

10. Amazon Cognito 아이덴티티 풀의 기능은 무엇인가?

A. AWS 계정에서 애플리케이션 사용자에게 임시 접근권한을 부여할 수 있다.

B. 애플리케이션에 회원가입 및 로그인 기능을 추가할 수 있다.

C. 애플리케이션 생애주기 관리에 암호화 인프라를 통합시킬 수 있다.

D. RDS 데이터베이스 접근 요청에 대해 최신의 인증서를 제공할 수 있다.

11. AWS 계정에서 루트 유저 권한을 지닌 직원이 여러분의 기업을 퇴직했다. 퇴직한 직원이 회사에 해를 끼칠 가능성이 조금이라도 있다면, 여러분이 해야할 일은 무엇인가? (3개 선택)

A. 루트 계정의 패스워드와 MFA 설정을 변경한다.

B. 기존의 IAM 정책을 모두 삭제하고 재작성한다.

C. 모든 IAM 유저의 패스워드를 변경한다.

D. (기업 계정에서) 퇴직한 직원의 IAM 유저를 삭제한다.

E. 모든 계정 액세스 키를 순회시킨다.

12. 커스텀 IAM 정책을 작성해 개발자 중 한 명에게 DynamoDB 리소스에 대한 제한된 접근권한을 부여하려 한다. 이와 같은 IAM 정책 작성에 필요하지 않은 요소는 무엇인가?

A. Action

B. Region

C. Effect

D. Resource

13. IAM 롤 생성에 필요한 단계는 무엇인가? (2개 선택)

A. 액션 정의

B. 하나 이상의 정책 선택

C. 신뢰 개체 정의

D. 고객 애플리케이션 정의

14. 다음 중 AWS Security Token Service(STS) 기반 인증 방식은 무엇인가?

A. Policies

B. Users

C. Groups

D. Roles

15. IAM 정책 작성에 사용되는 포맷은 무엇인가?

A. HTML

B. Key/value pairs

C. JSON

D. XML

16. 유저에게 EC2 인스턴스 리소스와 관련된 모든 권한을 부여하려 할 때 정책에 포함돼야 할 두 가지 내용은 무엇인가?

A. "Target": "ec2:*"

B. "Action": "ec2:*"

C. "Resource": "ec2:*"

D. "Effect": "Allow"

E. "Effect": "Permit"

17. Amazon Cognito 유저 풀의 기능은 무엇인가?

A. AWS 계정에서 애플리케이션 사용자에게 임시 접근권한을 부여할 수 있다.

B. 애플리케이션에 회원가입 및 로그인 기능을 추가할 수 있다.

C. 애플리케이션 생애주기 관리에 암호화 인프라를 통합시킬 수 있다.

D. RDS 데이터베이스 접근 요청에 대해 최신의 인증서를 제공할 수 있다.

18. AWS Managed Microsoft AD에서 'Managed, 관리형'의 의미를 가장 잘 설명한 것은 무엇인가? (2개 선택)

A. 온프레미스 AD 도메인 통합이 가능하다.

B. AD 도메인 컨트롤러를 두 개 AZ에서 시작할 수 있다.

C. 데이터가 자동으로 복제된다.

D. 자동으로 최신의 AD 소프트웨어로 업데이트된다.

19. 다음 중 액세스 키 로테이션 절차에 해당하는 무엇인가? (3개 선택)

A. 새 키 사용을 모니터링한다.

B. 오래된 키 사용을 모니터링한다.

C. 오래된 키를 비활성화한다.

D. 오래된 키를 삭제한다.

E. X.509 인증 상태를 확인한다.

20. Elastic Container Service를 통해 Elastic Container Registry가 관리하는 컨테이너 이미지에 접근할 수 있도록 하려면 어떤 방법을 사용해야 하는가?

A. IAM 롤

B. IAM 정책

C. C. IAM 그룹

D. D. AIM 액세스 키

7

모니터링: CloudTrail, CloudWatch, AWS Config

AWS 공인 솔루션스 아키텍트 어소시에이트 시험 범위 중 7장에서 살펴볼
영역별 세부 항목은 다음과 같다.

출제영역 1: 보안성 아키텍처 설계

개요

CloudTrail, CloudWatch, AWS Config는 AWS 리소스와 애플리케이션의 상태, 성능, 보안 수준을 관리하기 위한 주요 서비스로서 다음과 같은 작업을 통해 AWS 환경을 지속적으로 모니터링할 수 있도록 돕는다.

성능 모니터링 AWS 리소스의 성능을 파악할 수 있다면, 기존의 리소스만으로 워크로드 처리가 충분한지, 그렇지 않다면 리소스 스케일업 또는 스케일아웃이 필요한지 알 수 있다. 시간 흐름에 따른 성능 모니터링을 통해 사용량 급증 시간대를 파악할 수 있고, 기존 리소스가 이를 감당할 수 있는지 알 수 있다. 예를 들어, 피크 타임에 EC2 인스턴스의 CPU 활성화 수준이 최대치에 이른다면 인스턴스 추가 또는 성능 확장이 필요할 수 있다.

애플리케이션 문제점 감지 일부 애플리케이션의 문제점은 드러나지 않거나 사용자가 미처 알리지 않는 경우도 있다. 애플리케이션 로그에 드러난 경고 또는 에러 메시지를 통해 잠재적인 문제점을 파악할 수 있다. 예를 들어, 로그에서 exception 또는 warning과 같은 단어가 나타났을 때, 적시에 데이터 오류, 타임아웃, 기타 이슈를 해결해서 이후 발생할 수도 있는 큰 사태를 미연에 방지할 수 있다.

보안 문제점 감지 특정 사용자에게 과도한 권한을 부여했거나, 어드민인 여러분은 상상도 못한 영역에 접근하는 사용자가 있다면, 여러분의 리소스가 보안 위험에 노출됐다고 할 수 있다. 사용자의 활동 내역과 접근 허용 내역을 감사함으로써 보안 위험을 조기에 차단할 수 있다.

로그 이벤트 모니터링 AWS 리소스 사용과 관련된 모든 행적은 로그 형태로 남게 되며, 시스템 문제 해결 및 보안 위험성 조사에서 이와 같은 로그는 큰 도움이 된다. 문제 발생과 위험 노출은 불가피한 일이며, 이런 상황이 몇 달간 지속되는 경우도 있다. 누가, 언제, 어떤 일을 했는가에 대한 상세한 기록은 이와 같은 문제 상황의 원인과 결과, 범위를 파악하는 데 큰 도움이 되며, 이들 로그를 바탕으로 장래에 같은 문제가 발생하지 않도록 방지할 수 있다.

AWS 리소스 인벤토리 관리 기존 리소스 내역을 파악하고, 이들 리소스의 환경설정 내역과 관계, 의존성을 이해하는 일은 현재의 환경이 변경됐을 때 어떤 일이 발생할 수 있는지 예측할 때 도움이 된다. 리소스 인벤토리를 최신의 상태로 유지해 조직의 목적에 부합하는 클라우드 인프라를 제공할 수 있다. 리소스 환경설정 내역을 모니터링함으로써 과거 특정 시점에 리소스 설정이 어떤 식으로 변경됐는지 파악해 감사 요구 사항을 충족시킬 수 있다.

CloudTrail, CloudWatch, AWS Config는 서로 독립적으로 환경을 설정할 수 있으며, AWS 리소스, 애플리케이션, 온프레미스 서버의 집약적인 모니터링을 위해 다음과 같이 통합적으로 사용할 수 있다.

- CloudTrail은 AWS 리소스와 관련된 모든 읽기 및 쓰기 작업에 대한 상세한 로그를 기록한다. 해당 리소스에 대해 누가, 언제, 어떤 IP 주소를 통해 접근했는지 파악할 수 있도록 한다.

- CloudWatch는 AWS 및 온프레미스 서버 등 비-AWS 리소스로부터 숫자형 성능 지표 또는 매트릭스를 수집한다. 이들 리소스로부터 수집 및 저장된 로그 파일은 검색하기 쉽게 관리되며, 매트릭스가 지정된 범위 또는 병목구간을 넘어설 때 알림을 보내거나 일정한 액션을 취할 수 있다. CloudWatch는 이벤트 또는 스케줄 기반으로 자동화된 대응 액션을 취할 수 있다.

- AWS Config는 AWS 리소스의 환경설정 변경 내역을 추적하고, 시간에 따라 어떻게 변화했는지 파악한다. 이 때 서로 연관된 리소스를 파악하고 과거 특정 시점에 어떤 내용으로 설정돼 있었는지도 알 수 있다. 또한 기본 설정 내역 대비, 특정 시점 리소스의 환경설정 내역을 비교할 수 있고, 미리 정의된 기준을 벗어나는 경우 경고 메시지를 전송하도록 할 수 있다.

CloudTrail

이벤트event란 IAM 유저 및 롤 등, 사용자principal가 AWS 리소스에 대해 행한 액션의 기록이다. CloudTrail은 계정에서 발생한 AWS 리소스에 대한 읽기 및 쓰기 작업 내역을 기록하며, 사용자가 취한 액션의 종류, 이에 영향을 받는 리소스와 해당 리전, 액션을 위한 사용자, 액션이 취해진 시기 등에 대한 상세한 내역이 남게 된다.

CloudTrail은 API 액션은 물론, 비-API 액션도 기록한다. API 액션으로는 인스턴스 시작, S3 버킷 생성, VPC 생성 등이 있으며, 비-API 액션으로는 관리 콘솔 로그인 등이 있다. API 액션은 AWS 관리 콘솔에서 행해진 액션은 물론, CLI, SDK 그리고 다른 AWS 서비스에서 행해진 액션을 모두 포함하며, CloudTrail은 이들 이벤트를 관리 이벤트와 데이터 이벤트로 분류해서 관리한다.

관리 이벤트

관리 이벤트에는 AWS 리소스와 관련해 사용자가 실행한 작업 또는 실행하려고 시도한 모든 작업이 포함된다. AWS는 이와 같은 관리 이벤트를 제어 측면의 작업control plane operations으로 부르기도 한다. 관리 이벤트는 다시 write-only 이벤트와 read-only 이벤트로 나뉜다.

Write-Only 이벤트 Write-only 이벤트로는 리소스를 수정하기 위한 API 작업이 포함된다. 예를 들어, RunInstances API 작업은 새 EC2 인스턴스를 생성한 뒤 성공 여부에 상관 없이 로그를 남긴다. 관리 콘솔에 대한 루트 유저 또는 IAM 유저로서의 로그인 역시 Write-only 이벤트에 포함되지만, 실패한 루트 로그인 시도는 기록하지 않는다.

Read-Only 이벤트 Read-Only 이벤트는 리소스를 읽지만 변경은 하지 않는 API 작업이 포함되며, 이에 해당하는 DescribeInstances API의 경우, EC2 인스턴스 목록만 반환한다.

데이터 이벤트

데이터 이벤트는 데이터 작업 유형에 따라 S3 객체 레벨 작업과 Lambda 함수 실행 등 두 가지 타입이 있다. S3 객체 레벨 작업의 경우 CloudTrail은 read-only 이벤트와 write-only 이벤트를 구분한다. S3 버킷에서 객체를 다운로드할 때 실행되는 GetObject는 read-only 이벤트인 반면 DeleteObject와 PutObject는 write-only 이벤트다.

이벤트 히스토리

기본적으로 CloudTrail은 90일간의 관리 이벤트를 기록해 이벤트 히스토리^{event history}라는 검색 및 다운로드가 가능한 데이터베이스에 저장한다. 단, 이벤트 히스토리에는 데이터 이벤트는 기록되지 않는다.

CloudTrail은 리전 별로 해당 리전에 대한 이벤트 히스토리를 생성하며, 특정 이벤트를 분실했을 때 엉뚱한 리전에서 해당 이벤트를 찾는 경우가 발생할 수 있다. 하지만 IAM, CloudFront, Route 53 등과 같은 글로벌 서비스는 모든 리전에서 해당 이벤트 로그를 찾을 수 있다.

트레일

90일 이상의 이벤트 히스토리를 저장하거나, 로그에서 특정 서비스 또는 액션을 제외시키거나 S3 다운로드나 업로드 등을 포함시키는 등 CloudTrail의 커스텀 이벤트 로그를 생성하려는 경우 트레일^{trail}을 이용한다.

트레일은 CloudTrail 로그를 S3 버킷에 전달하는 이벤트 기록과 관련된 환경설정 옵션이다. 로그 파일은 JSON 포맷 문서에 하나 이상의 로그 엔트리를 지닌다. 이 때 로그 엔트리^{log entry}는 리소스에 대한 개별 액션으로서 액션과 관련해 아래와 같이 다양한 세부 내용을 포함한다.

eventTime 액션이 행해진 날짜와 시간을 나타내며, UTC^{Universal Time Coordinated}로 표기된다. 로그 파일의 로그 엔트리는 타임스탬프를 기준으로 정렬되지만 동일한 타임스탬프를 지닌 이벤트는 순서와 다르게 기록될 수 있다.

userIdentity 액션을 요청한 사용자^{principal}에 대한 상세한 정보를 제공하며, 사용자 유형(IAM 롤 또는 유저), 리소스 네임^{ARN}, IAM 유저네임을 포함할 수 있다.

eventSource 액션이 일어난 서비스 엔드포인트 정보를 제공한다(예: c2.amazonaws.com).

eventName API 작업명을 제공한다(예: RunInstances).

awsRegion 리소스가 위치한 리전 정보를 제공한다. Route 53와 IAM 같은 글로벌 서비스의 경우, us-east-1이 된다.

sourceIPAddress 작업 요청자의 IP 주소를 확인할 수 있다.

트레일 생성하기

사용자는 단일 리전에서 혹은 전체 리전에서 발생하는 로그 이벤트를 기록할 수 있다. 트레일 대상을 모든 리전으로 선택하면, AWS가 추가한 새 리전도 자동으로 트레일 대상에 포함된다.

단일 리전에 대해 최대 다섯 개까지의 트레일을 생성할 수 있으며, 모든 리전에 대한 트레일 역시 리전별 개수 제한에 포함된다. 예를 들어, us-east-1에 트레일을 생성하고, 모든 리전에 대해 또 다른 트레일을 생성한 경우 CloudTrail은 us-east-1에 두 개의 트레일이 있는 것으로 파악한다.

트레일을 생성하면 CloudTrail이 이벤트를 기록하고 이를 S3 버킷에 로그 파일로 저장하는 데 약 15분의 시간이 소요된다. CloudTrail 이벤트 히스토리에 이벤트가 기록되는 시간도 이와 비슷하다. 최근 이벤트가 아직 보이지 않는다면, 잠시 기다릴 필요가 있다.

로그 관리 및 데이터 이벤트

트레일 생성 시, 관리 이벤트 또는 데이터 이벤트를 로그로 기록할지, 혹은 둘 다 로그로 기록할지 선택할 수 있다. 관리 이벤트 로그 기록 시 read-only 이벤트 또는 write-only 이벤트를 선택하거나 둘 다 선택할 수 있다. 이를 통해 read-only 이벤트와 write-only 이벤트를 별도의 트레일에 저장할 수 있다.

아래 예제를 통해 모든 리전에서 write-only 이벤트를 위한 트레일 생성 방법에 대해 알아보자.

트레일(추적) 생성하기

CloudTrail 환경설정에서 모든 리전의 write-only 이벤트에 대한 트레일(추적)을 생성하는 방법은 다음과 같다.

1. CloudTrail 서비스 콘솔을 열고 추적 생성(Create Trail) 버튼을 클릭한다.

2. 추적 이름(Trail Name) 영역에 트레일의 이름을 입력한다. (공백 문자 없이 세 글자 이상으로 작성한다.)

3. Storage Location 메뉴에서 Create New S3 Bucket 아이템을 선택하고, S3 버킷의 이름을 입력한다. (버킷 이름은 유일한 것이어야 한다.)

4. Log File SSE-KMS Encryption 메뉴에서 Enabled를 언체크한다.

5. AWS KMS Alias에 원하는 이름을 입력한다.

6. 이외 다른 모든 설정은 그대로 두고 Next 버튼을 클릭한다.

7. Event Types에서 Management Events를 선택하고, 다른 항목은 언체크 상태로 둔다.

8. Management Events에서, Write를 선택한다.

9. Next를 클릭한다.

10. 설정 내용을 확인하고, Create Trail 버튼을 클릭한다.

다음은 관리 이벤트와 데이터 이벤트의 차이점이다.

관리 이벤트 로그 기록 웹 콘솔에서 트레일을 생성하고 관리 이벤트 로그를 기록하는 경우, 트레일은 자동으로 글로벌 서비스 이벤트도 기록하게 되며, 이 때의 이벤트는 us-east-1에서 발생한 것으로 기록된다. 즉, 웹 콘솔을 이용해 여러 개의 트레일을 생성하는 경우 여러 개의 글로벌 이벤트가 기록될 수 있는 것이다. 불필요한 이벤트 로그 기록의 중복을 막는 첫 번째 방법은 아래 AWS CLI 명령으로 글로벌 서비스 이벤트가 기록되지 않도록 하는 것이다.

```
aws cloudtrail update-trail --name mytrail --no-include-global-service-events.
```

두 번째 방법은 여러분이 모든 리전에 대한 로그가 아닌 개별 리전의 로그만 기록되도록 해 CloudTrail이 해당 트레일에 대한 글로벌 이벤트 로그를 비활성화시키도록 하는 것이다. 세 번째 방법은 웹 콘솔이 아닌, AWS CLI에서 --no-include-global-service-events 플래그를 넣고 트레일을 생성하는 것이다.

데이터 이벤트 로그 기록 트레일당 Lambda 함수, S3 버킷과 프리픽스를 포함해 최대 250개의 객체를 선택할 수 있다. 250개 이상의 객체 로그를 기록하려면 CloudTrail을 통해 모든 Lambda 함수 또는 모든 S3 버킷의 로그를 기록하도록 한다. 단일 리전의 Lambda 이벤트 로그 트레일을 생성하는 경우 해당 리전의 함수에 대한 기록만 남게 되며, 모든 리전에 대한 트레일을 생성하는 경우 모든 리전에서 Lambda 함수 로그가 기록된다.

 CloudTrail 로그를 저장하는 버킷의 데이터 이벤트는 기록하지 않도록 주의한다. 그렇지 않을 경우 로그를 다시 로그하는 무한루프에 빠질 수 있다.

로그 파일 진실성 검증

CloudTrail은 로그 파일이 변조 또는 삭제되지 않았음을 보장할 수 있는 방법을 제공한다. 해커가 시스템에 침투하면, 거의 대부분 공격 행위와 관계된 로그 파일을 변조 또는 삭제하므로 이와 같은 보증 기능은 의미가 있다. 또한 실제로 아무런 작업 내역이 없는 경우, CloudTrail을 통해 로그 파일이 없었음을 증명할 수 있다. 이와 같은 검증 기능은 작업자중 누군가가 로그 파일이 있는 S3 버킷에 접근하는 경우 행적 조사에 유용하게 쓸 수 있다.

CloudTrail에서 로그 파일 진실성 검증Log File Integrity Validation 옵션을 활성화하면, S3 버킷에 로그 파일이 전송될 때마다 파일의 암호 해시를 연산 및 확인하게 된다. 해시hash는 로그 파일 자체에서 파생된 유일한 값이며, 로그 파일에서 1 바이트라도 변경되면, 전체 해시가 바뀌게 되므로 로그 파일 전체의 무결성, 온전성, 진실성을 확인할 수 있다.

매시간, CloudTrail은 지난 시간동안 전송된 로그 파일의 암호화된 해시를 포함한 다이제스트 파일digest file을 생성하며, 로그 파일과 동일한 위치에 새 폴더를 생성해서 저장한다. 이렇게 함으로써 다이제스트 파일의 삭제에 별도의 퍼미션이 필요하도록 설정할 수 있다. 또한 CloudTrail은 리전별 프라이빗 키를 이용해 다이제스트 파일에 암호화 서명을 하게 된다. 이 때의 서명은 파일의 S3 객체 메타데이터에 포함된다.

다이제스트 파일에는 기존 다이제스트 파일의 해시도 저장할 수 있으며, CloudTrail은 지난 시간동안 기록할 이벤트가 없는 경우에도 다이제스트 파일을 생성한다. 이를 통해 아무런 이벤트가 없었음을 증명할 수 있다.

AWS CLI를 이용해 CloudTrail 로그와 다이제스트 파일의 진실성을 검증할 수 있으며, 트레일의 ARN과 시작 시간을 지정하면 시작 시간부터 현재까지의 모든 로그 파일을 검증하게 된다. 예를 들어, 2021년 1월 1일부터 현재까지의 모든 로그를 검증하려 할 경우 아래 CLI 명령을 실행한다.

```
aws cloudtrail validate-logs --trail-arn arn:aws:cloudtrail:
us-east-1:account-id:trail/ benpiper-trail --start-time
2021-01-01T00:00:00Z .
```

기본적으로 모든 로그와 다이제스트 파일은 Amazon SSE-S3 기법으로 암호화지만 로그 파일은 SSE-KMS 기법으로 암호화할 수도 있다. 이 경우 커스터머 마스터 키는 버킷과 동일 리전에 있어야 한다. 다이제스트 파일은 항상 SSE-S3 기법으로 암호화된다. 장기적으로, 로그 데이터는 상당히 많은 스토리지 공간을 차지하게 된다. 따라서 로그 데이터의 생애주기를 세심하게 관리하는 것이 좋으며, 일정 기간이 경과한 로그 데이터는 S3 Glacier 등 좀 더 저렴한 스토리지로 이동시키는 것을 고려한다.

CloudWatch

CloudWatch는 AWS 리소스 및 비-AWS 리소스의 성능 지표 또는 매트릭스를 수집, 수정, 시각화하는 서비스이며, 모든 AWS 리소스는 자신의 매트릭스를 CloudWatch로 전송한다. 주요 성능 매트릭스로는 EC2 인스턴스의 CPU 활성화, EBS 볼륨의 읽기 및 쓰기 IOPS, S3 버킷 용량, DynamoDB의 읽기 및 쓰기 용량 유닛 등이 있으며, 애플리케이션 및 온프레미스 서버의 커스텀 매트릭스를 CloudWatch로 전송할 수 있다.

CloudWatch의 구성 요소인 CloudWatch Alarms은 매트릭스 값에 따라 알림 메시지를 전송하거나 특정 액션을 취할 수 있고, CloudWatch Logs는 AWS 리소스 및 비-AWS 리소스의 로그를 수집, 저장, 시각화하고 검색 기능을 제공한다. 또한 로그에서 애플리케이션의 오류 횟수, 웹 서버의 전송 바이트 용량 등 커스텀 매트릭스를 추출해 제공할 수 있다.

CloudWatch 매트릭스

CloudWatch는 네임스페이스^{namespaces}를 기준으로 매트릭스를 관리한다. AWS 서비스의 매트릭스는 AWS 네임스페이스에 저장되며, 좀 더 쉬운 분류를 위해 AWS/service 형식으로 사용된다. 예를 들어, EC2 매트릭스의 네임스페이스는 AWS/EC2이고, S3 매트릭스의 네임스페이스는 AWS/S3가 된다.

네임스페이스는 매트릭스를 담는 컨테이너와 같은 역할을 하며, 비슷한 이름을 혼동하지 않도록 돕는다. 예를 들어, CloudWatch는 AWS/RDS 네임스페이스에서 RDS의 WriteOps 매트릭스를 저장하는데, 이는 AWS/EBS의 VolumeWriteOps 매트릭스와의 혼동을 막아준다. 또한 커스텀 매트릭스를 위한 커스텀 네임스페이스도 사용할 수 있다. 예를 들어, Apache 웹 서버의 매트릭스 수치를 저장할 때 Apache라는 네임스페이스를 사용하면 된다. 이렇게 생성된 매트릭스는 해당 리전에서만 제공된다.

하나의 매트릭, 즉 개별 성능 지표는 변수이자 시간순으로 작성된 데이터 포인트의 집합이며, 각 데이터 포인트에는 타임스탬프, 관련 값, 측정 단위가 포함된다. 개별 성능 지표는 네임스페이스, 네임, 옵션인 차원^{dimension}으로 구분될 수 있다. 여기서 차원은 비슷한 성능 지표를 구분하기 위해 사용하는 이름/값 쌍이다. 예를 들어, 여러 개의 EC2 인스턴스가 있는 경우 CloudWatch에서 각 인스턴스마다 AWS/EC2라는 네임스페이스에 CPUUtilization 지표를 생성하면서 InstanceId라는 차원 이름과 인스턴스 리소스 식별자 값을 사용해 효과적으로 다른 요소를 구분할 수 있다.

기본 모니터링 및 상세 모니터링

AWS 서비스가 CloudWatch에 매트릭스를 전송하는 주기는 해당 서비스의 모니터링 타입에 따라 달라진다. 대부분의 서비스는 기본 모니터링basic monitoring을 지원하며, 일부 서비스의 경우 기본 모니터링과 상세 모니터링detailed monitoring을 지원한다.

기본 모니터링은 5분 주기로 CloudWatch에 성능 지표를 전송하며, EC2는 기본 설정으로 기본 모니터링을 제공하고, EBS는 gp2 볼륨에 대해 기본 모니터링을 제공한다. EC2는 1분마다 지표를 수집하지만 평균적으로 5분마다 지표를 전송한다.

EC2가 CloudWatch에 데이터 포인트를 전송하는 방식은 하이퍼바이저에 따라 다르다.

Xen 하이퍼바이저를 사용하는 인스턴스의 경우 5분 간격의 마지막에 해당 기간의 성능 지표 평균값을 전송한다. 예를 들어, 13:00에서 13:05의 간격이라면, EC2 인스턴스의 CPUUtilization 성능 지표 값이 25, 50, 75, 80, 10% 단위로 측정됐다면, 5분간의 평균 CPUUtilization 값은 48%가 된다. 그러면 EC2는 CloudWatch에 CPUUtilization의 13:00 타임스탬프 값으로 48을 전송한다.

Nitro 하이퍼바이저를 사용하는 인스턴스의 경우 5분간 매분마다 데이터 포인트를 전송지만, 각 데이터 포인트는 바로 앞의 값과 평균이 된다. 예를 들어, 13:00에 EC2의 CPUUtilization 지표가 25로 기록되면, EC2는 CloudWatch에 13:00 타임스탬프 값으로 25를 전송한다. 13:01의 지표가 50이라면, 데이터 포인트는 바로 앞의 값인 25와의 평균인 37.5로 갱신돼 13:00 타임스탬프 값으로 기록된다. 이를 5분간 반복하며 지속적으로 값을 갱신하게 된다.

상세 모니터링의 경우 CloudWatch에 매분마다 성능 지표를 전송한다. EC2, EBS, RDS, DynamoDB, ECS, Lambda 등 70여개의 서비스가 상세 모니터링을 지원한다. 이 중 EBS의 경우 io1 볼륨의 기본 설정으로 상세 모니터링을 제공한다.

타임스탬프: 일반 해상도 매트릭스 및 고해상도 매트릭스

AWS 서비스가 생성하는 매트릭스는 1분 미만으로 측정되는 타임스탬프 해상도timestamp resolution를 지닌다. 예를 들어, 14:00:28의 CPUUtilization 측정치의 타임스탬프는 14:00이다. 이를 일반 해상도 매트릭스regular-resolution metrics라 부르며, EBS의 경우 5분의 타임스탬프 해상도를 지닌다. 예를 들어, 21:34에 EBS의 VolumeWriteBytes 지표가 전송된 경우 CloudWatch는 21:30 타임스탬프에 해당 지표를 기록한다.

커스텀 매트릭스의 경우 1초의 해상도까지 제공할 수 있으며, 1분 미만으로 측정되는 성능 지표를 고해상도 매트릭스high-resolution metrics라 부른다. 커스텀 매트릭스는 PutMetricData API를 이용해 생성할 수 있으며, 이를 통해 과거 2주간부터 미래 2시간까지의 타임스탬프 해상도를 지정할 수 있다. 타임스탬프를 지정하지 않으면, CloudWatch는 UTC 단위로 전송되는 성능 지표를 기록한다.

기한 만료 및 삭제

CloudWatch에서는 매트릭스를 임의로 삭제할 수 없으며, 정해진 기한에 자동으로 만료돼 삭제된다. 만료 기한은 해상도에 따라 다르며, 시간이 경과함에 따라 고해상도 매트릭스는 차츰 저해상도 매트릭스에 편입된다.

고해상도 매트릭스는 3시간 동안 저장되며, 이후 모든 분 단위로 수집된 데이터는 1분 해상도의 데이터 포인트에 편입되고, 고해상도 매트릭스의 데이터 포인트는 만료와 동시에 삭제된다.

15일 경과 후 1분 해상도에 저장된 5개의 데이터 포인트는 5분 해상도의 데이터 포인트로 편입되며, 이후 63일간 유지된다. 63일의 유보기간 경과 후 12개의 데이터 포인트는 1시간 해상도의 매트릭스에 편입된 뒤 15개월간 유지된 후 삭제된다.

이 모든 작업의 규칙은 5분 단위로 이뤄지는 VolumeWriteBytes 매트릭스와 관련지어 생각해 볼 수 있다. CloudWatch는 63일의 해상도로 매트릭스를 저장한 뒤 1시간 해상도의 매트릭스로 변환하며, 15개월 경과 후 CloudWatch는 해당 데이터 포인트를 영구적으로 삭제한다.

매트릭스의 그래프 표현

CloudWatch는 일정 시간 동안의 데이터 포인트에 대한 통계적 분석을 한 뒤 이를 시계열 그래프로 제공한다. 이는 사용량 급증 등 시간 흐름에 따른 리소스 변화를 확인할 수 있는 기회를 제공한다. CloudWatch가 제공하는 주요 통계량은 다음과 같다.

- Sum 하나의 단위 기간 동안 모든 데이터 포인트의 합
- Minimum 하나의 단위 기간 동안 최저 데이터 포인트
- Maximum 하나의 단위 기간 동안 최대 데이터 포인트
- Average 하나의 단위 기간 동안 데이터 포인트의 평균
- Sample count 하나의 단위 기간 동안 데이터 포인트의 수
- Percentile 특정 백분위의 데이터 포인트. 두 자리 수로 백분위를 표시하며, 예를 들어 50을 입력하면 해당 백분위 영역의 중앙값^{median}을 반환한다. 백분위 입력 시 p50의 형식으로 입력한다.

매트릭스를 그래프화하려면 해당 매트릭스, 통계량, 기간을 지정해야 한다. 기간은 1초부터 30일까지 설정할 수 있으며, 기본값은 60초다. 각 데이터 포인트를 모두 그래프화하려는 경우 Sum 통계량을 선택하고 metric 해상도를 기간으로 설정하면 된다. 예를 들어, EC2 인스턴스의 CPUUtilization 지표를 모니터링하면 1분 단위의 해상도로 로그가 저장되므로 Sum 통계량을 선택하면 그림 7.1과 같이 1분이라는 기간 동안의 지표가 그래프로 나타나게 된다.

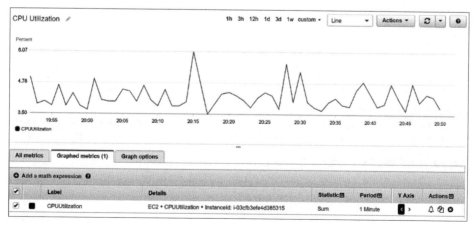

그림 7.1 CPU 활성화율

이 때 데이터 포인트의 통계는 기간 단위로 적용된다는 점에 주의한다. 위 예제에서 Sum 통계량은 1분 내 모든 데이터 포인트를 합한다. CloudWatch가 1분 해상도로 로그를 저장하므로, 1분당 하나의 데이터 포인트만 존재하며, 그래프는 개별 데이터 포인트의 흐름을 보여주게 된다.

위 그래프는 1시간 동안의 범위를 시각화했지만 이는 1분부터 15개월까지 가능하다. 시간 범위를 변경해도 시계열 데이터 자체가 변하는 것은 아니며, 화면에 시각화되는 내용만 바뀔 뿐이다.

통계량은 여러분이 선택하는 성능 지표, 데이터와 관련해 알고자 하는 내용에 따라 달라진다. CPU 활성화율은 퍼센트 단위로 측정되고 시시각각 변한다. 예를 들어 15분간 CPU 활성화율의 합을 구하면 100%라는 값이 출력되는데 이는 당연한 것이므로 통계량으로서 별 의미가 없다. 반면 같은 기간 동안의 평균을 구하면 리소스에 대한 나름의 인사이트를 얻을 수 있을 것이다. 즉, CPU 활성화율에 대한 장기간의 패턴을 파악하고 싶다면 15분의 기간 단위로 Average 통계량을 확인하는 것이 좋다.

AWS/EC2 네임스페이스의 NetworkOut 지표는 인스턴스에서 전송된 바이트 수를 측정하며, 네트워크 활성화율을 파악하고 싶다면, 그림 7.2와 같이 시간 범위^{time range}는 1일, 기간^{period}은 1시간, 통계량^{statistic}은 Sum을 적용해서 그래프를 출력한다.

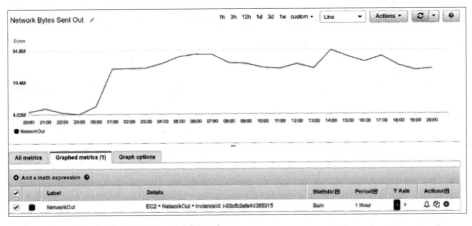

그림 7.2 한 시간 동안 전송된 네트워크 합계 (바이트)

Details 칼럼은 namespace, metric name, metric dimension 등 성능 지표와 관련된 세부 정보를 보여준다.

매트릭스 연산 및 시각화 도구(Metric Math)

CloudWatch는 매트릭스 연산 및 그래프화를 위해 다양한 수학적 함수를 제공한다. 하나의 시계열 속에 여러 개의 매트릭스를 결합해서 출력하려는 경우 사칙연산 및 제곱 등 산술 함수가 도움을 줄 수 있다. 예를 들어, AWS/Lambda 호출 지표를 Errors 지표로 나누면 호출 대비 오류율을 계산할 수 있다.

다음 예제 7.2에서 CloudWatch 그래프 구현에 수학적 함수를 이용해보자.

실습 예제 7.2

Metric Math를 이용한 그래프 생성

이번 예제에서는 EC2 인스턴스의 NetworkIn 및 NetworkOut 지표를 그래프로 출력한다. 그 다음 metric math를 이용해 두 지표를 하나의 시계열로 그래프화한다.

1. CloudWatch 콘솔 화면의 네비게이션 메뉴에서 Metrics를 클릭한다.

2. All Metrics를 선택한다.

3. Browse 탭에서 EC2 네임스페이스를 찾은 뒤, Per-Instance Metrics를 선택한다. 다음, NetworkIn 및 NetworkOut 메트릭스를 선택한다.

4. Graphed Metrics 탭을 클릭한다.

5. 각각의 지표에서, Sum for Statistic and 5 Minutes for Period 메뉴를 선택한다. (그림 7.2 참고)

6. Add Math 버튼을 클릭하고, Start With Empty Expression을 선택한다.

7. Edit Math Expression 필드에서 m1+m2 식을 입력한다.

8. Apply 버튼을 클릭하면, CloudWatch의 NetworkIn 및 NetworkOut 합계 그래프에 (아래와 같은 모습의) 새로운 시계열 그래프가 추가된다.

결과 그래프는 아래와 같다.

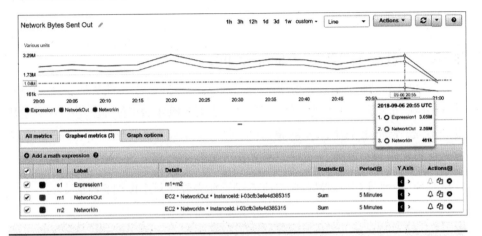

CloudWatch는 사칙연산 등 산술 함수 외에도 아래와 같은 수학식을 제공한다.

- AVG: 평균

- MAX: 최대

- MIN: 최소

- STDDEV: 표준편차

- SUM: 합

통계 함수는 시계열값이 아닌 스칼라 값을 반환하므로 바로 그래프화할 수 없으며, METRICS 함수와 결합해 선택한 지표에 대한 시계열 값을 반환하도록 해야 한다. 예를 들어, 위 예제 6번에서, m1+m2 식 대신 SUM(METRICS())를 입력해도 동일한 결과를 얻을 수 있다. 이런 방식으로 모든 지표를 간단하게 그래프화할 수 있다.

또 다른 예로, CPU 활성화율의 표준편차를 구해보자. 우선 AWS/EC2의 CPUUtilization 을 시각화한다. 다음, METRICS()/STDDEV(m1)를 추가한다. 여기서 m1은 CPUUtilization 지표의 시계열 값이며, 결과 화면은 그림 7.3과 같다.

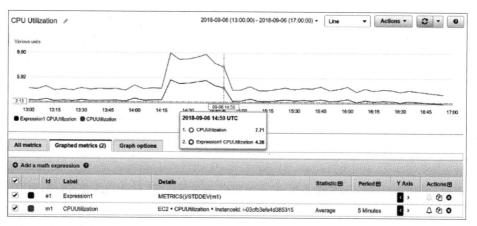

그림 7.3 Metric Math 함수 결합 출력

CPUUtilization의 모든 데이터 포인트에 대한 표준편차를 계산하는 STDDEV(m1)는 스칼라 값을 반환하므로 METRICS 함수를 추가해 시계열 값으로 변환하는 과정을 거쳐야 한다.

CloudWatch Logs

CloudWatch Logs는 AWS 소스는 물론 비-AWS 소스의 로그를 수집할 수 있으며, 이렇게 수집된 로그에서의 검색 및 커스텀 매트릭스 추출도 가능하다. CloudWatch Logs는 CloudTrail 로그 수집, 인스턴스의 애플리케이션 로그 수집, Route 53의 DNS 쿼리 로그를 수집할 수 있다.

로그 스트림과 로그 그룹

CloudWatch Logs는 애플리케이션 또는 AWS 리소스 활동 기록인 로그 이벤트를 저장한다. CloudWatch Logs에 전달하는 로그 이벤트는 타임스탬프와 UTF-8으로 인코딩된 이벤트 메시지를 포함해야 하며, 보통의 바이너리 데이터는 저장할 수 없다.

또한 CloudWatch Logs는 로그 스트림에 있는 동일한 소스의 로그 이벤트를 저장한다. 이 때의 소스는 애플리케이션 또는 AWS 리소스가 될 수 있다. 예를 들어, 하나의 웹 서버에서 액세스 로그를 생성하는 여러 개의 인스턴스를 실행하는 경우 각 인스턴스의 로그는 개별 로그 스트림에 저장된다. 로그 스트림은 직접 삭제 가능하지만, 개별 로그 이벤트는 삭제할 수 없다.

CloudWatch는 여러 개의 로그 스트림을 로그 그룹에 넣어 조직화할 수 있으며, 하나의 로그 스트림은 단 하나의 로그 그룹에만 존재할 수 있다. 관련성을 중심으로 로그 스트림을 조직화하려면 관련된 로그 스트림을 동일 로그 그룹에 포함시키면 된다. 예를 들어, 동일한 Auto Scaling 그룹에 포함된 인스턴스의 로그 스트림을 동일 로그 그룹에 넣는다.

로그 그룹의 유지 기간retention은 최소 1일에서 10년 또는 무기한으로 설정할 수 있다. 기본 설정은 무기한이다. 로그 그룹의 유지 기간은 그룹에 속한 모든 로그 스트림에 적용되며, 아카이브 생성 등 장기 보관이 필요할 경우 로그 그룹을 S3 버킷으로 내보낼 수 있다.

매트릭 필터

로그 스트림에 매트릭 필터를 적용해서 데이터를 추출해 CloudWatch 매트릭스 생성에 사용할 수 있다. 지표 또는 매트릭은 숫자형 데이터로서, 요청에 의해 전송된 바이트 양과 같은 숫자형 데이터를 매트릭으로 저장할 수 있지만, IP 주소와 같은 문자열 데이터는 매트릭 필터로 추출할 수 없다.

단, 지표에서 특정 문자열과 일치하는 요소를 찾는 것은 가능하며, 매트릭 필터를 이용해 로그 파일의 특정 위치에 있는 문자열의 발생 상황을 추적할 수 있다. 예를 들어, Apache 웹 서버 애플리케이션 로그에서 404 Not Found 에러 메시지가 몇 번이나 출력됐는지 확인할 수 있다. 이는 로그의 HTTP 상태 코드 섹션에서 404라는 문자열의 생성 횟수를 파악하는 방식으로 이뤄진다.

CloudWatch Logs가 필터 설정 내용과 일치하는 로그 이벤트를 수신할 때마다 커스텀 매트릭스의 값을 하나씩 증가시킨다. 이 때 매트릭스 네임을 HTTP404Errors로 붙인 뒤 커스텀 Apache 네임스페이스에 저장하고, 필요할 때 그래프화해서 확인할 수 있다.

매트릭 필터는 로그 그룹에 적용되므로, 사용자는 로그 그룹을 생성한 뒤에 매트릭 필터를 생성할 수 있다. 매트릭 필터는 과거 데이터까지 필터링할 수 없으며, 필터 생성 이전의 CloudWatch 로그 이벤트는 필터링 데이터를 제공할 수 없다.

CloudWatch Agent

CloudWatch Agent는 EC2 인스턴스, Linux 또는 Windows 기반의 온프레미스 서버의 로그를 수집하는 명령줄 기반의 프로그램이다. Agent는 메모리 활성화율 등, EC2가 기본적으로 생성하지 못하는 성능 지표도 수집할 수 있다. Agent가 생성한 지표는 커스텀 매트릭스이며 사용자 지정 커스텀 네임스페이스에 저장된다.

CloudWatch Agent는 기존의 매트릭스가 아닌 로그만 전송하는 CloudWatch Logs 에이전트와는 다르며, AWS는 최신의 CloudWatch Agent를 사용할 것을 권장한다.

CloudTrail 로그를 CloudWatch 로그에 전송하기

CloudTrail 설정을 통해 트레일 로그를 CloudWatch Logs의 로그 스트림으로 전송할 수 있다. 이렇게 하면 트레일 로그에서 바로 각종 지표를 추출하거나 검색하는 것이 가능해진다. CloudTrail의 트레일 로그는 JSON 포맷이며, 여러분이 원하는 S3 버킷에 저장할 수 있지만 로그를 검색할 수 있는 방법은 제공하지 않는다.

하지만 CloudWatch는 JSON 문서를 잘 이해하며 특정 이벤트의 검색 기능 또한 쉽게 제공할 수 있다. 예를 들어, 콘솔 로그인 실패 이벤트를 검색하려는 경우 아래 문법으로 CloudWatch의 로그 스트림을 필터링할 수 있다.

```
{$.eventSource = "signin.amazonaws.com" &&
$.responseElements.ConsoleLogin = "Failure" }
```

CloudTrail은 256KB를 초과하는 로그 이벤트를 CloudWatch Logs에 전송할 수 없으며, 500개의 인스턴스를 시작하는 단 한 번의 RunInstances 호출만으로도 이러한 용량 제한에 걸릴 수 있다. 따라서 CloudWatch Logs에 로그를 전송할 때는 개별 요청사항이 용량 제한에 걸리지 않는지 미리 확인할 필요가 있다.

아래 예제에서 기존 CloudTrail 트레일 로그를 CloudWatch Logs로 전송하기 위한 설정 방법을 알아보자.

CloudTrail 로그를 CloudWatch 로그에 전송하기

이번 예제는 실습 예제 7.1에서 여러분이 생성한 트레일의 설정을 변경해 CloudTrail에서 CloudWatch Logs 로 스트림 이벤트를 전송할 수 있도록 한다.

1. CloudTrail 서비스 콘솔을 열고 Trails을 클릭한다.

2. 실습 예제 7.1에서 여러분이 생성한 트레일을 선택한다.

3. CloudWatch Logs 제목 아래 Edit 버튼을 클릭한다.

4. CloudWatch Logs 아래에서 Enabled 체크 박스를 선택한다.

5. CloudTrail이 새 로그 그룹 또는 기존 로그 그룹 사용 여부를 물으면, 새 로그 그룹을 선택하고 여러분이 원하는 이름을 붙인다.

6. 이 때 CloudTrail은 CloudWatch Logs에 스트림 로그를 전송할 수 있는 IAM 롤 퍼미션을 지니고 있어야 하며, IAM Role 아래 New 라벨이 붙은 라디오 버튼을 클릭하고 커스텀 롤 네임을 부여한다.

7. Save Changes 버튼을 클릭한다.

몇 분 후, CloudWatch Logs에서 트레일 로그를 확인할 수 있다.

CloudWatch Alarms

CloudWatch Alarms은 단일 지표를 모니터링하다가 값의 변화가 발생하면 이메일 알림, 인스턴스 리부팅, Auto Scaling 액션 실행 등 미리 지정된 특정 동작을 취하는 서비스다.

알람 생성을 위해서, 가장 먼저 모니터링하려는 CloudWatch 지표를 정의한다. CloudWatch가 직접 그래프 매트릭스를 생성하는 것이 아닌 시간 흐름에 따른 지표 의 통계량을 그래프로 구현하는 것처럼 CloudWatch 알람도 특정 지표를 직접 모니 터링하지 않고 시간 흐름에 따른 지표 통계량 변화를 분석하게 된다.

모니터링을 위한 데이터 포인트

예를 들어, AWS/EBS의 15분간의 VolumeReadOps 평균 지표를 모니터링하려는 경우 지표의 해상도를 5분으로 하고, 15분의 시간동안 Average 통계량을 선택하면 된다. 이후 15분마다 CloudWatch는 (5분 단위로) 세 개의 데이터 포인트를 수집해 평균값을 계산하게 된다.

모니터링 기간은 지표 해상도보다 크거나 같아야 하며, 기간이 해상도보다 작은 경우 CloudWatch는 매분마다 데이터 포인트를 수집한다. 이는 매 5분마다 지표를 갱신해서가 아니라, 5개의 데이터 포인트 중 4개를 누락시키기 때문이다. 이럴 경우, 알람이 제 기능을 수행하지 못할 수 있다.

백분위percentile 통계량을 선택하는 경우 통계적으로 유의미한 개수의 데이터 포인트가 누적될 때까지 알람 생성을 연기하도록 설정해야 한다.

예를 들어, 백분위를 .5(p50) 이상으로 설정한 경우 통계적으로 유의미성을 지닐 수 있는 10/1(1-percentile) 데이터 포인트를 수집해야 한다. 백분위 p80인 경우 10/(1-.8) 또는 50개의 데이터 포인트를 수집해야 한다. 백분위를 .5(p50) 미만으로 설정한 경우 통계적으로 유의미성 얻기 위해 10/데이터 포인트를 수집해야 한다. 백분위 p25 통계량을 사용하는 경우 10/(.25), 또는 40 데이터 포인트를 수집해야 한다.

통계적으로 유의미한 표본을 추출하기 전 무시할 수 있는 데이터 포인트를 선택하면, CloudWatch는 해당 내용을 검증하지 않고, 알람 또한 비활성화된다.

알람 생성 기준치

알람을 울리는 기준이 되는 데이터 포인트의 값을 기준치로 정할 수 있으며, 다음 두 가지 타입이 있다.

정적 기준치 Static Threshold: 특정 값 또는 조건을 이용해서 정적 기준치를 정의할 수 있다. 예를 들어, CPUUtilization이 50%를 초과할 때 알람이 울리도록 하려면, 기준치를 >=50으로 설정한다. CPUCreditBalance가 800미만이 됐을 때 알람이 울리도록 하려면, 기준치를 <800으로 설정한다.

이상점 감지 Anomaly Detection: 이상점 감지는 밴드band라 부르는 일정 값의 범위를 벗어났을 때 알람이 울리도록 한다. 밴드의 크기는 표준편차를 이용해서 정의하며, 예를 들어 이상점 감지 기준치를 2로 설정하면, 평균값을 기준으로 표준편차가 2를 넘어설 때 알람이 울린다.

알람 상태

데이터 포인트 모니터링 기간은 알람 상태를 변화시킬 수 있도록 기준치 또는 기준 범위 내에 있어야 한다. 알람의 상태는 다음 세 가지 중 하나에 해당한다.

ALARM: 데이터 포인트가 알람 조건에 부합하고, 기간 기준치를 경과한 경우

OK: 데이터 포인트는 알람 조건에 부합하지 않지만, 기간 기준치를 경과한 경우

INSUFFICIENT_DATA: 알람을 울릴 수 있을 정도의 데이터 포인트를 수집하지 못한 경우

새 알람은 항상 INSUFFICIENT_DATA 상태에서 시작한다. 여러분은 ALARM 상태가 반드시 문제 발생을 의미하는 것은 아니라는 점과 OK 상태가 반드시 문제가 없다는 의미는 아니라는 점을 기억할 필요가 있다.

알람 상태는 데이터 포인트가 알람을 울릴 수준에 이르렀는지, 이후 일정 기간을 경과했는지를 관찰한 결과다. 예를 들어, 특정 알람의 기간이 5분, 데이터 포인트가 3인 경우 데이터 포인트가 세 개 이상 누적되고, 그 상태가 15분 이상을 초과했을 때 ALARM 상태로 넘어간다.

알람을 위한 데이터 포인트 및 검증 기간

데이터 포인트는 기준치에 도달했지만 아직 기간이 경과하지 않은 상태에서 알람의 작동 여부를 확인해야 하는 경우가 있을 수 있다. 이 경우 알람 데이터 포인트 이상으로 검증 기간evaluation period을 설정할 수 있다.

예를 들어, 알람 발효를 위한 다섯 개의 데이터 포인트 중 세 개가 누적된 경우를 생각해 보자. 이 때 5를 검증 기간으로 설정하면, 알람 데이터 포인트 다섯 개중 세 개가 누적됐을 때 알람이 울리도록 할 수 있다. 이와 같은 알람을 5회중 3회 알람, 좀 더 일반화하면 N회중 M회 알람m out of n alarm이라 부른다. 이 때 M은 알람 데이터 포인트, N은 검증 기간을 의미한다. 기준을 초과하는 값은 연속적일 필요는 없으며, 검증 기간은 24시간을 초과할 수 없다.

예를 들어, 기준치 >=40인 알람을 생성할 때, 알람 데이터 포인트를 2, 검증 기간을 3으로 한 경우, 3회 중 2회 알람이 된다. 이 때 CloudWatch가 46, 39, 41이라는 세 개의 연속적인 데이터 포인트를 수신했다면, 3개 중 2개의 데이터 포인트가 기준치

를 초과했으므로 알람 상태는 ALARM으로 변경된다.

이후 CloudWatch가 45, 30, 25라는 세 개의 연속적인 데이터 포인트를 수신했다면, 3개 중 2개의 데이터 포인트가 기준치 미만이므로 알람 상태는 OK로 변경된다. 즉, CloudWatch가 알람 상태 변화에 앞서 (검증 기간으로 설정한) 세 개의 데이터 포인트를 검증한다는 점을 기억하자.

누락 데이터

누락 데이터는 검증 기간에 발생하며, 예를 들어 인스턴스에서 EBS 볼륨을 분리할 때 발생할 수 있다. CloudWatch는 검증 기간 동안 데이터가 누락될 경우 다음 네 가지 옵션을 제공한다.

As Missing 기본 설정 옵션으로 검증 기간 동안 누락 데이터가 발생하지 않은 것처럼 처리한다. 예를 들어, 4개의 기간 동안 데이터 포인트가 41, 0, 50, 25인 경우 CloudWatch는 데이터가 없는 기간을 삭제한다. 검증 기간이 3이므로 41, 50, 25 등 세 개의 데이터 포인트만 검증하며, 검증 기간 동안 발생한 누락 데이터를 고려하지 않는다.

Not Breaching 누락 데이터가 있더라도 기준치를 넘어선 것은 아닌 것으로 처리한다. 기준치가 〈40이고, 데이터 포인트는 41, 0, 50, 25이며, 4번중 3번의 알람을 고려하는 경우를 생각해 보자. 2번이 알람 상태이지만 횟수 기준에 미달하므로 문제 상황은 아닌 것으로 판단한다.

Breaching 데이터가 누락될 경우 CloudWatch는 기준치를 넘어선 상황으로 판단한다. 앞의 사례의 경우 4번중 3번 기준치를 넘어서면 알람이 울린다.

Ignore 알람 설정으로 지정된 횟수만큼 연속적으로 데이터 포인트가 누적되기 전까지는 알람 상태를 변경하지 않는다.

액션

알람 상태 전환 시 특정 액션을 취하도록 할 수 있으며, ALARM 상태 이외에도 액션을 부여할 수 있다. 예를 들어, CPU 활성화율이 이상 수준으로 높아졌다가 보통 수준으로 회복되면서 OK 상태로 전환될 때 알림을 받을 수 있는 액션을 설정할 수 있다. 인스턴스 중지와 같은 경우 INSUFFICIENT_DATA 상태로 전환될 때의 액션을 설정할 수 있다. 액션과 관련된 옵션은 다음과 같다.

SNS를 이용한 알림 Amazon SNS는 토픽topics이라 부르는 채널을 사용해 소통하며, 퍼블리셔publisher 또는 발신자가 하나 이상의 구독 개체subscriber 또는 수신자에게 알림을 보내도록 토픽을 설정할 수 있다.

구독 개체는 프로토콜과 엔드포인트로 구성되며, 프로토콜은 HTTP, HTTPS, Simple Queue Service^{SQS}, Lambda, 모바일 푸시 알림, 이메일, JSON 포맷 이메일, 단문 메시지 서비스^{SMS} 등이 될 수 있다. 엔드포인트는 프로토콜에 따라 달라지며, 이메일, JSON 포맷 이메일의 경우 이메일 주소가 되고, SQS의 경우 큐가 되며, HTTP 및 HTTPS의 경우 URL이 된다.

알람 액션 생성 시 SNS 토픽을 설정할 수 있다. 알람이 호출되면 토픽에 알람 메시지를 전송할 수 있으며, SNS는 토픽 구독 개체에 전달하는 알람 메시지를 관리한다.

Auto Scaling 액션 Auto Scaling을 사용하는 경우 간단한 Auto Scaling 정책을 생성해 인스턴스를 추가 또는 삭제할 수 있으며, 알람 액션을 설정하기 전에 정책부터 먼저 작성한다.

EC2 액션 알람 상태 변경에 따라 인스턴스의 중지, 폐쇄, 재부팅, 복원 등 액션을 취할 수 있다. AWS/EC2의 StatusCheckFailed_Instance 지표가 1을 반환하면, 메모리 소진, 파일 시스템 오류, 네트워크 오류, 시작 설정 오류 등 문제가 발생했음을 알 수 있으며, 이 때는 인스턴스 재부팅을 통해 문제를 해결할 수 있다.

StatusCheckedFailed_System 지표가 1을 반환하면 네트워크 연결 중단, 전원 차단, 하이퍼바이저 오류, 하드웨어 고장 등 AWS가 개입해야 하는 문제가 발생했음을 알 수 있다. 이 때는 기존 인스턴스를 동일한 설정의 새 호스트로 이전해 복원해야 하며, 인메모리 데이터는 삭제된다.

EC2 액션은 모니터링 지표의 차원^{dimension}에 InstanceId가 포함돼 있는 경우만 가능하며, 액션은 해당 인스턴스에 적용된다. EC2 액션에는 AWSServiceRoleForCloudWatchEvents라는 롤이 필요하며, 알람 생성 시 CloudWatch가 해당 롤을 직접 추가한다.

하나의 알람에 여러 개의 액션을 추가할 수 있지만 하나의 액션은 하나의 알람 상태 전환에만 적용할 수 있다. 예를 들어, 하나의 알람을 생성하고 ALARM 상태에서는 A 액션을, OK 상태로 전환될 때는 B 액션을 적용하는 것은 불가능하며, 각 액션마다 별도의 알람을 생성해야 한다.

Amazon EventBridge

EventBridge(CloudWatch Events의 새 버전)는 특정 이벤트 또는 스케줄을 모니터링하다가 관련 액션을 취할 수 있다. 예를 들어, 실행 중인 EC2 인스턴스가 중지 상태가 되는 것이 하나의 이벤트가 될 수 있고, IAM 유저가 콘솔에 로그인 하는 것도 이벤트가 될 수 있다. EventBridge는 이들 이벤트 발생 시 자동으로 액션을 취한다.

EventBridge는 이벤트에 반응해 액션을 취하는 반면, CloudWatch Alarms는 성능 지표에 반응해 액션을 취한다는 점에서 차이가 있다. 따라서 EventBridge는 EC2 인스턴스가 중지되는 순간 SNS 알림을 전송할 수 있으며, 유저가 S3 버킷에 이미지 파일을 업로드하는 순간 이를 처리하기 위한 Lambda 함수를 실행할 수 있다.

이벤트 버스

EventBridge는 이벤트 버스$^{Event\ Buses}$를 모니터링한다. 모든 AWS 계정은 모든 AWS 서비스의 이벤트를 수신하는 하나의 이벤트 버스를 지니며, 애플리케이션 또는 서드 파티 서비스로부터 이벤트를 수신하는 커스텀 이벤트 버스를 생성할 수 있다.

룰과 타겟

EventBridge에서 룰^{rule}은 이벤트에 반응해 취하게 될 액션을 정의한다. 특정 이벤트가 룰과 일치할 경우, 그에 상응하는 액션이 취해진다. 예를 들어, EC2 Auto Scaling 이벤트가 발생할 때마다 이메일을 전송하도록 할 경우, 룰을 생성해 Auto Scaling 그룹의 인스턴스 시작 또는 폐쇄를 관찰하도록 한다. 타겟^{target} 설정시, 이메일 알림 메시지를 발송하는 SNS 토픽을 선택할 수 있다.

룰을 통해 스케줄 기반으로 타겟을 호출할 수 있으며, 매시간마다 EC2 인스턴스의 EBS 스냅샷을 생성하는 경우 등에 편리하게 이용할 수 있다. 또는 비용 절약을 위해 오후 7시가 되면 테스트 인스턴스를 중단시키는 룰도 정의할 수 있다.

AWS Config

AWS Config는 특정 시간대의 AWS 리소스의 환경설정 내역을 추적하며, 일종의 환경설정 타임머신이라 할 수 있다. 사용자는 AWS Config를 이용해 현 시점의 환경설정과 과거 특정 시점의 환경설정 내역을 비교할 수 있다.

또한 하나의 리소스와 다른 리소스 간의 관계를 파악할 수 있으며, 특정 요소의 설정 변경이 다른 요소에 어떤 영향을 미칠지 파악할 수 있다. 예를 들어, EBS 볼륨을 생성해 인스턴스에 부착한 후 제거한 경우를 생각해 보자. 사용자는 AWS Config를 이용해 EBS 볼륨 생성 여부는 물론 부착 시점과 제거 시점도 파악할 수 있다.

AWS Config의 이러한 기능은 로그 이벤트 중심의 CloudTrail이나 이벤트 기반 경고를 제공하는 EventBridge와 구분되며, 오직 AWS Config만이 특정 시점의 환경설정 내역을 통합적으로 관리한다. EventBridge가 리소스와 관련된 이벤트 또는 액션을 다룬다면 AWS Config는 리소스의 상태를 다룬다고 할 수 있으며, 다음과 같은 기능을 제공한다.

보안 유지 AWS Config는 리소스 환경설정 변경 시 알림을 제공하며, 잠재적 위험을 경고한다. 어느 유저가 언제, 어떤 퍼미션으로 특정 리소스에 접근했는지 파악할 수 있다.

감사 보고 환경설정 스냅샷 리포트를 통해 특정 시간대의 리소스 환경설정 내역을 파악할 수 있다.

문제 해결 문제가 발생할 무렵 해당 리소스의 환경설정 내역을 분석할 수 있으며, 이를 통해 잘못된 설정 작업이 무엇인지 파악할 수 있고, 특정 리소스가 다른 리소스에 어떤 영향을 미쳤는지도 파악할 수 있다.

변경 관리 특정 리소스의 설정 변화가 다른 리소스에 어떤 영향을 줄지 예측할 수 있다. 예를 들어, 보안 그룹 변경 시 AWS Config를 통해 해당 보안 그룹을 사용하는 모든 인스턴스를 확인할 수 있다.

환경설정 레코더

환경설정 레코더는 AWS Config의 핵심 요소로서, 기존 리소스 발견, 환경설정 내역 기록, 변경 사항 기록, 시간 흐름에 따른 변경 추적 등의 기능을 수행한다. 기본적으로, 해당 리전 내 모든 아이템을 모니터링한다. IAM과 같은 글로벌 서비스의 리소스도 모니터링한다. 모든 리소스의 모니터링을 원치 않는 경우 EC2 인스턴스, IAM 유저, S3 버킷, DynamoDB 테이블 등으로 대상을 구체적으로 지정할 수 있다. 환경설정 레코더는 리전 당 하나만 사용할 수 있다.

환경설정 아이템

환경설정 레코더는 모니터링 대상 리소스마다 환경설정 아이템을 생성한다. 환경설정 아이템은 특정 시점의 리소스 타입, ARN, 생성 시점 등 리소스 설정값을 포함하며, 다른 리소스와의 관계성 정보도 제공한다. 예를 들어, EBS 볼륨의 환경설정 아이템에는 기록 대상인 인스턴스 ID가 포함된다. AWS Config는 추적 대상인 모든 리소스의 환경설정 아이템을 생성, 관리하며, 해당 리소스가 삭제된 뒤에도 아이템이 유지된다. 환경설정 아이템은 AWS Config 내에 저장되고 사용자가 직접 삭제할 수 없다.

환경설정 히스토리

AWS Config는 환경설정 아이템을 이용해 리소스별 환경설정 히스토리를 생성한다. 환경설정 히스토리는 특정 리소스의 시간대별 환경설정 아이템 집합이며, 생성 시기, 시간대별 설정 내역, 삭제 시기 등이 포함되고, CloudTrail의 API 로그 기록도 포함된다.

AWS Config는 리소스 변경 후 6시간마다 여러분이 지정한 S3 버킷에 환경설정 히스토리를 저장하며, 이 때의 S3 버킷을 딜리버리 채널delivery channel이라고 부른다. 환경설정 히스토리 파일은 리소스 타입별로 그룹화되며, 모든 EC2 인스턴스의 환경설정 히스토리가 하나의 파일에 포함되고, 모든 EBS 볼륨의 환경설정 히스토리가 또 다른 파일에 포함된다. 이들 파일에는 타임스탬프가 남고 날짜별 폴더에 담겨 보관된다. 사용자는 AWS Config 콘솔에서 환경설정 히스토리를 바로 확인할 수 있으며, 리소스 변경 시 딜리버리 채널에 SNS 토픽을 추가하도록 할 수 있다.

환경설정 스냅샷

환경설정 스냅샷은 특정 시간대의 모든 환경설정 아이템 집합으로 모니터링 대상이 되는 모든 리소스의 환경설정 백업이라 할 수 있다.

AWS CLI를 이용해 딜리버리 채널에 환경설정 스냅샷을 저장하도록 할 수 있으며, 다음 명령으로 직접 환경설정 스냅샷을 전송하도록 할 수 있다.

```
aws configservice deliver-config-snapshot --delivery-channel-name default
```

AWS Config는 자동으로 일정 간격에 따라 환경설정 스냅샷을 딜리버리 채널에 전송할 수 있으며, 사용자는 콘솔이 아닌 CLI를 이용해서 관련 작업을 수행할 수 있다.

자동으로 환경설정 스냅샷을 딜리버리 채널에 전송하려면 다음 아이템이 포함된 JSON 파일을 작성한다.

- 딜리버리 채널 네임(기본 설정)
- S3 버킷 네임
- 전송 주기

JSON 파일에는 SNS ARN도 추가할 수 있으며, 완성된 deliveryChannel.json 파일 형식은 다음과 같다.

```
{
 "name": "default",
 "s3BucketName": "my-config-bucket-us-east-1",
 "snsTopicARN": "arn:aws:sns:us-east-1:account-id:config-topic",
 "configSnapshotDeliveryProperties": {
  "deliveryFrequency": "TwentyFour_Hours"
 }
}
```

전송 주기는 매시간 또는 3, 6, 12, 24시간 단위로 할 수 있다. deliveryChannel.json 파일에 작성된 딜리버리 채널을 변경하려면 다음 명령을 사용한다.

```
aws configservice put-delivery-channel --delivery-channel
file://deliveryChannel.json
```

변경 사항이 잘 반영됐는지 확인하려면 아래 명령을 사용한다.

```
aws configservice describe-delivery-channels
```

위 명령의 출력 내용과 환경설정 파일의 내용이 일치하면, 변경이 성공적으로 이뤄진 것이다.

변경 사항 모니터링

환경설정 레코더는 리소스의 생성, 변경, 삭제 등 작업이 이뤄질 때마다 최소 하나이상의 환경설정 아이템을 생성하며, 해당 아이템은 리소스 환경설정 히스토리 및계정 환경설정 히스토리에 추가된다. 하나의 리소스를 변경하면 해당 리소스 및 관련 리소스에 대한 새 환경설정 아이템이 추가된다. 예를 들어, 보안 그룹에서 룰을삭제하면, 환경설정 레코더는 해당 보안 그룹 및 이 보안 그룹을 이용하는 모든 인스턴스를 위한 새 환경설정 아이템을 생성한다.

환경설정 아이템을 직접 삭제할 수는 없지만, AWS Config 설정에서 아이템 보관 기간을 최소 30일에서 (기본 설정값인) 7년까지 조절할 수 있다. 단, 보관 기간은 S3로전송된 환경설정 히스토리 및 스냅샷에는 적용되지 않는다.

환경설정 레코더 시작 및 중지

사용자는 콘솔 또는 CLI를 통해 언제든 환경설정 레코더를 시작하거나 중지시킬 수있으며, 환경설정 레코더 중지 시 변경 사항은 기록되지 않지만 기존 환경설정 아이템은 유지된다. 아래 명령을 이용해 중지시킬 때는 환경설정 레코더의 이름을 명시해야 한다. (여기서는 default)

```
aws configservice stop-configuration-recorder --configurationrecorder-name default
```

환경설정 레코더를 시작할 때는 아래 명령을 입력한다.

```
aws configservice start-configuration-recorder --configurationrecorder-name default
```

소프트웨어 인벤토리 기록

AWS Config는 EC2 인스턴스 및 온프레미스 서버의 소프트웨어 인벤토리 변경 사항도 기록한다. 주요 소프트웨어 인벤토리는 다음과 같다.

- 애플리케이션
- CLI 및 SDK 등 AWS 컴포넌트
- 운영체제의 이름 및 버전
- IP 주소, 게이트웨이, 서브넷 마스크
- 방화벽 환경설정
- Windows 업데이트

AWS Config를 이용해 이들 변경 사항을 추적하려면 AWS Systems Manager를 이용해 서버의 인벤토리 컬렉션inventory collection 기능을 활성화해야 하며, SSM: ManagedInstanceInventory 리소스 타입을 모니터링하도록 해야 한다.

최적 기준선을 정의한 커스텀 룰 작성

리소스의 변경 사항 모니터링 외에도 AWS Config는 리소스의 최적 환경설정 기준 또는 룰을 정의할 수 있으며, 다양한 시나리오를 고려해 사전정의된, 커스터마이징 가능한 룰 템플릿을 제공한다. 예를 들어, CloudTrail을 활성화해 모든 EC2 인스턴스의 CPUUtilization 지표를 확인하고, 모든 EBS 볼륨이 암호화됐는지 확인하며, 루트 유저를 위해 MFA를 활성화했는지 확인하는 룰을 작성할 수 있다. 이들 리소스 중 하나라도 조건을 벗어나면, AWS Config가 이에 반응하고, 즉각 SNS 알림 메시지를 생성하게 된다.

룰을 활성화하면 AWS Config는 즉시 모니터링 대상 리소스가 조건 또는 기준에 부합하는지 확인하게 되며, 검증의 횟수는 규칙으로 정할 수 있다. 특정 리소스 변경 시 리소스 재검증 기능을 활성화할 수 있고, 일정 기간마다 재검증을 하도록 할 수 있다. 정기적 검증은 매시간 또는 3, 6, 12, 24시간 단위로 할 수 있으며, 환경설정 레코더를 끈 상태에서도 정기적 점검 규칙은 예정대로 실행된다.

정리

리소스에 대한 모니터링이 필요하다면 CloudWatch와 AWS Config부터 설정해야 한다. CloudTrail은 별도의 설정 작업이 없는 경우에도 지난 90일간의 이벤트를 추적한다. AWS 리소스를 사용하는 초기부터 이들 모니터링 서비스를 적용하는 것이 좋다. CloudWatch, CloudTrail, AWS Config는 서로 다른 기능을 제공하므로 이들 서비스의 차이점을 이해하고 각 활용 시나리오에 적합한 서비스를 선택하는 것이 중요하다.

CloudWatch는 성능 지표를 추적하며, 성능 지표에 따라 필요한 액션을 취할 수 있다. 또한 다수의 소스로부터 로그를 수집 및 정렬해 저장, 검색, 추출 등의 작업에 활용할 수 있다.

CloudTrail은 AWS 계정 내에서 보안 및 감사 측면에서 중요한 이벤트를 지속적으로 추적 및 기록하며, read-only, write-only 이벤트 또는 데이터 이벤트를 선별적으로 기록할 수 있다.

AWS Config는 리소스에 대한 과거, 현재, 미래의 환경설정 및 리소스 간의 관련성을 기록하며, 특정 리소스의 특정 시점에서의 환경설정 내역을 확인할 수 있고, 사전 정의된 최적의 기준선과 현재의 환경설정 내역을 비교할 수 있도록 돕는다.

시험 대비 전략

CloudWatch의 다양한 기능을 설정하는 방법을 이해한다. CloudWatch는 다양한 AWS 서비스로부터 성능 지표를 수집 및 저장하며, 커스텀 성능 지표도 제공 가능하다. 사용자는 알람 설정을 통해 개별 지표에 따라 하나 이상의 액션을 취하도록 할 수 있다. CloudWatch Logs는 다양한 리소스로부터 로그를 수집 및 저장하며, 검색 기능을 제공한다.

CloudTrail과 AWS Config의 차이점을 이해한다. CloudTrail은 이벤트를 추적하는 반면, AWS Config는 이들 이벤트가 리소스의 환경설정에 어떤 영향을 미치는지 추적한다. AWS Config는 이벤트보다는 환경설정 상태 및 리소스 변경 관리에 초점을 맞춘 서비스다.

CloudWatch Logs와 CloudTrail을 통합해서 사용하는 방법을 이해한다. CloudTrail은 저장, 검색, 지표 추출 등을 위해 CloudWatch Logs에 트레일 로그를 전송한다.

SNS의 작동 방식을 이해한다. SNS는 푸시 메시지 기법을 사용하며, CloudWatch와 AWS Config는 Amazon SNS 토픽에 알림 메시지를 제공한다. SNS 토픽은 전달받은 알림 메시지를 프로토콜 및 엔드포인트로 구성된 구독 개체에 전송한다. 여러분은 SNS가 지원하는 다양한 프로토콜을 기억하기 바란다.

CloudWatch Alarms과 EventBridge의 차이점을 이해한다. CloudWatch Alarms은 성능 지표 모니터링 및 경고 기능을 제공하는 반면, EventBridge는 이벤트 모니터링 및 액션 기능을 제공한다.

평가 문제

1. CloudTrail 설정에서 모든 리전에서 발생하는 모든 관리 이벤트 로그를 기록하도록 했다. 다음 중 CloudTrail이 기록하게 될 API 이벤트는 무엇인가? (정답 모두 선택)

   A. AWS 콘솔 로그인

   B. 웹 콘솔에서 S3 버킷 생성

   C. S3 버킷에 객체 업로드

   D. AWS CLI를 이용한 서브넷 생성

2. CloudTrail 설정에서 모든 리드온리 데이터 이벤트 로그를 기록하도록 했다. 다음 중 CloudTrail이 기록하게 될 이벤트는 무엇인가?

   A. 모든 S3 버킷 목록 확인

   B. S3 버킷에 파일 업로드

   C. S3 버킷에서 파일 다운로드

   D. Lambda 함수 생성

3. 60일전, 리드온리 관리 이벤트 로그를 기록하는 트레일을 생성했는데, 이후 누군가가 해당 트레일을 삭제했다. 누가 트레일을 삭제했는지 어디에서 알 수 있는가? (다른 트레일은 없음)

A. IAM 유저 로그

B. S3에 저장된 트레일 로그

C. 해당 트레일이 설정된 리전의 CloudTrail 이벤트 히스토리

D. 임의의 리전에 있는 CloudTrail 이벤트 히스토리

4. 두 개의 CloudWatch 매트릭스가 네임도 같고 네임스페이스도 같은 경우 구분할 수 있는 방법은 무엇인가?

A. 리전

B. 디멘션

C. 타임스탬프

D. 데이터 포인트

5. 5분마다 CloudWatch에 매트릭스를 전송하는 모니터링 타입은 무엇인가?

A. Regular

B. Detailed

C. Basic

D. High resolution

6. 타임스탬프가 15:57:08일 때, CloudWatch 커스텀 지표의 값은 3이었고 15:57:37일 때, 커스텀 지표의 값은 6이 됐다. 이번 지표가 고해상도 지표라면 다음 중 CloudWatch가 하게 될 일은 무엇인가?

A. 해당 타임스탬프의 두 개 값 모두 기록

B. 타임스탬프 15:57:37인 두 번째 값으로 첫 번째 값을 덮어쓰기함

C. 타임스탬프 15:57:08인 첫 번째 값을 기록하고 두 번째 값은 무시함

D. 타임스탬프 15:57:00인 두 번째 값으로 첫 번째 값을 덮어쓰기함

7. 1시간 해상도에서 CloudWatch가 지표를 저장하는 기간은 얼마인가?

    A. 15일

    B. 3시간

    C. 63일

    D. 15개월

8. CloudWatch를 이용해 지난 한 시간 동안의 지표 데이터 포인트를 그래프화 하려 한다. 지표가 5분 해상도일 때 어떤 통계량과 어떤 기간을 사용해야 하는가?

    A. Sum 통계량, 5분의 기간

    B. Average 통계량, 1시간의 기간

    C. Sum 통계량, 1시간의 기간

    D. Sample 카운트 통계량, 5분의 기간

9. 다음 중 로그 이벤트를 저장하는 CloudWatch 리소스 타입은 무엇인가?

    A. 로그 그룹

    B. 로그 스트림

    C. 매트릭 필터

    D. CloudWatch Agent

10. CloudWatch Agent가 지난 수개월동안 인스턴스의 애플리케이션 로그를 CloudWatch 로그 스트림에 전송했다. 새 로그 이벤트 전송에 차질을 주지 않고 기존 로그 이벤트를 삭제하는 방법은 무엇인가? (정답 모두 선택)

    A. 로그 스트림 삭제

    B. 기존 로그 이벤트를 직접 삭제

    C. 로그 스트림 보유 기간을 30일로 설정

    D. 로그 그룹 보유 기간을 30일로 설정

11. 모든 리전의 모든 관리 이벤트 로그를 기록하는 트레일을 생성하고 CloudWatch 로그에 트레일 로그를 전송했는데, 최근 일부 관리 이벤트가 로그 스트림에서 누락된 것을 발견했다. 이에 대한 적절한 이유는 무엇인가? (정답 모두 선택)

A. 누락된 이벤트는 256KB 용량을 초과했음

B. 메트릭 필터 설정을 잘못함

C. 이벤트 발생과 CloudTrail 스트림에 이벤트가 기록되는 시간의 차이

D. CloudTrail 업무와 관련된 IAM 롤 설정이 잘못됨

12. 이틀 전, EBS 볼륨의 VolumeReadOps를 모니터링하는 CloudWatch 알람을 생성했다. 이후 알람이 계속 INSUFFICIENT_DATA 상태에 머물러 있다면 그 이유는 무엇일까? (정답 모두 선택)

A. 모니터링할 데이터 포인트의 수가 기준치를 넘지 않았음

B. EBS 볼륨이 인스턴스에 부착되지 않았음

C. 검증 기간이 도래하지 않았음

D. 알람을 울리기에 충분한 데이터 포인트를 확보되지 못했음

13. 4개의 연속 기간 동안 데이터가 없는 경우 CloudWatch 알람의 상태를 변경 하려 한다. 이에 적합한 누락 데이터 설정 옵션은 무엇인가?

A. As Missing

B. Breaching

C. Not Breaching

D. Ignore

E. As Not Missing

14. AWS/EC2 네임스페이스의 지표를 모니터링하는 알람을 설정하고 있다. 알람 이 울리면 CloudWatch가 텍스트 메시지를 전송하거나 인스턴스를 리부트하 도록 하려고 할 때, 알람 설정에 필요한 두 가지 액션은 무엇인가? (2개 선택)

A. SMS 액션

B. Auto Scaling 액션

C. Notification 액션

D. EC2 액션

15. CloudWatch 알람에서 해당 인스턴스에 대해 EC2 복구 액션이 수행하는 작업은 무엇인가?

    A. 인스턴스를 다른 호스트로 이전

    B. 인스턴스 리부트

    C. 기존 인스턴스 삭제 및 새 인스턴스 생성

    D. 스냅샷으로 인스턴스 복원

16. 과거 특정 시점에 us-west-1 리전의 인스턴스가 삭제됐음을 알게 됐다. 누가, 언제 해당 인스턴스를 삭제했는지 파악하려할 때, 다음 중 옳은 것은?

    A. 해당 인스턴스가 삭제된 시점에 해당 리전의 AWS Config 환경설정 레코더가 활성화돼 있어야 한다.

    B. CloudTrail이 모든 리전에서의 write-only 관리 이벤트 로그를 기록해야 한다.

    C. CloudTrail이 IAM 이벤트 로그를 기록해야 한다.

    D. CloudWatch 로그 스트림에 삭제하면 안 되는 삭제 이벤트가 포함돼 있어야 한다.

17. 다음 중 AWS Config 딜리버리 채널에 포함될 수 있는 것은? (정답 모두 선택)

    A. CloudWatch 로그 스트림

    B. 환경설정 스냅샷의 전송 주기

    C. S3 버킷 네임

    D. SNS 토픽 ARN

18. AWS Config를 통해 us-east-1 리전의 모든 리소스를 모니터링하도록 설정했다. 해당 리전에서 몇 가지 변경 이벤트가 발생한 후, 기존 환경설정 아이템을 삭제하려 할 때 해야 할 일은 무엇인가?

    A. 환경설정 레코더 정지

    B. 환경설정 레코더 삭제

    C. 환경설정 스냅샷 삭제

    D. 보유 기간을 30일로 설정하고, 환경설정 아이템이 삭제되길 기다림

19. 다음 중 CloudWatch 그래프 구현을 위한 metric math는 무엇인가? (정답 모두 선택)

A. AVG(m1)-m1

B. AVG(m1)

C. METRICS()/AVG(m1)

D. m1/m2

20. CloudTrail이 활성화됐는지 확인하는 AWS Config 룰을 작성하려 한다. 이 룰의 실행을 막을 수 있는 AWS Config 작업은 무엇인가?

A. 환경설정 레코더 끄기

B. 해당 룰 삭제

C. CloudTrail의 환경설정 히스토리 삭제

D. 정기 점검 설정에서 점검 주기 설정 누락

21. 다음 중 EC2 인스턴스를 시작할 때마다 Lambda 함수가 실행되도록 하려면 어떤 도구를 사용해야 하는가?

A. CloudWatch Alarms

B. EventBridge

C. CloudTrail

D. CloudWatch Metrics

8

DNS와 CDN:
Route 53과 CloudFront

AWS 공인 솔루션스 아키텍트 어소시에이트 시험 범위 중 8장에서 살펴볼 영역별 세부 항목은 다음과 같다.

출제영역 2: 복원성 아키텍처 설계

✓ 고가용성 및 내오류성 아키텍처 설계

출제영역 3: 고성능 아키텍처 설계

✓ 고성능 및 확장성 스토리지 솔루션 결정

✓ 고성능 및 확장성 네트워크 아키텍처 결정

출제영역 4: 비용최적화 아키텍처 설계

✓ 비용최적화 네트워크 아키텍처 설계

개요

여러분의 타겟 사용자와 머신이 클라우드 리소스에 좀 더 쉽게 접속할 수 있게 하는 것은 리소스를 생성하는 일만큼이나 중요하다. 네트워크를 통해 여러분이 만든 콘텐츠에 접속하려면, 가용성, 속도, 정확성 등 세 가지 요소가 겸비돼야 한다.

Domain Name System(이하 DNS)는 여러분의 리소스를 사람이 읽을 수 있는 주소 방식으로 접근할 수 있도록 돕는 시스템이며, 머신의 읽기 작업에 편리한 IP 주소는 인터넷의 DNS 인프라를 통해 사람이 읽기 편한, amazon.com과 같은 도메인 네임이 된다.

Amazon의 Route 53는 관리형 도메인 서비스로서, 리소스에 대한 접근의 정확성, 신뢰성, 속도를 제공한다. Amazon의 글로벌 CDN^{Content Delivery Network} 서비스인 CloudFront는 속도 및 정확성 외에 몇 가지 장점을 추가한 서비스다.

8장에서는 AWS의 DNS 및 네트워크 라우팅을 위한 세 가지 주요 서비스에 대해 알아본다.

도메인 네임 시스템

도메인 네임 시스템^{DNS, Domain Name System}은 example.com과 같이 사람이 읽기 편한 도메인 네임과 93.184.216.34 머신이 읽을 수 있는 IP 주소를 맵핑하기 위한 시스템이다.

AWS에서 인터넷 네트워크로 연결되는 서비스를 시작할 때 해당 서비스를 도메인 네임으로 연결할 수 있으며, 이를 위해서는 몇 가지 환경설정 요구사항을 충족해야 한다. 이에 대한 이해를 돕기 위해 먼저 도메인 네임 서비스와 관련된 주요 개념 요소에 대해 알아본다.

이번 절에서는 DNS 인프라의 주요 요소에 대해 알아보고, Amazon Route 53의 활용 방법에 대해서도 알아본다.

네임스페이스

인터넷을 구성하는 수십 억 개의 객체는 이름 부여 규칙으로 체계적으로 조직화 및 관리된다. 예를 들어, 인터넷 세상에 Amazon.com이라는 웹 사이트가 하나 이상 존재하고, 이를 가리키는 IP 주소인 205.251.242.103가 하나 이상 존재한다면 인터넷 세상은 이내 혼돈에 빠져들게 될 것이다. 따라서 이런 일을 막기 위해 톱다운 방식으로 인터넷의 이름 체계를 관리하는 관리 기구가 필요하다.

인터넷 네임 시스템은 네임스페이스[namespace]라는 도메인 네임 체계로 관리된다. 인터넷은 퍼블릭 또는 프라이빗 IP를 통하거나 톱레벨 도메인[TLD, Top-Level Domain]을 통해 접근할 수 있는 소규모의 네임스페이스로 구획이 나눠진 가상의 공간이라 할 수 있다.

이 이름의 체계를 정의하는 Internet Protocol(이하 IP)과 도메인 네임의 계층 구조는 ICANN[Internet Corporation for Assigned Names and Numbers]이라는 기구가 관장한다.

네임 서버

amazon.com이라는 도메인 네임과 실제 IP 주소를 연결하는 일은 네임 서버[name server]가 담당한다. 모든 컴퓨터는 로컬에서 접근할 수 있는 간단한 네임 서버 데이터베이스를 지니며, 여기엔 localhost와 같은 호스트네임 엔트리와 IP 주소 정보가 포함된다.

다음 코드는 보통의 Linux 머신에 있는 /etc/hosts 파일의 내용이며, 로컬 호스트에서 브라우저를 이용해 IP 주소가 192.168.1.5인 fileserver.com 웹 서버의 홈 페이지에 접속하기 위한 정보가 담겨있다.

```
127.0.0.1 localhost
127.0.1.1 MyMachine
192.168.1.5 fileserver.com

# The following lines are desirable for IPv6 capable hosts
::1 ip6-localhost ip6-loopback
fe00::0 ip6-localnet
ff00::0 ip6-mcastprefix
ff02::1 ip6-allnodes
ff02::2 ip6-allrouters
```

위 쿼리가 로컬 네임 서버에서 처리되지 못하면, 여러분 컴퓨터의 네트워크 인터페이스 환경설정에 명시된 외부 DNS 네임 서버로 전달된다. 이 때의 환경설정은 Google의 8.8.8.8 또는 OpenDNS의 208.67.222.222 등 퍼블릭 DNS를 가리키도록 돼있다. 네임 서버는 여러분이 입력한 도메인 네임에 해당하는 IP 주소를 제공해 브라우저 등 애플리케이션이 여러분의 요청이 완결되도록 하는 것이다.

도메인과 도메인 네임

인터넷 주소 체계에서, 도메인domain은 단일 도메인 네임domain name으로 식별 가능한, 하나 이상의 서버, 데이터 저장소 또는 디지털 리소스를 의미한다. 도메인 네임은 해당 도메인을 위해 공식 기구에 등록된 이름이며, 등록된 이름registered name은 도메인이 가리키는 리소스를 네트워크로 직접 연결하는 데 사용될 수 있다.

도메인 등록

톱레벨 네임 서버는 관련 쿼리에 응답하기 전에 새 도메인 네임의 존재를 파악하고 있어야 한다. 네임 서버에 등록된 새로운 도메인 네임을 전파하는 일은 도메인 네임 등록자 또는 레지스트라registrar가 수행한다.

도메인 네임 등록자는 도메인 네임의 예약을 관리하는 사업자로서, 톱레벨 도메인 업무를 관장하는 VeriSign과 같은 등록 운영자와 협업해 도메인 등록 업무가 글로벌 단위로 처리될 수 있도록 한다. Amazon Route 53는 도메인 네임 등록자와 같은 역할을 수행하는 서비스다.

도메인 레이어

도메인 네임은 여러 개의 요소로 구성된다. .com 또는 .org 등 도메인 네임의 최우측 텍스트는 TLD, 톱레벨 도메인이고, TLD의 우측 요소, 예를 들어 amazon.com에서 amazon은 2단계 도메인, 세컨드레벨 도메인SLD이다.

 SLD는 국가별 도메인 용도를 나타내는 데 사용되기도 한다. 예를 들어, .co.uk에서 SLD인 .co는 영국의 비즈니스 용도 도메인을 나타낸다.

서브도메인subdomain은 도메인 리소스의 하위 요소를 식별하는 데 도움을 준다. 예를 들어, 대학 본부의 웹 및 이메일 서버는 administration.school.edu라는 이름을 붙여서 사용할 수 있다. 이 경우 dean@administration.school.edu는 이메일 주소로 활용될 수 있고, administration.school.edu/apply.pdf는 administration.school.edu 서버의 웹 루트 디렉토리로 활용될 수 있다.

www.school.edu, api.school.edu , ftp.school.edu 등도 서브도메인의 일반적인 예라 할 수 있으며, 그림 8.1은 서브도메인의 구성 요소를 보여준다.

그림 8.1 간단한 DNS 도메인 구성 요소

전체 주소 도메인 네임

기본 DNS 설정에서 시스템의 기본 도메인 네임은 부분적인 도메인 네임과 서버에 대한 요청 사항이 자동으로 결합돼 완성된다. 예를 들어 workstation 요청 시 workstation.localhost와 같이 표현될 수 있다. 하지만 위와 같은 방식이 아닌, 도메인 네임 그대로 요청을 전달하려는 경우 전체 주소 도메인 네임FQDN, Fully Qualified Domain Name을 사용하면 된다.

FQDN은 서브도메인과 TLD를 포함해 도메인의 절대 주소 정보를 모두 지니며, TLD 뒤에 다시 후속 닷railing dot 문자를 추가해 FQDN임을 명시한다. 예를 들어, DNS 존 파일 주소에서는 후속 닷 문자가 누락될 경우, 접속할 수 없게 된다. FQDN은 다음과 같다.

administration.school.edu.

존과 존 파일

존zone은 DNS 도메인을 정의한 것이며, Route 53는 존을 호스팅 영역hosted zone이라 부른다. 존 파일zone file은 도메인 내에서 DNS 주소에 맵핑되는 리소스를 설명하는 텍스트 파일로서 표 8.1과 같은 리소스 레코드로 구성된다.

표 8.1 존 파일에 포함된 리소스 레코드의 데이터 카테고리

지시자	용도
Name	정의된 도메인 네임 또는 서브도메인 네임
TTL	레코드 만료전 유효시간(time to live)
Record Class	레코드의 네임스페이스, 보통 IN을 사용(Internet)
Record Type	레코드에 의해 정의된 레코드 타입(A, CNAME 등)

다음은 Internet 클래스 레코드에서IN, 1시간의1h 유효시간 동안TTL, ns-750.awsdns-30.net 값을 지니는 example.com 도메인의 네임 서버NS를 정의하는 전형적인 리소스 레코드 예시이다.

```
example.com. 1h IN NS ns-750.awsdns-30.net.
```

레코드 타입

존 파일의 리소스 레코드에 입력하는 레코드 타입은 레코드 데이터의 포맷과 활용 방법을 결정한다. 현재 약 40여 개의 레코드 타입이 사용되고 있으며, 표 8.2는 Route 53에서 제공하는 주요 레코드 타입을 보여준다.

표 8.2 널리 사용되는 DNS 레코드 타입

타입	기능
A	IPv4 IP 주소에 호스트네임을 맵핑함
CNAME	Canonical name – 하나의 호스트네임을 알리아스로 사용할 수 있도록 함
MX	Mail exchange – 도메인을 특정 메시지 변환 에이전트로 맵핑함
AAAA	IPv6 IP 주소에 호스트네임을 맵핑함
TXT	Text – 휴먼 리더블, 머신 리더블 텍스트 포함
PTR	Pointer – 도메인 공간 내 다른 로케이션 지정(이 타입은 처리되지 않음)
SRV	서비스 로케이션의 커스텀 레코드
SPF	Sender Policy Framework – 이메일 검증 프로토콜(RFC 7208가 더 많이 사용됨)
NAPTR	Name Authority Pointer – regex 기반 도메인 네임 재작성 허용
CAA	Certification Authority Authorization – 도메인 보안 인증 기구의 인증을 받음
NS	존에 의해 사용되는 네임 서버 식별
SOA	Start of authority – 존의 관리 권한 메타 정보 정의

알리아스 레코드

알리아스 레코드$^{alias\ record}$를 이용하면 IP 주소 변경 없이 ELB 등 특정 리소스로 트래픽 경로를 설정할 수 있다. 알리아스 레코드 사용과 관련해서 다수의 서비스 공급 사업자 간에 표준으로 확정된 것은 없지만 Route 53는 레코드 세트에서 알리아스 레코드를 사용해 AWS의 네트워크로 연결된 리소스로 직접 라우팅할 수 있도록 한다.

Amazon Route 53

DNS에 대한 기본 지식을 바탕으로 Amazon Route 53에 대해 알아보자. Route 53 는 다음 네 가지 영역에 초점을 맞춘 서비스다.

- 도메인 등록
- DNS 관리
- 가용성 모니터링(네트워크 헬스 체크)
- 트래픽 관리(라우트 정책 등)

참고로 Route 53에서 53이라는 숫자는 DNS 트래픽이 TCP 또는 UDP의 53 포트를 사용하는 데서 착안한 것이다.

도메인 등록

도메인은 GoDaddy 등, ICANN 인증 등록 사업자 또는 레지스트라^{registrar} 중 어느 곳에서도 등록할 수 있지만, Route 53에서는 좀 더 간단하게 도메인 등록 작업을 마칠 수 있다. AWS 인프라와 연계된 도메인의 경우 Route 53를 이용해 업무 절차를 간소화할 수 있다.

기존 도메인을 AWS로 이전하는 경우 기존 레지스트라의 어드민 인터페이스에 있는 도메인 이전 설정을 변경하고, 이에 대한 인증 코드를 요청한 뒤 Route 53에 해당 인증 코드를 제공하면 이전 작업이 완료된다.

현재 레지스트라에게 등록한 도메인의 이전을 원할 경우 Route 53를 이용해 DNS 환경 설정을 변경하면 된다. Route 53 레코드 세트에 있는 네임 서버 주소를 복사해 레지스트라의 어드민 인터페이스에 새 네임 서버 주소로 붙여넣기하면 된다.

DNS 관리

여러분이 원하는 도메인을 등록한 뒤에도 적절한 방식으로 도메인과 리소스를 연결하지 못하면 해당 도메인으로 별다른 일을 할 수 없게 된다. Route 53는 호스팅 영역^{hosted zone} 설정을 통해 사용자가 브라우저, 이메일 클라이언트, 또는 프로그래밍 방식으로 여러분의 도메인 네임을 호출해 사용할 수 있도록 돕는다.

기존 방식이 미리 설정된 존 파일을 임포트해서 수정하는 것이었다면, Route 53에 서는 호스팅 영역을 생성한 뒤 콘솔 또는 AWS CLI에서 설정할 수 있도록 한다. 새 호스팅 영역을 생성한 후 여러분의 도메인 네임을 입력하면, Route 53는 해당 존을 퍼블릭 호스팅 영역 또는 프라이빗 호스팅 영역 중 어떤 방식으로 사용할 것인지 결 정하도록 한다.

프라이빗 호스팅 영역은 여러분이 지정한 AWS VPC를 통해서만 해당 리소스를 접 근할 수 있도록 하며, (대부분의 도메인이 그러하듯) 외부 사용자의 접근을 허용할 필요 가 있다면 퍼블릭 호스팅 영역으로 설정하면 된다.

Route 53는 자동으로 SOA^{Start Of Authority} 레코드를 생성하고 4개의 네임 서버 주소를 제공한다. 그 다음부터는 새 레코드 세트 정의를 통해 여러분이 원하는 도메인과 서 브도메인의 관계를 설정하고 리소스와 연결하는 등 작업을 수행하면 된다.

다음 예제에서 호스팅 영역 설정 방법을 알아보자.

실습 예제 8.1

EC2 웹 서버를 위해 Route 53에서 호스팅 영역 생성하기

1. Route 53 대시보드에서 Create Hosted Zone(호스팅 영역 생성) 버튼을 클릭한다.

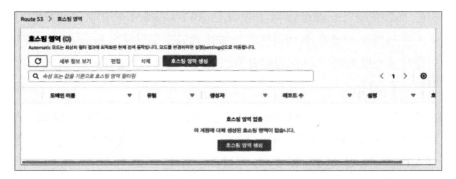

2. 현재 관리 대상이 아닌 도메인 네임을 입력하고 Public Hosted Zone(퍼블릭 호스팅 존)을 선택한다. 아직 Route 53에서 등록한 도메인이 없고, 이번 예제의 실습만 원한다면 example.com과 같은 임의의 기존 도메인과 중복되지 않는 여러분의 도메인을 입력한다. 이 경우 실제 도메인의 경우처럼 완벽하게 존의 기능을 확인할 수는 없다. 어떤 경우든 호스팅 존 생성 후 12시간이 지나면 $0.50의 월간 호스팅 비용이 청구될 수 있으므로 주의한다.

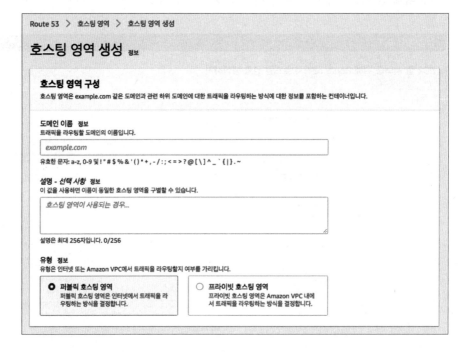

3. 네임 서버와 SOA 레코드 세트가 제공된다. 한 번에 하나의 레코드를 선택하고 잠시 관련 내용을 확인한다.

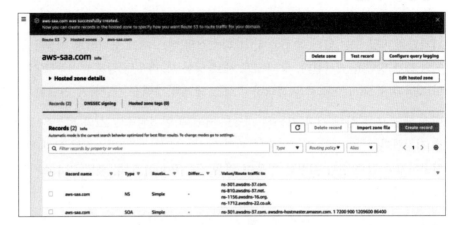

4. EC2 대시보드로 이동해 (2장의 실습 예제 2.1에서 했던 것과 같이) AWS Linux AMI 기반 인스턴스를 생성한다. 이번 인스턴스는 도메인 테스트를 위한 간단한 웹 서버이며, 보안 그룹 설정 후 HTTP 80 포트를 열어 트래픽이 유입되도록 한다.

5. 인스턴스에 로그인한 후 아래 명령을 실행해 소프트웨어 저장소를 업데이트하고 Apache 웹 서버를 설치한 후 기본 index.html 웹 페이지를 생성해 Apache 프로세스를 시작한다(index.html 웹 페이지에 텍스트를 추가할 경우, 수정 작업을 완료한 뒤 Ctrl+X키 및 Y키를 눌러 저장 및 종료할 수 있다).

```
sudo yum update -y
sudo yum install -y httpd
sudo nano /var/www/html/index.html
sudo systemctl start httpd
```

6. 여러분의 브라우저에 인스턴스의 퍼블릭 IP 주소를 입력해 정상 작동 여부를 확인한다. 다음 예제도 이번 인스턴스를 사용하므로 잠시 실행 상태로 유지한다.

7. Route 53 대시보드로 돌아와서 Create Record Set 버튼을 클릭해 EC2 웹 서버 인스턴스의 도메인 네임과 IP 주소를 맵핑하기 위한 A 레코드를 생성한다. example.com 좌측 Name 필드는 공란으로 비워두고, Value 필드에 웹 서버의 IP 주소를 입력하고, Create(생성) 버튼을 클릭한다.

8. Create Record Set 버튼을 한 번 더 누르고 두 번째 A 레코드를 생성한다. 이번엔 Name 필드에 www를 입력한다.

9. Alias 옆의 Yes 라디오 버튼을 클릭하고, Alias Target 필드를 클릭한 뒤 example.com 값을 선택한다.

10. 도메인 전파에는 수시간이 걸릴 수 있으며, 실제 서버로 이번 테스트를 진행할 경우 여러분의 브라우저로 example.com에 접속하고 서버의 루트 웹 페이지가 로딩되도록 한다.

가용성 모니터링

관리자는 리소스가 정상적으로 작동하는지 확인해야 하며, 한 번 실행한 뒤 마냥 잘 되기만을 바랄 수는 없다. Route 53는 리소스의 헬스 체크 모니터링 기능을 통해 문제의 해결 방안을 제시한다. 새 레코드 세트 생성 시, 라우팅 정책routing policy 선택 옵션이 제공되며, Simple 정책을 선택하면 헬스 체크와 정책을 간단하게 연결할 수 있다.

헬스 체크 또는 상태 검사 기능은 레코드 세트에 연결된 리소스의 성능을 주기적으로 점검한다. 헬스 체크 결과가 정상이면 Route 53는 해당 리소스로 트래픽을 계속 전송하지만 검증 결과 적절한 반응이 없을 경우 Route 53는 해당 리소스가 오프라인 상태가 됐다고 판단하고 트래픽을 백업 리소스로 우회시킨다.

아래 예제에서 레코드 세트를 이용한 헬스 체크 환경설정 방법을 알아보자.

실습 예제 8.2

Health Check 설정하기

1. Route 53 상태 검사 대시 보드에서 [상태 검사 생성]을 클릭한다.

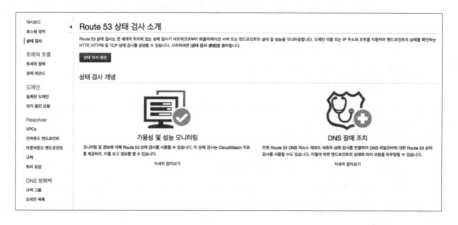

2. 헬스 체크 이름을 입력하고 What To Monitor(모니터링 대상)에서 Endpoint를 선택한다. 이번 예제에서 지난 예제 8.1에서 생성한 웹서버를 엔드포인트로 지정할 수 있다.

상태 검사 생성

| 1단계: 상태 검사 구성 | **상태 검사 구성** |
| 2단계: 상태 검사 실패 시 알림 메시지 받음 | |

Route 53 상태 검사를 사용하여 웹 서버나 메일 서버와 같은 리소스의 상태 검사를 추적하고 중단 발생 시 조치를 취할 수 있습니다.

이름: *예제 이름*

모니터링 대상: ● 엔드포인트
　　　　　　　○ 다른 상태 검사 상태(계산된 상태 검사)
　　　　　　　○ CloudWatch 경보 상태

엔드포인트 모니터링

여러 Route 53 상태 검사기에서 정상 상태인지 확인하기 위해 다음 리소스와 TCP 연결을 설정하려고 합니다. 자세히 알아보기

엔드포인트 지정 기준: ● IP 주소　○ 도메인 이름
프로토콜: HTTP
IP 주소 *: *192.0.2.44 또는 2001:DB8::1*
호스트 이름: *www.example.com*
포트 *: 80
경로: / *images*

3. Specify Endpoint By(엔드포인트 지정 기준)에서 IP 주소를 선택하고, 프로토콜은 HTTP 또는 HTTPS를 선택한다. HTTPS는 여러분의 웹사이트가 TLS(Transport Layer Security) 암호화가 된 경우에 선택하고, HTTP는 이 부분이 모호할 때 선택하면 된다.

4. 서버의 IP 주소를 입력하고 Port 값으로 80 또는 443을 입력한다(HTTPS는 443, HTTP는 80 선택).

5. Path 값으로 웹 루트 디렉토리의 파일 이름을 입력한다. 이 파일이 사이트 헬스 체크 시 로딩을 시도하는 리소스가 된다. 보통 index.html을 입력할 수 있지만 이와 관련된 여러 부수적인 작업이 필요할 수 있다. 따라서 간단하게 test.html과 같은 파일을 만든 뒤 Path 값으로 입력한다.

6. 실패 여부 확인 테스트를 통해 알람을 생성하거나 Create Health Check를 클릭하고 작업을 마무리한다.

라우팅 정책

애플리케이션을 호스팅하는 서버 인스턴스에 모든 사용자가 아무 문제 없이 접속할 수 있다면 복잡한 라우팅 정책은 필요 없을 것이다. 하지만 실제 애플리케이션 호스팅 환경은 복잡미묘하며, 좀 더 쉽고 빠르게 서비스에 접속할 수 있는 유연한 프로토콜을 제공해야 한다. Route 53의 라우팅 정책은 도메인 레벨에서 유연성을 제공하며, 모든 AWS 리전에서 일관되게 적용할 수 있다. Route 53의 라우팅 정책의 기능을 최대한 활용하기 위해 주요 라우팅 옵션의 특징 및 차이점을 알아본다.

가장 간단한 정책은 심플 라우팅Simple Routing으로 모든 요청을 여러분이 지정한 IP 주소 또는 도메인 네임으로 전송한다. 심플 라우팅은 새 레코드 세트 생성 시 기본 라우팅 정책이기도 하다.

가중치 라우팅

가중치 라우팅 정책weighted policy은 여러분이 설정한 비율에 따라 다수의 리소스에 트래픽을 분산한다. 예를 들어, 3개의 서버(또는 세 개의 서버 그룹으로 구성된 로드 밸런서)가 있고, 모두 동일한 웹 애플리케이션을 호스팅하고 있다고 생각해 보자. 이 중 일부 서버는 다른 서버에 비해 컴퓨팅과 메모리 용량에 여유가 있어서 좀 더 많은 트래픽을 처리할 수 있는데, 서버에 모두 같은 사용자 트래픽을 전송하는 것은 비효율적이라 할 수 있다. 이 경우 용량에 여유가 있는 좀 더 큰 서버의 가중치를 50으로 하고, 나머지 두 서버는 25로 설정해 용량이 큰 서버가 전체 요청의 50%를 처리하고 나머지 서버가 각각 25%를 처리할 수 있다.

Route 53에서 가중치 정책을 적용하려면 서버마다 별도의 레코드 세트를 생성하고, 각 레코드 세트마다 동일한 세트 ID 값을 할당한 뒤 각 인스턴스마다 가중치 값을 입력하면 된다. Route 53는 동일한 세트 ID를 보고 이들 리소스가 함께 작업을 처리한다는 사실을 알게 된다.

지연 라우팅

지연 라우팅latency-based routing은 다수의 AWS 리전에서 실행되는 리소스를 조합해 최고의 사용자 경험을 제공하기 위한 방법이다. 예를 들어,애플리케이션 고객이 아시아와 유럽에 있는 경우 ap-southeast-1 및 eu-west-1 리전에 병렬적으로 리소스를 배치할 수 있다. 그다음 Route 53에서 두 리소스에 대한 지연 기반 정책의 레코드 세트를 생성해 하나는 ap-southeast-1 리소스로 향하게 하고, 또 다른 하나는 eu-west-1 리소스로 향하게 하는 것이다.

두 레코드 세트의 세트 ID에 동일한 값을 설정하면 Route 53는 이들 두 리소스 중 전송 지연이 가장 낮은 쪽으로 트래픽을 전송한다.

실패대응 라우팅

실패대응 라우팅^{failover routing} 정책은 헬스 체크 결과 정상적으로 작동하는 리소스에 우선적으로 트래픽을 전송한다. 만약 기본 리소스가 오프라인이 되면 다음 트래픽은 2차 레코드 세트로 정의된 보조 리소스로 전송하는 방식이다. 이 때 다른 정책과 비교해 각 레코드 세트의 ID를 기준으로 이상적인 조합을 생성한다.

지리적 라우팅

데이터에 대한 요청에 신속하게 응답하기 위한 지연 라우팅과 달리 지리적 라우팅 ^{geolocation routing}은 대륙, 국가, 미국의 주 등 요청이 발신된 지역을 기준으로 라우팅 방식을 결정한다. 이 방식을 사용하면 전송 속도보다 타겟 고객의 니즈에 맞는 콘텐츠를 제공하기에 적합하며, 해당 지역 고객이 선호하는 언어로 된 웹 페이지를 제공하거나 제공이 금지된 콘텐츠를 차단하고 특정 지역에서 동시 다발적인 마케팅 캠페인을 시행할 수 있다. Route 53는 종종 요청 IP 주소의 발신지를 식별하지 못하는 경우가 있으므로 기본 레코드 설정에서 이러한 부분을 보완할 수 있도록 해야 한다.

다변량 라우팅

고가용성을 제공하기 위해 헬스 체크 설정과 다변량 라우팅^{multivalue routing} 정책을 결합할 수 있다. 다수의 변수 값을 지닌 레코드 세트로 하나의 리소스를 가리키도록 하고, 이를 헬스 체크와 연계하는 방식이다.

최대 8개의 레코드를 이용해 병렬적으로 리소스를 가리키도록 할 수 있으며, 세트 ID 값으로 서로를 연결하면 된다. Route 53는 헬스 체크를 통해 리소스 상태를 모니터링하고 정상 리소스에 무작위로 트래픽을 전송한다. 아래 예제에서 실패대응 라우팅 정책 생성 과정을 살펴보자.

실습 예제 8.3

Route 53 라우팅 정책 설정하기

1. 두 개의 웹 기반 리소스를 준비하자. 예제 8.1에서 Apache 웹 서버를 하나 생성했는데, 이번 예제를 위해 Apache 웹 서버를 하나 더 생성하거나, (3장에서 살펴본) S3를 이용해 간단하게 정적 웹사이트를 생성해도 된다. S3 정적 웹사이트의 경우 버킷 네임과 도메인 네임이 일치해야 한다.

   secondary.example.com과 비슷한 형식이면 된다.

2. 리소스의 헬스 체크를 설정한다. S3 정적 웹사이트의 경우 Specify Endpoint By에서 Domain Name을 선택한다. 헬스 체크 설정 적용 전, 엔드포인트에서 http://와 후속 /기호를 제거한다.

3. Route 53 대시보드에서 (예제 8.1에서 생성한) 호스티드 존을 이용해 각 인스턴스를 위한 레코드 세트를 생성한다. 이 때 도메인 네임은 server1.example.com 및 server2.example.com과 비슷한 형식으로 하면 된다.

4. EC2 인스턴스를 사용하는 경우 보통의 A 레코드를 생성해 레코드 값으로 해당 인스턴스의 IP 주소를 입력한다. S3 정적 웹사이트를 사용하는 경우 레코드 세트에서 Alias 선택을 Yes로 하고, Alias Target에서 S3 정적 웹사이트를 선택한다. 단, 이 때 사용하는 S3 정적 웹사이트는 동일한 AWS 계정의 것이어야 한다.

5. Routing Policy에서 Failover 옵션을 선택하고, Failover Record Type 라디오 버튼은 Primary 또는 Secondary를 선택한다. Set ID 값은 자동으로 할당되며, 리소스 중 하나의 레코드 세트는 Primary로 설정돼 있어야 한다.

6. Evaluate Target Health는 Yes를 선택하고, Associate With Health Check도 Yes를 선택한다. 그리고 해당 리소스의 헬스 체크를 선택한다.

7. 브라우저에서 기본 웹사이트의 URL을 입력해 설정 후 정상 작동 여부를 확인한다. 그다음 기본 웹사이트를 접속 불능 상태로 만든다. 이를 위해 index.html 파일을 잠시 삭제하거나 이름을 바꿔도 되고, 인스턴스의 보안 그룹에서 HTTP 접속을 차단해도 되며, S3의 경우 정적 웹사이트 설정을 끄면 된다. 이제 브라우저에 기본 웹사이트의 URL을 다시 입력해 본다. 실패대응 라우팅이 정상적으로 작동한다면, 보조 리소스의 index.html 페이지가 화면에 나타난다.

Traffic Flow

Route 53의 Traffic Flow는 복잡한 라우팅 정책 조합을 시각화하는 콘솔 기반 그래픽 인터페이스다. 그림 8.2는 Traffic Flow의 환경설정 모습을 보여준다.

Traffic Flow는 라우팅 정책과 AWS 계정의 모든 리소스 엔드포인트를 통합할 수 있다. 따라서 복잡할 수 있는 라우팅 구조를 쉽고 간단하게 구현할 수 있게 해주며, 다양한 라우팅 템플릿을 바로 활용하거나 템플릿 커스터마이징도 가능하다.

Traffic Flow의 또 다른 특징 중 하나는 근접위치 라우팅geoproximity routing으로 기존 지리적 라우팅 정책 옵션에 비해 월등히 세분화된 위치 정밀도를 제공한다. 근접위치 기반 라우팅 룰은 리소스 간 위치적 관련성을 위도 및 경도 기반으로 측정하거나 AWS 리전 단위로 측정할 수 있다. 이후 편향 점수bias score를 조절해 엔드포인트에서 얼마나 멀리 떨어진 지역을 포함시킬 것인지 설정할 수 있다.

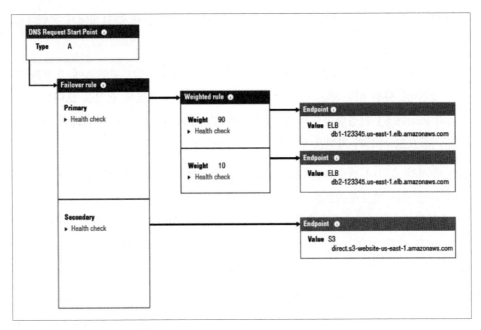

그림 8.2 간단한 Traffic Flow 정책
Source: console.aws.amazon.com/route53/trafficflow/home#

Route 53 Resolver

AWS 리소스와 AWS 외부의 리소스를 통합해 하이브리드 인프라를 구성하는 경우, Route 53 Resolver를 이용해 라우팅을 관리할 수 있다. Resolver는 양방향 주소 쿼리를 이용해 AWS 리소스와 AWS 외부에 존재하는 온프레미스 리소스의 라우팅을 관리할 수 있으며, 프라이빗 및 퍼블릭 플랫폼 기반의 워크로드를 매우 간편하게 처리할 수 있다.

Amazon CloudFront

Amazon의 글로벌 CDN^{Content Delivery Network} 서비스인 CloudFront는 Route 53가 하지 못하는 일을 처리한다. 바로 전세계 고객에게 신속하게 콘텐츠를 제공하는 것이다.

CloudFront는 콘텐츠를 요청한 엔드 유저와 지리적으로 가까운 엣지 로케이션을 기반으로 제공되는 네트워크 서비스로서 여러분이 CloudFront 배포^{distribution}라 부르는 콘텐츠 배포 방식을 설정하면 글로벌 네트워크를 통해 전세계 고객에게 콘텐츠를 제공할 수 있다.

그렇다면 엔드 유저는 어떻게 자신과 가까운 CloudFront 엔드포인트에 요청을 보내는 것일까? 사실 이는 엔드 유저가 CloudFront 엔드포인트에 요청을 보내는 것이 아니라 Route 53 환경설정으로 DNS 요청을 CloudFront 배포에 전달하면 엔드 유저가 자동으로 자신과 가까운 엔드포인트로 연결되는 방식이다.

엔드 유저의 요청이 접수되면 CloudFront는 유저의 위치를 파악한 뒤 전송 지연 수준이 가장 낮은 엔드포인트를 찾는다. 엔드 유저가 해당 콘텐츠에 대한 요청을 처음한 경우 콘텐츠는 EC2 웹서버 또는 S3 버킷 등 원본 서버^{origin server}에서 복사돼 제공되며, 이후 다시 요청하게 되면 엔드포인트에 복사본을 캐싱해둔 상태이므로 전송 속도가 훨씬 빨라진다.

CloudFront 배포의 종류는 콘텐츠의 미디어 타입에 따라 달라진다. 웹 페이지나 그래픽 콘텐츠의 경우 web distribution을 선택하고, S3 버킷에 저장된 Adobe RTMP ^{Real-Time Messaging Protocol} 기반 비디오 콘텐츠의 경우 RTMP distribution을 선택하는 것이 좋다.

3장에서 간단히 소개했듯 배포 환경설정 시 배포에 무료로 사용할 수 있는 ACM^{AWS Certificate Manager} SSL/TLS 암호화 인증서를 추가할 것인지 선택할 수 있다. 이 암호화 인증서는 CloudFront에서 엔드 유저의 디바이스로 전송되는 중간에 콘텐츠를 가로채는 네트워크 스니핑^{network sniffing} 행위나 중간자 공격^{man-in-the-middle attack}을 방어하는데 도움이 된다.

CloudFront가 지원하는 콘텐츠 원본 또는 오리진은 다음 세 가지다.

표 8.3 CloudFront 오리진

유형	개요
Amazon S3 버킷	접속 가능한 모든 S3 버킷
AWS MediaPackage 채널 엔드포인트	비디오 패키징 및 원본 추적 기능
AWS MediaStore 컨테이너 엔드포인트	미디어 최적화 스토리지 서비스

유형	개요
Application Load Balancer	다수의 EC2 기반 웹 서버
Lambda 함수 URL	서버리스 워크로드
사용자 지정 오리진	HTTP 서버(온프레미스 포함)

아래 예제에서 암호화 인증서를 이용해 CloudFront 배포를 생성하는 방법을 알아보자.

실습 예제 8.4

S3 정적 웹사이트를 위한 CloudFront 배포 생성

1. 3장의 실습 예제 3.4를 참고해 S3 정적 웹사이트를 생성한다.

2. CloudFront 대시보드에서 web delivery 기법으로 새 배포를 시작한다.

3. Origin Domain Name 영역을 클릭해 계정에서 선택할 수 있는 모든 리소스 목록을 확인하고, S3 정적 웹사이트를 선택한다.

4. Distribution Settings에서 Price Class를 선택한다. All Edge Locations에서 최대 고객 수를 기준으로 한 최대 성능 정보가 제공되며, 성능이 높을수록 비용도 커진다. 하지만 이번 예제에서는 간단한 요청만 할 것이므로 낮은 사양을 선택해도 무방하다.

   다음 3단계는 DNS 도메인을 설정한 경우만 따라 하면 된다.

5. Alternate Domain Names(CNAMES)에 이번 배포를 위한 DNS 도메인 네임을 입력한다. 지난 예제에서 만든 server1.example.com이나 www.example.com 등도 가능하다. 이 부분을 생략하면 콘텐츠 요청 시 암호화 인증서가 작동하지 않는다.

6. Request Or Import A Certificate With ACM 버튼을 클릭하고 등록된 도메인 네임을 위한 인증서 요청 방식의 설명문을 확인한 후 절차대로 진행한다. 요청이 수락되면 인증서가 Custom SSL Certificate 영역에 표시되고, 이를 선택한다.

7. 설정 내역을 확인하고 Create Distribution 버튼을 클릭한다.

8. Route 53 콘솔에서 도메인 네임이 CloudFront 배포를 가리키도록 레코드 세트를 생성 또는 수정한다. 잠시 후 HTTPS로 도메인 네임을 입력해 S3에 저장된 콘텐츠를 확인할 수 있다.

AWS CLI 예제

아래 명령을 실행하면 여러분의 AWS 계정으로 생성한 Route 53 내 모든 호스팅 영역의 목록을 확인할 수 있다. 데이터 가운데 각 호스팅 영역의 ID도 확인할 수 있으며, 이 ID 값을 가져와서 get-hosted-zone 명령으로 전달하면 해당 호스팅 영역에 대한 상세한 레코드 세트 정보를 확인할 수 있다.

```
$ aws route53 list-hosted-zones
HOSTEDZONES C81362-0F3F-8F0-8F3-1432D81AB /hostedzone/Z3GZZDB5SZ3
fakedomain.org. 5
CONFIG False
$ aws route53 get-hosted-zone --id /hostedzone/Z38LGIZCB3CSZ3
NAMESERVERS ns-2026.awsdns-63.co.uk

NAMESERVERS ns-771.awsdns-32.net
NAMESERVERS ns-1050.awsdns-03.org
NAMESERVERS ns-220.awsdns-30.com
HOSTEDZONE C81362-0F3F-8F0-8F3-1432D81AB /hostedzone/Z3GZZDB5SZ3
fakedomain.org. 6
CONFIG False
```

정리

DNS는 인터넷 리소스의 주소를 관리하는 시스템이며, IP 주소를 도메인 네임으로 맵핑한다. ICANN은 VeriSign 등 등록 운영자 등을 통해 네임서버 및 도메인 네임 등록 대행 사업자를 관리하며, Route 53는 도메인 네임 등록 대행 사업자의 역할을 수행한다.

FQDN, 전체 주소 도메인 네임은 org, com 등 TLD와 amazon과 같은 SLD로 구성되며, 루트 도메인임을 나타내기 위해 후속 닷 기호를 사용한다.

DNS 환경설정은 호스팅 존을 기반으로 이뤄지며, 여기에 레코드 세트를 생성해 인바운드 도메인 트래픽을 처리한다. 호스팅 존을 정의하는 주요 레코드 타입으로는 A, CNAME, MX 등이 있다.

Route 53 호스팅 존에는 SOA^{Start Of Authority} 레코드 세트와 요청 내용이 향하게 될 네임 서버 목록이 포함되며, Route 53가 유입되는 도메인 네임 요청을 처리할 수 있도록 최소 하나 이상의 레코드 세트를 생성해야 한다.

사용자는 Route 53에서 헬스 체크 기능을 이용해 리소스의 실행 상태를 정기적으로 모니터링할 수 있다. 헬스 체크는 문제 상황에 대한 경고 기능 외에도 애플리케이션의 가용성을 향상시킬 수 있는 Route 53 라우팅 정책과 통합해서 사용할 수 있다.

라우팅 정책 가운데 가중치 라우팅은 리소스의 처리 용량을 비율로 정해 다수의 리소스가 병렬적으로 트래픽을 처리할 수 있는 정책이고, 지연 라우팅 정책은 전송 지연이 가장 적은 다수의 리소스에 트래픽을 전송하는 정책이다. 실패대응 라우팅은 리소스를 모니터링하고 있다가, 실패가 발생하면 백업 리소스에 트래픽을 우회시키며, 지리적 라우팅은 요청 위치와 이에 대한 대응 위치를 고려해 좀 더 나은 라우팅 경로를 제공한다.

Amazon CloudFront는 글로벌 CDN 서비스로서 엣지 로케이션에 웹사이트와 디지털 미디어 등 콘텐츠를 캐싱한 뒤 고객이 요청할 때 신속하게 콘텐츠를 제공할 수 있도록 하는 서비스다.

시험 대비 전략

DNS 서비스가 예측 가능하며 신뢰할 수 있는 네트워크 서비스를 제공하는 방식을 이해한다. DNS 등록 기구는 도메인 네임이 전세계에서 유일한 동시에 접속할 수 있도록 한다. 도메인 요청은 로컬 및 원격의 네임 서버를 통해 변환된다.

DNS 도메인 네임 부여 방식을 이해한다. DNS 관련 작업을 한다면 도메인 네임 파싱^{parsing} 작업에 익숙해질 필요가 있다. 도메인 네임을 구성하는 TLD, SLD, 서브도메인, 호스트 등을 통해 DNS 클라이언트를 여러분이 원하는 내용으로 설정할 수 있다.

DNS의 주요 레코드 타입을 이해한다. A 및 AAAAA(IPv4 및 IPv6 주소 레코드), CNAME(캐노니컬 네임 레코드 및 알리아스), MX(메일 익스체인지 레코드), NS(네임 서버 레코드), SOA(Start Of Authority 레코드) 등 DNS의 주요 레코드 타입을 이해해야 한다.

Route 53 라우팅 정책을 이해한다. 심플 라우팅(단일 리소스 정책), 가중치 라우팅(리소스 용량 비율 정책), 지연 라우팅(저지연 리소스 정책), 실패 대응 라우팅(고가용성을 위한 백업 리소스 정책), 지리적 라우팅(엔드 유저의 위치 대응 정책) 등 Route 53의 라우팅 정책을 이해해야 한다.

CloudFront 배포 생성 방식을 이해한다. CloudFront 배포를 통해 글로벌 엔드 유저에게 지리적으로 최적화된 저지연 네트워크를 통해 신속하게 콘텐츠를 제공할 수 있다.

평가 문제

1. 다음 중 네임 서버의 기능을 설명하는 것은?

   A. 사람이 읽을 수 있는 도메인 네임을 IP 주소로 변환한다.

   B. ICANN에 도메인 네임을 등록한다.

   C. VeriSign에 도메인 네임을 등록한다.

   D. 네트워크 패킷에 라우팅 정책을 적용한다.

2. 여러분의 기업은 새 웹사이트를 기획 중이고, 이 프로젝트를 위한 모든 정보도 하나로 모아서 체계화했다. 이 때 필요한 도메인을 잘 설명한 것은?

   A. 객체의 FQDN

   B. 원격 요청을 처리할 수 있는 정책 조절

   C. 하나 이상의 서버, 데이터 저장소, 디지털 리소스로 향하도록 하는 하나의 도메인 네임

   D. 네트워크 요청을 도메인 리소스로 향하도록 하는 라벨 부여

3. 여러분의 목적에 가장 적합한 웹사이트 네임 타입을 결정하려고 하기 위해 먼저 TLD를 선택해야 한다. TLD의 예시로 적합한 것은?

   A. amazon.com/documentation/

   B. aws.

   C. amazon.

   D. .com

4. 존 파일에 있는 레코드 타입의 이름은 무엇인가?

   A. CNAME^Caonical Name

   B. TTL^Time To Live

   C. Record type

   D. Record data

5. 다음 중 도메인 네임과 IP 주소를 연계하기 위한 DNS 레코드 타입은 무엇인가?

   A. NS

   B. SOA

   C. A

   D. CNAME

6. Amazon Route 53가 제공하는 서비스로 옳은 것은? (3개 선택)

   A. 도메인 등록

   B. 콘텐츠 딜리버리 네트워크

   C. 헬스 체크

   D. DNS 관리

   E. AWS VPC에 대한 안전하며 신속한 네트워크 연결

7. 기업 준수 법규에 의해 여러분의 애플리케이션은 국내에서 유입되는 요청에 대해서만 데이터를 제공해야 한다. 다음 중 이 법규의 준수를 위해 필요한 라우팅 정책은 무엇인가?

   A. Simple

   B. Latency

   C. Geolocation

   D. Multivalue

8. 웹 애플리케이션이 다수의 AWS 리전에서 호스팅되고 있다. 고객에게 가장 높은 접속 속도를 제공할 수 있는 라우팅 정책은 무엇인가?

   A. Latency

   B. Weighted

   C. Geolocation

   D. Failover

9. 새 애플리케이션의 세 개 버전을 테스트 중이다. 각 버전마다 자체 서버에서 실행되고, 현재 서비스 중인 상용 버전은 네 번째 서버에 있다. 테스트 서버에 각각 5%의 트래픽을 전송하고, 상용 서버에 나머지 85%의 트래픽을 전송하려 할 때 적합한 라우팅 정책은 무엇인가?

   A. Failover

   B. Weighted

   C. Latency

   D. Geolocation

10. 하나의 리전에 상용 인프라가 있고 이를 하나의 DNS 도메인으로 연결했다. 또한 재난 복구용으로 또 다른 리전에 병렬 인프라를 구축한 뒤 대기 상태로 있으며, 이를 또 다른 도메인으로 연결했다. 상용 시스템 실패 시 자동으로 재난 복구용 서버로 대체되는 라우팅 정책은 무엇인가?

    A. Latency

    B. Weighted

    C. Geolocation

    D. Failover

11. Route 53에서 호스팅 존으로 사용 가능한 옵션은 무엇인가? (2개 선택)

    A. Public

    B. Regional

    C. VPC

    D. Private

    E. Hybrid

12. 외부 레지스트라^{registrar}에서 Route 53로 도메인을 이관할 때 해야 할 작업은 무엇인가? (2개 선택)

A. 외부 레지스트라 어드민 페이지에서 도메인 이관 설정 잠금 해제

B. 외부 레지스트라에게 인증 코드 전송 요청

C. Route 53에서 네임서버 주소를 복사해서 외부 레지스트라 어드민 페이지에 붙여넣기

D. 호스팅 존 CNAME 레코드 세트 생성

13. 외부 레지스트라가 호스팅 중인 도메인을 Route 53에서 관리하려 할 때 해야 할 작업은 무엇인가?

A. 외부 레지스트라에게 인증 코드 전송 요청

B. Route 53에서 네임서버 주소를 복사해서 외부 레지스트라 어드민 페이지에 붙여넣기

C. 호스팅 존 CNAME 레코드 세트 생성

D. 외부 레지스트라 어드민 페이지에서 도메인 이관 설정 잠금 해제

14. 일련의 사용자가 멀티서버 애플리케이션의 품질 관련 문제로 불만을 제기했다. 로그를 확인한 결과 일부 서버는 용량에 비해 사용량이 너무 적고, 다른 서버는 사용량이 너무 많다는 사실을 알게 됐다. 이때 Route 53의 헬스 체크 기능은 어떤 방식으로 리소스의 성능을 점검하고 실패대응 정책을 적용할 수 있는가?

A. 정기적으로 index.php 페이지를 로딩한다.

B. 정기적으로 index.html 페이지를 로딩한다.

C. 정기적으로 특정 웹 페이지의 로딩을 시도한다.

D. 정기적으로 SSH를 이용해 리소스에 대한 로그인을 시도한다.

15. 다음 중 지리적 라우팅 정책^{geolocation policies}과 근접위치 라우팅 정책^{Geoproximity policies}의 차이를 가장 잘 설명한 것은?

A. 근접위치 라우팅 정책은 위치 특정을 위해 위도 및 경도 또는 AWS 리전과의 상대적 거리를 측정하는 반면, 지리적 라우팅은 리소스에 대한 요청을 발신한 사용자의 대륙, 국가, 주를 확인한다.

B. 지리적 라우팅 정책은 위치 특정을 위해 위도 및 경도 또는 AWS 리전과의 상대적 거리를 측정하는 반면, 근접위치 라우팅은 리소스에 대한 요청을 발신한 사용자의 대륙, 국가, 주를 확인한다.

C. 지리적 라우팅 정책은 헬스 체크 결과, 성능이 검증된 리소스에 트래픽을 전송하는 반면, 근접위치 라우팅은 고객에게 적합한 언어가 적용된 웹 페이지에 트래픽을 전송하도록 한다.

D. 지리적 라우팅 정책은 헬스 체크 결과, 가용성이 좀 더 높은 리소스에 트래픽을 전송하는 반면, 근접위치 라우팅은 다수의 AWS 리전에서 최고의 사용자 경험을 제공하는 인스턴스로 트래픽을 전송하도록 한다.

16. 다음 문제 상황 중 CloudFront가 문제 해결에 도움이 될 수 있는 것은? (2개 선택)

A. 글로벌 사용자로부터 매우 많은 다운로드 요청을 받는 미디어 파일 제공 웹사이트

B. 임직원이 이용하는 고용량의 교육용 미디어 파일이 저장된 S3 버킷

C. 기업 VPN으로 접속할 수 있는 파일 서버

D. 정기적으로 콘텐츠가 업데이트되는 인기 높은 웹사이트

17. 다음 중 CloudFront 배포용으로 허용되지 않은 원본 서버 또는 오리진은?

A. Amazon S3 버킷

B. AWS MediaPackage 채널 엔드포인트

C. API Gateway 엔드포인트

D. 웹 서버

18. 다음 중 정기적으로 발생하는 CloudFront 배포 비용을 절약할 수 있는 최선의 방법은?

A. 일정 수의 CloudFront 엣지 로케이션에만 복사본을 저장하는 가격 클래스 선택

B. HTTPS 요청만 접속을 허용하는 커스텀 SSL 인증서 사용

C. CloudFront 배포에서 Alternate Domain Names(CNAMES) 사용을 비활성화

D. CloudFront 배포에서 객체 자동 압축$^{Compress\ Objects\ Automatically}$ 기능 활성화

19. 다음 중 CloudFront 배포를 사용하는 데 따른 직접적인 혜택이 아닌 것은?

A. 엣지 로케이션의 사용자 요청이 최근 받은 것과 동일한 요청인 경우 좀 더 낮은 전송 지연 수준으로 제공

B. CloudFront 배포는 Route 53 호스팅 존에 직접 매핑 될 수 있음

C. 모든 사용자의 요청이 좀 더 낮은 전송 지연 수준으로 제공될 수 있음

D. 콘텐츠 전송 인프라에 무료인 암호화 인증서를 통합할 수 있음

20. 다음 중 RTMP$^{Real-Time\ Messaging\ Protocol}$ 배포에 가장 적합한 콘텐츠 타입은 무엇인가?

A. Amazon Elastic Transcoder 기반 비디오

B. S3 기반 비디오

C. 스트리밍 비디오

D. 텍스트와 디지털 미디어 콘텐츠의 혼합

9

데이터 유입, 변환, 그리고 분석

AWS 공인 솔루션스 아키텍트 어소시에이트 시험 범위 중 9장에서 살펴볼
영역별 세부 항목은 다음과 같다.

출제영역 2: 복원성 아키텍처 설계

출제영역 3: 고성능 아키텍처 설계

출제영역 4: 비용최적화 아키텍처 설계

개요

5장, '데이터베이스 서비스'에서 AWS의 관계형 및 비관계형 데이터베이스를 이용해서 구조화 및 비구조화 데이터를 저장하고 조회하는 방법에 대해 알아봤다. 이번 9장에서는 데이터 전송, 변환 그리고 분석에 대한 내용을 좀 더 깊이 있게 알아본다. 이번 장에서 살펴볼 내용은 다음과 같다.

- AWS Data Lake
- AWS Glue
- AWS Transfer Family
- Kinesis Video Streams
- Kinesis Data Streams
- Kinesis Data Firehose

AWS Lake Formation

대규모 조직인 기업에서 데이터는 클라우드와 온프레미스 환경 모두에서 파편화되고 분산화되는 경우가 많다. 이와 같은 데이터 파편화는 데이터 분석, 시각화, 상관관계 분석 업무를 어렵게 만드는데, 이러한 조직 차원의 데이터 파편화를 막는 좋은 방법 중 하나가 바로 데이터 레이크^{data lake}이다.

데이터 레이크는 다양한 데이터 원천에서 유입된 방대한 양의 구조화 및 비구조화 데이터를 수집 및 저장하는 중앙화 데이터베이스^{centralized database}라고 할 수 있으며,

한마디로 기업의 온갖 데이터를 저장할 수 있는 시스템이다. 데이터 레이크에 데이터를 저장할 때는 (데이터 웨어하우스와 달리) 데이터 구조화, 정렬, 복제 등의 작업을 할 필요가 없으며, 데이터 레이크에 있는 그대로 검색, 분석, 시각화, 상관 관계 분석 등의 작업을 수행할 수 있다는 장점이 있다.

AWS Lake Formation은 AWS 또는 온프레미스 어디에 있는 데이터라도 상관 없이 수집, 분석할 수 있는 데이터 레이크 서비스로서, 또다른 서비스인 AWS Glue를 이용해 ETL^{Extract, Transform, Load} 작업, 즉 데이터 추출, 변환, 로딩 작업을 수행한다. AWS Glue는 Apache Spark 빅데이터 프레임워크 기반의 서비스이며, ETL 작업은 물론, 대규모 데이터세트에 대한 쿼리 작업에도 활용된다.

데이터 유입

데이터 유입^{ingestion} 작업은 다양한 데이터 원천으로부터 여러분의 데이터 레이크로 데이터를 전송 및 수집하는 절차이며, AWS Glue, AWS Lake Formation 등의 서비스를 이용해 S3, RDS, AWS CloudFront, AWS CloudTrail, AWS Billing, 그리고 AWS Elastic Load Balancing(ELB) 등 다양한 위치에서 데이터를 임포트할 수 있다. 특히 JDBC^{Java Database Connectivity} 커넥터를 지원하는 모든 온프레미스 데이터베이스로부터도 데이터를 임포트할 수 있다.

AWS Glue 및 AWS Lake Formation은 추후 데이터 관련 작업을 좀 더 쉽게 처리할 수 있도록 데이터에 대한 라벨링 작업을 자동으로 처리할 수 있다. 데이터에 라벨을 붙이면 데이터의 민감도(기밀 유지, 공개 가능 등), 사용 맥락 등에 따라 분류하거나 이용 목적에 따라 별도로 저장할 수 있다. AWS Glue Data Catalog는 라벨을 포함, 데이터 레이크와 관련된 메타데이터를 저장한다.

데이터 변환

데이터 변환 작업에는 데이터 포맷 설정, 데이터 결합과 중복된 데이터와 변질된 데이터, 부적합한 데이터 등의 제거 업무와 같은 데이터 클리닝^{cleaning} 작업이 포함된다. 다양한 원천으로부터 유입된 데이터를 바로 검색 또는 분석에 이용하면 예기치 못한 문제가 발생할 수 있다.

원천 데이터의 주요 문제 중 하나로, 서로 다른 원천에서 유입된 데이터는 서로 다른 포맷 속성을 지닐 수 있다. 서로 다른 데이터베이스의 경우, 타임스탬프가 다른 경우가 많고, 하나의 데이터베이스는 UTC^{Universal Time Coordinated} 기준을 사용하는 반면, 다른 데이터베이스는 로컬 타임 존 기준을 사용할 수 있다. 데이터 레이크에 함께 저장된 데이터가 타임스탬프가 일치하지 않을 경우, 검색과 분석 작업을 수행하기 어려워지므로 본격적인 분석 작업에 앞서 데이터 포맷 변환 등 사전 작업을 미리 수행해야 한다. AWS Lake Formation은 AWS Glue와 통합해서 사용할 수 있으며, 데이터 포맷이 상이한 데이터를 변환해 데이터 포맷을 일치시킬 수 있다.

또 다른 원천 데이터의 문제는 중복성에 대한 것이다. 즉, 주문 데이터베이스 및 영업 데이터베이스에 고객 데이터가 중복해서 기록되는 경우가 있으며, 데이터 레이크 측면에서는 불필요한 정보를 중복해서 관리하므로 불필요한 스토리지 및 컴퓨트 비용이 발생하는 셈이 된다. AWS Lake Formation은 머신러닝 기반의 FindMatches라는 변환기를 제공하며, 이를 통해 중복 데이터 제공을 위한 별도의 키 사용 없이 다수의 데이터베이스에 존재하는 중복 데이터를 제거할 수 있다.

지난 5장에서 설명한 바와 같이, 데이터베이스의 모든 레코드는 다른 레코드와 구분되는 식별 키^{unique key}를 지닐 수 있지만, 서로 다른 시스템에서 임포트한 데이터는 이러한 키를 이용해 데이터의 동일성 여부를 확인할 수 없게 된다. 예를 들어, 주문 데이터베이스에서 customer_id라는 기본 키^{primary key}의 값은 영업 데이터베이스의 기본 키의 값과 다른 반면, 고객 이름, 연락처 등 기본 키 이 외의 대다수 정보는 같을 수 있는 것이다. FindMatches는 머신러닝 알고리즘을 이용해 이와 같은 중복성 여부를 탐색하고 제거할 수 있도록 돕는다.

데이터 분석

데이터 분석 작업에는 데이터에 포함된 통찰 정보^{meaningful patterns}를 파악하기 위한 데이터 조회, 시각화, 통계적 분석 등의 업무가 포함되며, 데이터 레이크에서 데이터 분석은 데이터 조회 시점에 데이터에 일정한 스키마^{schema} 또는 구조^{structure}를 적용하는 일을 의미한다.

AWS의 주요 데이터 분석 서비스로는 Athena(11장), QuickSight(13장), RedShift Spectrum(5장), Amazon EMR(11장), 그리고 AWS Glue 등이 있으며, 이 중 AWS Glue는 Apache Spark 프레임워크 기반이므로 대량의 데이터세트에서 신속하게 특정 텍스트를 찾아낸다.

 데이터 레이크(data lake)와 데이터 웨어하우스(data warehouse)는 개념상 서로 차이가 있으며, 데이터 웨어하우스는 주로 관계형 OLAP 데이터베이스에 구조화된 데이터를 저장한다. 반면, 데이터 레이크는 보통의 파일 형식에 비구조화 데이터를 포함해 저장하며, AWS Lake Formation은 데이터를 S3에 저장한다.

AWS Transfer Family

AWS Transfer Family는 다음 세 가지 프로토콜 기반의 전송 방식을 이용해 S3 또는 EFS로 데이터를 전송한다.

- File Transfer Protocol(FTP)
- Secure Shell(SSH) File Transfer Protocol(SFTP)
- File Transfer Protocol over SSL(FTPS)

AWS Transfer Family 서비스를 이용하면 FileZilla, OpenSSH, WinSCP 등 널리 사용되는 FTP 도구를 이용해 온프레미스에서 AWS로 데이터를 전송할 수 있다.

암호화가 적용되는 SFTP 및 FTPS 전송의 경우, 인터넷에 연결하거나 VPC 엔드포인트에 연결할 수 있지만, 암호화가 적용되지 않은 FTP 전송의 경우, VPC 기반 FTP 엔드포인트에만 연결할 수 있다. 아울러 FTP 이용 시, IP 주소에 따라 연결 제한이 존재한다.

FTP 연결을 위한 신분 확인Authentication 옵션으로, 로컬 기반의 신분 인증 또는 Active Directory 등 서드 파티에서 제공하는 신분 인증 방식을 사용할 수 있다.

Kinesis

Amazon Kinesis는 스트리밍 데이터의 수집, 처리, 저장, 전송을 위한 서비스 모음이며, 수천 개의 소스로부터 초당 수 기가바이트 수준으로 유입되는 오디오, 비디오, 애플리케이션 로그, 원격 측정 데이터 등 다양한 스트리밍 데이터를 처리할 수 있다.

AWS는 스트리밍 데이터 타입에 따라 다음과 같이 다양한 Kinesis 서비스를 제공한다.

- Kinesis Video Streams
- Kinesis Data Streams
- Kinesis Data Firehose

Kinesis Video Streams

Kinesis Video Streams는 웹캠, 보안용 카메라, 스마트폰 카메라 등 다양한 스트리밍 비디오 데이터를 거의 무한대로 처리 및 분류할 수 있는 실시간 비디오 처리 서비스이며, 다음과 같은 목적으로 자주 활용된다.

- 이미지 인식 등 컴퓨터 비전 애플리케이션
- 스트리밍 비디오 애플리케이션
- 양방향 비디오 회의 애플리케이션

Kinesis Video Streams는 프로듀서-컨슈머 모델을 사용하며, Kinesis 스트림으로 데이터를 유입시키는 데이터 소스를 프로듀서라 부른다. 프로듀서는 비디오 스트림 외에도 오디오, 자막, GPS 좌표 등 해당 비디오 스트림과 관계된 데이터도 함께 전송할 수 있다. Kinesis는 타임스탬프를 이용해 비디오 스트림을 분류(인덱싱)하며, 개별 비디오 스트림의 저장 시간은 기본 24시간, 최대 저장 시간은 7일이다.

스트림 데이터를 읽어들이는 애플리케이션을 컨슈머라 하며, 비디오 재생 또는 처리를 위해 Kinesis로부터 데이터를 인출한다. 컨슈머는 EC2 인스턴스에서 실행되는 비디오 애플리케이션이 될 수 있고, SageMaker 또는 Rekognition Video 등 다른 AWS 서비스가 될 수 있다. 컨슈머는 해당 비디오 데이터를 실시간으로 혹은 생성 후에 가져올 수 있다.

Kinesis Video Streams은 비디오 재생을 위해 HLS^{HTTPS Live Streams} 및 DASH^{Dynamic Adaptive Streaming Over HTTPS} 규격을 지원하며, 피어투피어 비디오 회의를 위해 WebRTC^{Web Real-Time Communication} 규격을 지원한다.

Kinesis Data Streams

Kinesis Data Streams는 프로듀서가 생성한 데이터의 수집, 처리, 저장을 위한 스트리밍 데이터 파이프라인 서비스이며, MapReduce와 같은 빅데이터 분석 애플리케이션이 컨슈머가 될 수 있다. Kinesis Data Streams가 신속하게 처리 및 저장할 수 있는 주요 바이너리 데이터 타입은 다음과 같다.

- 애플리케이션 로그
- 주식 거래 데이터
- 소셜 미디어 피드
- 금융 거래 데이터
- 위치 추적 데이터

Kinesis Data Streams의 작동 방식도 Kinesis Video Streams와 비슷하다. 프로듀서가 Kinesis Data Streams에 데이터를 전달하면, 데이터는 타입과 소스에 따라 상이한 방식으로 데이터 레코드에 기록된다. 예를 들어, 서버 스트림 데이터 또는 애플리케이션 로그의 경우 Linux 서버에서 실행되는 Java 기반의 Amazon Kinesis Agent를 이용해 처리할 수 있고, Kinesis Producer Library^{KPL}를 이용해 여러분의 애플리케이션에서 생성된 데이터를 직접 Kinesis에 전송할 수 있다.

Kinesis Data Streams의 데이터는 데이터 레코드^{data record}에 파티션 키 및 시퀀스 번호와 함께 저장된다. 타임스탬프 인덱싱 기법을 사용하는 Kinesis Video Streams와 달리 Kinesis Data Streams는 파티션 키 및 시퀀스 번호 기반의 인덱싱 기법을 사용하므로 시간 순서가 아닌 데이터 고유의 순서에 따라 저장되고 처리될 수 있다.

예를 들어, 정기적으로 GPS 좌표를 이용해 이동 거리를 측정하는 스마트폰 애플리케이션의 경우 GPS 좌표가 포함된 일련의 데이터 레코드를 실시간으로 전송한다. 이 때 파티션 키는 동일하게 하고 시퀀스 번호만 증가하도록 하면, 컨슈머가 스트림 데이터를 인출 또는 역추적할 때 올바른 순서의 데이터 레코드를 얻을 수 있게 된다.

다수의 컨슈머 객체가 하나의 스트림을 동시에 읽는 것도 가능하며, 이를 팬아웃fan-out이라 부른다. 예를 들어, 하나의 컨슈머 객체로 애플리케이션 로그에서 의심스러운 행동을 분석하고, 또 다른 컨슈머 객체로 해당 로그를 압축한 후 S3에 아카이브용으로 저장할 수 있다. 스트림 레코드에 입력되는 시간과 컨슈머가 읽는 시간의 차이put-to-get delay는 1초 미만이다.

최대 스트림 처리용량은 여러분이 설정하는 샤드shard 값에 따라 달라진다. 각 샤드는 데이터 레코드의 시퀀스를 구분하게 해주고, 나름의 고정된 용량을 지니며, 초당 5회의 읽기 작업, 초당 2MB의 데이터 처리율을 제공한다. 집필 시점 현재, 초당 1MB의 속도로 최대 1000개의 레코드를 처리할 수 있으며, 샤드 값을 증가시켜 처리용량을 높일 수 있다.

Kinesis Data Streams와 SQS가 비슷한 점이 많다는 사실을 알게 됐을 것이다. 애플리케이션에서 경량의, 유효기간이 짧은 메시지를 다른 컴포넌트로 전송할 때는 주로 SQS를 이용한다. SQS는 하나의 컨슈머가 경량의 메시지를 처리 및 삭제할 때까지 임시로 큐에 보관하는 서비스라 할 수 있다. 반면 Kinesis Data Streams는 다수의 컨슈머를 위해 로그 파일 등 대규모 데이터 스트림을 장기간 보관 및 인출하기 위한 서비스라 할 수 있다.

Kinesis Data Firehose

Kinesis Data Firehose는 스트리밍 데이터를 수집하고, 목적지로 전송하기 전 해당 데이터를 변환한다. 데이터 변환 작업에는 데이터 정련, 다른 포맷으로의 변환 등이 포함된다. 예를 들어, 데이터를 Hadoop에 전송하기 전 JSON 포맷 데이터를 Apache Parquet으로 변환할 수 있다. Kinesis Data Firehose는 Lambda 함수를 이용해 데이터를 변환하며, 커스텀 변환 작업의 유연성을 제공한다. Kinesis Data Firehose의 원본 데이터는 변환 작업 실패에 대비해 S3에 전송할 수 있으며, 전송 데이터의 버퍼 수준 또한 설정할 수 있다.

Kinesis Data Stream의 데이터를 Kinesis Data Firehose로 전송해 최대 7일로 설정된 보유기간을 필요 시까지 늘일 수 있다. 이를 위해 Kinesis Data Firehose 전송 스트림 설정에서 소스로 Kinesis Data Stream을 목적지(데스티네이션)로 S3 버킷을 설정하면 된다.

Kinesis Data Firehose와 Kinesis Data Streams의 비교

Kinesis Data Firehose는 Kinesis Data Streams와 유사한 부분이 상당히 많아 보인다. 이는 모든 Kinesis 서비스가 대량의 스트리밍 데이터를 수집한다는 점은 동일하고 서비스 목적만 조금씩 다르기 때문이다.

Kinesis Data Streams는 개방형 프로듀서-컨슈머 모델을 사용한다. Kinesis로 데이터를 전송하는 원천 또는 소스를 프로듀서라 부르며, 스트림 데이터를 인출해 소비하는 애플리케이션을 컨슈머라 부른다. Kinesis Video Streams와 Kinesis Data Streams는 하나의 데이터 스트림을 다수의 컨슈머가 구독할 수 있는 일대다 모델 one-to-many model을 사용한다.

반면 Kinesis Data Firehose는 어떤 애플리케이션이든 해당 스트림을 구독할 수 있는 개방형 프로듀서-컨슈머 모델이 아니며, Kinesis Data Firehose 생성 시 하나 이상의 데이터 목적지를 지정해야 한다.

Kinesis Data Firehose는 다른 관리형 AWS 서비스 및 서드파티 애플리케이션과 긴밀하게 통합할 수 있다. 또한 Redshift, S3, Splunk 등 서비스에 스트리밍 데이터를 전송하는 데 적합한 반면 Kinesis Data Streams는 커스텀 애플리케이션에 스트리밍 데이터를 전송하는 데 적합하다.

표 9.1에서 SQS와 Kinesis 서비스의 공통점 및 차이점을 알아보자.

표 9.1 SQS와 Kinesis 서비스 비교

서비스	데이터 변환	최대 보유기간	데이터 관리 모델
Simple Queue Service	불가	14일	프로듀서-컨슈머
Kinesis Video Streams	불가	7일	프로듀서-컨슈머
Kinesis Data Streams	불가	7일	프로듀서-컨슈머
Kinesis Data Firehose	가능	24시간	소스-데스티네이션

정리

Kinesis 서비스는 오디오, 비디오 등 실시간 바이너리 데이터의 수집, 처리, 저장을 위한 서비스이다.

시험 대비 전략

Kinesis Video Streams, Kinesis Data Streams, Kinesis Data Firehose의 차이점을 이해한다. Kinesis Video Streams는 비디오, 오디오, 레이더 이미지 등 모든 형태의 타임-인코딩 데이터 처리에 적합하고, Kinesis Data Streams는 모든 형태의 바이너리 데이터 수집 및 저장에 적합하며, Kinesis Data Firehose는 스트리밍 데이터의 수집, 변환 및 특정 목적지로 전송하는 데 적합하다.

애플리케이션의 목적에 맞춰 Kinesis 서비스를 선택할 수 있도록 한다. 어떤 Kinesis 서비스가 적합한지 여부는 데이터 타입과 데이터의 변환 필요성에 따라 달라진다. 비디오, 레이더 이미지와 같이 타임 인덱싱 데이터를 사용하는 경우 Kinesis Video Streams가 적합하다. 하나 이상의 컨슈머를 위해 타임 인덱싱 이외의 방법으로 데이터를 수집 및 처리하는 경우 Kinesis Data Streams가 적합하다. 또는 Redshift, S3 등 Amazon 서비스에 실시간으로 데이터를 전송하거나 전송에 앞서 데이터 변환이 필요한 경우 Kinesis Data Firehose가 적합하다.

평가 문제

1. 다음 중 데이터 레이크로 데이터를 임포트할 때, 변환 과정에 해당하는 작업은 무엇인가? (정답 3개)

   A. 일관된 타임스탬프 속성 적용

   B. 오류 데이터 제거

   C. 스키마 생성

   D. 중복 데이터 제거

   E. 데이터 시각화

2. 다음 중 AWS Data Lake 변환 프로세스에서 중복 데이터를 찾아내는 도구는 무엇인가?

   A. MatchFinder

   B. FindMatches ML

   C. Elastic MapReduce

   D. Spark

3. 다음 중 온프레미스 SQL 데이터베이스를 AWS Data Lake로 임포트하기 위한 가장 효율적인 방법은 무엇인가?

   A. 먼저 S3 버킷에 데이터를 전송한 뒤, 데이터 레이크로 데이터를 임포트한다.

   B. 먼저 RDS에 데이터를 임포트한 뒤, 데이터 레이크로 데이터를 임포트한다.

   C. Glue Connector 서비스를 이용한다.

   D. JDBC 커넥터 도구를 이용한다.

4. 다음 중 AWS Transfer Family가 지원하는 파일 전송 프로토콜에 해당하는 것은 무엇인가? (정답 2개)

   A. SFTP

   B. SMB

   C. FTP

   D. CIFS

   E. HTTPS

5. 다음 중 AWS Transfer Family가 데이터를 전송하거나 수신할 수 있는 서비스는 무엇인가? (정답 2개)

   A. EBS

   B. EFS

   C. RDP

   D. S3

   E. DynamoDB

6. 다음 중 AWS Glue가 대규모 데이터세트를 검색하고 데이터 변환 작업을 수행하는 데 사용하는 기술은 무엇인가?

   A. Amazon Athena

   B. Apache Spark

   C. Apache Elephant Stack

   D. AWS Data Lake

7. 다음 중 데이터 레이크와 데이터 웨어하우스의 차이점에 대한 올바른 설명은 무엇인가? (정답 2개)

   A. 데이터 웨어하우스는 비구조화 데이터를 저장할 수 있다.

   B. 데이터 웨어하우스는 관계형 데이터베이스를 저장할 수 있다.

   C. 데이터 레이크는 구조화 데이터만 저장할 수 있다.

   D. 데이터 레이크는 비구조화, 스키마리스 데이터를 저장할 수 있다.

8. 다음 서비스 중 AWS Data Lake로 데이터를 임포트할 수 있는 서비스는 무엇인가? (정답 2개)

   A. EBS

   B. ELB

   C. CloudFront

   D. IAM

   E. CloudWatch

9. 다음 중 AWS Data Lake에 있는 데이터를 바로 분석할 수 있는 서비스는 무엇인가? (정답 2개)

   A. Amazon EMS

   B. Athena

   C. RedShift Spectrum

   D. RedShift

   E. S3

10. 다음 중 AWS Glue의 올바른 사용 방법 또는 용도가 아닌 것은 무엇인가?

    A. 데이터 탐색

    B. 실시간 스트리밍 데이터 입력 전송

    C. 분석 작업을 위한 데이터 준비

    D. 데이터 변환

11. RADAR 이미지를 이용해 날씨를 예측하는 애플리케이션을 개발 중이다. 다음 중 이 애플리케이션에 적합한 Kinesis 서비스는 무엇인가?

    A. Kinesis Data Streams

    B. Kinesis Video Streams

    C. Kinesis Data Firehose

    D. Kinesis ML

12. Kinesis Data Streams로 이미지 데이터를 실시간 전송했으며, 해당 데이터가 30일간 유지되기를 바란다. 이를 위한 방법은 무엇인가? (정답 2개)

    A. 딜리버리 스트림을 생성한다.

    B. 스트림 보유기간을 14일로 증가시킨다.

    C. S3 버킷을 데스티네이션으로 설정한다.

    D. CloudWatch Logs를 데스티네이션으로 설정한다.

13. 다음 Kinesis 서비스 중 스트림의 데스티네이션을 지정해야 하는 것은 무엇인가?

    A. Kinesis Video Streams

    B. Kinesis Data Streams

    C. Kinesis Data Firehose

    D. Kinesis Data Warehouse

14. 로그 파일을 자주 작성하는 온프레미스 애플리케이션을 실행하고 있으며, 이 로그 파일을 Kinesis Data Stream에 실시간으로 전송할 때 가장 간단한 방법은 무엇인가?

A. CloudWatch Logs Agent 이용

B. Amazon Kinesis Agent 이용

C. Kinesis Producer Library를 이용한 스크립트 작성

D. EC2 인스턴스로 애플리케이션 이전

15. 데이터 수집에 SQS 또는 Kinesis Data Streams를 사용할 때 중요한 결정 요인은 무엇인가?

A. 데이터 기록 빈도

B. 데이터의 총량

C. 데이터를 필요로 하는 컨슈머의 수

D. 데이터의 순서

16. Amazon Redshift로 로그 데이터를 실시간 전송하려 한다. 다음 중 적합한 서비스는 무엇인가? (정답 2개)

A. SQS에서 스탠다드 큐 사용

B. Kinesis Data Streams

C. Kinesis Data Firehose

D. SQS에서 FIFO 큐 사용

17. Kinesis의 적절한 활용 방식이 아닌 것은 무엇인가?

A. 주가 흐름

B. 안면 인식

C. 정적 웹사이트 호스팅

D. 비디오 회의

18. Kinesis Data Stream을 이용해 초당 2MB의 데이터를 전송하려 한다. 이를 위해 필요한 샤드의 수는 얼마인가?

A. 1

B. 2

C. 4

D. 8

19. 다수의 컨슈머가 Kinesis Data Stream으로부터 초당 총 3MB의 전송률로 데이터를 수신하려 한다. 이후 컨슈머를 추가할 경우 초당 최소 5MB의 읽기 작업이 필요할 것으로 보인다. 이를 위해 필요한 샤드의 수는 얼마인가?

A. 1

B. 2

C. 3

D. 4

20. 다음 중 Kinesis Data Firehose가 지원하지 않는 것은 무엇인가?

A. 비디오 회의

B. 비디오 메타데이터 변환

C. CSV를 JSON으로 변환

D. Redshift

요구사항에 따른
아키텍처 설계

2부

10

복원성 아키텍처

AWS 공인 솔루션스 아키텍트 어소시에이트 시험 범위 중 10장에서 살펴볼 영역별 세부 항목은 다음과 같다.

출제영역 2: 복원성 아키텍처 설계

✓ 느슨하게 결합된 확장성 아키텍처 설계

✓ 고가용성 및 내오류성 아키텍처 설계

개요

복원성^{resiliency}은 애플리케이션이 실패를 회피하거나 실패 발생 시 신속하게 회복할 수 있는 능력을 말한다. 애플리케이션의 복원성 수준은 실패 예방을 위한 다양한 준비와 이를 위한 비용의 지출 규모에 따라 달라진다. 애플리케이션 운영에서 고도의 안정성을 추구하기 위해서는 적지 않은 예산과 복잡한 절차가 수반된다. 따라서 AWS 배포를 위한 아키텍처 설계에 앞서 실제로 달성해야 하는 안정성의 수준부터 명확하게 결정해야 한다.

애플리케이션에서 복원성이란 애플리케이션이 기대한 성능을 발휘하는 시간의 비율을 나타내는 가용성^{availability}의 또 다른 표현이다. 여러분이 희망하는 가용성 수준을 결정한 뒤 비로소 AWS 환경의 설계를 시작할 수 있다. 애플리케이션의 가용성 수준은 네트워크, 컴퓨트, 스토리지 등 AWS 리소스의 가용성 수준에 따라 달라진다. AWS 리소스라 하더라도 100%의 사용성을 제공하는 것은 아니므로 애플리케이션의 가용성에 심각한 영향을 줄 수 있는 불가피한 실패 상황에 대비해 대응책을 준비해야 한다.

10장에서는 리소스 실패 상황에 대응할 수 있는 AWS 환경을 설계하는 방법을 알아보고, 인스턴스의 실패 또는 AZ의 실패가 전체 애플리케이션의 실패로 이어지지 않도록 한다. 또한 불가피한 실패 상황에서 리소스를 복원하는 방법을 알아보고, 애플리케이션 인스턴스의 실행 중단, 버그에 의한 오류, 보안 위협 노출, 데이터베이스 고장, 작업자의 실수 등 다양한 상황에서의 복원 방안을 파악한다.

가용성 계산하기

안정성은 가용성 지표를 통해 정량적으로 나타낼 수 있다. 가용성이란 애플리케이션이 기대한 성능을 발휘하는 시간의 비율을 의미하며, '기대한 성능'이라는 표현에서 알 수 있듯 정상 작동의 판단에서 주관성이 개입되는 측정 방법이기도 하다.

보통 애플리케이션의 가용성에 대한 기대치는 99% 이상으로 상당히 높은 편이다. 표 10.1은 연간 가용성 비율에 따른 비가용시간의 관련성을 보여준다.

표 **10.1** 연간 가용성 비율 및 비가용시간

연간 가용성 비율	비가용시간
99%	3일, 15시간, 39분
99.9%	8시간, 45분
99.95%	4시간, 22분
99.99%	52분
99.999%	5분

가용성은 9의 개수로 표현하기도 한다. 예를 들어, '두 개의 9'는 99%를 의미하고, '세 개의 9'는 99.9%를 의미하며, 99.95%를 (아주 정확한 표현은 아니지만) '세 개 반의 9'라고 표현하기도 한다.

전통적인 애플리케이션과 클라우드 네이티브 애플리케이션의 가용성 차이

여러분은 AWS 아키텍트로서 애플리케이션의 설계에 대한 결정이 안정성에 어떤 영향을 미칠지 알고 있어야 한다. 클라우드에서 실행하는 애플리케이션은 크게, 전통적인 애플리케이션과 클라우드 네이티브 애플리케이션으로 나눠서 생각해 볼 수 있다.

전통적인 애플리케이션의 가용성

전통적인 애플리케이션이란, 기존의 Linux 또는 Windows에서 실행되는 애플리케이션을 의미하며, 이들 애플리케이션을 AWS에 배포하려면 하나 이상의 EC2 인스턴스를 실행해야 한다. 데이터베이스를 사용하는 애플리케이션의 경우 EC2 인스턴스에 데이터베이스를 설치하거나 AWS의 관리형 데이터베이스를 사용하면 된다. 관계형 데이터베이스를 필요로 하는 경우 Amazon Relational Database Service(RDS)를 사용하면 된다. Redis와 같은 비관계형 데이터베이스를 필요로 하는 경우, Redis 기반의 ElastiCache를 사용하면 된다. 전통적인 애플리케이션도 클라우드나 기존 데이터 센터 모두 동일한 방식으로 운영된다. 기존 데이터 센터의 애플리케이션을 코드 변경 없이 클라우드로 바로 이식하는^{lift and shift} 경우 또한 전통적인 애플리케이션 차원에서 생각해 볼 수 있다.

예를 들어, 멀티 AZ 기반 RDS 배포 환경에서 EC2 인스턴스 하나에 의존해서 실행 중인 전통적인 애플리케이션의 경우를 생각해 보자. 이 애플리케이션의 가용성은 EC2 인스턴스 및 RDS 인스턴스의 가용성에 의존하며, 이를 강한 의존성 관계^{hard dependencies}라 부른다.

이 애플리케이션의 총가용성은 강한 의존성 관계에 속한 가용성의 곱으로 계산할 수 있다. AWS에 따르면 EC2 인스턴스의 가용성은 90%이고, 멀티 AZ 기반 RDS 인스턴스의 가용성은 99.95%이므로 이 두 값의 곱은 89.955%가 된다. 즉, 연간 36일은 다운타임^{downtime}으로서 가용성을 보장받지 못하는 것이다!

이 애플리케이션의 총가용성을 높이기 위해 중복구현 요소^{redundant components}를 사용할 수 있다. 기존 하나의 EC2 인스턴스 대신 서로 다른 AZ에 있는 세 개의 EC2 인스턴스를 사용하고, 각 인스턴스에서 애플리케이션을 실행하며, 애플리케이션 로드 밸런서^{ALB}를 추가해 타겟 그룹에서 이들 인스턴스를 연결한다.

하나의 애플리케이션 또는 하나의 인스턴스가 실패해도 ALB이 즉시 헬스 체크 결과가 우수한 인스턴스에 연결할 수 있으며, 이를 통해 EC2 인스턴스의 중복구현을 완성했다. 중복구현 요소의 가용성은 100%에서 해당 인스턴스의 실패 비율을 차감하는 방식으로 계산하며, 개별 EC2 인스턴스의 실패 비율은 10%이므로 세 개 EC2 인스턴스의 가용성은 아래 식으로 계산할 수 있다.

100% - (10% x 10% x 10%) = 99.9%

이는 연간 9시간의 다운타임이 발생한다는 의미이며, 기존의 36일에 비해 현격한 차이를 보인다. 하지만 아직 데이터베이스와 ALB의 가용성을 계산하지 않았다. 데이터베이스의 가용성은 99.95%이고, ALB의 가용성은 99.99%이며, 위 중복구현 EC2 인스턴스의 가용성은 99.9%이므로 세 값의 곱은 99.84%이다. 이는 연간 14시간의 다운타임이 발생한다는 의미이며, 이를 개선하기 위해 EC2 인스턴스를 추가하거나 데이터베이스를 중복구현할 수 있다. 이에 대해서는 10장 후반에 다시 설명한다.

클라우드 네이티브 애플리케이션의 가용성

클라우드 네이티브 애플리케이션은 AWS와 같은 특정 클라우드 플랫폼의 리소스를 활용하기 위해 만들어진 애플리케이션으로 Lambda 함수를 활용한 서버리스 애플리케이션도 이에 해당한다. EC2 인스턴스에서 실행되고, S3에 객체를 저장하거나 관계형 데이터베이스 대신 DynamoDB를 사용할 수도 있다. 이들 애플리케이션은 JSON과 같은 비관계형 데이터 포맷으로 작성된 데이터에 저지연성으로 접근하는 것을 기본으로 하며, DynamoDB는 이와 같은 세션 상태 데이터 저장에 적합한 데이터베이스다.

예를 들어, 앞의 경우처럼 단일 EC2 인스턴스에서 Linux 애플리케이션을 실행하되 이번에는 데이터베이스로 DynamoDB를 사용하는 경우를 생각해 보자. 단일 리전에서 DynamoDB의 가용성은 99.99%이다. 중복구현된 세 개 EC2 인스턴스의 가용성은 99.9%이고, ALB의 가용성은 99.99%이므로 이들 요소의 가용성은 99.89%가되며, 애플리케이션의 총가용성은 아래 식에 따라 99.79%가 된다.

99.89% x 99.9% = 99.79%

이는 연간 18시간의 다운타임을 의미하지만 이보다 더 높은 수준의 가용성을 얻을 수 있는 방법을 생각해 보자. 예를 들어, 앞의 경우처럼 3개가 아닌 서로 다른 6개의 AZ에서 EC2 인스턴스를 실행하고 ALB을 이용해 트래픽을 분산시키는 경우 가용성은 다음과 같다.

100% − (10% x 10% x 10% x 10% x 10% x 10%) = 99.9999%

99.9999%의 가용성에 DynamoDB의 99.99% 가용성, ALB의 99.99% 가용성을 곱한 총가용성은 99.979%가 되며, 이는 연간 2시간의 다운타임을 의미한다.

그리고 인스턴스의 수, AZ의 수, ALB를 그대로 유지한 상태에서 이들 요소를 두 개의 리전으로 나눠서 배치하면 가용성을 더욱 높일 수 있다. Route 53를 이용해 두개 리전으로 트래픽을 분산시키면, 각 리전별 애플리케이션의 실패 비율은 아래와 같아진다.

100% - 99.979% = .021%

총가용성을 계산하기 위해 100%에서 2개 리전의 실패 비율을 뺀 값은 아래와 같다.

100% - (.021% x .021%)

위 식의 결과는 99.999%이며, 연간 다운타임이 5분임을 의미한다.

 Route 53의 가용성은 100%이며 실패 비율은 0이다.

교차 리전에서 애플리케이션을 실행하는 경우 크로스 리전 복제를 지원하는 DynamoDB 글로벌 테이블을 활용하는 것이 좋으며, 이 서비스의 가용성은 99.999%이다. 이 경우 애플리케이션의 총가용성은 99.999%에 99.999%를 곱한 결과인 99.998%이며, 이는 연간 다운타임이 10분임을 의미한다.

Lambda를 이용한 서버리스 애플리케이션 개발

AWS 아키텍트가 반드시 프로그램 작성 방법을 알아야 하는 것은 아니지만, 기존 EC2 인스턴스에서 실행되는 애플리케이션 코드와 Lambda 기반으로 실행되는 서버리스 애플리케이션 코드의 차이점은 알고 있어야 한다. Lambda는 아래와 같은 다양한 언어로 작성할 수 있는 서버리스 함수다.

- C#
- Go
- Java
- JavaScript

- Node.js
- PowerShell
- Python
- Ruby

EC2 인스턴스가 지속적으로 실행되는 애플리케이션에 적합하다면, Lambda 함수는 일시적으로 실행되는 임무에 적합하다. 예를 들어, S3 소스 버킷에서 이미지를 가져 와서 크기를 조절하고 다시 목표 버킷에 업로드하는 Lambda 함수를 만들 수 있다. 이후 새 이미지가 S3 소스 버킷에 업로드되면 S3가 Lambda 함수를 실행시키는 방 식으로 활용하며, 사용자는 함수 실행 시간에 따른 비용만 부담하면 된다.

Lambda는 고가용성의 분산 컴퓨팅 플랫폼에서 함수를 실행하며, 경우에 따라 실패, 중지, 폐기될 수 있는 EC2 인스턴스와 달리 언제든 접근해서 사용할 수 있다.

리소스 용량 제한의 파악

클라우드의 가장 큰 매력은 기업의 가파른 성장세를 안정적으로 지지할 수 있다는 것이지만 클라우드 용량에는 제한이 있다. AWS는 개별 사용자가 우연히, 혹은 의도 적으로라도 모든 클라우드 리소스를 고갈시키지 못하도록 하는 용량 제한을 적용하 고 있으며, 이를 통해 다른 사용자의 리소스 사용권을 보장한다.

용량 제한service limits은 서비스에 따라 다르며, 네트워크 처리용량, 초당 S3 PUT 요청 횟수, 리전당 인스턴스의 수, 리전당 일래스틱 IP 주소의 수 등으로 다양하고, 이들 중 일부는 AWS에 요청해 상향 조정할 수 있다.

AWS Trusted Advisor를 이용해 여러분 계정에 적용된 서비스 용량 제한을 확인할 수 있으며, CloudWatch Alarms 설정에서 용량 제한선에 이르기 전에 경고 메시지 를 보내도록 할 수 있다. 용량 제한 회피 전략 중 하나는 AWS 지원팀에게 용량 제한 수준을 높여줄 것을 요청하는 것이며, 새로운 AZ에 리소스를 배포하거나, 또 다른 리전에 워크로드를 이전하는 등의 작업이 포함된다.

가용성 높이기

지금까지 언급한 가용성은 AWS 서비스에만 국한된 것이었다. 하지만 실제 애플리케이션의 가용성 수준은 버그 발생, 메모리 누수, 데이터베이스 오류 등으로 더욱 낮아질 수 있다.

가용성 최대화를 위한 최선의 방법은 실패를 방지하는 것이다. 하나의 대규모 인스턴스에서 웹 애플리케이션을 호스팅하는 대신, 서로 다른 AZ에 다수의 중소규모 인스턴스를 분산 배치하는 노력이 필요하다. 이렇게 하면 하나의 인스턴스 또는 하나의 AZ가 실패하더라도 애플리케이션은 정상적으로 작동할 수 있다. 하나의 인스턴스에서 고가용성을 구현하는 것보다, 분산 애플리케이션 디자인을 통해 워크로드를 상호의존적이지 않은 다수의 리소스에서 처리하도록 하는 것이 현명하다.

하지만 이것만으로는 충분치 않다. 하나의 인스턴스가 실패하면 다른 인스턴스가 그 부담을 지게 되는데, 다수의 인스턴스가 실패하고 일부 인스턴스만 그 부담을 나누다 보면 성능이 떨어지다가 결국엔 나머지 인스턴스도 실패하게 된다. 따라서 적절한 시기에 실패한 인스턴스를 대체하는 새로운 인스턴스를 배포해야 한다.

또 다른 주의사항은 처리 요구량이 증가하면 인스턴스 성능이 저하되거나 중단될 수 있다는 것이다. 분산 애플리케이션 설계를 통해 처리용량을 증가시켜 이런 문제를 해결할 수 있다. 좀 더 높은 성능의 인스턴스로 업그레이드하기보다 인스턴스의 수를 증가시키는 편이 좋으며, 분산 시스템은 언제든 수평적으로 리소스를 확장할 수 있어 편리하다.

EC2 Auto Scaling

EC2 Auto Scaling은 애플리케이션의 실패 상황에 대한 대응 및 신속한 복원을 위한 서비스로서, 사용자가 지정한 수의 EC2 인스턴스를 자동으로 프로비저닝 및 시작할 수 있도록 도우며, 수요 증가세에 맞춰 동적으로 인스턴스를 추가한다. 인스턴스 실패 또는 폐기 시 Auto Scaling이 자동으로 인스턴스를 대체한다.

EC2 Auto Scaling은 인스턴스를 자동으로 시작하기 위해 시작 환경설정 및 시작 템플릿을 사용하며, 기본적으로 설정된 파라미터에 따라 인스턴스를 구성하고, 인스턴스 시작 시 관련 스크립트를 실행한다. 시작 환경설정은 대부분의 AWS 사용자에게 익숙한 Auto Scaling 구현 방법으로 기존 AWS 환경을 그대로 사용하려는 경우 좋은 선택이 된다. 반면 시작 템플릿은 비교적 최근에 도입됐으며, AWS가 장려하는 Auto Scaling 구현 방법이다. 이번 절에서는 이들 두 방법에 대해 알아본다.

시작 환경설정

인스턴스를 수동으로 생성하려면 AMI, 인스턴스 타입, SSH 키페어, 보안 그룹, 인스턴스 프로파일, 블록 디바이스 맵핑, EBS 최적화 여부, 플레이스먼트 테넌시, 커스텀 스크립트 등 유저 데이터 등 다양한 환경설정 파라미터를 작성해야 한다. 시작 환경설정launch configuration은 직접 인스턴스를 프로비저닝할 때 입력해야 하는 모든 정보를 포함한 문서라 할 수 있다.

사용자는 기존 EC2 인스턴스를 이용해서 시작 환경설정을 생성할 수 있으며, Auto Scaling에서 인스턴스 설정 내역을 복사한 후 필요한 내용만 수정하면 된다. 물론, 아무것도 정의되지 않은 백지 상태에서 시작 환경설정을 생성하는 것도 가능하다.

시작 환경설정은 EC2 Auto Scaling에서만 사용할 수 있으며, 사용자가 수동으로 인스턴스를 생성할 때는 시작 환경설정을 사용할 수 없다. 또한 일단 시작 환경설정을 생성한 뒤에는 이를 수정할 수 없으며, 설정 내용 중 변경이 필요한 경우 새 시작 환경설정을 생성해야 한다.

시작 템플릿

시작 템플릿launch templates도 시작 환경설정처럼 미리 설정한 파라미터 내용에 따라 인스턴스를 자동 생성할 수 있다는 점은 같지만 시작 템플릿의 용도가 훨씬 다양하다. 시작 템플릿은 Auto Scaling에서는 물론 개별 EC2 인스턴스를 직접 생성할 때도 사용할 수 있으며, 스팟 플릿spot fleet 생성에도 사용할 수 있다.

시작 템플릿은 버전 속성을 지니므로 생성 후에 변경이 가능하다. 시작 템플릿 생성 후 변경이 필요하면, 수정한 후 새 버전을 생성하면 된다. AWS가 이들 버전을 일관되게 관리하므로, 사용자는 필요에 따라 버전의 앞 또는 뒤로 이동하며 인스턴스를 생성할 수 있고, 시작 템플릿의 변경 사항 추적 또한 용이하다. 실습 예제 10.1에서 시작 템플릿을 생성해 보자.

참고

기존 시작 환경설정이 있는 경우, AWS 웹 콘솔을 이용해 시작 템플릿에 복사해서 사용할 수 있으며, 처음부터 템플릿을 생성하는 불편을 감수하지 않아도 된다.

실습 예제 10.1

시작 템플릿 생성하기

이번 예제에서는 간단한 웹 서버의 설치 및 환경설정을 위한 시작 템플릿을 생성하고 이를 이용해 인스턴스를 생성한다.

1. EC2 대시보드에서 시작 템플릿(Launch Templates)을 클릭한다.

2. 시작 템플릿 생성(Create Launch Template) 버튼을 클릭한다.

3. 시작 템플릿의 이름은 MyTemplate으로 한다.

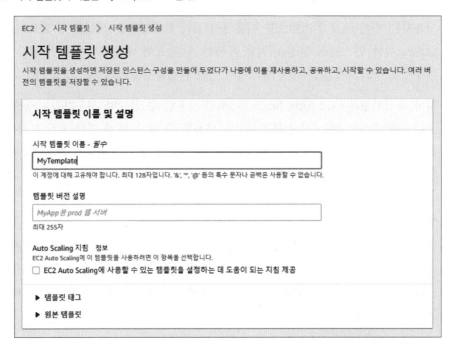

4. AMI 섹션에서 Ubuntu Server LTS AMIs 중 하나를 선택한다. us-east-1 리전 사용자의 경우 ami-0ac019f4fcb7cb7e6를 사용할 수 있다.

5. 인스턴스 유형(Instance Type)은 t2.micro를 선택한다.

6. 보안 그룹(Security Groups)에서 인바운드 HTTP 접근을 허용하는 보안 그룹을 선택한다. 필요에 따라 새 보안 그룹을 생성한다.

7. 고급 세부 정보(Advanced Details) 섹션 내 User Data 필드에 아래 텍스트를 입력한다.

```
#!/bin/bash
apt-get update
apt-get install -y apache2
echo "Welcome to my website" > index.html
cp index.html /var/www/html
```

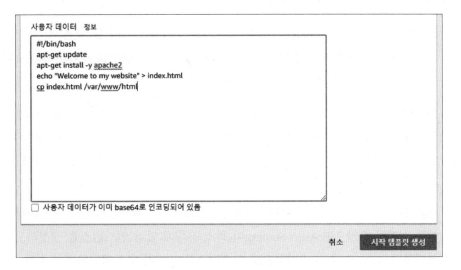

8. 시작 템플릿 생성 버튼을 클릭한다.

9. 이 템플릿으로 인스턴스 시작(Launch Instance From This Template) 링크를 클릭한다.

10. 소스 템플릿 버전(Source Template Version)에서 1(기본 설정)을 선택한다.

11. 템플릿으로 인스턴스 시작 버튼을 클릭한다.

12. 인스턴스 부팅 후 퍼블릭 IP 주소 정보를 클릭하면, "Welcome to my website."가 출력된 웹페이지를 확인할 수 있다.

13. 확인 후 인스턴스를 폐기한다.

Auto Scaling 그룹

Auto Scaling 그룹은 Auto Scaling이 관리하는 EC2 인스턴스 그룹이며, Auto Scaling 그룹 생성 시, 가장 먼저 인스턴스 생성을 위한 시작 환경설정 또는 시작 템플릿을 지정한다. 그다음 시작 환경설정 또는 시작 템플릿을 이용해 Auto Scaling이 생성 및 유지할 인스턴스의 수를 지정한다. 이 때 중요한 작업은 Auto Scaling 그룹의 최소 및 최대 크기를 지정하는 것이며, Auto Scaling이 생성 및 유지하기 위한 희망 인스턴스 수를 지정할 수 있다.

최소 용량^{Minimum} Auto Scaling이 성능을 유지하기 위해 지켜야 할 최소 인스턴스 수를 의미한다. 이를 0으로 설정하면 Auto Scaling은 새 인스턴스를 추가하지 않으며, 그룹 내에서 실행중인 인스턴스는 폐기된다.

최대 용량^{Maximum} Auto Scaling이 성능을 유지하기 위해 지켜야 할 최대 인스턴스 수를 의미한다. 이는 AWS가 계정당 부여하는 용량 제한과 관계가 있으며, 동시에 실행할 수 있는 인스턴스의 수가 무한대로 증가하는 것을 막는 의미도 있다. 최대 용량을 계정당 용량 제한에 맞추면 여러분에게 허용된 최대 성능을 사용할 수 있다.

희망 용량^{Desired Capacity} 희망 용량은 최소 및 최대 용량 사이의 값으로 설정해야 하며, 이를 설정하지 않으면 Auto Scaling이 최소 용량에 맞춰 인스턴스를 생성하고, 이를 설정하면 Auto Scaling이 자동으로 인스턴스를 추가하거나 폐기하면서 희망 용량을 유지한다.

예를 들어, 최소 용량 1, 최대 용량 10, 희망 용량 4로 설정한 경우 Auto Scaling은 바로 4개의 인스턴스를 생성한다. 이 중 일부 인스턴스가 실수 또는 시스템 충돌로 중지되면 Auto Scaling이 자동으로 해당 인스턴스를 제거하고 새 인스턴스를 추가해 희망 용량인 4를 유지하게 된다. 웹 콘솔에서 희망 용량은 그룹 크기^{group size}로도 부른다.

Application Load Balancer 타겟 그룹 설정하기

Auto Scaling 그룹에서 인스턴스로 전달되는 트래픽을 Application Load Balancer로 분산시키려는 경우 Auto Scaling 그룹 생성 시 ALB 타겟 그룹에 추가하면 된다. 이후 Auto Scaling이 새 인스턴스를 생성하면 해당 인스턴스는 자동으로 ALB 타겟 그룹에 추가된다.

애플리케이션 인스턴스의 헬스 체크

Auto Scaling 그룹 생성 후에는 Auto Scaling이 자동으로 최소 용량 또는 희망 용량에 맞춰 인스턴스의 수를 조절한다. 특정 인스턴스의 상태가 나빠질 경우 Auto Scaling은 해당 요소를 폐기하고 새 인스턴스를 추가한다.

기본적으로 Auto Scaling은 EC2 헬스 체크 정보에 따라 인스턴스의 상태를 결정한다. 7장에서 EC2가 자동으로 시스템과 인스턴스의 성능을 확인하는 부분에 대해 살펴봤는데, 이 때의 성능 검사 항목에는 메모리 소진 여부, 파일 시스템 오류 발생 여부, 네트워크 오류 및 시작 환경설정 오류는 물론, AWS의 개입이 필요한 시스템 문제점도 포함된다.

이와 같은 헬스 체크는 인스턴스 및 호스트와 관련된 다양한 문제를 파악할 수 있도록 돕지만 애플리케이션 특유의 문제점은 놓칠 수 있다.

애플리케이션 로드 밸런서를 이용해 인스턴스 트래픽을 분산시키는 경우 로드 밸런서의 타겟 그룹에 대한 헬스 체크를 하도록 환경을 설정할 수 있다. 타겟 그룹의 헬스 체크는 200번에서 499번까지의 HTTP 응답 코드가 포함되며, Auto Scaling 그룹이 이들 헬스 체크 정보를 반영해 인스턴스의 정상 작동 여부를 확인하도록 할 수 있다.

특정 인스턴스에 대한 ALB 헬스 체크가 실패할 경우 해당 인스턴스로 가는 트래픽을 다른 곳으로 향하게 해 문제 발생을 차단한다. 이와 동시에 Auto Scaling은 해당 인스턴스를 삭제하고 이를 대체할 새 인스턴스를 생성해 ALB의 타겟 그룹에 추가한다. 그러면 ALB은 새 인스턴스에 트래픽을 전달한다.

다양한 문제 상황에 대비할 수 있는 복구 대응 행동을 미리 마련하는 것이 좋다. 메모리 소진, 버그, 삭제된 파일, 격리 네트워크 실패 등 다양한 원인으로 작동이 멈춘 인스턴스를 Auto Scaling을 이용해 즉시 폐기하고 새 인스턴스를 추가하는 일도 그런 대응책 중 하나다. 원인별로 새로운 복구 대응 행동을 정의하기보다 간단하게 새 인스턴스를 생성해서 실패한 인스턴스를 대체하는 방안을 권장한다.

Auto Scaling 옵션

Auto Scaling 그룹 생성 후 여러분이 개입하지 않더라도 최소 용량 또는 희망 용량에 맞춰 적정 인스턴스가 계속 유지될 것이다. 하지만 인스턴스의 수를 유지하는 것은 여러 선택안 중 하나일 뿐이며, Auto Scaling은 요구 수준에 따라 인스턴스를 스케일아웃scale out할 수 있는 다양한 방법을 제공한다.

수동 스케일링

그룹 생성 후 최소 용량, 희망 용량, 최대 용량을 변경하면 Auto Scaling은 즉시 이를 반영한다. 예를 들어, 기존 2였던 희망 용량을 4로 변경하면 Auto Scaling은 즉시 2개의 인스턴스를 추가한다. 또한 인스턴스가 4개인 상태에서 희망 용량을 2로 변경하면 Auto Scaling은 즉시 2개의 인스턴스를 폐기한다. 희망 용량은 온도조절기와 비슷한 역할을 한다.

동적 스케일링 정책

S3, ELB, Internet gateways, NAT gateways 등 대부분의 AWS 관리형 리소스는 탄력성을 지니며, 워크로드 증가에 따라 자동으로 확장할 수 있도록 설계됐다. 막대한 양의 트래픽이 유입되더라도 AWS는 그에 맞춰 성능 및 가용성을 높일 수 있다. 하지만 EC2 인스턴스만큼은 여러분이 직접 변화하는 요구 수준에 대응할 수 있도록 성능과 가용성을 관리해야 한다.

CPU, 메모리, 저장 공간 등 인스턴스 리소스가 고갈되면 그 위에서 실행되는 것이 무엇이든 실패할 가능성이 커진다. 인스턴스가 용량 부족 상태에 놓이지 않으려면 동적 스케일링 정책dynamic scaling policies을 통해 리소스 고갈 전에 인스턴스를 자동으로 추가해야 한다. Auto Scaling은 그룹에 속한 모든 인스턴스와 관련된 다음과 같은 성능 지표를 생성한다.

- CPU 누적 활성화율
- 타겟별 평균 요청횟수
- 네트워크 평균 유입량
- 네트워크 평균 유출량

이들 네이티브 성능 지표 외에도 CloudWatch logs에서 성능 지표를 추출할 수 있는 매트릭스 필터를 사용할 수 있다. 예를 들어, 애플리케이션이 하나의 작업 처리에 걸리는 시간을 측정하는 로그를 생성할 수 있으며, 작업 처리 시간이 너무 길 경우 Auto Scaling을 통해 새 인스턴스를 추가할 수 있다.

동적 스케일링 정책은 CloudWatch alarm이 울릴 경우 희망 용량을 증가시키는 방법으로 스케일아웃할 수 있다. 동적 스케일링 정책으로는 심플 스케일링, 스텝 스케일링, 타겟 추적 스케일링 등 세 가지가 있다.

심플 스케일링 정책

심플 스케일링 정책에서 지표가 기준치를 초과하면 Auto Scaling이 희망 용량을 증가시킨다. 이 때 희망 용량을 얼마만큼 증가시킬지 여부는 조정 타입 선택에 따라 달라진다.

ChangeInCapacity 지정된 수량만큼 용량을 증가시킨다. 예를 들어, 희망 용량이 4인 경우 워크로드 증가에 따라 Auto Scaling이 희망 용량에 2를 추가하도록 할 수 있다.

ExactCapacity 현재 용량에 상관 없이 지정된 수량에 맞춘다. 예를 들어, 희망 용량이 4인 경우 워크로드 증가에 따라 Auto Scaling이 희망 용량을 6으로 증가시키도록 설정할 수 있다.

PercentChangeInCapacity 현재 용량에 대한 비율로 수량을 증가시킨다. 희망 용량이 4이고, 이번 옵션의 값이 50%로 설정된 경우 워크로드 증가에 따라 Auto Scaling은 희망 용량을 6으로 증가시킨다.

예를 들어, 4개의 인스턴스가 실행 중이고 심플 스케일링 정책에서 PercentChangeInCapacity 값을 50%로 설정한 경우 알람이 감지되면, Auto Scaling은 희망 용량에 2를 더하고, 결과적으로 Auto Scaling 그룹 내 인스턴스의 수는 6이 된다.

Auto Scaling이 조정 작업을 마치면, 다음 정책 실행 전 쿨다운 기간^{cooldown period}을 보내게 되고, 이 기간 동안에는 알람이 울려도 무시된다. 기본 쿨다운 기간은 300초이지만 이를 0으로 설정해 쿨다운 기능을 끌 수 있다. 단, 인스턴스의 상태가 좋지 못한 경우엔 Auto Scaling은 쿨다운 기간을 무시하고 바로 해당 인스턴스를 대체한다.

지난 예에서 조정 작업이 완료되고 쿨다운 기간이 만료된 뒤, 성능 지표도 기준치를 밑돌게 됐을 때의 희망 용량은 6에 머물고 있을 것이다. 이 때 다시 알람이 울리고 심플 스케일링 정책이 실행되면 3개의 인스턴스가 추가된다. 즉, Auto Scaling은 최대 용량에 이르기 전까지 희망 용량을 계속 증가시킨다는 점에 주의한다.

스텝 스케일링 정책

애플리케이션에 대한 성능 요구 수준이 빠르게 높아지는 상황에서는 심플 스케일링 정책의 대응 방식이 적절하지 않을 수 있다. 이때 스텝 스케일링 정책을 이용해 기준치를 초과하는 성능 지표에 맞춰 신속하게 인스턴스를 추가할 수 있다.

예를 들어, 4개의 인스턴스로 시작하는 경우 평균 CPU 활성화율을 높이기 위해 그룹에 인스턴스를 추가해야 한다면, 활성화율이 50%에 도달했을 때 2개의 인스턴스를 추가하고, 60%에 도달했을 때 4개의 인스턴스를 추가할 수 있다.

이를 위해 먼저 CloudWatch Alarm을 생성해 평균 CPU 활성화율을 모니터링하고, 희망 용량 증가의 시작점이자 알람의 기준치를 50%로 설정한다. 다음으로 최소 1단계의 조정을 설정한다.

각 단계별 조정^{step adjustment}은 다음과 같은 내용으로 이뤄진다.

- 경계 하한선
- 경계 상한선
- 조정 타입
- 희망 용량 증가분

경계 상한선 및 하한선은 단계 조정 작업이 실행되는 지표의 범위를 정의한다. 예를 들어 1단계 경계 하한선은 50, 경계 상한선은 60, ChangeInCapacity 조정은 2로 설정한 경우를 생각해 보자.

알람이 울리면 Auto Scaling은 일단 그룹의 평균 CPU 활성화율 지표를 확인한다. 이 때 지표가 55%인 경우 경계 상한선과 하한선인 50~60% 사이에 있으므로 Auto Scaling은 이 단계에 필요한 조치를 취해 희망 용량을 2만큼 증가시킨다.

이번엔 하한선이 60, 상한선이 무한대infinity인 새로운 단계를 생성해보자. ChangeIn Capacity 조정은 4로 한다. 평균 CPU 활성화율이 62%로 증가하면 Auto Scaling은 60 <= 62 < infinity 조건을 확인하고, 이 단계에 필요한 조치를 취해 희망 용량을 4만 큼 증가시킨다.

CPU 활성화율이 60%인 경우엔 어떤 일이 발생할까? 단계 범위는 겹치지 않으며, 2 단계의 하한선인 60%에 해당하는 조치가 취해진다.

스텝 스케일링 정책에서는 웜업 타임warm-up time을 설정할 수 있으며, 이는 Auto Scaling이 새로운 인스턴스를 추가하기 위해 지표를 확인하기 위한 대기 시간이고 기본 값은 300초다. 스텝 스케일링 정책에는 쿨다운 기간은 적용되지 않는다.

타겟 추적 정책

스텝 스케일링 정책이 너무 복잡해 보인다면 타겟 추적 정책으로 단순화할 수 있다. 사용자가 지표와 목표 값을 선택하면 Auto Scaling이 CloudWatch Alarm 및 스케일링 정책을 생성하고 해당 지표의 목표 값에 맞춰 인스턴스의 수를 조정한다.

이 때 지표는 그룹의 평균 CPU 활성화율, SQS 메시지의 수, 타겟별 요청 수 등, 인스턴스의 워크로드에 비례해서 변경될 수 있는 것을 선택해야 한다. ALB의 총요청 수 등 누적 지표는 개별 워크로드에 비례해서 변경되지 않으므로 타겟 추적 정책의 지표로 삼기에 적절치 않다.

타겟 추적 정책의 특징 중 하나는 스케일아웃은 물론, 지표 수준에 맞춰 인스턴스의 수를 줄이는 스케일인scale in 기능을 사용할 수 있다는 것이다. 인스턴스의 수 감축을 원치 않을 경우, 스케일인 기능을 끄면 된다. 또한 스텝 스케일링 정책의 경우처럼, 타겟 추적 정책에서도 웜업 타임을 지정할 수 있다.

예약 작업

예약 작업scheduled action은 애플리케이션의 워크로드 패턴이 예측 가능하고, 용량을 선제적으로 조정해 요구 수요 한계에 다다르기 전에 인스턴스를 증가시키려 할 때 유용하다.

예약 작업 생성 시 다음 내용을 설정한다.

- 최소 및 최대 용량, 희망 용량
- 시작 날짜 및 시간

반복적인 워크로드 패턴이 있는 경우 예약 작업 생성 시 조정 정책이 일정 간격으로 실행되도록 설정할 수 있고, 예약 작업 정책이 삭제되는 종료 날짜 및 시간도 설정할 수 있다.

예약 작업의 작동 방식을 이해하기 위해 주중 2개의 인스턴스를 실행하는 Auto Scaling 그룹을 예로 들어보자. 금요일에는 트래픽이 급증하며 이에 대응하기 위해 4개의 인스턴스가 필요하다. 이를 위해 그림 10.1과 같이 희망 용량이 2인 예약 작업을 생성하고 토요일마다 반복되도록 한다.

시작일은 1월 5일, 토요일이다. 금요일의 트래픽 급증에 대비해 그림 10.2와 같이 희망 용량이 4인 또 다른 예약 작업을 생성한다.

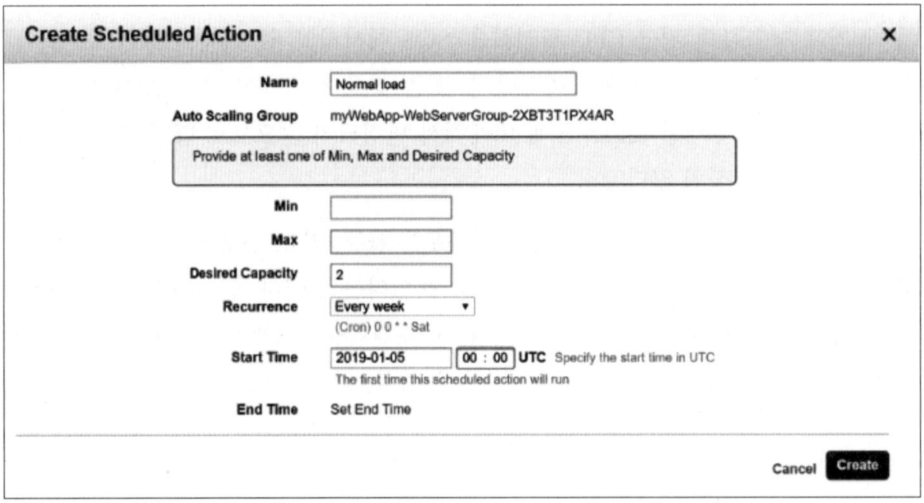

그림 10.1 매주 토요일의 희망 용량을 2로 설정하는 예약 작업 (스케줄 액션) 생성 화면

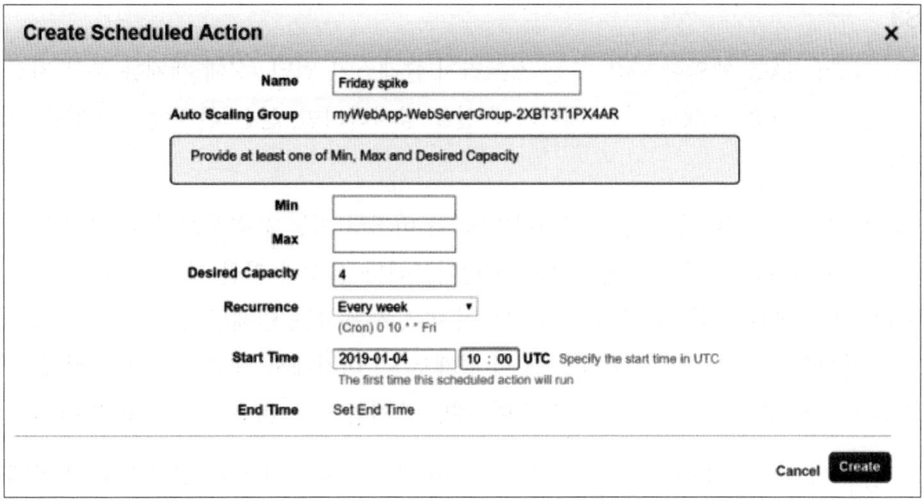

그림 10.2 매주 금요일의 희망 용량을 4로 설정하는 예약 작업 (스케줄 액션) 생성 화면

이 작업은 매주 금요일에 실행되며, 워크로드 증가 예측에 따라 희망 용량을 4로 설정한다.

예약 작업은 동적 스케일링 정책과 결합해서 사용할 수 있다. 예를 들어, 커머스 사이트의 경우 쇼핑 성수기에는 예약 작업으로 최대 그룹 크기를 증가시키고, 그 외 시즌에는 동적 스케일링 정책으로 요구 수준에 맞춰 희망 용량을 증가 또는 감소시킬 수 있다.

데이터 백업과 복원

2장과 3장에서 AWS가 제공하는 다양한 스토리지 옵션을 알아봤다. Amazon은 이들 서비스에 저장된 데이터의 내구성을 높이기 위해 투자를 아끼지 않고 있지만 데이터의 손실 가능성은 늘 존재한다. AWS는 데이터의 내오류성 및 복원성을 위한 다양한 기법은 물론 회피할 수 없는 데이터 손실 발생 시 이를 복구하기 위한 백업을 제공한다.

S3

One Zone IA를 제외한 S3의 모든 스토리지 클래스가 멀티 AZ에 객체를 분산 저장한다. 싱글 AZ의 실패로 인한 데이터 손실을 방지하려면, 분산 환경에 데이터를 저장해야 한다.

데이터 삭제 및 데이터 손상을 방지하려면 S3 버저닝 기능을 활성화한다. S3 버저닝 기능이 활성화되면 저장 객체는 임의의 덮어쓰기나 실수에 의한 삭제로부터 안전해지며, 원본 객체 수정 시 새 버전이 만들어지고, 사용자는 언제든 수정 이전의 버전으로 복원할 수 있다. 원본 객체 삭제 시 실제로 S3 버킷에서 삭제되지 않고, 삭제 마커만 부여돼 화면에 노출되지 않게 되며, 해당 객체와 모든 버전은 항상 유지된다.

멀티 AZ의 실패 또는 리전의 실패로부터 데이터를 보호하기 위해 크로스 리전 복제 기능을 활성화해 하나의 리전은 소스 버킷으로 또 다른 리전은 데스티네이션 버킷으로 설정한다.

크로스 리전 복제 기능이 활성화되면 S3는 모든 저장 객체를 동기적으로 소스 버킷에서 데스티네이션 버킷으로 복제한다. 단, 크로스 리전 복제 기능을 활성화하려면 두 버킷 모두 버저닝 기능을 활성화해야 한다. 또한 소스 버킷에서 삭제된 내용은 데스티네이션 버킷에 반영되지 않는다(데스티네이션 버킷에는 해당 객체가 삭제되지 않고 존재한다).

Elastic File System

AWS Elastic File System(EFS)은 EC2 인스턴스와 온프레미스 서버 간의 파일 공유를 가능케 하는 관리형 Network File System(NFS)이다. EFS는 리전 내 멀티 AZ 환경에 데이터를 저장해 개별 AZ 실패 상황에 대비한다.

데이터 손실 또는 변조를 방지하기 위해 개별 파일을 동일 리전 내 S3 버킷 또는 다른 EFS에 백업할 수 있고, AWS Backup Service를 이용해 정해진 스케줄에 따라 EFS에 백업을 생성하도록 할 수 있다.

Elastic Block Storage

EBS는 리전 내 멀티 AZ 환경에 볼륨을 자동으로 복제해 개별 AZ 실패 상황에 대비하지만 데이터 변조 위험은 여전히 존재한다.

EBS 볼륨 백업의 가장 간단한 방법은 스냅샷을 생성하는 것이며, AWS는 S3에 EBS 스냅샷을 저장한다. EBS 스냅샷을 직접 생성하거나 Amazon Data Lifecycle Manager를 이용해 일정 주기마다 자동으로 스냅샷을 생성하도록 할 수 있다. Amazon Data Lifecycle Manager를 이용하려면 먼저 Snapshot Lifecycle Policy를 생성하고, 12~24시간의 생성 주기 및 스냅샷 생성 시간을 설정한다. 마지막으로 최대 1000개 이내 범위에서 자동 생성 스냅샷의 보유량을 설정한다.

EBS에 저장되는 데이터로서 중요성을 간과하는 것 중 하나가 애플리케이션 로그일 것이다. 애플리케이션은 실행되는 서버에 로그 파일을 생성할 수 있지만, 인스턴스 충돌 또는 오류 발생 시 해당 파일에서 문제의 원인을 알 수 없게 되는 경우가 있다.

또한 EC2 Auto Scaling이 인스턴스와 그에 부착된 EBS 볼륨을 폐기하면, 로컬에 저장됐던 로그 파일도 영구적으로 삭제된다. CloudWatch Logs는 인스턴스의 애플리케이션 로그 파일을 실시간으로 수집, 저장하며, 해당 인스턴스가 폐기된 뒤에도 관련 로그 파일을 검색 및 분석할 수 있도록 한다.

데이터베이스의 복원성

데이터베이스의 데이터 보호 방안은 RDS와 같은 관계형 데이터베이스 또는 DynamoDB와 같은 비관계형 데이터베이스를 쓰는지 여부에 따라 달라진다.

자체 관계형 데이터베이스 서버를 실행하는 경우 해당 데이터베이스 엔진에 내장된 백업 기능을 이용해 데이터베이스를 파일로 저장할 수 있다. 그다음 이 백업 파일을 S3 또는 Glacier에 저장해 데이터를 보호할 수 있다. 이 백업 파일에서 데이터베이스를 복원하는 방법 또한 사용하는 데이터베이스 엔진에 따라 다르지만, 대체로 백업 파일을 목표 인스턴스로 전송하고, 임포트 등의 절차를 거쳐 데이터베이스를 복원하게 된다.

Amazon Relational Database Service(RDS)의 경우 간단하게 데이터베이스 스냅샷만 생성하면 된다. 데이터베이스 스냅샷으로 데이터베이스를 복원하는 작업에는 몇 분이 소요되며, 복원 후 새로운 데이터베이스 인스턴스가 생성된다.

복원성을 높이기 위해 멀티 AZ 환경에 데이터베이스를 배포할 수 있으며, 하나의 AZ에는 기본 인스턴스^{primary instance}를, 다른 AZ에는 대기 인스턴스^{standby instance}를 둘 수 있다. RDS는 기본 인스턴스의 데이터를 대기 인스턴스에 동기적으로 복제할 수 있다. 기본 인스턴스 실패 시 RDS는 대기 인스턴스를 가동해 실패 상황에 대응한다.

복원성을 극대화하려면 Amazon Aurora의 멀티 Aurora 복제본^{replicas}을 활용한다. Aurora는 세 개 AZ에 데이터베이스를 저장하며, 기본 인스턴스 실패 시 다른 AZ의 Aurora 복제본이 기능을 대체하게 된다. RDS 서비스 옵션 중 Aurora만이 최대 15개의 복제본을 지원하며, 하나의 AZ에 여러 개의 복제본을 둘 수 있다.

DynamoDB는 멀티 AZ 환경에 테이블을 저장하며, 개별 AZ 실패 상황에서도 저지연성, 고성능의 NoSQL 데이터베이스 서비스를 제공할 수 있다. DynamoDB 글로벌 테이블을 사용해 멀티 리전에 테이블을 복제하면 복원성을 더욱 높일 수 있다. 또한 DynamoDB 테이블의 기준시점 복구^{point-in-time recovery}를 설정해 자동으로 백업을 생성하도록 할 수 있다. 기준시점 복구를 이용하면 최대 35일 전부터 현재시간 기준 5분 전의 시점에 맞춰 테이블을 복구할 수 있다.

복원성 네트워크 생성하기

모든 AWS 리소스는 네트워크에 의존하므로 네트워크를 적절하게 설계하는 일은 매우 중요하다. 네트워크 설계와 관련해 가장 중요한 고려 사항 중 하나는 VPC 설계이고, 또 다른 하나는 사용자가 VPC에 접속해 리소스를 활용할 수 있게 하는 것이다.

VPC 설계 시 고려사항

VPC 생성 시 리소스에 충분한 IP 주소를 할당할 수 있도록 충분한 크기의 CIDR^{Classless InterDomain Routing} 블록을 생성하는 것이 중요하다. 이는 AWS 배포에 있어 더 많은 중복구현 요소를 추가할수록 더 많은 IP 주소가 필요하기 때문이다. 또한 더 많은 리소스를 추가해 성능을 높일수록 해당 리소스를 위해 더 많은 IP 주소가 필요하다.

또한 서브넷 생성 시 CIDR 블록에 충분한 미사용 주소 공간을 둬 미래의 서브넷 추가에 대비한다. 충분한 주소 공간 확보의 첫 번째 이유는 AWS가 리전에 AZ를 추가하는 상황에 대비하기 위함이다. 주소 공간에 여유가 있으면 새로 추가된 AZ를 활용할 수 있게 된다. 오늘날 여러분의 가용성 요구 수준은 단일 AZ로 충분할 수 있지만 비즈니스의 성장과 함께 멀티 AZ 환경이 필요할 수 있다.

충분한 주소 공간 확보의 두 번째 이유는 다수의 서브넷을 이용해 리소스의 보안 수준을 높이고 관리 용이성도 높일 수 있기 때문이다. 애플리케이션의 컴포넌트를 멀티 서브넷 환경에 분산시켜 멀티 티어 아키텍처multi-tier architecture를 구현할 수 있다.

서브넷에는 충분한 여유 공간을 둬야 하며, 인스턴스가 증가할수록 더 많은 IP 주소가 필요해지고, 리소스에 대한 요구 수준이 높아질수록 충분한 주소 공간이 필요해진다. AWS 생태계에서 EC2 인스턴스 외에도 다양한 네트워크 연결 요소가 있으며, ELB 인터페이스, 데이터베이스 인스턴스, VPC 인터페이스 엔드포인트 등도 상당한 수준의 주소 공간을 필요로 한다.

복원성을 지닌 외부 연결

사용자가 기대한 수준으로 애플리케이션이 작동하는 속성이 가용성availability이라는 점을 이해한다면, 애플리케이션의 가용성이 네트워크의 가용성에 의존한다는 사실도 잘 이해할 수 있을 것이다. 사용자가 네트워크의 문제로 애플리케이션에 접속할 수 없다면 해당 인스턴스의 정상 작동 여부는 무의미해진다. 따라서 AWS 클라우드에 대한 연결성 또한 가용성 요구수준을 충족할 수 있어야 한다.

AWS에 접속하는 가장 일반적인 방법은 인터넷인데, 대체로 신뢰할 수 있지만 전송 속도나 지연 속성 등에 변동성이 많다. 애플리케이션 접속 속도가 평소보다 많이 느리다면 사용자는 해당 애플리케이션이 사용불능 상태라고 판단할 수 있다.

퍼블릭 인터넷을 대체할 수 있는 기업 전용 연결이 필요하거나 매우 중요한 애플리케이션을 연결해야 할 경우 Direct Connect를 이용해 AWS 리소스를 연결하거나 백업을 전송할 수 있다. Direct Connect는 1~10 Gbps의 전송 속도 및 일관된 저지연성을 제공하므로 AWS에서 대량의 데이터를 안정적으로 전송하는 데 사용할 수 있다. 또한 AWS 리소스에 퍼블릭 인터넷으로 접속할 수 없는 경우에는 보조 연결 수단으로 Direct Connect를 이용할 수 있다.

AWS 리소스와 외부 리소스를 연결하는 외부 네트워크^{external network}로 Direct Connect, VPC 피어링, VPN 등을 사용할 때는, VPC 주소가 이들 외부 네트워크 주소와 중복되지 않도록 주의한다. 또한 VPG와 Direct Connect 프라이빗 가상 인터페이스에 할당할 수 있는 충분한 IP 주소를 확보한다.

SQS, Simple Queue Service

애플리케이션 개발자는 종종 루스 커플링^{loose coupling}이라는 설계 원칙을 이용해 애플리케이션의 확장성 및 신뢰성을 높인다. 불필요한 요소를 최소화해 하나의 서버에서 실행되는 단일 애플리케이션을 구현하되, 각 컴포넌트를 마이크로서비스^{microservices}라 부르는 요소로 세분화한다. 마이크로서비스는 서로 다른 서버에서 실행되지만, 서로에게 메시지를 전송하며 긴밀하게 소통할 수 있다.

Simple Queue Service(이하 SQS)는 애플리케이션을 구성하는 다양한 컴포넌트가 서로에게 메시지를 전송할 수 있도록 돕는 관리형 메시지 서비스다. SQS는 고가용성 및 고탄력성을 제공하므로, 수십만 건의 메시지를 불과 수초만에 처리할 수 있다.

Queues

SQS는 처리해야 할 메시지를 담는 큐를 생성하며, 큐에 메시지를 넣는 프로듀서 컴포넌트와 큐에 있는 메시지를 읽는 컨슈머 컴포넌트로 구성된다. 메시지의 최대 크기는 256KB이며, 기본적인 메시지 처리 방식은 다음과 같다.

1. 프로듀서가 SendMessage 액션을 통해 큐에 하나 이상의 메시지를 넣는다. 큐에 입력된 메시지는 이동중 메시지 또는 인플라이트^{in-flight} 메시지라 부른다.

2. 컨슈머가 큐에 담긴 새 메시지를 처리할지 확인한다. ReceiveMessage 액션을 통해 큐에서 하나 이상의 메시지를 소비한다.

3. 컨슈머는 메시지를 처리한 뒤 DeleteMessage 액션을 통해 큐에서 삭제한다.

큐에 있는 메시지 처리 방식은 아래와 같다.

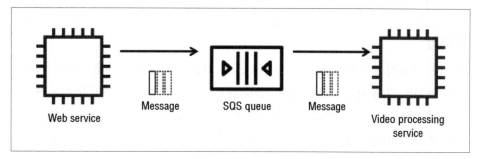

그림 10.3 SQS 작업흐름

SQS로 전송되는 API 호출 횟수를 줄이기 위해 최대 10개의 메시지를 묶어서 일괄적으로 처리할 수 있다. SQS의 큐와 메시지에 대한 개략적인 설명은 간단하지만 세부적인 내용에서 나름의 복잡성이 있다. 다음 절에서 함께 살펴보자.

가시성 중지기간

컨슈머 객체가 큐에서 메시지를 확인하더라도 메시지는 큐에 그대로 유지된다. 읽은 메시지의 삭제 여부는 컨슈머가 결정할 수 있다. 특정 컨슈머 객체가 메시지를 확인하면, SQS는 이후 일정 시간 동안 해당 메시지를 다른 컨슈머가 확인할 수 없게 하며, 이를 가시성 중지기간visibility timeout이라 부른다. 이는 동일한 메시지를 다른 컨슈머가 중복해서 처리하는 일을 막기 위한 조치인데 이 기능이 항상 바람직한 결과만 가져오지는 않는다. 기본 가시성 중지기간은 30초이며, 최소 0초에서 최대 12시간까지 설정할 수 있다.

보유기간

메시지는 큐에 영구적으로 있을 수 없다. 메시지의 기본 보유기간retention period은 4일이며, 최소 1분에서 최대 14일까지 설정할 수 있다.

딜레이 큐와 메시지 타이머

큐에 메시지를 넣을 때 큐마다 지연시간을 설정할 수 있다. 기본 큐별 딜레이 시간은 0초고, 최대 15분까지 설정할 수 있다. 개별 메시지는 메시지 타이머를 이용해 지연

시간을 설정할 수 있다. 기본 메시지 타이머는 0초고, 최대 15분까지 설정할 수 있다. 메시지 타이머를 설정한 경우 딜레이 큐는 무시된다.

큐 타입

큐 기반 애플리케이션의 경우 큐의 성능 또는 작동 방식에 따라 애플리케이션의 성능도 영향을 받게 된다. 일부 애플리케이션의 경우 초당 수천개의 메시지를 처리해야 하며, 메시지 도착 순서대로 메시지를 처리해야 하는 경우도 있다. 이와 같이 다양한 메시지 처리 방식의 요구에 대해, SQS는 스탠다드 큐와 FIFO 큐, 두 가지 타입의 큐를 제공한다.

스탠다드 큐

스탠다드 큐는 거의 무제한의 처리성능을 제공하며, 신속하게 다수의 메시지를 처리한다. 메시지는 순서와 무관하게 전달되고, 때론 동일한 메시지가 중복해서 전달되기도 한다. 스탠다드 큐를 사용하는 애플리케이션은 이와 같은 중복 메시지를 처리할 수 있는 기능을 지니고 있어야 한다. 스탠다드는 기본 큐 타입이며, 최대 12만개의 인플라이트 메시지를 처리할 수 있다.

FIFO 큐

FIFO^{First-In, First-Out} 큐는 초당 3천개의 메시지를 큐에 전달할 수 있다. 메시지는 도착 순서대로 큐에 전달되며, 각 메시지는 단 한 번만 기록되므로 중복 메시지 문제를 피할 수 있다. FIFO 큐는 약 2만개의 인플라이트 메시지를 처리할 수 있다.

FIFO 큐는 메시지 단위로 큐를 분할해 큐에 입력된 메시지의 하위 그룹을 만들 수 있도록 한다. 메시지를 전송하는 다수의 프로듀서 객체가 있는 경우 메시지 그룹을 이용해 프로듀서별 메시지 순서를 관리할 수 있다. 예를 들어, 두 개의 온도 센서가 각각 자신의 프로듀서를 이용해 5초마다 온도 데이터를 감지해서 전송하는 경우 두 온도 센서의 측정 결과가 혼동되지 않도록 서로 다른 메시지 그룹 ID를 부여해서 관리할 수 있다. 그다음 컨슈머가 큐에서 메시지를 꺼낼 때 메시지 그룹별로 온도 데이터를 순서에 맞게 확인할 수 있다. 실무적으로는 메시지 그룹을 만들 때 별도의 메시지 큐를 생성하게 된다.

폴링

큐에서 메시지를 확인할 때 메시지 도착 여부 조회 옵션인 숏폴링 또는 롱폴링 중 하나를 선택할 수 있다. 기본값인 숏폴링short polling은 일부 메시지 누락이 있더라도 즉시 메시지를 확인해야 할 때 사용하고, 롱폴링long polling은 약간의 지연이 있더라도 큐에 있는 모든 메시지를 정확하게 확인해야 할 때 사용한다.

숏폴링을 선택하면 SQS는 대기중인 메시지 내역만 확인하며, 큐에 들어온 메시지를 즉시 확인하거나 큐에 메시지가 없음을 즉시 확인할 수 있다. 하지만 메시지 도착 후 지연 시간이 짧은 관계로 큐에 메시지가 있는 상황에서 메시지가 없다는 응답을 받을 수 있다. 따라서 모든 메시지를 착오 없이 확인하려면 여러 번 조회해야 한다.

롱폴링을 선택하면 SQS는 큐에서 대기중인 모든 메시지를 반환하며, 모든 큐 서버를 확인하므로 응답 시간이 20초가량 걸릴 수 있다. 롱폴링은 숏폴링에 비해 조회 빈도수가 작으므로 좀 더 경제적인 옵션이다.

데드레터 큐

때로는 컨슈머가 제대로 처리하지 못한 메시지가 큐에 남기도 한다. 즉, 하나의 컨슈머가 메시지를 처리하려 했지만 실패하고, 또 다른 컨슈머가 또 해당 메시지를 처리하려다 실패하는 상황이 발생할 수 있다. 이러한 메시지는 큐에서 벗어날 수 없으며, 이를 데드레터dead letter라고 한다.

이와 같은 문제를 처리하기 위해 SQS를 통해 자동으로 이와 같은 메시지를 소스 큐에서 꺼내서 데드레터 큐에 따로 보관하도록 할 수 있다. 데드레터 큐를 설정하려면 먼저 (스탠다드 또는 FIFO 등) 동일한 타입의 큐를 생성한다. 그다음 큐의 maxReceiveCount 속성을 이용해 메시지의 최대 인출 시도 횟수를 설정한다. 이 때 데드레터 큐는 소스 큐와 동일한 리전에 있어야 한다.

데드레터 큐도 다른 모든 큐와 같이 보유기간의 영향을 받으며, 하나의 메시지가 데드레터 큐로 옮겨지면 원본 생성 일자를 기준으로 삭제된다는 사실을 기억하자. 예를 들어, 데드레터 큐의 보유기간이 7일인 상황에서 이미 6일이 경과된 메시지가 데드레터 큐로 옮겨지면 해당 메시지는 하루가 지나 데드레터 큐에서 삭제된다.

가용성을 고려한 설계

클라우드에서 안정성을 구현하는 모든 요소를 이해하는 일도 중요하지만 AWS 아키 텍트로서 솔루션이 요구하는 가용성을 구현하는 일 또한 무척 중요하다. 이번 절에 서는 애플리케이션의 가용성 요구 수준을 측정하는 방법과 AWS 인프라에 자주 적 용되는 세 가지 가용성 기준인 99%, 99.9%, 99.99%를 달성하기 위한 방법을 알아 본다.

가용성은 이를 구현하기 위한 복잡성과 이에 소요되는 비용과 비례관계에 있으며, 가용성을 높이기 위해 더 많은 리소스를 프로비전할수록 복잡성은 높아지고 비용은 더 많이 발생하게 된다. 대부분의 조직은 가용성을 극대화하려 하지만 AWS 아키텍 트인 여러분은 이와 같은 가용성 요구 수준과 비용의 균형점을 도출할 수 있어야 한 다. 가용성을 한 단계 낮춘 아키텍처 설계도 가능은 하겠지만 기술적인 성능은 낮을 수밖에 없다. 결국 아키텍트인 여러분은 가용성 요구와 조직의 우선순위를 기준으로 균형점을 제시하게 될 것이다.

가용성과 복잡성, 비용의 관계를 설명하기 위해 비즈니스 시나리오를 사용한다. 아 키텍트인 여러분은 웹 기반의 급여 애플리케이션의 개발을 지원하고 있으며, 이 애 플리케이션은 단일 Linux EC2 인스턴스에서 실행되고 있고, 백엔드는 SQL 데이터 베이스와 연결돼 있으며, 정적 웹 콘텐츠는 퍼블릭 S3 버킷에 저장한다. 사용자는 Route 53에서 호스팅하는 퍼블릭 도메인으로 애플리케이션에 접속한다. 이러한 조 건에서 각기 다른 가용성 수준을 달성하기 위한 방법을 알아보자.

99%의 가용성을 위한 설계

첫 번째 시나리오에서는 99%의 가용성, 즉 연간 3.5일의 다운타임을 목표로 한다. 이 때의 다운타임은 엄청나게 큰 고통까지는 아니지만 많은 불편을 초래하는 수준이다.

이번 시나리오에서는 애플리케이션 및 셀프호스팅 SQL 데이터베이스를 실행하기 위해 단일 EC2 인스턴스를 사용한다. 데이터 백업을 위해 버저닝 기능이 활성화된 S3 버킷에 자동으로 데이터베이스가 백업되도록 스크립트를 실행하고, S3 Lifecycle 정책을 설정해 구 버전의 데이터는 Glacier로 이동 및 저장되도록 한다.

리소스 상태를 모니터링하기 위해 Route 53의 헬스 체크 기능으로 애플리케이션의 HTTP 200 OK 상태 코드를 확인한다. 그다음 Route 53 페일오버 레코드 세트failover record set를 생성해 헬스 체크를 통과한 경우 사용자에게 애플리케이션 서비스를 제공하고, 헬스 체크를 통과하지 못 한 경우 사용자에게 접속 실패를 알리는 정적 웹페이지를 제공한다. 이 때 정적 웹페이지는 S3 버킷의 정적 웹사이트 호스팅을 이용하거나 CloudFront 배포 호스팅을 이용해서 제공한다.

복원 절차

복원 절차는 정기적으로 확인해 정상 작동 여부 및 복원 소요 시간을 파악해야 한다. 단순히 SQL 모조 데이터를 생성해서 S3 버킷에 전송하는 실험으로는 부족하다. 정기적으로 새 인스턴스를 생성하고, 여기에 백업을 이용해 정상적으로 데이터베이스를 복원할 수 있는지 확인한다.

애플리케이션 및 데이터베이스 인스턴스 조합을 신속하게 생성, 재생성해야 하는 경우 CloudFormation을 이용하면 편리하다. CloudFormation 템플릿을 생성해 새 인스턴스의 생성, 웹 및 데이터베이스 서버 설치 및 설정, 저장소로부터 애플리케이션 파일 복사, 보안 그룹 설정 작업을 일관되게 처리할 수 있다. CloudFormation 템플릿은 인스턴스 실패 상황에서 인스턴스의 신속한 재생성, 데이터베이스 복원 연습을 위한 임시 인스턴스 생성 그리고 애플리케이션 업데이트 테스트를 위한 목적으로 주로 활용된다.

가용성 계산

이번 시나리오의 가용성 예측을 위해 몇 가지 가정을 한다. 먼저 실패 상황 발생 시 복원 프로세스 시작에 앞서 30분간의 분석 및 결정 시간을 가진다. 복원을 결정하게 되면 CloudFormation 템플릿을 이용해 새 인스턴스를 생성하는 데 10분이 소요되고, 데이터베이스 복원에 30분이 소요된다. 즉, 각 실패 상황마다 총 다운타임 또는 복원 목표 시간RTO, Recovery Time Objective은 70분이다.

복원 목표 시점RPO, Recovery Point Objective의 경우 데이터베이스 백업 빈도에 따라 달라진다. 이번엔 애플리케이션이 분기당 1회 실패 상황에 놓이는 것으로 가정한다. 이를 연간으로 환산하면 총 280분, 또는 4.6시간에 해당한다.

하지만 이는 실패 대응 시간만 계산한 것이다. 애플리케이션과 운영체제 업데이트와 관련해서 연간 6회, 각 4시간 동안 업데이트를 진행한다고 가정했을 때 24시간의 다운타임이 추가된다. 따라서 실패 대응 및 업데이트를 모두 고려한 연간 다운타임은 28.6시간 또는 1.19일이며, 이는 99.67%의 가용성을 의미한다.

99.67%를 99.9%로 반올림하는 것도 가능은 하지만 그 차이는 연간 7시간에 해당한다. 좀 더 후한 가용성 점수를 주기위해 소수점 둘째자리를 반올림하는 일조차도 애플리케이션의 실제 가용성을 크게 왜곡시킬 수 있다.

실패 빈도, 실패 기간, 예정된 실패 상황 등을 좀 더 정확하게 측정할수록 가용성 계산 결과도 정확해질 수 있다. 가용성과 관련해서는 실패 상황에 대한 대비와 추가적인 대비가 무엇보다 중요하며, 이런 인식을 바탕으로 99%의 가용성을 유지할 수 있다.

99.9%의 가용성을 위한 설계

두 번째 시나리오에서는 99.9%의 가용성, 즉 연간 9시간의 다운타임을 목표로 한다. 이 때의 다운타임은 불편을 넘어서, 큰 위협 요인으로 인식될 수 있는 수준이다. 99.9%의 가용성을 달성하기 위해서는 분산 애플리케이션 설계 기법을 활용해야 한다.

애플리케이션은 단일 리전 내, 멀티 AZ 환경에서 멀티 인스턴스 기반으로 실행된다. ALB을 이용해 트래픽을 다수의 인스턴스에 분산시키고, 해당 인스턴스에 대한 헬스 체크를 지속적으로 실시한다. 시작 템플릿을 이용해 애플리케이션 웹 서버를 설치하고 중앙화 저장소에서 애플리케이션 파일을 복사한다. 또한 Auto Scaling 그룹을 생성해 3개 AZ마다 2개의 인스턴스, 즉 최소 6개의 인스턴스가 항상 실행되도록 한다.

최소 6개의 인스턴스를 사용하는 이유는 무엇일까? 예를 들어, 4개의 인스턴스로 피크 타임 트래픽을 처리할 수 있는 경우를 생각해보자. 6개의 인스턴스를 사용하면 1개 AZ가 실패하더라도 2개 AZ에 각각 2개씩 있는 인스턴스를 통해 AZ마다 50%의 피크 트래픽을 처리해 총 100%의 피크 타임 트래픽을 문제 없이 처리할 수 있다.

복원 절차

대부분의 실패 상황에 대한 복원 작업은 자동으로 이뤄진다. Auto Scaling 그룹에서 ALB의 타겟 헬스 체크 기능을 이용해 인스턴스의 상태를 확인할 수 있다. 인스턴스 실패 시 ALB는 해당 인스턴스에 트래픽을 전송하지 않으며, Auto Scaling은 해당 인스턴스를 폐기하고 새 인스턴스를 추가한다.

데이터베이스의 경우 멀티 AZ 기반 RDS 인스턴스를 사용할 수 있다. 특정 AZ의 실패로 인해 그에 속한 기본 데이터베이스 인스턴스가 실패하면 RDS는 다른 AZ에서 보조 데이터베이스 인스턴스를 실행한다. 또한 데이터베이스 변조 위험에 대한 대응책으로 데이터베이스 스냅샷을 자동으로 생성하도록 할 수 있다. 자동 데이터베이스 스냅샷 기능을 활성화하면 지정 시점 복원 기능도 활성화되며 RPO를 5분 단위로 줄일 수 있다.

가용성 계산

중복구현 기법 및 분산 아키텍처를 활용한 덕분에 애플리케이션의 실패 상황은 연간 2회, 각각 60분 지속되고, 애플리케이션과 운영체제 업데이트에는 연간 10회, 각각 15분이 소요된다. 이를 모두 합한 연간 총 다운타임은 270분 또는 4.5시간이다. 이는 99.95%의 가용성에 해당되며, 좀 더 보수적인 관점에서 반내림해 99.9%의 가용성으로 볼 수 있다.

99.99%의 가용성을 위한 설계

기업에 막대한 수익을 가져다주는 비즈니스 애플리케이션이나 사람의 목숨과 직결된 중요한 애플리케이션의 경우 추가적인 리소스 할당 없이도 다수의 복합적인 실패 상황에 문제 없이 대응할 수 있어야 한다.

AWS는 개별 AZ의 실패를 격리하기 위해 엄청난 투자를 하고 있지만 단일 리전에 있는 다수의 AZ가 실패할 가능성을 완전히 제거할 수는 없다. 이와 같은 리전 단위 실패 상황에서 중요한 애플리케이션이 정상적으로 실행되도록 하려면, 두 개의 리전에 인스턴스를 추가하고 하나는 액티브 리전^{active region}으로 다른 하나는 패시브 리전^{passive region}으로 운영한다. 또한 앞의 시나리오와 같이 Auto Scaling을 이용해 각 리전마다 멀티 AZ 환경을 구성하고, 멀티 인스턴스를 생성하고, 피크 타임에 각 AZ가 각각 50%의 트래픽을 처리할 수 있도록 한다.

이번에도 멀티 AZ 기반 RDS를 사용하려 하는데 한 가지 문제가 있다. 멀티 AZ RDS의 경우 기본 데이터베이스 인스턴스와 보조 데이터베이스 인스턴스가 반드시 동일한 리전에서 실행돼야 하는 것이다. 현재로선 RDS의 기본 및 보조 데이터베이스 인스턴스를 별도의 리전에서 운영할 방법이 없으며, 멀티 AZ RDS로 데이터 손실 없이 리전 단위의 실패에 대응하는 일 또한 불가능하다.

하지만 한 가지 해결책이 있다. MySQL 또는 MariaDB 데이터베이스 엔진의 멀티 AZ 읽기 사본read replica을 생성해 다수의 리전에 배포하는 것이다. 이후 비동기적으로 하나의 리전에서 다른 리전으로 데이터 사본을 전달할 수 있다. 이 경우 기본 데이터베이스 인스턴스에 기록되는 시점과 읽기 사본에 기록되는 시점의 차이가 존재하며, 데이터가 읽기 사본에 완전히 전달되기 전에 기본 데이터베이스 인스턴스가 실패하면 데이터를 잃을 가능성이 있다. 예를 들어, 읽기 사본 복제 지연 시간이 10분이라면 이 10분만큼의 데이터를 잃을 가능성이 있는 셈이다.

복원 절차

이전 시나리오에서는 애플리케이션 또는 데이터베이스 인스턴스의 실패가 현재 리전에 국한됐으며, 만에 하나 개별 AZ가 실패하더라도 다른 AZ를 이용해 자동으로 복원 작업이 이뤄졌다. 하지만 리전 단위 실패가 실패할 경우 자동 복원 작업과 함께 일련의 수동 복원 작업이 필요하다.

리전 실패 전 사용자는 액티브 리전에서만 애플리케이션 인스턴스에 접속하며, CloudWatch Alarm을 생성해 ALB 헬스 체크 모니터링 기능으로 액티브 리전 내 인스턴스의 상태를 확인할 수 있다. 이후 액티브 리전의 ALB 헬스 체크가 실패할 경우 패시브 리전을 기반으로 한 실패 대응에 나설지 결정해야 한다.

패시브 리전에서 실패 대응을 하기로 결정한다면 두 가지 작업이 필요하다. 먼저 Route 53의 리소스 레코드resource record를 수정해 패시브 리전의 ALB로 사용자 트래픽 흐름을 변경한다. 그다음 패시브 리전의 읽기 사본을 기본 데이터베이스 인스턴스로 승격시킨다.

가용성 계산

수동 복원 작업을 필요로 하는 실패 상황은 매우 드문 경우로 액티브 리전 실패에 따라 패시브 리전으로 이전하는 실패 대응 작업이 필요한 경우와 데이터베이스 실패를 스냅샷으로 복원해야 하는 경우 등이 해당된다.

연간 2회의 실패가 발생하고 실패 복원에 각각 20분이 소요된다고 했을 때, 연간 다운타임은 40분이며, 이는 99.99%의 가용성에 해당한다. 이번 시나리오에서는 애플리케이션 및 운영체제 업데이트에 따른 다운타임이 발생하지 않도록 한다. 업데이트 작업 시에는 새 인스턴스를 생성해 업데이트를 진행한 뒤 기존 인스턴스를 점진적으로 대체하고, 이 과정에서 문제 발생 시 사용자 트래픽을 즉각적으로 기존 인스턴스로 되돌려 보내는 방법을 사용한다.

정리

가용성을 최대로 높이려면 처음부터 실패가 발생하지 않는 아키텍처를 만들어야 한다. 재앙에 가까운 애플리케이션 실패를 막으려면, 멀티 AZ 환경에서 멀티 EC2 인스턴스 기반으로 애플리케이션을 실행하고, ABL을 이용해 워크로드를 멀티 인스턴스에 최대한 균등하게 분산시켜야 한다. 하나의 인스턴스 또는 하나의 AZ가 실패하더라도 ALB가 사용자의 트래픽을 다른 AZ의 안전한 인스턴스로 전달할 수 있으며, 애플리케이션은 정상적으로 실행될 수 있다.

애플리케이션 실패를 막는 또 다른 방법은 개별 인스턴스에 가해지는 부담 수준을 관리하는 것이며, EC2 Auto Scaling이 바로 그런 일을 도와준다. 동적 스케일링 정책을 통해 증가된 요구 수준을 처리할 수 있는 적정 수준의 인스턴스를 제공할 수 있다. 하지만 부득이하게 실패가 발생한다면 최대한 신속하게 실패 상황을 벗어나 시스템을 복구해야 한다. Auto Scaling 그룹을 이용해 항상 적정 용량 또는 최소한의 인스턴스가 유지되도록 할 수 있으며, 특정 인스턴스의 성능이 저하되면 Auto Scaling이 이를 폐기하고 정상 인스턴스로 대체하도록 할 수 있다.

애플리케이션 실패의 주요 원인 중 하나는 데이터 손실 또는 의도치 않은 변조이며, S3 버저닝, 크로스 리전 복제, EBS 스냅샷 등 다양한 기법을 이용해 중요 애플리케이션 데이터를 안전하게 백업 및 복원할 수 있다. 데이터베이스의 경우 멀티 AZ 기반 RDS를 이용해 데이터베이스 인스턴스 스냅샷 생성을 자동화해 데이터베이스의 최신 복제본을 만들고 멀티 AZ 환경에 안전하게 저장할 수 있다.

시험 대비 전략

강한 의존성 요소 및 중복구현 요소를 이용한 총가용성 계산 방식을 이해한다. 하나의 리소스가 다른 리소스에 의존하고 있다면 이를 강한 의존성이라 할 수 있다. 예를 들어, 애플리케이션은 이에 연결된 데이터베이스와 강한 의존 관계에 있다. 상호의존성이 없는 리소스, 예를 들어 독립적으로 존재하는 애플리케이션 인스턴스들은 중복구현 요소라 할 수 있다.

전통적인 애플리케이션과 클라우드 네이티브 애플리케이션의 차이점을 이해한다. 전통적인 애플리케이션은 Linux 또는 Windows 서버에서 실행되도록 설계됐으며, SQL 서버 등의 표준 데이터베이스나 Redis 또는 MongoDB와 같은 비관계형 데이터베이스를 이용한다. 반면 클라우드 네이티브 애플리케이션은 Lambda 또는 DynamoDB와 같이 클라우드에서만 사용할 수 있는 컴퓨트, 데이터베이스, 네트워크 리소스를 사용한다.

EC2 Auto Scaling의 활용 방법을 이해한다. Auto Scaling은 자동으로 새 인스턴스를 프로비저닝해 애플리케이션 실패를 막도록 도와주고, 헬스 체크를 통해 인스턴스의 성능을 지속적으로 확인한다. 인스턴스 실패 시 Auto Scaling은 이를 대체할 새 인스턴스를 생성 및 추가한다.

ALB 및 EC2 Auto Scaling을 이용해 애플리케이션의 가용성을 높일 수 있는 방법을 이해한다. Auto Scaling은 새 인스턴스 생성 후 ELB 타겟 그룹에 자동으로 인스턴스를 추가한다. 인스턴스 실패 또는 성능 저하 시 Auto Scaling은 ELB 타겟 그룹에서 자동으로 해당 인스턴스를 삭제한다.

S3, EBS, EFS를 이용한 백업 및 복원 기법의 차이점을 이해한다. 객체 스토리지의 백업 및 복원을 위해 S3의 버저닝 및 크로스 리전 복제를 이용한다. EBS 볼륨 백업을 위해서는 EBS의 자동 또는 수동 스냅샷을 이용한다. EFS의 백업을 위해 AWS Backup 서비스를 이용하거나 EFS 파일 시스템 전체를 다른 AZ에 복제할 수 있다.

SQS 표준 큐 및 FIFO 큐의 차이점을 이해한다. SQS 표준 큐는 FIFO 큐보다 더 많은 메시지를 처리할 수 있다는 장점이 있지만, 메시지의 도착 순서가 바뀌거나 중복 전송될 가능성이 있다는 단점이 존재한다. 반면, SQS FIFO 큐는 표준 큐보다 처리 가능한 메시지 수는 더 적지만, 정확한 순서대로, 단 한 번만 전송할 수 있다는 장점이 있다.

평가 문제

1. 월간 30분의 다운타임을 위한 최소한의 가용성 수준은 몇 퍼센트인가?

   A. 99%

   B. 99.9%

   C. 99.95%

   D. 99.999%

2. 여러분의 애플리케이션이 단일 AZ 환경에서 2개의 EC2 인스턴스 기반으로 실행 중이다. ALB를 이용해 트래픽을 인스턴스에 균등하게 분산시키고 있으며, EC2 인스턴스는 각각 RDS 데이터베이스 인스턴스와 연결돼 있다. 각 EC2 인스턴스의 가용성이 90%고 RDS 인스턴스의 가용성이 95%라면 애플리케이션의 총 가용성은 얼마인가?

   A. 94.05%

   B. 99%

   C. 99.9%

   D. 99.95%

3. 여러분의 부서에서 AWS 기반의 새 애플리케이션을 설계 중이며, 개발팀이 여러분에게 모든 리전에서 적정한 성능을 발휘할 수 있는 데이터베이스를 추천해 줄 것을 요청했다. 다음 중 가용성을 최대화할 수 있는 데이터베이스 옵션은 무엇인가?

   A. MySQL을 사용하는 멀티 AZ 기반 RDS

   B. DynamoDB

   C. Aurora를 사용하는 멀티 AZ 기반 RDS

   D. 셀프 호스팅 SQL 데이터베이스

4. 다음 중 웹 애플리케이션의 가용성을 높일 수 있는 방법은 무엇인가? (모든 정답 선택)

    A. 애플리케이션 인스턴스 대신 S3 버킷에 웹 애셋을 저장한다.

    B. 애플리케이션의 피크 로드를 처리할 수 있을 정도로 충분히 큰 인스턴스 클래스를 사용한다.

    C. 인스턴스의 스케일인 시행

    D. 인스턴스의 스케일아웃 시행

5. EC2 Auto Scaling 그룹 설정을 통해 시작 환경설정으로 다수의 인스턴스에 애플리케이션을 설치했다. 그리고 Auto Scaling 재설정을 통해 새 인스턴스 위에 또 다른 애플리케이션을 설치해야 하는 경우 여러분이 할 일은 무엇인가?

    A. 시작 환경설정 수정

    B. 시작 템플릿 생성 및 Auto Scaling 그룹이 이를 사용하도록 설정

    C. 시작 템플릿 수정

    D. CloudFormation 템플릿 수정

6. Auto Scaling 그룹을 생성하며 최소 그룹 사이즈 3, 최대 그룹 사이즈 10, 희망 용량 5로 설정했다. 이후 그룹에서 2개 인스턴스를 수동으로 폐기했을 때 Auto Scaling이 하게 될 일은 무엇인가?

    A. 2개 인스턴스 생성

    B. 희망 용량을 3으로 감소시킴

    C. 아무 일도 하지 않음

    D. 최소 그룹 사이즈를 5로 증가시킴

7. Auto Scaling이 인스턴스 헬스 체크에 사용하는 방법은 무엇인가? (모든 정답 선택)

    A. ELB 헬스 체크

    B. CloudWatch Alarms

    C. Route 53 헬스 체크

    D. EC2 시스템 체크

    E. EC2 인스턴스 체크

8. 매월 1일 트래픽이 급증하는 애플리케이션이 있다. Auto Scaling을 이용해 트래픽이 급증하기 전에 인스턴스를 추가하고, 각 인스턴스의 CPU 활성화율에 따라 다시 인스턴스를 추가하려 한다. 여러분이 구현해야 하는 것은 무엇인가? (모든 정답 선택)

A. 타겟 추적 정책

B. 예약 작업

C. 스텝 스케일링 정책

D. 심플 스케일링 정책

9. S3 저장 객체에 대한 변조 또는 삭제를 방지하기 위한 가장 강력한 보호 수단은 무엇인가? (정답 2개)

A. 버저닝

B. 버킷 정책

C. 크로스 리전 복제

D. Standard 스토리지 클래스 사용

10. 스팟 플릿에 저장된 여러 개의 EC2 인스턴스의 바이너리 파일을 3일 간격으로 백업해야 하는 경우 가장 좋은 방법은 무엇인가?

A. CloudWatch Logs로 실시간 전송한다.

B. Elastic File System을 생성하고 크론 잡으로 파일을 백업한다.

C. Snapshot Lifecycle Policy를 작성해 24시간마다 각 인스턴스의 스냅샷을 생성하고, 스냅샷을 최신 순으로 3개 보관한다.

D. Snapshot Lifecycle Policy를 작성해 4시간마다 각 인스턴스의 스냅샷을 생성하고, 스냅샷을 최신 순으로 18개 보관한다.

11. 1개 리전 내, 3개 AZ에서 멀티 AZ RDS를 실행하려 한다. AZ당 2개의 읽기 사본을 생성하려 할 때 사용해야 할 데이터베이스 엔진은 무엇인가?

A. MySQL

B. PostgreSQL

C. MySQL

D. Aurora

12. 1개 AZ에서 RDS 인스턴스를 실행 중이다. 5분 RPO를 달성하려 할 때 구현해야 할 것은 무엇인가?

- **A.** 멀티 AZ 환경설정
- **B.** 자동 스냅샷 활성화
- **C.** 동일 리전에 읽기 사본 추가
- **D.** 다른 리전에 읽기 사본 추가

13. VPC에 서브넷을 생성할 때 VPC에 충분한 주소 공간을 마련해 둬야 하는 이유는 무엇인가? (정답 2개)

- **A.** 애플리케이션을 위해 새로운 티어를 추가할 수 있으므로
- **B.** RDS를 구현해야 할 수 있으므로
- **C.** AWS가 때에 따라 리전에 AZ를 추가하므로
- **D.** VPC에 보조 CIDR를 추가할 수 있으므로

14. 50개의 EC2 인스턴스를 배포하되 각각 2개의 프라이빗 IP 주소를 지니도록 하려 한다. 모든 인스턴스를 하나의 서브넷에 넣으려 할 때 서브넷 CIDR로 적절한 것은 무엇인가? (모든 정답 선택)

- **A.** 172.21.0.0/25
- **B.** 172.21.0.0/26
- **C.** 10.0.0.0/8
- **D.** 10.0.0.0/21

15. 현재 사무실의 10Gbps 인터넷으로 AWS 리소스를 연결하고 있다. 전세계 사용자 역시 동일한 AWS 리소스에 접속한다. 기존 인터넷 연결 외에 Direct Connect 사용을 검토해야 하는 이유는 무엇인가? (정답 2개)

- **A.** 저지연성 구현
- **B.** 광대역 연결 구현
- **C.** 엔드유저 경험 개선
- **D.** 보안성 증대

16. VPC와 데이터 센터를 연결하기 전 적절한 연결성 구현을 위해 해야 할 일은 무엇인가?

    A. IAM 정책을 통해 AWS 리소스에 대한 접근 제한

    B. 두 네트워크의 IP 주소가 중복되지 않도록 함

    C. 데이터 센터 방화벽의 보안 그룹이 적절하게 설정됐는지 확인

    D. 전송 중 암호화 사용

17. AWS에서 독립형 Linux 애플리케이션을 실행하고 99%의 가용성을 달성하려 한다. 데이터베이스는 필요치 않으며 소수의 사용자만 접속하려 한다. 필요에 따라 인스턴스를 폐기하고 다양한 AMI를 이용해 인스턴스를 다시 생성할 예정일 때 적합한 것은 무엇인가? (모든 정답 선택)

    A. CloudFormation

    B. Auto Scaling

    C. User data

    D. Dynamic scaling policies

18. 단일 리전에서 8개의 인스턴스를 동시에 실행하려 한다. 3개의 AZ를 사용할 수 있다면 단일 AZ 실패에 대응할 수 있는 AZ당 최소한의 인스턴스 수는 몇 개인가?

    A. 3

    B. 16

    C. 8

    D. 4

19. 애플리케이션의 연간 다운타임이 45분이라면 이에 대한 가용성은 얼마인가?

    A. 99%

    B. 99.9%

    C. 99.99%

    D. 99.95%

20. 2개 리전에서 애플리케이션을 실행 중이고 멀티 AZ RDS 및 리전마다 읽기 사본을 사용하고 있다. 보통 사용자는 ELB가 제공하는 퍼블릭 도메인을 이용해 하나의 리전에 있는 애플리케이션에만 접속한다. 해당 리전이 실패해 다른 리전을 통해 실패 복구를 하는 경우 여러분이 해야 할 일은 무엇인가? (모든 정답 선택)

A. DNS 레코드를 수정해 로드 밸런서가 다른 리전을 가리키도록 함

B. 밸런서가 다른 리전을 가리키도록 함

C. 다른 리전에서 데이터베이스 실패 복구를 하도록 함

D. 스냅샷으로 데이터베이스를 복구함

21. SQS 큐에서 컨슈머가 메시지를 확인하면 해당 메시지는 어떻게 되는가? (정답 2개)

A. 큐에서 즉시 삭제된다.

B. 30초간 유지된 뒤 큐에서 삭제된다.

C. 보유기간 동안 유지된 뒤 큐에서 삭제된다.

D. 가시성 중지기간 동안 다른 컨슈머에게 보이지 않게 된다.

22. SQS 큐의 기본 가시성 중지기간은 얼마인가?

A. 0초

B. 30초

C. 12시간

D. 7일

23. SQS 큐의 기본 보유기간은 얼마인가?

A. 30분

B. 1시간

C. 1일

D. 4일

E. 7일

F. 14일

24. 소비된 메시지를 SQS 큐에서 10분간 보이지 않도록 하려 한다. 다음 중 이를 위한 설정 내역은 무엇인가?

   A. 딜레이 큐

   B. 메시지 타이머

   C. 가시성 중지기간

   D. 롱폴링

25. 다음 중 5만개 이상의 인플라이트 메시지를 처리할 수 있는 SQS 타입은 무엇인가?

   A. FIFO

   B. Standard

   C. Delay

   D. Short

26. 메시지가 도착한 순서대로 전달하는 SQS 타입은 무엇인가?

   A. FIFO

   B. Standard

   C. LIFO

   D. FILO

   E. Basic

27. SQS 큐에서 롱폴링 방식으로 메시지를 인출하는 애플리케이션이 있는데, 중복된 메시지로 인해 애플리케이션 충돌이 발생했다. 이 문제를 해결하기 위한 방법으로 적당한 것은 무엇인가?

   A. 큐별 지연 설정

   B. 스탠다드 큐 사용

   C. FIFO 큐 사용

   D. 숏폴링 큐 사용

28. 프로듀서 애플리케이션이 SQS 큐에 메시지를 전송했고, 컨슈머 애플리케이션은 기본 폴링 설정으로 5초마다 큐를 조회한다. 그런데 컨슈머가 큐를 조회할 때, 큐에 메시지가 있음에도 불구하고 큐에 메시지가 없다는 응답을 보낼 때가 자주 있다. 나중에 컨슈머가 다시 큐를 조회하면 SQS는 메시지를 전송한다. 이와 같은 메시지 누락 문제의 발생 원인은 무엇인가?

A. 롱폴링 사용

B. 숏폴링 사용

C. FIFO 큐 사용

D. 스탠다드 큐 사용

29. 다음 중 데드레터 큐 상황이라고 부를 수 있는 것은 무엇인가?

A. 큐에 메시지가 너무 오래 남아있다가 삭제됨

B. 서로 다른 컨슈머가 동일한 메시지를 받고 처리함

C. 메시지가 별다른 원인 없이 큐에서 사라짐

D. 컨슈머가 특정 메시지 처리에 실패하는 일이 반복됨

30. 6일이 경과한 메시지가 데드레터 큐에 전송됐다. 데드레터 큐 및 소스 큐의 보유기간이 10일인 경우 해당 메시지는 어떻게 되는가?

A. 최대 10일간 데드레터 큐에 남아있을 수 있다.

B. 즉시 삭제될 수 있다.

C. 4일 후 삭제될 수 있다.

D. 최대 20일간 데드레터 큐에 남아있을 수 있다.

11 고성능 아키텍처

AWS 공인 솔루션스 아키텍트 어소시에이트 시험 범위 중 11장에서 살펴볼 영역별 세부 항목은 다음과 같다.

출제영역 2: 복원성 아키텍처 설계

✓ 느슨하게 결합된 확장성 아키텍처 설계

✓ 고가용성 및 내오류성 아키텍처 설계

출제영역 3: 고성능 아키텍처 설계

✓ 고성능 및 확장성 스토리지 솔루션 결정

✓ 고성능 및 탄력적 컴퓨트 솔루션 설계

✓ 고성능 데이터베이스 솔루션 결정

✓ 고성능 및 확장성 네트워크 아키텍처 결정

✓ 고성능 데이터 유입 및 변환 솔루션 결정

개요

지금쯤 애플리케이션의 배포 및 관리를 위해 주요 AWS 서비스를 이용하는 방법을 잘 이해하게 됐을 것이다. 또한 10장, '안정성 원칙'을 통해 AWS에서의 다양한 실패 대응 기법도 잘 이해하게 됐을 것이다.

11장에서는 클라우드 리소스를 최대한 활용할 수 있는 방법을 알아본다. 클라우드 리소스가 문제 없이 실행되는 것만으로는 부족하다. 전통적인 개발 환경에서 벗어나 클라우드 특유의 각종 기능을 최대한 활용할 필요가 있다. 이번 장에서 살펴볼 주요 내용은 다음과 같다.

- 성능 실험 및 측정을 위해 신속하게 테스트 환경설정
- 변화하는 요구 수준에 맞춰 신속하게, 자동으로 스케일업 및 스케일다운
- 관리형 서비스를 이용해 인프라를 자동으로 프로비저닝하기 위한 업무 추상화
- 외부 이벤트에 대응하기 위한 컨테이너 및 서버리스 기술 적용 자동화
- 스크립트 및 템플릿을 이용한 풀스택 인프라 배포 자동화
- 시스템 데이터의 효율적인 활용을 통한 업무 최적화

핵심 AWS 서비스의 성능 최적화

이 책의 전반부에서 Amazon의 컴퓨트, 스토리지, 데이터베이스, 네트워크 서비스의 다양한 장점과 유연성을 두루 살펴봤다. 또한 애플리케이션의 성능 최적화를 위해 이들 도구를 미세하게 조절하고 세심하게 관리하는 방법을 알아보고, 플랫폼에 내장

된 다양한 환경설정 옵션도 이용할 수 있게 됐다.

이번 절에서는 지금까지 배운 지식 수준을 한 단계 더 높일 것이며, 현실적인 성능 문제를 해결하기 위한 핵심 설계 원칙을 알아본다.

컴퓨트

컴퓨트 서비스의 진정한 목적은 워크로드 수요에 맞춰 신속하고 효율적으로 컴퓨트 리소스를 제공하는 것이다. 하지만 세상의 모든 문제를 동일한 컴퓨트 리소스만으로 해결할 수 없는 것이 현실이다. 아키텍트인 여러분은 컴퓨트 리소스의 기능성과 연산력을 적절히 조합할 수 있어야 한다.

EC2 인스턴스 타입

2장에서 살펴본 것처럼 EC2 인스턴스의 성능은 다양한 환경설정 변수에 의해 결정되며 처리하려는 워크로드에 가장 적합한 인스턴스 타입을 선택할 수 있어야 한다. 현실에 존재하는 다양한 문제를 해결하는 과정에서 인스턴스의 타입을 변경할 수 있고, 때론 인스턴스를 추가하기도 해야 한다.

표 11.1은 워크로드에 가장 적합한 인스턴스 타입을 결정할 때 선택할 수 있는 환경설정 파라미터를 보여준다. 환경설정 파라미터configuration parameter는 인스턴스의 성능 기반인 하드웨어의 각종 성능 요소를 추상화한 것이며, 사용자는 이를 통해 인스턴스에 할당되는 리소스를 정의할 수 있다.

표 11.1 인스턴스 타입 파라미터 명세표

인스턴스 파라미터	설명
ECUs	EC2 컴퓨트 유닛. 인스턴스 타입 간 컴퓨트 성능 비교에 유용
vCPUs	인스턴스에 할당된 가상 CPUs 수
Physical Processor	호스트 서버가 사용하는 프로세서 패밀리(예: Intel Xeon E52676v3)
Clock Speed	호스트 서버가 사용하는 클럭 스피드
Memory	인스턴스에 할당된 메모리 양
Instance Storage	로컬(단명) 인스턴스 스토어 볼륨의 크기

인스턴스 파라미터	설명
EBS-Optimized Available	전용 I/O 처리용량에 최적화된 EBS 사용 여부
Network Performance	인스턴스의 데이터 전송 속도
IPv6 Support	IPv6 주소 지원 여부
Processor Architecture	하드웨어 서버의 32비트 또는 64비트 프로세서 사용 여부
Intel AES-NI	하드웨어 호스트의 Advanced Encryption
Standard-New Instructions(AES-NI) 암호화 지시 세트 사용 여부	P3, P2, G3, F1
Intel AVX	하드웨어 호스트의 그래픽 및 분석 성능 향상을 위한 부동소수점 지시 세트 사용 여부
Intel Turbo	하드웨어 호스트의 단기 성능 부스팅 기능 사용 여부

Auto Scaling

하나의 EC2 인스턴스로 워크로드를 처리할 수 없다면 스케일아웃만 하면 된다. 스케일아웃scale out 또는 수평적 스케일링scaling horizontally은 애플리케이션 수요에 맞춰 리소스를 추가하는 방법이며, 기존 인스턴스와 병렬적으로 워크로드를 처리한다.

전형적인 스케일아웃 시나리오는 증가하는 고객 수요에 맞춰 커머스용 웹서버를 호스팅하는 EC2 인스턴스를 확장하는 것이다. 고객 관리자는 기존 인스턴스의 EBS 볼륨 스냅샷을 생성해 기업 전용 EC2 AMI 이미지를 생성할 수 있다. 이 AMI를 이용해 다수의 인스턴스를 생성할 수 있고, 로드 밸런서를 이용해 고객 트래픽을 이들 병렬 인스턴스에 균등하게 전달할 수 있다(로드 밸런서는 잠시 후 설명한다).

이것이 바로 인스턴스 확장이다. Auto Scaling은 변화하는 요구 수준에 맞춰 인스턴스를 자동으로 추가 또는 삭제할 수 있는 AWS의 도구다. 수요 증가 시 인스턴스 리소스에 대한 성능 지표를 확인해 자동으로 인스턴스 복제본을 추가하고 개별 인스턴스의 부담을 줄여줄 수 있다. 반대로 수요 감소 시에는 미사용 리소스를 삭제해 운영 비용을 줄인다.

Auto Scaling 그룹은 배포하려는 인스턴스를 정의한 시작 환경설정을 이용하며, 애플리케이션을 미리 설치해 둔 커스텀 EC2 AMI를 이용하거나 인스턴스 시작 시점에 유저 데이터로 애플리케이션을 설치할 수 있는 표준 AMI를 이용할 수 있다. 다음 예제를 통해 Auto Scaling 그룹을 생성해 보자.

실습 예제 11.1

Auto Scaling을 이용한 애플리케이션 환경설정 및 시작

1. EC2 대시보드에서 시작 환경설정을 생성한다. Quick Start 탭에서 Ubuntu Server LTS AMI를 선택하고, 인스턴스 타입은 t2.micro를 선택한다.

2. Create Launch Configuration 페이지에서 이름을 입력한다. IAM 롤이나 모니터링 등은 그대로 둔다.

3. 아래 설정 내용을 입력한 뒤 start.sh로 파일명을 작성하고 컴퓨터에 저장한다. Advanced Details 섹션에서 As File 버튼을 클릭하고 start.sh를 선택한다. 이 명령은 인스턴스에 Apache 웹 서버를 설치하고 index.html 웹 페이지를 생성한다.

```
#!/bin/bash
apt-get update
apt-get install -y apache2
echo "Welcome to my website" > index.html
cp index.html /var/www/html
```

4. 보안 그룹을 선택 또는 생성하고 80포트로 유입되는 모든 HTTP 트래픽을 허용한다. 다음으로 환경설정을 생성하고 SSH로 인스턴스 로그인 시 적절한 키페어를 제공하도록 설정한다.

5. Auto Scaling 그룹을 생성하고 새 시작 환경설정을 사용하도록 한다. 그룹 이름을 입력하고 Group Size 값은 1로 유지한다.

6. 인스턴스를 시작할 VPC를 선택하고, Subnet 필드에서 인스턴스용 서브넷을 선택한다. 이 때 기본 VPC를 사용하고, 퍼블릭 서브넷 중 하나를 선택해도 무방하다.

7. Configure Scaling Policies 페이지에서 이 그룹의 용량 조절을 위한 스케일링 정책 사용 (Use scaling policies to adjust the capacity of this group) 버튼을 선택하고 Scale은 1~2가 되도록 입력한다.

8. Metric Type은 Average CPU Utilization으로 설정하고 Target Value는 5%로 입력한다. 이는 비정상적으로 낮은 값이며 이후 Auto Scaling이 실행되면 이 값이 정상 범위인 70~80%로 조절된다.

9. 이번 예제에서는 환경설정 알림 또는 태그는 사용하지 않는다. Create 버튼을 눌러 그룹 생성 작업을 마친다.

10. 그룹이 생성되는 즉시 새 인스턴스 시작을 준비한다. 모든 요소가 로딩되는 데 수 분이 소요될 수 있으며, 인스턴스 생성 후 IP 주소를 클릭해 웹 페이지가 로딩되는지 확인한다(EC2 대시보드에 링크가 있다).

index.html 페이지 용량이 작으므로 Auto Scaling이 두 번째 인스턴스를 생성하도록 하기는 어렵다. 의도적으로 성능 부족 상황을 연출하기 위해 아래 코드를 입력해 CPU 활성화 수준을 높일 수 있다.

```
$ while true; do true; done
```

 Configure Auto Scaling 그룹 상세 페이지에서 하나 이상의 로드 밸런서에서 트래픽 수용 옵션을 선택하면, 동일한 URL로 현재 실행중인 모든 인스턴스를 접속할 수 있다. 이번 예제에서는 로드 밸런서가 정상 작동하는 것으로 가정한다.

서버리스 워크로드

EC2 인스턴스를 사용하지 않고도 변화하는 환경에 대응해 효과적으로 컴퓨트 인프라를 배포할 수 있다. Docker와 같은 컨테이너, Lambda 등의 서버리스 함수는 초경량의 리소스만 사용해 거의 즉각적으로 여러분이 필요로 하는 컴퓨트 인프라를 사용할 수 있도록 해준다.

Amazon Elastic Container Service(이하 ECS)와 같은 컨테이너 관리 서비스와 프론트엔드 추상화 서비스인 AWS Fargate는 리소스 활성화율을 극대화하고, 단일 인스턴스 환경에서도 워크로드를 신속하게 처리할 수 있도록 돕는다. Kubernetes 기반의 EKS 등, AWS 컨테이너 환경은 관리자가 쉽게 자동화할 수 있도록 스크립트로 접근할 수 있다.

AWS Lambda는 지속적으로 실행되는 서버 호스트를 프로비저닝할 필요가 없다는 점에서 EC2 인스턴스나 ECS 컨테이너와 다르다. Lambda 함수는 네트워크 이벤트에 대응해 (최대 15분이라는) 매우 짧은 시간 동안 실행된다. Lambda 함수는 다른 AWS 서비스와 쉽게 통합할 수 있으며, Amazon API Gateway를 이용해 API 요청 방식으로 워크로드를 처리할 수 있다.

표 11.2는 위의 세 가지 컴퓨트 기술의 주요 활용 사례를 설명한다.

표 11.2 컴퓨트 서비스별 주요 활용 사례

기술	활용 사례
EC2 인스턴스	• 복잡한 구성으로 장시간 실행되는 웹 애플리케이션 • 심층적인 모니터링 및 트래킹이 요구되는 업무 프로세스
ECS 컨테이너	• 고확장성의 자동화된 애플리케이션 • 리소스에 대한 완전한 통제권이 요구되는 애플리케이션 • 마이크로서비스 배포 • 테스트 환경 구성
Lambda 함수	• 백엔드 데이터베이스에서 데이터 인출 작업 • 데이터 스트림 파싱 작업 • 트랜잭션 데이터 처리

스토리지

2장에서 EBS 볼륨의 IOPS, 지연성, 처리용량 등을 설정해 데이터 처리 성능을 조절하는 방법을 알아봤다. 3장에서는 S3부터 Glacier에 이르기까지 확장성 높은 멀티티어 객체 스토리지 활용 방법을 알아봤으며, Amazon EFS, Windows File Server 및 Lustre를 위한 Amazon FSx 서비스를 이용해 VPC 내에서 사용할 수 있는 인스턴스용 공유 파일 스토리지를 구현하거나 AWS Direct Connect를 이용해 데이터를 전송하는 방법을 살펴봤다.

이번 절에서는 클라우드 스토리지 및 이를 사용하는 서비스의 성능을 최적화할 수 있는 방법을 알아본다.

RAID 최적화 EBS 볼륨

RAID^{Redundant Array of Independent Disks} 기반의 디스크 관리 기술을 이용해 데이터 스토리지의 성능 및 안정성을 높일 수 있다. RAID는 데이터 센터의 관리자들이 수년간 사용해 온 디스크 관리 기법이지만 AWS의 EBS 디스크에 이 기술을 적용하는 일은 새로운 접근 방식을 요구한다(AWS에서 EBS 디스크는 OS 내에서 관리된다).

RAID는 다수의 드라이브 공간을 하나의 논리 드라이브^{logical drive}에 통합하며, 드라이브 내 전체 배열 구조에 데이터를 분산 또는 복제한다. 비중복구현형 RAID 0 표준은 데이터 스트라이핑^{data striping}을 통해 데이터를 세분화하고 하나 이상의 디바이스에 저장해 단일 디스크의 접근 제약성을 동시다발적인 작업으로 극복한다. 이 방식은 대규모의 트랜잭션 데이터를 처리하는 데이터베이스의 I/O 성능을 크게 높여준다.

RAID 1은 다수의 볼륨에 데이터 복제본을 생성한다. 전통적인 RAID 1 배열은 스트라이핑 또는 패리티 등의 기법을 사용하지 않으므로 성능을 높여주지는 않지만 하나의 디스크가 실패하더라도 피해를 최소화해 안정성을 높여준다. RAID 1은 I/O 성능 제고가 아닌 데이터의 안정성이 매우 중요한 경우에 주로 사용된다.

RAID 5 및 RAID 6 환경설정은 성능과 안정성 모두를 높이기 위한 옵션이지만 AWS는 IOPS 소모 문제 등의 이유로 사용을 권장하지 않는다. 또한 AWS는 RAID 기반 볼륨을 인스턴스 부트 드라이브로 사용하는 것 또한 권장하지 않는데, 이는 드라이브 실패 시 인스턴스가 부팅이 불가능해지는 문제가 있기 때문이다.

RAID 배열을 사용하려면 우선 최소 2개 이상의 동일 사이즈 및 동일 IOPS 설정의 EBS 볼륨을 생성한 뒤 실행 중인 인스턴스에 부착한다. 그다음 Linux의 mdadm, Windows의 diskpart 등 OS 도구를 이용해 인스턴스 볼륨을 RAID에 맞춰 설정하면 된다. 이 때 EC2 인스턴스는 추가적인 로드를 처리할 수 있도록 충분한 가용성을 지니고 있어야 한다.

S3 크로스 리전 복제

S3는 글로벌 서비스이지만 버킷의 데이터는 물리적인 AWS 리전에 존재할 수 밖에 없으며, 누구든 새 버킷 생성 시 리전부터 선택해야 한다. 하지만 법적 규제에 따라 또는 성능 개선을 위해 S3 데이터의 물리적인 저장 위치를 하나 이상의 리전으로 확대해야 할 수 있다. 데이터 복제는 지리적 위치에 따른 전송지연을 최소화하기 위한 방법이자 데이터의 안정성 및 내구성을 높이기 위한 방법이다.

S3 Cross-Region Replication(CRR)은 하나의 리전에 있는 버킷 데이터를 자동으로 그리고 비동기적으로 다른 리전의 버킷에 복제한다. CRR은 콘텐츠를 복제할 원본 버킷source bucket에서 복제 규칙을 생성한 뒤 사용할 수 있으며, 소스 버킷 내 모든 콘텐츠 또는 미리 설정한 프리픽스로 필터링한 콘텐츠를 다른 리전의 대상 버킷destination bucket에 저장할 수 있다.

복제 규칙에는 복제된 콘텐츠가 전송될 대상 버킷이 명시돼 있어야 하며, 동일 계정의 다른 리전 내 버킷 또는 다른 계정의 버킷을 대상 버킷으로 설정할 수 있다.

CRR 기능이 활성화되면 원본 버킷에 있는 객체의 복제본이 생성된 뒤 대상 버킷으로 전송된다. 원본 버킷에서 객체가 삭제되면 대상 버킷에서도 해당 객체가 삭제된다. 단, 대상 버킷의 버저닝 기능이 활성화돼 있으면 객체가 유지된다.

다음 예제에서 두 개의 버킷을 CRR 기법으로 동기화해 보자.

실습 예제 11.2

크로스 리전 복제를 이용해 두 개의 S3 버킷 동기화하기

1. S3 콘솔에서 두 개의 리전에 각각 버킷을 생성한다. 두 버킷 중 하나는 원본, 하나는 대상이 된다.

2. S3 콘솔에서 원본 버킷을 클릭하고 Management 탭에서 Replication 버튼을 클릭하고 Add Rule을 클릭한다. 버킷의 버저닝 기능이 켜져 있지 않다면 Enable Versioning 버튼을 클릭해 활성화할 수 있다.

3. 원본 버킷에서 복제할 객체를 정의한다. 이번 예제에서는 Entire Bucket을 선택한다.

4. Destination 페이지에서 Select Bucket 필드를 클릭하고 대상 버킷을 선택한다. 스토리지 클래스와 객체 소유권 옵션은 대상 버킷에 복제본이 생성될 때 자동으로 변경된다. 이번 예제에서는 그대로 두고 넘어간다.

5. IAM Role 박스에서 Create New Role을 선택하고, 버킷 간의 객체 이동에 대한 퍼미션을 설정한다. 설정 내용을 확인하고 규칙을 저장한다.

6. CRR 설정 내용대로 원본 버킷에 파일을 업로드하면 대상 버킷에 해당 파일의 복제본이 생성되는지 확인한다.

Amazon S3 Transfer Acceleration

여러분의 팀 또는 고객이 로컬 PC에서 S3 버킷으로 대용량 파일을 자주 전송하는 경우 S3 Transfer Acceleration 서비스를 이용해 전송 속도를 높일 수 있다. 기가바이트당 전송 비용은 $0.04 수준이며, CloudFront 엣지 로케이션을 이용해 데이터를 전송하므로 훨씬 빠른 전송 속도를 체감할 수 있다.

S3 Transfer Acceleration 서비스의 전송 속도를 확인하기 위해 아래 링크에 여러분의 S3 버킷 이름과 AWS 리전을 입력한다.

```
s3-accelerate-speedtest.s3-accelerate.amazonaws.com/
en/accelerate-speed-comparsion.html?region=us-east-1
&origBucketName=my-bucket-name
```

그러면 Speed Comparison 페이지가 나타나며, S3의 기본 데이터 전송 방식인 S3 Direct와 S3 Transfer Acceleration의 속도 차이를 확인할 수 있다. S3 Transfer Acceleration의 속도 우위가 명확하다면 버킷에서 이를 활성화한 후 사용하면 된다.

다음 예제에서 AWS CLI를 이용해 S3 Transfer Acceleration을 이용해보자.

실습 예제 11.3

S3 Transfer Acceleration을 이용해 버킷에 파일 업로드하기

1. 기존 버킷에서 S3 Transfer Acceleration를 활성화한다(my-bucket-name에 여러분의 버킷 이름을 입력한다).

```
$ aws s3api put-bucket-accelerate-configuration \
--bucket my-bucket-name \
--accelerate-configuration Status=Enabled
```

2. 파일 이름, 버킷 이름, 리전 등이 정확한지 확인한 후 s3-accelerate를 이용해 endpoint-url로 파일을 전송한다.

```
$ aws s3 cp filename.mp4 s3://my-bucket-name \
--region us-east-1 \
--endpoint-url http://s3-accelerate.amazonaws.com
```

CloudFront와 S3 Origins

3장에서 정적 웹사이트 호스팅에 대해 알아봤다. S3는 이 외에도 다양한 파일, 미디어 객체, EC2 AMI 등 리소스 그리고 데이터를 호스팅하기 위한 훌륭한 플랫폼이다. 이들 객체에 대한 접속은 CloudFront를 이용해 최적화할 수 있다.

대표적인 CloudFront 배포의 생성 및 활용 방식은 EC2 인스턴스와 로드 밸런서 조합이 아닌, S3 버킷을 원본origin으로 해 비디오 및 이미지 서비스를 제공하는 것이다. 또한 EC2 기반 애플리케이션에서 고객이 요청한 미디어 파일을 제공할 때 CloudFront 배포를 가리키도록 해 병목현상을 줄이고 별도의 로컬 호스팅 비용 또한 절감할 수 있다.

솔루션 아키텍트로서 여러분의 임무는 데이터가 생성되고 소비되는 과정을 관찰하고, 데이터를 가장 효율적으로 그리고 좀 더 낮은 비용으로 활용할 수 있는 방법을 제시하는 것이다. 특히 좀 더 낮은 비용으로 데이터를 활용하기 위한 방법 중 대표적인 것이 S3이며, 여러분의 창의력과 도전의지로 S3를 훨씬 다양한 방식으로 사용할 수 있다.

데이터베이스

클라우드 기반의 데이터베이스 관리 시스템을 설계할 때 몇 가지 중요한 결정을 해야 한다. 예를 들어, EC2 인스턴스에 여러분이 직접 데이터베이스를 설치하고 운영할 것인지 혹은 데이터베이스와 관련된 복잡한 업무를 AWS에 일임하고 Amazon RDS를 사용할 것인지 결정할 필요가 있다.

여러분이 직접 데이터베이스를 설치하고 운영한다면 좀 더 저렴한 비용으로 좀 더 많은 제어 권한을 가질 수 있고, 커스터마이징 작업 또한 좀 더 쉽게 할 수 있다. 반면 완전 관리형 서비스인 RDS를 이용한다면 소프트웨어 업데이트, 패치, 데이터 복제, 네트워크 관리 등 데이터베이스 관리와 관련된 각종 부담에서 자유로워질 수 있고, 아래와 같은 기본적인 설정 작업만 하면 된다.

- 적절한 RDS 인스턴스 타입 선택
- 스키마, 인덱스, 뷰 등 속성을 조절해 데이터베이스 최적화
- 필요에 따라, RDS 인스턴스에 적용할 수 있는 데이터베이스 기능 옵션 그룹 설정
- 필요에 따라, RDS 인스턴스에 적용할 수 있는 데이터베이스 미세 제어용 파라미터 그룹 설정

여러분이 직접 EC2 인스턴스에 데이터베이스를 설치하면, 다음과 같은 다양한 제어 권한을 확보할 수 있게 된다.

일관성, 가용성, 파티션 내구성 분산형 데이터베이스의 CAP^{Consistency, Availability, and Partition Tolerance} 이론에 따른 것이다. 데이터베이스 어드민은 데이터 변조를 막기 위해 이들 3대 요소 가운데 우선 순위를 정해야 하는데, 일관성, 가용성, 안정성을 한꺼번에 충족할 수 있는 데이터 관리 방법은 존재하지 않기 때문이다.

지연성 스토리지 볼륨은 IOPS 성능과 SSD 또는 HDD 등 아키텍처에 따라 다양한 옵션이 존재하며 데이터베이스의 읽기 및 쓰기 성능에 상당한 영향을 미친다.

내구성 하드웨어 실패 시 여러분의 데이터를 보호할 수 있는 방법이 있는가? 데이터베이스 인스턴스 복제본을 생성해 다수의 AZ 또는 리전에 배포하는가? 이는 10장, '안정성 원칙'에서 설명한 바 있다.

확장성Scalability 여러분이 설계한 데이터베이스가 리소스의 자동 확장을 지원하는가?

비-데이터베이스 호스팅 데이터는 때로 AWS S3와 같은 비-데이터베이스 환경에서 효과적으로 호스팅할 수 있으며, Amazon Redshift Spectrum, Athena, Elastic Map Reduce(EMR) 등은 데이터의 효과적인 분석 방법이 될 수 있다.

5장에서 다룬 Amazon Redshift 외에도 다양한 데이터 웨어하우스 도구가 존재하며, 고확장성의 SQL 작업을 도와줄 다양한 서드파티 데이터 관리 도구를 AWS에 배포할 수 있다. 표 11.3은 최근 각광받고 있는 데이터 웨어하우스 관리 도구를 보여준다.

표 11. 3 서드파티 데이터 웨어하우스 및 관리용 도구

기술	역할	플랫폼
Pivotal Greenplum Database	빅데이터 분석 및 데이터 과학 업무를 위한 대규모 병렬 데이터 웨어하우스	EC2 마켓플레이스 AMI로 사용 가능
Snowflake	클라우드 환경에 최적화된 SaaS 기반 페타바이트급 데이터 웨어하우스	AWS 마켓플레이스에서 사용 가능
Presto	비구조화, 반구조화 데이터 분석을 위한 분산 Hadoop 기반 SQL 쿼리 엔진	Amazon Athena 또는 Amazon EMR을 통한 배포

네트워크 최적화 및 로드 밸런싱

클라우드 컴퓨팅 워크로드는 네트워크 연결이 되느냐 안 되느냐 여부에 따라 사용 가능 또는 사용 불가능 여부가 결정되므로 신속하며 안정적으로 여러분의 클라우드 리소스에 접근할 수 있는지 확인해야 한다. 위치 기반 저지연성 라우팅 기법인 Route 53와 CloudFront는 강력한 네트워킹 정책에 있어 중요한 요소이며, VPC 엔드포인트와 AWS Direct Connect 또한 중요한 요소다.

광대역 EC2 인스턴스 타입 또한 네트워크 성능에 큰 차이를 가져올 수 있으며, 강화 네트워킹enhanced networking 기능과 호환되는 인스턴스를 사용하면 데이터 전송 속도를 최대 100 Gbps까지 높일 수 있다. 현재 제공 중인 강화 네트워킹은 Intel 82599 Virtual Function(VF) 인터페이스, Elastic Network Adapter(ENA), Elastic Fabric Adapter(EFA) 등 세 가지 타입이다.

위 타입은 각각 특정 인스턴스 타입만 지원하며, 아래 링크에서 다양한 Linux 서버 OS 등 강화 네트워킹 기능 사용과 관련된 상세한 내용을 확인할 수 있다.

docs.aws.amazon.com/AWSEC2/latest/UserGuide/enhanced-networking.html

docs.aws.amazon.com/AWSEC2/latest/UserGuide/efa.html

하지만 현재 클라우드에서 가장 중요한 네트워킹 성능 강화 기술은 로드 밸런싱이 아닐까 생각한다. 조만간 여러분은 늘어난 고객의 애플리케이션 수요에 맞춰 다수의 인스턴스를 실행하게 될 것이다. 애플리케이션 트래픽 급증에 맞춰 스케일아웃하는 것은 훌륭한 아이디어이지만 수많은 고객과 서버를 연결하는 일은 결코 쉽지 않다. 많은 양의 트래픽이 몇몇 인스턴스에만 집중되는 현상이 발생하지 않을까?

로드 밸런서load balancer는 인프라 맨 앞에 위치해 고객의 콘텐츠에 대한 모든 요구를 분산, 처리하는 네트워크 서비스다. Route 53와 같은 DNS 서버 또는 CloudFront를 사용한다면 이들 서비스는 특정 주소에 대한 요청을 개별 서버가 아닌 로드 밸런서에 전달하는 역할을 한다.

로드 밸런서가 요청을 받으면 그림 11.1과 같이 트래픽을 백엔드 애플리케이션 서버 중 하나에 전달하고, 그에 대한 응답을 다시 원본 클라이언트로 전송한다. 서버를 추가 또는 삭제한 경우 로드 밸런서에 변경된 주소 및 가용성 상태 등의 정보를 업데이트하면 된다.

로드 밸런서는 다양한 운영 업무를 자동화하며 확장성을 겸비한 서비스이므로 트래픽 패턴이 크게 바뀌더라도 이에 자동으로 대응한다. 여러분은 로드 밸런서를 이용해 여러분의 애플리케이션 인프라가 지닌 독특한 기능을 네트워크와 좀 더 간편하게 연결할 수 있다.

초기에 만들어진 EC2 로드 밸런서 타입도 HTTP, HTTPS, TCP 워크로드를 처리할 수 있으며, 이 Classic 로드 밸런서는 여전히 사용 가능하지만 지원이 중단된 상태deprecated다. 현재 Elastic Load Balancer(ELB)는 두 가지 로드 밸런서 타입을 제공한다. Application Load Balancer(ALB)는 HTTP와 HTTPS 트래픽을 담당하고, Network Load Balancer(NLB)는 TCP 트래픽을 담당한다. 이들 새 로드 밸런서는 기존 Classic 버전이 제공하지 않던 기능을 제공하며, VPC 외부 요소를 타겟으로 지정할 수 있고, 컨테이너화 애플리케이션을 지원한다.

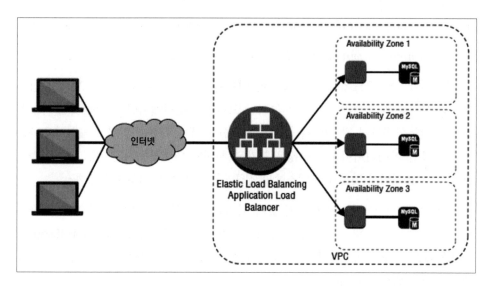

그림 11.1 전형적인 로드 밸런싱 작업의 데이터 흐름

ALB는 애플리케이션 레이어 또는 OSIOpen Systems Interconnection 모델 기준, 레이어 7에서 작동한다. 레이어 7 프로토콜은 호스트 기반 라우팅 및 패스 기반 라우팅을 허용하므로 사용자는 ALB을 이용해 마이크로서비스 또는 다른 티어 아키텍처의 서비스에 트래픽을 전송할 수 있다.

NLB는 레이어 4, 즉 트랜스포트 레이어transport layer에 해당하며, TCP 포트 번호를 기준으로 트래픽을 관리한다. NLB는 고용량 데이터 전송 또는 급증하는 트래픽에 대응하기에 적합하며, Auto Scaling, Elastic Container Service, CloudFormation 등 서비스와 통합해서 사용할 수 있다. NLB는 HTTP 또는 HTTPS 프로토콜을 사용하지 않는 내부망 전용 애플리케이션과 AWS VPN 서비스 등에서도 사용할 수 있다.

다음 예제에서 EC2를 이용해 간단한 로드 밸런서의 환경설정 및 배포 방법을 익혀 보자.

실습 예제 11.4

EC2 로드 밸런서 생성 및 배포

1. 2개의 서브넷에 각각 인스턴스를 생성한다. Configure Instance Details 페이지에서 서브넷을 선택하고, 서브넷 주소 블록을 메모해 둔다.

2. SSH로 인스턴스에 접속해 Apache 웹 서버를 설치하고, 서버의 IP 주소가 포함된 index.html 파일을 생성한다. 이렇게 하면 해당 웹 페이지가 로드 밸런서에 의해 로딩됐을 때 어떤 인스턴스의 것인지 쉽게 확인할 수 있다.

3. EC2 대시보드에서 로드 밸런서를 생성한다. Application Load Balancer를 선택하고, 이름, Internet 스킴, IPv4, HTTP, 포트 80 등의 옵션을 입력 및 선택한다. 이 때 VPC를 다시 한 번 더 확인하고 2개의 AZ도 메모해 둔다. 이번 예제에서는 리스너의 비암호화 경고는 무시한다.

4. 보안 그룹을 생성해 포트 80 접속을 허용한다.

5. 타겟 그룹을 생성하고 이름을 부여한다. Target 타입은 IP로 변경하고, 헬스 체크시 사용할 수 있는 파일 경로를 추가한다. 이번 예제에서는 /index.html로 한다.

6. 2개 EC2 인스턴스를 프라이빗 IP를 이용해 그룹의 타겟으로 등록한다. 프라이빗 IP는 EC2 인스턴스 콘솔에서 확인하거나 CLI에서 ip addr 명령으로 확인할 수 있다.

7. 몇 분 후 로드 밸런서가 활성화되면 Load Balancers 콘솔에서 DNS 이름을 복사한 뒤 브라우저에 입력한다. 인스턴스 중 하나에 있는 index.html 페이지가 로딩될 것이다. 브라우저를 몇 번 갱신해 2개 인스턴스 모두 접속이 가능한지 확인한다.

8. 이후 필요에 따라 로드 밸런서의 개입 없이 인스턴스 중 하나를 중지할 수 있다.

클라우드 인프라 자동화

가상화의 가장 큰 이점은 리소스를 스크립트화할 수 있다는 것이다. Amazon 클라우드의 모든 서비스, 객체, 프로세스는 스크립트로 관리할 수 있으며, 코드로서의 인프라, 즉 IaC^{infrastructure as code} 환경을 제공한다.

여러분은 이미 AWS CLI를 이용해 클라우드 리소스를 생성하고 관리하는 일을 직접 경험해 봤다. 하지만 좀 더 나아가 AWS CLI 및 서드파티 SDK 도구를 활용하면 훨씬 더 높은 수준의 클라우드 인프라 자동화 환경을 구현할 수 있다.

CloudFormation

AWS CloudFormation을 이용해 인프라 리소스 스택을 관리할 수 있다. Cloud Formation 템플릿은 JSON 또는 YAML 포맷의 텍스트 파일이며, 특정 프로젝트 구현에 필요한 AWS 리소스를 정의할 수 있다.

CloudFormation 템플릿을 이용해 리소스 스택을 손쉽게 복제 및 전달할 수 있으며, 애플리케이션의 베타 버전 테스트 환경 구현 후 상용화 준비 버전과 상용화 버전으로 개선해 나가는 데 큰 도움이 된다. 동적인 변경 사항은 템플릿에 키-밸류 파라미터화 작업으로 적용할 수 있으며, 테스트 환경 및 상용화 환경을 위한 VPC 및 인스턴스 타입을 손쉽게 구성할 수 있다.

템플릿은 다음과 같은 다양한 방법으로 생성할 수 있다.

- 브라우저 기반 드래그앤드롭 인터페이스 사용
- LAMP 웹 서버, WordPress 인스턴스 등의 사전 정의된 샘플 템플릿 활용
- 직접 템플릿 작성 후 업로드

CloudFormation 스택이란 템플릿으로 정의한 리소스 그룹이며, 템플릿을 로딩해 스택을 생성할 수 있다. AWS는 스택 로딩이 성공하면 리포트를 전송하고, 스택 로딩이 실패하면 변경 사항을 원래 상태로 되돌린다. 실행 중인 스택의 변경이 필요할 경우 템플릿을 수정한 뒤 업로드하면 된다. 이후 스택을 삭제하면 해당 리소스도 모두 제거된다.

이번 절에서는 network-stack.json과 web-stack.json 등 두 개의 템플릿에 대해 알아본다(이들 템플릿은 http://awscsa.github.io 링크에서 다운로드할 수 있다).

스택 생성하기

CloudFormation 템플릿의 Resources 섹션에 여러분이 사용하려는 리소스에 대한 내용을 정의할 수 있으며, 이 때 각 리소스는 논리적 ID^{logical ID}라 부르는 리소스 식별자를 지닌다.

예를 들어, 다음 network-stack.json 템플릿은 PublicVPC라는 논리적 ID를 지닌 VPC를 생성한다.

```
"Resources": {
    "PublicVPC": {
        "Type": "AWS::EC2::VPC",
        "Properties": {
            "EnableDnsSupport": "true",
            "EnableDnsHostnames": "true",
            "CidrBlock": "10.0.0.0/16"
        }
    }
}
```

여기서 사용된 논리적 ID는 논리적 이름이라고도 부르며, 템플릿 내에서 유일해야 하고, CloudFormation으로 생성한 VPC는 PublicVPC라는 논리적 ID 외에, vpc-0380494054677f4b8와 같은 VPC ID 또는 물리적 ID를 지닌다.

또한 템플릿으로 Network이라는 이름의 스택을 생성하려면, 다음과 같은 AWS CLI 명령을 사용하면 된다.

```
aws cloudformation create-stack --stack-name Network --template-body
file://network- stack.json
```

CloudFormation은 S3 버킷에서 템플릿 파일을 읽어오며, S3 버킷에 저장된 템플릿으로 스택을 생성하려는 경우, 다음과 같은 형식의 AWS CLI 명령을 사용한다.

```
aws cloudformation create-stack --stack-name Network --template- url
https://s3.amazonaws.com/cf-templates-c23z8b2vpmbb-us-east-1/networkstack.json
```

또한 필요에 따라 템플릿에 파라미터^{parameter}를 정의할 수 있다. CloudFormation에서 파라미터는 스택 생성시 사용자 지정 값을 전달하는 역할을 하며, 템플릿에 특정 값을 직접 입력하는 방법 대신 사용할 수 있다. 예를 들어, VPC 생성 시 템플릿에 CIDR 값을 직접 입력하는 대신, 파라미터를 이용해 스택 생성 시 해당 값을 지정할 수 있다.

 스택 이름과 논리적 ID 모두 대소문자를 구분한다.

스택 삭제하기

웹 콘솔 또는 AWS CLI에서 스택을 삭제할 수 있다. 예를 들어, Network이라는 이름의 스택을 삭제하려는 경우, 다음 명령을 사용한다.

```
aws cloudformation delete-stack --stack-name Network
```

삭제 보호termination protection 옵션이 비활성화된 상태라면 즉시 해당 스택이 삭제되고, 이후 변경된 템플릿 내용에 따라 리소스가 생성된다.

다수의 스택 활용하기

여러분이 필요로 하는 모든 AWS 인프라를 하나의 스택에 정의할 필요는 없으며, 목적에 따라 인프라 요소를 여러 개의 스택으로 나눠서 정의할 수 있다. 다수의 스택을 조직화하는 가장 좋은 방식은 리소스 생애주기life cycle 및 관리 주체ownership에 따라 스택을 나눠서 정의하는 것이다.

예를 들어, 조직 내 네트워크 팀은 'Network'이라는 이름의 스택을 생성해 웹 애플리케이션을 위한 네트워크 인프라를 정의할 수 있으며, 여기에는 VPC, 서브넷, 인터넷 게이트웨이, 라우트 테이블 등이 포함될 수 있다. 또, 개발 팀은 'Web'이라는 이름의 스택을 생성해 시작 템플릿, Auto Scaling 그룹, ALB, IAM 롤, 인스턴스 프로필, 보안 그룹 등이 포함된 런타임 환경을 정의할 수 있다. 이후 각 팀은 자신들이 생성한 스택을 관리하게 된다.

상호작용이 필요한 리소스를 여러 개의 스택에 나눠서 정의하는 경우, 하나의 스택에서 다른 스택으로 값을 전달하는 기능이 필요하다. 예를 들어, Web 스택의 ALB application load balancer가 제대로 작동하려면 Network 스택에 정의된 VPC의 논리적 ID 를 필요한다. Network 스택에서 Web 스택으로 VPC의 논리적 ID를 전달해야 하는 경우와 같이, 스택 간의 상호작용을 구현하는 방식 중 한 가지가 중첩 스택nested stack 이고, 또 다른 방식이 스택 아웃풋stack output 값 내보내기이다.

중첩 스택 구현하기

CloudFormation 스택은 AWS 리소스 중 하나이므로, 템플릿 구성을 변경해 스택을 추가로 생성할 수 있으며, 이렇게 추가한 스택을 중첩 스택nested stack, 이들 중첩 스택 을 생성하는 스택을 부모 스택parent stack이라 부른다. 중첩 스택 및 부모 스택의 작동 방식을 이해하기 위해 다시 network-stack.json 및 web-stack.json 템플릿 예제로 돌 아가보자.

web-stack.json은 Web 스택 템플릿이며, 다음과 같이 Resources 섹션에 새 리소스 인 NetworkStack을 정의할 수 있다.

```
"Resources": {
        "NetworkStack" : {
            "Type" : "AWS::CloudFormation::Stack",
            "Properties" : {
                "TemplateURL" : " https://s3.amazonaws.com/cf-templates-
c23z8b2vpmbb-us-east-1/network-stack.json"
                }
            }
},
```

이 스택의 논리적 ID는 NetworkStack이고, TemplateURL 속성 정보를 보면 템플릿이 S3 버킷에 저장돼 있음을 알 수 있다. 이렇게 하면, 이후 Web 스택 생성 요청시, Cloud Formation이 자동으로 Network 스택을 먼저 생성한다.

다음으로, 중첩 스택 템플릿에 Outputs 섹션을 추가해 부모 스택에 다시 값을 전 달하도록 할 수 있고, 이렇게 전달한 값은 이후 부모 템플릿에서 참조할 수 있 다. 예를 들어, network-stack.json 템플릿에 Outputs 섹션을 추가해 VPCID의 논리적 ID(PublicVPC)에 대응하는 물리적 ID 값을 전달하도록 할 수 있다.

```
"Outputs": {
        "VPCID": {
            "Description": "VPC ID",
            "Value": {
                    "Ref": "PublicVPC"
            }
        }
},
```

위 스택에서 Ref라는 내재 함수^{intrinsic function}는 논리적 ID인 PublicVPC의 물리적 ID를 반환하도록 한다. 위 스택의 부모 스택인 web-stack.json 템플릿은 Resources 섹션에 아래와 같은 Fn::GetAtt이라는 내재 함수를 이용해 해당 값을 참조할 수 있다.

```
"ALBTargetGroup": {
  "Type": "AWS::ElasticLoadBalancingV2::TargetGroup",
  "Properties": {
    "VpcId": { "Fn::GetAtt" : [ "NetworkStack", "Outputs.VPCID" ] },
          }
},
```

다음 실습예제 11.5를 통해 중첩 스택 생성 방법에 대해 알아보자.

실습예제 11.5

중첩 스택 생성하기

이번 실습예제에서는 EC2 Auto Scaling 그룹과 관련 네트워크 구성을 생성하기 위한 중첩 스택을 구현한다. (이번 실습예제를 실행하기 위해서는 리소스를 생성하려는 리전 내에서 사용 가능한 SSH 키가 필요하다.)

1. 실습을 위해, 먼저 http://awscsa.github.io 사이트에서 CloudFormation 템플릿인 web-stack.json과 network-stack.json을 다운로드한다.

2. S3 버킷을 생성하고, 여기에 network-stack.json 템플릿을 업로드한다.

3. web-stack.json 템플릿을 열고 Network-Stack 리소스 섹션에서 TemplateURL 값을 여러분의 S3 버킷에 저장된 network-stack.json 템플릿의 URL로 수정한다.

4. 수정한 web-stack.json 템플릿을 기존 S3 버킷에 업로드한다.

5. 다음과 같은 AWS CLI 명령을 실행한다.

```
        aws cloudformation create-stack --stack-name web-stack
    --template-url [URL of the web- stack.json template]
```

```
    --parameters ParameterKey=KeyName,ParameterValue=[the name of your SSH
keypair]
    --capabilities CAPABILITY_NAMED_IAM
```

6. 위 코드를 실행하면, CloudFormation이 Web 스택과 중첩 스택을 생성하게 되고, 생성된 스택을 확인하려면 아래 명령을 실행한다.

```
aws cloudformation describe- stacks
```

7. 스택을 삭제하려면, 아래 명령을 실행한다.

```
aws cloudformation delete-stack --stack-name web-stack
```

Stack Output 값 내보내기

스택 정보를 중첩 스택 범위 밖으로 보내려면, 아래 코드와 같이 Output 섹션에 Export 필드를 추가해 스택의 값을 외부로 전송할 수 있다.

```
"Outputs": {
    "VPCID": {
        "Description": "VPC ID",
        "Value": {
            "Ref": "PublicVPC"
        },
        "Export": {
            "Name": {
                "Fn::Sub": "${AWS::StackName}- VPCID"
            }
        }
    }
},
```

 AWS::StackName은 스택 이름을 반환하는 모조 파라미터(pseudo-parameter)이다.

동일 계정 및 동일 리전의 다른 템플릿에 정의된 값은 다음과 같이 Fn::ImportValue 내재 함수를 이용해 임포트할 수 있다.

```
"ALBTargetGroup": {
  "Type": "AWS::ElasticLoadBalancingV2::TargetGroup",
  "Properties": {
    "VpcId": { "Fn::ImportValue" : {"Fn::Sub": "${NetworkStackName}- VPCID"} },
        }
},
```

아울러 다른 Outputs 섹션에서 참조하는 스택은 삭제할 수 없다는 점에 주의한다.

스택 업데이트하기

스택의 리소스 구성을 변경해야 하는 경우, 리소스 템플릿에서 리소스 구성 내용을 수정하는 것이 가장 바람직하며, 변경 내용의 적용을 위해 직접 업데이트^{direct update} 또는 변경 세트^{change set} 적용 방식 중 하나를 선택할 수 있다.

직접 업데이트

직접 업데이트 방식이란, 수정한 템플릿을 타겟 위치에 바로 업로드하는 것이다. 이 와 같은 직업 업데이트 시, CloudFormation이 템플릿에 필요한 파라미터의 입력을 요구하는 경우가 있으며, 템플릿에 포함된 변경 사항은 즉시 반영된다.

변경 세트를 이용한 업데이트

CloudFormation이 변경 내용을 알아서 적용하는 방법 대신, 여러분이 좀 더 구체적 으로 변경 내용의 적용 방식을 지정하려는 경우, 변경 세트를 이용하면 된다.

여러분이 변경한 템플릿을 제출한 뒤 변경 세트를 생성하면, CloudFormation은 이 번 템플릿을 통해 추가, 삭제, 변경될 리소스 목록을 모두 표시한다. 표시된 목록에서 즉시 변경할 내용의 변경 세트를 실행하면, 즉시 해당 리소스가 추가, 삭제, 또는 변 경된다. 다수의 템플릿에 적용될 여러 개의 변경 세트를 생성할 수 있으며, 실제 변 경될 내용을 비교 및 검토한 뒤, 변경 세트 중 하나만 실행할 수도 있다.

이와 같은 방식은 리소스 구성 변경을 위해 매번 새로운 스택을 생성하는 대신, 여러 개의 비교 가능한 리소스 구성 안을 생성한 뒤 상황에 맞는 변경 세트를 적용할 수 있다는 면에서 이점이 있다.

변경 세트를 이용해 새로운 스택을 생성하는 것도 가능하다.

업데이트 작업 속성

CloudFormation의 리소스 업데이트 방식은 여러분이 선택한 리소스의 업데이트 동작behavior 속성에 따라 달라지며, 리소스 업데이트 동작 유형은 중단 없는 업데이트, 중단 허용 업데이트, 그리고 대체 등 세 가지이다.

중단 없는 업데이트 Update with No Interruption 이 업데이트 동작의 경우, 업데이트 작업 중단 또는 물리적 ID의 변경 없이 일괄적으로 업데이트가 진행된다. 예를 들어, EC2 인스턴스에 부착된 IAM 인스턴스 프로필이 변경되더라도 업데이트가 (인스턴스의 개입에 의한) 중단 없이 진행된다.

중단 허용 업데이트 Update with Some Interruption 다른 리소스의 개입 및 일시적인 중단은 허용하지만 물리적 ID는 변경되지 않는 업데이트 동작이다. 예를 들어, EBS 기반 EC2 인스턴스의 타입 변경은 중단 허용 업데이트 동작의 예라고 할 수 있다.

대체Replacement 이 업데이트 동작의 경우, CloudFormation이 아예 새로운 물리적 ID를 지닌 새 리소스를 생성한 뒤, 새 리소스에 대한 의존성 리소스dependent resource를 표시하고, 기존의 리소스는 삭제한다. 예를 들어, 여러분이 템플릿에 적용된 기존 인스턴스의 가용 영역을 변경하면, CloudFormation은 자동으로 지정된 가용 영역에 새 인스턴스를 생성하고, 기존 인스턴스는 삭제하는 대체 동작이 일어난다.

업데이트에서 특정 리소스 제외하기

스택 업데이트 동작 시 특정 리소소만 업데이트에서 제외하려면, 스택 생성 시 스택 정책stack policy을 생성하면 된다. 사용자는 AWS CLI를 이용해 스택 정책을 변경하거나 기존 스택에 스택 정책을 적용할 수 있으며, 생성된 스택 정책은 삭제할 수 없다.

스택 정책은 앞서 살펴본 리소스 정책 문서와 동일한 형식을 지니며, Effect, Action, Principal, Resource, 그리고 Condition 등 요소로 구성된다. 이 중 Effect는 여타의 리소스 정책 문서와 다를 바 없지만, Action, Principal, Resource, Condition 등은 다음과 같은 차이점이 있다.

Action: 이 요소의 속성은 다음 중 하나의 값을 지닌다.

Update:Modify 특정 리소스의 (대체나 삭제가 아닌) 변경의 경우에만 해당 리소스에 대한 업데이트를 허용한다.

Update:Replace 특정 리소스의 대체에 해당하는 경우에만 해당 리소스에 대한 업데이트를 허용한다.

Update:Delete 특정 리소스의 삭제에 해당하는 경우에만 해당 리소스에 대한 업데이트를 허용한다.

Update:* 특정 리소스의 대체, 삭제, 변경 등 모든 경우에 해당 리소스에 대한 업데이트를 허용한다.

Principal: 이 요소의 속성은 반드시 와일드카드(*) 값을 지니며 특정 실행 주체를 지정할 수 없다.

Resource: 이 요소의 속성 값으로 스택 정책을 적용할 특정 리소스의 논리적 ID를 입력해야 하며, 프리픽스로 LogicalResourceId/를 사용한다.

Condition: 이 요소의 속성 값으로는 AWS::EC2::VPC와 같이 구체적인 리소스 타입을 입력할 수 있고, AWS::EC2::*와 같이 서비스에 속한 다수의 리소스를 포함하는 의미로 와일드카드를 입력할 수 있다. 와일드카드 사용 시, StringLike 조건 또는 StringEquals 조건을 사용해야 한다.

다음은 stackpolicy.json이라는 이름의 스택 정책이며, PublicVPC 리소스를 제외한 모든 리소스의 업데이트를 허용하는 내용을 담고 있다. 이와 같은 업데이트 적용 시 VPC CIDR도 변경될 수 있다.

```
{
  "Statement" : [
    {
      "Effect" : "Allow",
      "Action" : "Update:*",
      "Principal": "*",
      "Resource" : "*"
```

```
    },
    {
      "Effect" : "Deny",
      "Action" : "Update:Replace",
      "Principal": "*",
      "Resource" : "LogicalResourceId/PublicVPC",
      "Condition" : {
        "StringLike" : {
          "ResourceType" : ["AWS::EC2::VPC"]
        }
      }
    }
  ]
}
```

스택 정책으로 실행 주체(principal)에 의한 직접적인 리소스 업데이트, 리소스 삭제, 전체 스택 삭제 등의 작업을 막을 수는 없다. 이와 같은 특정 실행 주체의 스택 또는 리소스에 대한 변경 작업을 방지하려면, IAM 정책을 이용해야 한다.

CloudFormation은 특정 업데이트 동작이 스택 정책에 위배되는지 여부를 확인하지 않는다. 예를 들어, 사용자 중 누군가 스택 정책에 위배되는 업데이트를 실행하려는 경우에도 CloudFormation이 이에 대한 경고를 하거나 막지는 않는다는 의미이다. 업데이트 동작이 실패하는 유일한 상황은 스택 정책으로 미리 금지해 둔 업데이트 동작이 시도될 때뿐이다. 따라서, 스택 업데이트 시 여러분은 업데이트 성공 여부를 반드시 확인해야 하며, 업데이트를 시작해 놓고 자동으로 모든 일이 잘 풀리기만 기대해선 안 된다.

스택 정책 덮어쓰기

직접 업데이트로 스택 정책을 변경하는 경우, 업데이트 작업이 수행되는 동안에만 일시적으로 스택 정책을 덮어쓰기override할 수 있다. 직접 업데이트 수행 시, 기존 스택 정책 중 덮어쓰기할 정책을 선택할 수 있다. 이렇게 하면 CloudFormation이 자동으로 변경된 정책을 적용하며, 업데이트 작업 완료 후, 다시 원래의 스택 정책으로 되돌려놓는다.

다음 예제에서 CloudFormation을 활용해 보자.

실습 예제 11.5

CloudFormation 템플릿 작성 및 업로드하기

1. CloudFormation 페이지에서 Create Stack을 클릭한다(리전에 맞는 키페어 필요).

2. Sample template 라디오 버튼을 클릭하고 LAMP Stack 옵션을 선택한다.

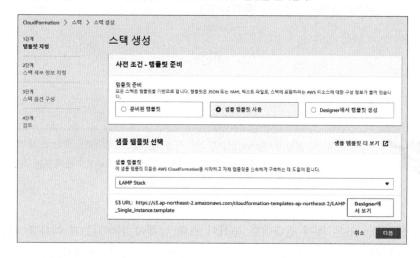

3. View In Designer 링크를 클릭하고 템플릿 내용을 확인하며 개별 요소의 구성 방식을 살펴본다. password 등 필드 값은 이후 단계에서 자동으로 채워진다.

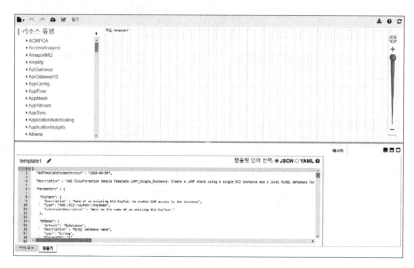

4. 내용을 살펴본 뒤 Create Stack 버튼을 클릭하면 Select Template 페이지가 나온다. Next 버튼을 클릭한다.

5. 스택 이름, 데이터베이스 이름, 패스워드, DBUser 이름을 입력한다.

6. 인스턴스 타입을 선택하고 SSH 접속을 위해 EC2 키페어를 입력한 뒤 Next 버튼을 클릭한다.

7. 이번 예제에서 Options 페이지 내용은 그대로 둔다. Next를 클릭하고 설정 내용을 확인한 뒤, Create 버튼을 클릭한다.

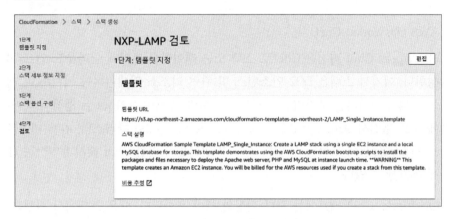

8. 리소스 시작에 수 분이 소요될 수 있으며, CloudFormation 대시보드에서 진행상황을 확인한다. 스택을 선택하면 Outputs 탭의 URL을 통해 사이트의 퍼블릭 페이지에 접속할 수 있다. 처음 링크를 열면 PHP 환경설정 페이지가 나타날 수 있으며, 추후 여러분의 웹 페이지로 대체한다.

9. 대시보드에서 Template and Parameters 등의 탭을 확인한다. Template and Parameters는 현재 파라미터 설정값을 보여준다.

10. 마지막으로 불필요한 비용이 발생하지 않도록 스택을 삭제한다(Actions 메뉴 이용).

서드파티 자동화 솔루션

Bash나 Windows PowerShell을 이용해 인프라 자동화 스크립트를 생성할 수 있으며, 이들 스크립트를 이용해 AWS 계정에 접속하고 리소스 스택을 생성, 수정, 삭제할 수 있다.

최근엔 이들 도구 외에 Puppet, Chef, Ansible 등 서드파티 환경설정 관리 도구를 이용해 AWS 인프라를 관리할 수 있다. 이들 관리 도구는 리소스 스택의 단순한 정의 및 생성 차원을 넘어서, 강화된 환경설정configuration enforcement, 버전 관리version control,

변경 관리^{change management} 등 복잡한 업무를 수행할 수 있다. 강화된 환경설정은 환경 설정 목표에 맞춰 리소스를 지속적으로 관리하는 것이고 버전 관리는 코드 및 소프트웨어 패키지를 최신의 상태로 유지하기 위한 것이다.

클라우드 배포에 있어 환경설정 관리 도구의 중요성은 매우 크며, AWS는 이를 위해 Chef 및 Puppet 기반의 환경설정 관리 도구 서비스인 AWS OpsWorks를 제공한다.

AWS OpsWorks: Chef

OpsWorks Chef 버전은 Chef로 스택 또는 레이어를 추가해 클라우드 인프라를 구성한다. 여기서 스택은 EC2 인스턴스 및 관련 리소스 컨테이너를 의미하고, 레이어는 스택에 추가되는 부가기능을 정의한 것이다. 스택에는 Node.js 앱서버 레이어 외에 로드 밸런서, Amazon EC2 Container Service(ECS) 클러스터, RDS 데이터베이스 인스턴스 등이 포함될 수 있다. 인프라 관리를 정의한 Chef 레시피^{recipes}는 레이어에 추가할 수 있다.

OpsWorks Chef 배포에는 하나 이상의 앱이 포함된다. 앱은 스택에서 실행되는 인스턴스에 설치할 애플리케이션 코드와 원격 코드 저장소에 접근하기 위한 메타데이터 등을 가리킨다.

AWS OpsWorks: Puppet

OpsWorks Puppet Enterprise 버전은 Puppet Master 서버로 EC2 인스턴스를 생성하며, R10k 환경 및 모듈을 설정하고, 원격 코드 저장소 접근 권한을 부여한다. 서버가 실행되고 접근권한으로 로그인하면 Puppet 노드에 애플리케이션을 배포할 수 있다.

이미 Chef 또는 Puppet을 사용해 본 경험이 있는 어드민이라면, OpsWorks도 간편하게 사용할 수 있을 것이다.

인프라 환경설정 검토 및 최적화

고성능 애플리케이션 구현이라는 목표 또는 기술표준을 달성해야 한다면 고성능을 구현하기 위한 기술과 전략에 대한 통찰이 있어야 한다. 그리고 이러한 통찰은 클라우드 인프라와 리소스의 변경 사항을 모니터링하는 방법론에서 나올 수 있다. 모니터링은 다음 네 가지 목표를 지닌다.

- 리소스 환경설정의 변경 사항을 관찰한다. 어드민 팀에서 적절한 권한으로 작업을 수행했든 혹은 외부 비인가 작업자가 임의로 해당 작업을 수행했든 중요한 것은 변경이 일어난 사실을 신속하면서도 정확하게 파악해야 한다는 것이다. 7장에서 살펴본 AWS Config는 바로 이런 작업의 좋은 출발점이 될 수 있다.

- AWS 서비스의 변경 사항을 관찰한다. Amazon은 정기적으로 기존 서비스를 업데이트하고, 때론 완전히 새로운 서비스를 추가한다. 현재 여러분의 환경설정 내역이 최적인지 여부는 AWS가 제공하는 최신의 기술과 리소스를 반영하는 수준에 따라 달라질 수 있다. 이를 위해 AWS Release Notes(aws.amazon.com/releasenotes) 페이지를 정기적으로 확인하고, AWS Email Preference Center(pages.awscloud.com/communication-preferences.html)에서 이메일 구독을 신청한다.

- 수동적으로 애플리케이션의 성능과 가용성을 모니터링한다. 수동적 모니터링은 과거 이벤트를 통해 당시에 어떤 이유로 실패가 발생했고, 미래에 이를 어떻게 대비할 것인가에 초점을 맞춘다. 이를 위한 가장 좋은 도구가 바로 시스템 로그이며, 7장에서 살펴본 CloudWatch는 이와 관련된 풍부한 로그 데이터를 제공한다.

- 능동적으로 애플리케이션의 성능과 가용성을 검증한다. 능동적 검증은 실패 상황이 발생하기 전 선제적으로 문제를 찾고 수정하는 것이며, 정기적인 로드 테스트를 통해 주요 리소스의 이상 징후를 확인할 수 있다.

AWS Well-Architected Tool

Well-Architected Tool은 여러분이 현재 사용중인 AWS 리소스의 효율성 또는 적합성을 정기적으로 점검하기 위한 좋은 도구이며, 여러분이 활용 중인 각종 리소스를 워크로드를 기준으로 정의한 뒤, 하나 이상의 Well-Architected Framework 또는 Serverless Application과 같은 렌즈 또는 평가 기준을 적용할 수 있다.

여러분 기업의 특정 조직이 수행하는 운영 업무의 종류에 따라 평가 기준을 선정하면, Well-Architected Tool은 Well-Architected Framework의 6대 기준인 보안성, 내구성, 성능효율성, 비용최적화, 운영우수성, 지속성 등을 기준으로 워크로드에 따른 환경구성의 적절성을 평가한 점수를 제시한다. 이렇게 도출된 점수를 기준으로, 여러분은 리소스 구성의 개선 전략을 수립할 수 있다.

또한 AWS는 리소스 구성 및 운영의 핵심 전략 수립을 위해 Well-Architected Tool을 지속적으로 실행할 것을 권장한다.

로드 테스트

실행 중인 인프라에 대한 능동적 모니터링의 대표적인 방법 중 하나가 바로 로드 테스트load test 또는 스트레스 테스트stress test다. 로드 테스트는 통제된 환경에서 인프라에 워크로드를 추가해 나갈 때 리소스와 서비스가 로드 또는 테스트에 어떻게 반응하는지 확인하는 시뮬레이션 테스트이며, 여러분이 직접 인프라가 처리해야 할 트래픽을 높여가며 테스트를 시행할 수도 있고, AWS Marketplace(aws.amazon.com/marketplace)에 등록된 로드 테스트 전용 서드파티 도구를 이용해도 된다.

대부분의 로드 테스트는 현재 다수의 사용자가 접속중인 상용 애플리케이션이 아닌 상용 환경을 최대한 유사하게 구현한 테스트 환경에서 시행하는 것이 일반적이다. CloudFront와 같은 오케스트레이션 도구 또는 Amazon Elastic Container Service(ECS)를 이용해 이 같은 테스트 환경을 신속하게 구현할 수 있다. 로드 테스트 시행 시 애플리케이션이 시스템의 다른 부분처럼 요청에 정확하게 응답하지 않는 경우도 있으므로 다수의 지역에서 트래픽을 전송한 뒤 회신하는 부분도 시뮬레이션 하는 것이 좋다.

단, 로드 테스트를 수행하면서 AWS의 이용 규칙을 어기지 않도록 주의한다. 예를 들어, 여러분의 인프라에 대한 공격 또는 해킹 테스트에 앞서 반드시 AWS로부터 이에 대한 명시적인 허락을 구해야 한다. Amazon의 Vulnerability and Penetration Testing 페이지(aws.amazon.com/security/penetration-testing)에서 좀 더 상세한 내용을 확인할 수 있다.

아울러 로드 테스트 시행 시 CloudWatch를 활성화해 테스트 결과를 실시간으로 수집하도록 한다. 테스트를 통해 성능의 하한선^{performance baselines}을 설정하고 일관된 성능지표(KPI)를 통해 테스트 결과를 비교할 수 있는 표준안을 마련하는 것도 무척 중요한 일이기 때문이다. 마지막으로 요청당 비용, 회신 소요 시간 등을 파악하는 일 또한 테스트의 중요한 성과라고 할 수 있다.

시각화

인프라에 대한 능동적 테스트 또는 수동적 테스트 결과는 모두가 원하는 방법으로 이해하기 쉽게 제공해야 한다. 7장에서 성능 한계치를 초과할 때 노티피케이션 알람이 작동하는 방법을 알아봤으며 모니터링 및 테스트 결과 데이터는 적절한 시기에 Simple Notification Service(SNS) 메시지 또는 이메일 경고 등의 방식으로 주요 팀원에게 전달될 수 있어야 한다.

하지만 여전히 많은 경우에서 복잡한 데이터의 인사이트는 전통적인 그래프와 차트로 표현하는 것을 선호한다. 일부 AWS 서비스는 자체 시각화 도구를 지니고 있으며, EC2 인스턴스 콘솔의 경우 Monitoring 탭을 통해 십여 가지 이상의 성능 지표를 데이터 차트 형식으로 제공한다.

하지만 데이터 시각화의 이점을 가장 여실히 확인할 수 있는 곳은 바로 CloudWatch 대시보드다. 사용자는 다수의 CloudWatch 대시보드를 생성할 수 있으며, 대시보드에는 다시 여러 개의 위젯이 존재한다. 이들 위젯을 이용해 AWS 서비스의 각종 성능 지표를 종합적으로 구성하고 시각화할 수 있다. 여러분의 브라우저에 잘 만들어진 CloudWatch 대시보드를 생성해 두고 하루에 여러 번 대시보드를 둘러보는 것만으로도 인프라를 효과적으로 관리할 수 있다.

다음 예제에서 CloudWatch 대시보드를 만들어보자.

실습 예제 11.6

CloudWatch 대시보드 생성하기

1. 모니터링 시뮬레이션을 위해 최소 1개 이상의 EC2 인스턴스, 최소 1개 이상의 S3 버킷을 생성하고 파일을 몇 개 업로드한다.

2. CloudWatch 콘솔에서 Dashboards를 선택하고 Create Dashboard를 클릭한다. 대시보드 이름을 입력하고 Line widget type을 선택한 뒤 Configure를 클릭한다.

3. All Metrics 탭에서 EC2를 선택하고 Per-Instance Metrics를 선택한다. 인스턴스와 관계된 성능 지표 몇 가지를 선택한다. StatusCheckFailed, NetworkOut, NetworkIn, CPUUtilization 등도 이번 예제를 위한 적절한 성능 지표이며, 화면 상단에서 해당 성능 지표 그래프를 확인한 뒤 Create Widget을 클릭한다.

4. 대시보드에 첫 번째 위젯이 나타나며 위젯을 클릭하면 전체 화면에 표시된다. 그래프 하단 표 항목에서 원하는 지표를 선택하면 해당 항목만 표시되며 개별 값들도 좀 더 보기 편해진다.

5. 전체 화면 보기 위젯에서 Close를 클릭하고 대시보드로 돌아온다.

6. Add Widget을 클릭하고 두 번째 위젯을 생성한다. 이번엔 Stacked Area 선택 후 Storage Metrics를 선택한다. S3 버킷의 지표인 NumberOfObjects, BucketSizeBytes를 선택한다. 위젯을 생성한다.

7. 여러분이 원하는 모든 위젯과 지표를 추가한 뒤 Save Dashboard를 클릭한다.

이제 CloudWatch를 클릭하면 모든 위젯과 지표가 추가된 대시보드가 나타난다. 단, 프리 티어free tier가 아닌 경우 대시보드당 월간 3달러의 비용이 청구된다.

데이터 작업 최적화

데이터를 효율적으로 전송하는 일은 애플리케이션의 성공 전략에서 빠질 수 없는 부분이다. 아무리 훌륭한 코드를 작성해도 약한 네트워크를 통해 대량의 데이터를 전송하면서 애플리케이션의 속도가 느려지는 상황이 발생할 수 있다.

때론 여러분이 사용하는 네트워크 연결성을 제어할 수 없는 경우도 있고, 전송중인 데이터의 용량을 줄일 수 있는 방법이 없을 수도 있다. 하지만 이런 상황에서도 데이터 전송 속도를 현격히 올릴 수 있는 방법이 존재하는데, 바로 데이터 캐싱, 데이터 파티셔닝, 데이터 압축, 디커플링 기법 등이다. 이번 절에서는 AWS가 제공하는 데이터 전송 속도 관리 기법을 알아본다.

캐싱

여러분의 애플리케이션이 제품 카탈로그, S3 버킷에 저장된 미디어 파일 또는 관계형 데이터베이스 등의 데이터에 매우 빈번하게 접속한다면 클라이언트 가까이 이들 데이터의 사본을 생성해 두고 좀 더 신속하게 제공하는 방법이 있다.

캐싱^{caching}은 바로 이를 위한 기술이다. 애플리케이션이 특정 객체를 반복적으로, 자주 요청한다면, 서버 내 시스템 메모리에 사본을 두거나, 캐싱 전용 데이터베이스에 사본 데이터를 저장한 뒤 매우 빠른 속도로 제공할 수 있다. 캐싱 기법을 사용하면 특정 객체에 대한 요청 시 원본 대신 좀 더 빠르게 대응할 수 있는 캐싱 사본^{cached copy}을 제공하게 된다.

캐싱 사본은 최대 보존 시간^{maximum time to live}이 경과하기 전까지 시스템에 유지되며, TTL 경과 후 해당 버전은 삭제되고, 데이터 소스에서 최신의 캐싱 버전으로 대체된다.

Amazon ElastiCache

ElastiCache 클러스터는 하나 이상의 노드로 구성된다. 여기서 노드는 그림 11.2와 같이 EC2 인스턴스 타입으로부터 생성된 컴퓨트 인스턴스이며, 클라이언트를 위해 데이터를 처리하고 제공하는 일을 담당한다. 노드 수와 인스턴스 타입은 애플리케이션에 대한 클라이언트의 요구 수준에 따라 달라지며, 최적의 노드 및 인스턴스 조합을 찾는 일은 EC2 워크로드의 전형적인 분석 방식과 동일하다.

ElastiCache 클러스터는 Memcached 엔진 또는 Redis 엔진을 이용해서 생성할 수 있다. Memcached 버전은 설정 및 배포가 간단해서 확장성이 높으며 멀티 스레드 기반이므로 실행 속도도 빠르다. 하지만 Memcached 버전은 블롭^{BLOB} 객체만 읽고 쓸 수 있는 인메모리 키/밸류 데이터 스토어로서 모든 프로젝트에 적용하기엔 유연성이 부족하다.

반면 Redis 버전의 클러스터는 객체 외에도 문자열, 리스트, 세트 등 다양한 복합 데이터 타입을 지원한다. 데이터는 디스크에 보존되므로 복원 필요시 스냅샷 데이터로 복원할 수 있다. 또한 Redis는 데이터 정렬 및 랭킹 기능을 제공하므로 게임 애플리케이션의 리더보드 랭킹 구현도 손쉽게 할 수 있다. Redis의 영구 데이터 보존 방식을 이용해 세션 캐싱을 구현하고 성능을 높일 수 있다.

ElastiCache는 이전 버전은 물론 최신 버전의 Redis와 Memcached를 지원하므로 다양한 애플리케이션에서 관련 기술을 적용할 수 있다.

ElastiCache 클러스터 실행 후 ElastiCache 대시보드에서 클러스터의 엔드포인트를 가져온 뒤 이 엔드포인트를 이용해 애플리케이션을 클러스터와 연결할 수 있다. 예를 들어, WordPress 인스턴스의 경우 wp-config.php 파일에 아래 텍스트만 입력하면 WordPress 애플리케이션에 Redis 클러스터를 연결할 수 있다.

```
define('WP_REDIS_HOST', 'your_cluster_name.amazonaws.com');
```

ElastiCache를 사용하지 않고도 캐싱 기능을 사용할 수 있는 방법이 있다. 캐싱 관련 비용을 아낄 필요가 있는 경우 EC2 인스턴스에서 Varnish와 같은 리버스 프록시 reverse proxy를 실행하면 된다.

기타 캐싱 솔루션

애플리케이션 레벨에서의 캐싱 외에 여러분의 데이터베이스에서 캐싱과 유사한 기법을 사용해 성능을 높일 수 있다.

5장에서 RDS에서 최대 5개의 읽기 사본 read replicas을, RDS Aurora의 경우 최대 15 개의 읽기 사본을 추가해 데이터베이스의 성능을 높이는 방법을 알아봤다. 읽기 사본은 원본 데이터베이스의 완전한 복제본이자 읽기만 가능한 read-only 사본이며, RDS MySQL, MariaDB, PostgreSQL, Aurora 등에서 사용할 수 있다. 읽기 사본으로 트래픽을 우회시켜서 원본 데이터베이스의 부담을 줄이고 원본과 사본 모두의 반응 속도를 높일 수 있다.

읽기 사본의 또 다른 장점은 원본을 제공하는 기본 데이터베이스 primary database 실패 시 읽기 사본을 기본 데이터베이스로 승격시킬 수 있다는 것이다. 읽기 사본은 캐싱 기술의 일종이며, 좀 더 저렴한 비용으로 데이터 사본을 이용해 응답성 및 가용성을 높여준다.

또 다른 캐싱 기술 사례로 지난 8장에서 살펴본 CloudFront를 들 수 있다. Cloud Front 배포는 클라이언트 인근 엣지 로케이션 edge locations의 S3에 저장된 미디어 객체의 사본을 생성한 뒤 전세계 사용자에게 매우 빠른 속도로 미디어 콘텐츠를 제공할 수 있는 서비스다.

데이터 파티셔닝/샤딩

RDS 데이터베이스에 대한 트래픽은 지속적으로 증가하는 경향이 있다. 이 경우, 수직적 확장은 적용하기 어려운 경우가 많으며, 파티셔닝 partitioning 또는 샤딩 sharding을 이용한 수평적 확장 기법으로 데이터베이스의 응답 속도를 눈에 띄게 높일 수 있다. 이들 기법은 앞서 살펴본 읽기 사본보다는 복잡한 방법이지만 애플리케이션 레이어에 파티셔닝을 위한 환경설정 요소를 추가함으로써 클라이언트의 요청을 최적의 엔드포인트로 전달할 수 있다.

또한 Amazon DynamoDB Streams Kinesis Adapter를 이용해 실시간으로 데이터를 전송하고 DynamoDB 데이터베이스에 있는 데이터 레코드에 입력된 데이터를 실시간으로 처리할 수 있다. Kinesis는 데이터 레코드 조직화에 샤드^{shards}를 사용한다. 하나의 샤드에는 데이터와 메타 데이터가 포함돼 있으며, 하나의 샤드가 처리용량 한계에 다다르면 관련 워크로드를 다수의 샤드에 분산시킨다.

Kinesis 스트림은 고가용성의 완전 관리형 실시간 데이터 처리 서비스로 근실시간의 처리 성능을 제공하며, 기능 확장을 통해 전반적인 데이터 처리 성능에 지대한 영향을 미칠 수 있다.

데이터 압축

네트워크 대역폭에 한계가 있고 정기적으로 전송하는 데이터의 크기 또한 쉽게 줄일 수 없을 때 몇 가지 선택안이 있다. 전송 데이터의 크기를 줄이는 방법도 있고 네트워크의 한계를 우회할 방법도 존재한다.

우선 데이터의 크기를 어떻게 줄이면 될까? 이를 위해서는 아주 오래 전부터 사용하던 기술의 힘을 빌려야 한다. 꽤 오래 전 대량의 운영체제까지 고작 10MB 용량의 디스크로 주고받던 시절이 있었다. 이때부터 사용하던 기술이 바로 디스크 압축 ^{compression}기술이다.

현재 스토리지는 크게 문제가 되지 않지만 네트워크 전송은 여전히 문제가 되고 있다. 따라서 데이터 전송 전에 데이터를 압축해 네트워크로 보내는 방법을 생각해봐야 한다. 압축 작업은 애플리케이션 코드에 통합해서 진행할 수도 있지만 AWS 서비스 내에서 압축 작업이 진행되기도 한다. 예를 들어, CloudFront의 경우 클라이언트 요청 시 파일을 전송할 때 자동으로 파일을 압축하도록 설정할 수 있으며, 이를 통해 다운로드 시간을 크게 줄일 수 있다.

다음으로 네트워크의 한계를 우회할 방법은 어떤 것이 있을까? 페타바이트 크기의 데이터를 전송해야 한다면 Amazon의 Snowball을 이용해서 네트워크 전송이 아닌 스토리지 전용 장비로 페타바이트급 데이터를 전송할 수 있다. 대용량 데이터 사본을 암호화된 Snowball 기기에 저장한 뒤 Amazon으로 돌려보내면 된다. 그러면 얼마 후 S3 버킷에서 여러분의 데이터를 확인할 수 있다.

정리

EC2 인스턴스의 성능과 가용성은 적절한 인스턴스 타입의 선택 여부고 Auto Scaling을 이용한 적절한 수의 인스턴스 프로비저닝을 통해 유지될 수 있다. 컴퓨트 워크로드는 Lambda 등 서버리스 모델 또는 ECS, EKS 등 컨테이너 모델을 통해 좀 더 효과적으로 전달될 수 있다.

EBS 볼륨 기반 데이터에 대한 접근성 및 데이터의 안정성은 RAID 배열 설정을 통해 강화될 수 있다. S3 크로스 리전 복제 및 S3 전송 가속 기능은 S3 데이터에 대한 접근성을 높여줄 수 있다.

RDS의 스키마, 인덱스, 뷰, 옵션 그룹, 파라미터 그룹을 적절하게 설정함으로써 데이터베이스의 성능을 높일 수 있다. 여러분이 직접 EC2 인스턴스에 설치한 데이터베이스의 경우 볼륨 클래스(SSD, HDD)와 IOPS 레벨에 따라 성능이 크게 달라질 수 있다. 데이터의 내구성은 복제를 통해 높일 수 있고, 확장성은 수동 환경설정을 통해 관리할 수 있다.

로드 밸런서는 요청에 응답해 모든 백엔드 리소스에 로드를 분산시킨다. 이를 통해 헬스 체크를 자동화할 수 있고, 리소스를 최적으로 이용할 수 있는 라우팅 정책을 요청하며, 최선의 사용자 경험을 제공할 수 있다.

AWS CloudFormation이나 AWS OpsWorks의 Chef 및 Puppet을 이용해 스크립트 기반으로 리소스를 프로비저닝하고, 복합적인 리소스 스택을 간단하게 생성할 수 있다. 이들 환경설정 자동화 도구를 이용해 테스트 환경, 상용화 준비 환경, 그리고 상용화 환경을 신속하게 배포 및 관리할 수 있다.

CloudWatch, CloudTrail, AWS Config 등의 서비스를 이용해 리소스의 성능 및 상태를 모니터링할 수 있다. 어드민 도구에 로드 테스트 및 보고서 시각화 도구를 포함시켜 관리의 효율성을 높일 수 있으며, CloudWatch 대시보드에서 관련 정보를 통합적으로 확인할 수 있다.

데이터 복제 등 캐싱 기법을 이용해 데이터 응답 속도를 높일 수 있고, 파티셔닝 및 샤딩 등의 기법을 이용해서 데이터 처리 성능을 높일 수 있으며, 데이터 압축을 통해 대량의 데이터를 신속하게 전송할 수 있다.

시험 대비 전략

EC2 인스턴스 타입의 정의 방식을 이해한다. EC2 인스턴스 타입은 각각 고유의 기능을 제공하며, 다양한 EC2 인스턴스 타입을 정의하는 파라미터의 속성을 이해해 필요한 기능을 구현할 수 있도록 한다.

Auto Scaling의 작동 방식을 이해한다. 애플리케이션의 변화하는 요구를 수용할 수 있는 가장 효율적인 방법은 요구에 맞춰 자동으로 새로운 리소스를 프로비저닝 및 론칭하고, 요구 감소 시 미사용 리소스를 정지시키는 것이다. Auto Scaling은 이를 위한 도구로서 EC2 인스턴스의 확장성 및 탄력성을 관리한다.

EC2 인스턴스와 구분되는 서버리스와 컨테이너의 가치를 이해한다. AWS Lambda와 같은 서버리스 함수나 AWS ECS와 같은 Docker 컨테이너 클러스터는 서비스의 리소스 의존성을 감소시키며, 반응성과 비용효율성을 높일 수 있는 컴퓨트 솔루션이다. 이들 컴퓨트 솔루션 중 개별 유스 케이스에 가장 적합한 것이 무엇인지 선택할 수 있어야 한다.

스토리지 성능 및 안정성을 최적화할 수 있는 방법을 이해한다. RAID 기반의 EBS 볼륨 또는 CRR 기반의 S3 버킷에 저장된 데이터는 복제를 통해 내구성과 성능을 크게 향상시킬 수 있다. 또한 S3 Transfer Acceleration 또는 CloudFront를 이용해 S3 버킷의 데이터 응답 속도를 높일 수 있다.

데이터베이스 성능 최적화의 방법을 이해한다. AWS에서 제공하는 데이터베이스의 성능, 안정성, 비용은 여러분의 선택에 따라 달라진다. 여러분은 스토리지의 환경설정 방식을 결정하고, 관리형 서비스인 RDS를 이용하거나 사용자의 통제력을 높이기 위해

EC2 인스턴스에 직접 데이터베이스를 설치할 수 있다. 데이터 웨어하우스를 구현하려는 경우 Redshift 또는 서드파티 도구를 활용할 수 있다.

로드 밸런서의 사용 시기와 방법을 이해한다. 로드 밸런서는 유입되는 요청을 다수의 백엔드 서버에 분산시키며, 성능이 떨어지거나 부하가 걸린 인스턴스를 대체해 확장성과 안정성을 겸비한 애플리케이션을 구현할 수 있다. EC2 및 RDS 워크로드 처리에 있어 로드 밸런서는 매우 중요한 역할을 수행한다.

인프라 자동화 도구의 가치 및 기능을 이해한다. CloudFormation 템플릿은 다양한 환경에서 복합적인 리소스 스택을 정의하고 자동으로 프로비저닝 및 론칭한다. 서드파티 도구인 Chef와 Puppet은 AWS OpsWorks를 통해 배포하고 스크립트 방식으로 리소스를 정의할 수 있도록 돕는다. AWS의 다양한 개발자 도구를 이용해 지속적 통합 및 지속적 배포 프로세스를 관리할 수 있다.

인프라 모니터링 도구의 중요성 및 활용 방법을 이해한다. 인프라 관리에 있어 주변 환경의 변화와 다양한 성능 요구 트렌드를 반영하는 일은 무척 중요하다. 능동적 검증 기법인 로드 테스트는 관리 프로세스에서 현재 실행되고 있는 리소스의 상태 및 실패 대응성을 확인하는 중요한 방법이며, CloudWatch 대시보드를 이용해 모니터링 및 검증 데이터를 통합적으로 시각화할 수 있다.

데이터 캐싱을 통한 성능 개선의 방법을 이해한다. ElastiCache와 CloudFront는 데이터를 복제 및 저장해 이를 소비하는 클라이언트에게 좀 더 신속하게 전달하기 위한 서비스다. ElastiCache는 Memcached 또는 Redis 버전을 사용할 수 있으며 여러분의 워크로드 처리에 어느 쪽이 좀 더 적합한지 알고 있어야 한다.

평가 문제

1. 특정 EC2 인스턴스 타입의 성능을 설명할 수 있는 파라미터는 무엇인가? (정답 3개)

    A. ECUs(EC2 컴퓨트 유닛)

    B. vCPUs(가상 CPUs)

C. ACCpR(누적 요청당 비용 합계액)

D. Intel AES-NI

E. 최대 읽기 사본

2. 여러분의 EC2 기반 애플리케이션에 대한 인기가 높아지면서, 급증하는 요구 수준에 맞춰 인프라를 증설할 필요가 있다. 다음 중 Auto Scaling에 필수적인 요소는 무엇인가? (정답 3개)

A. 시작 환경설정

B. 로드 밸런서

C. 커스텀 EC2 AMI

D. start.sh 스크립트

E. AWS OpsWorks 스택

3. 다음 중 Auto Scaling에서 시작 환경설정의 역할을 가장 잘 설명한 것은 무엇인가?

A. 스케일링 변경을 촉발시킬 용량 지표 정의

B. Auto Scaling 작업으로 배포할 AMI의 정의

C. 허용 가능 최대 및 최소 인스턴스의 수 제어

D. 연관 로드 밸런서 정의

4. 도큐먼트 서버, 데이터베이스, 캐시 등 개별 서버가 필요에 따라 분리 또는 결합될 수 있는 마이크로서비스 아키텍처를 이용해 커머스 애플리케이션을 개발하려 한다. 다음 중 이를 위한 최고의 플랫폼은 무엇인가?

A. Elastic Container Service

B. Lambda

C. ECR

D. Elastic Beanstalk

5. EC2 배포 프로필에 RAID 기반의 EBS 볼륨을 적용하려 할 때 RAID 최적화 EBS 볼륨 환경설정을 적용할 수 있는 곳은 어디인가?

    A. EBS 대시보드

    B. EC2 Storage Optimization 대시보드

    C. AWS CLI

    D. EC2 인스턴스 OS

6. 다음 중 S3 기반 데이터에 대한 저지연성 접속 및 내오류성을 제공하는 도구는 무엇인가?

    A. CloudFront

    B. RAID arrays

    C. Cross-region replication

    D. Transfer Acceleration

7. 다음 중 데이터 전송에 CloudFront 엣지 로케이션을 사용해 전송 속도를 높이는 도구는 무엇인가?

    A. Amazon S3 Transfer Acceleration

    B. S3 Cross-Region Replication

    C. EBS Data Transfer Wizard

    D. EC2 Auto Scaling

8. 멀티 티어 애플리케이션이 평소보다 읽기 및 쓰기 속도가 느려졌다. 다음 중 관리형 RDS 데이터베이스의 성능 개선 방법으로 널리 쓰이지 않는 것은 무엇인가?

    A. 인덱스 최적화

    B. 확장성 최적화

    C. 스키마 최적화

    D. 뷰 최적화

9. RDS 서비스가 아닌, EC2 인스턴스에 직접 관계형 데이터베이스를 호스팅할 때의 장점은 무엇인가? (정답 2개)

   A. 자동화된 소프트웨어 패치

   B. 자동화된 OS 업데이트

   C. Auto Scaling 즉시 활용

   D. 비용 절약

   E. 호스트에 대한 더 높은 제어 권한

10. EC2 기반 그래픽 처리 애플리케이션의 속도가 평소보다 느려졌다는 사용자의 불만이 접수됐다. 지난 두 달여 간 요구 수준이 증가해 왔을 때, 문제 해결에 가장 도움이 될 수 있는 방법은 무엇인가? (정답 2개)

   A. 애플리케이션을 Amazon Lightsail로 이동

   B. 강화된 그래픽 처리 성능을 제공하는 EC2 인스턴스로 교체

   C. 인스턴스 앞에 Amazon Elasticsearch를 배포

   D. Auto Scaling 그룹에서 인스턴스 성능 제한을 상향 조절

   E. CloudFront 배포 뒤로 애플리케이션을 이동

11. 다음 중 TCP 기반 애플리케이션에 최적화돼 있고 소스 IP 주소를 보관하는 로드 밸런서 타입은 무엇인가?

   A. Application load balancer

   B. Classic load balancer

   C. Network load balancer

   D. Dynamic load balancer

12. 다음 중 CloudFormation 템플릿 환경설정에 사용할 수 있는 방법은 무엇인가? (정답 3개)

   A. CloudFormation 드래그앤드롭 인터페이스

   B. 기성 샘플 템플릿 선택

   C. AWS CloudDeploy에서 템플릿 임포트

   D. 자체 JSON 템플릿 문서 생성

   E. Systems Manager에서 템플릿 임포트

13. 다음 중 CloudFormation 환경설정의 필수 요소로 입력하는 내용이 아닌 것은 무엇인가?

   A. Default 노드 이름

   B. Stack 이름

   C. Database 이름

   D. DBUser 이름

14. AWS OpsWorks를 통해 AWS 업무 흐름에 통합할 수 있는 것은 무엇인가?
(정답 2개)

   A. Ansible

   B. Chef

   C. Terraform

   D. SaltStack

   E. Puppet

15. 다음 중 성공적인 리소스 모니터링 프로토콜 구성의 중요 요소는 무엇인가?
(정답 2개)

   A. CloudWatch 대시보드

   B. CloudWatch OneView

   C. SNS 경고

   D. AWS Config 대시보드

16. 다음 중 리소스가 생성하는 CloudWatch 데이터의 가치를 가장 높여줄 수 있는 것은 무엇인가? (정답 2개)

   A. 사전정의된 성능 베이스라인

   B. 사전정의된 핵심 성능 지표[KPIs]

   C. AWS의 Advance 퍼미션

   D. 여러분 계정의 리소스 환경설정 변경에 대한 완벽한 기록

   E. 실행중인 Service Catalog 작업

17. 다음 중 여러분의 계정 또는 리소스 환경설정의 변경에 대한 감사 업무에 사용할 수 있는 도구는 무엇인가?

A. AWS CloudTrail

B. AWS CloudWatch

C. AWS CodePipeline

D. AWS Config

18. 다음 중 Amazon ElastiCache화 통합 가능한 캐싱 엔진은 무엇인가? (정답 2개)

A. Varnish

B. Redis

C. Memcached

D. Nginx

19. 다음 중 Redis와 ElastiCache를 이용해 캐싱을 구현하는 데 적합한 사용 시나리오는 무엇인가? (정답 2개)

A. 온라인 애플리케이션에 사용자 세션 상태 정보를 저장한 뒤 다른 모든 활성 사용자와 비교할 수 있어야 함

B. 온라인 애플리케이션에 가장 빠른 실행 속도가 요구됨

C. 시스템 관리자가 캐싱에 익숙치 않으며 비교적 간단한 방법으로 애플리케이션의 성능을 높이려 함

D. 애플리케이션의 필요 사항을 한두 달 내에 결정하기 어려우며 다양한 옵션을 검토 중임

20. 다음 데이터베이스 엔진 중 Amazon RDS의 읽기 사본을 사용할 수 없는 것은 무엇인가?

A. MySQL

B. Oracle

C. MariaDB

D. PostgreSQL

21. 다음 중 CloudFormation을 이용해 서로 연관된 다수의 리소스를 프로비저 닝하는 스택을 생성할 때, 리소스를 스택별로 조직화하는 데 도움이 되는 분류 기준은 무엇인가? (정답 2개)

A. Cost

B. S3 버킷

C. 리소스 또는 서비스 생애주기

D. Ownership

22. 다음 중 CloudFormation 템플릿에서 파라미터를 정의하는 데 적합한 리소스 속성은 무엇인가? (정답 2개)

A. AMI ID

B. EC2 키 페어 이름

C. Stack 이름

D. 논리적 ID

23. 여러분은 중첩 스택을 사용해 EC2 Auto Scaling 그룹을 생성하고 이와 연관된 VPC 구성 작업을 진행하려 한다. 이들 스택은 중첩 스택 계층 구조 밖으로 어떤 정보도 전송할 필요가 없다. 다음 중 Auto Scaling 그룹을 생성하기 위해 템플릿에 추가해야 할 내용은 무엇인가?

A. Output 섹션에 Export 필드를 추가

B. AWS::EC2::VPC 타입의 리소스 추가

C. AWS::CloudFormation::Stack 타입의 리소스 추가

D. Fn::ImportValue 내재 함수 추가

24. 여러분은 CloudFormation 스택 정책이 적용된 스택을 업데이트하려 한다. 다음 중 스택 업데이트 작업에 앞서 CloudFormation이 변경시키게 될 특정 리소스에 대한 작업 중 검증해야 할 사항은 무엇인가?

A. 변경 세트 생성

B. 직접 업데이트 실행

C. 스택 정책 업데이트

D. 기존 스택 정책 덮어쓰기

보안성 아키텍처

AWS 공인 솔루션스 아키텍트 어소시에이트 시험 범위 중 12장에서 살펴볼 영역별 세부 항목은 다음과 같다.

출제영역 1: 보안성 아키텍처 설계

개요

정보 보안의 기본 목표는 데이터의 보호, 특히 해당 데이터를 저장한 리소스 보호와 해당 데이터에 대한 접근 보안이다. 데이터를 효과적으로 보호하기 위해 다음 세 가지 요소를 준수해야 한다.

기밀성^{Confidentiality} 특정 데이터에 대한 접근 권한이 있는 사람 또는 시스템만이 해당 데이터에 접근할 수 있어야 한다. 데이터 암호화와 ACL^{Access Control Lists}은 기밀성을 강화하는 주요 메커니즘이다.

무결성^{Integrity} 데이터는 악의적으로 또는 우연히 변조돼서는 안 된다. 암호화를 위한 해싱 및 로그 관리는 무결성을 검증하는 주요 도구다.

가용성^{Availability} 데이터를 필요로 하는 사람은 해당 데이터에 접속할 수 있어야 한다. 데이터가 무결성을 유지하고 있더라도 해커 등의 DoS 공격으로 해당 데이터에 접속할 수 없다면 가용성이 부족한 것이다.

12장에서는 스토리지, 컴퓨트, 네트워크 등 데이터가 이동하는 모든 시스템 요소에 대한 보안 제어 적용 방법과 데이터 생애주기 동안의 기밀성, 무결성, 가용성 확보 방법을 알아본다.

신분 및 접근 권한 관리

우리는 AWS에서 부여한 신분을 이용해 AWS 관리 콘솔에 접속하고, 서비스를 관리하며, 리소스를 확인 및 편집한다. AWS에서의 보안은 6장에서 살펴본 Identity and

Access Management(이하 IAM)에서 제공하는 신분을 기준으로 이뤄진다. AWS의 자격인증credentials은 AWS의 각종 리소스에 접근할 수 있는 핵심 정보이다. 첫 번째 단계로 이들 주요 정보의 실수에 의한 노출 또는 악의적인 이용을 방지해야 한다. 두 번째 단계로 개별 유저에게는 주어진 임무 수행에 필요한 수준의 권한만 부여해야 한다.

AWS 자격인증 정보 보호

AWS 리소스에 접근하려는 사람은 누구나, 일련의 자격인증 정보를 이용해 접근권한을 확인받아야 한다. AWS 리소스에 대한 작업 권한 개체를 'principal'이라 부르며, 때론 이를 신분identity이라 부르기도 한다. AWS의 권한 개체는 다음 세 가지다.

- 루트 유저root user
- IAM 유저user
- IAM 롤role

루트 유저는 AWS 계정에 대한 무제한의 접근권한을 지니고 있으므로 일상적인 어드민 업무에는 사용하지 않아야 한다. 대신 새 IAM 유저를 생성한 뒤 AdministratorAccess 권한을 부여해서 관리자 계정으로 사용하는 것을 권장한다. 루트 유저 계정 보호 및 어드민 IAM 유저 생성과 관련된 자세한 사항은 6장의 실습 예제 6.1을 참고하기 바란다.

루트 유저 보안을 위한 또 다른 도구는 MFAMulti-Factor Authentication를 사용하는 것이다. MFA를 활성화하면 루트 계정 로그인 시 유저네임, 패스워드와 함께 MFA 기반의 1회성 패스코드를 입력해야 한다. 1회성 패스코드는 물리적 디바이스 또는 스마트폰에 설치된 MFA 애플리케이션으로 생성할 수 있다.

루트 계정 로그인에 MFA를 사용할 때 주의사항은 MFA 디바이스 분실 시 루트 계정에 접근할 수 없다는 점이다. 만에 하나 이런 일이 발생한다면 AWS Support를 통해 복구 작업을 진행해야 한다.

IAM 유저의 경우 AWS Management Console에 접근하기 위한 패스워드 정책을 강화해 보안 수준을 높일 수 있다. 패스워드 정책에는 다음과 같은 규칙이 반영된다.

- 패스워드의 최소길이 제한, 대소문자, 숫자, 기호 혼용 등 제약 사항을 추가해 패스워드의 복잡성을 높일 수 있다(현재 패스워드의 최소길이는 6).
- 패스워드 만료 기간 설정
- 패스워드 재사용 금지
- 만료된 패스워드의 재설정은 어드민이 수행

IAM 유저 생성 시 AWS Management Console 접근, 프로그래밍 방식 접근 또는 두 방식 모두를 이용한 접근을 허용할지 여부를 선택할 수 있다. AWS Management Console 접근 시 username과 password가 필요하며, MFA 토큰 옵션을 추가할 수 있다. 프로그래밍 방식 접근 시 AWS API, CLI, SDK 등을 사용할 수 있으며, access key ID와 secret access key가 필요하다.

세분화된 권한부여

정보 보안의 근본적인 개념은 최소 권한부여 원칙principle of least privilege이다. 이는 접근이 필요한 리소스에 대한 권한만 부여해야 한다는 원칙이다. 이 원칙을 준수해 AWS 리소스에 대한 권한을 벗어난 접근 또는 악의적인 유저의 접근을 효과적으로 차단할 수 있다. 이 원칙은 IAM 정책에 정의된 IAM principals를 통해 긴밀하게 구현될 수 있다.

IAM principals는 기본적으로 모든 개체의 접근을 허용하지 않으며, 새로 생성한 IAM 유저 또는 롤은 AWS 계정에서 어떠한 작업도 할 수 있는 권한이 없다. IAM 유저 또는 롤은 IAM 정책을 통해 명시적으로 권한을 부여받아야만 하므로 IAM 정책은 ACL의 효과적인 구현 체계라 할 수 있다.

어드민은 유저에게 하나 이상의 정책을 작성해 principal에 명시하는 방식으로 권한을 부여한다. 정책에는 하나 이상의 퍼미션permission이 포함돼 있으며, 각 퍼미션에는 최소 다음 4가지 요소가 포함된다.

Effect 리소스에 대한 액션의 허용 여부를 결정하며, 이에 대응하는 값은 allow 또는 deny다.

Action/Operation 각 AWS 서비스는 해당 리소스에 대한 작업 가능 요소인 액션 또는 작업 세트를 지닌다. 예를 들어, EC2 서비스의 RunInstances 액션은 새 인스턴스를 생성한다.

Resource 액션 정의 시 하나 이상의 리소스를 지정해야 한다. 예를 들어, EC2 RunInstances 액션 정의 시 Amazon Machine Image(AMI) ID를 지정해야 한다. 퍼미션 명령문에 리소스를 명시함으로써 해당 리소스 이외의 요소에 대한 접근을 효과적으로 차단할 수 있다. 예를 들어, RunInstances 작업에 AMI ID를 입력한 경우 해당 AMI 이외의 이미지는 실행할 수 없다.

Condition 퍼미션 부여를 위한 조건을 지정할 수 있다. 예를 들어, 지정된 작업을 수행하기 위해 특정 IP 주소를 통해서 들어온 유저만 작업을 허용할 수 있다. 이 외에 MFA를 요구하거나 지정된 시간에만 해당 작업을 할 수 있도록 시간 제한을 조건으로 추가할 수 있다.

IAM 그룹은 principal 요소가 아니다. 그룹 자체로는 액션을 수행할 수 없으며, 그 속에 포함된 유저 단위로 또는 롤 기반으로 액션을 수행할 수 있다.

AWS 관리형 정책

AWS 관리형 정책^AWS Managed Policies^은 AWS가 제공하는 수백 종의 사전정의된 정책이며, 네트워크 관리자, 데이터베이스 관리자^DBA^, 보안 감사 담당자 등 전형적인 인프라 및 리소스 관리자의 업무 롤을 제공한다. AWS는 새 서비스를 추가할 때마다 이와 관련된 관리형 정책도 업데이트하고 있다.

고객 관리형 정책

고객 관리형 정책^customer-managed policy^은 AWS 계정의 권한 개체에 추가할 수 있는 개별적이며 독립적인 정책이다. 사용자가 고객 관리형 정책을 업데이트하면 이 정책이 부착돼 있는 모든 권한 개체에 변경 사항이 즉시 반영된다. 또한 IAM의 또 다른 규칙으로 해당 정책에 반하는 작업을 수행할 수 없으며, 최대 5개의 버전을 이용해 다양한 정책 변화를 반영하거나 이전 정책으로 되돌릴 수 있다.

인라인 정책

인라인 정책inline policy은 IAM 권한 개체 또는 IAM 그룹에 포함돼 실행되는 정책이다. AWS 관리형 정책과 고객 관리형 정책이 권한 개체에 독립적으로 존재할 수 있는 것과 달리 특정 권한 개체의 일부로만 존재할 수 있다. 인라인 정책은 특정 정책을 매우 구체적인 대상에게 확실하게 적용해야 할 때 특히 유용하다.

권한의 경계

특정 권한 개체의 접근을 허용하는 정책을 퍼미션 정책permissions policy이라 부르며, 이러한 정책 속성을 이용해 권한의 경계permissions boundaries를 정의할 수 있다. 어드민은 권한의 경계를 이용해 IAM 권한 개체에게 부여할 수 있는 최대 권한의 한계를 설정할 수 있다.

권한의 경계는 다수의 퍼미션 정책을 부여하는 가운데 특정 권한 개체에게 지나치게 많은 권한이 부여되는 것을 막는 장치로서 의미가 있으며, 특정 권한 개체에 대한 최대 권한을 정의한 관리형 정책을 선택하는 방식으로 간단하게 설정할 수 있다. 예를 들어, 아래와 같이 EC2 서비스에 대한 모든 액션을 허용하는 정책을 생성한 뒤 이를 IAM 유저에게 부착해 권한의 경계로 사용할 수 있다.

```
{
 "Version": "2012-10-17",
 "Statement": [
  {
   "Effect": "Allow",
   "Action": [
    "ec2:*"
   ],
   "Resource": "*"
  }
 ]
}
```

그다음 위 유저에게 모든 AWS 서비스에 대한 접근 권한을 부여하는 Administrator Access 정책을 부착하더라도 해당 유저는 여전히 EC2에 대한 작업 권한만 지니게 된다. 권한의 경계 적용을 받는 유저는 더 높은 수준의 권한을 부여받더라도 권한의 경계를 벗어난 작업은 할 수 없게 되는 것이다.

아래 예제에서 IAM 유저를 생성하고 권한의 경계 정책을 적용해 보자.

실습 예제 12.1

제한적인 어드민 권한을 지닌 유저 생성

이번 예제에서는 제한적인 어드민 권한을 지닌 IAM 유저를 생성하고, 권한의 경계 정책을 통해 유저가 오직
EC2 서비스에 대한 작업 권한만 지니도록 한다.

1. LimitedAdminPolicyBoundary라는 이름의 고객 관리형 정책을 생성한다. 이를 위해 정책 문서를 생성한
   뒤 아래 코드를 입력한다.

```json
{
  "Version": "2012-10-17",
  "Statement": [
    {
      "Effect": "Allow",
      "Action": "ec2:*",
      "Resource": "*"
    }
  ]
}
```

2. IAM 유저를 생성하고 이름은 LimitedAdmin을 입력한다.

3. IAM 대시보드에서 Users를 선택하고 유저 목록에서 LimitedAdmin을 선택한다.

4. Permissions Boundary에서 Set Boundary를 클릭한다.

5. LimitedAdminPolicyBoundary 옵션을 선택하고 Set Boundary 버튼을 클릭한다.

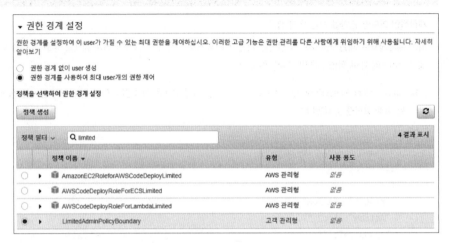

6. Permissions Policy에서 Add Permissions을 클릭한다.

7. Attach Existing Policies Directly 버튼을 클릭한다.

8. AdministratorAccess 정책을 선택하고 Next: Review 버튼을 클릭한다.

9. Add Permissions 버튼을 클릭한다.

AdministratorAccess 퍼미션 정책으로 모든 AWS 서비스에 대한 접근 권한을 부여했지만 권한의 경계 정책이 이를 무시하도록 해 유저는 결과적으로 EC2에 대한 접근 권한만 지니고 있게 된다.

롤

롤은 패스워드나 액세스 키를 사용하지 않는 IAM 권한 개체로 다른 개체처럼 접근 권한 정책 또는 권한 경계 속성을 지닐 수 있다. IAM 유저 또는 AWS 리소스는 롤을 지닐 수 있고 롤과 연계된 권한을 상속받는다.

롤은 EC2 인스턴스에서 실행되는 애플리케이션에게 액세스 키 없이 특정 AWS 리소스에 대한 접근 권한을 부여할 때 편리하게 이용할 수 있다. 예를 들어, 애플리케이션 실행을 위해 DynamoDB에 대한 접근이 필요할 경우 해당 애플리케이션에 롤을 추가해 DynamoDB에 대한 접근 권한을 부여할 수 있다. 이 내용을 담은 퍼미션 정책은 다음과 같다.

```
{
 "Version": "2012-10-17",
 "Statement": [
  {
   "Effect": "Allow",
   "Action": [
    "dynamodb:CreateTable",
    "dynamodb:PutItem",
    "dynamodb:ListTables",
    "dynamodb:DescribeTable",
    "dynamodb:DeleteItem",
    "dynamodb:GetItem",
    "dynamodb:Query",
    "dynamodb:UpdateItem",
    "dynamodb:UpdateTable"
   ],
   "Resource": "*"
  }
 ]
}
```

인스턴스 프로필

롤은 퍼미션 정책 외에도 트러스트 정책trust policy을 통해 어떤 AWS 리소스가 해당 롤을 지니고 있는지 설명할 수 있다. DynamoDB에 접근해야 하는 애플리케이션은 EC2 인스턴스에서 실행 중이므로 트러스트 정책을 통해 해당 롤에 EC2 인스턴스에 대한 퍼미션이 있다는 사실을 증명한다. 이와 같은 내용을 담은 트러스트 정책은 다음과 같다.

```
{
 "Version": "2012-10-17",
 "Statement": [
  {
   "Effect": "Allow",
   "Principal": {
    "Service": "ec2.amazonaws.com"
```

```
    },
  "Action": "sts:AssumeRole"
  }
 ]
}
```

 트러스트 정책은 리소스 기반 정책(resource-based policy)의 일종으로 EC2 접근 권한
의 롤 생성 시 IAM은 자동으로 인스턴스 프로필과 동일한 이름의 롤을 생성한다. 예를 들
어, MyAppRole이란 이름으로 퍼미션 정책과 트러스트 정책을 생성한 경우 IAM은 자동으
로 MyAppRole이란 이름의 인스턴스 프로필을 생성한다. 이후 사용자가 인스턴스 프로필
과 EC2 인스턴스를 연결하면 해당 롤에 인스턴스 퍼미션이 부여된다.

인스턴스 프로필과 이번 롤이 연결된 것을 확인하려면 아래와 같은 AWS CLI 명령을
실행한다.

```
aws iam list-instance-profiles-for-role --role-name MyAppRole
```

그러면 아래와 같은 내용이 출력된다.

```
{
 "InstanceProfiles": [
  {
   "InstanceProfileId": "AIPAJGKR6VR52WTHHXOR6",
   "Roles": [
    {
     "AssumeRolePolicyDocument": {
      "Version": "2012-10-17",
      "Statement": [
       {
        "Action": "sts:AssumeRole",
        "Effect": "Allow",
        "Principal": {
         "Service": "ec2.amazonaws.com"
        }
       }
      ]
     },
```

```
    "RoleId": "AROAIV2GSBS4E4HAEFTJA",
    "CreateDate": "2018-10-13T03:20:46Z",
    "RoleName": "MyAppRole",
    "Path": "/",
    "Arn": "arn:aws:iam::xxxxxxxxxxxx:role/MyAppRole"
  }
 ],
 "CreateDate": "2018-10-13T03:20:46Z",
 "InstanceProfileName": "MyAppRole",
 "Path": "/",
 "Arn": "arn:aws:iam::xxxxxxxxxxxx:instance-profile/MyAppRole"
  }
 ]
}
```

인스턴스와 인스턴스 프로필을 연계함으로써 해당 인스턴스는 Security Token Service를 통해 액세스 키, 시크릿 키, 세션 토큰 등의 임시 접근 권한을 부여받게 된다. Security Token Service는 인스턴스 메타데이터에 임시 접근 권한을 저장한 뒤 6시간마다 갱신한다. MyAppRole에 부여된 임시 임시 접근 권한을 확인하려면 인스턴스에 포함된 아래와 같은 URL을 브라우저에 입력한다.

```
http://169.254.169.254/latest/meta-data/iam/
security- credentials/MyAppRole
```

그러면 다음과 같은 내용이 출력된다.

```
{
 "Code" : "Success",
 "LastUpdated" : "2018-10-14T20:47:19Z",  "Type" : "AWS-HMAC",
 "AccessKeyId" : "ASIASJ6WQJMEE32SJ56C",
 "SecretAccessKey" : "vcAiY5Tps6U3pbr2TFjzwrrRe2ETXbi0T+mDr1Qi",
 "Token" :
"FQoGZXIvYXdzEBYaDLwVhhKEzhxBvNtRMyK3A7RpKrXELCv61rGatSWBi1Ehg3w9gOBww7jjy9mCAwTK7kA4S
IyhmyEXQR32McB4xWqjxM3/K4Ij9o5+7ALpegD5p5c0cO7BqGIb4Xb3vZcJiA0pMk7jWRb6afB8c+iAdP1PhRE
R8oJpAOmUHwC2NoT85tpUbAwPtJc4SCW9HmFvI3Hq5pBOo2c1gB75SdcmaYMR/Xl+HxkV/KM5tqyx64BypS4uA
ByW9BuoQ5GH+WKHBXOzIFuhVDpvKS2XXao0Ofz/dfdLo/t1n13KkhzXf43NFc4Lunqsd4Zo9o7yr2D+ezXNLPD
phRN3Itc9dxSaCZY7QE51fgdDUCPBPsQ17okukrcT5jI/R+rY3cL/bBx0Q4VUd47bUcASRxCag2xvDONMAqDpb
PX4j2Kbgs8avLqEFj4q4RkCOM28gETeqWxEE8XNZEfpXCupr1eeyfPul3BzcZmrTMu22ZvvySyzYJQVf9Yijpg
Wa9RcGBFQGKbWAgu5aWxdJvKjDCDjkupyhi2tnBRlRuRXgtXXN19NkDEiVus7rAnZLMRuBIIgbeWtT6BXSMMjt
```

```
HqZ6NpaagDwGHtNmvOv6AEonda03gU=",
 "Expiration" : "2018-10-15T03:21:21Z"
}
```

access key ID, secret access key, session token 등이 모두 텍스트로 돼 있다는 점을 기억하자.

이들 접근 권한 정보는 인스턴스에서 실행되는 애플리케이션이 AWS API를 통해 작업을 수행할 때 자격을 인증받는 데 사용된다. 이들 정보는 악의적인 사용자 또는 악성 코드^{malware}가 탈취해 부적절하게 접근 권한을 얻는 데 사용될 수도 있다. 예를 들어, 특정 유저가 앞의 접근 권한 정보를 이용해 AWS CLI를 통해 리소스를 탐색하는 데 사용될 수 있다.

```
[ec2-user@ip-172-31-88-201 ~]$ export
AWS_ACCESS_KEY_ID=ASIASJ6WQJMEE32SJ56C
[ec2-user@ip-172-31-88-201 ~]$ export
AWS_SECRET_ACCESS_KEY=vcAiY5Tps6U3pbr2TFjzwrrRe2ETXbi0T+mDr1Qi
[ec2-user@ip-172-31-88-201 ~]$ export
AWS_SESSION_TOKEN=FQoGZXIvYXdzEBYaDLwVhhKEzhxBvNtRMyK3A7RpKrXELCv61rGatSWBi1Ehg3w9gOBw
w7jjy9mCAwTK7kA4SIyhmyEXQR32McB4xWqjxM3/K4Ij9o5+7ALpegD5p5c0cO7BqGIb4Xb3vZcJiA0pMk7jWR
b6afB8c+iAdP1PhRER8oJpAOmUHwC2NoT85tpUbAwPtJc4SCW9HmFvI3Hq5pBOo2c1gB75SdcmaYMR/X1+HxkV
/KM5tqyx64BypS4uAByW9BuoQ5GH+WKHBXOzIFuhVDpvKS2XXaoOOfz/dfdLo/t1n13KkhzXf43NFc4Lunqsd4
Zo9o7yr2D+ezXNLPDphRN3Itc9dxSaCZY7QE51fgdDUCPBPsQ17okukrcT5jI/R+rY3cL/bBx0Q4VUd47bUcAS
RxCag2xvDONMAqDpbPX4j2Kbgs8avLqEFj4q4RkCOM28gETeqWxEE8XNZEfpXCupr1eeyfPul3BzcZmrTMu22Z
vvySyzYJQVf9YijpgWa9RcGBFQGKbWAgu5aWxdJvKjDCDjkupyhi2tnBRlRuRXgtXXN19NkDEiVus7rAnZLMRu
BIIgbeWtT6BXSMMjtHqZ6NpaagDwGHtNmvOv6AEonda03gU=
```

AWS CLI가 export 명령을 이용해 환경 변수에서 자격인증 정보를 가져올 수 있으며, 이를 얻은 유저는 다음과 같이 DynamoDB 테이블의 리스트 탐색을 시도할 수 있다.

```
[ec2-user@ip-172-31-88-201 ~]$ aws dynamodb list-tables
{
 "TableNames": [
  "MySecretTable",
  "Recipes"
 ]
}
```

롤이 ListTables 액션을 허용했으므로 Security Token Service에 의해 자격인증 정보가 생성되고 관련 퍼미션 또한 제공된 상태가 된다. 하지만 유저가 동일한 자격인증 정보로 EC2 인스턴스의 탐색을 시도하면 즉시 실패한다.

```
[ec2-user@ip-172-31-88-201 ~]$ aws ec2 describe-instances
An error occurred (UnauthorizedOperation) when calling the
DescribeInstances operation: You are not authorized to perform this operation.
```

위 사례를 통해 최소 권한 부여 원칙의 준수가 중요하다는 점, 그리고 필요 이상의 퍼미션 롤을 제공해서는 안 된다는 사실을 깨달았을 것이다. 또한 IAM 대시보드 내 Account Settings 메뉴에서 리전별로 Security Token Service를 비활성화할 수 있다. 12장 후반부에서는 위와 같은 자격인증 오남용을 탐색하는 Amazon GuardDuty 서비스에 대해 알아본다.

롤 부여하기

롤을 생성한 뒤 어떤 IAM 유저에게든 롤을 부여할 수 있다. 롤을 부여받은 유저는 롤과 동일한 계정에 속해 있거나 다른 계정에 속해 있을 수 있다. 여러분이 롤을 부여하는 경우 해당 롤에만 접근 권한을 제공할 수 있다. 로그인할 때 사용한 IAM 유저의 접근 권한은 여러분이 부여한 롤의 접근 권한에 추가되지 않는다. 예를 들어, 여러분이 모든 AWS 서비스에 대한 접근 권한이 있는 IAM 유저로 로그인한 뒤 EC2 서비스에 대한 read-only 접근 권한의 롤을 부여한 경우 EC2를 제외한 모든 AWS 서비스에 접근할 수 없게 된다.

다음 예제를 통해 롤의 작동 방식을 알아보자.

실습 예제 12.2

IAM 유저로서 롤 생성 및 부여하기

이번 예제에서는 롤을 생성하고 유저에게 부여한다.

1. 어드민 IAM 유저로 로그인한 뒤 IAM 대시보드에서 Roles을 선택하고 Create Role 버튼을 클릭한다.
2. Select Type Of Trusted Entity 아래 Another AWS Account 버튼을 클릭한다.
3. Account ID에 여러분의 계정 번호를 입력하고 Next: Permissions 버튼을 클릭한다.
4. AWS 관리형 정책 중 하나인 AmazonEC2ReadOnlyAccess를 선택하고 Next: Tags 버튼을 클릭한다.

5. Next: Review 버튼을 클릭한다.

6. 롤 이름을 입력한다. 이번 예제에서는 EC2ReadOnlyRole을 이름으로 사용한다.

7. Create Role 버튼을 클릭한다.

8. AWS Management Console 상단 네비게이션 바에서 여러분의 IAM 계정 이름을 클릭하면 드롭다운 메뉴가 나타난다.

9. Switch Role 링크를 클릭한다.

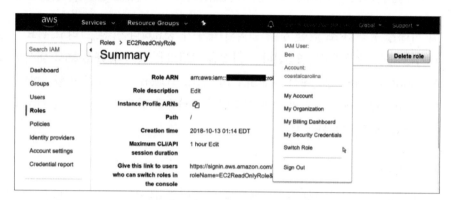

10. Switch Role 버튼을 클릭한다.

11. 12자리 AWS 계정 번호 또는 알리아스를 입력하고, 6번 과정에서 생성한 롤 이름을 입력한다. 다음 그림을 참고한다.

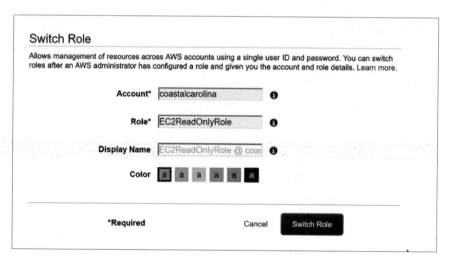

12. Switch Role 버튼을 클릭한다. 롤 이름이 상단 네비게이션 바에 나타난 것을 확인할 수 있다. 이제 여러분은 롤의 권한 내에서 작업을 수행할 수 있다.

13. 해당 롤에 RunInstances 퍼미션이 없기 때문에 EC2 인스턴스 론칭을 시도하면 즉시 실패한다.

14. 어드민 권한의 원래 IAM 유저로 돌아오려면 AWS 계정 옆의 롤 네임 근처 메뉴 바를 클릭한 뒤, Back To [your IAM username] 링크를 클릭한다.

서비스 레벨 보안 강화하기

IAM과 같이 리소스에 대한 접근 제어를 위해 신분 기반 정책$^{identity-based\ policies}$을 정의하는 방법 외에도 일부 AWS 서비스에서는 리소스 기반 정책$^{resource-based\ policies}$을 정의할 수 있다. 예를 들어, S3의 경우 리소스 기반 정책의 일종인 버킷 정책을 통해 객체 및 전체 버킷을 제어할 수 있도록 한다.

또 다른 예로 Key Management Service(KMS)의 경우 사용자로 하여금 키 관리자 및 키 사용자를 지정하기 위한 키 정책$^{key\ policy}$을 정의하도록 한다. SNS의 경우 메시지의 배포 또는 메시지 구독을 제어하고 전송 프로토콜을 정의하기 위한 리소스 정책을 제공한다. Simple Queue Service(SQS) 큐 또한 리소스 기반 SQS 접근 정책을 통해 메시지 발신자 및 수신자를 제어한다.

별도의 AWS 자격인증이 없는 유저의 경우 주로 리소스 기반 정책을 통해 AWS 서비스를 이용하는 경향이 있다. 예를 들어, 애플리케이션 엔드 유저의 경우 AWS 계정이 없더라도 SNS 알림 이메일을 수신할 수 있다. 또한 인터넷으로 접근한 익명의 사용자도 S3 버킷에서 객체를 다운로드할 수 있다. 이처럼 리소스 기반 정책은 신분 기반 정책만으로 제어할 수 없는 리소스 또는 서비스에 대한 접근 권한을 제공할 수 있다. 리소스 기반 정책 생성 시에도 최소 권한 부여라는 원칙은 유지해야 한다.

탐지 제어

AWS는 클라우드 환경에서 발생하는 다양한 이벤트를 추적 및 기록하고, 리소스 침탈 시도 및 잠재적 위협을 경고하는 다양한 탐지 제어$^{detective\ controls}$ 기법을 제공한다.

CloudTrail

탐지 제어에 있어 어떤 로그를 기록하고 이들 로그 정보를 어떻게 사용할지 결정하는 일이 무척 중요하다. 7장에서 살펴본 CloudTrail은 AWS 계정에서의 각종 활동 로그를 기록한다. CloudTrail 환경설정에 앞서 아래와 같은 로그 기록의 범위와 어떤 로그를 기록할지 혹은 하지 않을지부터 결정해야 한다.

- 관리 이벤트^{management events} 또는 데이터 이벤트^{data events} 기록 혹은 둘 다 기록
- read-only 이벤트 또는 write-only 이벤트 기록 혹은 둘 다 기록
- 모든 리소스 또는 특정 리소스만 기록
- 모든 리전 또는 특정 리전만 기록
- 글로벌 서비스 기록 여부

또한 추적^{trail}의 수도 결정해야 한다. read-only 이벤트에 대해 하나의 추적을 생성하고, write-only 이벤트에 대해 또 하나의 추적을 생성할 수 있다. 또는 리전별로 별도의 추적을 생성할 수 있다.

CloudTrail은 S3에 로그를 기록하므로 로그의 열람 및 삭제 제어를 위해 버킷 정책을 정의할 필요가 있다. 또는 새로운 추적을 생성한 뒤 CloudTrail 관리 이벤트 로그가 저장되는 S3 버킷의 이벤트 로그를 관리할 수 있다. 로그 기록에 대한 보안 수준을 높이기 위해 추적 생성 시 SSE-KMS 암호화 기능 또는 로그 파일 무결성 검증 기능을 활성화한다. 또 S3 버킷에 로그 파일이 전송되면 CloudTrail이 Simple Notification Service(SNS) 노티피케이션을 생성하도록 할 수 있다. 단, 이벤트 발생 시간과 CloudTrail의 해당 이벤트에 대한 로그 파일 생성 시기는 최대 15분 정도의 차이가 있을 수 있다.

CloudWatch Logs

CloudWatch Logs는 다수의 소스로부터 유입되는 로그를 수집해 저장 및 검색이 용이하도록 한다. 다음과 같은 다양한 AWS 서비스에서 CloudWatch에 로그가 유입된다.

CloudTrail Logs CloudTrail 로그의 검색 및 확인의 편의성을 위해 CloudWatch Logs에 수집한다. 7장의 실습예제 7.3에서 설정 방법을 알아봤다.

VPC Flow Logs VPC Flow Logs에는 VPC로 유입되거나 VPC에서 유출되는 트래픽 정보가 수집된다. 여기에는 네트워크 인터페이스, 원본 및 대상 IP 주소, 포트, 프로토콜, 패킷, 바이트 카운트 등 정보가 포함되지만 DHCP 트래픽이나 Amazon DNS 서버로 향하는 트래픽은 포함되지 않는다. 잠시 후 실습 예제 12.3에서 VPC 플로우 로그 설정 및 CloudWatch Logs에 전송하는 방법을 살펴본다.

RDS Logs RDS는 MariaDB, MySQL, MySQL 호환 Aurora, Oracle 등 데이터베이스 엔진의 로그를 수집한다.

Route 53 DNS Queries Route 53를 이용해 호스팅 존의 DNS 쿼리 로그를 기록하고 CloudWatch Logs에 전송할 수 있다.

Lambda Lambda 코드에 로그 명령을 추가할 수 있다. Lambda는 자동으로 로그 이벤트를 전송할 수 있으며, /aws/lambda/〈function name〉의 형식으로 함수 이름을 딴 로그 그룹에 로그를 저장한다.

실습 예제 12.3

VPC Flow Logs 환경설정

이번 예제에서는 VPC Flow Logs의 환경설정을 통해 CloudWatch Logs의 로그 그룹에 플로우 로그를 전송한다.

1. VPC 대시보드에서 트래픽 로그를 기록할 VPC를 선택하고 Flow Logs를 클릭한다.

2. Create Flow Log 버튼을 클릭한다.

3. Destination Log Group 섹션의 이름 필드에 FlowLogs를 입력한다.

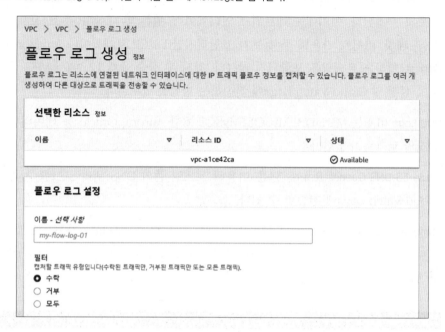

4. 접근 권한 설정을 위해 Set Up Permissions을 클릭한다.

5. 새 브라우저 탭이 열리면 FlowlogsRole이란 이름의 롤이 정의돼 있는 것을 확인할 수 있다. Allow 버튼을 클릭한다.

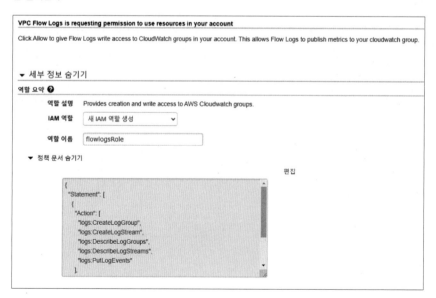

6. 이전 탭으로 돌아온 뒤 IAM 롤을 리프레시하고 FlowlogsRole를 선택한다.

7. Create 버튼을 클릭한다.

약 10분 후부터 새 로그 그룹에 플로우 로그가 기록되기 시작한다.

Athena로 로그 검색하기

AWS는 CloudTrail logs, VPC flow logs, DNS query logs, S3 server access logs 등 다양한 로그를 S3에 저장하며, Athena는 SQL^{Structured Query Language}을 이용해 S3에 저장된 로그 데이터를 검색할 수 있도록 해준다. CloudWatch Logs에도 로그 데이터를 저장하고 검색도 할 수 있지만 여러분이 원하는 형식으로 포맷하는 등의 일은 불가능하다. 예를 들어, CloudWatch Logs 스트림에서 모든 DetachVolume, AttachVolume, DeleteVolume 이벤트를 필터링하려는 경우 다음 문법을 사용할 수 있다.

```
{ $.eventName = "*tachVolume" || $.eventName = "DeleteVolume" }
```

CloudWatch Logs는 위 조회 명령의 결과로 JSON 형식의 이벤트를 출력하는데 그림 12.1처럼 읽기 불편하다는 단점이 있다.

또한 방대한 양의 JSON 문서에 포함된 모든 내용에 관심이 있는 게 아니고 필요한 부분만 요약해서 보고 싶은 경우도 많다. Amazon Athena는 바로 이런 일을 돕는 도구다. S3의 로그 데이터를 Athena에서 불러오면, SQL로 필요한 사항을 조회하고, 정렬한 뒤 그림 12.2와 같이 간결한 로그 조회 결과를 출력할 수 있다.

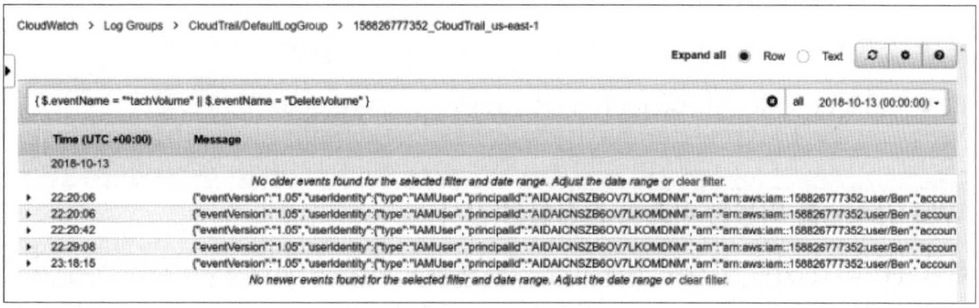

그림 12.1 CloudWatch Logs에서 AttachVolume, DetachVolume, DeleteVolume 이벤트 로그 확인

그림 12.2 Athena에서 로그 조회 결과

Athena는 SQL을 이용하므로 CREATE TABLE DDL^{Data Definition Language} 명령을 사용해서 데이터 구조를 정의해야 한다. DDL 명령은 소스 파일의 데이터를 테이블의 칼럼에 맵핑한다. AWS는 Load Balancer 로그, CloudTrail 로그, CloudFront 로그, VPC Flow 로그 저장 시, 테이블을 생성을 위한 DDL 명령을 지원한다.

여러 개의 로그 그룹을 Athena의 단일 데이터베이스에 임포트한 뒤 SQL JOIN 명령을 이용해 관련성을 기준으로 데이터를 결합할 수 있다. Athena가 지원하는 데이터 포맷은 다음과 같다.

- CSV 및 TSV
- JSON(CloudTrail logs, VPC flow logs, DNS query logs 해당)
- Apache ORC 및 Parquet(Apache Hadoop 등 대용량 데이터 처리용)

AWS Config를 이용한 리소스 환경설정 감사

전반적인 보안 전략 수립을 위해서는 이벤트 모니터링 외에도, AWS 리소스의 환경설정 상태^{resource configuration state} 모니터링도 필요하다. AWS Config는 AWS 계정 내 리소스의 환경설정 변경 사항을 모니터링하며, 경고 메시지를 전송한다. 이 때 리소스 환경설정 기준선baseline과 변경된 환경설정 내역을 비교할 수 있으므로 기업의 리소스 환경설정 규정이나 내규에 위반되는지 여부 또한 쉽게 확인할 수 있다.

기업에서 정의한 바람직한 기준선과 현재 리소스 환경설정 내역을 비교하기 위해, AWS Config Rules를 정의할 수 있다. 환경설정이 자주 변경되는 업무 환경에서 어떤 유형의 리소스 설정 변경을 좀 더 주의 깊게 관찰해야 하는지 파악하는 일은 무척 중요하다.

AWS Config Rules는 비정상적이거나 의심스러운 환경설정 상태를 정의할 수 있으며 이런 상태를 좀 더 집중적으로 관찰 및 분석하고, 필요시 환경설정 수정 또는 보완 작업을 진행할 수 있다. AWS는 다양한 비즈니스 시나리오에 맞춰 다수의 관리형 규칙을 제공한다. 예를 들어, ec2-volume-inuse-check 룰의 경우 인스턴스에 부착되지 않은 상태의 EBS 볼륨을 탐색한다. 이 룰이 시행되는 상태에서, 인스턴스에 부착되지 않은 상태의 EBS 볼륨이 존재하는 경우 AWS Config는 그림 12.3과 같이 환경설정 규정에 맞지 않는 볼륨이 존재한다는 보고를 전송한다.

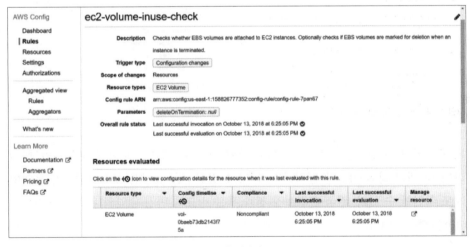

그림 12.3 AWS Config에서 규정을 벗어난 EBS 볼륨 확인하기

단, AWS Config Rules은 리소스가 현재 규정에 맞게 운영되고 있는지만 보여준다. 예를 들어, 감사 팀의 경우 현재 미연결 상태인 EBS 볼륨이 이전에는 어떤 EC2 인스턴스에 부착돼 있었는지 파악할 필요가 있지만 이전 상태의 확인은 어렵다. CloudTrail logs에서 관련 데이터를 추적하는 방법도 있긴 하지만 시간 소모가 많고 복잡한 편인데, 이는 누군가 CloudTrail logs를 샅샅이 살펴보면서 모든 AttachVolume 및 DetachVolume 작업 내역을 파악해야 하기 때문이다. 더우기 기업에서 운용하는 인스턴스는 수백 개에 이르는 경우도 많다.

이 때는 그림 12.4와 같이 AWS Config가 제공하는 리소스의 환경설정 타임라인configuration timeline을 확인하는 것이 간편하다.

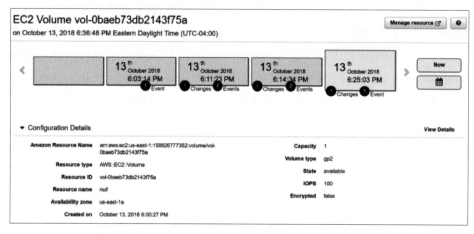

그림 12 4 EBS 볼륨 환경설정 타임라인

위 환경설정 타임라인은 EBS 볼륨이 수정될 때마다의 타임스탬프를 보여주며, 타임라인 내 개별 타임 박스를 클릭하면, 해당 환경설정을 요청한 API 이벤트가 무엇인지도 확인할 수 있다. 결국 환경설정 전과 후를 비교해 변경 내역의 관련성을 명확하게 파악할 수 있다.

그림 12.5는 가장 마지막에 이뤄진 환경설정 변경 내역 및 관계성 변경 내역을 보여주며, 해당 볼륨이 특정 인스턴스에 부착된 뒤 최종적으로 분리된 상태를 확인할 수 있다. 인스턴스에서 볼륨을 분리하는 행동은 ec2-volume-inuse-check 룰에 위배되는 행동이라는 점을 기억한다.

그림 12.5 EBS 볼륨 환경설정 및 관계성 변경

Amazon GuardDuty

Amazon GuardDuty는 VPC flow logs, CloudTrail management event logs, Route 53 DNS query logs 등 로그를 분석해 악성 IP 주소 및 도메인 네임, 그리고 악의적인 행동을 탐색한다.

 CloudWatch Logs의 로그 데이터는 GuardDuty에 따로 전송할 필요는 없다.

GuardDuty가 잠재적인 보안 위협을 탐지하면 위협 탐지 또는 파인딩(finding) 노티피케이션을 생성해 관련 요소의 세부 사항을 전달한다. 위협 탐지 내역은 GuardDuty 콘솔에 표시되며 CloudWatch Events에도 전송된다. 보안 관리자는 SNS 노티피케이션을 통해 이러한 위협 이벤트에 어떻게 대응할 것인지 설정할 수 있다.

위협 탐지는 위협의 종류에 따라 아래와 같은 타입으로 분류된다.

Backdoor: 이는 EC2 인스턴스가 악성 코드에 감염돼 스팸 발송에 이용되거나 DDoS 공격 자원으로 활용되고 있음을 나타낸다. 이런 타입의 위협은 해당 인스턴스가 SMTP^{Simple Mail Transfer Protocol} 표준 포트인 TCP 포트 25로 통신하거나, DDoS 공격에 사용되는 명령 및 제어 서버^{command-and-control server}로 알려진 도메인 네임으로 접속했을 때 탐지돼 백도어 공격으로 분류된다.

Behavior: EC2 인스턴스가 보통의 경우에는 사용하지 않는 프로토콜 또는 포트를 이용해 통신하거나 외부 호스트에 비정상적으로 대량의 트래픽을 전송했음을 나타낸다.

Cryptocurrency: EC2 인스턴스가 Bitcoin 노드로 활용되고 있음을 나타내며, Bitcoin 전송, 수신, 채굴 등의 작업에 동원되고 있음을 의미한다.

Pentest: 시스템이 모의 해킹 또는 침투 테스트에 사용되는 Kali Linux, Pentoo Linux, Parrot Linux를 실행하는 경우 AWS 리소스에 대한 모의 해킹 관련 API 호출을 생성하고 있음을 의미한다.

Persistence: 작업 이력이 존재하지 않는 IAM 유저가 유저, 리소스 퍼미션, 보안 그룹, 라우트, 네트워크 ACLs 등을 수정했음을 의미한다.

Policy: 루트 유저 권한이 사용됐거나, S3의 퍼블릭 액세스 차단 기능이 해제됐음을 의미한다.

Recon: 정찰 공격^{reconnaissance attack}이 진행 중임을 나타낸다. 악성 IP 주소가 보안 그룹이나 네트워크 ACL이 설정되지 않은 포트를 통해 EC2 인스턴스에 접근하거나 관련 내역을 탐색했음을 의미한다. 또 다른 정찰 공격 유형으로 악성 IP 주소가 AWS 계정 내 리소스에 대한 API 호출 시도가 있으며, 작업 이력이 존재하지 않는 IAM 유저가 보안 그룹, 네트워크 ACL, 라우트, AWS 리소스, IAM 유저 퍼미션 목록을 조회하는 시도도 포함된다.

ResourceConsumption: 작업 이력이 존재하지 않는 IAM 유저가 EC2 인스턴스 등의 리소스를 생성했음을 의미한다.

Stealth: 패스워드 정책이 약화되거나, CloudTrail 로그 기능이 비활성화 또는 수정되거나, CloudTrail 로그 기록이 삭제된 경우 등이 해당된다.

Trojan: EC2 인스턴스에 Trojan 악성코드가 설치됐을 가능성이 있음을 의미한다. Trojan은 여러분의 AWS 계정에서 해커 계정으로 데이터를 전송하도록 하거나 인스턴스 내 특정 위치에 탈취한 정보를 저장하도록 하는 악성 프로그램이다.

UnauthorizedAccess: AWS 리소스에 대해 API 호출 또는 콘솔 로그인을 통한 비인가 접근 시도가 있었음을 의미한다. 여기에는 SSH^Secure SHell 또는 RDP^Remote Desktop Protocol 세션에 대한 침입 시도도 포함된다.

이상의 위협 탐지는 부적절한 AWS 자격인증 정보 관리 또는 EC2 인스턴스에 대한 악성 코드 공격 징후 등을 반영한다. 예를 들어, 그림 12.6에서 GuardDuty는 EC2 인스턴스를 감염시킨 악성 코드가 다양한 종류의 해킹에 사용되는 명령 및 제어 서버를 통해 네트워크 침입 시도가 있었음을 보여준다.

이러한 위협 탐지 결과에 대해 관리자는 악성 코드를 식별 및 제거하거나 해당 인스턴스를 폐기하고 새 인스턴스를 생성할 수 있다. AWS 자격인증 권한에 대한 비인가 사용에 대비해서 관리자는 가장 먼저 해당 계정 소유자를 파악해 적법하게 접근을 시도했는지 확인해야 한다. 계정 소유자 몰래 비인가자가 해당 권한으로 접근을 시도했다면, 노출된 자격인증서를 폐기하고 새 인증서를 발급해야 한다.

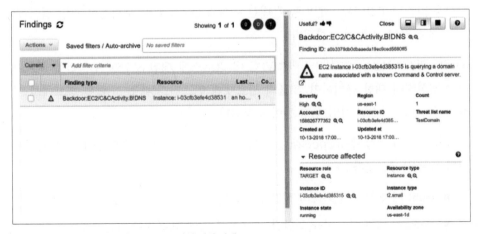

그림 12.6 GuardDuty가 찾은 악성 코드 감염 의심 사례

Amazon Inspector

Amazon Inspector는 EC2 인스턴스에 대한 침해 행위를 탐지하는 에이전트 기반 서비스^{agent-based service}다. GuardDuty가 인스턴스를 오가는 트래픽을 통해 보안 위협을 탐지하는 반면 Inspector 에이전트는 인스턴스 자체의 네트워크, 파일 시스템, 프로세스 활동의 적절성을 분석한다. Inspector는 하나 이상의 룰 패키지와 에이전트가 수집한 인스턴스 사용 내역을 비교해 위협 요소의 존재 여부를 판단한다.

Amazon Inspector는 다음 5개의 룰 패키지를 제공한다.

보편적인 보안 위협 및 기밀 노출^{Common Vulnerabilities and Exposures}: 일명 CVEs로도 부르며, Linux 및 Windows 등, 상업용 및 오픈소스 기반 공개 배포 소프트웨어에서 흔히 발견되는 보안 위협이다.

인터넷 보안 벤치마크 센터^{Center for Internet Security Benchmarks}: Linux 및 Windows 운영 체제의 환경설정 베스트 프랙티스를 반영한다.

보안성 베스트 프랙티스^{Security Best Practices}: 위 인터넷 보안 벤치마크 센터 룰의 하위 규칙이며 Linux 인스턴스 사용과 관련된 간략한 규칙을 제공한다. SSH를 통한 루트 접근, 패스워드 보안 정책 부재, 시스템 디렉토리에 대한 안전하지 않은 권한 부여 등과 관련된 규칙이 포함된다.

런타임 동작 분석^{Runtime Behavior Analysis}: 안전하지 않은 클라이언트 및 서버 프로토콜 사용, 미사용 리스닝 TCP 포트 개방 등에 대한 규칙과 Linux 관련 부적절한 파일 접근 권한 및 소유권 관리 등이 포함된다.

네트워크 연결의 적정성^{Network Reachability}: VPC 내 리소스에 대한 보안상 부적절한 네트워크 환경설정에 대한 규칙이며, 퍼블릭 서브넷에 인스턴스 배포, 노출된 포트에서 애플리케이션의 리스닝 작업 수행 등이 포함된다.

보안 검증을 수행한 후 Inspector는 문제의 심각성 수준에 따라 다음과 같은 단계로 주의 목록을 제공한다.

- High: 해당 문제점을 즉시 해결해야 하는 수준
- Medium: 해당 문제점을 조만간, 가능한 시점에 해결해야 하는 수준

- Low: 해당 문제점을 원할 때 해결하면 되는 수준

- Informational: 현재의 보안 환경설정 내역에는 문제가 없는 것으로 판단되지만 조직의 요구 수준에 따라 관련 사항을 수정 또는 보완하면 되는 수준

심각성 수준인 high, medium, low 수준은 12장 초반에 소개한 기밀성confidentiality, 무결성integrity, 가용성availability 지표를 반영한 것이다.

그림 12.7은 medium 레벨의 위협 탐지 결과를 보여준다.

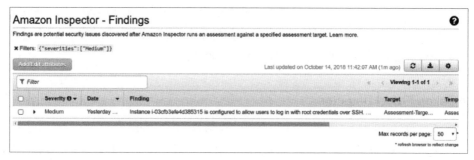

그림 12.7 Inspector가 찾은 SSH를 통한 루트 유저 로그인 이벤트

인스턴스에 대한 높은 수준의 보안 위협을 제거한 후 해당 인스턴스를 이용해서 새 AMI를 생성하고, 이 AMI로 새 인스턴스를 프로비저닝해 기존 인스턴스를 대체한다.

Amazon Detective

Amazon Detective는 VPC flow logs, CloudTrail, GuardDuty 등으로부터 정보를 수집해 이를 그래프 데이터베이스에 저장한다. 보안 관리자는 그래프 모델을 이용해 AWS 리소스와 관계된 의심스러운 행동 또는 흥미로운 행동을 식별하고 서로의 관련성을 파악할 수 있다. Detective를 이용해 이벤트 간의 관련성을 파악하고, 하나의 이벤트가 특정 리소스에 어떤 영향을 미치는지도 분석할 수 있다. Detective에서의 이와 같은 작업 방식은 CloudTrail logs를 이용해서 수작업으로 진행할 때보다 시간은 절약하면서 더 많은 인사이트를 도출할 수 있다.

참고　Detective를 사용하려면 먼저 GuardDuty를 활성화해야 한다.

Security Hub

Security Hub는 여러분이 사용하는 전체 AWS 환경의 보안 상태를 한자리에서 보여주는 서비스이며, Inspector, GuardDuty, Macie 등 다양한 보안 서비스에서 정보를 수집한다. 또한 Security Hub는 보안 상태와 AWS 보안 베스트 프랙티스 및 PCI DSS Payment Card Industry Data Security Standard를 비교할 수 있게 해준다. 다양한 보안 채널에서 수집된 정보는 차트, 테이블 등으로 구성된 대시보드를 통해 제공되며, 보안 관리자는 좀 더 쉽고 편리하게 보안 이슈를 파악할 수 있다.

Amazon Fraud Detector

Amazon Fraud Detector는 기업의 데이터 유형 및 위험 허용 수준 risk tolerance에 맞춰 조정할 수 있는 사기 행위 감지 서비스로서, 판매자 가장 사기, 가짜 계정, 그리고 온라인 지불 사기 등을 감지할 수 있도록 돕는다.

Amazon Fraud Detector는 머신러닝 기술을 이용해 사용자가 선택한 기준에 따라 정상 거래의 범위를 설정할 수 있도록 돕는다. 사기 행위 파라미터는 최소 0에서 최대 1000까지의 값을 지닐 수 있으며, 0은 사기 가능성 최저, 1000은 사기 가능성 최고 수준임을 의미한다. 사용자는 사기 행위 파라미터를 이용해 워크플로우 전반에 걸쳐 사기 행위의 개입 여부를 판단할 수 있다. 예를 들어, 여러분의 워크플로우 중 온라인 지불 사기가 의심되는 항목이 있는 경우, 신규 고객에게 기존 고객보다 훨씬 낮거나 높은 사기 행위 파라미터 값을 설정할 수 있다.

AWS Audit Manager

AWS Audit Manager는 클라우드 리소스의 사용량 및 제어 수준을 평가하고 이에 대한 감사 보고서를 생성할 수 있는 서비스로서, PCI DSS Payment Card Industry Data Security Standard(지불 카드 보안 표준) 등 산업 표준을 기준으로 감사 항목을 자동으로 구성한다. 감사 항목에는 여러분의 비즈니스 요구사항을 추가하거나 AWS 리소스 구성에 대한 요구 사항을 적용하는 방식도 지정할 수 있다.

네트워크 경계 보호하기

네트워크는 해킹 등 공격에 대한 1차 방어선이며 모든 AWS 서비스는 네트워크를 통해 제공된다. AWS 인프라 설계 시 AWS 리소스와 외부 리소스, 유저가 서로 어떤 방식으로 소통할 것인지를 고려해야 한다.

다수의 AWS 서비스는 인터넷으로 접속할 수 있는 엔드포인트를 제공하며, 이들 엔드포인트에 대한 보안 책임 및 해킹에 대한 방어 책임은 AWS 측에 있다. 이에 비해 사용자는 VPC에 배포한 EC2 인스턴스, RDS 데이터베이스, ELB 등에 대한 보안을 책임지고 네트워크를 관리하게 된다.

NACL과 보안 그룹

VPC에서 리소스는 서브넷을 통해 제공된다. NACL^{Network Access Control Lists}은 서브넷으로 유입 또는 서브넷에서 유출되는 트래픽을 정의한다. 반면, 보안 그룹^{Security Groups}은 EC2 인스턴스와 ELB 리스너 등 개별 리소스에 대한 유입 및 유출 트래픽을 정의한다. NACL과 보안 그룹 설정 시 AWS 리소스에 대한 접근 가능 여부를 오직 프로토콜과 포트로만 정의할 수 있다. 이 때 여러분 조직의 보안 요구 조건에 맞춰 특정 IP 주소 범위로만 해당 리소스에 접근하도록 할 수 있다.

네트워크 보안 설계 시 인터넷을 통해 어떤 리소스에 접근하도록 할 것인지 고려해야 한다. VPC는 인터넷 게이트웨이를 통해 특정 리소스에 접근할 수 있도록 한다. 각 서브넷에 부착된 라우트 테이블 또한 기본 라우트 타겟으로 인터넷 게이트웨이를 설정해야 한다. 데이터베이스 등, 인터넷 연결이 필요 없는 인스턴스에서 등 다수의 애플리케이션을 실행하는 경우 별도의 서브넷을 생성해 해당 인스턴스와 소통하도록 설계하는 것이 좋다. 이 때 해당 서브넷과 연결된 라우트 테이블은 기본 라우트 속성을 지니지 않도록 해야 한다.

AWS WAF

웹 애플리케이션 방화벽 또는 WAF^{Web Application Firewall}는 애플리케이션 로드 밸런서 또는 CloudFront 배포에 대한 HTTP 및 HTTPS 요청을 모니터링하며, 서비스 거부^{denial of service} 공격 또는 비인가 접근^{unauthorized access}으로부터 애플리케이션을 보호한다.

소스 IP 주소, 포트, 프로토콜만에 의존해 접근 허용 또는 거부를 결정하는 NACL 또는 보안 그룹과 달리 WAF는 크로스 사이트 스크립팅^{cross-site scripting} 공격, SQL 주입^{SQL injection} 공격, 비정상적인 장문의 쿼리 문자열 공격 등 애플리케이션 트래픽에 포함된 각종 악의적인 징후를 감지한다. 보안 관리자는 WAF를 이용해서 이런 악의적인 네트워크 행위를 미연에 차단해 애플리케이션을 보호할 수 있다.

또한 WAF는 소스 IP 주소 패턴 또는 지리적 위치에 따라 특정 트래픽을 차단할 수 있다. Lambda 함수를 이용해 이미 주요 보안 사이트에 등록된 악의적인 IP 주소와 대조한 뒤 WAF 차단 리스트에 포함시킬 수 있다. 웹 서버 로그를 분석하는 Lambda 함수를 작성해 HTTP flood 공격 등을 일으키는 요청을 보낸 IP 주소를 파악한 뒤 이를 다시 WAF 차단 리스트에 포함시킬 수 있다.

AWS Shield

인터넷과 연결된 애플리케이션이라면 어느 것이든 DDoS 공격을 받을 가능성이 있다. AWS Shield는 DDoS 공격으로부터 여러분의 애플리케이션을 보호하며, 다음과 같은 두 가지 타입이 있다.

AWS Shield Standard: 모든 AWS 고객에게 자동으로 제공되는 기본 서비스다. SYN flood 공격, UDP reflection 공격 등 레이어 3 및 레이어 4 타입의 DDoS 공격을 방어한다.

AWS Shield Advanced: AWS Shield Standard에서 제공하는 보호 기능 외에 대량의 HTTP GET 또는 POST 요청을 통해 애플리케이션 작동을 마비시키는 HTTP flood 공격 등 레이어 7 타입의 DDoS 공격을 방어한다. EC2 인스턴스에 레이어 7 보호 기능을 적용하려면 해당 인스턴스가 EIP^{Elastic IP}를 지니고 있어야 한다. 추가적인 보호 기능 외에 공격 알림, 공격 분석 리포트, AWS DDoS 대응팀의 연중 지원을 받을 수 있으며, AWS WAF를 무료로 이용할 수 있다.

AWS Shield는 5분 이내에 DDoS 공격의 99%를 무력화할 수 있고, ELB에 대한 공격은 5분 이내, CloudFront 및 Route 53에 대한 공격은 1초 이내에 무력화할 수 있다. 이 외의 공격은 20분 이내에 무력화할 수 있다.

AWS Firewall Manager

AWS Firewall Manager는 AWS Organizations 전반에 걸쳐 적용될 수 있는 일관된 보안 규칙 세트를 구성 및 적용할 수 있도록 돕는 서비스로서, 보안 그룹 규칙, AWS Network Firewalls, DNS 방화벽 규칙, 그리고 AWS WAF 규칙 등 다양한 보안 서비스 규칙의 관리를 돕는다. AWS Firewall Manager는 특정 보안 구성을 조직의 리소스 전역에 적용할 때 특히 유용하며, 보안 관리자는 간단한 작업으로 전체 보안 규칙을 관리할 수 있다.

AWS Firewall Manager는 특정 리소스가 보안 규정을 벗어나는지 여부를 모니터링하고 이에 대한 보고서를 생성하며, 필요에 따라 AWS Firewall Manager가 자동으로 규정 위반 리소스를 변경 또는 삭제하도록 할 수 있다.

데이터 암호화

데이터 암호화는 정확한 키를 이용한 복호화 없이는 데이터를 읽을 수 없도록 만들어서 데이터의 기밀성을 보장한다. 아울러 일단 암호화된 원본 데이터는 수정이 불가능하다는 점도 데이터 암호화의 장점이다.

데이터는 상태에 따라 EBS 볼륨이나 S3 버킷 등 저장 장치에 존재하는 '저장 중인 데이터data at rest', VPC, 인터넷 등 네트워크를 따라 '이동 중인 데이터data in transit'로 구분할 수 있고, 암호화 방식은 이와 같은 데이터의 상태에 따라 달라진다.

저장 중인 데이터

저장 중인 데이터의 암호화는 다시 어디에 저장돼 있느냐에 따라 달라진다. AWS에서 대부분의 데이터는 S3, EBSElastic Block Store, EFSElastic File System, RDSRelational Database Service 중 하나에 속해 있다. 이들 서비스는 암호화 키 관리 서비스인 KMS와 통합적으로 사용할 수 있으며, 고객이 관리하는 CMKCustomer Master Key 또는 AWS가 관리하는 CMK 중 하나를 키로 적용할 수 있다.

고객 관리 CMK를 사용하는 경우 키 정책으로 어떤 유저가 키를 이용해 암호화 및 복호화를 할지 설정할 수 있고, 키 순회, 비활성화, 삭제 등의 작업을 할 수 있다. 고객 관리 CMK는 데이터에 대한 최대한의 통제권을 제공한다.

AWS 관리 CMK를 사용하는 경우 키는 연 1회 자동으로 순회되고, 여러분이 직접 키를 순회, 비활성화, 삭제할 필요가 없다. 사용자는 기존 CMK를 확인하거나 IAM 대시보드의 EncryptionKeys 화면에서 새 키를 생성할 수 있다.

DynamoDB를 포함한 대부분의 AWS 서비스는 저장 상태일 때 KMS 관리 키를 이용한 암호화를 지원한다. 단, CloudWatch Logs 등 일부 서비스의 암호화에는 AWS CLI 명령을 이용해야 한다.

S3 데이터 암호화

여러분의 데이터가 S3 버킷에 저장돼 있다면 다음과 같은 암호화 옵션을 선택할 수 있다.

- **SSE-S3**: S3 관리형 Key를 이용한 서버 측 암호화
- **SSE-KMS**: KMS 관리형 Key를 이용한 서버 측 암호화
- **SSE-C**: 고객 제공 Key를 이용한 서버 측 암호화
- **CSE**: 클라이언트 측 암호화

암호화는 버킷이 아닌 객체 단위로 적용되므로 하나의 버킷 내에서 서로 다른 암호화 옵션을 적용하거나 아예 암호화를 하지 않을 수도 있다. 버킷 레벨에 기본 암호화를 적용할 경우 이미 버킷에 들어있는 기존 객체에 암호화가 적용되지 않고, 해당 객체에 새로 추가되는 객체에만 암호화가 적용된다는 점도 주의한다.

EBS 볼륨 데이터 암호화

KMS 관리형 키를 이용해 EBS 볼륨을 암호화할 수 있으며, 볼륨 생성 단계부터 암호화를 할 수 있다. 하지만 기존에 존재하던 비암호화 스냅샷 또는 비암호화 AMI로 생성하는 볼륨은 생성 단계에서 바로 암호화를 할 수 없다. 우선 비암호화 볼륨으로 스냅샷을 생성한 뒤 해당 스냅샷을 암호화해야 한다.

아래 예제에서 기존의 비암호화 볼륨을 암호화해보자.

EBS 볼륨 암호화

이번 예제에서는 실행 중인 EC2 인스턴스에 부착된 비암호화 볼륨을 암호화한다.

1. 비암호화 스냅샷 또는 AMI를 이용해 EC2 인스턴스를 생성한다. 이미 그러한 인스턴스가 있다면 바로 사용하면 된다.

2. EC2 대시보드 좌측 메뉴에서 Volumes을 클릭한다.

3. 인스턴스에 부착된 볼륨을 선택한다.

4. Actions 메뉴에서 Create Snapshot을 클릭하면 EBS가 해당 볼륨에 대한(비암호화) 스냅샷을 생성한다.

5. 좌측 메뉴에서 Snapshots을 클릭하면 생성중인 스냅샷을 확인할 수 있다.

6. 해당 스냅샷을 선택하고 Actions 메뉴에서 Copy를 클릭한다.

7. Encrypt This Snapshot 체크 박스를 클릭한다.

8. Master Key 메뉴 옆, 스냅샷을 암호화하기 위한 KMS 키를 선택한다. 여러분의 마스터 키를 사용해도 되고 기본 aws/ebs 키를 사용해도 된다.

9. Copy 버튼을 클릭하면 EBS가 해당 스냅샷에 대한 암호화된 복사본을 생성한다. 볼륨 크기에 따라 암호화 작업에 수 분이 걸리기도 하며, 3기가바이트 암호화에 1분 정도가 소요된다.

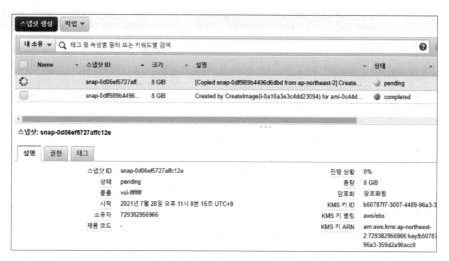

10. 암호화된 스냅샷을 선택하고 Actions 메뉴에서 Create Volume을 클릭한다.

11. 볼륨 타입, 사이즈, AZ를 선택한다(원본과 달라도 됨).

12. Create Volume 버튼을 클릭한다. 새 볼륨은 스냅샷 암호화에 사용된 것과 동일한 키를 이용해 암호화 됐음을 알 수 있다.

이제 인스턴스에서 비암호화 볼륨을 분리하고 암호화된 새 볼륨을 부착할 수 있다.

스냅샷 복사 작업 시 대상 리전 선택 옵션이 나타나는데 대상 스냅샷 암호화에 사용하는 키는 반드시 대상 리전에 있는 것을 사용해야 한다.

EFS 암호화

EFS 파일 시스템 생성 시에도 암호화 기능을 활성화할 수 있다. EFS 암호화에서 파일 암호화에는 KMS 고객 마스터 키를 사용하고, 파일 및 디렉토리 이름과 같은 파일 시스템 메타데이터의 암호화에는 EFS 관리형 키를 사용한다.

이동중인 데이터

이동중인 데이터의 암호화에는 TLS^Transport Layer Security 인증서가 사용된다. Amazon Certificate Manager(이하 ACM)를 이용해 TLS 인증서를 생성한 뒤 애플리케이션 로드 밸런서 또는 CloudFront 배포에 인증서를 설치하면 된다. 8장의 실습 예제 8.4에서 TLS 암호화 인증서 생성 방법 및 CloudFront 배포 설치 방법을 함께 살펴봤다.

단, ACM으로 생성한 TLS 인증서용 프라이빗 키는 익스포트가 불가능하므로 EC2 인스턴스 또는 온프레미스 서버에 직접 인증서를 설치할 수 없다. 대신 기존의 TLS 인증서 및 프라이빗 키를 ACM으로 임포트하는 것은 가능하다. 임포트하는 인증서는 유효해야 하고 기한이 만료되지 않아야 한다. CloudFront에서 임포트한 인증서를 사용할 경우 반드시 us-east-1 리전으로 임포트해야 한다.

Macie

Macie는 S3 버킷에 저장된 민감한 데이터를 자동으로 분류하고 데이터의 위치를 알려주는 서비스이며, 데이터가 다른 서비스 속에서 어떻게 활용되고 있는지 보여준다. Macie는 머신러닝을 이용해 다음과 같은 방식으로 클라우드 보안 수준을 높여준다.

- 거래 기밀, 개인 신상 정보 등 민감한 데이터 파악
- 접근 권한 설정 수준이 지나치게 낮은 S3 버킷에 대한 경고
- 버킷 정책 및 ACL 변경 이력 추적
- 커스텀 데이터 식별자 기반의 다른 데이터 타입 분류

Macie는 민감한 데이터를 정책 탐지policy findings 또는 민감 데이터 탐지sensitive data findings 영역으로 분류한다. 정책 탐지 영역에는 버킷 정책 완화 또는 암호 제거 등 버킷의 보안 수준을 감소시키는 변경 사항을 포함시키고, 민감 데이터 탐지 영역에는 S3 버킷에 저장된 각종 민감 데이터를 포함시킨다.

Macie는 이들 탐지 내용을 EventBridge 및 AWS Security Hub에 자동으로 배포하며, 다른 애플리케이션은 이들 탐지 내용을 이용해 그에 상응하는 동작을 취한다. 예를 들어, 특정 S3 버킷이 퍼블릭 접근 권한으로 변경된 경우 탐지 내용을 SNS 노티피케이션 토픽으로 전송해 관리자에게 관련 내용을 이메일로 알리도록 한다. 이때 민감 데이터 탐지 내용은 즉시, 정책 탐지 내용은 15분 내로 배포한다.

정리

효과적인 보안 제어 체계를 구현하려면 배포 단계에 더 많은 복잡성이 수반되고 때로는 업무가 중단되기도 한다. 하지만 모든 부문에서의 보안 체계 구현을 통해, 보안과 관련된 각종 문제점을 극복할 수 있다. 구현에 적지 않은 시간과 노력이 투입돼야 하지만 일단 보안 제어를 완성한 뒤엔 효과적으로 보안 문제를 처리할 수 있으며, 시스템에 대한 해킹 및 각종 위협을 좀 더 쉽게 차단할 수 있다.

클라우드 기반의 각종 서비스에 대한 환경설정을 하는 초기 단계에는 정상 작동 자체에 초점을 맞춰서 업무를 진행해야 하겠지만 서비스 정상화 이후에는 본격적으로 보안 제어 구현에 집중해야 한다. 최소 권한 부여라는 원칙을 따라 IAM, 리소스 기반 정책, 네트워크 기반 제어 등을 구현한다. 보안 제어의 일환으로서 초기부터 로그 기록이 체계적으로 관리되도록 준비한다.

데이터 전송 또는 저장 전 데이터의 암호화를 통해 안전하게 데이터를 관리하고, 주요 이벤트에 대한 노티피케이션을 구현해 부적절한 환경설정, 공격 징후, 오류 발생 여부를 즉시 확인할 수 있도록 한다. 마지막으로 Auto Scaling, CloudFormation, 사전 설정된 AMI 등의 도구를 이용해서 자동화 수준을 높이면 각종 문제 상황을 좀 더 신속하게 벗어날 수 있으며, 인적 오류의 가능성 또한 줄일 수 있다.

시험 대비 전략

접근 권한 정책의 설정 방법을 이해한다. 접근 권한 정책은 신분 기반 정책과 리소스 기반 정책의 토대가 되며, 이들 정책 간의 차이점을 이해하고 활용할 수 있도록 한다. 신분 기반 정책으로는 IAM 유저 및 롤 등이 있고, 리소스 기반 정책은 인스턴스 등 리소스에 적용되는 것으로 IAM 신뢰 개체principal는 포함하지 않는다.

접근 권한 경계와 접근 권한 정책의 상호작용 방식을 이해한다. 접근 권한 경계는 IAM 신뢰 개체에 부여된 최고 수준의 권한이다. 관리형 정책을 개별 신분 개체에 부착하는 방식으로 접근 권한 경계를 적용할 수 있다.

롤과 트러스터 정책을 이해한다. 롤은 IAM 유저, AWS 서비스, 외부 인증 유저 등에게 접근 권한을 부여할 수 있는 신뢰 개체다. 트러스트 정책은 리소스 기반 정책의 일종으로 누구에게, 어떤 조건으로 롤을 부여할 수 있는지 정의한 것이다.

로그의 수집, 검색, 분석 방식을 이해한다. CloudWatch Logs는 CloudTrail, VPC flow logs, DNS query logs 등의 서비스와 애플리케이션 생성 로그 등을 통합적으로 관리하고, 패턴 필터링을 통해 방대한 로그를 검색할 수 있다. S3에 저장된 로그 기록의 경우 Athena의 SQL 쿼리를 통해 좀 더 쉽고 빠르게 검색할 수 있다.

GuardDuty, Inspector, Shield, WAF의 사용 시나리오를 이해한다. GuardDuty는 공격 징후를 탐색하기 위해 로그를 분석한다. Inspector는 에이전트를 이용해 EC2 인스턴스에 대한 이상 징후를 파악한다. Shield는 악성 IP 등을 통한 네트워크 기반의 공격 및 DDoS 공격을 차단하고, WAF는 의심스러운 트래픽을 차단하는 커스텀 룰을 작성할 수 있도록 돕는다.

KMS의 작동 방식을 이해한다. 고객 마스터 키 생성 방식과 키 정책 설정 방식을 이해한다. 키 정책은 키 유저를 정의하는 것으로 키 유저는 데이터를 암호화 및 복호화할 수 있는 IAM 신뢰 개체를 의미한다. 키 정책은 키 활성화 및 삭제 등, 키 관리에 대한 규칙을 정의한다. 키 관리자는 키 정책을 수정할 수 있다.

평가 문제

1. 다음 중 패스워드 정책 설정 옵션이 아닌 것은 무엇인가? (정답 2개)
   - **A.** 최대 길이
   - **B.** 숫자 필수적 사용
   - **C.** 다수 유저의 동일 패스워드 사용 금지
   - **D.** 만료된 패스워드는 관리자만 재설정 가능

2. IAM 유저에게 업무 수행에 충분한 고객 관리 정책을 부여했다. 이 유저가 AWS CLI 이용 시 MFA를 사용하도록 하려면, 정책의 어떤 부분을 변경해야 하는가?

   A. Resource

   B. Condition

   C. Action

   D. Principal

3. 여러분은 IAM 정책을 생성했으며 이후 다른 관리자가 해당 정책을 수정했다. 이 정책을 수정 전 원본 상태로 되돌리고 싶지만, 원래의 환경설정 내역을 기억할 수 없다. 정책 복원을 위해 여러분이 해야 할 일은 무엇인가? (정답 2개)

   A. CloudTrail 글로벌 관리 이벤트 로그를 확인한다.

   B. 스냅샷으로 정책을 복원한다.

   C. CloudTrail 데이터 이벤트 로그를 확인한다.

   D. 이전의 정책 버전으로 되돌린다.

4. 모든 리전에서 모든 EC2 작업 권한을 지닌 IAM 유저에게 us-east-1 리전에서의 EC2 RunInstances 작업 권한의 롤을 부여했다. 이 롤의 적용을 받는 유저가 할 수 있는 일은 무엇인가?

   A. 모든 리전에서 새 인스턴스 생성

   B. us-east-1 리전에서 새 인스턴스 생성

   C. us-east-1 리전에서 기존 인스턴스 시작

   D. 모든 리전에서 기존 인스턴스 시작

5. KMS 고객 마스터 키를 이용해 S3 버킷의 여러 객체를 암호화했다. 다음 중 IAM 유저에게 이들 객체에 대한 복호화 권한을 주기 위한 방법은 무엇인가?

   A. 키 정책에 키 유저로 해당 유저를 추가

   B. IAM 정책으로 해당 유저에게 키에 대한 접근 권한 부여

   C. 키 정책에 해당 유저를 키 관리자로 추가

   D. 버킷 정책에 해당 유저를 신뢰 개체로 추가

6. EC2 인스턴스에서 인터넷과 연결된 애플리케이션을 실행 중이며 RDS 기반 데이터베이스를 사용한다. 사용자는 Route 53에서 호스팅하는 다수의 도메인 네임으로 서비스에 접속한다. 애플리케이션에 접속하는 IP 주소를 파악해야 할 경우 다음 중 CloudWatch Logs에 수집해야 할 스트림 데이터는 무엇인가?

   A. RDS logs

   B. DNS query logs

   C. VPC flow logs

   D. CloudTrail logs

7. 웹에 대한 상세한 요청 로그를 저장한 웹 서버가 있으며 지난 24시간 동안 가장 많은 요청을 한 IP 주소를 파악하려 할 때 여러분이 해야 할 일은 무엇인가? (정답 2개)

   A. 매트릭 필터 생성

   B. CloudWatch Logs에 웹 서버 로그 저장

   C. S3에 웹 서버 로그 업로드

   D. Athena로 로그 데이터 쿼리 실행

8. EC2 인스턴스에서 실행중인 애플리케이션으로 대량의 데이터를 데이터 센터에 백업용으로 전송하도록 설정하려 한다. 앞서 이 인스턴스의 트래픽은 매우 낮은 수준이었다. 전송 작업이 실행됐을 때 GuardDuty가 생성하게 될 탐지 타입은 무엇인가?

   A. Behavior

   B. Backdoor

   C. Stealth

   D. ResourceConsumption

9. AWS Config 관리형 규칙을 통해 VPC 내 모든 인스턴스에 특정 보안 그룹이 부착돼 있는지 확인하던 중 규정에서 벗어난 인스턴스가 있다는 SNS 노티피케이션을 받았다. 하지만 몇 시간 뒤 확인 결과 보안 그룹은 정상적으로 부착돼 있었다. 다음 중 이런 차이가 발생하게 된 원인은 무엇인가? (정답 2개)

    A. AWS Config timeline

    B. Lambda logs

    C. CloudTrail management event logs

    D. VPC flow logs

10. Amazon Inspector를 이용해 Windows 기반 EC2 인스턴스의 보안 상황을 점검하려 한다.

    A. 다음 중 이와 같은 보안 점검에 적합하지 않은 룰 패키지는 무엇인가?

    B. Common Vulnerabilities and Exposures

    C. Center for Internet Security Benchmarks

    D. Runtime Behavior Analysis

    E. Security Best Practices

11. 여러분은 전세계의 데이터 센터에서 분산 애플리케이션을 운영 중이며, 이 애플리케이션은 큐에 메시지를 전송하기 위해 퍼블릭 Simple Queue Service^SQS 엔드포인트에 연결돼 있다. 다음 중 해커가 이 엔드포인트를 이용해 큐에 대한 비인가 접근을 얻지 못하도록 하기 위해 해야 할 일은 무엇인가? (정답 2개)

    A. Network access control lists

    B. Security groups

    C. IAM policies

    D. SQS access policies

12. 인터넷과 연결된 애플리케이션 로드 밸런서로 Auto Scaling 그룹 내 EC2 인스턴스에 트래픽을 전송한다. 다음 중 사용자가 HTTPS를 통해 인스턴스가 아닌, 로드 밸런서를 통해서만 접근할 수 있도록 하려면 어떻게 해야 하는가? (정답 2개)

   A. 보안 그룹을 생성해 TCP port 443로 유입되는 모든 트래픽을 허용한다.

   B. 인스턴스에 보안 그룹을 부착한다.

   C. 로드 밸런서에 보안 그룹을 부착한다.

   D. VPC에서 Internet gateway를 제거한다.

   E. 보안 그룹을 생성해 TCP port 80으로 유입되는 모든 트래픽을 허용한다.

13. EC2 인스턴스에서 UDP 기반 애플리케이션을 실행 중이다. DDoS 공격을 방어할 수 있는 방법은 무엇인가?

   A. 네트워크 로드 밸런서 뒤에 인스턴스를 배치

   B. 인스턴스로 유입되는 트래픽을 차단하는 보안 그룹 생성

   C. 애플리케이션 로드 밸런서 뒤에 인스턴스를 배치

   D. AWS Shield Standard 활성화

14. 네트워크 로드 밸런서에 6개의 EC2 인스턴스를 배치한 상태에서 웹 애플리케이션을 실행 중이며, MySQL 데이터베이스를 사용한다. SQL 주입 공격으로부터 애플리케이션을 보호할 수 있는 방법은 무엇인가? (정답 2개)

   A. WAF 활성화

   B. 인스턴스에 탄력적 IP 주소 할당

   C. 애플리케이션 로드 밸런서 뒤에 인스턴스를 배치

   D. TCP port 3306 차단

15. 다음 중 HTTP 홍수 공격을 방어하는 서비스는 무엇인가? (정답 2개)

   A. GuardDuty

   B. WAF

   C. Shield Standard

   D. Shield Advanced

16. 보안 정책상 S3 객체 암호화에 KMS 키를 사용해야 하고, 연 1회 순환해야 하며, 비정상 사용 탐색 시 키는 폐쇄된다. 다음 중 이에 적합한 키 타입은 무엇인가? (정답 2개)

    A. Customer-managed CMK

    B. AWS-managed CMK

    C. S3-managed key

    D. Customer-provided key

17. 개발자가 AWS에서 실행되는 애플리케이션을 설계하던 중, 고도의 트랜잭션 데이터 저장 방식으로 SQL 또는 DynamoDB 중 하나를 선택해 달라는 요청을 받았다. 보안 정책상 모든 애플리케이션 데이터는 암호화되고, 암호화 키는 90일마다 순환된다. 다음 중 여러분이 이 애플리케이션 데이터 저장 방식으로 추천할 AWS 서비스는 무엇인가? (정답 2개)

    A. KMS

    B. RedShift

    C. DynamoDB

    D. RDS

18. 비암호화 EBS 볼륨 데이터를 복사해 다른 리전에 저장하고 암호화하려 한다. 다음 중 이를 위해 해야 할 일은 무엇인가? (정답 2개)

    A. 비암호화 볼륨에 대한 암호화 스냅샷을 생성한다.

    B. 대상 리전에 스냅샷 암호화 및 복사를 동시에 진행한다.

    C. 대상 리전에 암호화 스냅샷을 복사한다.

    D. 비암호화 볼륨에 대한 비암호화 스냅샷을 생성한다.

19. 비암호화 EBS 볼륨을 지닌 인스턴스에 비암호화 EFS 파일 시스템이 부착돼 있다. KMS 키를 이용해 기존 EFS 파일 시스템의 데이터를 암호화해야 하는 경우 여러분이 해야 할 일은 무엇인가?

A. 인스턴스의 EBS 볼륨 암호화

B. 암호화된 새 EFS 파일 시스템 생성 후 여기에 데이터 복사

C. 기존 EFS 파일 시스템의 암호화 기능 활성화

D. 데이터 암호화를 위해 서드파티 암호화 프로그램 사용

20. 다음 중 ACM 생성 TLS 인증서를 사용할 수 없는 서비스는 무엇인가? (정답 2개)

A. An S3 bucket

B. A CloudFront distribution

C. An application load balancer

D. An EC2 instance

21. 다음 중 AWS 베스트 프랙티스와 비교해 여러분의 AWS 리소스에 대한 보안 상황을 비교할 수 있는 서비스는 무엇인가?

A. Detective

B. B. Macie

C. Security Hub

D. D. GuardDuty

비용최적화 아키텍처

AWS 공인 솔루션스 아키텍트 어소시에이트 시험 범위 중 13장에서 살펴볼
영역별 세부 항목은 다음과 같다.

출제영역 4: 비용최적화 아키텍처 설계

✓ 비용최적화 스토리지 솔루션 설계

✓ 비용최적화 컴퓨트 솔루션 설계

✓ 비용최적화 데이터베이스 솔루션 설계

✓ 비용최적화 네트워크 솔루션 설계.

개요

이전 장을 통해 AWS에서의 기본적인 비용 관리 방법을 알아봤다. 예를 들어, 3장에서 다양한 데이터 스토리지의 활용 방법에 대해 알아봤으며, 접속 빈도가 높은 신규 데이터는 S3 Standard 클래스에 저장하고, 접속 빈도가 낮아진 오래된 데이터는 데이터 전송 속도는 느리지만 좀 더 저렴한 비용으로 장기간 사용할 수 있는 Glacier 등에 저장하는 방식에 대해서도 살펴봤다.

여러분은 이제 신규 고객의 첫 1년차에 주어지는 프리 티어^{Free Tier}에 대해서 잘 알게 됐을 것이다. 프리 티어는 여러분의 애플리케이션을 위한 완벽한 리소스 스택을 구성하기 위해 AWS의 다양한 리소스를 실험해 볼 수 있는 기회를 제공한다. 프리 티어를 적절하게 활용하면 별도의 비용을 들이지 않고도 우수한 솔루션 아키텍트를 구현해 볼 수 있다. 지금 당장 프리 티어로 다양한 리소스를 활용해 보자.

13장에서는 좀 더 발전된 수준의 비용 관리 방법을 알아본다.

여러분이 고가용성의 확장성 높은 멀티 티어 애플리케이션 환경 구성에 성공했다 하더라도 너무 많은 비용이 발생한다면 해당 애플리케이션을 사용하기 어려울 것이다.

클라우드 기반의 애플리케이션 구현에 앞서 이와 관련된 비용에 대한 철저한 분석이 필요하다. 또한 적절한 비용으로 리소스를 실행할 수 있게 준비했다 하더라도 낭비되는 리소스가 발생할 수 있고, 해커에 의해 예기치 못한 비용이 지출될 수 있다.

AWS 서비스를 이용하면서 비용청구서를 보고 놀라지 않으려면 어떤 방식으로 AWS 서비스 비용이 청구되는지 알아야 하고, 가장 비용효율적인 방법으로 리소스를 배포하는 방식을 이해해야 하며, 비용 발생 경고 절차를 자동화하는 방법을 파악하고 있어야 한다.

13장에서는 바로 이런 내용을 알아본다.

비용 계획, 추적, 제어

AWS 관리 콘솔 상단의 내 결제 대시보드My Billing Dashboard 링크를 클릭하면 대금 및 비용 관리 대시보드Billing and Cost Management Dashboard, (이하 비용 대시보드)로 연결된다. 여기에서 과거에 발행된 청구서, 크레딧 관리, 세무등록 정보를 포함, 계정 레벨의 각종 비용 정보를 확인할 수 있다. 또한 이번 달 비용 관련 작업 내역을 시각화된 자료로 확인할 수 있다.

하지만 지금 여러분은 비용 대시보드에서 제공되는 AWS 비용 모니터링 및 제어 도구에 대해 좀 더 자세히 알고 싶을 것이다. AWS 비용 모니터링 및 제어 도구는 지난 수년간 지속적으로 개선돼 왔으며, 이들 도구의 기본 목적은 현재 여러분에게 비용 발생 원인이 되는 리소스가 무엇인지, 이들 리소스 비용을 어떤 방식으로 추적할 수 있는지 알려주는 것이다.

AWS Budgets

비용 대시보드 좌측, 기본 설정^{Preferences} 링크를 클릭하면 비용 청구에 대한 설정 페이지가 나타난다. 여러분이 지정한 S3 버킷에 비용 청구 보고서를 전송하도록 할 수 있다. 또한 비용 청구 관련 경고 메시지를 전송할 때(7장에서 소개한) Amazon CloudWatch Alarms을 이용하거나 새로 배포된 AWS Budgets 서비스를 이용할 수 있다.

그림 13.1

예산^{budgets}은 실행 중인 리소스와 관련된 사용량 및 비용을 추적하며, 사용량 수준이 여러분이 미리 설정한 기준선을 벗어나면 경고 메시지를 전송한다. 예를 들어, 리전 간에 S3 기반 데이터 전송 비용이 미리 지정한 비용 총액 상한선을 넘어서면 사용자에게 경고 이메일을 전송하도록 할 수 있다. 또는 특정 리전에서 실행 중인 온디맨드 EC2 인스턴스의 총 데이터 전송량이 100GB를 초과하는 경우 경고 메시지를 전송하도록 할 수 있다.

리소스에 비용 할당 태그를 부착해 예산 항목 구성 시 필터링에 활용할 수 있다. 이들 태그는 특정 클래스에 속한 리소스의 사용량 또는 비용 상한선을 표시하는 데 활용될 수 있다. 예를 들어, 이들 태그 기반 필터링을 통해 상용 리소스를 제외한 시범 서비스 또는 테스트 버전에 투입되고 있는 리소스의 비용 요소만 따로 걸러낼 수 있다.

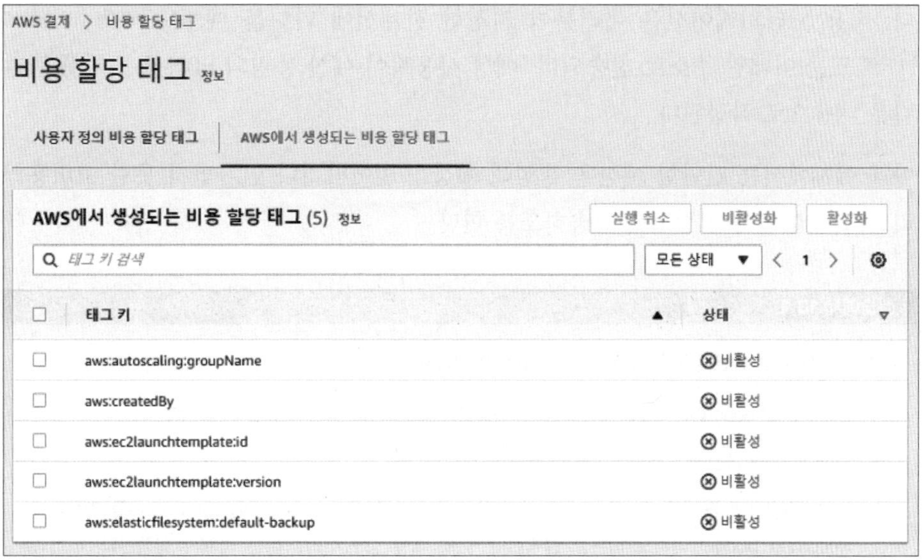

그림 13.2

비용 할당 태그[Cost Allocation Tags] 페이지에서 태그 기능을 활성화할 수 있으며, AWS 콘솔 내 Resource Groups 드롭다운 메뉴에서 Tag Editor를 선택한 후 사용자 정의 태그를 생성할 수 있다. 이 페이지에서 EC2 인스턴스나 S3 버킷과 같은 활성화된 리소스를 파악할 수 있고, 이들 리소스에 대한 태그를 생성 및 편집할 수 있다.

비용 태그와 관련해 아래 내용을 기억하자.

- 여러분이 생성한 비용 태그가 비용 대시보드에 반영되는 데 최대 24시간이 소요될 수 있다.
- 태그 생성 이전에 론칭된 리소스에 대해서는 태그를 적용할 수 없다.

계정당 2개의 예산을 생성할 수 있으며 태그 이용료는 개당 월 $0.02 선이다.

예산을 설정해 리소스 비용, 사용량을 추적하고, EC2 예약 인스턴스의 활성화율 및 사용범위 등 최적이용 달성 여부를 확인할 수 있다.

예산은 서비스, 리전, 태그, 사용 타입 등 다양한 파라미터를 이용해 필터링할 수 있다. 비용 노티피케이션은 여러분이 지정한 한계선에 다다를 때 SNS^{Simple Notification Service} 또는 이메일 주소로 전송되며 '예상 사용량이 예산 총량의 80%를 초과했음'과 같은 내용으로 작성된다.

아래 예제에서는 간단한 예산을 생성해 예상을 벗어나거나 인가받지 못한 고비용의 리소스 작업 발생시 경고를 전송하도록 한다.

실습예제 13.1

예산 초과시, 비용 관련 경고를 보내는 AWS Budget 생성하기

1. Billing Dashboard에서 Budgets 링크를 클릭하고, Create A Budget 버튼을 클릭한다.

2. Cost Budget 옵션을 선택하고 Next를 클릭한다.

3. (Monthly Limit 등 적절한) 예산 객체의 이름을 입력한다. Select Monthly for Period를 선택하고, Recurring Budget 라디오 버튼을 클릭한다. 이제 매월 영구적으로 예산 객체가 실행된다. 이번 예제에서는 Budgeted Amount 필드에 100을 입력한다. 입력값은 달러 단위이며, Aggregate Costs는 Unblended Costs로 하고 Next를 클릭한다.

4. Alert 메뉴에서 Actual을 선택하고, Alert Threshold에 80을 입력한 뒤 펼침목록 메뉴에서 % Of Budgeted Amount를 선택한다. Email Contacts 필드에 이메일 주소를 입력하고 Create 버튼을 클릭한다.

5. 다음 단계에서, 비용 경고에 몇 가지 옵션을 추가할 수 있다. 예산 경고가 적용될 리소스와 관련된 IAM 롤을 선택하고 관련 동작도 선택한다.

모든 설정 작업이 끝나면, $80(Budgeted Amount인 $100의 80%) 초과시 지정 이메일로 예산 초과 경고 메일을 받게 된다.

Budget은 유료 서비스이며, 사용하지 않을 경우 Dashboard에서 예산 객체를 삭제할 수 있다.

비용 모니터링 도구

예산 경고를 이용해 AWS 지출액에 상한선을 둬 관리하는 방법을 알아봤다. 하지만 리소스 스택이 크고 복잡해질수록 지출 패턴을 좀 더 자세히 분석해야 하며, 그 결과에 따라 개발 방식을 수정해야 할 수도 있다. Cost Explorer와 비용 보고서는 지출액의 상한선을 두는 방식은 아니지만 리소스 사용 및 비용 제어와 관련해 좀 더 현명한 판단을 할 수 있는 기초 자료가 된다.

Cost Explorer

비용 대시보드에서 Cost Explorer를 클릭하면 일정 기간 동안의 AWS 사용량 및 비용 그래프가 나타난다. 기본 뷰는 지난 6개월간의 사용량 및 비용 흐름을 보여주며, Explore Costs 링크를 클릭하면 Usage Type Group 지표가 나타난다(EC2의 경우 Running Hours).

더 많은 리소스를 실행할수록 여러분은 더 세분화된 비용 정보를 원하게 될 것이다. 서비스 단위로 그룹화해 그래프로 시각화할 수 있으며, CSV 파일로 관련 데이터를 다운로드할 수 있다. New Report를 클릭하면 (사용자가 구매한) RI^{Reserve Instance} Utilization 또는 RI Coverage 등의 내역이 포함된 보고서 템플릿이 나타난다.

AWS 비용 및 사용량 보고서

비용 및 사용량 보고서^{Cost and Usage Reports}, (이하 비용 보고서) 역시 비용 청구 내역, 요금, 제품 및 가격 속성 등의 정보를 제공하므로 앞서 소개한 Cost Explorer와 유사해 보이지만 비용 보고서만의 특징은 보고서 생성 과정에서 제공되는 전송 옵션^{Delivery}을 통해 파악할 수 있다.

비용 보고서에서는 Athena, Redshift, QuickSight를 통합해서 사용할 수 있다. Athena은 SQL을 이용한 강력한 쿼리 기능을 제공하고, Redshift는 대량의 데이터 처리에 특화된 도구이며, Amazon QuickSight는 저장된 데이터로부터 비즈니스 인텔리전스를 도출하는 세션당 비용 지불 도구다.

그림 13.3

즉, 비용 보고서는 방대한 양의 리소스가 활용되는 기업 환경에 적합한 서비스이며, 이산적인 비용 요소를 개별 칼럼마다 표기한 정규화 데이터 모델을 이용해 복잡한 비용 구조를 한 눈에 이해할 수 있도록 돕는다.

비용 보고서는 정기적으로 S3 버킷에 저장되며, 보고서 생성 메뉴에서 S3 접근 권한 부여에 필요한 샘플 버킷 정책이 제공된다.

AWS Trusted Advisor

현재 여러분의 계정 환경설정과 AWS의 베스트 프랙티스를 비교할 수 있는 서비스가 바로 Trusted Advisor이며, 계정 환경설정과 관련된 규정 및 성능 데이터는 다음 5가지 유형으로 구분할 수 있다.

- Cost Optimization: 활성화 수준이 낮거나 대기 상태의 리소스로서 비용 청구의 대상이 되는 요소에 대한 정보

- Performance: 부적절한 환경설정 요소에 대한 정보. 예를 들어 EBS의 전자기식 볼륨 사용량이 과도해 전체 성능을 떨어뜨리는 경우

- Security: 잠재적인 환경설정 상의 문제점에 대한 정보. 예를 들어 퍼블릭으로 설정된 S3 버킷 및 보안 그룹의 경우

- Fault Tolerance: 단일 실패 지점을 통해 중대한 시스템 실패 상황이 벌어지지 않도록 하기 위한, 적절한 수준의 복제 및 중복 구현 실행과 관련된 정보

- Service Limits: 기본 사용량 제한 조건에 근접하고 있는지 여부에 대한 정보

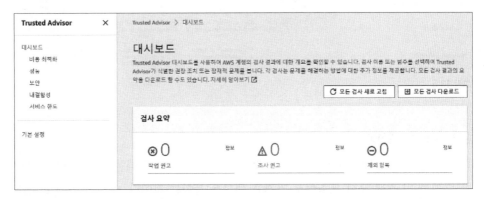

그림 13.4

위 체크 리스트는 상황에 따라 다른 컬러로 표기돼 현재의 계정 환경설정의 적절성을 좀 더 알기 쉽게 제공한다. 예를 들어, S3 버킷으로 호스팅하는 정적 웹사이트는 인터넷을 통한 퍼블릭 퍼미션 적용이 당연하지만 Trusted Advisor는 이에 대한 경고를 유지할 것이다. 이처럼 여러분의 리소스 활용 전략과 Trusted Advisor의 제안이 일치하지 않는 부분도 있겠지만 새로운 경고 또는 주의 메시지를 정기적으로 확인할 필요가 있다.

Trusted Advisor가 제공하는 대부분의 성능 지표는 유료이며 Business 플랜 또는
Enterprise 플랜을 선택한 뒤 활성화할 수 있다.

Support plans

All customers receive Basic Support included with your AWS account. All plans, including Basic Support, provide 24x7 access to customer service, AWS documentation, whitepapers, and support forums. For access to technical support and additional Support resources, we offer plans to fit your unique needs.

Current support plan: Basic

Feature comparison   Pricing example

Features	Basic Current plan	Developer	Business	Enterprise
Customer service and communities	24x7 access to customer service, documentation, whitepapers, and support forums	24x7 access to customer service, documentation, whitepapers, and support forums	24x7 access to customer service, documentation, whitepapers, and support forums	24x7 access to customer service, documentation, whitepapers, and support forums
Best practices	Access to 7 core Trusted Advisor checks	Access to 7 core Trusted Advisor checks	Access to all Trusted Advisor checks	Access to all Trusted Advisor checks
Health status and Notifications	Access to Personal Health Dashboard	Access to Personal Health Dashboard	Access to Personal Health Dashboard & Health APIs	Access to Personal Health Dashboard & Health APIs
Technical support		Business hours** access to Cloud Support Associates via email	24x7 access to Cloud Support Engineers via email, chat, and phone	24x7 access to Cloud Support Engineers via email, chat, and phone
Who can open cases		One primary contact/ Unlimited cases	Unlimited contacts/ Unlimited cases (IAM supported)	Unlimited contacts/ Unlimited cases (IAM supported)

그림 13.5

온라인 비용 계산기

다수의 리소스 스택에 대한 비용 모델 구현을 위한 방법 중 하나는 각종 서비스 비용
을 수집한 뒤 스택 구성 요소별로 가격표 태그를 붙이는 것이다. 하지만 여러 리소스
와 서비스 요소가 결합된 클라우드 스택의 적정한 가격을 도출하는 일은 결코 쉽지
않으며, 옵션 설정 및 시간 흐름에 따라 가격이 변동하므로 정확한 비용 모델 구현은
사실상 불가능에 가깝게 느껴진다.

AWS는 리소스 스택과 관련된 모든 가격과 공식을 반영한 비용 모델 또는 비용
계산기를 제공하고 있으며, 사용자는 Simple Monthly Calculator와 AWS TCO
Calculator를 이용할 수 있다.

Simple Monthly Calculator

Simple Monthly Calculator(calculator.s3.amazonaws.com/index.html)는 매우 세분화
된 수준에서 서비스 리소스를 선택하고 관련 비용을 계산할 수 있도록 돕는다. 예를

들어, 3개의 EC2 인스턴스를 생성하되 Linux m4.large 타입, 500GB Provisioned IOPS SSD EBS 볼륨, 1,000IOPS, us-east-1 리전 옵션을 적용했을 때의 비용을 계산할 수 있다. 또한 월간 가동 비중을 입력해 실제 인스턴스 실행 시간 동안에 해당하는 비용을 계산할 수 있다.

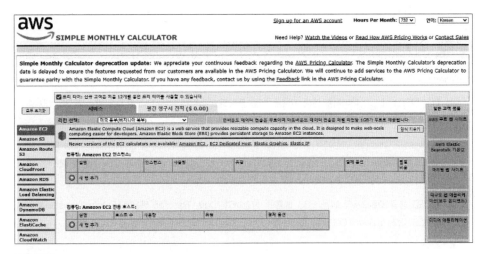

그림 13.6

 집필 시점 현재 AWS는 기존 Simple Monthly Calculator의 지원을 중단하고 새 버전인 AWS Pricing Calculator(https://calculator.aws/#/)로 대체할 계획이다. 하지만 정확한 서비스 중지 날짜는 공개되지 않았고, 아직까지는 구 버전이 정상 작동 중이며, 저자는 새 버전보다 구 버전을 선호하는 편이다.

리소스 비용은 AWS 리전마다 다르므로 애플리케이션이 실행되는 리전별로 리소스 비용을 계산해야 한다. 또한 EBS 및 RDS 타입별로도 다른 비용이 적용되므로 SSD, Provisioned IOPS, 스토리지 타입 옵션별로 비용을 계산해야 한다.

여러분의 프로젝트에 필요한 모든 스택 리소스를 입력하면 페이지 상단에 월간 예상 비용이 출력된다. 월간 예상 비용 탭을 클릭하면 스택 구성 아이템별로 월간 비용이 제시되며, CSV 포맷으로 다운로드할 수 있다. 월간 예상 비용 페이지 URL을 통해 여러분의 동료 및 고객에게 관련 정보를 공유할 수 있다.

Simple Monthly Calculator의 장점은 AWS 리소스를 선택하고 실행하는 경험을 계산기에서도 그대로 할 수 있다는 점이며, 아래 예제에서 여러분도 Simple Monthly Calculator를 활용하게 될 것이다. 이번 기회에 여러분이 구현하려는 복잡한 리소스 스택에 대한 비용을 미리 계산해 본다면, 실제 비용 청구서를 받아보고 놀랄 가능성이 훨씬 줄어들 것이다.

실습 예제 13.2

Simple Monthly Calculator에서 리소스 스택 비용 계산하기

1. 다음 링크로 계산기 페이지를 연다. Reset All을 클릭하고 상단의 Free Usage Tier 박스 체크는 해제한다. calculator.s3.amazonaws.com/index.html

2. us-west-2 (Oregon) 리전에서 화면 좌측의 Amazon EC2를 클릭하고 새 행 추가(Add New Row) 옆 + 기호를 클릭한다. 2개의 인스턴스를 생성하되, Linux c5d.xlarge 타입, 주당 120시간(5일) 조건을 입력한다. Billing Option은 On-Demand로 유지한다.

3. 100GB 용량으로 2개의 범용 EBS 볼륨을 생성하고, Data Transfer 섹션에서 Data Transfer In은 200GB, Data Transfer Out은 400GB로 설정한다. 지금 상단의 Estimate 탭을 클릭해도 된다.

4. Amazon S3 탭을 클릭한다. S3 Standard Storage And Requests 섹션에 스토리지 200GB, 250000 PUT Requests, 1000000 GET Requests를 입력한다. S3 Standard – Infrequent Access (S3 Standard-IA) Storage & Requests 섹션에는 스토리지 600GB, 10 Lifecycle Transitions을 입력한다.

5. Amazon CloudFront 탭을 클릭한다. Data Transfer Out 필드에 400GB/month를 입력한다.

6. Amazon Elastic Load Balancing 탭에서, Number Of Application LBs는 1, Avg Number Of New Connections/Sec Per ALB는 5, Avg Connection Duration은 300초, Total Data Processed Per ALB는 400GB를 입력한다.

7. Estimate 탭에서 아이템별 비용 계산 내역을 확인할 수 있다. 내 경우 총 비용은 $320/month로 계산됐다.

AWS 총소유비용 계산기

또 다른 AWS 비용 계산기는 복합적인 워크로드 수행에 대한 온프레미스에서의 비용과 AWS 클라우드의 비용을 비교할 때 사용할 수 있는 총소유비용^{TCO, Total Cost of Ownership} 계산기이다. 해당 페이지에서 사용자는 로컬 환경에서 애플리케이션 실행에 필요한 인프라를 정의하게 되며 서버의 수 및 용량, 물리 서버 또는 가상 서버 여부, 가상화 하이퍼바이저의 종류, 총 저장 용량 등을 입력한다.

계산을 실행하면 향후 3년간의 매우 상세한 아이템별 비용 시트가 출력된다. 여기엔 온프레미스 네트워킹 비용, 하드웨어 획득 비용, AWS 지원 비용 등이 포함되며, 계산에 적용된 방법 및 가정에 대한 상세한 설명도 확인할 수 있다.

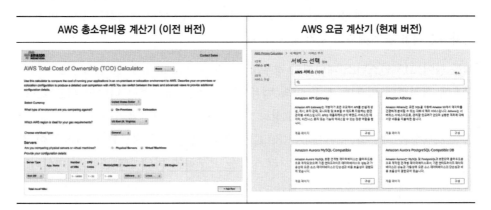

AWS 총소유비용 계산기 (이전 버전)	AWS 요금 계산기 (현재 버전)

비용 최적화 컴퓨트 전략

가상화 혁명 이후 서버 밀도server density는 크게 높아졌으며, 과거 어느 때보다도 하나의 가상화 서버로 처리할 수 있는 컴퓨트 워크로드의 수가 많아졌다. 얼마 전까지만해도 모두의 관심이 '서버당 생산성 향상' 등 기술 측면에 집중돼 있었다면, 지금은 '투자 대비 더 높은 가치 확보'와 같이 재무적 측면 또는 사업 전반의 가치 증대에 초점이 맞춰지고 있다.

AWS와 같은 클라우드 컴퓨팅 플랫폼은 가상화 환경에서 살아 숨쉬고 있으므로 여러분이 AWS의 비용 최적화를 위한 베스트 프랙티스를 따라서 할 수 있다면, 여러분 또한 클라우드 인프라를 활용해 나름의 성공을 거둘 수 있을 것이다.

이번 절에서는 AWS 인프라를 최대한 활용하기 위한 각종 비법을 알아본다. 여러분의 워크로드에 적합한 EC2 인스턴스 선택과 같은 서버 밀도 관리 전략부터 (2장에서소개한) 예약 인스턴스 및 스팟 인스턴스를 활용해 비용을 절감할 수 있는 주요 전략을 살펴본다.

서버 밀도 최대화

여러분은 EC2 인스턴스 기반의 애플리케이션을 실행하거나 RDS 기반 데이터베이스를 운영하면서 사용하는 서버 인스턴스의 성능을 최대한 끌어올리는 데 관심이 있을 것이다. 워크로드에 맞는 인스턴스를 선택하는 일은 성능 최적화는 물론 비용 최적화라는 목표를 위해서도 무척 중요하다.

예를 들어, M5 인스턴스 패밀리의 경우 Intel Xeon Scalable 프로세서의 코어 성능 활용에 최적화돼 있으며, 많은 양의 컴퓨팅 리소스를 소모하는 다수의 워크로드를 m5.24xlarge와 같은 단 한 개의 고성능 M5 인스턴스로 처리할 수 있다. 고성능, 병렬 프로세싱을 제공하는 NVIDIA K80 GPU 코어, 성능강화 네트워킹, EBS 등이 결합된 P2 인스턴스의 경우 고도의 처리 성능을 요구하는 빅데이터 분석 및 머신러닝 워크로드에 최적화된 성능을 보여준다.

EC2 인스턴스 타입별 특징 및 세부 성능은 아래 링크에서 확인할 수 있다.

aws.amazon.com/ec2/instance-types

AWS Lambda 또한 서버 밀도 향상에 도움을 준다. 현재는 기존 EC2 인스턴스에 만족하고 있어서 Lambda 함수 실행에 관심이 없을 수도 있겠지만 조만간 여러분의 아키텍처에도 '서버리스serverless' 모델을 도입해 컴퓨팅 비용을 절감할 수 있을 것이다.

가상화의 유연성이 지닌 잠재력을 가장 크게 확인할 수 있는 사례가 바로 Docker와 같은 컨테이너 기술이다. 여러분은 Amazon Elastic Container Service(이하 ECS) 또는 Amazon Elastic Container Service for Kubernetes(이하 EKS)에서 좀 더 간편하게 Docker 클러스터를 실행할 수 있으며, EC2 인스턴스에 직접 Docker 호스트를 프로비저닝해 가상화 애플리케이션 및 마이크로서비스를 긴밀하게 결합할 수 있다.

EC2 예약 인스턴스

2장에서 최소 12개월 사용을 조건으로 예약 인스턴스Reserved Instances(이하 RI)를 구매해 연중 무휴로 컴퓨팅 작업을 수행하는 방법을 알아봤다. 이번 절에서는 예약 인스턴스에 대해 좀 더 자세히 살펴보고, 인스턴스의 비용대비 효율성을 높이는 방법을 소개한다.

전통적인 예약 인스턴스의 사용

비용을 절감하고 효율성을 높이는 규칙은 간단하다. 예약 인스턴스를 구매해 장기간, 저비용으로 컴퓨트 리소스를 사용하는 것이다(예약 인스턴스에 대한 좀 더 구체적인 표현은 할인된 가격으로 보통의 EC2 인스턴스를 사용할 수 있는 이용권을 구매하는 것이다).

Amazon EC2 Reserved Instance Marketplace에서 예약 인스턴스를 구매하면, 사용 플랜을 변경한 다른 AWS 사용자로부터 예약 인스턴스의 사용 권한을 넘겨받게 된다. 보통의 EC2 인스턴스 론칭의 경우처럼 여러분이 원하는 환경설정으로 구성된 예약 인스턴스를 선택하면 된다. 즉, 예약 인스턴스 구매를 위해, 테넌시 타입, 인스턴스 타입, 플랫폼 타입(Linux, SUSE, Red Hat Enterprise Linux [RHEL], Microsoft Windows Server, and Microsoft SQL Server 등 다양한 OS 지원)으로 여러분이 원하는 후보를 검색해야 한다.

예약 인스턴스를 통해 얼마의 비용을 절감하고, 또 어느 정도의 유연성을 확보하게 될지 여부는 여러분이 어떤 인스턴스를 선택하느냐에 따라 달라진다. 예를 들어, 조금 더 많은 비용을 지불하고 전환 예약 인스턴스Convertible RI를 구매해 성능이 더 우수한 인스턴스로 교체할 수 있는 옵션을 가질 수 있다. 전환 예약 인스턴스는 보통의 온디맨드 인스턴스에 비해 최대 54%의 할인율을 적용한다. 최대 75%의 할인율을 적용받을 수 있는 표준 예약 인스턴스Standard RI의 경우 계약 기간 동안 처음에 선택한 인스턴스 타입을 유지해야 하는 조건이 붙는다.

필요에 따라 단일 AZ로 한정해 비용을 절감하거나 좀 더 높은 비용을 지불하고 리전 내 어떤 AZ에서도 인스턴스를 실행할 수 있는 옵션을 확보할 수 있다.

또한 보통의 예약 인스턴스 대신 반복적인 일정 계획에 따라 예약 인스턴스를 론칭하도록 할 수 있으며, EC2 대시보드의 Scheduled Instances 링크에서 일정 단위로 인스턴스를 구매할 수 있다.

마지막으로 예약 인스턴스에 대한 비용 지불 옵션은 전체 선결제All Upfront, 부분 선결제Partial Upfront, 선결제 없음No Upfront 등 세 가지다. 이 중 전체 선결제 옵션이 가장 저렴하고, 선결제 없음 옵션은 시간단위로 비용이 청구된다.

Savings Plans 사용

최근에 EC2 지불 방식으로 추가된 방법이 Savings Plans이며, 1~3년간 동일한 수준의 서비스를 사용하는 계약을 맺는다는 측면에서는 기존 예약 인스턴스와 유사하지만 Savings Plans은 훨씬 높은 수준의 유연성을 제공하며 다음 두 가지 타입이 있다.

Compute Savings Plans: 온디맨드 인스턴스 대비 66% 저렴한 비용으로 EMR, ECS, EKS, Fargate 워크로드를 처리할 수 있으며, 다른 AWS 리전에서 실행되는 또 다른 리소스로 변경이 가능하다(전환 예약 인스턴스와 비교 가능).

EC2 Instance Plans: 온디맨드 인스턴스 대비 72% 저렴한 비용으로 인스턴스를 사용할 수 있으며, 단일 AWS 리전 내에서만 리소스를 변경할 수 있다(표준 예약 인스턴스와 비교 가능).

두 타입 모두 (시간당 $10와 같이) 컴퓨팅 사용량을 약정해야 하며, 기존 예약 인스턴스와 관련해서 지불되고 있는 리소스 비용은 할인 대상에서 제외된다.

EC2 스팟 인스턴스

2장에서 살펴본 EC2 스팟 인스턴스는 단기간 EC2 인스턴스를 빌려 쓰는 개념이며, 매우 저렴한 대신, 생애주기 관리의 변동성이 크고, 조건에 따라 언제든 종료될 수 있다는 특징을 지녔다. EC2 스팟 인스턴스의 주요 개념부터 정리해보자.

Spot Price: 인스턴스 타입, 리전, 각종 프로필 값 등 론칭 속성에 따른 스팟 인스턴스의 현재 가격이며, 예고 없이 변동될 수 있고, 더 높은 가격 입찰자가 있을 경우 실행 중인 인스턴스가 강제로 종료된다.

Spot Instance Interruption: 스팟 가격이 여러분이 제시한 최고 입찰 가격보다 높을 경우 EC2는 폐기^{Terminate}, 중지^{Stop}, 휴면^{Hibernate} 등 3가지 방식으로 반응할 수 있다. 폐기는 모든 리소스 및 볼륨을 영구적으로 삭제하는 것이며, 중지는 EBS 지원 AMI일 때만 선택할 수 있다.

Spot Instance Pool: 특정 론칭 속성을 갖춘 미사용 EC2 인스턴스를 가리키며, 스팟 플릿은 이 인스턴스 풀의 일부를 이용해 구성된다.

Spot Fleet: 스팟 플릿 요청에 부합하는 스팟 인스턴스 그룹으로서 때론 온디맨드 인스턴스도 포함된다. 스팟 플릿은 다수의 스팟 인스턴스 풀에서 여러 가지 론칭 속성에 부합하는 인스턴스로 구성된다.

Request Type: Request Spot Instances 페이지에서 요청을 설정할 때 일회성의 Request, 플릿을 이용해 목표 용량을 유지하는 Request And Maintain, 1~6시간 동안 간섭받지 않고 사용할 수 있는 Reserve For Duration 등 3가지 타입의 요청 방식을 사용할 수 있다.

EC2 대시보드에서 요청을 설정할 수 있으며 Request Spot Instances 페이지에서 총 목표 용량, 론칭하려는 AMI 및 인스턴스 타입, 로드 밸런싱 사용 여부, 론칭 시 사용할 유저 데이터 등을 설정할 수 있다.

워크로드 정의 시 여러분이 직접 특정 임무에 맞춰 특화한 AMI를 이용하거나 유저 데이터를 입력해 일괄적으로 적용되도록 할 수 있다. 이에 대해서는 11장의 실습 예제 11.1에서 함께 살펴봤다.

Spot Instances에서 확인할 수 있는 Spot Advisor는 몇 가지 대표 임무 수행을 위한 환경설정 프로필에 대한 추천안을 제공한다. 이 추천안을 수용하면 해당 설정 내용을 일부 수정해서 쓰거나, 바로 인스턴스 플릿 설정 내용으로 적용할 수 있다.

다음 예제에서 AWS CLI를 이용해 간단하게 스팟 플릿을 요청하는 방법을 알아보자.

실습 예제 13.3

AWS CLI를 이용해 Spot Fleet 요청하기

1. AWS CLI를 이용해 스팟 요청을 시작하기 전, AWS 계정에서 몇 가지 정보를 확인해야 한다. EC2 Launch Instance 화면의 Quick Start 탭에서 'Ubuntu LTS AMI'와 같은 내용의 AMI ID를 복사한 뒤 메모장 등에 저장한다. 이 정보는 잠시 후 사용한다.

2. VPC 대시보드에서 좌측 Subnets 링크를 클릭하고 2개의 subnet ID를 복사한다. Security Groups 링크를 클릭하고 스팟 인스턴스에 필요한 퍼미션이 정의된 group ID를 복사한다. 예제를 위한 것이므로 어느 것이든 상관 없으며 보안 그룹이 없다면 새로 생성한다.

3. 이제 IAM 롤을 생성하고 EC2 인스턴스를 시작 및 중지시킬 수 있는 스팟 관리자 권한을 정의한다. IAM Roles 페이지에서 Create Role을 클릭하고 AWS Service, EC2, EC2 - Fleet 순으로 선택한다. Next: Permissions을 클릭한다.

4. 다음 화면에서 AWSEC2FleetServiceRolePolicy를 확인하고 Next: Tags 및 Next: Review를 클릭한다. 롤 이름 뒤에 접미사를 추가할 수 있다. 롤 생성을 완료하고 IAM 롤 목록에서 확인한 뒤 해당 롤의 ARN 을 복사한다.

5. 위 과정을 모두 수행한 후 Config.json 파일을 생성하고, 여러분이 복사해 둔 정보를 이용해 아래와 같은 내용으로 작성한다.

```
{
  "SpotPrice": "0.04",
  "TargetCapacity": 2,
  "IamFleetRole": "arn:aws:iam::123456789012:role/my-spot-fleet-role",
  "LaunchSpecifications": [
    {
      "ImageId": "ami-1a2b3c4d",
      "SecurityGroups": [
        {
          "GroupId": "sg-1a2b3c4d"
        }
      ],
      "InstanceType": "t2-micro",
      "SubnetId": "subnet-1a2b3c4d, subnet-3c4d5e6f",
    }
  ]
}
```

6. 다음 Config.json 파일을 이용해 스팟 플릿을 요청하는 CLI 명령을 실행한다.

```
aws ec2 request-spot-fleet
--spot-fleet-request-config file://Config.json
```

7. 위 명령 실행 후 AWS CLI에서 오류 메시지가 출력되면, 원인을 분석하고 대응한다. 그리고 아래와 같은 스팟 플릿 ID가 나타난다면 요청이 성공한 것이다.

```
{
  "SpotFleetRequestId": "sfr-6b8225fe-b6d2-4c58-94d7-d14fdd7877be"
}
```

8. 하지만 위 ID가 출력된 것으로 모든 작업이 끝난 것은 아니다. Spot Requests 페이지로 돌아가서 스팟 플릿 ID를 입력한 뒤 History 탭에서 작업 진행과 관련된 메시지를 확인한다. 일부 오류를 수정한 뒤 작업을 끝낼 수 있고 때에 따라서는 기존 요청을 취소하고 올바른 설정으로 새 요청을 시작해야 하는 경우도 있다.

9. 스팟 플릿 생성 확인 후 반드시 해당 리소스를 모두 삭제한다.

Auto Scaling

앞서 Auto Scaling을 이용해 증가하는 수요에 맞춰 컴퓨트 리소스를 효율적으로 증가시키는 방법을 알아봤다. 하지만, 비용관리 측면에서 Auto Scaling은 수요 감소 시 즉각적으로 리소스를 제거해 낭비되는 컴퓨팅 비용을 줄이는 데도 효과적인 도구다.

Auto Scaling 환경설정에서 실행 중인 인스턴스의 평균 이용량이 기준치 이하로 내려가면 그룹 크기를 줄이도록 설정한다. 이용량에 따라 그룹 크기가 변동되도록 설정해 클라우드 컴퓨팅 모델 특유의 장점을 활용하고 비용도 효과적으로 감소시킬 수 있다.

EBS Lifecycle Manager

EC2 인스턴스에 부착된 EBS 볼륨은 다중 복제 방식으로 데이터를 안전하게 보호하지만 데이터의 중요도에 따라 추가적인 보호 장치가 필요하다. 가장 널리 권장되는 방법은 스냅샷을 생성해 복제본을 유지하는 것이지만 몇 시간 단위로 스냅샷을 계속 생성 및 저장하면 예상보다 많은 저장 비용이 발생할 수 있다.

이에 대한 명확한 해법은 구 버전의 스냅샷은 정기적으로 삭제하고, 최신의 스냅샷만 실행 대기 상태로 유지하는 것이다. 하지만 이 작업을 여러분이 직접 무한히 반복할 수는 없으며, 자동화 도구인 EBS Lifecyle Manager를 이용해 최신 스냅샷 유지 업무를 수행할 수 있다. EC2 대시보드에서 EBS Lifecyle Manager를 열고, 순회 정책을 생성해 새 스냅샷 생성 빈도와 보유할 최대 스냅샷 수를 설정한다.

정리

AWS Budgets은 계정에서 발생하는 모든 비용을 확인할 수 있도록 도와주고, 기준선을 넘으면 경고 메시지를 전송한다. 비용 할당 태그를 사용해 실행 중인 리소스 중 중요 부분만 필터링할 수 있다.

Cost Explorer와 Cost and Usage Reports를 이용해 청구 비용, 요금 비율, 제품 속성 등을 시간 순으로 일목요연하게 확인할 수 있다. 이 중 Reports는 대규모 작업에 소요되는 리소스 사용량 및 비용 빅데이터 분석 자료라는 특징이 있다.

AWS Organizations을 이용해 다수 계정에 대한 과금 및 조직 접근 권한을 중앙집중적이며 통합적으로 관리할 수 있다.

AWS Trusted Advisor는 계정 설정 내역 및 비용 관리 활동이 AWS 베스트 프랙티스와 어느 정도의 차이가 있는지 알려주고 계정 용량 제한의 근접 수준도 설명해준다. Simple Monthly Calculator 및 AWS Total Cost of Ownership(현재는 AWS Pricing Calculator로 대체) 도구는 애플리케이션 스택의 비용효율적이며 효과적인 구성 방식을 파악하는 데 도움을 준다.

워크로드 처리에 적합한 EC2 인스턴스 타입을 선택하고, 최신의 컨테이너 및 마이크로서비스 아키텍처를 도입함으로써 서버 리소스의 활용성은 극대화하고, 비용은 최소화할 수 있다.

EC2 예약 인스턴스 사용 시 전환 예약 옵션이 있는 예약 인스턴스를 선택해 장기간의 안정성 및 유연성을 확보할 수 있고, 예약 스케줄을 통해 필요한 시점에 반복적으로 예약 인스턴스를 생성 및 실행할 수 있다.

스팟 인스턴스는 개별적으로 혹은 플릿이라는 그룹으로 활용할 수 있으며, 여러분의 애플리케이션 실행 방식에 따라 인스턴스의 종료 또는 중지 방식을 선택할 수 있다.

시험 대비 전략

AWS 계정의 리소스 사용량 및 비용에 대한 효과적인 모니터링 방법을 이해한다. AWS는 리소스 사용량 및 비용 흐름을 추적할 수 있는 다양한 도구를 제공하며, 사용자는 이를 통해 과잉 프로비저닝을 막고, 사용량 추이를 파악하며, 사용량 데이터를 깊이 있게 분석할 수 있다. 사용량 및 비용 흐름 추적 도구로는 Budgets, Cost Explorer, Cost and Usage Reports, Trusted Advisor 등이 있다.

AWS 애플리케이션 스택의 비용을 시뮬레이션하고 예측하는 방법을 이해한다. Simple Monthly Calculator는 비용 모델을 통해 다수의 리소스 스택 구성에 대한 정확한 비용을 산출할 수 있도록 해주며, AWS Total Cost of Ownership 계산기는 온프레미스 환경과 AWS 환경에서의 애플리케이션 스택 구성 비용의 차이를 비교할 수 있게 해준다(이는 현재 AWS Pricing Calculator로 대체됐다).

애플리케이션 워크로드에 적합한 EC2 인스턴스 타입 선택 방식을 이해한다. EC2 인스턴스 타입은 특정 워크로드별로 최적화된 하드웨어 프로필을 반영하며, 아키텍트는 주로 사용되는 범용 인스턴스 패밀리 및 타입별 사용 시나리오를 잘 이해할 필요가 있다.

다양한 사용 시나리오에 맞춰 EC2 예약 인스턴스를 설정하는 방법을 이해한다. EC2 예약 인스턴스에 전환 옵션을 추가해 예약 기간에도 인스턴스 타입을 변경할 수 있고, 리전 내 다른 AZ에서 인스턴스를 배포할 수 있다. 또한 EC2 예약 인스턴스 스케줄 설정을 통해 특정 기간마다 반복적으로 예약 인스턴스를 생성할 수 있다.

다수의 인스턴스를 동시에 배포하는 스팟 플릿의 활용 방법을 이해한다. 다수의 EC2 스팟 인스턴스 조합은 사전정의된 AMIs 선택, 저장 용량 내구성 설정, 생애주기 설정 등을 이용해 다양한 용도에 맞게 커스터마이징할 수 있다.

평가 문제

1. 다음 중 AWS Free Tier를 가장 잘 설명한 것은 무엇인가?

   A. 신규 계정에 첫 1개월간 제공되는 AWS 서비스 무료 이용권

   B. 신규 계정에 제공되는 모든 AWS EC2 인스턴스 타입의 무료 이용권

   C. 신규 계정에 첫 1년간 제공되는 AWS의 기본 서비스 무료 이용권

   D. 대부분의 AWS 서비스 프리 티어에 대한 무제한, 개방형 접근권한

2. 다음 중 가장 저렴한 저장 및 전송 비용으로 이용할 수 있는 스토리지 클래스는 무엇인가?

   A. Amazon S3 Glacier

   B. Amazon S3 Standard-Infrequent Access

   C. Amazon S3 Standard

   D. Amazon S3 One Zone-Infrequent Access

3. 다음 중 이메일 경고를 통해 비용을 제어하도록 돕는 AWS 서비스는 무엇인가?

    A. Cost Explorer

    B. Budgets

    C. Organizations

    D. TCO Calculator

4. 여러분의 AWS 인프라가 성장세에 있는데 인프라 비용 추적에 문제를 겪고 있다. 계정에 대한 대규모 비용 분석에 적합한 AWS 서비스는 무엇인가?

    A. Trusted Advisor

    B. Cost Explorer

    C. Budgets

    D. Cost and Usage Reports

5. 여러분의 기업은 다수의 AWS 계정을 좀 더 통합적으로 관리하길 원하며, AWS Organizations이 이에 적합한 도구임을 알게 됐다. Organizations 도입에 따라 여러분의 보안 프로필은 어떻게 변경될 수 있는가? (정답 3개)

    A. 조직 레벨 관리자 계정의 노출은 더 큰 피해로 이어질 수 있다.

    B. 유저 퍼미션은 조직 레벨에서 중앙집중적으로 제어될 수 있다.

    C. 보안이 강화된 조직 레벨 VPC로 업그레이드해야 한다.

    D. 표준 보안 베스트 프랙티스인 MFA, 강력한 패스워드 등을 준수하는 일이 더욱 중요해진다.

    E. 변경되는 내용에 따라 기존 보안 그룹을 업그레이드해야 한다.

6. 다음 중 AWS Trusted Advisor가 모니터링하는 리소스 상태는 무엇인가? (정답 2개)

    A. Route 53 라우팅 실패

    B. 실행 대기 상태인 EC2 인스턴스

    C. 퍼블릭 읽기 접근 권한으로 설정된 S3 버킷

    D. 루트 계정으로 SSH 접근을 허용한 EC2 Linux 인스턴스

    E. 암호화되지 않은 S3 버킷 데이터 전송

7. 개발팀은 AWS에 새 애플리케이션 배포를 준비 중이며, 관리형인 RDS 데이터베이스가 좋을지, EC2 인스턴스에서 직접 데이터베이스를 설치 및 운영하는 게 더 나을지 결정하려 한다. 이런 결정에 도움이 될 수 있는 도구는 무엇인가?

A. TCO Calculator

B. AWS Pricing Calculator

C. Trusted Advisor

D. Cost and Usage Reports

8. 다음 중 AWS 예산 추적을 위한 설정에 사용할 수 없는 지표는 무엇인가?

A. EBS 볼륨 용량

B. 리소스 사용량

C. 예약 인스턴스의 범위

D. 리소스 비용

9. 다음 중 비용 할당 태그와 관련해서 참인 것은 무엇인가? (정답 2개)

A. 태그가 비용 대시보드에 나타나는 데 최대 24시간이 소요될 수 있다.

B. 태그 생성 이전에 론칭한 리소스에는 태그를 적용할 수 없다.

C. 계정당 5개의 예산 개체를 생성할 수 있다.

D. Tag Editor 페이지에서 비용 할당 태그를 활성화 및 관리할 수 있다.

10. 여러분의 온라인 웹 스토어는 보통 3개의 EC2 인스턴스를 이용해 트래픽을 처리했으나, 두 달의 여름 성수기 동안 트래픽이 2배로 증가했다. 다음 중 이런 상황에 대응하기 위한 가장 적절한 방법은 무엇인가?

A. 연중 12개월동안 3개의 온디맨드 인스턴스를 실행하고, 여름 성수기 동안 6개의 예약 인스턴스 스케줄을 생성한다.

B. 여름 성수기 동안 3개의 스팟 인스턴스를 실행하고, 연중 12개월동안 3개의 예약 인스턴스를 실행한다.

C. 연중 12개월 동안 9개의 예약 인스턴스를 실행한다.

D. 연중 12개월동안 3개의 예약 인스턴스를 실행하고, 여름 성수기 동안 3개의 예약 인스턴스 스케줄을 구매한다.

11. 다음 중 예약 인스턴스 설정 시 필요한 요소가 아닌 것은 무엇인가?

A. Payment 옵션

B. Standard 또는 Convertible RI

C. Interruption 정책

D. Tenancy

12. 새 웹 애플리케이션은 연중무휴로 가동되는 다수의 EC2 인스턴스가 필요하므로 예약 인스턴스를 구매할 계획이다. 다음 중 예약 인스턴스 설정 시 가장 많은 비용이 지출되는 지불 옵션은 무엇인가?

A. All Upfront

B. Partial Upfront

C. No Upfront

D. Monthly

13. 다음 중 Docker를 이용할 때 AWS의 컴퓨트 비용을 크게 낮출 수 있는 컨테이너만의 장점은 무엇인가? (정답 2개)

A. 신속하게 론칭할 수 있다.

B. 서버 밀도를 높여준다.

C. 서버 환경 복제가 쉽다.

D. 물리적 서버 머신보다 메모리 소모가 적다.

14. 다음 중 EC2 예약 인스턴스에 최적화된 사용 시나리오는 무엇인가?

A. 6개월간 연속으로 실행될 애플리케이션

B. 36개월간 연속으로 실행될 애플리케이션

C. 지역별 영업 가능 시간 대에만 실행할 애플리케이션

D. 예상치 못한 시간에 실행할 수 있고, 갑작스러운 인스턴스 종료에도 문제가 발생하지 않는 애플리케이션

15. 다음 중 '특정 론칭 속성에 부합하는 미사용 EC2 인스턴스'를 가리키는 말은 무엇인가?

A. Request type

B. Spot instance interruption

C. Spot fleet

D. Spot instance pool

16. 다음 중 스팟 인스턴스 간섭spot instance interruption을 가장 잘 설명한 것은 무엇인가?

A. 스팟 프라이스가 여러분이 정한 최대 금액을 초과해 스팟 인스턴스의 종료 등 간섭 발생

B. 스팟 인스턴스 간섭이란 워크로드 처리 완료 후 스팟 인스턴스가 폐기되는 것

C. 스팟 요청이 수동으로 재개될 때 스팟 인스턴스 간섭이 발생함

D. 스팟 인스턴스 간섭은 AWS 데이터 센터의 일시적인 시스템 중단의 결과임

17. 다음 중 여러분이 실행하려는 최대 인스턴스 수 또는 vCPUs를 가리키는 말은 무엇인가?

A. Spot instance pool

B. Target capacity

C. Spot maximum

D. Spot cap

18. EBS 볼륨을 정기적으로 백업해야 하지만 구 버전의 스냅샷 삭제를 제때 하지 못할 경우 데이터 저장 비용이 과다하게 발생할 수 있다. 이 문제에 대한 가장 적절한 해법은 무엇인가?

A. EBS Lifecycle Manager 설정

B. 정기적으로 AWS CLI를 호출해 구 버전의 스냅샷을 삭제할 수 있는 스크립트 작성

C. EBS Scheduled Reserved Instance 설정

D. 비용 발생은 피할 수 없는 것으로 간주함

E. 구 버전의 스냅샷을 삭제하기 위해 S3 Lifecycle configuration 정책을 설정함

19. 다음 중 스팟 플릿을 론칭하기 위한 AWS CLI 명령은 무엇인가?

A. aws ec2 request-fleet --spot-fleet-request-config file://Config.json

B. aws ec2 spot-fleet --spot-fleet-request-config file://Config.json

C. aws ec2 launch-spot-fleet --spot-fleet-request-config /file://Config.json

D. aws ec2 request-spot-fleet --spot-fleet-request-config /file://Config.json

20. 다음 중 스팟 플릿 요청에 포함시키지 않는 요소는 무엇인가?

A. Availability zone

B. Target capacity

C. Platform(인스턴스 OS)

D. AMI

평가 문제 정답 및 해설

1장. 클라우드 컴퓨팅 및 AWS 서비스의 개요

1. B. Elastic Beanstalk는 배포에 필요한 요소를 관리하므로 개발자는 코드에만 집중할 수 있다. Lambda는 이벤트에 반응해서 코드를 실행하고, Auto Scaling는 요구 수준에 따라 인프라를 확장할 수 있으며, Route 53는 DNS와 네트워크 라우팅을 관리한다.

2. A. CloudFront는 네트워크 엔드포인트에서 애플리케이션 데이터의 캐싱 버전을 제공해 사용자의 요청에 신속하게 반응할 수 있다. Route 53는 DNS와 네트워크 라우팅을 관리하고, Elastic Load Balancing은 서버 클러스터에 요청을 분산시키며, Glacier는 고지연성, 저비용성 스토리지다.

3. D. Elastic Block Store는 가상 스토리지 디바이스로서 파일 시스템을 설치 및 실행하고 데이터 작업을 수행할 수 있지만 장기간 저렴하게 사용할 수 있는 스토리지는 아니다.

4. A, C. AWS IAM은 유저, 그룹, 롤을 생성한 뒤 서비스와 리소스에 대한 퍼미션을 할당할 수 있다. Directory Service는 외부 인증 서비스를 통해 외부 유저 및 리소스와 AWS 리소스를 통합할 수 있게 해준다. KMS는 암호화 키 생성 및 관리 도구이며, SWF는 애플리케이션 태스크 조정 도구다. Amazon Cognito는 내부 어드민 팀이 아닌 외부 애플리케이션 유저의 접근 권한 관리 도구다.

5. C. DynamoDB는 NoSQL 데이터베이스 서비스이며, (RDS, Aurora 등) SQL 데이터베이스 엔진의 관계형 스키마가 존재하지 않으므로 좀 더 효율적으로 워크로드 처리 가능하다. KMS는 암호화 키 생성 및 관리 도구다.

6. D. EC2 엔드포인트는 (Ireland의 경우, eu-west-1 등) 리전 식별자 뒤에 ec2 프리픽스를 붙인다.

7. A. AZ^{Availability Zone}는 리전 내 물리적으로 격리된 데이터 센터다. 리전은 특정 지역에 위치하고, 다수의 AZ를 지니며, 서브넷은 네트워크 리소스를 조직화할 수 있는 IP 주소 블록이다. AZ 내에 여러 개의 데이터 센터가 존재할 수 있다.

8. B. VPC는 EC2, RDS 등 인프라의 연결성을 제어할 수 있는 가상 네트워크 환경이다. Load Balancing은 서버 클러스터에 요청을 분산시키며, CloudFront는 네트워크 엔드포인트에서 애플리케이션 데이터의 캐싱 버전을 제공해 사용자의 요청에 신속하게 반응하도록 한다. AWS 엔드포인트는 AWS 리소스를 가리키는 URI다.

9. C. AWS SLA^Service Level Agreement는 특정 AWS 서비스에 대해 현실적으로 기대할 수 있는 서비스 가용성 수준으로 외부 표준과 성능 등의 규정을 평가할 때 활용할 수 있다. Log 기록은 중요한 성능 지표기는 하지만 규정 적합 여부를 판단하기에는 부족할 수 있다. AWS Compliance Programs 페이지에서 AWS 리소스가 만족시키는 주요 규제 기관 및 프로그램을 확인할 수 있다. AWS Shared Responsibility Model은 AWS 인프라의 다양한 요소에 대한 책임 소재 여부를 설명한다. AWS Program Compliance라는 도구는 존재하지 않는다.

10. B. AWS Command Line Interface^CLI는 로컬 컴퓨터에서 명령줄 쉘 기반으로 AWS API에 접근하기 위한 도구다. AWS SDK는 프로그래밍 기법으로 리소스에 접근하기 위한 도구이며, AWS Console은 브라우저에서 그래픽 인터페이스 기반으로 사용할 수 있는 도구다. AWS Config는 AWS 리소스의 편집 및 감사를 위한 도구다.

11. A. Basic 및 Developer 플랜과 달리 Business 플랜은 다수의 팀 멤버를 허용한다.

12. A. Application Migration Service는 온프레미스 애플리케이션 서버의 마이그레이션을 위한 데이터 전송 및 테스트 작업을 자동으로 처리하므로 이번 문제의 정답이다. Migration Hub는 마이그레이션 작업을 조정하는 고수준 도구여서 이번 문제의 정답과 거리가 있으며, Application Discovery Service는 마이그레이션 작업 시 인프라의 목록을 가져오는 역할을 하지만, 직접 데이터나 설정 등을 전송하지 않는다. AWS에는 Lift and Shift라는 마이그레이션 도구는 존재하지 않는다.

2장. 컴퓨트 서비스

1. A, C. 다수의 서드파티 사업자는 AWS Marketplace에서 AMI를 공식적으로 제공하고 사용을 지원한다. 커뮤니티 AMI의 공식 버전 여부, 지원 가능 여부는 AMI마다 다를 수 있다. 비슷한 설정을 지닌 다수의 인스턴스가 필요한 경우 부트스트랩 기법으로 프로세스를 자동화하는 것이 좋다. Site-to-Site VPN은 OpenVPN을 사용하지 않는다.

2. B, C. VM Import/Export 도구는 AWS 계정과 로컬 데이터 센터 간의 신뢰할 수 있는 가상 머신 전송을 지원한다. 성공적으로 임포트된 VM은 리전 내 프라이빗 AMI에 표시된다. Direct S3 업로드와 SSH 터널은 VM Import/Export와 무관하다.

3. D. AMI는 특정 리전에서만 사용할 수 있고 다른 리전으로 배포할 수 없다. AWS CLI 또는 키페어 설정이 올바르지 않으면 연결 시도는 실패한다. 업데이트 중이라는 이유로 퍼블릭 AMI를 사용할 수 없는 상황은 가능은 하지만 확률이 매우 낮다.

4. A. 전용 호스트 테넌시만이 완전한 격리성을 제공하며, 공유 테넌시는 다른 조직과 하드웨어를 공유한다. 전용 인스턴스 테넌시는 다른 인스턴스와 함께 동일한 물리적 서버에서 호스팅된다.

5. A, E. 예약 인스턴스는 연중 실행되는 인스턴스를 위한 최고의 가격 모델을 제공한다. 온디맨드 인스턴스는 워크로드 발생 시기를 예상하기 어렵고 용도가 있는 한 폐기할 수 없는 경우에 적합하다. 로드 밸런싱은 트래픽을 라우팅하지만 요구 수준 변화에 영향을 받지 않는다. m5.large 인스턴스 타입은 일반적인 워크로드에 적합하며, 이 보다 더 큰 용량을 연중 실행하는 것은 낭비라 할 수 있다.

6. B. 스팟 인스턴스는 2분간의 예고 후 종료될 수 있으므로 신뢰성 및 예측가능성이 요구되는 워크로드 처리에는 적합하지 않으며, AMI를 재론칭해도 중단된 워크로드는 복구되지 않는다. S3의 정적 웹사이트는 EC2에서 실행할 수 없다.

7. A. 실행중인 인스턴스에서 보안 그룹을 편집, 추가, 제거할 수 있으며, 변경 사항은 즉시 반영된다. 또한 실행 중인 인스턴스에 EIP를 연결 또는 해제할 수 있다. 인스턴스 타입을 변경하려면 인스턴스 중지부터 해야 한다. AMI는 변경이 불가능하며 새 인스턴스를 생성해야 한다.

8. B. 리소스 태그에서 첫 번째 문자열은 키이며 해당 그룹이 어떤 리소스에 속하는지 나타낸다. 두 번째 문자열은 값이며 리소스를 설명한다. 키를 너무 값처럼 작성하면 추후 혼동이 올 수 있다.

9. D. Provisioned-IOPS SSD 볼륨은 현재 20,000IOPS를 제공하는 유일한 볼륨 타입이며, 최대 64,000IOPS까지 증가시킬 수 있다.

10. B, C, E. 이미지 생성 및 공유에 필요한 단계는 B, C, E다. 이미지를 생성하면 해당 AMI에서 자동으로 스냅샷을 생성할 수 있고, 이미지에서 직접 스냅샷을 생성할 수는 없다. AWS Marketplace에는 퍼블릭 이미지만 존재하며, 기업의 프라이빗 이미지를 등록해서는 안 된다.

11. A, C. 인스턴스 볼륨은 호스트 서버에 부착되고 별도의 비용은 발생하지 않는다. 인스턴스 볼륨의 데이터는 단명 속성을 지니며, 인스턴스 종료 시 삭제된다. 인스턴스 볼륨은 인스턴스의 생애주기에 종속되므로 인스턴스 볼륨의 종료 보호는 불가능하다.

12. C, D. 기본적으로 EC2는 프라이빗 서브넷으로 표준 주소 블록을 사용하므로 10.0.0.0에서 10.255.255.255까지, 172.16.0.0에서 172.31.255.255까지, 192.168.0.0에서 192.168.255.255까지 사용 가능하다.

13. A, B, D. 포트, 소스, 대상 주소는 보안 그룹 룰에 포함되고 패킷 사이즈는 포함되지 않는다. 보안 그룹은 특정 객체와 직접 연결되므로 타겟 주소를 참조할 필요가 없다.

14. A, D. IAM 롤은 리소스가 다른 리소스에 접근하는 방법을 정의한다. 유저는 인스턴스 롤을 이용해서 접근 권한을 얻을 수 없으며, 롤은 인스턴스의 내부 시스템 프로세스와 연결될 수 없다.

15. B, D. NAT 인스턴스와 NAT 게이트웨이는 프라이빗 및 퍼블릭 서브넷 간의 트래픽을 라우팅하고 인터넷과 연결하는 AWS 도구다. Internet gateway는

VPC와 인터넷을 연결하고, VPG는 보안이 유지되는 VPN을 통해 VPC와 리모트 사이트를 연결한다. stand-alone VPN은 지문의 목적에 적합하지 않다.

16. D. 암호화에서 클라이언트는 권한 인증을 위해 프라이빗 키를 사용해야 한다. Windows 기반 EC2 인스턴스의 경우 프라이빗 키를 이용해서 GUI 로그인을 위한 패스워드를 가져와야 한다.

17. B. Placement 그룹은 EC2 인스턴스의 실행 위치를 지정한다. Load Balancing은 다수의 EC2 인스턴스로 구성된 서버 클러스터에 외부 유저의 요청을 분산하며, Systems Manager는 리소스 모니터링 및 관리를 돕는다. Fargate는 Amazon ECS 기반 Docker 컨테이너의 어드민 인터페이스다.

18. A. Lambda는 트리거로 사용할 수 있고 Beanstalk는 애플리케이션 배포에 필요한 인프라 요소를 론칭 및 관리한다. ECS는 Docker 컨테이너를 관리하지만 임무 완료 후 컨테이너를 중지시키지 않는다. Auto Scaling은 요구 수준에 따라 기존 배포 환경에 인스턴스를 추가할 수 있다.

19. C. VM Import/Export이 적합하다. S3 버킷은 이미지 저장에 사용되지만 임포트 작업에 직접 개입하지는 않는다. Snowball은 Amazon이 여러분의 사무실에 데이터 저장을 위해 발송하는 물리적 고용량 스토리지 디바이스다. Direct Connect는 Amazon 파트너 제공사를 이용해 서버와 AWS VPC에 대한 고속 연결성을 제공한다.

20. B. 시작 템플릿의 새 버전을 작성하는 방식으로 수정할 수 있다. 지문에서는 Auto Scaling 그룹을 시작 환경설정으로 생성했다고 했으며, 시작 환경설정은 수정할 수 없다. Auto Scaling은 CloudFormation 템플릿은 사용하지 않는다.

21. A. Auto Scaling은 희망 용량에 맞춰 인스턴스의 수를 유지하고, 희망 용량을 설정하지 않은 경우 Auto Scaling은 최소 그룹 사이즈에 맞춰 인스턴스의 수를 유지한다. 희망 용량이 5라면 다섯 개의 양호한 인스턴스가 존재해야 하고 수동으로 두 개의 인스턴스를 종료하면 Auto Scaling은 대체용으로 두 개를 추가한다. 하지만 Auto Scaling이 직접 희망 용량 또는 최소 그룹 사이즈를 조정하지는 않는다.

22. B, C. 스케줄 액션은 정해진 일정에 따라 최소 및 최대 그룹 사이즈와 희망 용량을 조정하며, 애플리케이션 트래픽 패턴이 안정적일 때 유용하다. CPU 활성화율에 따라 인스턴스를 추가하려면, 스텝 스케일링 정책을 작성한다. 타겟 트래킹 정책은 사전 정의된 기준치에 따라 희망 용량을 조정한다. 심플 스케일링 정책은 CloudWatch 알람이 울리면 인스턴스를 추가하지만, 지표를 고려해 비례적으로 추가하지는 않는다.

23. B. 오토메이션 도큐먼트는 EBS 스냅샷 생성 등 AWS 리소스에 대한 작업을 수행하지만 수동으로 실행해야 하는 요소도 있다. 커맨드 도큐먼트는 Linux 또는 Windows 인스턴스에 대한 작업을 수행한다. 정책 도큐먼트는 State Manager에서 사용할 수 있으며 EBS 스냅샷은 생성할 수 없다. 수동^{manual} 도큐먼트 타입은 존재하지 않는다.

24. B. Fargate는 ECS 또는 EKS의 서버리스 컴퓨트 인프라 서비스이며, 별도의 환경 구성 작업을 할 필요가 없으므로 이번 문제의 정답이다. EKS와 ECS는 매우 세심한 환경 구성이 가능하지만, 사용자 입장에서는 복잡성이 더욱 높아지게 된다. EKS Distro는 온프레미스 및 클라우드 인프라에서 K8s 컨테이너를 실행하는 방법을 제공하며, 이번 선택 지문 중 설정 작업이 가장 복잡하다.

3장. AWS 스토리지

1. A, C. Storage Gateway와 EFS는 required 속성의 read/write 접근 권한을 제공한다. S3는 파일 공유에 사용될 수 있지만 저지연성 접근 방식은 제공하지 않으며, 파일 시스템에서는 S3의 종국적 일관성 모델이 잘 지켜지지 않는다. EBS 볼륨은 한 번에 하나의 인스턴스에만 부착할 수 있다.

2. D. 이론적으로 개별 버킷 또는 계정 내 모든 버킷에 업로드할 수 있는 파일 용량과 (PUT 명령을 이용한) 업로드 횟수에는 제한이 없다. 하지만 계정당 최대 S3 버킷의 수는 100개로 제한된다.

3. A. HTTP(web) 요청에는 s3.amazonaws.com 도메인 뒤에 버킷 이름, 파일 이름이 있어야 한다.

4. C. S3에서 프리픽스는 그룹에 속할 객체에 부여하는 이름 요소다. 슬래시 기호(/)는 구획 문자로 사용되고, 바 기호(|)는 이름의 일부로 사용된다. DNS 이름에도 프리픽스가 사용될 수 있지만 S3와는 다른 의미를 지닌다.

5. A, C. 클라이언트 측 암호화는 버킷에 저장되기 전에 이뤄진다. AWS KMS-Managed Keys만이 감사 추적 기능을 제공한다. AWS End-to-End 관리형 키는 존재하지 않는다.

6. A, B, E. S3 서버 액세스 로그는 소스 버킷의 현재 크기는 알려주지 않으며, API 호출을 추적하지 않는다. 이는 AWS CloudTrail에서 담당한다.

7. C, E. S3는 AWS가 소유한 물리적 인프라에 대한 부분만 보증하며, 일시적인 서비스 중단은 신뢰성이 아닌 가용성의 문제다.

8. A. One Zone-IA 데이터는 단일 AZ에서만 중복구현 수준의 복제본을 생성하며, Reduced Redundancy 데이터는 가벼운 수준으로 복제된다.

9. B. S3 Standard-IA$^{Infrequent\ Access}$ 클래스는 99.9%의 가용성을 보장한다.

10. D. S3는 인프라 내에서 기존 객체에 대한 즉각적인 일관성을 보장하지 않으며 새로운 객체에 대해서는 그와 같은 논의가 불필요하다.

11. C. 버저닝은 객체별로 수동으로 활성화해야 하며 이를 통해 임의의 삭제 등을 방지할 수 있다.

12. A. S3 생애주기 룰은 프리픽스로 설정할 수 있으며 생애주기 템플릿은 존재하지 않는다.

13. A. Reduced Redundancy 타입은 복원성이 높지 않고 더 이상 추천하지 않는다. S3 One Zone 및 S3 Standard 클래스는 비교적 비용이 높다.

14. B, C. ACL은 과거에 널리 사용됐던 레거시 기능이며 IAM 정책 또는 S3 버킷 정책보다 유연성이 떨어진다. 보안 그룹은 S3 버킷에서 사용하지 않으며 KMS는 권한 인증이 아닌 암호화 키 관리 서비스다.

15. D. 지문의 맥락 상 신뢰 개체^{principal}는 버킷에 대한 접근 권한을 부여한 개체를 의미한다.

16. B. 프리사인 URL의 기본 설정 만료 기한은 3,600초(한 시간)이다.

17. A, D. AWS Certificate Manager는 (CloudFront 배포의 일부로서 사용될 때) 웹사이트에 SSL/TLS 암호화 인증서를 적용한다. Route 53를 통해 사이트에 DNS 도메인 네임을 연결할 수 있다. EC2 인스턴스 및 RDS 인스턴스는 정적 웹사이트 용으로 사용하지 않는다. 일반적으로, 퍼블릭 속성의 정적 웹사이트에는 KMS를 사용하지 않는다. KMS 키는 지정된 사용자 외에는 웹 애셋을 다운로드하지 못하게 만드는 장치다.

18. B. 현재 Glacier 아카이브의 최대 용량은 40TB다.

19. C. Direct Connect는 AWS 리소스에 대한 빠른 연결성을 제공하지만 90일이나 소요될 수 있는 설치 작업에 사용하기에는 비용 부담이 너무 크다. Server Migration Service와 Storage Gateway는 이정도의 대용량 데이터 전송에는 적합하지 않다.

20. A. Lustre용 FSx와 EFS는 Linux 파일 시스템을 통한 접근성에 최적화돼 있다. EBS 볼륨은 한 번에 하나의 인스턴스에만 부착해서 사용할 수 있다.

4장. Amazon VPC

1. A. VPC CIDR 프리픽스 길이 허용 범위는 /16에서 /28까지다. IP 서브넷을 위한 최대 프리픽스 길이는 /32이므로 /56은 사용할 수 없다.

2. C. 보조 CIDR는 기본 CIDR와 같이 RFC 1918 주소 범위에 있지만 서로 겹치지 않는다. 192.168.0.0/24는 기본 주소와 같은 주소 범위(192.168.0.0 – 192.168.255.255)에 있지만 192.168.16.0/24와 겹치지 않는다. 192.168.0.0/16 및 192.168.16.0/23 은 모두 192.168.16.0/24와 겹치고 172.31.0.0/16는 기본 CIDR와 같은 주소 범위가 아니다.

3. A, D. A와 D(10.0.0.0/24와 10.0.0.0/23)는 VPC CIDR 범위에 있고, 보조 서브넷을 위한 공간이 있다. 10.0.0.0/8는 /16 미만의 프리픽스 길이로 잘못됐고, 10.0.0.0/16 는 다른 서브넷을 위한 공간이 없다.

4. B. 다수의 서브넷은 하나의 AZ에 존재 가능하다. 서브넷은 다른 AZ로 확장할 수 없다.

5. A. 모든 ENI는 기본 프라이빗 IP 주소를 지녀야 하며, 보조 IP 주소를 지닐 수 있지만, 모든 주소는 ENI가 속한 서브넷에서 나와야 한다. ENI는 생성 후 다른 서브넷으로 이동시킬 수 없으며, ENI는 인스턴스와 독립적으로 생성 가능하고, 이후 인스턴스에 부착할 수 있다.

6. D. 각 VPC는 삭제 불능 기본 보안 그룹을 지닌다. 보안 그룹만 독립적으로 생성 가능하지만 사용하려면 ENI에 부착해서 사용해야 한다. 하나의 ENI에 여러 개의 보안 그룹을 부착할 수 있다.

7. A. NACL은 스테이트리스 속성을 지니며, 연결 상태를 추적하지 않는다. 모든 인바운드 룰은 그에 대응하는 아웃바운드 룰을 지녀야 한다. NACL은 서브넷에 부착하고 보안 그룹은 ENI에 부착한다. 하나의 NACL은 여러 개의 서브넷에 연결할 수 있지만 서브넷은 단 하나의 NACL만 지닌다.

8. D. Internet gateway는 관리 IP 주소가 없고 한 번에 하나의 VPC에만 연결될 수 있으므로 다수의 VPC에서 인스턴스에 인터넷 접속을 지원할 수 없다. 논리적 VPC 리소스이며, 가상 라우터, 물리적 라우터 모두 해당되지 않는다.

9. A. 대상 주소 0.0.0.0/0는 모든 IP 프리픽스에 해당하고 인터넷으로 접속 가능하다. ::/0는 IPv6 용 프리픽스다. Internet gateway는 기본 라우트의 타겟이지 대상이 아니다.

10. A. 모든 서브넷은 메인 라우트 테이블과 연결된다. 서브넷과 다른 라우트 테이블을 명시적으로 연결할 수 있다. 디폴트 라우트 테이블이란 것은 없으며, 여러분이 라우트 테이블 내에 디폴트 라우트를 만들 수는 있다.

11. A. 인스턴스는 인터넷과 직접 연결되는 퍼블릭 IP 주소를 지녀야 하고 NAT를 통해 인터넷과 연결할 수 있다. 프라이빗 IP 주소는 자동 할당되므로 인스턴스는 동일한 프라이빗 IP 주소를 받지 않을 수 있다. 인스턴스는 서브넷에서 퍼블릭 IP 이외의 방식으로 다른 인스턴스에 접근할 수 있다.

12. B. 인스턴스에 대한 EIP 할당은 2단계로 이뤄진다. 1단계에서 EIP를 할당받아 ENI와 연결한다. ENI는 임의로 할당받을 수 없으며 기본 EIP라는 것은 존재하지 않는다. 퍼블릭 IP 자동 할당 작업은 인스턴스 생성 시 진행해야 한다. EIP를 일치시키기 위해 ENI의 프라이빗 IP를 변경하는 경우 ENI의 프라이빗 IP는 여전히 프라이빗 속성이므로 인스턴스에 퍼블릭 IP가 할당되지 않는다.

13. A. 인스턴스에 자동 할당된 퍼블릭 IP에서 유입된 인터넷 트래픽은 NAT 기능을 수행하는 Internet gateway를 통하게 된다. 소스 주소는 인스턴스의 퍼블릭 IP가 되며, 자동 할당된 퍼블릭 IP를 지닌 인스턴스는 EIP를 지닐 수 없다. NAT 프로세스는 퍼블릭 IP로 프라이빗 IP 소스 주소를 대체한다. 0.0.0.0은 소스 주소로서 부적합하다.

14. A. NAT 디바이스의 기본 라우트는 Internet gateway를 가리켜야 하고, 인스턴스의 기본 라우트는 NAT 디바이스를 가리켜야 한다. NACL 환경설정과 서브넷 모두 NAT 디바이스를 사용한다. 보안 그룹은 ENI 레벨에 적용된다. NAT 디바이스는 다수의 인터페이스를 필요로 하지 않는다.

15. D. NAT 게이트웨이는 VPC 리소스로서 증가한 대역폭 요구량에 따라 자동으로 확장하지만 NAT 인스턴스는 그런 기능이 없다. NAT 게이트웨이는 하나의 AZ에만 존재하고 여러 개의 타입이 제공되지 않는다. NAT 인스턴스는 EC2 인스턴스의 일종으로서 여러 개의 타입이 제공된다.

16. A. Internet gateway는 퍼블릭 IP 주소를 지닌 인스턴스의 NAT 기능을 수행한다. 라우트 테이블은 인스턴스에서 트래픽의 유입, 유출 흐름을 정의한다. EIP는 퍼블릭 IP 주소고 NAT 기능은 수행하지 못한다. ENI는 네트워크 인터페이스로서 NAT 기능은 수행하지 못한다

17. A. NAT 인스턴스의 ENI 소스/대상 체크는 트래픽을 받기 위해 비활성화돼 있어야 한다. NAT 인스턴스의 기본 라우트는 타겟으로 Internet gateway를 가리켜야 한다. 인스턴스 생성 후 기본 프라이빗 IP 주소를 할당할 수 없다.

18. A. 트랜싯 라우팅 기법으로 VPC를 통해 라우트할 수 없다. 대신 인스턴스를 포함한 VPC와 직접 피어로 연결한다. VPC 피어링은 AWS 내부 네트워크를 사용하므로 퍼블릭 IP 주소는 불필요하다. 피어링은 점 대 점 연결로서 VPC 두 개만 한 쌍으로 연결할 수 있고, 인스턴스 대 인스턴스 연결만 가능하다. 다른 VPC 리소스 공유를 위해서는 사용할 수 없다.

19. A, D. 피어링된 VPC는 피어별 CIDR로 라우트해야 하며, 타겟으로 두 개의 라우트를 생성해야 한다. 하나의 라우트만 생성하면 양방향 소통을 하기에는 부족하다. 인스턴스의 보안 그룹은 양방향 소통을 허용해야 한다. 한 쌍의 VPC를 위해 하나 이상의 피어링 연결을 생성할 수 없다.

20. C. Interregion VPC 피어링은 모든 리전에서 가능한 것은 아니며, 최대 MTU 는 1,500바이트다. 이 때는 IPv6가 아닌 IPv4를 사용해야 한다.

21. B. VPN 연결은 항상 암호화해야 한다.

22. A, C, D. VPC 피어링, 트랜싯 게이트웨이, VPN은 프라이빗 IP 주소를 통해 다른 리전의 EC2 인스턴스와 소통하도록 허용한다. Direct Connect는 VPC와 온프레미스 네트워크 연결을 위한 것이다.

23. B. 트랜싯 게이트웨이 라우트 테이블은 블랙홀 라우트를 지닐 수 있으며, 이 경우 트랜싯 게이트웨이가 특정 라우트 조건의 트래픽을 수신하면, 해당 트래픽을 드롭한다.

24. D. 긴밀하게 연결된 워크로드 사례로는 일기 예보 등 시뮬레이션이 있다. 이들 워크로드는 독립된 요소로 나눌 수 없으며, 전체 클러스터를 하나의 슈퍼 컴퓨터처럼 작동하게 해야 한다.

5장. 데이터베이스 서비스

1. A, C. 관계형 데이터베이스마다 서로 다른 용어를 사용한다. row, record, tuple 모두 칼럼 정렬 순서를 의미하고, 속성(attribute)은 칼럼의 또 다른 표현이다. 테이블은 로우와 칼럼을 포함한다.

2. C. 테이블은 최소 하나 이상의 속성 또는 칼럼을 지니며, 기본 키와 외부 키는 다른 테이블의 데이터를 연관지을 때 사용되지만 필수 요소는 아니다. 로우는 테이블에 존재하지만 로우 없는 테이블도 생성 가능하다.

3. D. SELECT 명령은 테이블에서 데이터를 가져오고 INSERT 명령은 테이블에 데이터를 추가한다. QUERY 및 SCAN 명령은 비관계형 데이터베이스인 DynamoDB에서 사용된다.

4. B. OLTP 데이터베이스는 초당 대량의 트랜잭션을 처리하기 위해 만들어졌으며, OLAP 데이터베이스는 대규모 데이터 세트에 대한 복합적인 쿼리 기능을 제공한다. key/value 데이터베이스인 DynamoDB는 초당 대량의 트랜잭션을 처리할 수 있지만 관계형 데이터베이스는 아니다. 오프라인 트랜잭션 프로세싱 데이터베이스란 것은 없다.

5. B. 6개의 데이터베이스 엔진을 선택할 수 있으며, 하나의 데이터베이스 인스턴스는 하나의 데이터베이스 엔진만 실행할 수 있다. 하나 이상의 데이터베이스 엔진을 실행해야 하는 경우 엔진별로 서로 다른 데이터베이스 인스턴스를 생성해야 한다.

6. B, C. MariaDB와 Aurora는 MySQL과 호환되고 PostgreSQL은 Oracle과 호환된다. Microsoft SQL Server는 MySQL 데이터베이스를 지원하지 않는다.

7. C. InnoDB는 RDS에서 MySQL 및 MariaDB 배포 시 Amazon이 권장하는 유일한 스토리지 엔진이자 Aurora의 지원을 받는 엔진이다. MyISAM 역시 MySQL 배포시 사용할 수 있는 스토리지 엔진이지만 자동 백업과 호환되지 않는다. XtraDB는 MariaDB를 위한 스토리지 엔진이지만 Amazon은 사용을 권장하지 않는다. 또한 동일한 이름의 스토리지 엔진을 사용하지만 다른 데이터베이스 엔진과 호환되지 않는다.

8. A, C. Oracle 데이터베이스 엔진의 모든 에디션은 RDS에서 bring-your-own-license 모델로 사용할 수 있으며, Microsoft SQL Server 및 PostgreSQL은 license-included 모델로만 사용할 수 있다.

9. B. 메모리 최적화 인스턴스는 EBS 최적화 타입이고 EBS 스토리지를 위한 전용의 대역폭을 제공한다. 스탠다드 인스턴스는 EBS 최적화 타입이 아니며, 10,000Mbps의 디스크 처리용량을 제공한다. 성능 가속 인스턴스(Burstable performance instances)는 개발 및 테스트 워크로드에 적합하며, 다른 인스턴스 가운데 최저 수준의 디스크 처리용량을 제공한다. 스토리지 최적화 인스턴스는 존재하지 않는다.

10. A. MariaDB의 페이지 사이즈는 16KB고 초당 200 MB(204,800KB)를 기록하려면 12,800IOPS가 필요하다. Oracle, PostgreSQL, Microsoft SQL Server 모두 페이지 사이즈는 8KB로 동일하며, 동일 처리 용량을 위해 25,600IOPS가 필요하다. IOPS 프로비저닝 시 1,000 단위로 IOPS를 추가하며, 200 또는 16IOPS는 매우 부족한 수준이다.

11. A. 범용(General-purpose) SSD 스토리지는 1GB당 3개의 IOPS를 할당하며, 최대 10,000IOPS까지 가능하다. 따라서 600IOPS를 확보하려면 200GB의 스토리지를 할당받아야 한다. 100GB로는 300IOPS만 확보할 수 있다. gp2의

최대 스토리지 크기는 16TB이며, 200TB는 옳지 않다. 최소 스토리지 용량은 데이터베이스 엔진에 따라 다르지만, 20GB이상이고, 200MB는 옳지 않다.

12. C. io1 스토리지로 IOPS를 프로비전할 때는 1GB당 50IOPS 미만의 비율로 해야 한다. 240GB 할당 시 12,000IOPS가 제공되고, 200GB 할당 시 10,000IOPS가 제공된다. 12TB는 지나친 수준이다.

13. A. 읽기 사본은 쿼리만 가능하고 쓸 수는 없다. 멀티 AZ 기반 스탠바이 데이터베이스 인스턴스에 대해서는 쿼리를 할 수 없다. 기본 데이터베이스 및 마스터 데이터베이스는 쿼리 및 쓰기가 모두 가능하다.

14. D. Oracle, PostgreSQL, MariaDB, MySQL, Microsoft SQL Server를 이용한 멀티 AZ 배포는 데이터를 기본 인스턴스에서 스탠바이 인스턴스로 동기적으로 복제한다. Aurora를 이용한 멀티 AZ 배포만이 클러스터 볼륨을 사용하고, Aurora replica라는 특수한 타입의 읽기 사본을 생성한다.

15. A. 스냅샷을 통한 복구 시 RDS는 새 인스턴스를 생성하고, 기존의 실패한 인스턴스에 대해서는 아무 작업도 하지 않는다. 스냅샷은 전체 인스턴스에 대한 복사본이며, 개별 데이터베이스에 대한 복사본이 아니다. RDS는 스냅샷을 통한 복구 후 해당 스냅샷을 삭제하지 않는다.

16. B. ALL 배포 스타일은 모든 컴퓨트 노드가 모든 테이블의 완벽한 복사본을 지니도록 한다. EVEN 배포 스타일은 테이블을 나눠서 모든 컴퓨트 노드에 균등하게 배포한다. KEY 배포 스타일은 특정 칼럼 값에 따라 데이터를 분산시킨다. ODD라는 배포 스타일은 존재하지 않는다.

17. D. 덴스 컴퓨트 타입은 마그네틱 스토리지에 최대 326TB를, SDD에 최대 2PB의 데이터를 저장할 수 있다. 리더 노드는 컴퓨트 노드 간의 소통을 조정하지만 데이터베이스는 저장하지 않는다. 덴스 메모리 노드 타입은 존재하지 않는다.

18. A, B. 비관계형 데이터베이스에서 기본 키는 아이템의 식별자로서 테이블 내에서 유일무이해야 한다. 테이블 내 모든 기본 키는 동일한 데이터 타입을 지녀야 한다. 관계형 데이터베이스만이 기본 키를 이용해 다른 테이블에 존재하는 데이터 간에 관계성을 부여한다.

19. B. 주문 날짜는 테이블 내에서 유일무이하지 않을 수 있으므로 파티션(해시) 키 또는 기본 키로 적합하지 않지만 정렬 키로는 적합하다. DynamoDB는 주문 날짜별로 주문 아이템을 정렬하므로 날짜 범위를 이용해 쿼리할 수 있다.

20. A. 단일 강한 일관성의 읽기는 하나의 읽기 용량 유닛당 최대 4KB를 소모한다. 따라서 강한 일관성의 읽기로 초당 11KB의 데이터를 읽으려면 세 개의 읽기 용량 유닛이 필요하다. 종국적 일관성의 읽기를 사용하는 경우 두 개의 읽기 용량 유닛이 필요하며, 초당 최대 8KB를 소모한다. 어떤 경우든 읽기 용량은 1 이상이어야 하며, 0은 적절하지 않다.

21. B. 덴스 스토리지 노드 타입은 SSD를 사용하는 반면 덴스 컴퓨트 노드는 마그네틱 스토리지를 사용한다. 리더 노드는 컴퓨트 노드 간의 소통을 조정하지만 데이터베이스는 저장하지 않는다. KEY는 Redshift가 사용하는 데이터 분산 전략이며 키 노드라는 것은 존재하지 않는다.

22. D. 테이블 생성 시 다른 partition 및 hash key를 사용해 global secondary index를 생성할 수 있다. local secondary index는 테이블 생성 후에도 추가할 수 있지만, partition key는 베이스 테이블과 같아야 하고 hash key는 달라도 된다. global primary index 또는 eventually consistent index 등은 존재하지 않는다.

23. B. NoSQL 데이터베이스는 기본 키 기반 쿼리에 최적화돼 있다. 하나의 속성을 기준으로 데이터베이스를 쿼리하는 경우 해당 속성을 기본 키로 설정한다. NoSQL 데이터베이스는 복합적인 쿼리에는 적합하지 않다. NoSQL과 관계형 데이터베이스 모두 JSON 도큐먼트를 저장할 수 있고 다른 애플리케이션에서 사용될 수 있다.

24. D. 그래프 데이터베이스는 아이템 간의 관련성을 파악하기 위한 비관계형 데이터베이스다. 도큐먼트 데이터베이스는 도큐먼트에서 데이터를 분석 및 추출하는 비관계형 데이터베이스이다. 관계형 데이터베이스는 데이터 간의 관계성을 부여하지만 관계성을 발견하기 위한 것은 아니다. 데이터베이스는 관계형 데이터베이스의 일종이다.

6장. 신분확인 및 권한부여 - AWS IAM

1. C. 다른 옵션은 고려할 수는 있지만 계정 통제권 상실과 같은 문제 상황과는 관련성이 낮다.

2. B. * 기호는 전역 속성을 나타낸다. 요소는 (list, create 등) 요구되는 액션의 종류를 나타내고, Resource 요소는 정책 목표가 되는 AWS 계정 리소스를 나타내며, Effect 요소는 요청에 대한 IAM의 대응 동작을 나타낸다.

3. A, B, C. 특정 액션을 명시적으로 허용하는 정책이 없는 한 해당 액션은 거부된다. S3 액션에 대한 정책을 보유하지 못한 유저는 EC2 인스턴스에 대한 퍼미션 또한 지니고 있지 않다. 두 개의 정책이 충돌하면 좀 더 엄격한 정책이 적용된다. AdministratorAccess 정책으로 EC2를 포함한 거의 모든 AWS 리소스에 접근할 수 있다. IAM 액션 명령은 존재하지 않는다.

4. B, C. 보통의 IAM 유저는 어드민 작업을 할 수 없으며, 액세스 키가 없는 경우 수행할 수 있는 임무에 제약이 따른다. 이상적으로는 모든 유저가 MFA 및 강한 패스워드를 사용해야 한다. AWS CLI는 중요한 도구이지만 가장 안전한 방법은 아니다.

5. D. 최상위 레벨 명령은 iam이고 올바른 하위 명령은 get-access-key-last-used이다. 파라미터는 --access-last-key-id 뒤에 붙고 언제나 -- 기호를 프리픽스로 사용한다.

6. B. IAM 그룹은 어드민 작업을 간소화시킨다. 리소스 사용량이나 반응 시간에는 영향이 없으며, 루트 유저 잠금 작업에 간접적인 영향을 준다.

7. C. X.509 인증서는 권한 인증이 아닌 SOAP 요청 암호화에 사용된다. 다른 지문은 모두 적절하다.

8. A. AWS CloudHSM은 FIPS 140-2 규정을 충족하는 암호화 기법을 제공한다. KMS는 암호화 도구지만 FIPS 140-2 규정을 충족하지 않는다. STS는 IAM 롤에 적합한 토큰을 발행하는 도구이며, Secrets Manager는 서드파티 서비스 및 데이터베이스의 시크릿 데이터를 관리한다.

9. B. AWS Directory Service for Microsoft Active Directory는 VPC 환경에서 Active Directory 접근 권한 인증을 제공한다. Amazon Cognito는 애플리케

이션에 대한 유저 어드민을 제공한다. AWS Secrets Manager는 서드파티 서비스 및 데이터베이스의 시크릿 데이터를 관리하며, AWS KMS는 암호화 도구다.

10. A. Identity pools은 애플리케이션 유저에게 AWS 서비스에 대한 임시 접근 권한을 부여한다. Cognito user pools은 회원가입 및 로그인을 관리한다. KMS와 CloudHSM은 암호화 도구고 AWS Secrets Manager는 서드파티 서비스 및 데이터베이스의 시크릿 데이터를 관리한다.

11. A, D, E. IAM 정책은 유효하며 외부 유저에게도 적용할 수 있다. 루트 유저가 다른 유저의 패스워드를 모른다면 이를 변경할 이유는 없다.

12. B. IAM 정책은 전역에 적용되고 특정 리전에 구애받지 않는다. 정책에는 action, effect, resource가 정의돼 있어야 한다.

13. B, C. IAM 롤은 신뢰 개체와 최소 하나 이상의 정책이 있어야 한다. action은 정책 정의 시 선택할 수 있으며, 롤은 어떤 애플리케이션이 해당 롤을 사용할지 관심을 두지 않는다.

14. D. STS 토큰은 외부 유저가 리소스에 접근할 수 있도록 IAM 롤에 임시 자격 증명을 제공하는 데 사용되며, 유저와 그룹은 권한 인증에 토큰을 사용하지 않는다. 정책은 제공할 토큰에 대한 접근 방식은 정의하지만 액세스 권한을 받을 유저를 정의하지 않는다.

15. C. 정책은 JSON 포맷으로 작성해야 한다.

16. B, D. Resource 라인은 "Resource": "*" 형식으로 작성돼야 하고, Action 라인은 "Action": "*" 형식으로 작성돼야 한다. IAM 정책에는 "Target" 라인은 없으며, "Effect"의 값으로 "Permit"은 적절하지 않다.

17. B. User pools은 애플리케이션 유저의 회원가입 및 로그인을 지원하고, Identity pools은 애플리케이션 유저에게 AWS 서비스에 대한 임시 접근 권한을 부여한다. KMS와 CloudHSM은 암호화 도구이며, AWS Secrets Manager는 서드파티 서비스 및 데이터베이스의 시크릿 데이터를 관리한다.

18. C, D. AWS 관리형 서비스는 서비스 이용과 관련된 모든 인프라를 관리하며, 여기엔 데이터 복제 및 소프트웨어 업데이트도 포함된다. 온프레미스 통합과 멀티 AZ 배포도 중요한 인프라 기능이지만 관리형 서비스에는 포함되지 않는다.

19. B, C, D. 옵션 B, C, D 모두 키 순회 프로세스에 대한 것이다. 키 사용 모니터 링은 애플리케이션 중 폐기된 키를 사용하는 경우는 없는지 확인하려 할 때 유용하다. X.509 인증서는 액세스 키와 무관하다.

20. A. 계정 내 다른 서비스에 IAM 롤을 부착해 리소스에 대한 접근 권한을 부여 한다.

7장. 모니터링 - CloudTrail, CloudWatch, AWS Config

1. B, D. 버킷 및 서브넷 생성은 웹 콘솔 또는 AWS CLI 사용 여부와 상관 없이 API 작업이다. S3 버킷에 객체를 업로드하는 것은 데이터 이벤트지 관리 이벤 트가 아니다. AWS 콘솔 로그인은 API 관리 이벤트가 아니다.

2. C. 데이터 이벤트에는 S3 객체 레벨 작업 및 Lambda 함수 실행 등이 포함된 다. S3에서 객체를 다운로드하는 것은 read-only 이벤트고 S3에 객체를 업로 드하는 것은 write-only 이벤트이므로 trail 로그로 기록되지 않는다. S3 버킷 확인, Lambda 함수 생성 등은 데이터 이벤트가 아닌 관리 이벤트다.

3. C. CloudTrail은 트레일 설정 여부와 상관 없이 리전별로 90일간 이벤트 히 스토리를 저장하며, 이벤트 히스토리는 해당 리전에서 일어난 리전에만 국한 된다. 트레일이 read-only 관리 이벤트만 로그로 남기도록 설정됐으므로 삭 제와 관련된 로그는 남지 않는다. 트레일을 본 유저에 대한 기록은 남을 수 있 지만 누가 삭제했는지는 알 수 없다. IAM user log는 존재하지 않는다.

4. B. CloudWatch는 dimensions을 이용해 동일 이름과 동일 네임스페이스를 지닌 성능지표를 식별한다. 동일 네임스페이스의 성능지표는 동일 리전에 존 재한다. 성능지표의 데이터 포인트와 타임스탬프는 성능지표의 유일한 식별 자로 사용할 수 없다.

5. C. 기본 모니터링은 5분마다 성능지표를 전송하고 상세 모니터링은 1분마 다 성능지표를 전송한다. CloudWatch는 일반 해상도 또는 고해상도로 성 능지표를 저장할 수 있으며, 이는 성능지표의 타임스탬프에 대한 설정이지 CloudWatch에 전송되는 빈도를 의미하는 것은 아니다.

6. A. CloudWatch는 분단위 이하의 고해상도 지표를 저장한다. 따라서 지표를 15:57:08와 15:57:37에 업데이트하면 두 개의 데이터 포인트가 저장된다. 보통 해상도 지표의 경우에만 기존 데이터 포인트를 새 것으로 덮어쓰기한다. CloudWatch는 지표 업데이트를 무시하지 않는다.

7. D. 1시간 단위 해상도 데이터는 15개월 후에 만료되고, 5분 해상도 데이터는 63일간, 1분 해상도 데이터는 15일간 저장된다. 고해상도 지표는 3시간 동안 유지된다.

8. A. 지표 시각화를 위해 Sum을 선택하고 지표 해상도와 같이 5분을 기간으로 설정한다. 1시간 동안의 Sum 또는 Average 시각화 설정 시 지표의 데이터 포인트를 시각화하지 않고, 해당 데이터의 1시간 동안의 Sum 또는 Average 를 시각화한다. 5분 동안의 Sample 카운트 설정 시 시간당 하나의 값을 출력한다.

9. B. CloudWatch는 로그 스트림을 사용해 단일 소스의 로그 이벤트를 저장한다. 로그 그룹은 로그 스트림을 저장 및 조직화하지만 로그 이벤트 자체를 저장하지는 않는다. 메트릭 필터는 로그로부터 지표를 추출하되 저장은 하지 않는다. CloudWatch 에이전트는 서버로부터 로그를 받아서 CloudWatch에 전달할 수 있지만, 저장은 하지 않는다.

10. A, D. 모든 로그 스트림은 로그 그룹에 있어야 한다. 로그 그룹의 보유 기간 설정을 통해 CloudWatch의 로그 이벤트 보유 기간을 정할 수 있다. 수동으로 개별 로그 이벤트를 삭제할 수 없지만 스트림 삭제를 통해 모든 이벤트 로그를 삭제할 수 있다. 보유 기간을 로그 스트림에서 직접 설정할 수 없다.

11. A, C. CloudTrail의 스트림 이벤트 사이즈는 256KB 미만이어야 한다. CloudWatch 로그 스트림에 이벤트가 나타나는 데는 보통 15분 정도의 지연이 발생한다. 메트릭 필터는 로그 스트림에 무슨 로그 이벤트를 넣을지 상관하지 않는다. IAM 롤 설정이 맞지 않는 경우 CloudTrail에서 CloudWatch로 로그를 스트리밍할 수 없다. 지문에서는 이미 이벤트가 존재하므로 IAM 롤 설정은 적절하다고 판단할 수 있다.

12. B, D. EBS 볼륨을 실행 중인 인스턴스에 부착하지 않으면 CloudWatch에는 EBS 관련 로그가 남지 않으므로 알람을 하기에 충분한 데이터 포인트가 모이

지 않았다. 검증 기간은 24시간을 초과할 수 없으며, 알람은 2일 전에 생성됐으므로 검증 기간이 이미 지났다. CloudWatch 알람 상태 결정을 위해 모니터링을 위한 데이터 포인트가 기준치를 초과할 필요는 없다.

13. B. CloudWatch가 누락 데이터를 기준치 초과로 처리하려면 Treat Missing Data As 옵션을 Breaching으로 설정하고 Not Breaching으로 설정하면 반대 결과가 발생한다. 이를 As Missing으로 설정하면 CloudWatch는 누락 데이터를 무시하고, 검증 기간이 도래하지 않은 것처럼 행동한다. Ignore 옵션은 데이터 누락이 발생해도 알람 상태를 변경하지 않는다. Not Missing이란 옵션은 존재하지 않는다.

14. C, D. CloudWatch는 텍스트 메시지 전송을 위해 Simple Notification Service를 사용할 수 있으며, 이를 Notification 액션이라 부른다. 인스턴스 리부팅을 위해 EC2 액션을 사용해야 하며, Auto Scaling 액션으로는 인스턴스 리부팅을 할 수 없다. SMS는 CloudWatch 알람 액션에 사용되지 않는다.

15. A. 복구 액션은 하드웨어 실패 등 AWS가 개입해야만 하는 인스턴스 문제 발생 시 유용하며, 기존과 동일한 인스턴스를 새 호스트에 가져온다. 인스턴스 리부팅은 인스턴스가 실행 상태에 있고, 동일한 호스트에 있다는 조건을 따른다. 인스턴스 복구에는 스냅샷으로부터의 데이터 복원은 포함되지 않으며, 인스턴스가 동일한 EBS 볼륨을 유지하는 것을 의미한다.

16. B. CloudTrail이 인스턴스와 동일 리전에 write-only 관리 이벤트를 기록한 경우 삭제 이벤트를 포함한 트레일 로그를 생성한다. CloudTrail 이벤트가 포함된 로그 스트림 삭제 시 S3에 저장된 트레일 로그는 삭제되지 않는다. EC2 인스턴스 삭제는 IAM 이벤트가 아니다. AWS Config가 리전 내 EC2 인스턴스의 변경을 추적할 때, 삭제 작업 대상은 타임스탬프 설정 아이템으로 기록되지만 삭제 작업을 한 IAM 개체는 기록되지 않는다.

17. B, C, D. 배포 채널은 S3 버킷 이름을 포함해야 하며, SNS 토픽과 환경설정 스냅샷의 배포 빈도를 설정할 수 있지만 CloudWatch log stream은 설정할 수 없다.

18. D. 환경설정 아이템을 수동으로 삭제할 수 없지만 AWS Config를 통해 30일 초과 아이템을 삭제할 수 있다. 환경설정 레코더 중지 또는 삭제는 AWS

Config의 새 변경 기록을 중지시키지만 환경설정 아이템을 삭제하지는 않는
다. S3 저장 객체인 환경설정 스냅샷을 삭제하더라도 환경설정 아이템은 삭제
되지 않는다.

19. C, D. CloudWatch는 시계열 그래프만 나타낼 수 있다. METRICS()/AVG(m1)
과 m1/m2 모두 시계열 그래프를 반환한다. AVG(m1)-m1과 AVG(m1)은 스
칼라 값을 반환하며 직접 그래프화할 수 없다.

20. B. 룰 삭제 시 AWS Config는 리소스 환경설정 검증을 할 수 없게 된다. 환경
설정 레코더를 중지시키더라도 AWS Config는 리소스 환경설정을 검증할 수
있다. AWS Config에서 리소스의 환경설정 히스토리는 삭제할 수 없다. 기간
별 체크 빈도 설정 시 적절한 빈도 수를 입력하지 않으면 AWS Config는 해당
환경설정을 수용하지 않는다.

21. B. EventBridge는 이벤트에 대응해 EC2 인스턴스 론칭 등 액션을 취할 수 있
고, CloudWatch Alarms는 지표에 따라서만 액션을 취할 수 있다. CloudTrail
은 이벤트 로그를 기록하지만 직접 경고를 생성하지는 않는다. CloudWatch
Metrics는 지표 그래프화에 사용된다.

8장. DNS와 CDN - Route 53, CloudFront

1. A. 네임 서버는 도메인 네임을 IP 주소로 변환해 클라이언트가 리소스에 연결
되도록 한다. 도메인 등록은 도메인 네임 레지스트라가 담당한다. 라우팅 정
책은 호스팅 존 내 레코드 세트를 통해 적용한다.

2. C. 도메인이란 단일 도메인 네임으로 식별되는 리소스 세트이며, FQDN는
fully qualified domain name을 의미한다. 요청 변환 정책은 라우팅 정책으
로도 부른다.

3. D. FQDN 주소의 최우측은 TLD이고 aws. 는 서브도메인 또는 호스트,
amazon.은 SLD, amazon.com/documentation/는 도메인 서버의 웹 루트에
저장된 리소스를 가리킨다.

4. A. CNAME은 레코드 타입이고 TTL, record type, record data 등은 레코드
타입이 아닌, 환경설정 요소다.

5. C. A 레코드는 IPv4 주소에 호스트네임을 맵핑한 것이고, NS 레코드는 네임 서버 정보이며, SOA 레코드는 start of authority 데이터 문서 정보다. CNAME 레코드는 알리아스로 호스트네임을 정의한다.

6. A, C, D. Route 53는 도메인 등록, 헬스 체크, DNS 관리 기능을 제공한다. CloudFront는 Content delivery network 서비스다. AWS Direct Connect를 이용해 VPC에 안전하고 신속한 네트워크 연결성을 제공할 수 있다.

7. C. 요청의 지리적 원점을 통해 전송 위치를 제어할 수 있다. Simple 라우팅 정책은 단일 리소스에 트래픽을 전송하고, Latency 정책은 가장 빠른 원본 리소스로 콘텐츠를 전송한다. Multivalue 정책을 통해 좀 더 높은 가용성 수준으로 배포할 수 있다.

8. A. Latency 정책은 최저 지연성의 원본 리소스로 라우팅하고, Weighted 정책은 비율에 따라 다수의 리소스에 라우팅한다. Geolocation 정책은 엔드 유저의 요청 위치에 근접한 리소스에 라우팅하되 응답 속도는 고려하지 않는다. Failover 정책은 고가용성을 위한 리소스 백업 기능이 포함된다.

9. B. Weighted 정책은 비율에 따라 다수의 리소스에 라우팅하고, Failover 정책은 고가용성을 위한 리소스 백업 기능이 포함되며, Latency 정책은 최저 지연성의 원본 리소스로 라우팅한다. Geolocation 정책은 엔드 유저의 요청 위치에 근접한 리소스에 라우팅한다.

10. D. Failover 정책은 고가용성을 위한 리소스 백업 기능이 포함되고, Latency 정책은 최저 지연성의 원본 리소스로 라우팅하며, Weighted 정책은 비율에 따라 다수의 리소스에 라우팅한다. Geolocation 정책은 엔드 유저의 요청 위치에 근접한 리소스에 라우팅한다.

11. A, D. 퍼블릭 및 프라이빗 호스팅 존은 이용 가능하지만 Regional 존, Hybrid 존, VPC 존 등은 존재하지 않는다.

12. A, B. 도메인을 전달하기에 앞서, 해당 도메인이 잠겨있지 않은지 확인하고, Route 53에 전송할 인증 코드를 확인한다. 네임 서버 주소는 Route 53에서 등록하지는 않았지만 호스팅 서비스는 이용중인 도메인 관리 시에만 필요하다. CNAME 레코드 세트는 하나의 호스트네임을 다른 호스트의 알리아스로 정의할 때 필요하다.

13. B. 네임 서버 주소를 원격 레지스트라 인터페이스에 입력해 Route 53에서 도메인을 원격으로 등록할 수 있다. 이 때 도메인이 잠김 상태가 아닌지 확인하고, 인증 코드를 요청하면 Route 53로 도메인이 전달된다. CNAME 레코드 세트는 하나의 호스트네임을 다른 호스트의 알리스로 정의할 때 사용한다.

14. C . 헬스 체크 설정 후 테스트용 페이지를 지정해야 하며, 이를 위한 디폴트 페이지는 존재하지 않는다. 몇 가지 이유로 원격 SSH 세션은 불가능하며, 어떤 경우으로도 리소스에 로그인할 수 없다.

15. A. Geoproximity 기법은 유저의 정확한 위치 정보를 사용하는 반면 Geolocation 기법은 유저의 지리적 범위 정보를 사용한다.

16. A, D. CloudFront는 다수 유저에 의한 대량의 다운로드 트래픽 및 웹 콘텐츠 캐싱에 최적화돼 있으며, 단일 기업 계정 또는 VPN을 통해 리소스에 접근한 유저는 CloudFront의 분산 배포 기능의 효과를 체감하기 어렵다.

17. C. API Gateway는 백엔드 시스템을 모바일, 웹, 애플리케이션에 연결하기 위한 API의 커스텀 클라이언트 SDK 생성에 사용된다.

18. A. 제한된 배포 성능을 제공하는 가격 클래스를 선택하면 확실하게 비용을 줄일 수 있다. 비-HTTPS 트래픽을 배제해 비용은 절감하고, SSL 인증서 설정 방식을 이용해 직접, 좀 더 많은 설정 업무를 수행한다. Alternate Domain Names 비활성화, Compress Objects Automatically 활성화 등은 비용 절감과 무관하다.

19. C. 모든 CloudFront 배포가 저지연성에 최적화된 것은 아니다. 엣지 로케이션의 요청은 원본의 복사본을 이미 캐싱한 경우에만 저지연성을 제공하므로 첫번째 요청에 대한 응답은 빠르지 않을 수 있다.

20. B. RTMP 배포는 S3 버킷에 있는 콘텐츠만 관리하며 비디오 콘텐츠 배포에 특화돼 있다.

9장. 데이터 유입, 변환, 그리고 분석

1. A, B, D. 데이터 변환 작업에는 데이터 포맷 또는 콘텐츠 변경 작업이 포함된다. 스키마 생성은 구조화 데이터 작업과 관련이 있으며, 데이터 레이크는 스키마를 이용하거나 요구하지 않는다. 데이터 시각화는 데이터 레이크에 이미 저장된 데이터를 대상으로 한 작업이다.

2. B. FindMatches는 데이터 변환 작업에서 중복 데이터의 탐지 업무를 처리한다. MatchFinder라는 도구는 존재하지 않으며, Spark는 빅데이터 프레임워크, Elastic MapReduce는 대규모 데이터세트의 검색 및 정렬 작업 도구이다.

3. D. JDBC 커넥터를 이용해 SQL 데이터베이스를 연결하고 데이터 레이크로 데이터를 직접 임포트하는 것이 가장 효율적인 방법이다. Glue Connector는 존재하지 않고, 다른 선택안은 정답의 방식에 비해 효율성이 떨어진다.

4. A, C. AWS Transfer Family는 SFTP, FTPS, FTP 전송 방식을 지원하지만, CIFS/SMB, HTTPS 방식의 파일 전송은 지원하지 않는다.

5. B, D. AWS Transfer Family를 이용해서 EFS, S3등에 파일을 송신 또는 수신할 수 있으나, EBS, DynamoDB 등에 대한 파일 전송은 지원하지 않는다. RDP는 파일 스토리지 시스템이 아니다.

6. B. AWS Glue는 빅데이터 프레임워크인 Apache Spark 기반의 데이터 탐색 및 변환 도구이다.

7. B, D. 데이터 웨어하우스는 일종의 관계형 OLAP 데이터베이스라고 할 수 있으며, 데이터 레이크는 구조화 및 비구조화 데이터를 모두 저장할 수 있는 비관계형 데이터 저장소이다.

8. B, C. AWS Data Lake는 ELB와 CloudFront로부터 데이터를 임포트할 수 있지만, 다른 선택안으로부터는 데이터를 가져올 수 없다.

9. B, C. Athena와 RedShift Spectrum은 AWS Data Lake에 저장된 데이터를 직접 분석할 수 있지만, RedShift, S3 등은 그럴 수 없다. Amazon EMS라는 서비스는 존재하지 않는다.

10. B. Kinesis는 실시간 스트리밍 데이터 전송, 분석 등에 좀 더 적합하며, 이 외의 경우라면 AWS Glue를 사용하는 편이 낫다.

11. B. Kinesis Video Streams는 RADAR 이미지와 같은 타임-인덱스 데이터 처리를 위해 설계됐다. Kinesis ML은 존재하지 않는다.

12. A, C. 보유 기간은 7일을 경과할 수 없으므로 Kinesis Data Firehose 배포 스트림을 생성해 Kinesis Data Stream에서 데이터를 전달받고, S3 버킷에 데이터를 전송하도록 설정한다.

13. C. Kinesis Data Firehose 사용 시 배포 스트림의 대상을 설정해야 한다. Kinesis Video Streams과 Kinesis Data Streams은 producer-consumer 모델을 이용해 consumer가 스트림을 구독하도록 한다. Kinesis Data Warehouse는 존재하지 않는다.

14. B. Amazon Kinesis Agent는 파일 콘텐츠를 Kinesis로 자동 스트리밍하며, 커스텀 코드를 작성하거나 애플리케이션을 EC2로 옮길 필요가 없다. CloudWatch Logs Agent는 Kinesis Data Stream에 로그를 전송할 수 없다.

15. C. SQS와 Kinesis Data Streams은 유사성이 높지만 SQS는 단일 컨슈머 개체가 처리할 때까지 임시로 작은 메시지를 보관하도록 설계된 반면 Kinesis Data Streams은 장기 스토리지이자 다수의 컨슈머에게 대량의 데이터 스트림을 제공하도록 설계됐다.

16. B, C. 로그 데이터를 Kinesis Data Streams에 실시간 전송하면 Kinesis Data Firehose가 이들 데이터를 처리한 뒤 Redshift로 실시간 전송하도록 한다.

17. C. Kinesis는 주가흐름 및 비디오와 같은 스트리밍 데이터를 위해 만들어졌으며, 정적 웹사이트는 스트리밍 데이터가 아니다.

18. B. 샤드는 Kinesis Data Stream의 용량을 결정한다. 1개의 샤드는 초당 1MB의 쓰기 용량을 제공하므로 2MB 처리용량을 위해 2개의 샤드가 필요하다.

19. A. 샤드는 Kinesis Data Stream의 용량을 결정하며, 1개의 샤드는 초당 2MB의 읽기 용량을 제공한다. 컨슈머가 이미 초당 3MB를 수신했다는 것은 최소 2개의 샤드를 설정하고 초당 4MB의 읽기 용량을 부여받았다는 의미다. 따라서 초당 5MB를 수신하려면, 1개의 샤드만 더 추가하면 된다.

20. A. Kinesis Data Firehose는 Redshift, Hadoop 등 빅데이터 애플리케이션에 대량의 데이터를 실시간 전송하기 위해 만들어졌으며, 비디오 컨퍼런스와는 관련성이 낮다.

10장. 복원성 아키텍처

1. C. 99.95%의 가용성은 월간 22분 또는 연간 4시간 23분의 다운타임을 의미한다. 99.999%의 가용성은 월간 30초의 다운타임을 의미하지만 지문에서는 최소 가용성 수준을 묻고 있다. 99%의 가용성은 월간 7시간의 다운타임을 의미하고, 99.9%의 가용성이 월간 43분의 다운타임을 의미한다.

2. A. EC2 인스턴스는 중복구현 요소이므로 가용성 계산 시 요소별 실패율을 곱하고 100%에서 차감해야 한다. 이번 문제의 경우 100% − (10% × 10%) = 99%라는 값을 확인할 수 있다. 데이터베이스는 강한 의존성을 지니므로 EC2 인스턴스의 가용성과 RDS의 곱해 99% × 95% = 94.05%라는 값을 확인할 수 있다. EC2 인스턴스의 총가용성 99% 외에 EC2 인스턴스와 RDS의 강한 상관성을 반영해 이들 두 요소의 가용성을 곱한 것이다. 99.99%의 총가용성은 모든 요소의 가용성을 고려해야 하므로 실현 가능성이 낮다.

3. B. DynamoDB는 99.99%의 가용성과 저지연성을 제공하며, 멀티 AZ에 데이터를 분산 저장한다. DynamoDB 글로벌 테이블을 이용해서 99.999%의 가용성을 확보할 수 있다. Aurora 기반의 멀티 AZ RDS의 최대 가용성은 99.95%이다. SQL 데이터베이스를 직접 호스팅하면 가용성을 좀 더 높일 수는 있겠지만 시간과 노력이라는 비용 요소가 더 많이 발생할 수 있다.

4. B, D. 애플리케이션 실패의 주요 원인 중 하나는 리소스 고갈이다. 인스턴스의 용량을 확대하거나 스케일아웃을 통해 충분한 리소스를 확보하고 실패 가능성을 줄일 수 있다. 인스턴스 스케일인은 비용 절감에는 도움을 주지만 가용성을 높이지 못한다. 인스턴스 대신 S3에 웹 애셋을 저장하면 성능은 개선되지만 가용성은 개선되지 않는다.

5. B. 시작 템플릿은 새 버전을 생성하는 방식으로 업데이트할 수 있지만 지문에서 Auto Scaling 그룹이 시작 환경설정을 이용해서 생성됐다는 점에 주목

한다. 시작 환경설정은 수정이 불가능하며, Auto Scaling은 CloudFormation 템플릿을 사용하지 않는다.

6. A. Auto Scaling은 희망 용량으로 설정된 수만큼 인스턴스를 유지한다. 희망 용량이 설정되지 않은 경우 최소 그룹 사이즈만큼 인스턴스를 유지한다. 희망 용량이 5인 경우 5개의 양호한 인스턴스가 존재해야 한다. 이 중 2개를 종료하면 Auto Scaling은 자동으로 2개를 추가한다. Auto Scaling은 희망 용량 또는 최소 그룹 사이즈를 조정하지 않는다.

7. A, D, E. Auto Scaling은 ELB 또는 EC2 인스턴스와 시스템 체크를 이용해 헬스 상태를 모니터링하며, Route 53 헬스 체크는 사용할 수 없다. 동적 스케일링 정책은 CloudWatch Alarms을 사용할 수 있지만 인스턴스의 헬스 체크와는 무관하다.

8. B, C. 스케줄 액션으로 최소 및 최대 그룹 사이즈를 조정할 수 있으며, 스케줄에 따라 희망 용량을 조정하는 일은 애플리케이션의 워크로드를 예상할 수 있을 때 특히 유용하다. 스텝 스케일링 정책을 이용하면 그룹의 CPU 활성화율에 따라 비례적으로 인스턴스를 추가할 수 있다. 타겟 트래킹 정책은 사전 정의된 지표 기준치에 맞춰 그룹의 희망 용량을 조정한다. 심플 스케일링 정책은 CloudWatch 알람 수신 시 인스턴스를 추가한다.

9. A, D. 버저닝을 통해 수정 이후 및 이전의 모든 객체를 저장할 수 있으며, 데이터 변조 또는 임의의 삭제를 방지할 수 있다. 스탠다드 스토리지 클래스는 리전 내 멀티 AZ에 객체를 복제해 개별 AZ의 실패에 대응한다. 버킷 정책으로 임의의 삭제를 방지할 수 있지만 데이터 변조까지 방지하지는 못한다. 크로스 리전 복제는 기존 객체가 아닌 새 객체에만 적용된다.

10. C. Data Lifecycle Manager는 12시간 또는 24시간마다 자동으로 EBS 볼륨의 스냅샷을 생성하며, 최대 1000개의 스냅샷 생성이 가능하다. 크론잡이 완료되기 전에 스팟 인스턴스가 종료될 수 있으므로 EFS 파일 백업은 대안이될 수 없다. CloudWatch Logs는 바이너리 파일 저장은 지원하지 않는다.

11. D. Aurora는 15개의 읽기 사본을 지원하고, MariaDB, MySQL, PostgreSQL는 5개의 읽기 사본을 지원한다.

12. B. RDS에서 자동 스냅샷을 활성화하면 5분마다 데이터베이스 로그가 백업으로 기록된다. 멀티 AZ 설정은 2개 인스턴스 간의 동기적인 복제를 활성화하며, 실패 방지에는 도움을 주지만 데이터베이스 복구 시간 단축과는 무관하다. 읽기 사본은 데이터를 동기적으로 복제하고, RPO가 5분을 초과할 수 있으므로 재난 복구에는 적합하지 않다.

13. A, C. AWS는 때에 따라 리전에 새 AZ를 추가한다. 새 AZ의 장점을 활용하려면 서브넷 여유 공간이 있어야 하며, 이 공간에 티어를 세분화하거나 보안 수준을 높이기 위해 서브넷을 추가할 수 있다. RDS는 별도의 서브넷을 필요로 하지 않으며, 다른 VPC 리소스의 서브넷을 공유할 수 있다. VPC에 보조 CIDR를 추가할 때는 서브넷을 추가할 필요가 없다.

14. A, D. 50개의 EC2 인스턴스에 각각 2개의 프라이빗 IP 주소를 사용한다면 서브넷에 100개의 IP 주소가 필요하다. 여기에 AWS가 모든 서브넷에서 예약 및 점유하는 5개의 IP 주소를 고려하면 최소 105개의 IP 주소가 필요하다. 172.21.0.0/25와 10.0.0.0/21는 충분하지만 172.21.0.0/26은 63개의 IP 주소만 가능하다. 10.0.0.0/8의 경우 서브넷 프리픽스 길이는 최소 /16이 돼야 하므로 적합하지 않다.

15. A, D. Direct Connect는 일관된 속도와 저지연 속성으로 AWS 클라우드에 연결할 수 있도록 돕고 퍼블릭 인터넷을 우회하므로 좀 더 높은 보안성을 제공한다. 속도의 경우 1Gbps 또는 10Gbps 중 선택할 수 있으므로 기존 10Gbps 인터넷 연결을 사용해 대역폭을 추가할 필요는 없다. 최종 사용자는 여전히 보통의 인터넷으로 AWS 리소스를 이용하므로 Direct Connect 연결을 추가해도 최종 사용자 경험에는 차이가 없다.

16. B. VPC와 외부 네트워크를 연결할 때 VPN 연결 또는 Direct Connect 이용 여부에 상관 없이, IP 주소 범위가 중복되지 않도록 주의한다. 이동중 암호화는 보안성 향상과 관련되며, 적절한 연결성 구현의 필수 사항은 아니다. IAM 정책은 AWS 리소스에 대한 API 접근을 제한하지만, 네트워크 연결과는 무관하다. 보안 그룹은 VPC의 구성 요소로서 데이터 센터 방화벽 설정과는 무관하다.

17. A, C. CloudFormation은 코드를 통해 인프라를 정의하며, EC2 인스턴스를 프로비저닝 할 수 있다. 이를 통해 AMI를 업데이트 할 수 있고, 새 인스턴스도 쉽게 빌드할 수 있으며, 유저 데이터에 애플리케이션 설치 스크립트를 포함시켜서 빌드 프로세스를 자동화할 수 있다. Auto Scaling은 빌드 자동화 시나리오에 맞지 않으며, 인스턴스 관리에 사용자의 개입이 필요하기 때문이다. 동적 스케일링 정책은 Auto Scaling의 일부다.

18. D. 각 AZ마다 4개의 인스턴스를 실행하면 리전에는 총 12개의 인스턴스가 존재하게 되며, 1개 존이 실패하면 8개의 인스턴스가 남는다. 각 AZ마다 8개 또는 16개의 인스턴스를 실행하면 1개 존의 실패 대응력은 높아지겠지만 최소 인스턴스의 수를 정할 필요가 있다. 존당 3개의 인스턴스가 있으면 해당 리전에는 총 9개의 인스턴스가 존재하게 되며, 1개 존 실패 시 6개의 인스턴스가 남게 된다.

19. C. 99.99%의 가용성은 연간 52분의 다운타임을 의미한다. 99%, 99.9%, 99.95%로 가용성 수준이 높아질수록 다운타임은 크게 감소한다.

20. A, C. 퍼블릭 도메인 네임으로 접근하는 경우 ELB로 처리하므로 다른 리전의 ELB를 가리키도록 DNS 레코드를 업데이트해야 한다. 데이터베이스 실패 상황 발생 시 읽기 사본이 기본 데이터베이스가 되도록 다른 리전으로 연결해야 한다. 로드 밸런서는 리전을 벗어나지 못하므로 로드 밸런서를 이용해 하나의 리전에 있는 인스턴스와 다른 리전에 있는 인스턴스를 연결할 수 없다. 기본 데이터베이스가 동기적으로 다른 리전의 읽기 사본을 복사하므로, 별도의 데이터베이스 복구 작업은 필요하지 않다.

21. C, D. 컨슈머 개체가 메시지를 수령한 후에도 메시지는 삭제되지 않으며, 가시성 타임아웃 기간 동안 다른 컨슈머 개체에게 보이지 않게 된다. 보유 기간 경과 시 메시지는 큐에서 자동으로 삭제된다.

22. B. 기본 가시성 타임아웃은 30초고, 0초에서 12시간까지 설정할 수 있다.

23. D. 기본 보유 기간은 4일이며, 1분에서 14일까지 설정할 수 있다.

24. B. 메시지 타이머를 이용해 최대 15분간 메시지를 감출 수 있다. Per-queue 지연 설정은 메시지 타이머로 덮어쓰기하지 않는 한 큐에 있는 모든 메시지에 적용된다.

25. B. 스탠다드 큐는 120,000개의 인플라이트 메시지를 처리할 수 있고, FIFO 큐는 20,000개의 메시지를 처리할 수 있다. Delay, Short 등의 큐 타입은 존재하지 않는다.

26. A. FIFO 큐는 메시지를 수신한 순서대로 전송한다. 스탠다드 큐도 순서대로 전송하지만 메시지의 순서를 보장하지는 않는다. LIFO, FILO, Basic 등의 큐 타입은 존재하지 않는다.

27. C. 스탠다드 큐는 메시지를 중복해서 전송할 수 있지만 FIFO 큐는 메시지를 수신한 순서대로, 단 한 번만 전송한다. 롱 폴링을 사용한다고 해서 메시지가 중복 전송되지는 않는다.

28. B. 기본 설정인 숏 폴링은 메시지 전송에 실패하기도 한다. 확실하게 메시지를 전송하려면 롱 폴링을 사용한다.

29. D. 데드레터 큐는 컨슈머에 의해 처리되지 못한 메시지를 위한 것이다. 데드레터 큐를 사용하려면 소스 큐와 동일한 타입의 큐를 생성하고, maxReceiveCount 속성에서 데드레터 큐로 이동시키기 전 수신 가능 최대 메시지수로 설정한다.

30. C. 데드레터 큐의 보유 기간이 10일이고, 메시지가 데드레터 큐에 도착했을 때 이미 6일이 경과했으므로 삭제 전 데드레터 큐에서 최대 4일간 머물 수 있다.

11장. 고성능 아키텍처

1. A, B, D. ECUs, vCPUs, Intel AES-NI 암호화 세트는 모두 인스턴스 타입 파라미터다. 요청당 총 누적비용은 EC2 인스턴스와 무관하며, KP$^{Key Performance Indicator}$(핵심 성능 지표)와 관계가 있다. 읽기 사본은 데이터베이스 엔진을 위한 기능이다.

2. A, B, C. EC2 AMI에 대한 시작 환경설정과 로드 밸런서는 Auto Scaling 작업의 필수 요소다. AMI를 통해 애플리케이션이 이미 설정된 경우 런타임에서 인스턴스에 시작설정 스크립트를 전달하는 일은 불필요한 작업이 될 수 있다. OpsWorks 스택은 오케스트레이션 자동화 도구이며, Auto Scaling의 필수 요소는 아니다.

3. B. 용량 지표, 최소 및 최대 인스턴스 수, 로드 밸런서 등은 모두 Auto Scaling 환경설정 정의를 위한 것이며 AMI만이 시작 환경설정 정의를 통해 생성된다.

4. A. Elastic Container Service는 마이크로서비스 플랫폼이며 Lambda 함수는 최대 15분간 단기적으로 실행되므로, 배포와 같은 작업에는 적합하지 않다. Beanstalk는 마이크로서비스에 적합하지 않다. ECR는 컨테이너 이미지 리포 지토리이며 배포 플랫폼은 아니다.

5. D. RAID 최적화는 OS 레벨 설정이며 OS 내에서만 작동할 수 있다.

6. C. 크로스 리전 복제는 저지연성, 복원성을 제공한다. CloudFront와 S3 Transfer Acceleration은 저지연성은 제공하지만 복원성은 제공하지 않는다. RAID 배열은 EBS 볼륨 내에서 저지연성, 복원성을 제공한다.

7. A. S3 Transfer Acceleration은 CloudFront 로케이션을 사용한다. S3 Cross-Region Replication, EC2 Auto Scaling 모두 CloudFront 엣지 로케 이션을 사용하지 않는다. EBS Data Transfer Wizard는 존재하지 않는다.

8. B. RDS는 확장성을 자동으로 관리하며 사용자 환경설정에서 직접 수정할 수 있는 내용은 없다. indexes, schemas, views는 최적화가 필요하다.

9. D, E. 자동 패치, 즉시 적용 가능한 Auto Scaling, 업데이트 등은 RDS와 같은 관리형 서비스의 장점이며 EC2 기반 커스텀 데이터베이스에는 해당되지 않 는다.

10. B, D. 강화된 그래픽 처리 성능과 Auto Scaling이 필요하다. Amazon Lightsail은 신속하고 간편한 컴퓨트 배포 서비스이고, Elasticsearch는 그래 픽 워크로드에는 도움이 되지 않는다. CloudFront는 미디어 전송에는 도움을 주지만 그래픽 처리 성능을 높여주지는 않는다.

11. C. NLB^Network load balancer는 TCP 기반 애플리케이션을 위해 설계됐으며, 소스 IP 주소를 유지한다. ALB^Application load balancer는 VPC에서 실행되는 애플리케이 션을 위해 설계됐으며, 소스 IP 주소를 유지하지 않고 HTTP 및 HTTPS 연결 을 종료시킨다. CLB^Classic load balancer는 TCP 기반 애플리케이션을 위해 설계됐 지만 소스 IP 주소를 유지하지 않는다. Dynamic load balancer는 존재하지 않는다.

12. A, B, D. CloudFormation 위저드, 프리빌트 템플릿, JSON 포맷 등은 모두 CloudFormation 배포를 위한 요소다. CloudDeploy와 Systems Manager는 CloudFormation 템플릿의 소스가 아니다.

13. A. CloudFormation 환경설정에는 Default 노드 이름이라는 것이 존재하지 않는다.

14. B, E. Chef와 Puppet은 AWS OpsWorks에 통합돼 제공된다. Terraform, SaltStack, Ansible 등은 OpsWorks에 직접 통합해 사용할 수 없다.

15. A, C. CloudWatch Dashboards와 SNS는 리소스 모니터링의 중요 요소다. CloudWatch OneView 또는 AWS Config Dashboards 등은 존재하지 않는다.

16. A, B. AWS의 Advance permission은 시스템 침투 테스트에 필요하다. 여러분 계정의 리소스 환경설정 변경 내역은 CloudWatch가 아닌 AWS Config에서 확인할 수 있다. Service Catalog는 리소스 감사 업무에 도움을 주지만 지속적인 이벤트 모니터링에는 도움이 되지 않는다.

17. D. Config는 감사 도구고 CloudTrail은 API 호출 추적 도구이며, CloudWatch는 시스템 성능 모니터링 도구다. CodePipeline은 CI/CD 오케스트레이션 도구다.

18. B, C. ElastiCache에서는 Redis 또는 Memcached를 사용할 수 있다. Varnish와 Nginx 역시 캐싱 엔진이지만 ElastiCache에서 통합적으로 사용할 수 없다.

19. A, D. Redis는 세션 상태의 지속적 유지가 필요하거나 유연성이 중요한 경우 채택되며, Memcached는 실행 속도가 중요한 경우 채택된다. Redis의 환경설정은 초기 난이도가 높은 편이다.

20. B. Oracle 기반의 Read replicas는 존재하지 않는다.

21. C, D. 스택의 조직화 작업에는 개발, 테스트, 상용화 등 생애주기^{life cycle} 또는 네트워크 팀, 개발 팀 등 소유권^{ownership} 또는 관리권한을 기준으로 하는 것이 가장 좋다. 동일 버킷에 여러 개의 스택 템플릿을 저장할 수 있으며, 일부러 여러 개의 버킷에 여러 개의 스택을 저장하기 위해 템플릿을 나눠서 관리할 필요는 없다. 리소스 비용을 기준으로 스택을 구분하는 방식은 스택으로 어떤 리소

스를 생성하든 그에 따른 비용을 구분할 수 없으므로 별다른 실익이 없다.

22. A, B. 스택 생성 시 파라미터를 이용해 템플릿에 동적으로 사용자 지정 값을 입력할 수 있다. 즉, 파라미터를 이용하면 템플릿에 특정 값을 하드코딩하지 않아도 된다는 장점이 있다. 특히 AMI ID나 EC2 키 페어 이름은 템플릿에 하드코딩하지 않는 것이 좋다. 스택 생성 시 스택 이름을 입력하지만, 스택 이름은 파라미터로 사용할 수 없다. 리소스의 논리적 ID는 템플릿에 반드시 하드코딩 방식으로 입력해야 한다.

23. C. 중첩 스택 구현 시 부모 스택이 리소스 타입을 AWS::CloudFormation ::Stack으로 정의해 해당 템플릿이 중첩 스택을 생성하도록 할 수 있다. 따라서, 부모 스택을 생성하는 템플릿에 직접 VPC 리소스를 정의할 필요가 없다.

중첩 스택은 중첩 스택 계층 구조 외부로 어떤 정보도 전송하지 않으므로 스택 아웃풋 값을 익스포트할 필요가 없다. 동일한 이유로, 다른 스택에서 익스포트한 값을 가져오는 Fn::ImportValue 내재 함수도 사용할 필요가 없다.

24. A. 변경 세트 방식으로 업데이트 작업을 수행하면, CloudFormation이 스택을 업데이트하기 전 사용자가 변경 내역을 검토할 수 있다. 반면 직접 업데이트 방식을 이용하면, 스택 업데이트 전에 어떤 내용이 변경될지 표시되지 않는다. 스택 정책을 수정해 변경 세트 적용 전 변경 사항을 표시하도록 할 필요가 없다.

12장. 보안성 아키텍처

1. A, C. 패스워드 정책은 최대 패스워드 길이가 아닌 최소 패스워드 길이를 지정할 수 있으며, 본인이 이전에 사용했던 패스워드를 다시 사용하는 일을 막아준다. 타인이 이전에 사용했던 패스워드를 다시 사용하는 것은 막지 않는다. 패스워드 정책에서 숫자를 포함하도록 요구할 수 있고, 만료된 패스워드를 재설정할 때 어드민의 승인이 필요하도록 할 수도 있다.

2. B. Condition 요소를 이용하면 퍼미션 요청 시 MFA를 사용하도록 할 수 있고, Resource 및 Action 요소를 이용하면 퍼미션의 내용은 정의할 수 있지만

어떤 조건으로 해당 퍼미션이 제공되는지는 정의할 수 없다. Principal 요소는 신분 기반 정책에는 사용하지 않는다.

3. A, D. IAM은 모든 커스터머 관리형 정책의 다섯 가지 버전을 보관한다. CloudTrail에서 글로벌 관리 이벤트 로그를 기록하도록 설정하면, CreatePolicyVersion의 요청 파라미터에서 생긴 정책 변화를 모두 기록한다. 정책 스냅샷은 존재하지 않는다. CloudTrail data event logs 데이터 이벤트 로그는 IAM 이벤트 로그는 기록하지 않는다.

4. B. IAM 유저에게 롤을 부여하면 해당 유저는 롤로 정의된 퍼미션을 얻는 동시에 IAM 유저로서 얻은 퍼미션은 상실한다. RunInstances 액션은 새 인스턴스를 론칭한다. 해당 롤은 us-east-1 리전에서 RunInstances 액션을 실행할 수 있으므로 롤을 부여받은 유저는 us-east-1 리전에서 새 인스턴스를 론칭할 수 있지만 다른 액션은 할 수 없다. StartInstances 액션은 기존 인스턴스를 시작한다.

5. A. 유저에게 데이터 복호화를 위한 KMS 키 사용 권한을 부여한 경우 키 정책에 key user로 해당 유저를 추가해야 한다. 유저를 키 어드민으로 추가하는 것만으로는 부족하며, IAM 정책을 통해 키에 대한 접근 권한을 부여하는 것이기 때문이다. 버킷 정책에 유저를 추가하면 버킷 내 암호화된 객체에 접근할 수 있지만 해당 객체를 복호화하는 권한까지는 제공되지 않는다.

6. C. VPC flow logs는 VPC에서 유입되는 트래픽의 소스 IP 주소를 기록한다. DNS query logs는 DNS 쿼리의 소스 IP 주소를 기록하지만 애플리케이션에 접근한 IP 주소와는 다를 수 있다. 유저는 직접 RDS 인스턴스에 연결될 수 없으므로 RDS logs도 유저의 IP 주소를 기록할 수 없다. CloudTrail logs는 API 요청의 소스 IP 주소를 기록한다.

7. C, D. Athena는 S3 데이터에 대한 고급 SQL 쿼리 기능을 제공한다. 메트릭 필터는 CloudWatch log group의 값 발생 빈도에 따라 필터링의 수준을 높일 수 있지만 어떤 IP 주소의 접근 빈도가 가장 높은지는 알 수 없다.

8. A. Behavior 탐지 타입은 인스턴스가 비정상적으로 대량의 데이터를 전송하는 경우 또는 원래는 사용하지 않는 프로토콜 또는 포트로 통신하는 경우 촉발된다. Backdoor 탐지 타입은 명령 및 제어 서버와 관련된 DNS 네

임과 연계된 경우 또는 TCP 포트 25로 통신하는 경우 촉발된다. Stealth 탐지 타입은 패스워드 정책 약화 또는 CloudTrail 환경설정 변경 시 촉발된다. ResourceConsumption 탐지 타입은 이전에 그런 작업을 한 적이 없는 IAM 유저가 EC2 인스턴스를 론칭한 경우 촉발된다.

9. A, C. AWS Config timeline은 보안 그룹 부착 또는 분리 등 특정 인스턴스에 대한 모든 환경설정 변경 내역을 제공한다. CloudTrail management event logs도 보안 그룹 부착 또는 분리 내역을 제공한다. AWS Config rules은 Lambda 함수를 사용하고, AWS managed rules의 Lambda logs는 일반 사용자는 접근할 수 없다. VPC flow logs는 VPC로 유입되는 트래픽을 기록하지만 API 이벤트는 기록하지 않는다.

10. D. Security Best Practices 룰 패키지는 Linux 인스턴스에 대한 룰만 제공하며 다른 룰은 Windows 및 Linux 인스턴스에 대한 룰을 제공한다.

11. C, D. IAM 정책 또는 SQS 접근 정책을 이용해 특정 개체 또는 특정 IP 범위의 큐 접근을 차단할 수 있지만 NACL 또는 보안 그룹을 이용해 퍼블릭 엔드포인트에 대한 접근을 차단할 수 없다.

12. A, C. HTTPS 트래픽은 TCP 포트 443을 통과하므로 보안 그룹은 이 프로토콜과 포트를 통한 인바운트 접근을 허용해야 한다. HTTP 트래픽은 TCP 포트 80을 이용한다. 사용자는 ALB를 통해서 인스턴스에 접근하므로 보안 그룹은 ALB에 부착해야 한다. Internet gateway를 제거하면 ALB과 EC2 인스턴스를 통한 접근 모두 차단된다.

13. B. 접근 권한 인증이 필요한 소스에 대한 인바운드 접근을 차단하는 보안 그룹은 UDP 기반 DDoS 공격 방어에 효과적이다. ELB는 TCP 리스너만 제공한다. AWS Shield는 보안 그룹이 허용한 소스에 대한 UDP 기반 공격을 방어한다.

14. A, C. WAF는 SQL 주입 공격을 방어할 수 있지만 이는 애플리케이션이 ABL 뒤에 있는 경우에만 가능하다. EC2 인스턴스에 반드시 EIP를 추가할 필요는 없다. MySQL 리스닝을 위한 TCP 포트 3306의 접근 차단함으로써 데이터베이스 서버에 직접 접속하는 것은 막을 수 있지만, SQL 주입 공격은 막을 수 없다.

15. B, D. WAF와 Shield Advanced는 HTTP 홍수 공격을 방어한다. Shield Advanced는 WAF를 무상 제공한다. Shield Standard는 Layer 7 공격에 대한 방어기능을 제공하지 않는다. GuardDuty는 공격의 징후만 파악할 뿐 방어를 하지는 못 한다.

16. A, D. 사용자는 고객 관리형 CMK 및 고객 제공 키를 폐기하거나 순회시킬 수 있지만, AWS 관리형 CMK나 S3 관리형 키는 폐기하거나 순회시킬 수 없다.

17. C, D. 고객 관리형 CMK는 순회시킬 수 있지만 AWS 관리형 CMK는 연간 1회만 순회한다. RDS나 DynamoDB는 데이터 암호화를 위해 고객 관리형 CMK를 사용할 수 있다. RedShift는 고성능의 트랜잭션 데이터베이스로 설계되지 않았다. KMS는 암호화 키를 저장 및 관리하지만 애플리케이션데이터는 저장하지 않는다.

18. B, D. 비암호화 EBS 볼륨의 암호화를 위해 스냅샷을 생성해야 한다. 이 스냅샷은 소스 볼륨의 암호화 특성을 상속하며, 비암호화 EBS 볼륨은 언제든 비암호화 스냅샷을 생성할 수 있다. 이후 스냅샷의 암호화를 진행하며, 동시에 다른 리전에 복사해서 보낼 수 있다.

19. B. 여러분이 생성한 EFS만 암호화 기능을 활성화할 수 있으므로 KMS를 이용한 유일한 데이터 암호화 옵션은 새 EFS를 생성한 뒤 여기게 데이터를 복사하는 것이다. 서드파티 암호화 도구는 KMS 키를 사용할 수 없다. EBS 볼륨 암호화는 볼륨 내의 데이터를 암호화하며, EFS 파일 시스템 내의 데이터를 암호화하지 않는다.

20. A, D. CloudFront 배포 또는 ABL에 ACM 생성 인증서를 설치할 수 있다. ACM 생성 인증서의 프라이빗 키는 익스포트할 수 없으므로 EC2 인스턴스에 이를 설치할 수도 없다. AWS는 S3가 사용하는 TLS 인증서를 관리한다.

21. C. Security Hub는 AWS best practices와 여러분의 AWS 서비스에 대한 환경설정을 확인한다.

13장. 비용최적화 아키텍처

1. C. 프리 티어는 새 계정의 첫 해에 기본적인 AWS 서비스에 대한 무료 접근 권한을 제공한다.

2. A. Standard는 가장 많은 복사본과 가장 빠른 접근성을 제공하므로 비용도 가장 높다. Standard-Infrequent와 One Zone-Infrequent의 비용은 Standard 보다는 낮고, Glacier보다는 높다.

3. B. Cost Explorer는 사용량과 비용지불 데이터를 제공한다. Organizations 을 이용해 다수의 AWS 계정을 하나의 어드민 계정에서 통합적으로 관리할 수 있다. TCO Calculator에서 AWS와 로컬에서 애플리케이션을 실행하기 위한 비용을 비교할 수 있다.

4. D. Cost Explorer는 사용량과 비용지불 데이터를 제공하며, Cost and Usage Reports는 Redshift와 QuickSight의 기능을 통합적으로 활용할 수 있다. Trusted Advisor는 베스트 프랙티스 컴플라이언스와 여러분의 비용 및 보안 규정을 비교할 수 있도록 한다. Budgets은 비용 지출의 한계선을 설정한 뒤, 이를 초과할 경우 알람을 제공한다.

5. A, B, D. Organizations의 효율성이 증대하는 만큼 이에 대한 위협 수준도 높아질 수 있다. 별도의 조직 레벨 VPC는 존재하지 않는다. 보안 그룹은 별도의 환경설정이 필요치 않다.

6. B, C. Trusted Advisor는 EC2 인스턴스를 모니터링해 4일간 이상의 CPU 활성화율이 10% 미만인지 네트워크 I/O이 5MB 미만인지 확인하지만 Route 53 호스트 존이나 S3 데이터 전송 상태 등은 모니터링하지 않는다. 여러분의 EC2 인스턴스 OS에 대한 적절한 환경설정은 여러분의 책임이다.

7. B. Pricing Calculator가 가장 직접적인 계산 도구다. TCO Calculator는 온프레미스와 AWS 배포 비용의 비교를 돕는다. Trusted Advisor는 베스트 프랙티스 컴플라이언스와 여러분의 비용 및 보안 규정을 비교한다. Cost and Usage Reports는 기존 배포와 관련된 각종 데이터를 분석한다.

8. A. EBS 볼륨 용량 모니터링은 예산 범위에 들어가지 않는다.

9. A, B. 태그가 적용되는 데는 24시간이 소요될 수 있으며, 레거시 리소스에는 적용할 수 없다. 계정당 2개의 예산을 생성할 수 있다. 비용 할당 태그는 Cost Allocation Tags 페이지에서 관리한다.

10. D. 가장 효과적인 방법은 12개월 간 3개의 예약 인스턴스를 실행하고, 여름 성수기 동안 3개의 스케줄 예약 인스턴스를 구매하는 것이다. 스팟 인스턴스는 자동으로 종료될 수 있으므로 적합하지 않다. 일정이 반복되므로 정해진 기간 동안만 예약 인스턴스를 이용하는 것이 좋다.

11. C. Interruption 정책은 예약 인스턴스가 아닌 스팟 인스턴스와 관련이 있다. 지불 옵션(All Upfront, Partial Upfront, No Upfront), 예약 타입(Standard, Convertible RI), 테넌시(Default, Dedicated) 등은 모두 예약 인스턴스 설정에 대한 내용이다.

12. C. No Upfront는 가장 비싼 옵션이며, 선금 지불액이 많을수록 전체 비용이 낮아진다. Monthly라는 지불 옵션은 존재하지 않는다.

13. B, D. 컨테이너는 좀 더 밀도 높은 경량의 모델이며, EC2 인스턴스보다 신속하게 론칭할 수 있고, 서버 환경 또한 좀 더 간단하게 복제할 수 있다. 하지만 비용 절감에 초점을 맞춘 모델은 아니다.

14. B. 스탠다드 예약 인스턴스는 최소 1년간 연중무휴로 가동하는 경우에 적합하며, 3년간 많은 비용을 절감할 수 있지만 부정기적으로 처리할 워크로드에는 적합하지 않다.

15. D. 스팟 인스턴스 풀은 미사용 EC2 인스턴스로 만들며, Request, Request And Maintain, Reserve For Duration 등 세 가지 요청 타입이 있다. 스팟 프라이스가 여러분의 최대 금액을 초과할 때 스팟 인스턴스 중단 상황이 발생한다. 스팟 플릿은 함께 론칭한 스팟 인스턴스 그룹이다.

16. A. 스팟 프라이스가 여러분의 최대 금액을 초과할 때 스팟 인스턴스 중단 상황이 발생한다. 워크로드 완료나 데이터 센터 중단 등은 스팟 인스턴스 중단 상황과 무관하다. 스팟 요청은 수동으로 재시작할 수 없다.

17. B. 타겟 용량은 실행하려는 최대 인스턴스 수다. 스팟 인스턴스 풀은 특정 론칭 속성을 지닌 미사용 EC2 인스턴스로 구성된다. spot maximum이나 spot cap 등은 이와 같은 맥락에서 사용되지 않는다.

18. A. EBS Lifecycle Manager를 이용해 오래된 EBS 스냅샷을 삭제할 수 있다. 스크립트 생성도 가능은 하지만 복잡하고 AWS 인프라와 긴밀하게 통합하기 어렵다. EBS Scheduled Reserve Instance라는 것은 존재하지 않지만 EC2 Scheduled Reserve Instance는 존재한다. EBS 스냅샷은 S3에 저장되지만 여러분이 직접 해당 버킷에 접속할 수 없다.

19. D. 올바른 명령은 request-spot-fleet이고 --spot-fleet-request-config 인수는 JSON 환경설정 파일을 가리킨다.

20. C. availability zone, target capacity, AMI 등은 모두 스팟 플릿 설정 요소다.

부록
B

기타 서비스 핵심 정리

이 책에서는 이미 정말 많은 AWS의 핵심 서비스와 도구를 소개했지만, AWS는 글로벌 고객의 요구에 맞춰 지속적으로 새로운 서비스와 도구를 출시하고 있다. 여러분의 업무 수행을 위해 AWS가 지난 수년간 추가해온 다양한 서비스와 도구를 세부적으로 알 필요는 없을 수 있지만, 어떤 서비스가 어떤 기능을 제공하는지 정도는 파악하고 있는 것이 좋다.

이번 부록에서는 Solutions Architect Associate 시험의 출제 범위에 포함된 다양한 서비스의 개요를 핵심 기능을 중심으로 간략하게 정리한다.

배포 도구

AWS Amplify

Amplify는 개발자가 (리소스 프로비저닝 등 복잡한 절차 없이) 좀 더 간단하게 코드를 배포할 수 있는 방법을 제공한다는 면에서 앞서 출시된 Elastic Beanstalk와 비슷한 부분이 있다. 단, Elastic Beanstalk의 경우 개발자 업무 영역에서 코드를 제외한 모든 관리 요소를 완벽하게 제거한 서비스인 반면, Amplify는 풀 스택 개발 팀원 모두가 Amplify CLI 또는 브라우저 기반 Studio 등의 도구로 협업하기 위한 개발 도구라는 차이점이 있다.

Amplify를 통해 신속하게 데이터베이스, 스토리지, 권한인증 등 완벽한 백엔드 리소스를 구현하고, 바로 이어서 프론트엔드 UI도 디자인할 수 있다. 또, Amplify는 CloudFormation 등의 서비스와 통합해 상용화 준비단계 및 상용화 단계에 맞는 배포 환경을 제공한다. Amplify 프로젝트 환경^{project environments}은 템플릿으로 익스포트한 뒤 DevOps 도구에 재배포할 수 있다.

AWS Serverless Application Repository

성공적으로 상용화된 기존 애플리케이션 서비스를 완전히 새로 만드는 것보다는, 관련 리소스를 재구성해 새로운 요구 사항을 수용하고 효율성을 높일 수 있도록 개선하는 것이 좀 더 나은 경우가 많다. 그리고 이 때 AWS의 서버리스 애플리케이션 요소를 조합해 배포 속도도 높일 수 있다.

AWS Serverless Application Repository는 이와 같은 시나리오에서 사용할 수 있는 1,000개 이상의 서버리스 애플리케이션을 제공하며, 이는 인공지능 기반 Alexa부터 Stripe 지불 플랫폼과 연동되는 Lambda에 이르기까지 다양하다.

개발자는 Serverless Application Repository에서 제공되는 다양한 애플리케이션을 살펴보며 자신에게 필요한 기능을 구현하거나, 기존의 기능을 코드 형태로 가져와서 활용하는 방법을 생각해 볼 수 있고, 이들 애플리케이션 코드로 자신의 코드를 구현한 뒤 퍼블릭 버전으로 배포하거나 프로젝트 팀 내에서만 프라이빗하게 공유할 수 있다.

AWS Proton

Proton은 조직 차원에서 비즈니스 애플리케이션 구현에 필요한 AWS 컴퓨트, 스토리지, 네트워크, CI/CD 인프라를 포함한 각종 리소스의 Service Templates을 생성할 수 있도록 돕는다. 개발자는 기존 Service Templates을 가져온 뒤 소스 코드 저장소 또는 새 애플리케이션 배포 설정 등을 수정해 애플리케이션 개발에 사용할 수 있다.

이러한 개발 과정에서 애플리케이션 워크로드에 조직이 정한 표준 또는 용량 제한 등을 자동으로 적용할 수 있다. 방대한 AWS 리소스 가운데 개발자가 필요한 것을 임의로 골라서 개발에 사용하도록 하면 다양한 문제가 발생할 수 있으며, Proton의 Service Templates는 이와 같은 문제를 방지하는 역할을 한다.

개발 도구

Amazon API Gateway

AWS 플랫폼 내 데이터 또는 리소스를 활용하는 애플리케이션을 구현하려는 경우, RESTful API 또는 WebSocket API를 이용해 신뢰성 및 안전성을 높일 수 있다. API Gateway는 다수의 IoT 디바이스 그룹, 웹 및 모바일 애플리케이션, 그리고 모니터링 대시보드 등 각종 서비스와 도구에서 생성된 데이터 및 리소스를 API로 연결할 수 있는 기능을 제공한다. API Gateway는 API 기반 애플리케이션을 기존 AWS의 모든 리소스와 긴밀하게 통합하고, 높은 수준의 보안성 및 가용성을 제공하며, 여러분이 원하는 어떤 수준으로든 확장할 수 있도록 돕는다.

AWS Device Farm

웹 및 모바일 애플리케이션 개발자는 글로벌 사용자가 사용하는 무수한 브라우저와 모바일 디바이스 환경을 파악하고 예측해야 하는 어려움이 있다. 개발자의 브라우저 또는 디바이스에서는 애플리케이션이 아무런 문제 없이 작동하지만, 최신의 Android 태블릿이나 십여 년 전에 개발된 브라우저 환경에서도 애플리케이션이 정상적으로 작동할지는 장담할 수 없기 때문이다.

Device Farm을 이용하면 여러분의 모바일 애플리케이션을 100개 이상의 글로벌 스마트폰 및 태블릿 제조사의 가상 인스턴스에서 테스트할 수 있으며, 주요 브라우저의 다양한 버전에서 웹 애플리케이션을 테스트할 수 있다. 이때, Automated Testing 도구를 이용해 가상 환경에서 애플리케이션의 성능을 테스트해 볼 수 있으며, Remote Access 도구를 이용하면 원격으로 설치된 실제 디바이스에서도 테스트를 시행할 수 있다.

AWS Step Functions

Step Functions은 분산 애플리케이션의 설계 및 배포를 지원하는 로우코드 개발 플랫폼low-code platform이며, 시각화된 워크플로우 인터페이스를 통해 개발 프로세스의 자동화를 돕는다. Step Functions을 이용하면 코딩 경험이 많지 않은 사용자라 하더라도 Lambda, ECS, Fargate, DynamoDB, SNS 등 다양한 서비스를 조합해 워크플로우를 개발할 수 있다.

사용자는 Step Functions을 이용해 정교화된 오류 처리 기능, 신뢰성 및 확장성 지원 도구를 이용해 재고 관리부터 신용 카드 결제 처리까지 처리할 수 있는 이커머스 플랫폼 애플리케이션을 개발할 수 있다.

인프라 관리 도구

AWS Outposts

여러분의 리전 기반 리소스와 긴밀하게 연결되고, 온프레미스와 통합된 하이브리드 클라우드 기반 애플리케이션 서비스를 구현해야 하는 경우, 사용자는 Outposts를 이용해 AWS의 물리적 서버를 자신의 온프레미스 데이터센터에 설치할 수 있다. Outposts는 최소 1U부터, 최대 42U 랙에 이르는 서버의 배포를 지원하며, 전원과 네트워크만 연결되면 여러분의 온프레미스 인프라와 완벽하게 통합될 수 있다. Outposts 연결 후엔 EC2, ECS, EBS, S3, RDS 등 다양한 AWS 워크로드를 초저지연성 접속 환경에서 실행할 수 있으며, 클라우드 VPC와도 완벽하게 연결된다.

Outposts는 저렴한 서비스는 아니며, (집필 시점 현재) 1U 서버에 대한 예약 할인을 반영한 월간 최소 이용료$^{\text{no up-front}}$는 $500, 예약 할인 없는 최대 이용료$^{\text{all up-front}}$는 $17,000가 될 수 있다. 42U는 월간 최소 $5,000, 최대 $169,000의 이용료가 부과될 수 있다.

AWS Wavelength

여러분의 애플리케이션에 5G 모바일 네트워크 기반의 초저지연성 연결성이 필요하다면, Wavelength 서비스를 이용할 수 있다. Wavelength는 광대역 네트워크에 실시간 비디오를 전송하는 등의 작업에 적합하며, 스마트카 시스템 또는 증강 현실 등이 이에 해당한다.

Wavelength는 기존의 VPC를 통해 연결하거나 Carrier Gateway라 부르는 새로운 가상 네트워크 디바이스를 통해 연결할 수 있다. Carrier Gateway는 여러분의 VPC 기반 애플리케이션과 5G 네트워크를 연결하는 역할을 한다.

VMware Cloud on AWS

VMware 사에서 만든 vSphere는 온프레미스 업무 환경을 프라이빗 클라우드 환경으로 가상화할 수 있도록 돕는 도구이자 플랫폼이지만, 시대 변화에 따라 vSphere 기반 프라이빗 클라우드를 AWS 등 퍼블릭 클라우드에 연결해야 하는 일이 많아지고 있다. 온프레미스 기반 프라이빗 클라우드 환경을 퍼블릭 클라우드 환경으로 바꾸는 일은 결코 간단하지 않으며, VMware와 AWS는 이와 같은 문제를 해결하기 위해 VMware Cloud on AWS를 만들었다.

VMware Cloud on AWS는 VMware의 VDI^{Virtual Desktop Infrastructure}에 최적화된 EC2 인스턴스(VMware Cloud용 i3en.metal)를 제공해 VMware와 AWS의 인터페이스를 연결한다. 고객은 EC2의 가상 네트워크 인터페이스인 ENI^{Elastic Network Interface}로 온프레미스 vSphere 인프라와 AWS VPC 내 인프라를 연결할 수 있다.

연결 도구

Amazon Pinpoint

Pinpoint는 방대한 마케팅 접점과 인바운드 및 아웃바운드 상호작용을 할 수 있도록 하는 마케팅 자동화 도구이며, S3, Redshift, EC2, Lambda, EMR 등에 저장된 데이터를 가져온 뒤 이메일, SMS, 푸시 알림 등 다양한 채널을 통해 마케팅 알림 이벤트로 변환한다. 이때 기업이 전송한 메시지에 대해 소비자가 회신을 할 수 있으며, 최근 회원에 가입한 사용자, 마케팅 캠페인 조건에 부합하는 사용자만 분류해 마케팅 메시지를 전송할 수 있다.

AWS Transfer Family

AWS 인프라 내부에 존재하는 문서 및 데이터는 S3 또는 Amazon EFS를 통해 다른 서비스와 쉽게 통합할 수 있다. Transfer Family는 SFTP, FTPS, FTP 프로토콜을 기반으로 AWS 인프라 외부에 파일을 전송하기 위한 도구이며, 콘텐츠 관리, 문서 공유는 물론 산업 표준 프로토콜 기반의 데이터 배포 작업을 지원한다. 사용자는 Transfer Family를 이용해 AWS 외부에 저장된 데이터를 AWS 내부 스토리지로 전송한 뒤 다양한 데이터 분석 작업을 수행할 수 있다.

AWS AppSync

AppSync는 GraphQL API 지원을 통해 다양한 서비스 및 포맷 속성을 지닌 AWS 데이터 리소스와 프론트엔드 서비스를 연결하며, 요청 후 반환되는 데이터를 동적으로 필터링하거나 요구되는 데이터 구조로 변환할 수 있다. AppSync는 고수준의 협업 및 실시간 데이터 스트리밍을 지원하며, 예상치 못한 오프라인 상태에서의 연결성을 관리해 데이터가 적절한 동기화 수준을 유지하도록 한다.

데이터베이스 도구

Amazon DocumentDB(MongoDB 호환)

"도큐먼트 데이터베이스$^{document\ database}$"는 보통의 텍스트 문서에 데이터를 조직화한다는 특징이 있으며, DocumentDB는 AWS 환경에서 MongoDB 워크로드를 좀 더 유연하면서도 간편하게 처리하기 위한 데이터베이스 서비스이다. MongoDB는 데이터 구조화를 위해 JSON 포맷을 사용하고, 핵심 기능으로 인덱스 기반 검색을 제공한다.

완전관리형 서비스인 Amazon DocumentDB로 배포된 JSON 데이터는 대규모의 확장성 및 내구성을 지니며, (집필 시점 현재) Apache 2.0 오픈소스 MongoDB 3.6 및 4.0 API와의 호환성을 지닌다.

Amazon Keyspaces(Apache Cassandra 호환)

Cassandra는 고가용성 NoSQL 데이터베이스 관리 시스템으로서 서버 클러스터에서 대규모 데이터의 분산 관리를 통해 단일장애지점 문제를 해소할 수 있고, 초저지연성 데이터 접근이 가능하다는 특징이 있다.

Keyspaces는 기존 Cassandra 프로젝트의 임포트 및 신규 프로젝트의 관리를 도우며, AWS 환경에서 Cassandra Query Language 코드 및 개발 도구를 활용할 수 있다. Keyspaces는 Cassandra 데이터 이용과 관련된 인프라 관리, 업데이트 관리, 확장성 관리 등 제반 관리 업무를 자동화한 서비스이다.

Amazon Quantum Ledger Database(QLDB)

블록체인 기반의 대규모 데이터와 관련된 보안 및 검증 시스템을 유지하려면 시스템에서 일어나는 모든 변경 사항을 추적해야 한다. Amazon QLDB는 모든 이벤트 히스토리에 대한 데이터를 암호화 기법으로 저장하는 데이터베이스이며, 보험 청구, 자산 관리, 신용카드 거래 처리 등 레코드 데이터의 발생 시간과 순서를 엄밀히 기록하는 용도로 사용된다. QLDB는 기업용 블록체인 서비스인 Blockchain on AWS의 구성 요소 중 하나이다.

데이터 스트리밍 도구

Amazon Managed Streaming for Apache Kafka (MSK)

Apache Kafka는 내오류성 및 높은 처리성능을 지닌 분산 메시지 전송 시스템distributed messaging system이다. Kafka에서 메시지 프로듀서producer가 메시지 주제인 토픽topic에 따라 메시지를 전송하면, 이들 메시지는 다수의 서버에 분산 복제되고, 메시지 컨슈머consumer는 토픽에 연속적으로 유입되는 메시지를 읽고 워크로드를 위해 소비하게 된다.

Amazon MSK는 고확장성 Kafka 클러스터를 AWS 리소스 스택에 통합하기 위한 서비스이며, AWS 환경에서 Kafka의 고성능 분산 메시지 기능을 활용하도록 돕는다. Amazon MSK를 이용하면 Kafka의 로그 및 데이터 처리 기능과 AWS의 다양한 데이터 처리 및 스토리지 도구를 통합해서 사용할 수 있다.

Amazon MQ

Amazon MQ는 Apache ActiveMQ 및 RabbitMQ 메시지 브로커 플로우의 구현 및 관리를 지원하는 완전관리형 메시지 브로커 서비스이며, 기존 애플리케이션에 연결된 다수의 통신 프로토콜 및 API를 별도의 환경 구성이나 추가적인 변환 작업 없이 바로 AWS 환경에서 사용할 수 있도록 돕는다.

고가용성, 내구성을 지닌 완전관리형 서비스인 MQ는 애플리케이션 레이어 간의 메시지 전송 및 처리 업무를 지원한다.

AWS Data Exchange

Data Exchange는 유료 혹은 무료인 서드파티 데이터세트의 탐색, 구독, 이용을 지원하는 통합 인터페이스로서, 헬스케어, 산업기술, 금융서비스, 제조업 등 다양한 분야와 관련된 약 3,000개 이상의 엔터프라이즈용 데이터세트가 등록돼 있다.

Data Exchange는 여러분의 계정에서 데이터 소스 연결, 서드파티 서비스에 대한 구독 업무 처리, AWS의 분석 및 머신 러닝 도구에 데이터 전송 등의 기능을 제공한다.

Amazon Timestream

Timestream은 대규모로 유입되는 이벤트 스트리밍 데이터의 관리 서비스이며, 특히 이벤트 레코드를 고성능 메모리와 저렴한 장기저장 스토리지로 전송하는 데 유용하다. 확장성 높은 관리형 서비스인 Timestream은 성능과 비용 측면에서 최적화된 서버리스 시계열 데이터베이스이다.

AWS Data Pipeline

Data Pipeline은 AWS 서비스 사이, 또는 AWS와 온프레미스 사이에서 대규모 데이터 스트림을 자동으로 이동시키기 위한 서비스이며, 데이터 규모에 상관없이 S3, DynamoDB, EMR 등 데이터 스토리지 엔드포인트에 데이터를 전송하거나 전송을 위한 처리 작업을 할 수 있다.

Amazon AppFlow

AppFlow를 이용하면 Salesforce, Zendesk, Slack 등 서드파티 애플리케이션에서 생성된 데이터를 S3 및 Redshift 등 AWS 서비스로 전송하거나 처리할 수 있다. 확장성 높은 데이터 플로우 서비스인 AppFlow는 코드 변경 없이 환경을 설정할 수 있으며, 연산, 필터링, 마스킹 도구를 이용해 변환하거나, 유효성을 검증할 수 있고, 추가적인 처리 및 장기 스토리지 저장을 위해 여러분의 AWS 리소스로 전송할 수 있다.

머신러닝 및 인공지능

Amazon Comprehend

Amazon Comprehend는 NLP^{natural-language processing} 즉, 자연어 기반 분석 서비스로서 텍스트 데이터의 의미, 의도, 그리고 인사이트를 분석한다. 기술 지원 티켓, 비즈니스 커뮤니케이션, 소셜 미디어 히스토리 등 다양한 데이터 원천으로부터 텍스트를 추출하고, 이를 Amazon S3 버킷에 저장한 뒤 Comprehend에서 이들 방대한 텍스트 데이터에 담긴 인사이트를 분석한다. 분석 결과 데이터는 추가적인 분석을 위해 Amazon Redshift 등으로 전송할 수 있다.

Amazon Forecast

Forecast는 오랜 시간 누적된 비즈니스 데이터에서 중요한 속성을 파악하기 위한 머신러닝 기반 예측 서비스이며, 사용자가 제공한 데이터에 잘 부합하는 예측 모델을 구현하기 위해 자동으로 머신러닝 알고리듬을 선택 및 실행한다. 예측 결과 데이터는 Forecast 콘솔에서 시각화하거나, CSV 파일로 추출할 수 있으며, Forecast API로도 접근할 수 있다.

Amazon Lex

Amazon Lex는 인공지능 및 NLP 기술을 활용한 챗봇^{chatbot} 설계 및 구현 플랫폼이며, 실시간의 라이브 채팅 기능의 구현을 돕는다. Lex 챗봇을 기업 웹사이트에 배포해 고객 지원 업무에 따른 복잡성을 줄이고 비용을 절감할 수 있다.

Amazon Polly

Amazon Polly는 텍스트를 음성으로 변환하는 Text-to-Speech 서비스이며, 신경망 모델을 기반으로 한 NTTS^{Neural Text-to-Speech}는 인간과 비슷한 자연스러운 음성을 생성한다. Amazon Polly Brand Voice는 여러분의 기업 이미지에 어울리는 차별화된 브랜드 음성을 제공한다.

Polly는 웹사이트 방문 사용자에게 기존의 텍스트 기반 콘텐츠 대신 음성 콘텐츠를 제공하거나, 애플리케이션에 음성 기능을 추가하는 데 활용된다.

Amazon Rekognition

Rekognition의 머신러닝 분석 API를 이용해 수백만 개의 이미지 또는 수백 시간의 비디오 콘텐츠에 포함된 특성치를 추출하고 인사이트를 도출할 수 있다. 기본적으로 이용이 간편하며, 분석 요구 사항에 따라 커스터마이징할 수 있고, 거의 무한대의 이미지를 분석할 수 있는 신경망 기반 모델을 제공한다.

Rekognition은 기업 서비스 측면에서 안전하지 않거나 문화적으로 적합하지 않은 콘텐츠를 걸러내는 데도 이용되며, 업무 환경의 적절성 또는 위험 요소를 파악할 수 있는 비디오 기반 모니터링 도구로도 활용할 수 있다.

Amazon Textract

Amazon Textract은 고객 동의서와 같이 수기로 작성된 문서 또는 숫자, 글자, 표 등이 모두 포함된 인쇄 문서에서 텍스트를 추출하는 인공지능 서비스 중 하나이다. Textract은 이를 위해 OCR^{optical character recognition} 도구를 제공하며, 30년 이상 개선된 높은 성능의 OCR 기술을 사용한다. Textract는 특정 문자가 전체 문서에서 어떤 의미로 사용됐는지 파악하는 용도로도 사용할 수 있다.

특히 Textract은 방대한 양의 인쇄 문서 또는 PDF 문서를 처리해야 하는 병원, 금융 기관 등 다양한 기업 조직의 업무 속도를 높여줄 수 있다.

Amazon Transcribe

(Amazon Polly가 텍스트를 음성으로 변환하는 도구인 반면) Amazon Transcribe는 음성을 텍스트로 변환하는 도구이며, 기업 콜 센터의 대화 내용을 텍스트로 변환하거나, 원격 화상 회의 내용을 텍스트로 요약할 수 있고, 의료 기관에서의 진료 내용을 기록하는 데도 활용할 수 있는 서비스이다.

Amazon Translate

기업 콘텐츠를 다국어로 번역해서 제공해야 하는 경우, Amazon Translate API를 이용해 (집필 시점 현재) 14개 국어로 번역된 콘텐츠를 제공할 수 있다. 특정 위치에서 고객이 선호하는 언어를 예측하기 어려운 경우에도 Translate의 실시간 번역 기능을 이용해 사용성을 높일 수 있다.

기타 도구

AWS Batch

금융 시장 분석, DNA 기반 의약품 처방 등 주기적으로 컴퓨트 리소스가 매우 많이 소모되는 작업을 처리하는 경우, AWS Batch를 이용해 제반 연산 작업 절차를 간소화, 자동화할 수 있다. 사용자는 Batch 실행 일정을 예약해 연산에 필요한 컴퓨트 리소스를 미리 확보하고, 새로운 데이터만 제공하면 일괄 연산 작업이 바로 시작되도록 할 수 있다.

Batch의 컴퓨트 리소스로는 EC2(주로 스팟 인스턴스) 및 Fargate 등이 포함되며, 연산을 위한 데이터는 S3 또는 DynamoDB 등의 스토리지 또는 데이터베이스에서 가져올 수 있다.

AWS X-Ray

멀티 티어 또는 마이크로서비스 애플리케이션의 보안 및 성능 등에 대해 체계적이며 세심한 분석을 할수록 애플리케이션 서비스의 성공 가능성은 높아진다. 하지만 복잡하게 연결된 애플리케이션 관련 리소스의 작동 실패, 병목 구간 발생, 네트워크 지연 발생 등의 문제를 파악하는 일은 결코 간단치 않다. 이런 경우, X-Ray를 이용해 EC2, ECS, Lambda, SQS, SNS, 그리고 Elastic Beanstalk 등을 기반으로 하는 애플리케이션의 성능 및 보안성 등에 대한 실시간 가시성을 확보할 수 있다.

X-Ray 트레이스trace는 애플리케이션에 대한 사용자의 요청에 대한 응답과 관련된 모든 사항을 알려주며, 요청한 작업의 성공적인 혹은 실패한 종료 여부도 알려준다. 사용자는 데이터 간의 관련성 및 패턴을 시각화하기 위해 각종 메타데이터를 연계할 수 있다.

Amazon Kendra

관리형 머신러닝 서비스인 Kendra는 기업 웹사이트 또는 콘텐츠 서비스를 위한 (퍼블릭 또는 프라이빗 속성의) 검색 기능을 제공하며, 단순한 결과가 아닌 좀 더 세심한 검색 결과를 출력한다. Kendra는 자연어 처리 능력을 이용해 방대한 규모의 이질적인 문서에 포함된 색인화된 콘텐츠를 탐색하고 중요한 의미를 찾아내거나 핵심적인 내용만 요약해서 제시할 수 있다.

Kendra는 S3, RDS, Salesforce, Microsoft SharePoint 등 다양한 데이터 원천에서 데이터를 가져올 수 있다.

Amazon OpenSearch Service(구 Amazon Elasticsearch Service)

OpenSearch 역시 Kendra처럼 방대한 기업 웹사이트에 존재하는 대규모 데이터세트에 대한 검색 기능을 제공하지만, Kendra와 달리 자연어 처리를 위한 머신러닝 기법을 사용하지 않는다는 점, 그리고 검색 결과가 문자열로만 한정된다는 점 등이 다르다. OpenSearch는 SQL 쿼리 기반의 검색 서비스이며, 시스템 로그 또는 애플리케이션 모니터링 데이터에 대한 상호작용성 높은 분석 방식을 제공한다.

오픈소스인 Elasticsearch 7.10.2 버전을 기반으로 하는 OpenSearch는 관리형 서비스가 아니며, 사용자가 직접 인스턴스 클러스터에 구성하고 관리해야 한다. OpenSearch는 AWS 플랫폼에 특화된 Elasticsearch 서비스라고 할 수 있으며, 사용자의 요구 사항에 따라 부가 기능을 추가해 사용할 수 있다.

Amazon Managed Grafana

여러분이 이미 오픈소스인 Grafana를 이용해 모니터링 및 로그 시각화 작업을 수행하고 있다면, Amazon Managed Grafana를 이용해서 AWS 리소스와 완벽하게 통합된 관리형 Grafana 서비스를 이용할 수 있다.

Amazon Managed Grafana를 이용해 Amazon CloudWatch 또는 Amazon Elastic search Service와 연계하거나 Datadog 또는 Splunk와 같은 서드파티 도구와 연계할 수 있다.

Amazon Managed Grafana의 관리 업무, 쿼리 작업, 데이터 시각화 그리고 분석 등의 모든 작업은 AWS Console에서 간편하게 처리할 수 있다.

Amazon Managed Service for Prometheus

Prometheus는 Cloud Native Computing Foundation에서 만든 대규모 컨테이너 클러스터 및 범용 인프라를 위한 모니터링 도구이며, PromQL이라는 전용의 쿼리 언어를 이용해 컨테이너 클러스터 모니터링 및 관리 업무를 자동화할 수 있다.

Amazon Managed Service for Prometheus는 Amazon ECS, EKS나 Distro for OpenTelemetry 서비스와 통합해서 사용할 수 있는 고가용성, 고확장성의 관리형 모니터링 서비스이다.

찾아보기

A

AWS 공인 솔루션스 아키텍트
스터디 가이드 - 어소시에이트 4/e

발 행 | 2022년 5월 31일

옮긴이 | 동 준 상
지은이 | 벤 파이퍼 · 데이비드 클린턴

펴낸이 | 권 성 준
편집장 | 황 영 주
편 집 | 김 진 아
　　　　임 지 원
디자인 | 윤 서 빈

에이콘출판주식회사
서울특별시 양천구 국회대로 287 (목동)
전화 02-2653-7600, 팩스 02-2653-0433
www.acornpub.co.kr / editor@acornpub.co.kr

한국어판 ⓒ 에이콘출판주식회사, 2023, Printed in Korea.
ISBN 979-11-6175-746-9
http://www.acornpub.co.kr/book/aws-saa-4e

책값은 뒤표지에 있습니다.